SAP
后勤模块实施攻略

乐立骏 编著

SAP在生产、采购、销售、物流中的应用

机械工业出版社
China Machine Press

图书在版编目（CIP）数据

SAP 后勤模块实施攻略：SAP 在生产、采购、销售、物流中的应用 / 乐立骏编著 . —北京：机械工业出版社，2013.5（2025.1 重印）

ISBN 978-7-111-42661-5

Ⅰ．S… Ⅱ．乐… Ⅲ．企业管理 – 应用软件 Ⅳ．F270.7

中国版本图书馆 CIP 数据核字（2013）第 113599 号

版权所有·侵权必究
封底无防伪标均为盗版

本书综合讲解 SAP 系统的生产、采购、销售、物流，以及跨后勤模块的实施方案与配置方法，用大量实例介绍了优秀的解决方案，以及各个模块之间的交互设置，还包括项目实施中需要注意的方方面面。本书作者有丰富的实战经验，为 SAP 后勤模块顾问、开发者提供了全景的学习资源。本书分为五个部分，共 19 章，包括 SAP 概览、生产计划与执行（PP）、采购与库存管理（MM）、销售与分销管理（SD）以及常见跨模块功能（LO）。第 1 章概览，介绍 SAP ERP 的总体情况，并就其每个模块逐一介绍。第一篇（第 2～6 章）生产计划与执行管理（PP），介绍各种生产计划策略，以及不同计划策略之间的差异；介绍 MRP 的运行过程和评估运行结果，根据 MRP 运行结果做出相应的决策；介绍集团性公司中多组织下的生产管理方式与最佳实践；介绍生产中最常见的一个业务场景：取代与替代，以及生产执行过程中的一些常见场景与问题解决方案。第二篇（第 7～10 章）采购与库存管理（MM），介绍多种采购模式与特点，对采购中的两个专题——制造商物料和定价分别进行详细介绍；还介绍库存管理的各项应用。第三篇（第 11～13 章）销售与分销管理（SD），介绍多种销售模式以及每种销售模式的应用场景和特点，销售管控和信用管理，SAP 的定价功能等。第四篇（第 14～19 章）常见跨模块功能（LO），介绍 SAP 的包装管理、运输管理、批次管理、变更管理；介绍信息交互常用的 IDOC 和 EDI，以及常见的文档管理方法。

机械工业出版社（北京市西城区百万庄大街 22 号　邮政编码　100037）
责任编辑：吴　怡
保定市中画美凯印刷有限公司印刷
2025 年 1 月第 1 版第 24 次印刷
186mm×240 mm · 31.75 印张
标准书号：ISBN 978-7-111-42661-5
定　　价：99.00 元

客服电话：(010) 88361066　68326294

前　　言

在各种关于SAP的报道中，SAP有着"管理大师"的称号。然而，在我看来，SAP就是一个建筑商，SAP ERP就是SAP公司建造好的毛坯房，这幢毛坯房有结实的钢结构、多个很大的房间（模块）、房间之间互相有通道（模块之间接口）。购买SAP的各种公司则成为房东，出钱的可能是男房东（项目指导委员会），管事的可能是女房东（业务领导、关键用户），房东买好房子后，就找人（咨询公司）来装修房子，房东最终的目的是拥有一幢能够满足各种需要、适应各种天气变化、住起来很舒服的房子，房子建好后，一大家子（最终用户）就会住进来，SAP还提供了精装修的样板房供参考（SAP行业最佳业务实践）。

本人作为一个装修工人，将根据过去十几个装修项目中学到的点滴内容，试图用朴实的文字来描绘SAP这幢毛坯房，描述这幢房子能够装修成什么样，在不同的情况下应该如何装修，这幢房子要装修哪些内容，又有什么需要注意的。本人没有机会成为男房东和女房东，但写这本书时怀有一个美好的愿望，希望中国的房东越来越有实力，希望能够看到越来越多实用、有魅力的房子，像盛开的花朵一样绽放出来。写这本书时怀着这样一个目标，努力用房东可以理解的语言，让房东理解SAP中的装修之道，因此对书中涉及技术的内容尽量用通俗的语言来做解释，同时，过去几年认识了很多优秀的同行并学到了很多技巧，也希望与广大装修同行一起分享本人的一点装修知识。

谈完房子，我们言归正传，对SAP的典型特点做一些更明确的解释。首先SAP是一家公司，这家公司出产很多软件产品，其中最重要的一款就是ERP软件，称之为SAP ERP，也就是本书要介绍的对象。其次SAP ERP是一个工具，而且它还是一个重量级的工具。每一件工具的使用，都具有两面性。使用得好，它就像在黑夜中给了你一双眼睛，让你可以寻找光明，从而为企业提供及时、充分的信息用于决策。使用得不好，它就会变成一个笨重的家伙，让你扛着这个笨重的家伙在商场上到处征战，那么SAP就真变成了"Stupid As Pig"。

了解任何一样东西，都需要了解其优点与缺点，我们需要理解SAP擅长什么，那么我们可以愉快地享受它的功能；我们还要了解这家伙做什么会做得比较麻烦，这样我们才可以用得长久。SAP是一个德国产的软件，我们知道，德国以生产高精度机械著称，但同时德国又是一个产生了无数音乐家、哲学家的地方。SAP软件也一样，它很稳定、精确，但同时，它其实又具有很高的灵活性，从很大程度上来说，在稳定的基础上做到灵活才是有意义的，软件只有灵活地架构才可以实现稳定地运行，二者缺一不可。应该说SAP ERP基本上做到了这一点，但因此带来的影响就是SAP像许多德国产品一样极其复杂又极具魅力,要驾驭这样的东西,我们需要花费更多的时间。

最后想说的是,SAP ERP 是一个由诸多模块(应用)集成在一起的系统,其内在有很多关联性。制造、采购、销售、财务等应用密不可分。例如男女之间建立一个家庭,需要双方彼此了解、共同努力、互相理解,才能创造和谐幸福的家庭。一个人是孤单的,但两个错误的人待在一起是很难和谐的。SAP 各个模块之间也是一样的,各个模块不是彼此割裂的,一方面我们需要为对方考虑更多,但同时对方也要为我们考虑更多,这样共同努力才能提高 SAP 的应用水平。

本书内容结构

本书分为五个部分,共 19 章,包括 SAP 概览、生产计划与执行(PP)、采购与库存管理(MM)、销售与分销管理(SD)以及常见跨模块功能(LO)。

第 1 章:ERP 和 SAP 概览

这一章介绍 ERP 是什么,它的前世今生,希望通过一定的数据和对比,简要说明现今的 ERP 市场以及 SAP ERP 的总体情况,简单概述 SAP 所包含的模块、功能和特点,以及 SAP ERP 的发展趋势等。

第一篇(第 2~6 章):生产计划与执行管理(PP)

第 2 章通过实例介绍各种生产计划策略,使读者对常见计划策略的特点有所了解,并了解不同计划策略之间的差异,为项目实施中选择最佳的生产计划策略提供指导;第 3 章介绍 MRP 的运行过程,目的在于让用户了解 MRP 运行的过程考虑什么因素,这些不同的因素又将会对 MRP 运行结果有何影响,如何分析和评估 MRP 运行结果,如何根据 MRP 运行结果做出相应的决策。第 4 章针对集团性公司介绍 SAP 中多组织下的生产管理方式与相应方案;第 5 章介绍生产中最常见的一个业务场景——取代与替代;第 6 章介绍生产执行过程中的一些常见场景与问题的解决方案。

第二篇(第 7~10 章):采购与库存管理(MM)

第 7 章介绍多种采购模式,每种采购模式的应用场景与特点;第 8 章和第 9 章针对采购中的两个专题——制造商物料和定价分别进行详细介绍;第 10 章介绍库存管理的各项应用。

第三篇(第 11~13 章):销售与分销管理(SD)

第 11 章介绍多种销售模式,以及每种销售模式的应用场景和特点;第 12 章介绍销售管控和信用管理;第 13 章介绍 SAP 的定价功能,这个功能堪称世界级功能,这章详细分析灵活而又复杂的销售定价方案。

第四篇(第 14~19 章):常见跨模块功能(LO)

第 14 章介绍 SAP 的包装管理;第 15 章介绍 SAP 的运输管理;第 16 章介绍 SAP 中最常用的功能之一——批次管理;第 17 章介绍 SAP 中的变更管理,因为企业永远在变化着,世界上唯一不变的就是"变化";第 18 章介绍信息交互常用的 IDOC 和 EDI,信息化意味着大量的业务信息交互,这些信息交互不仅在公司内部,还包括在企业之间;第 19 章介绍 SAP 对信息化的另一面"文档"的管理。

本书读者对象

- ❏ 企业内部的 SAP ERP 支持顾问,本书不仅全面介绍 SAP 后勤模块,而且对每个模块之间的交互功能进行了深入的介绍,无论支持顾问负责哪一个模块,全面了解 SAP 的后勤模块都很有必要。
- ❏ 企业内部使用 SAP ERP 的关键用户(从事计划、生产、采购、库存、销售管理等人员),本书从案例、业务场景着手,便于业务人员进行阅读。
- ❏ 当前正在从事 SAP 开发工作的技术顾问,希望对业务知识更加了解,或想转为模块顾问的开发人员。
- ❏ 企业财务人员,由于在 SAP 中,财务应用的基础是后勤模块,对 SAP 后勤模块的深入理解可帮助做好财务中的应用。
- ❏ 当前正在从事其他 ERP 产品的咨询顾问,希望了解 SAP ERP 的实施咨询顾问。
- ❏ 各院校信息管理、企业管理、供应链管理、物流管理、信息化等专业师生。

本书特点

目前市场上介绍 SAP 某个后勤模块的书籍很少,更缺乏全面介绍 SAP 后勤模块的书籍,本书想通过这样的尝试让读者能够全面了解 SAP 后勤模块的应用。本书试图做到宏观介绍 SAP 的后勤模块,提供第一手实践性的资料,使读者找到解决自己问题的最佳方案,从而少走弯路。本书的特点具体如下:

1. **实践性** 本书大部分案例来自本人的实施经验,紧密贴近企业真实的需求,相关的解决方案参考了 SAP 官方的解释,并加入了自己在项目实施中的深入理解。本书不是简单介绍后台配置,而是通过专题、案例的形式,综合讲解业务场景、后台配置以及注意要点,并通过归纳、对比等手段介绍不同实现方案的差异,便于企业选择合适的功能。

2. **广博性** 本书介绍 PP(生产计划与执行)、MM(采购和库存管理)、SD(销售和分销)以及跨后勤模块的功能,从企业的实际应用出发,精选出近 20 个主题,这些主题基本覆盖了企业在后勤运作中的应用。另外,企业的各种业务之间是互相关联的,本书将多个应用集合在一起介绍,通过串联各种业务,全面地介绍 SAP 在企业的后勤运作中的应用,对于不同应用之间的关联与特点,本书也进行了总结和对比。

3. **通俗性** 在介绍一些较为复杂的功能时,将从基本应用开始介绍,逐步深入,同时注意通过引入生活中的例子来帮助读者更好地理解 SAP 的功能。

4. **新颖性** 本书不仅全面介绍 SAP 后勤模块的各种常见应用,同时也针对 SAP 近年推出的一些新产品以及功能进行阐述。

联系作者

限于本人对 SAP 的理解及编写水平，本文中定有不足之处，欢迎你就本书中的任何问题以及 ERP 中使用过程中的任何问题与作者交流，联系邮箱：yuelijun2001@gmail.com。

另外，SAP 内容博大精深，限于篇幅，很多内容并未写在书里，本人在博客里进行了补充说明，也可以参考。本人的博客地址是：http://scnblogs.techweb.com.cn/frankyue2001/ 。

致谢

多年来忙于工作，对家人缺乏照顾，感谢父母对我的一切支持。感谢第一份工作的领导和朋友，包括上海家化的孙昊、赵兰萍、周伟国、李传红等。感谢项目中一起奋战过的朋友们，包括 SAP 公司的颜明、葛萍、王磐，德勤咨询的冯敬均、陈建宁，凯捷咨询的庄莹、徐正东、胡一鸣，惠普公司的陈铭、柏莉，德硕公司的吴才勇、任昕轶以及汤国钢等。感谢先后合作过的目前已经在甲方的朋友们，包括辉瑞制药的李成、加多宝的王声昭、浙江物产的童红梅、宝时得的刘琴等。感谢我的多位同事、朋友对本书提出的建议和意见，包括黄良聪、康田杰、张晨曦、满莹、龚琳、王文娟、梅坤、赵建旭、公明弦、陈晓君、方磊等。感谢项目实施中，多家客户给予的支持，包括徐文彪、蒋朝晖、杨志平、孙兵役、陈伟等。最后还要感谢机械工业出版社的编辑吴怡的辛勤付出。

本书在写作中参考了大量资料，包括 SAP 官方资源、网络资源等，无法一一列举，在此一并表示衷心感谢，因为这些资料对我的工作也帮助颇多。

目 录

前 言

第1章 ERP 和 SAP 概览 / 1
1.1 ERP 概览 / 1
1.1.1 ERP 等于 E+R+P / 1
1.1.2 ERP 市场的参与者和产品厂商 / 4
1.2 SAP 产品概览 / 5
1.2.1 SAP 的商务套件 / 6
1.2.2 SAP PLM 简介 / 7
1.2.3 SAP SCM 简介 / 7
1.2.4 SAP CRM 简介 / 10
1.2.5 SAP SRM 简介 / 10
1.2.6 SAP 的产品路线图 / 10
1.3 SAP ERP 概览 / 11
1.3.1 SAP ERP 产品历史 / 11
1.3.2 SAP ERP 产品概览 / 12
1.3.3 SAP ERP 最新发展方向 / 16

第一篇 生产计划与执行管理

第2章 生产模式和计划策略 / 19
2.1 计划策略与需求类型总览 / 19
2.2 按库存生产（MTS）/ 21
2.2.1 MTS 的四种计划策略配置对比 / 22
2.2.2 MTS 的四种计划策略对产成品的需求、生产的影响 / 23
2.2.3 MTS 的四种计划策略对比 / 28
2.2.4 MTS 的四种计划策略对原材料和半成品的影响 / 29
2.3 按订单生产（MTO）/ 30
2.3.1 MTO 的三种计划策略 / 31
2.3.2 MTO 业务场景操作示例 / 32
2.3.3 MTO 与销售订单评估、账户分配 / 36
2.3.4 MTO 对采购的影响 / 42
2.3.5 MTO 模式总结 / 43
2.4 按订单组装（ATO）/ 43
2.4.1 ATO 案例说明 / 43
2.4.2 ATO 系统配置说明 / 45
2.4.3 ATO 补充说明 / 45
2.5 按订单设计（ETO）/ 46
2.6 重复制造 / 46
2.7 可配置制造 / 47
2.8 计划策略汇总说明 / 48
2.9 流程行业与离散行业 / 48
2.9.1 流程、离散行业简要对比 / 49
2.9.2 流程行业特点举例 / 50
2.9.3 流程行业的 SAP 解决方案说明 / 51

第 3 章 MRP 简介 / 53

- 3.1 MRP 运行的简要说明 / 53
  - 3.1.1 MRP 运行示例 / 53
  - 3.1.2 MPS 和 MRP / 55
- 3.2 MRP 运行需要考虑的问题 / 58
  - 3.2.1 库存地点 / 58
  - 3.2.2 安全库存 / 58
  - 3.2.3 多组织下的 MRP 运行 / 59
  - 3.2.4 特殊库存 / 59
  - 3.2.5 替代物料 / 60
  - 3.2.6 采购 / 60
  - 3.2.7 采购申请的数量 / 63
  - 3.2.8 需求 / 66
  - 3.2.9 BOM 展开 / 67
  - 3.2.10 单据关闭 / 68
  - 3.2.11 业务模式的选择 / 68
  - 3.2.12 增强 / 68
  - 3.2.13 小结 / 69
- 3.3 MRP 结果评估概览 / 69
  - 3.3.1 产供销清单说明 / 72
  - 3.3.2 覆盖范围 / 76
  - 3.3.3 例外消息 / 78
  - 3.3.4 计划结果和计划状况 / 82
  - 3.3.5 跨工厂、多物料查看 MRP 结果 / 84
  - 3.3.6 订单报表和需求溯源概览 / 86
  - 3.3.7 订单报表 / 87
  - 3.3.8 需求溯源 / 90
  - 3.3.9 订单报表和需求溯源总结 / 91

第 4 章 多组织下的生产管理概览 / 92

- 4.1 MRP 区域 / 92
  - 4.1.1 MRP 区域的类型 / 92
  - 4.1.2 启用 MRP 区域后的 ATP 功能描述 / 98
  - 4.1.3 MRP 区域小结 / 103
- 4.2 多工厂下的计划与生产管理 / 103
  - 4.2.1 公司间后勤业务往来总览 / 104
  - 4.2.2 多工厂的生产组织 / 105
  - 4.2.3 计划工厂与计划物料 / 109
  - 4.2.4 多工厂下的共用料评估 / 110
  - 4.2.5 多工厂与 APO / 110

第 5 章 取代和替代 / 111

- 5.1 取代替代总览 / 111
  - 5.1.1 取代替代的方案简要说明 / 112
  - 5.1.2 取代替代在其他模块的应用 / 113
- 5.2 标准功能说明 / 114
  - 5.2.1 取代功能 / 114
  - 5.2.2 替代功能 / 116
- 5.3 批次管理与替代 / 118
  - 5.3.1 案例 1——概要说明以及分析 / 118
  - 5.3.2 案例 1——系统实现 / 119
  - 5.3.3 案例 1——系统操作说明 / 123
  - 5.3.4 案例 2——场景以及分析 / 125

5.3.5　案例3——成组配套
　　　　　替代 / 126
　　　5.3.6　批次方案小结 / 128
　5.4　非库存管理的 MPN 与替代 / 129
　5.5　物料变更与替代 / 129
　5.6　本章总结 / 129

第 6 章　生产执行 / 131

　6.1　生产用物料的类别 / 132
　6.2　生产发料 / 134
　　　6.2.1　领料模式：使用领
　　　　　料单 / 134
　　　6.2.2　配料模式：使用拉
　　　　　料单 / 136
　6.3　生产订单状态与业务事务 / 139
　　　6.3.1　生产订单的状态 / 139
　　　6.3.2　生产订单的业务事务 / 139
　　　6.3.3　业务事务与系统状态的
　　　　　关系 / 140
　　　6.3.4　业务事务与系统状态、用
　　　　　户状态的应用案例 / 143
　　　6.3.5　状态选择参数文件 / 145
　6.4　生产订单报表以及批量处理的
　　　工具 / 146
　　　6.4.1　生产订单报表参数
　　　　　说明 / 147
　　　6.4.2　生产订单批量处理
　　　　　操作 / 148
　　　6.4.3　生产订单报表的常见
　　　　　问题 / 149
　6.5　生产订单中组件的可用性
　　　检查 / 150
　　　6.5.1　可用性检查的策略 / 150
　　　6.5.2　ATP 的策略 / 152
　　　6.5.3　批量检查逻辑与应用 / 157
　6.6　生产订单的确认 / 162

　　　6.6.1　生产订单的确认说明 / 163
　　　6.6.2　生产订单的返工 / 163
　　　6.6.3　生产订单报工增强功能
　　　　　说明 / 164

第二篇　采购与库存管理

第 7 章　采购模式 / 167

　7.1　采购模式概览 / 167
　　　7.1.1　分类1：采购业务处理
　　　　　流程 / 168
　　　7.1.2　分类2：触发采购的
　　　　　原因 / 172
　　　7.1.3　分类3：采购业务
　　　　　类型 / 172
　　　7.1.4　采购业务汇总说明 / 173
　7.2　公司间采购 / 174
　　　7.2.1　公司间采购业务的
　　　　　类型 / 174
　　　7.2.2　典型的公司间采购
　　　　　订单 / 174
　　　7.2.3　公司间采购订单的退货
　　　　　以及免费项目 / 183
　　　7.2.4　公司间采购计划协议 / 184
　　　7.2.5　公司间采购的特殊业务
　　　　　类型 / 185
　7.3　委托外加工业务 / 186
　　　7.3.1　委外加工与工序委外的
　　　　　比较 / 186
　　　7.3.2　委外加工的业务操作
　　　　　简介 / 188
　　　7.3.3　委外操作常见问题 / 190
　　　7.3.4　委外系统实现说明 / 193
　7.4　跨公司采购 / 194
　7.5　计划协议 / 195
　7.6　寄售业务处理 / 196

　　　　7.6.1　系统操作简述 / 196
　　　　7.6.2　供应商寄售与 VOI、
　　　　　　　VMI / 197
　　7.7　带账户分配的采购订单 / 198
　　　　7.7.1　账户分配的定义与
　　　　　　　类别 / 198
　　　　7.7.2　账户分配与科目确定 / 200
　　　　7.7.3　多账户分配的采购
　　　　　　　订单 / 202

第 8 章　制造商物料管理 / 205
　　8.1　非库存管理的 MPN 功能 / 206
　　　　8.1.1　操作步骤 / 206
　　　　8.1.2　系统实现说明 / 209
　　　　8.1.3　整体说明 / 211
　　8.2　库存管理的 MPN 功能 / 212
　　　　8.2.1　完全可互换性的应用
　　　　　　　场景 / 212
　　　　8.2.2　操作步骤简述 / 214
　　　　8.2.3　场景 1 的操作步骤 / 215
　　　　8.2.4　场景 2 的操作步骤 / 220
　　　　8.2.5　场景 3 的操作步骤 / 223
　　　　8.2.6　系统实现说明 / 224
　　　　8.2.7　库存管理的 MPN 功能
　　　　　　　总结 / 226

第 9 章　采购定价 / 227
　　9.1　采购信息记录、条件类型与
　　　　采购单据定价 / 227
　　　　9.1.1　采购信息记录的维护 / 228
　　　　9.1.2　含税价转为不含税价 / 230
　　　　9.1.3　采购订单价格来源及
　　　　　　　信息记录生成说明 / 234
　　　　9.1.4　采购订单的定价过程说明
　　　　　　　/ 239
　　9.2　采购运费 / 242

　　　　9.2.1　采购运费的典型特点
　　　　　　　以及 SAP 方案总览 / 242
　　　　9.2.2　运费处理流程示例 / 243
　　　　9.2.3　运费系统的实现以及
　　　　　　　汇总说明 / 246
　　9.3　计划协议定价 / 247
　　　　9.3.1　定价日期的控制 / 248
　　　　9.3.2　定价的时间相关性
　　　　　　　与否 / 248
　　　　9.3.3　时间相关定价 / 248
　　　　9.3.4　单据相关定价 / 250
　　　　9.3.5　定价小结 / 253
　　9.4　采购定价中的常见问题 / 254

第 10 章　库存管理 / 256
　　10.1　库存概览 / 256
　　　　10.1.1　库存类别 / 256
　　　　10.1.2　库存管理级别 / 260
　　10.2　库存移动 / 261
　　　　10.2.1　移动类型和物料
　　　　　　　　凭证 / 262
　　　　10.2.2　移动类型和科目
　　　　　　　　确定 / 262
　　10.3　库存调拨、在途库存 / 263
　　　　10.3.1　方案简要说明 / 263
　　　　10.3.2　在途库存、中转
　　　　　　　　库存 / 264
　　　　10.3.3　小结 / 267
　　10.4　收发存报表 / 268
　　　　10.4.1　标准报表 / 268
　　　　10.4.2　俄罗斯库存报表 / 269
　　　　10.4.3　收发存报表小结 / 276
　　10.5　库存确定 / 276
　　10.6　安全库存 / 278
　　　　10.6.1　安全库存与再订货点
　　　　　　　　的计算 / 279

10.6.2 动态安全库存 / 281
10.6.3 动态安全库存小结 / 284

第三篇 销售与分销管理

第 11 章 销售模式 / 285

11.1 按库存销售 / 285
11.2 按销售订单生产 / 286
11.3 跨公司销售 / 286
    11.3.1 系统操作步骤简述 / 286
    11.3.2 系统实现 / 288
11.4 成套销售 / 290
    11.4.1 系统操作步骤简述 / 290
    11.4.2 系统实现简述 / 291
11.5 寄售销售 / 293
    11.5.1 业务背景 / 293
    11.5.2 业务流程 / 294
    11.5.3 系统实现说明 / 296
    11.5.4 拓展性问题 / 297
11.6 项目销售 / 298
    11.6.1 业务背景以及需求分析 / 298
    11.6.2 操作步骤简述 / 299
    11.6.3 主要操作步骤说明 / 300
    11.6.4 系统实现说明 / 302
11.7 第三方销售和单独采购 / 304
    11.7.1 第三方销售系统操作与实现 / 304
    11.7.2 单独采购系统操作与实现 / 308
    11.7.3 第三方销售和单独采购应用小结 / 308

第 12 章 销售管控与信用管控 / 310

12.1 产品物料销售控制 / 310
    12.1.1 列表和排斥功能 / 311
    12.1.2 产品属性功能 / 313
12.2 销售单据中的单价控制 / 314
12.3 销售数量控制 / 316
12.4 信用控制 / 317
    12.4.1 信用管理与风险管理 / 318
    12.4.2 信用证流程 / 318
    12.4.3 付款卡 / 322
    12.4.4 信用控制与风险评级机构 / 322
    12.4.5 信用控制的组织级别 / 322
    12.4.6 确定信用控制的策略 / 325
    12.4.7 信用控制的策略的定义 / 327
    12.4.8 信用控制操作流程示例 / 331
    12.4.9 信用释放操作流程示例 / 332
    12.4.10 信用控制常见问题 / 335

第 13 章 销售定价功能 / 337

13.1 SAP 中的条件技术 / 337
    13.1.1 条件技术概览 / 338
    13.1.2 定价中的条件技术 / 338
13.2 定价过程简要说明 / 339
    13.2.1 业务需求 / 339
    13.2.2 业务需求分析 / 339
    13.2.3 业务需求实现概览 / 340
13.3 定价过程详细说明 / 341
    13.3.1 步骤 1——读取后台定价配置 / 341
    13.3.2 步骤 2——为定价相关的两个基础表赋值 / 343
    13.3.3 步骤 3——根据表 KOMK 和 KOMP 读取价格主数据 / 345

13.3.4 步骤4——销售单据的定价过程的初步形成 / 348
13.3.5 步骤5——定价过程的定价计算 / 348
13.3.6 定价过程的计算结果 / 356
13.4 常见定价功能应用 / 357
13.4.1 销售定价屏幕展现 / 357
13.4.2 等级定价 / 357
13.4.3 层次定价 / 359
13.4.4 价格审批 / 360
13.4.5 价格隐藏 / 360
13.4.6 查看价格 / 361
13.4.7 定价分析 / 361

第四篇 常见跨模块功能

第14章 包装处理 / 365

14.1 概览 / 365
14.1.1 产品的包装类型 / 365
14.1.2 包装的管理 / 366
14.1.3 SAP中包装功能概览 / 367
14.1.4 包装单元的定义 / 367
14.1.5 包装单元编码的国际标准 / 367
14.1.6 SAP中的包装单元与国际标准 / 368
14.2 包装处理单元的案例 / 369
14.3 处理单元进一步应用的简要说明 / 382

第15章 运输管理 / 384

15.1 运输概览 / 384
15.1.1 运输方式 / 384
15.1.2 运输的货物类型 / 384
15.1.3 第三方物流 / 385
15.2 SAP运输管理的方案概览 / 385

15.3 SAP运输管理的方案 / 385
15.3.1 步骤1——确定运输路径 / 386
15.3.2 步骤2——创建与维护运单 / 390
15.3.3 步骤3——运输过程中企业与物流公司的协作 / 393
15.3.4 步骤4——装运成本的计算与模拟 / 395
15.3.5 步骤5——装运成本的创建、计算、科目分配和传送 / 399
15.4 散装运输管理 / 404
15.4.1 散装运输管理的方案概览 / 404
15.4.2 SAP传统的运输功能与散装运输功能对比 / 404

第16章 分类管理、序列号管理与批次管理 / 407

16.1 分类管理 / 407
16.1.1 分类管理概览 / 407
16.1.2 物料分类应用 / 408
16.1.3 分类信息报表查询 / 410
16.2 序列号管理 / 413
16.2.1 序列号概览 / 413
16.2.2 序列号系统实现 / 413
16.2.3 序列号与条码设备 / 414
16.2.4 序列号与包装 / 415
16.3 批次管理 / 415
16.3.1 批次管理功能概览 / 416
16.3.2 批次级别 / 417
16.3.3 批次主数据 / 417
16.4 批次确定 / 420

16.4.1 案例说明、分析与
系统实现 / 420
16.4.2 常见问题 / 422
16.4.3 更多案例简述 / 423
16.5 批次状态 / 423
16.6 批次特有单位 / 425
16.6.1 批次特有单位的类型、
影响 / 425
16.6.2 案例简要说明及
分析 / 426
16.6.3 案例操作详细说明 / 427
16.6.4 批次特有单位和
用量 / 434
16.7 批次信息主控台 / 435
16.7.1 示例说明 / 435
16.7.2 系统实现 / 437

第17章 变更管理 / 439

17.1 修改记录 / 439
17.1.1 修改记录概览 / 439
17.1.2 修改记录原理 / 442
17.1.3 修改记录常见问题 / 445
17.2 工程变更管理 / 446
17.2.1 基本的ECM / 447
17.2.2 基本的ECM版本 / 448
17.3 订单变更管理 / 451
17.3.1 案例简要说明 / 451
17.3.2 案例主要步骤 / 452
17.3.3 系统实现简要说明 / 455

第18章 IDOC和EDI应用 / 457

18.1 IDOC应用示例 / 457
18.1.1 案例说明 / 457
18.1.2 业务操作过程 / 458
18.2 IDOC实现过程解释 / 461
18.2.1 采购订单输出的
实现 / 462

18.2.2 数据通信相关的基本
配置 / 463
18.2.3 定义伙伴参数文件 / 465
18.2.4 业务数据的匹配 / 468
18.2.5 IDOC处理、执行、
测试 / 470
18.2.6 常用IDOC简要
说明 / 473
18.3 EDI应用 / 474
18.3.1 EDI简介 / 474
18.3.2 EDI处理及传输过程
举例 / 476
18.3.3 EDI报文实例简介 / 477
18.3.4 EDI子系统说明 / 477

第19章 文档管理 / 479

19.1 文档管理总览 / 479
19.1.1 文档管理的范畴 / 479
19.1.2 文档的归档 / 480
19.1.3 文档的管理方法 / 480
19.2 GOS方案简要说明与应用 / 481
19.2.1 业务对象 / 481
19.2.2 GOS的文档操作
实例 / 482
19.2.3 GOS功能的扩展 / 483
19.2.4 GOS功能的扩展
示例 / 483
19.3 DMS的方案 / 484
19.3.1 DMS文档的储存 / 484
19.3.2 DMS支持的文档以及
打开方式 / 485
19.3.3 DMS的应用 / 485
19.3.4 DMS系统实现说明 / 488
19.3.5 DMS功能补充说明 / 490
19.4 Easy DMS / 491
19.5 本章小结 / 492

第 1 章 ERP 和 SAP 概览

ERP 是 Enterprise Resource Planning（企业资源计划）的简称，ERP 是针对物资资源管理（物流）、人力资源管理（人流）、财务资源管理（资金流）、信息资源管理（信息流）集成一体化的企业管理软件。1990 年 4 月 12 日，Gartner 公司发表了以《ERP：下一代 MRP II 的远景设想（ERP: A Vision of the Next-Generation MRP II)》为题，由 L. Wylie 署名的研究报告，第一次提出 ERP 的概念。

SAP 公司是全球最大的企业管理软件公司，ERP 是其旗舰型产品，1982 年推出 ERP 的前身 SAP R2，1992 年推出 ERP 产品 SAP R3，2005 年推出 SAP ECC6（ERP Central Component）。

ERP 是某类企业管理软件（企业资源计划）的简称，而 SAP ERP 是 SAP 公司推出的 ERP 产品。

本章将概述 ERP 和 SAP 的产品，分成如下几节：

❑ ERP 概览；
❑ SAP 公司产品概览；
❑ SAP ERP 概览。

1.1 ERP 概览

ERP 是企业真正应用信息化的第一步，每一家实施 ERP 的企业背后都有着不同的经验教训，一百家企业实施 ERP 就有一百个故事。

在下文中，本书将从 ERP 的范畴说起，并简要介绍 ERP 的市场、ERP 厂商的过去。

1.1.1 ERP 等于 E+R+P

将 ERP 三个英文拆开来，分别为 E、R、P，下面分别从这三个字母出发来阐述 ERP。

1. ERP 之 E（Enterprise/ 企业）

ERP 管理的对象是企业整体的业务，包括销售、采购、生产、财务、质量等业务，还包括这些业务之间的串联。这里的 E（企业），可从以下几个方面来理解：企业级软件、传统的企业和公共服务行业、企业之间的应用。

（1）企业级软件

从使用的部门来看，企业的各个部门（销售、采购、生产、计划、财务、人事等）都可能会用到 ERP 软件，而一些其他的企业管理软件，如 PLM（产品生命周期）软件，主要为研发部门使用；CRM（客户管理）软件主要为销售、市场部门使用；MES（车间执行）软件主要为生产车间使用，这些软件我们可以称之为部门级软件。

ERP软件和传统的财务软件之间的区别

很多ERP厂商是做财务软件发家的，但很多财务软件并不是ERP软件，财务只是ERP软件各种功能的一部分。财务软件是以财务为核心，使用的部门也主要是财务部，一个典型的区别是该软件能否运行MRP，如果某个软件号称ERP软件，却连MRP都无法运行，那么肯定不能称之为ERP软件，因为ERP是在MRP的基础上发展起来的，并与财务有良好的集成。

实际项目应用中，有的企业购买SAP的ERP软件但仅实施财务模块的功能，其他功能可能在后期才进行实施。

（2）传统的企业和公共服务行业

E 一般仅指企业（Enterprise），即制造型、贸易型、零售型公司。我们熟悉的ERP客户基本上都是传统的企业，但实际上不仅仅"企业"在用SAP软件，还有很多非传统企业（政府、事业单位、学校、医院等）也在应用ERP管理业务，在全球有上千个政府部门在使用ERP，当然在这些非传统企业中它们应用的重点和通常的企业有所差异，下面做一些简单的列举：

- SAP ERP在学校的应用。美国的MIT（麻省理工学院）使用SAP的ERP管理采购、设备维护等各项业务，可在http://web.mit.edu/sapweb/PS1/index.shtml 查到SAP ERP在MIT的具体应用。
- SAP ERP在政府部门的应用。中国香港房屋委员会及房屋署管理着数以万计房屋的出租、维修等各项事宜，因此借助SAP ERP以及SAP PLM进行管理。
- SAP ERP在军队的应用。包括美国军队、法国军队在内的多个国家的军队都是SAP ERP的客户，SAP有专门针对国防行业的ERP方案。

从传统的企业扩展到公共服务行业，这是由于ERP本身的柔性决定的，ERP本身内容随着市场的需求在不断地扩展、变更，翻阅SAP的历年财务报告，可以看到其收入的很大一部分来源于公共服务行业，因此在讨论ERP软件的生命力时，不能忽视ERP软件本身的柔性。

提示：欲查询更多关于ERP在公共服务行业的应用，请参见书籍《公共服务行业管理信息化创新》（9787302114826，张雪峰主编）。

（3）企业之间的应用

企业级的应用不仅包括管理企业内部的业务，而且包括管理公司之间的业务往来，也就是我们通常说的与供应商、客户等合作伙伴之间的往来。譬如：可通过ERP系统将订单以各种方式（打印、E-Mail）传递给客户，在以汽车行业为典型代表的行业中，更多地还将采用 EDI（Electronic Data Interchange/ 电子数据传输）的方法将业务信息在企业之间进行传递。在这一点上，部门级软件很少有这样的应用。

2. ERP 之 R（Resource 资源）

R 是资源的意思，具体而言，企业的内部资源可以简单归纳为人、财、物这三样：

- 人力资源：企业员工等人力资源管理。
- 财力资源：货币资金等财务性资源。
- 物料资源：包括原材料、半成品、产成品，还包括厂房、设备等固定资产以及各种易耗品。

ERP 系统的管理对象即上述各种资源，通过 ERP 的使用，企业的生产、采购、销售过程能及时、高质地完成客户的订单。ERP 系统最大限度地发挥这些资源的作用，并根据客户订单及生产状况做出调整资源的决策。

对应上述三个资源对象，ERP 管理软件的功能可分为三个主要的组成部分：

- 人力资源管理（HCM），在 SAP ERP 中：对应的主要是 HR（Human Resource）模块。
- 财务管理（Finance），在 SAP ERP 中，对应的主要是 FI(Finance 财务) 和 CO(Control 控制) 模块。
- 后勤管理（Logistics），后勤管理包括所有对物的管理，后勤模块是 SAP ERP 中最大的一个功能模组，细分为：PP（Production Planning 生产计划与执行）、MM（material management 采购和库存管理）、SD（Sales and Distribution 销售和分销管理）、QM（Quality Management 质量管理）等模块。

在本书中，将主要针对物料这种资源进行陈述。这里的物料可分为以下几类：

- 通常概念上的物品，进一步细分为生产性物料（Direct Material）、非生产性物料（Indirect Material）两种：
  - 生产性物料是生产所需要直接使用到的原材料以及半成品、产成品。
  - 非生产性物料如办公用电脑、各种耗材、辅料。
- 设备、厂房、生产用工具，延伸开来就是工厂的维护、设备的管理，通过管理设备的采购、维修、保养，提高资产的可利用率、降低企业运行维护成本，相对应的 IT 解决方案就是 SAP 的 PM（工厂维护/设备管理模块），如果要求更为复杂，就进一步扩展成为 EAM（Enterprise Asset Management/ 企业资产管理）的应用。
- 服务性物料，我们通过服务性物料管理非实物的各种服务，如广告费用、运输费用等，SAP 中也有专门的服务主数据来管理这些服务，并配套有相应的流程。

3. ERP 之 P（Planning/ 计划）

经营一家企业，有些人很成功，有些很失败。原因是什么？这个话题很大，非本文所能覆盖的内容，但有一点是毋庸置疑的，对"资源"的管理、计划是很重要的。

ERP 项目中一直流行"从成功上线迈向上线成功"这一说法。项目实施过程中，目标是成功上线，这意味着 ERP 系统建好了，而真正"用好"这套系统，实现对人、财、物的集约化管理，促进公司整体管理水平的提升，才算"上线成功"。

使用 ERP 有多个层次，有不同的评判标准，很重要的一点就是与计划相关，细分来说，无非就是三方面，事前对资源的计划（是否有计划）、事中对资源的控制（计划的形成过程）、事后对资源的评估（计划的执行效果）。具体而言，系统中的很多功能，如信用管理、批次管理、发料管理等，都需要事前做好计划，事中控制，事后评估。

1.1.2　ERP 市场的参与者和产品厂商

本小节将对 ERP 市场的参与者、厂商做简要的介绍。

1. ERP 市场的参与者

ERP 市场的参与者可分为以下四种角色：

- ERP 产品厂商，如 SAP、Oracle、用友等公司，这些公司开发 ERP 产品，详见表 1-1。
- ERP 实施公司，以实施 SAP ERP 为例，SAP 公司自身有专门的咨询部提供实施服务，但大部分公司的 SAP ERP 项目的实施都不是由原厂商（SAP）提供的，而是由大大小小的合作伙伴提供，如 IBM、Accenture（埃森哲）、HP（惠普）、Abeam（德硕）、Axon（艾颂）、Atos Origin（源讯）、Deloitte（德勤）、Bearing Point（毕博）、CapGemini（凯捷）这类专门的 IT 实施咨询公司提供实施服务，这样的合作伙伴仅在国内就有近百家。
- ERP 运行所需要的硬件配套供应商，主要是指服务器以及服务器配套软硬件、机房等；
- ERP 运行所需要的软件配套产品，最主要也是必需的软件是 ERP 运行所需的数据库，如 Oracle（甲骨文）公司的数据库、IBM 公司的 DB2 数据库。Oracle 公司是 SAP 最大的竞争对手，但同时 SAP 公司又是 Oracle 公司最大的渠道客户之一。

除了数据库外，软件配套产品还包括需要通过接口与 ERP 相连的软件，以 SAP ERP 来说，有很多获得 SAP 认证或者未获得 SAP 认证的各类第三方软件，如文档归档软件、考勤软件、MES 软件等等，这些软件与 SAP 产品之间通过各类接口相连通。

因此一个典型的 SAP ERP 项目的预算应该覆盖 ERP 产品费用 + 实施费用 + 硬件费用 + 配套软件费用。

2. 目前中国市场主要的 ERP 产品的厂商

ERP 市场出现于 20 世纪 80 年代，时至今年有 30 年的历史，总的形势是 SAP 一枝独秀，其他厂商各领风骚若干年。下面的表 1-1 所示为当今 ERP 市场主要的产品厂商。

表 1-1 中，部分公司的简介如下。

- Infor 为私人企业，未上市，其收入来源于新闻网站。
- 在不同的报道中，Infor 与 Sage 都被称为全球第三大企业管理软件公司。

表 1-1 主要的 ERP 产品厂商

公司	国家	披露的最近财年收入（企业管理软件收入）
SAP	德国（全球第一）	欧元：124 亿（2010），142 亿（2011）
Oracle	美国（全球第二）	美元：356 亿（2010）
Infor	美国（全球第三）	25 亿美元左右
Sage（希捷）	英国（全球第三）	14.35 亿欧元（2009）
用友	中国企业第一	人民币：23.4 亿（2009），29.7 亿（2010）
金蝶	中国企业第二	人民币：9.96 亿（2009 年），14.3 亿（2010）
神州数码	中国企业	全部收入为 423 亿港币（2009）
QAD	美国企业	2.15 亿美元（2010 年）
Microsoft	美国企业	企业管理软件收入为 10 亿美元左右

- 由于 Oracle、神州数码为综合性公司，企业管理软件收入只占其收入的一部分。Microsoft（微软）也一样，其 ERP 产品为 Dynamics AX，收入预计为 10 亿美元左右。
- 神州数码的 ERP 产品是与中国台湾鼎新公司合作，如易飞、易拓，更关心制造业的业务处理同时预算又有限的企业可以考虑；
- 市场上还有很多只针对特定行业的 ERP 产品，限于篇幅，在此不一一列举。

3. ERP 产品（公司）的过去

由于欧美市场收购、并购行为非常频繁，特别是在 21 世纪初期，最终导致 ERP 产品（公司）被并购五六次都有可能，表 1-2 为曾经比较知名，现在已被收购的 ERP 产品的情况，可以看到最终的去向基本都是两家公司。其中一家是收购狂人埃里森（Ellison）领导的 Oracle，另外一家是擅长资本运作以及企业整合的公司 Infor。

表 1-2 曾经的比较知名的 ERP 厂商的最终去向

公司	公司产品	收购去向和时间	收购最终去向	现产品名
Bann	Bann	SSA（2003）	Infor	Infor ERP LN
SSA	BPAC	Infor（2008）	Infor	Infor ERP LX
Fourshift 四班	Fourshift	Infor（2009）	Infor	Fourshift
Geac 杰雅	System21	Infor（2005）	Infor	Infor ERP System21
MAPICS	SyteLine	Infor（2005）	Infor	Info ERP SyteLine
Peoplesoft	Peoplesoft	Oracle（2004）	Oracle	Peoplesoft
J.D.Edwards	JDE	Peoplesoft（2003）	Oracle	JDE
Lawson	S3/M3	INfor（2011）	Infor	S3/M3

1.2 SAP 产品概览

SAP 公司是做 ERP 起家的，迄今为止 ERP 仍然是其旗舰型产品，时至今日，SAP 公司的产品线已经涵盖企业管理的各个方面。

在过去的几十年中，SAP 传统做法是寻求内在增长，SAP 公司的主要产品都是自己公司开发的，或是收购小型公司然后高度融合到自己公司的产品中，因此 SAP 的各个产品线之间的整合程度比较高。

近几年，IT 技术日新月异，SAP 改变了传统做法，发起了几次大规模收购，通过收购加快创新速度，在 2007 年 10 月以 68 亿美元收购 Business Object（商务智能公司），2010 年 58 亿美元收购 Sybase（移动技术、数据库公司），2011 年 12 月以 34 亿美元收购 SuccessFactors（云计算公司），这三个收购方向分别代表企业市场 IT 技术的商务智能化、移动化、云化。2012 年 5 月以 43 亿美元收购 Ariba（云计算采购）。

SAP 公司的几十个产品可简单分为以下几个大类：
- SAP 商务套件，包括 ERP、SCM 等企业核心应用软件；
- SAP 特定行业应用产品，针对零售、保险、银行等少数的行业；
- SAP Net weaver 技术平台；
- 商务智能分析软件 BI/BW/BO，SAP 自身提供 BW 产品，在收购 Business Object 后，与 SAP BW 以及其他产品高度整合；
- 移动应用产品，收购 Sybase 后，将企业应用展现在移动设备中。

本节中，主要针对 SAP 的商务套件做简单介绍。

1.2.1 SAP 的商务套件

SAP 的商务套件包括 ERP、PLM、CRM、SCM、SRM 等产品，过去 SAP 并非以一个整体推出 ERP、SCM、CRM、PLM 等系列企业核心应用产品，推出这些产品的时间节点并不同步，相互之间也并非如企业期望的那样协调。从 2009 年开始，SAP 将这些核心应用整合为商务套件（Business Suite）的形式，整体发布给客户。

2009 年，SAP 发布了 Business Suite 7，当时包括：
- Enhancement package 4 for SAP ERP 6.0（SAP ECC 604）；
- SAP Customer Relationship Management（SAP CRM）7.0；
- SAP Supplier Relationship Management（SAP SRM）7.0；
- SAP Supply Chain Management（SAP SCM）7.0；
- SAP Product Lifecycle Management（SAP PLM）7.0。

2011 年，SAP 发布了商务套件 7 的升级版，包括：
- 功能增强包（Enhancement package）6 for SAP ERP 6.0（包括 SAP PLM 7.02）；
- 功能增强包 2 for SAP CRM 7.0；
- 功能增强包 2 for SAP SRM 7.0；
- 功能增强包 2 for SAP SCM 7.0（包括 SAP F&R 5.2）。

整个商务套件的所有产品同时进入 Ramp-Up 阶段，然后同时发布给客户，这样确保了核心应用产品以整体的形式交付给客户，产品之间是非常协调的。

在 2011 年 11 月，SAP 宣布当前的核心商务套件 Business Suite 7 的生命周期从 2015 年延长至 2020 年 12 月，在此期间所有的更新均通过功能增强包（Enhancement Package）的形式交付给客户。

提示：访问 SAP 网站 http://help.sap.com/content/documentation/sbs/index.htm，可以看到更多关于商务套件的内容。

下面将摘选商务套件中一些应用做简要说明。

1.2.2 SAP PLM 简介

PLM（Products Life Management）即产品生命周期软件，从 ECC6.0 开始，PLM 的功能已经集成在 ECC 6.0 的平台中，与 ERP 软件同时安装，无需额外安装。

PLM 的使用对象是公司的产品研发部门以及其他产品相关部门（市场部门、制造部门等）。PLM 常见的一些功能点包括以下一些。

- 通过接口接受各种设计软件（CAD、Pro/E 等）中的设计图，并支持将图纸转为 EBOM 和物料。
- 通过项目管理功能，管理产品开发的过程（需要额外安装 PPM）。
- 通过变更管理、工作流功能，管理产品的变更，可以按日期变更、按序列号变更。
- 通过文档管理功能，管理研发成果。
- 通过 Cfolder 和 Cproject 功能，基于 web 与供应商、客户协同产品的设计、开发工作（需要额外安装 Cfolder 和 Cproject）。
- 通过配方管理，管理企业开发的配方。

1.2.3 SAP SCM 简介

SCM（Supply Chain Management）即供应链管理软件，是在 ERP 的基础上对供应链的进一步优化，其由以下几个主要应用组成，见表 1-3。

表 1-3　SAP SCM 所包括的内容

名称	英文全称	中文	说明
APO	Advanced Planning and Optimization	高级计划与优化	对 PP 模块的进一步扩展
F&R	Forecasting and Replenishment	预测与补货	针对零售行业，通过改进补货流程，来优化内部供应链流程
EWM	Extended Warehouse Management	扩展的仓库管理	对 WM 模块的进一步拓展
SNC	Supply Network Collaboration	供应网络协同	类似于供应商门户、客户门户

1. SAP SCM 之 SAP APO 简介

SAP APO（Advanced Planning and Optimizer）是 SCM 解决方案中的一部分，APO 是用于提高供应链预测、计划水准，实现高级排程的工具。

其对 ERP 的优化举例如下。
- 有限能力计划（Finite Planning），而 ERP 中为无限能力计划；
- 跨工厂（站点）生产计划，而 ERP 中为单工厂计划；
- 基于特征的预测（Characteristics-Based Forecasting），ERP 中对特征预测的支持有限；
- 全球可用性检查功能（Global ATP），对多个工厂进行可用性检查功能，而 ERP 中为单工厂可用性检查。

2. SAP SCM 之 SAP F&R 简介

SAP F&R（Forecasting and Replenishment）是一个用于零售业中预测与补货的软件，适用零售业中门店拉式补货的模式，不适用于推式补货，其过程可简要描述如下。

1）接受门店的空间数据（货架数据）、POS 数据（当前和历史销售数据）、促销计划、库存数据、手工的采购数据、正在执行的供应等数据。

2）进行需求计算。

3）需求数量优化。通过取整、最小订购量、折扣等级等参数文件进行数量的优化，并可结合模型（如 CPFR 模型）进行。

4）结合库存情况，生成对门店补货建议。

3. SAP SCM 之 SAP EWM 简介

EWM（Extended Warehouse Management）进一步拓展了 ERP 中 WM（Warehouse Management）的功能，进一步加强仓库的收货、发货、内部调拨的功能、对 RF 设备的支持，更丰富了上架、下架策略。

- 波次管理功能。通过对 SAP 定义规则，实现对波次（Wave）功能的支持。

波次是指所需要拣取的产品（可能涉及 100 张发货单）按某些条件分类，例如：
  - 订单类型（正常/紧急）订单；
  - 同一运输公司（或运输路径）；
  - 所有某类客户的订单；
  - 相同仓库地点的订单。

其中满足条件的发货单，作为一个波次，一次进行捡货、包装、装车，这样可以提高仓库管理的效率：

- 通过堆场管理（Yard）可以提高仓库对车辆到达、离开、装卸计划的管理与能力。
- 通过 cross-docking（直接转运）功能，支持将不同供应商的产品收货后，不做储存，直接从入库站台到出库站台，从而尽可能提高效率。
- 通过 VAS（Value Added Serveice 增值服务），实现对仓库中组装、包装等各种增值服务的支持，生产 VAS 订单，并作为后续外部开票或者内部结算的基础。
- 通过 Catch Weigh 功能，实现双单位管理，例如 ERP 中为个，称重单位为 kg。
- 通过 Travel Distance Calculation（行进距离计算），计算仓库人员执行某项仓库工作（Warehouse Order）需要行进的距离，便于计算仓库人员的工作量，如图 1-1 所示，从图中的起点到终点，SAP 中支持三种距离计算的方式。

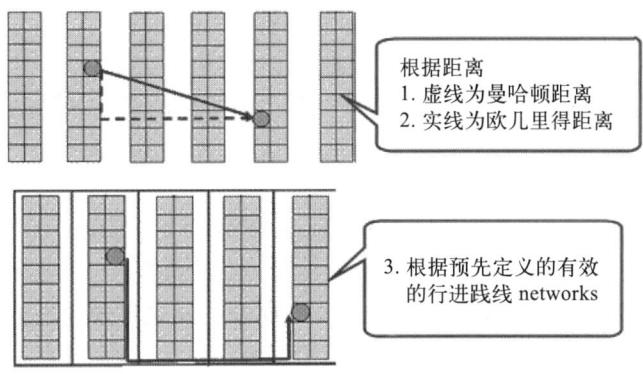

图 1-1　距离计算的方式

4. SAP SCM 之 SAP SNC 简介

SNC（Supply Network Collaboration，供应网络协作）是企业之间将信息互相共享的一种方式，随着企业之间的供应链不断深化，SAP SNC 产品也不断得到了增强，图 1-2 为 SAP SNC 产品的发展历史。

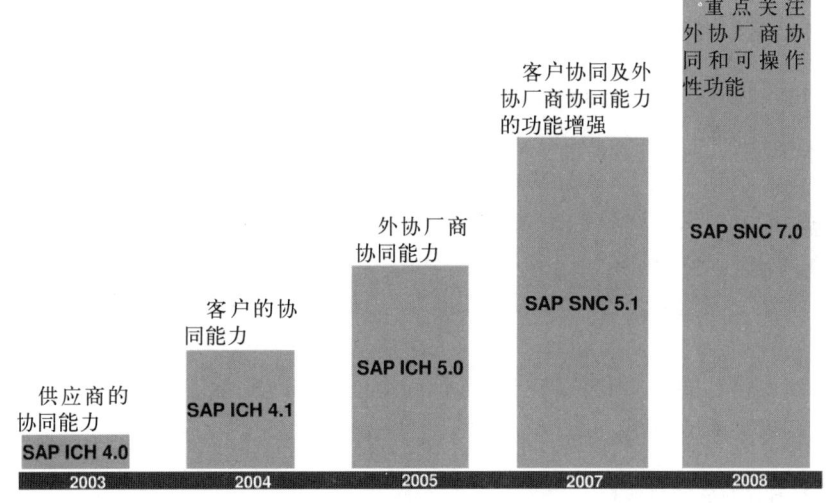

图 1-2　SAP SNC 产品的发展

企业与供应商、客户之间需要交互大量信息，如预测、订单、库存信息，EDI 与 SNC 是企业之间协作的常见方法。

对于最大的供应商、客户，企业之间的协同，可以采用 EDI 的模式，但相对而言采取 EDI 的模式互相交互信息，实施成本比较大，并且客户、供应商可能并不具备相应的支持 EDI 的系统，因此对于大部分的供应商、客户，可通过 SNC 模式来进行操作。

SNC 具体而言，就是以 Web 的形式，实现企业之间互相交互库存、订单、生产、在途等信息，实现与供应商、客户、外协（外包）厂商的协同能力，举例如下：

- 供应商直接在 Web 中查看属于该供应商的相应采购订单；
- 支持 VMI（供应商库存管理），实现更有效率的补货；
- 实现对外协厂商的管理与监控：包括外协厂商的库存、生产进度、组件可用情况。

1.2.4　SAP CRM 简介

通过 CRM（Customer Relationship Management/ 客户关系管理软件），提高客户的满意度、忠诚度，提高潜在机会的达成率，包括但不限于以下功能。

- 销售过程的管理：提供对客户的 360 度的视野，从销售预测的制定、分配，到销售线索、活动、机会管理，再到后续的售后服务；
- 营销过程管理：譬如使用 TPM（Trade Promotion Management/ 促销管理）管理营销过程中的费用预算制定、审批、报销、结算，并与 ERP 有良好的集成；
- 售后服务管理，可通过集成呼叫系统，记录客户的投诉以及后续的处理，并与 ERP 集成；
- 利用 Web Channel（网上商店）功能，扩展了销售渠道，实现 B2B 和 B2C 等各种功能、在线浏览和搜索产品目录、然后创建订单。

1.2.5　SAP SRM 简介

SRM（Supplier Relationship management，供应商关系管理软件）通过持续节约成本、确保合同合规性和缩短实现价值的时间为企业带来价值，譬如：

- 电子目录功能：在 IT 信息技术发展之前，纸本目录是购买某些产品的参考，而电子目录功能发展后，当我们购买产品时，就可以直接访问在线目录，快速方便地直接向选定的供应商订货；
- 货源确定：通过电子拍卖和投标工具，与预先选择的供应商协作，最大程度地降低采购风险；
- 供应商协作功能：如供应商自行管理其地址信息、联系信息，供应商与客户之间的供应链信息保持透明。

1.2.6　SAP 的产品路线图

当 SAP 将产品开发完毕后，则进入验证阶段（Validation Phase），由 SAP 公司内部具有经验的顾问团队，组成虚拟客户，进行高质量的测试。在此阶段，所有文档（帮助文档、安装文档等）都准备完毕，与数据库、与服务器的结合也以高标准进行了验证，结束此阶段，产品可发布给客户（Release To Customer），进行到下一个阶段（Ramp-UP 阶段），在此阶段，客户可下载软件，了解并熟悉安装指导、新功能说明，同时联系 SAP 公司，加入到 Ramp-Up program，SAP 将提供免费、及时有效的指导，当该阶段结束，则正式作为 Default Release 发布给用户。

要了解 SAP 公司将要发布的产品情况，只需要访问网站 service.sap.com/rampup，则可以看到 SAP 当前正在 Ramp Up 的产品清单以及计划交付时间。初步统计目前正在 Ramp-up 的产品有 70 项左右。

对于 SAP ERP 来说，ECC 606（Enhancement Package 6 for SAP ERP 6.0），于 2011 年 11 月开始进入 Ramp Up 阶段，2012 年结束 Ramp Up，正式推荐给用户（Default Release）。

1.3 SAP ERP 概览

SAP 公司的历史将近 40 年，从 1992 年 ERP 产品 R3 面世到今天也有 20 年的时间，在此期间 ERP 的版本发生了多次更新，以往 SAP ERP 的升级是一件非常大的工程，从 SAP ERP ECC6.0 开始，SAP 推出了功能增强包的功能，大大简化了升级的工作，加快了企业部署。

下面将介绍 SAP ERP 的产品历史、概览以及最新发展。

1.3.1 SAP ERP 产品历史

过去的几十年中，SAP ERP（及前身）发布以下几个主要版本。

- 第一代产品原名 RF（financial accounting system），针对财务模块。后来针对 RF 增加了 R1；
- 第二代产品为 R2，包含以下模块：RF Financial Accounting；RA Assets Accounting；RK Cost Accounting；RK-P Projects；RP Human Resources；RM-INST Plant Maintenance；RM-QSS Quality Assurance；RM-MAT Materials Management；RM-PPS Production Planning and Control；RV Sales and Distribution
- 第三代产品为 R3，这是 SAP 的经典之作；
- 最新的产品为 ECC6.0，于 2005 年发布。

国内应用 SAP 最早的一批企业，基本在 2000 年左右（联想 2000 年上线），进入到 21 世纪 SAP 项目得到大规模发展，因此，国内使用的 SAP ERP 的版本大多为 R3 4.7、ECC5.0、ECC 6.0，这几个版本从后勤模块的功能来说，新版本完全继承旧版本的功能，并推出一些新的功能，总体来说，差异并不是非常大。

详细的 SAP ERP 历史见表 1-4。

表 1-4　SAP ERP 产品主要里程碑

时间	ERP 软件相关发展与应用	备注
1972	SAP 公司成立	由三个前 IBM 雇员在德国成立
1973	RF（financial accounting system）推出	后来 RF 也称之为 R1
1978	AM 资产管理模块推出	
1980	RV SD 模块推出	
1981	研发、测试生产制造模块	
1983	R2 RM-PPS 模块正式推出	首个客户为 Heraeus（贺利氏）
1984	研发 R2 的 RK、PPS 和 RP	

（续）

时间	ERP 软件相关发展与应用	备注
1986	R2 RP 模块正式推出	
1988	开发 RIVA（针对 utility/公共事业行业）方案	
1989	ABAP/4 开发语言面世	
1991	在 CeBIT（汉诺威信息展）展示 R3	
1992	R3 正式面世（1.0A）	
1994	Retail 行业解决方案推出	收购 Dacos 公司
1998	R3 4.0B 推出	
1998	R3 RIVA（公用事业行业）	
1999	R3 4.5 推出	
2000	R3 4.6B/C 推出	
2004	ECC5.0 推出	
2005	ECC6.0 推出	
2007	ECC 602 推出	ECC6.0 的升级版
2008	ECC 603 推出	ECC6.0 的升级版
2009	ECC 604 推出	ECC6.0 的升级版
2011	ECC 605 推出	ECC6.0 的升级版
2012	ECC 606 推出	ECC6.0 的升级版

说明：SAP 同一版本的产品的推出时间在不同的报道中可能有所差异，这是因为 SAP 的产品发布有两个重要的时间点（Release To Customer 和 Default Release），在章节 1.2.6 "SAP 的产品路线图"对此做了解释。

1.3.2 SAP ERP 产品概览

下面首先初步介绍 SAP ERP 的类型，然后以目前最新的 SAP ERP 版本 ECC6.0 的功能应用为例，从几个方面来简要介绍 ECC6.0 的特点，值得注意的是 ECC6.0 升级的方式变成了功能增强包的方式。

1. SAP ERP 产品类型说明

当前 SAP ERP 的主力产品为 ECC6.0，本章的内容均针对 ECC6.0，但值得注意的是除此之外 SAP 公司还有其他的 ERP 产品。

（1）SAP Business One（SAP B1）

2002 年 SAP 在收购以色列企业 TopManage Financial Systems 基础上推出的针对小型企业的 Business One，该产品与 ECC6.0 无任何直接关联。

（2）SAP All-in One（SAP A1）

在 SAP ECC6 的基础上，SAP 按不同行业、不同业务场景做了一些预配置，然后交给咨询合作伙伴，减少项目的实施周期，其使用的软件就是 SAP ERP ECC6.0，主要针对中型企业。SAP 对中型企业的定义会发生变化，总体来说 SAP 定义的中型企业是年收入在 10 亿元（左右）以下的企业。

（3）SAP Business ByDesign（SAP BYD）

SAP 于 2007 年发布了针对中小企业的 SOA 产品，它是按需部署并运行在 SAP 云之上的，包括 ERP、CRM、SRM 等多种应用在内，可以运行在多个平台（PC、智能手机、平板电脑）。

2. 模块化管理

模块化管理是 SAP ERP 一直以来的特点，从几十年前最早开发 ERP 就以模块化的方式开发，同时模块与模块之间有着良好的集成，并非通过所谓的抛转，而是实时的过账，譬如采购订单收货产生物料凭证的同时，自动产生相应的会计凭证，如果会计凭证产生不成功，那么物料凭证也不会产生。

SAP ERP 项目中顾问分为两类，即模块（Module）顾问和技术（Technical）顾问，一般的项目中大多会需要五大模块，包括 SD、PP、MM、FI、CO，因此这五大模块也被称为传统五大模块。

将 ERP 的内容分为不同的模块，由不同的模块顾问负责实施，从大的角度来分可分为三类。

- 后勤模块：包括 SD 销售和分销模块、PP 生产与计划模块、MM 采购与物料管理、QM 质量管理、CS 客户服务等模块。
- 财务模块：包括 FI 财务会计、CO 控制模块。
- 人力资源模块：即 HR 人力资源。

很多应用属于跨模块应用，如本书中的最后六章内容、文档管理、EDI 应用等。

3. 功能升级

以往对于已经采用 SAP ERP 的老版本的客户来说，当要实施新的 SAP 的标准功能，只能采用升级的方式，譬如从 R3 4.7 升级到 ECC5.0，升级固然会给客户带来 IT 价值的提升，但由于升级所需周期较长，也需要较多的测试，因此对客户的正常运营带来了一定程度的影响，有些公司，除非特例，升级期间是不允许用户提交任何开发、配置更改请求。

按照 SAP 的战略，2005 年发布 ERP ECC6.0 将至少支持到 2020 年，在此期间 SAP 发布的所有新功能均以增强包的形式交付给客户，即如果一个客户在 2005 年实施了 ECC6.0，至少一直到 2020 年，整个 15 年期间，功能升级均通过功能增强包的形式进行。

具体而言，在过去的几年中，ECC6.0 按照先后顺序，已经发布四次功能增强包，并于 2012 年再次发布新的功能增强包，如表 1-5 所示。

登录 SAP 系统后，在 SAP 中的任意一个界面，单击菜单"系统/状态"可以查看到当前安装的 SAP 的组件版本，其中最重要的一个软件组件（Software Component）为 SAP_APPL。如图 1-3 所示，可以看到当前系统已经释放的最新版本（Release）为 603，代表已经安装了 EHp3 的各项功能。

表 1-5 ECC6.0 的各个版本清单以及发布时间

版本	发布时间		核心组件版本（SAP_APPL）
ECC6.0	2005	ECC6	ECC 600
功能增强包 EHp2 新增功能	2007	EHP2	ECC 602
功能增强包 EHp3 新增功能	2008	EHP3	ECC 603
功能增强包 EHp4 新增功能	2009	EHp4	ECC 604
功能增强包 EHp5 新增功能	2011	EHp5	ECC 605
功能增强包 EHp6 新增功能	2012	EHp6	ECC 606

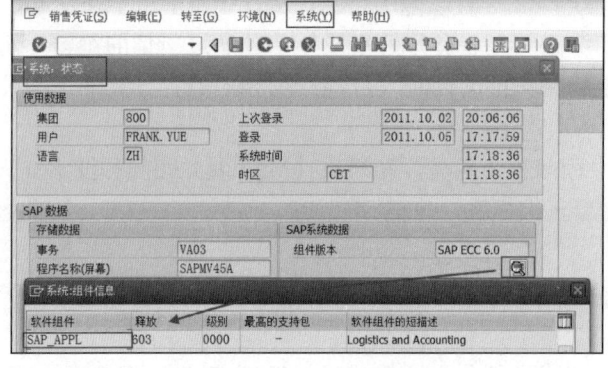

图 1-3 SAP 系统版本情况

4. 功能增强包与业务功能

当前 SAP 中以功能增强包的形式来实现特有业务功能以及实现功能的升级，功能增强包（enhancement package）中包含诸多业务功能（business function），这些业务功能可分为三个方面。

（1）行业特有的业务功能集合（Business function set）

如零售行业特有、离散行业特有、石化行业特有；每一套 SAP 只可以选择一个业务功能集合。如图 1-4 所示的系统中激活了离散行业特有的业务功能集合"DIMP"，DIMP 是指 Discrete Industries and Mill Products（离散行业和钢铁行业）。

（2）企业扩展（Enterprise_Extensions）

一方面企业扩展属于通用的业务功能集合（General Business function set），这些功能不限于特定行业，而是适用于所有行业。另一方面企业扩展为整个企业级别的应用，如图 1-4 所示，企业扩展大多为 EA 打头，共包括数十个企业扩展，其中有两个（EA-SCM（SCM 扩展）、EA-PLM（PLM 扩展））与后勤

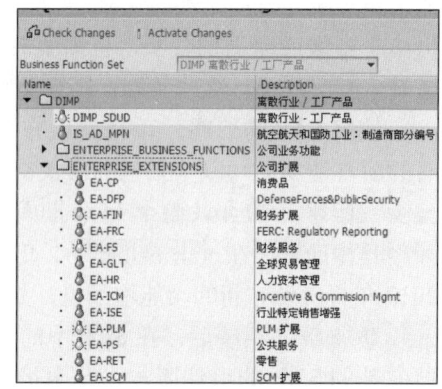

图 1-4 激活了离散行业的解决方案的功能增强包示例（SFW5）

模块密切相关，当激活 EA-PLM，当前系统就具备 PLM 的相应功能。

（3）特定模块的企业业务扩展（EnterPrise_Business_Functions）

企业业务扩展也适用于所有行业，但属于针对特定模块的业务应用，随着 ECC6.0 新的增强包版本的不断推出，有数十个业务功能增强与后勤模块相关。以后勤模块为例，企业业务扩展的命名大多为 Log+ 模块 + 功能，如 LOG_PP_MIS。在本书的其他章节中，将具体介绍到一些功能增强包中的业务功能，如表 1-6 所示。

表 1-6　业务功能举例

业务功能（集合）	典型应用举例	章　节
行业级别应用：离散行业 DIMP	增强的 MPN（制造商料号）功能	制造商料号
行业级别应用：石油、煤炭等行业	增强的运输功能	运输管理
LOG_MM_MAA_1	采购订单的多账户 支持多账户分配下估价的收货	采购模式
LOG_PP_MIS	对生产信息系统（COOIS）等做了进一步的增强	MRP 简介
LOG_SD_SIMP_02	增强了销售定价的屏幕，实现了简化	销售定价
LOG_PP_SRN_CONF	增强了工单确认的功能，增加了了自定义字段	生产执行

同时近年来，随着 SAP 本地化的不断深入，在最新的 EHp5、EHp6 增强包中，通过 FIN_LOC_CI_1、FIN_LOC_CI_11、FIN_LOC_CI_13 等业务功能，SAP 推出满足中国本地化的标准方案，如财务三大报表、会计凭证打印、金税接口、银企接口、账龄分析报表等。

（4）激活业务功能

在 ECC6.0 中，激活、应用新功能（业务功能）非常简单，只需要选择业务功能，然后进行特定的激活即可。

注意：可以激活的业务功能与 SAP ECC6.0 安装的版本有关。若 ECC6.0 只安装到了 EHP3 级别，这代表 EHp2、EHp3 的新功能已经安装到系统中，具体而言则可以激活 ECC6.0、EHp2、EHp3 这三个版本中对应的功能增强包中的业务功能，而不能激活 EHp4、EHp5 的业务功能。

事务代码 SFW5 可激活并查看功能增强包中的各个业务功能，如图 1-5 所示，业务功能 LOG_SD_CI_01 尚未激活，如果需要激活，则单击按钮"Planned Staus"选择需要激活的业务功能 LOG_SD_CI_01，然后单击按钮"Activiate Changes"，则激活了业务功能 LOG_SD_CI_01，系统将以后台执行的方式来激活业务功能，激活成功后，则可以应用该业务功能中所包含的各项功能。

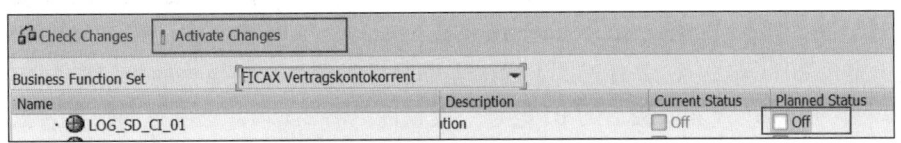

图 1-5　激活业务功能（SFW5）

如图 1-6 所示，可以看到 EHp3（603）中提供了业务功能 LOG_PP_MIS，EHp3（602）中提供了业务功能 LOG_PP_PI_EHM，这两个业务功能在系统中均处于已激活状态，单击按钮 ，可以查看到关于该业务功能的帮助，在该帮助中，介绍了该业务功能所包含的功能，以及使用的方式方法。

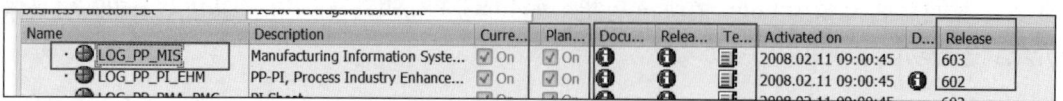

图 1-6　查看业务功能的帮助（SFW5）

1.3.3　SAP ERP 最新发展方向

SAP ERP 的发展方向无疑要遵循满足企业的需求这一最基本的原则，在过去的一年中，最耀眼的应用有移动应用 ERP On Device 和内存计算技术 HANA，下面简要介绍。

1. SAP ERP On Device（移动应用）

智能手机、平板电脑越来越流行，这是一个时代的趋势，这个时代中 ERP 也会发生巨大的改变，我们可以看到 SAP 也推出了一些新的应用，依靠收购 Sybase 移动技术，并进行整合，SAP 将支持各种移动设备，以对苹果的 IOs 系统支持为例，SAP 已经开发、正在开发着几十款可用于 iPhone、iPad 上的移动应用，可以访问苹果的应用商店（App Store）下载相关应用，以后勤模块为例，SAP 提供了数十种移动应用，参见表 1-7。

表 1-7　SAP ERP 移动应用

应用名	应用说明
SAP ERP Order Status 2.0.0	查看销售订单的发货状态、计划发货日期等，并可进行后续处理，如邮件、电话联系相关人员
SAP ERP Quality Issue 1.0.0	使用移动设备记录质量问题，并可将图片作为附件，问题提交后，将会触发创建质量通知
SAP Customer and Contacts 2.0.0	根据客户查找相关信息，向客户的联系人致电、发送短信或电子邮件
SAP Material Availability 2.0.0	查看物料信息、物料库存信息、特定价格
SAP Sales Order Notification 2.0.0	销售订单变更后，触发通知

查看 SAP 最新的 Ramp-UP 清单，可以看到正有 20 项移动应用目前正处于 Ramp-Up 阶段或者已经结束 Ramp-Up。

2. SAP HANA

2011 年另外一个振奋人心的消息是，SAP 推出了使用内存计算技术实现实时数据分析的产品 HANA（High-Performance Analytic Appliance）。国内第一家使用 HANA 产品的客户农夫山泉于 2011 年 9 月 22 日正式上线，查询同样的数据，用原来的数据库与 BI 组合需要 215.0 秒，用 HANA 和升级后的 BI 组合一次查询只需 2.1 秒，二次查询则只需 1.8 秒。

提示：访问 SAP 官方网站：http://www.sap.com/hana/index.epx 可以获取更多信息。

SAP 于 2013 年 1 月正式推出 SAP Business Suite on HANA，这意味着 SAP ERP 可以基于 HANA 来进行部署，全球越来越多的企业也正在基于 SAP HANA 来部署包括 SAP ERP 在内的 SAP 应用。

第一篇

生产计划与执行管理

第 2 章　生产模式和计划策略

企业有多种多样的生产模式、计划策略,主要的分为以下几种。

1) 按库存生产（MTS）：根据生产订单安排计划,销售订单与生产订单无直接联系；

2) 按订单生产（MTO）：销售订单触发生产订单,根据生产订单安排计划,包括加工、装配等工作；

3) 按订单装配（ATO）：销售订单触发生产订单,根据生产订单安排计划,主要的制造活动是装配产品；

4) 按订单设计（ETO）：销售订单触发生产订单,根据生产订单安排计划,主要的活动是设计、加工、装配产品。

除了上述四种生产模式,与不同的业务模式结合,还有以下生产模式：

❏ 重复制造（Repetitive）：不按照生产订单,而是按照期间（如日）来安排生产计划；可以是 MTS,也可以是 MTO。

❏ 可配置制造：指在生产中产品有多种配置方式。

另外,流程行业与离散行业相比,其生产也有所差异。

SAP 预配置 30 多种计划策略,本章将依次介绍主要的计划策略。

2.1　计划策略与需求类型总览

企业安排生产活动,或者是基于确认的客户需求或者基于销售预测,对于需求的确认是安排生产计划、执行的源头。

SAP 中，在物料中定义计划策略组（Planning Strategy Group），通过计划策略组确定计划策略（Planning Strategy）、需求类型（Requirement Type）以及相应的需求分类（Requirement class）来确定需求的方式。

系统通过定义不同的计划策略和需求类型，来满足企业不同的生产业务模式，不同的计划策略（需求类型）的差异如表 2-1 所示。

表 2-1 需求策略类型

一级分类	二级分类	主要特征	需求可预测的层次	生产相关的对象
按库存生产（广义的 MTS）	狭义的 MTS Make-To-Stock	未完全确定客户需求前，根据预测安排生产	一般可预测最终成品的需求，预测特定物料需要特定数量	与销售订单无直接联系的生产订单
	重复制造	大规模重复生产某产品	一般可预测最终成品的需求	不使用生产订单
按订单生产（广义的 MTO）	ATO Assemble-To-Order 按订单装配	对主要的组件提前做预测，在接到客户订单时组件已到位 因此接到客户订单后可直接装配	一般不可预测最终成品的需求 但可预测成品包含的主要组件的需求	基于销售订单的生产订单
	狭义的 MTO Make-To-Order 按订单生产	接到客户订单后，再生产	一般不可预测最终成品的需求 基本不需要按照客户要求设计	基于销售订单的生产订单
	ETO Engineering To-Order 按订单设计	接到客户订单后，边设计、边生产	不可预测最终成品的需求 也无法预测大部分组件的需求 产品生产过程中还需要根据客户要求进行设计	基于销售订单的生产订单
	重复制造	大规模重复生产某产品	接到客户订单后	不使用生产订单

表 2-1 中的分类是一个比较宽泛的分类，实际应用中，还需要考虑以下多个方面的问题。

1. 业务流程与系统处理的差异

接到客户订单，再安排生产，从业务层面上来说，可以认为是按订单生产（MTO），但面临此业务情况，在不少项目实施中，出于多种原因的考虑，系统中并没有采用 MTO 的解决方案。

2. 需求类型与响应时间

如图 2-1 所示，不同需求类型下响应客户的需求所需的时间是不同的，从尽快响应客户需求的角度来看，MTS 的模式无疑响应客户速度最快，但 MTS 模式的基础是对客户需求的准确把握，这一点并不是非常容易做到。

采用 MTS 的模式，响应客户的速度虽然最快，如果对需求把握不准确，却又容易导致库存积压。如果所处行业的产品更新速度很快，那么库存积压将会带来非常大的损失。

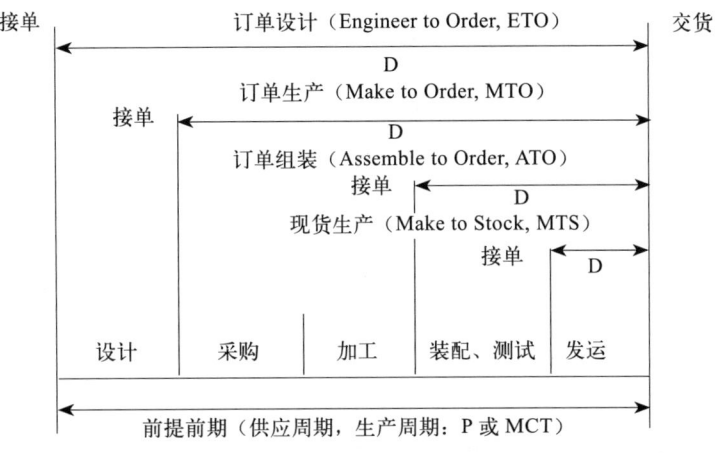

图 2-1　需求响应时间与需求类型

3. 需求类型的变化

同一产品，在产品的不同生命周期，需求类型可能会发生变化。在产品开发阶段，可能属于按订单设计（ETO）性质；开发逐渐定型后，进入按订单生产阶段（MTO）；半成品、原材料进一步发展成为各种体系，就变成按订单装配（ATO）性质；产品成熟阶段，需求稳定，进入按库存生产（MTS）阶段。

4. 混合的生产模式

一方面，公司的不同产品可能采用不同的计划策略。

另一方面，同一产品也可能有混合的需求类型，譬如某公司生产某种产品正常情况下客户无特别要求，因此采用按库存生产的业务模式，但偶尔客户会有非常细小的改变，这种细小的改变基本不影响 BOM 和工艺，此时无论是否存在正常的库存，都需要专门生产符合该客户需要的产品。

该业务需求可通过在计划策略组中定义两个计划策略，一个是 MTO 策略，另外一个是 MTS 策略，创建销售订单时手工选择相应的策略，参见本人博客"混合生产方式（MTO 与 MTS 为例）"。

提示：通过在网络中搜索"MRP Strategies made easy"，可以查看到 SAP Labs 于 1998 年出版的讲解计划策略的 PDF 格式资料。

2.2　按库存生产（MTS）

按库存生产（MTS）可以进一步细分，系统中为 MTS 预配置多种计划策略类型，下面通过维护四个产成品物料,并为每个物料分配一种计划策略,来介绍四种最常用的 MTS 的计划策略类型。

2.2.1 MTS 的四种计划策略配置对比

计划策略 10、11、40、52 为系统预定义的 MTS 的计划策略,表 2-2 为四个计划策略的主要参数。

提示:客户需求(Customer Requirement)是指通过销售订单、计划协议产生的需求;独立需求(Independent Requirement)一般是指通过事务代码 MD61 维护的计划独立需求,与客户无关。

以计划策略 40 为例,相关定义如下:

事务代码 OVZG 定义需求分类(Requirement Class),分别定义需求分类 101 和 050 的消耗方式、计划标识等字段的值。

事务代码 OVZH 定义需求类型(Requirement Types),将需求分类 101 和 050 分别分配给需求类型 VSF 和 KSV。

如图 2-2 所示,事务代码 OPPS 定义计划策略(Planning Strategy),在计划策略 40 中分配独立需求的需求类型 VSF 和客户需求的需求类型 KSV,通过计划策略将独立需求和客户需求的需求类型组合到一起,并显示相应的需求分类的信息。

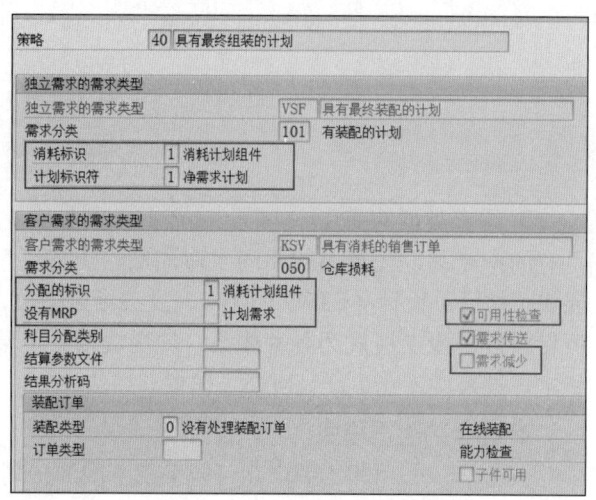

图 2-2 计划策略配置(OPPS)

事务代码 OPPT 定义计划策略组(Planning Strategy Group),在计划策略组 40 中分配计划策略 40,可以为计划策略组设置一个主要的策略以及多个次要的策略。

事务代码 MM01 为物料维护相应的计划策略组,参见后面的图 2-17。

表 2-2 计划策略配置对比

计划策略	10	11	40	52
计划策略英文描述	Make-to-stock production	Make-to-stock prod./gross reqmts planning	Planning with final assembly	Planning w/o final assembly
中文描述	按库存生产	按库存生产/总需求计划	具有最终组装的计划	不带有最终组装和定做的计划
独立需求的需求类型	LSF	BSF	VSF	VSE
独立需求的需求分类	100	102	101	103
客户需求的需求类型	KSL	KSL	KSV	KSVS

(续)

客户需求的需求分类	030	030	050	049
消耗标识	空白：没有消耗 No consumption with customer requirements	1. 消耗计划组件 Consume planning with assembly	2. 消耗计划没有组件 Consume planning w/o assembly	
分配的标识	空白：没有消耗 No consumption with customer requirements	1. 消耗计划组件	2. 消耗计划没有组	
计划标识符	1. 净需求计划	2. 总需求计划	1. 净需求计划	3. 单项计划
没有 MRP	1. 需求未计划，但显示 Requirement not planned but displayed		计划需求 Requirement planned	
可用性检查	勾选			不勾选

2.2.2 MTS 的四种计划策略对产成品的需求、生产的影响

下面建立四个产成品，并为四个产成品分配四个 MTS 的计划策略，为这四个物料维护相同的库存、相同的销售订单，并执行后续生产和发货操作，通过这些步骤来了解这些计划策略的影响。

1. 主数据设置

如表 2-3 所示，事务代码 MM01 创建四个物料，并在工厂 1000 下设置其计划策略信息，可参见图 2-17。

表 2-3 MTS 的四种策略示例

计划策略类型	计划策略 10	计划策略 11	计划策略 40	计划策略 52
成品物料编码	ZFF10	ZFF11	ZFF40	ZFF52
主数据设置（物料 MRP3 视图）	1）策略组 10	1）策略组 11 2）综合 MRP：2（总需求计划）	1）策略组 40 2）设置消耗模式和消耗天数	1）策略组 52 2）设置消耗模式和消耗天数

2. 初始化库存

事务代码 MB1C 移动类型 561 为四个物料在工厂 1000 下初始化库存，数量均为 100。

提示：计划策略 52 下，正常来说，存在库存的同时一定会有未清的销售订单，因为销售订单才会触发产成品的生产，才会引起库存。

本例中计划策略 52 对应的物料在期初化库存 100 个时，未同时初始化未清销售订单，所以在图 2-3、图 2-4 中，该物料的计划订单数量符合系统逻辑，但与通常的业务逻辑不符。

3. 维护产成品的独立需求

事务代码 MD61 在工厂 1000 下维护成品的计划独立需求，数量均为 150 个。

提示：事务代码 MD61 中维护独立需求时，将会记录当时的需求类型，因此修改物料的计划策略时，需要注意原计划策略下的计划独立需求是否需要删除。

4. 运行 MRP

事务代码 MD02 对四个物料运行 MRP，MRP 运行后将产生产成品的计划订单。

5. 查看 MRP 运行结果

通过事务代码 MD04 查看四个产成品物料的供需情况，四个物料具有相同的独立需求数量和库存数量，但由于计划策略不同，因此产生不同类型、数量的计划订单。

独立需求对 MRP 的影响，其控制点是由图 2-2 中独立需求的计划标识符以及物料主数据中的计划策略共同确定，具体见表 2-4 和图 2-3。

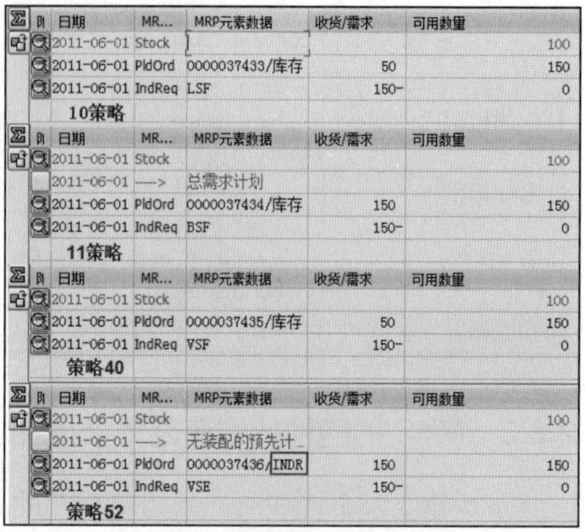

图 2-3　不同计划策略下，库存对 MRP 的影响（MD04）

6. 创建销售订单

事务代码 VA01 为四个物料分别创建销售订单，数量均为 200 个，对于计划策略 52，系统默认可用性检查是基于计划独立需求的，这是由于计划策略对应的可用性检查未勾选，参见图 2-2 和表 2-2。

表 2-4　不同计划策略下计划订单的数量以及原因说明

计划策略	计划订单类型和数量	可生产数量	计划策略结果说明	计划指示符（Planning Ind.）
10	50	50	库存 100 作为一种供给，MRP 运行将被考虑进去，独立需求数量减去库存数量为需要生产数量	1: Net requirements planning（净需求计划）
11	150	150	库存 100 不作为供给，独立需求数量就是需要生产数量	2: Gross requirements planning（总需求计划）
40	50	50	库存 100 作为一种供给，MRP 运行将被考虑进去，独立需求数量减去库存数量为需要生产数量	1: Net requirements planning（净需求计划）
52	150 类型 VP，不可转为生产订单	0	由于独立需求被设置为单独计划，因此 1）库存 100 不被考虑 2）产生的计划订单标记为 INDR，代表计划订单不可转为生产订单，产成品不能进行生产 3）原材料的相关需求可根据独立需求触发，从而可触发原材料采购等业务	3: Single-item planning, Individual requirements planning（单独计划）

7. 再次运行 MRP 后查看 MRP 结果

销售订单作为一种客户需求，其对 MRP 的影响是通过客户需求类型对应的需求分类中的参数定义的，最主要的字段是图 2-2 中的字段"没有 MRP"。

图 2-4、表 2-5 列举四个计划策略下销售订单的影响，表 2-5 中的变化数量是与表 2-4 对比而言，即变化数量是销售订单的影响。

表 2-5 销售订单对 MRP 的影响

计划策略	销售订单影响	计划订单数量	计划订单变化数量	可生产数量	可生产数量变化	字段：No MRP 没有 MRP
10	销售订单仅显示在 MD04 中，不影响生产	50	0	50	0	1：Requirement not planned, but displayed
11	销售订单仅显示在 MD04 中，不影响生产	150	0	150	0	1：Requirement not planned, but displayed
40 有最终装配	销售订单影响 MRP 运行，销售订单数量大于独立需求数量，独立需求被全部消耗，在 MD04 中仅显示销售订单 200 个，独立需求不再显示	100	50	100	50	空白：Requirement planned
52 无最终装配	销售订单影响 MRP 运行，销售订单数量大于独立需求数量，独立需求被全部消耗，在 MD04 中仅显示销售订单 200 个，独立需求不再显示	100	−50	100	100	空白：Requirement planned

1. 计划策略 10、11 下，销售订单仅显示在 MD04 中，实际对需求无影响，对计划独立需求无影响。

2. 计划策略 40、52 下，销售订单是一种更为具体精确的需求，同时将会冲销计划独立需求，由于本例中销售订单数量大于独立需求数量，因此独立需求全部被冲销。

图 2-4 销售订单对 MRP 中需求的影响（MD04）

8. 查看客户需求与独立需求相互之间的关系

如果客户需求和独立需求都作为需求影响 MRP，独立需求相当于销售预测，客户需求代表客户真实的订单，那么在这二者之间一定需要有消耗关系，否则需求重复，系统中通过在物料主数据中定义客户需求（销售订单）如何消耗独立需求（参见后面的图 2-5、图 2-6）。

计划策略 40 和 52 中,销售订单和独立需求都影响 MRP,因此需要维护消耗模式,销售订单创建后,将根据消耗模式中的定义消耗独立需求,事务代码 MD73 可以查看独立需求的数量以及被销售订单消耗的数量,即独立需求的分配数量(Assigned Quantity)。

具体消耗逻辑在本小节下一步骤中一起说明。

9. 生产订单创建、释放并收货

事务代码 CO41/MD04/CO40 将四个成品的计划订单单个或者批量全部完整的转为四个生产订单,事务代码 CO02/CO05N/COHV 释放生产订单,事务代码 MIGO/MB31 对四张生产订单收货。

(1)查看独立需求的分配、消耗情况

如图 2-5 所示,用事务代码 MD73 查看独立需求的情况,可以查看到四个物料独立需求的计划数量(Planned quantity)、领料数量(Withdrawal quantity)和分配数量(Assigned quantity)。

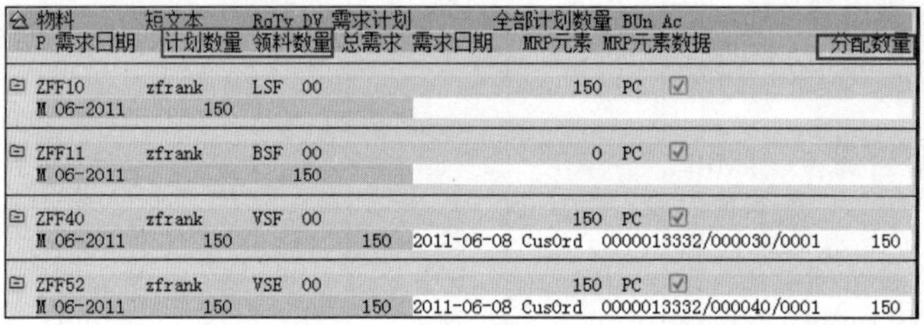

图 2-5 计划独立需求的影响(MD73)

销售订单可能会消耗(Consumption)独立需求,销售订单消耗独立需求的数量即是独立需求中的分配数量,对应的控制参数是图 2-2 中的两个字段"消耗标识"(Consumption)和"分配的标识"(Allocation indicat.),在相应的需求分类中定义的。生产订单收货可能会消减独立需求,收货的数量即是独立需求的领料数量。四种计划策略下,销售订单和生产订单收货对独立需求的影响如表 2-6 所示。

表 2-6 销售订单和生产订单收货对计划独立需求的影响

计划策略	销售订单创建和生产订单收货对独立需求的影响			备注说明	对应后台主要控制参数(原因)	
	计划数量	领料数量	分配数量		字段:Consumption	字段:Allocation indicat.
10	150			独立需求未被消减,也未被消耗	空白:No consumption with customer requirements	空白:No consumption with customer requirements
11		150		独立需求被生产订单收货消减	空白:No consumption with customer requirements	空白:No consumption with customer requirements
40	150		150	独立需求被销售订单消耗	1:Consume planning with assembly	1:Consume planning with assembly
52	150		150	独立需求被销售订单消耗	2:Consume planning w/o assembly	2:Consume planning w/o assembly

（2）独立需求消耗（Consumption）和消减（Reduction）的差异

消耗主要是指更加精确的销售订单需求（客户需求）根据消耗模式和消耗期间去消减期间内未被消耗的计划独立需求（预测性质、不够精确），相当于将需求来源从计划独立需求转变为更为确定的客户需求。消耗并不减少计划独立需求的计划量，只是计划量被消耗。

销售订单如何消耗独立需求，是由物料主数据中的消耗模式、向前、向后冲销天数确定。譬如销售订单，需求日期为 2011/10/6，数量为 150 个，存在两个独立需求，一个是 2011/10/5，数量 100，另一个是 2011/10/8，数量 100。

如图 2-6 所示，定义消耗模式为 2，代表创建该销售订单时，先向后冲销，寻找 2011/10/6 之前直至 30 天内（逆向消耗期间）的未被冲销的独立需求，如果未消耗完毕，则继续寻找 2011/10/6 之后直至 30 天（向前消耗期间）的独立需求，结果是该销售订单需求数量 150 个中 100 个消耗日期为 2011/10/5 的独立需求，剩余的 50 个消耗日期为 2011/10/8 的独立需求。

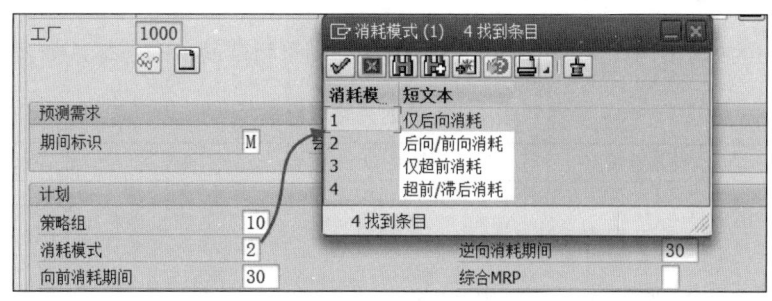

图 2-6　物料的 MRP3 视图，策略组和消耗方式的维护（MM02）

消减数量（reduced quantity）是指计划独立需求的计划量被生产订单收货数量或者销售发货数量消减。

独立需求消减一般在整个业务（物流操作）的最后一环，代表从需求的角度来看，已经形成闭环，因此正常来说，需求消减都是在销售订单发货过账环节，但对于计划策略 11，由于采用总需求计划，因此生产订单收货，需求即被消减。

（3）查看供需情况，可以看到生产订单收货对独立需求的影响

如图 2-7 所示，通过事务代码 MD04 查看供需情况，除计划策略 10 外，可以看到独立需求都变成零，即在当前界面中，系统并未区分消耗和消减。

日期	MR...	MRP元素数据	收货/需求	可用数量
2011-06-01	Stock	计划策略10		150
2011-06-01	IndReq	LSF	150-	0
2011-06-08	CusOrd	0000013332/000010/(	200-	
日期	MR...	MRP元素数据	收货/需求	可用数量
2011-06-01	Stock	计划策略11		250
2011-06-08	CusOrd	0000013332/000020...	200-	
日期	MR...	MRP元素数据	收货/需求	可用数量
2011-06-01	Stock	计划策略40		200
2011-06-08	CusOrd	0000013332/000030...	200-	0
日期	MR...	MRP元素数据	收货/需求	可用数量
2011-06-01	Stock	计划策略52		200
2011-06-08	CusOrd	0000013332/000040...	200-	0

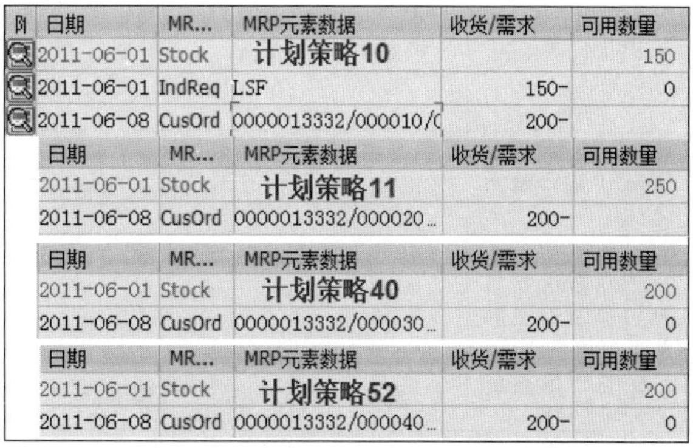

图 2-7　生产订单收货后的需求和供给情况（MD04）

10. 创建发货单，并过账

事务代码 VL01N 创建四个物料的发货单，数量均 150 个，并发货过账。再次通过事务

代码 MD73 查看独立需求情况的情况，发货数量 150 个将消减独立需求的计划数量。如图 2-8 所示，在四个策略下，独立需求的计划数量都削减变为 0，分配数量均变为 0，领料数量为 150 个。

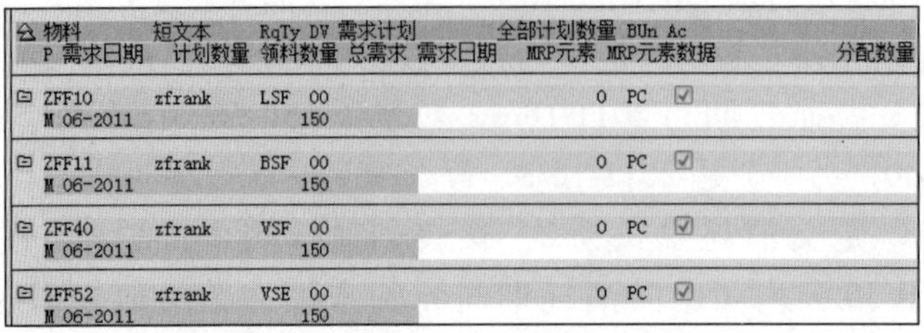

图 2-8 独立需求的分配数量（MD73）

2.2.3 MTS 的四种计划策略对比

从上文的简单示例中，对按库存生产的四种计划策略做简单的总结，如表 2-7 所示。

表 2-7 计划策略对比表

计划策略类型	计划策略 10	计划策略 11	计划策略 40	计划策略 52
适用业务类型	生产稳定，库存也被充分考虑，可能会出现客户需求无法被满足情况	不考虑库存和客户需求，仅考虑独立需求进行生产，如重工业中水泥的生产，不轻易进行停产	最常见的按库存生产的模式，生产灵活应对需求的变化	类似于按订单生产的模式，但产出的库存不与销售订单绑定
主要特征	独立需求触发生产和采购	独立需求触发生产和采购	独立需求和销售订单共同触发生产和采购	独立需求触发原材料采购和（或）半成品的生产
需求来源	仅独立需求	仅独立需求	独立需求和客户需求（销售订单）	独立需求触发采购 客户需求触发产成品生产
销售订单与生产关系	销售订单不影响生产	销售订单不影响生产	销售订单影响生产，销售订单数量大于独立需求数量，则根据销售订单数量生产	仅销售订单触发产成品生产
MRP 运行是否考虑库存	考虑库存	不考虑库存	考虑库存	独立需求不考虑库存 客户需求考虑库存
独立需求的计划订单是否可转生产订单	可转	可转	可转	不能转
销售订单对独立需求影响	无影响	无影响	消耗计划独立需求	消耗计划独立需求
生产订单收货对独立需求收货	无影响	独立需求被消减	无影响	无影响
销售订单发货	独立需求被消减	无影响	独立需求被消减	独立需求被消减

2.2.4　MTS 的四种计划策略对原材料和半成品的影响

总体上，在库存生产模式下，将按照独立需求提前进行原材料的采购、半成品的生产，但不同的计划策略之间还是有所差异，如表 2-8 所示。

表 2-8　在库存生产模式下计划策略对原材料采购和半成品的影响

计划策略	对原材料采购的影响	对半成品生产的影响
10	有独立需求则采购，在接到销售订单前可先采购，销售订单不影响原材料采购	半成品在接到销售订单前可先生产
11	有独立需求则采购，在接到销售订单前可先采购，销售订单不影响原材料采购	半成品在接到销售订单前可先生产
40	有独立需求则采购，销售订单影响产成品需求，因此也会影响原材料采购	半成品在接到销售订单前可先生产，销售订单会影响产成品需求，因此也会影响半成品生产
52	有独立需求则通用物料采购，专用物料不采购	通用半成品根据独立需求可提前生产，专用半成品接到销售订单生产

1. 计划策略 52 对原材料采购和半成品生产的影响

产成品设置为计划策略 52，该计划策略的独立需求对应的需求分类中的计划标识设置为 3（Individual Requirements Planning），参见图 2-2 和表 2-2。

该产成品包含的原材料的物料主数据 MRP4 视图字段"独立/集中"，设置物料的相关需求标识，不同的相关需求标识有不同的影响：

- 当设置为 1，代表单独需求（Individual Requirement），即接到销售订单后才进行采购/生产，一般情况该物料为专用物料，其相关需求生成的计划订单将不能转为采购申请；
- 当设置为 2，代表汇总需求（Collective Requirement），即可根据产成品的独立需求采购，一般情况该物料为通用物料；
- 当设置为空白，代表根据上层物料的情况确定。

提示：SAP 对 individual 的中文翻译存在多个版本，图 2-9 中分别译为独立、个别，作者认为翻译为"单独"更为准确。

2. 计划策略 52 对原材料的影响示例说明

在 MTS 模式下，产成品（ZMRP010）计划策略设置为 52，该产成品的计划独立需求数量为 100 个。该产成品使用到原材料 ZMRP090，一个产成品需要一个原材料，因此 MRP 运行完毕后，将产生对原材料（ZMRP090）的相关需求 100 个。

如图 2-9 所示，原材料（ZMRP090）设置为单独需求，由于产成品设置为单独计划，因此 MRP 运行完后，如图 2-10 所示，需注意两点：

- 无论是否存在足够的供给，系统都会产生原材料的计划订单，数量为 100 个，图 2-10 中，物料 ZMRP090 存在足够的供给数量 950 个，但仍然产生计划订单 100 个；

❑ 产生的计划订单标记为 INDR，代表不能转为采购申请，不能采购。

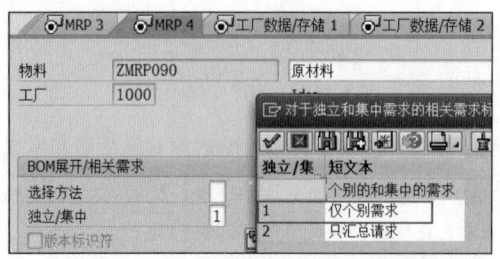

图 2-9 物料的相关需求标识（MRP4 视图）（MM02）

附	日期	MRP ...	MRP元素数据	供	收货/需求	可用数量
	2011. 10. 04	MtlRes	0000068690/0100		50. 00-	50. 00-
	2011. 10. 10	PO项目	4500017334/00010	10	975. 00	925. 00
	2011. 10. 10	PO项目	4500017334/00020	20	25. 00	950. 00
	2011. 10. 06	---->	无装配的预先计划			
	2011. 11. 02	PldOrd	0000036953/INDR		100. 00	100. 00
	2011. 11. 02	DepReq	ZMRP010		100. 00-	0. 00

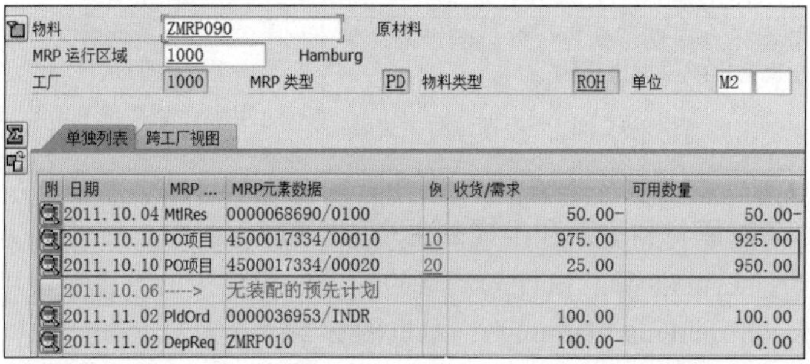

图 2-10 计划策略 52 对原材料的影响（MD04）

当创建产成品（ZMRP010）的销售订单，数量为 99 个，再次运行 MRP 后，如图 2-11 所示：

❑ 独立需求数量变成 1，对应的原材料（ZMRP090）的计划订单的数量也变成了 1；

❑ 销售订单 99 个所产生的对原材料的需求 99 个，并未产生采购申请，因为系统中已经存在足够的供给，而销售订单并非单独计划。

这一点不同于订单生产模式（MTO），在订单生产模式下，若原材料的相关需求标识设置为“单个需求”，按照本案例的场景，将会触发生成原材料 ZMRP090 的采购申请，原材料的采购将进入销售订单库存（E 库存）。

附	日期	MRP ...	MRP元素数据	再计划日期	供	收货/需求	可用数量
	2011. 10. 06	Stock					0. 00
	2011. 10. 04	MtlRes	0000068690/0100			50. 00-	50. 00-
	2011. 10. 10	PO项目	4500017334/00010	2011. 10. 04	10	975. 00	925. 00
	2011. 10. 10	PO项目	4500017334/00020		20	25. 00	950. 00
	2011. 10. 12	DepReq	ZMRP010			99. 00-	851. 00
	2011. 10. 06	---->	无装配的预先计划				
	2011. 11. 02	PldOrd	0000036956/INDR			1. 00	1. 00
	2011. 11. 02	DepReq	ZMRP010			1. 00-	0. 00

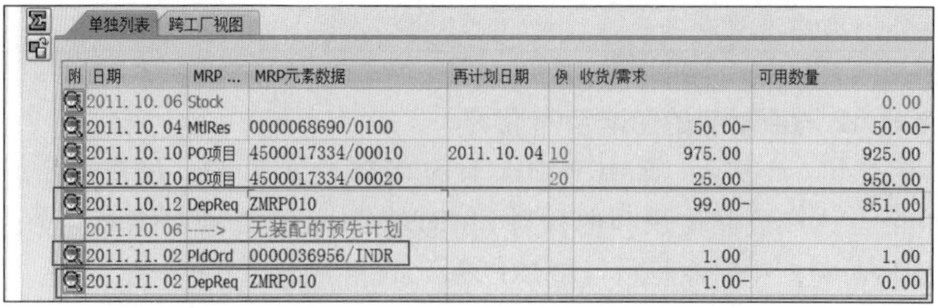

图 2-11 计划策略 52 对原材料的影响（MD04）

2.3 按订单生产（MTO）

按订单生产（MTO）是指接到客户订单后再进行生产，生产订单与销售订单是直接关联的，广义的 MTO 包括三种类型：狭义的 MTO、ATO 和 ETO。

本节将通过三小节对 MTO、ATO、ETO 进行介绍。

MTO（Make To Order/ 按订单生产）可与销售订单 BOM、销售订单工艺结合，与 MTS 模式相比较，主要差异点（特点）如下。

1）有更多方法实现客户对产品的特殊要求。在 MTS 模式下，客户对产品的特定需求可以通过建立新的料号和 BOM 来体现，MTO 模式下，除了新建物料，还可以建立销售订单 BOM 和工艺，在销售订单 BOM 和工艺中指定客户的特殊要求，这样 MRP 运行、采购计划和生产订单发料时，都可以根据客户特定要求去采购、发料、生产。

2）销售订单与生产订单之间的紧密关系。由于在生产订单中记录销售订单号码，这样可以跟踪产成品的执行情况，从而能够更好向客户进行反馈、确认。当销售订单发生变更后对生产的影响更为清晰，反过来，生产订单的变更对销售订单的影响也非常清晰。

3）库存的可用性对 MRP、生产的影响。在 MTO 模式下，生产入库将会形成销售订单库存，销售发货时，只能从销售订单库存发货，销售订单库存与正常的非限制库存互不影响、互相不可用，即 MTO 属于单独计划（Individual Planning）。

假设当前存在可用的非限制库存 100 个，在 MTO 模式，如果客户订单需求为 50 个，创建销售订单进行可用性检查时，确认数量为 0，在此情况下，系统默认应该是安排生产，产生 50 个销售订单库存，根据需要也可以修改计划策略从 MTO 修改为 MTS 或者将非限制库存转为销售订单库存。

4）成本评估方式的变化。MTS 模式下只能对物料、生产订单进行成本评估、结算，MTO 模式下还可根据销售订单进行成本评估、结算。

2.3.1 MTO 的三种计划策略

常见的 MTO 的计划策略有三种，三种计划策略的特点如表 2-9 所示

表 2-9 MTO 下的三种计划策略主要特点

计划策略	计划策略 50	计划策略 60	计划策略 20
英文描述	（Planning W/O Final Assembly）	Planning with Planning Material	Make-To-Order Production
特点	成品需求可预测 产品的主要附加值在最后的装配环节	成品需求基本可预测，仅成品的某个特性不可预测 产品的主要附加值在最后的装配环节	成品需求无法预测
产成品需求维护	维护产成品的计划独立需求（PIR）	维护计划物料的独立需求（PIR）	不能维护独立需求
原材料的采购和半成品的生产	选择 1：原材料的采购和半成品的生产可根据成品的独立需求产生 选择 2：原材料的采购和半成品的生产可以在接到客户订单触发	同计划策略 50	选择 1：对半成品、原材料做计划 选择 2：基于消耗的计划，如设置安全库存 选择 3：原材料的采购和半成品的生产可以在接到客户订单触发

事务代码 OPPS 定义计划策略，三种 MTO 的计划策略在系统配置上的差异点如表 2-10、图 2-12 所示。

表 2-10　MTO 下的三种计划策略配置比较

计划策略	计划策略 50	计划策略 60	计划策略 20
消耗方式（消耗标识）	消耗计划没有组件 Consume Planning without Assembly	消耗计划物料没有组件 Consume Planning Material（W/O Assembly）	独立需求与客户需求之间无消耗
消耗过程	维护物料的计划独立需求，创建销售订单时消耗物料的计划独立需求	维护计划物料的独立需求，创建销售订单时消耗计划物料的独立需求	无消耗
计划标识符	单项计划（3）	单项计划（3）	空白

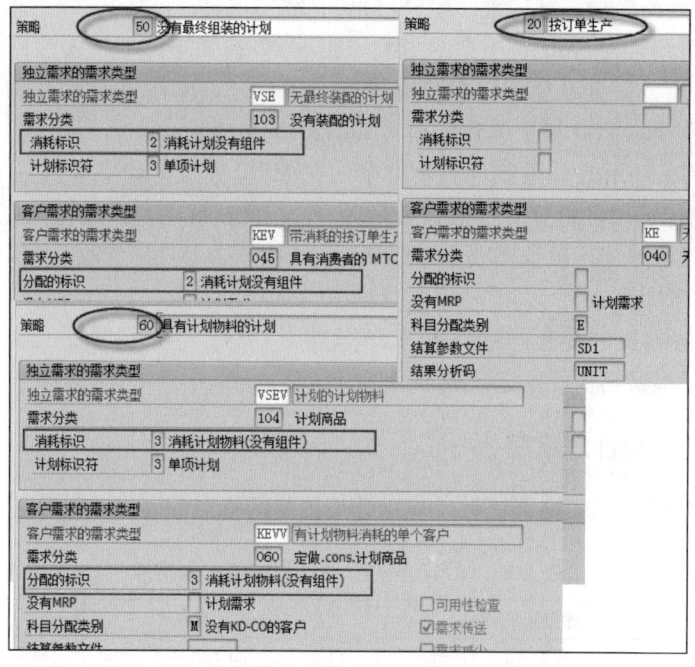

图 2-12　MTO 计划策略的配置（OPPS）

2.3.2　MTO 业务场景操作示例

本节将通过一个业务场景说明计划策略 60，了解计划策略 60 对 MRP、生产、采购的影响。

1. 业务场景描述

某公司生产液压阀门，有十种可选的颜色，最终销售给客户的产品是带有颜色的产品，接到客户订单后才开始真正的组装、生产。

无法预测带有颜色的客户需求，但可根据历史销售情况预测不带有颜色的客户需求，不带颜色的客户需求通过计划物料来标识，因此可以维护计划物料的独立需求。

阀门由阀体、阀壳组成，阀体又由阀芯和过滤器组成，由于客户经常对阀壳有特殊要求，因此阀壳设置按销售订单采购，其他外购件，则按照计划物料的独立需求展开相关需求，并采购。

2. 主数据说明以及操作步骤

下文将演示一个完整的操作流程，具体操作步骤如下。

（1）主数据维护

事务代码 MM01 维护产成品、计划物料、半成品及原材料，具体属性如表 2-11 所示。

表 2-11 主数据清单以及主要属性

物料编码	物料说明	主要属性说明
ZMTO300	未涂油漆的阀门	计划策略为 60
ZMTO301	半成品阀体	
ZMTO302	外购件阀壳	MRP4 视图，设置为单个需求
ZMTO303	外购件阀芯	MRP4 视图，设置为集中需求
ZMTO304	外购件过滤器	MRP4 视图，设置为集中需求
ZMTO310	红色油漆阀门	MRP3 视图，设置计划物料为 ZMTO300
ZMTO320	蓝色油漆阀门	MRP3 视图，设置计划物料为 ZMTO300

（2）BOM 维护

为计划物料和实际销售的产成品均建立相应 BOM。

MTO 模式下可以建立销售订单 BOM，满足同一产品不同客户对原材料的不同要求，事务代码 CS01 创建标准 BOM，事务代码 CS61 创建销售订单 BOM。

（3）维护计划物料的独立需求

客户具体的颜色倾向无法预测，但未涂油漆的产品的需求可根据历史需求来预测，因此通过事务代码 MD61 对计划物料 ZMTO300 维护计划独立需求，数量为 100 个。

（4）运行 MRP

如图 2-13 所示，运行 MRP 后，将会根据计划物料的独立需求产生对原材料和半成品的相关需求，并产生相应的获取建议，具体如下：

- ❑ 产生计划物料的计划订单，但不触发计划物料 ZMTO300 的生产，对应的计划订单标示为 INDR 代表不可转为生产订单，计划订单类型为 VP；
- ❑ 产生 ZMTO301 的生产订单，触发半成品的生产；
- ❑ 产生 ZMTO303 的采购申请，触发通用物料 ZMTO303 的采购；
- ❑ 产生专用物料 ZMTO302 的计划订单，但不触发专用物料 ZMTO302 的采购，计划订单标示为 INDR 代表不可转为采购申请，计划订单类型为 VP。

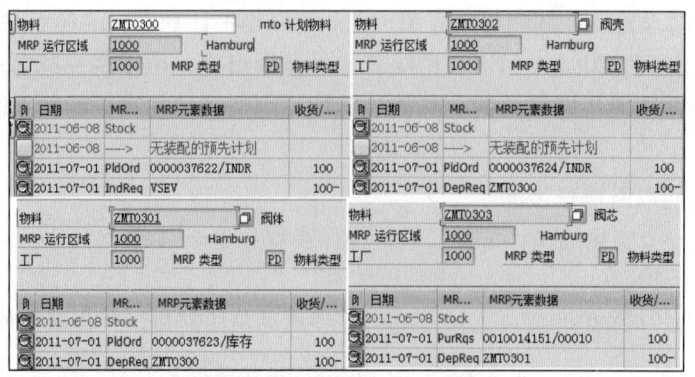

图 2-13　MRP 运行结果（MD04）

(5) 客户 A 下达订单

客户需要油漆颜色为红色的产品 60 个。事务代码 VA01 创建销售订单 13339，需要 ZMTO310（红色油漆阀门）数量为 60 个，此时将会消耗计划物料 ZMTO300 的独立需求 60 个，因此计划物料的计划独立需求剩余未消耗的数量为 40 个，如图 2-14 所示，可通过事务代码 MD73 查看独立需求的消耗情况。

销售订单中执行可用性检查时，将执行基于预测的可用性检查，即可用数量的计算是基于对计划物料维护的独立需求，在本例中，需求数量 60 个将能够完全满足。

备注：如果计划策略的需求分类的"可用性检查"（见图 2-2）勾选上，则代表基于 ATP 的检查，否则是基于预测（PIR）的可用性检查。

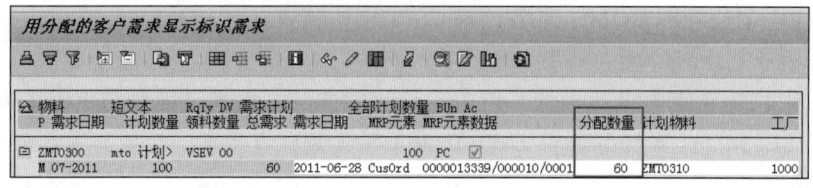

图 2-14　独立需求的消耗情况（MD73）

(6) 运行 MRP，查看销售订单的影响

MRP 的运行结果如图 2-15 所示，销售订单对计划物料、产成品、半成品、原材料的影响如下。

销售订单触发产成品 ZMTO310（红色油漆阀门）的计划订单数量为 60 个，该计划订单可转为生产订单，计划物料的计划订单数量减少为 40 个。

销售订单触发专用物料的采购，专用物料 ZMTO302 产生采购申请 60 个，剩余 40 个仍为不可转为采购申请的计划订单。

(7) 计划订单转为生产订单

在事务代码 MD04 中，将产成品 ZMTO310 的计划订单转为生产订单，如图 2-16 所示,生产订单中记录销售订单(13339)的信息,包括销售订单号码、行项目编号、售达方等信息。

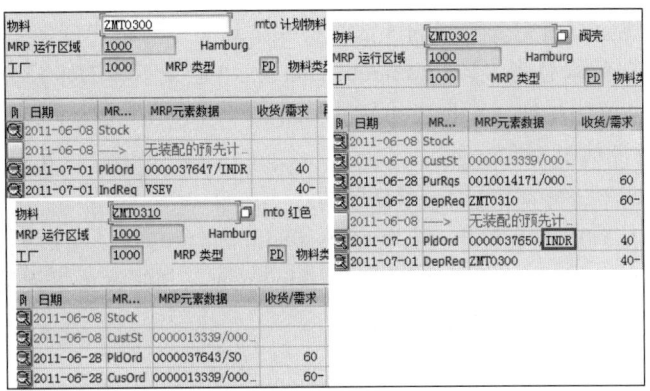

图 2-15　MRP 运行结果(MD04)

(8)采购申请转为采购订单

在事务代码 MD04 中,将专用原材料的采购申请转为采购订单,如图 2-16 所示,采购订单中记录了销售订单(13339)的信息。

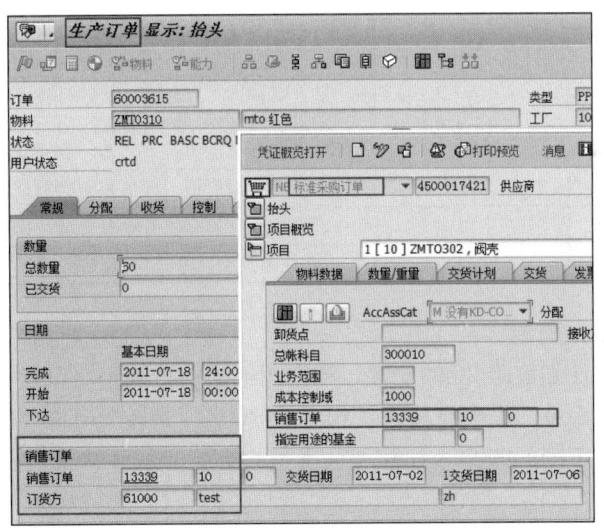

图 2-16　生产订单、采购订单与销售订单的绑定(CO03/ME23N)

(9)接到客户新的订单

客户 B 下达订单,需要油漆颜色为蓝色的产品 60 个,此时创建销售订单,由于计划物料的未消耗的独立需求仅剩余 40 个,因此可用性检查的结果仅能满足部分需求,即 40 个。

2.3.3 MTO 与销售订单评估、账户分配

在 MTO 模式下，一方面产成品入库后，一定会形成销售订单库存，另外一方面选择不同的参数，产成品将会有着完全不同的评估类型和结算类型（账户分配）。

系统中是通过在需求分类（Requirement Class）中定义不同的账户分配类别（Account Assignment）和库存评估类型（Valuation）。

MTO 模式下的评估类型有三种：

1）空白：No stock valuation，无库存评估。

2）M：Separate valuation with ref. to sales document/project，与销售单据相关的评估。

3）A：Valuation without reference to sales document，与销售单据无关的评估。

MTO 模式下的常见的账户分配有两种：

1）E：Customer indiv. Reqt，客户单独需求。

2）M：Ind. cust. w/o KD-CO 无账户分配的客户单独需求。

如表 2-12 所示，评估类型和账户分配二者存在五个可能的组合，下文中建立五个物料，分别对应这五个组合，来了解账户分配和评估类型的影响。

表 2-12 MTO 评估和账户分配的五个组合

组合	账户分配类别	库存评估类型	设置的结果
1	E	M	SO 的库存有价值，评估基于销售订单成本，需对销售订单结算
2	M	M	SO（销售订单）的库存有价值，评估基于销售订单成本，不需对销售订单结算
3	E	A	SO 的库存有价值，评估基于物料成本，需对销售订单结算
4	M	A	SO 的库存有价值，评估基于物料成本
5	E	空白	入库时，SO 库存仅有数量管理，需对销售订单结算
6	M	空白	无此业务类型，系统将会报错

1. 主数据以及系统配置

参照系统标准的计划策略 20 的配置，配置四组新的计划策略以及相应的需求类型、分类，建立五个产成品物料、五个原材料及相应的 BOM，为五个产成品物料分配五个计划策略组，从而用来比较不同的账户分配和评估类型的影响，最终结果见表 2-13、图 2-17，具体设置如下：

1）事务代码 OVZG 参照需求分类 040，新建四个需求分类；

2）事务代码 SM30 修改需求分类，输入 V_T459K_K，修改新建的需求分类中的账户分配类型和评估类型；

3）事务代码 OVZH 新建四个需求类型，并将需求分类分配给需求类型；

4）事务代码 OPPS 新建四个计划策略，并分配相应的需求类型；

5）事务代码 OPPT 新建四个计划策略组，并分配相应的计划策略给计划策略组；

6）事务代码 MM01 新建产成品物料，分配相应的计划策略组；

7）事务代码 MM01 新建五个原材料，并设置相关需求标识；

8）事务代码 CS01 维护五个产成品的 BOM，比例均为 1 个产成品耗用一个原材料。

表 2-13 MTO 的物料信息以及主要属性

产成品以及相应的计划策略信息							包含的原材料属性	
产成品编号	计划策略组	计划策略	需求类型	需求分类	账户分配类型	评估类型 Valuation	原材料编号	独立/集中
ZMTOEM	EM	EM	ZEM	ZEM	E	M	ZROHEM	1 或空白
ZMTOMM	MM	MM	ZMM	ZMM	M	M	ZROHMM	1 或空白
ZMTOEA	EA	EA	ZEA	ZEA	E	A	ZROHEA	1 或空白
ZMTOMA	MA	MA	ZMA	ZMA	M	A	ZROHMA	1 或空白
ZMTO80	20	20	KE	40	E	空白	ZROH80	1 或空白

如图 2-17 所示，原材料的相关需求标识设置为 1（单独需求），代表按销售订单进行采购，采购入库后进入销售订单库存。

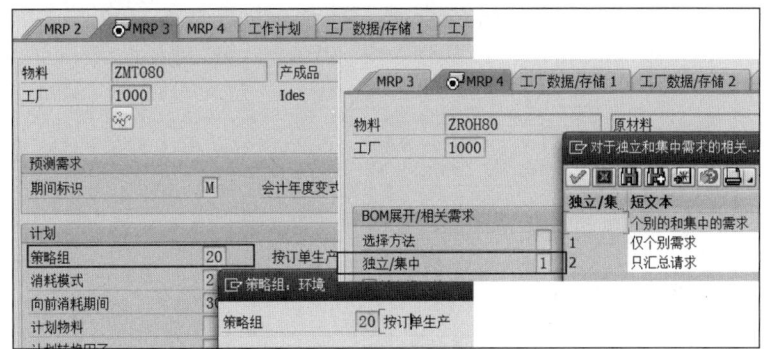

图 2-17 物料主数据中设置计划策略组和相关需求标识 MRP3&4（MM03）

2. 创建销售订单，同时包含五个物料

如图 2-18 所示，事务代码 VA01 创建五个物料的销售订单（21），不同的物料有着不同的策略组，不同的策略组确定出不同的需求类型。

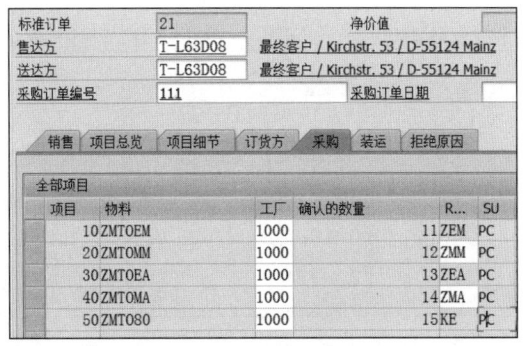

图 2-18 销售订单中不同的需求类型（VA03）

3. 账户分配对销售订单的影响

本例中使用到两种账户分配类别：E 和 M，事务代码 OME9 定义账户分配类别，账户分配 E 中"消耗记账 /Consumption posting"为"E/ Accounting via sales order/ 销售订单的会计核算"，而账户分配类别 M 未定义消耗记账，即账户分配类别 E 需要进行销售订单结算，账户分配类别 M 不需要结算。

当销售订单中物料（如本例中的物料 ZMTO80）对应的需求分类的账户分配为 E 时，代表该销售订单需要进行结算，如图 2-19、图 2-20 所示，需要在销售订单中指定结果分析码，指定结算规则，本例中结算到获利能力段中，同时为了结算，需要对销售订单设置技术完成等各种状态。

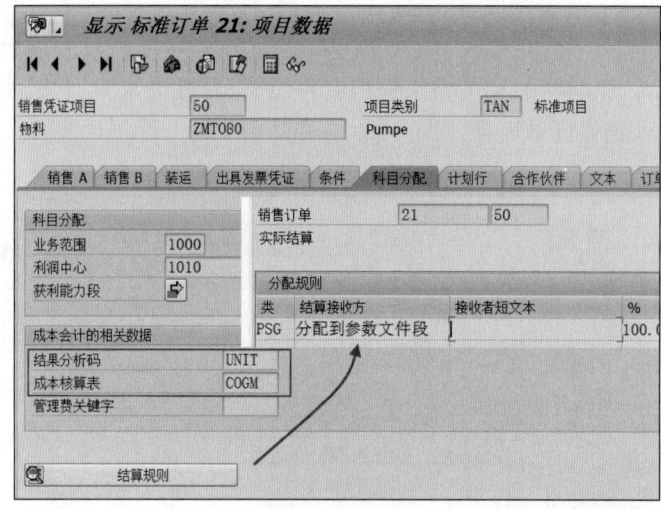

图 2-19 销售订单中的结算规则、成本核算方式（VA03）

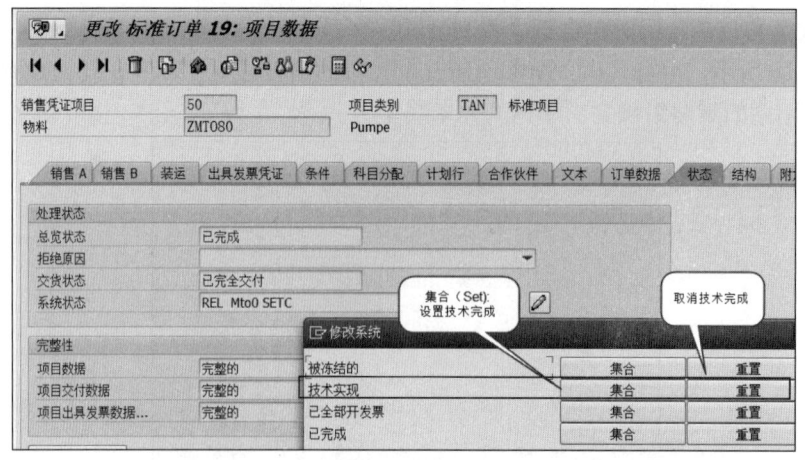

图 2-20 销售订单中的系统状态（技术完成标识等）（VA03）

后续通过 KKA3、VA88 等事务代码对销售订单进行结果分析、结算。

若销售订单不需要结算，譬如无账户分配或者账户分配为 M，则结算规则等相关信息不会出现在销售订单的屏幕。

4. 运行 MRP

运行 MRP 后，将产生产成品的计划订单、五个原材料的采购申请。

5. 将原材料的采购申请转为采购订单

事务代码 ME57 将五个原材料的采购申请转为采购订单，如图 2-21 所示，该原材料的采购订单（4500017331）中的账户分配类别等于对应的产成品中的需求分类中的账户分配类别，具体参见表 2-13。

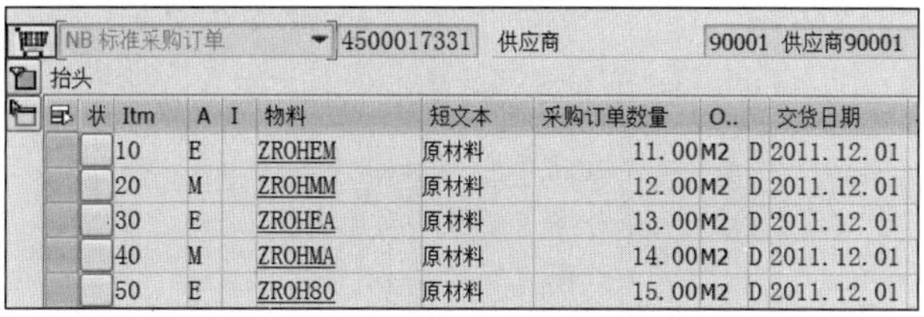
NB 标准采购订单 4500017331 供应商 90001 供应商90001
抬头

状	Itm	A	I	物料	短文本	采购订单数量	O..		交货日期
	10	E		ZROHEM	原材料	11.00	M2	D	2011.12.01
	20	M		ZROHMM	原材料	12.00	M2	D	2011.12.01
	30	E		ZROHEA	原材料	13.00	M2	D	2011.12.01
	40	M		ZROHMA	原材料	14.00	M2	D	2011.12.01
	50	E		ZROH80	原材料	15.00	M2	D	2011.12.01

图 2-21 采购订单中的账户分配（ME23N）

6. 采购订单收货

事务代码 MIGO 对原材料的采购订单收货，本例中，采购入库的结果取决于评估类型和账户分配，而设置为个别需求的原材料的评估类型与产成品的评估类型相同，具体影响如下：

1）如果评估类型（Valuation）为空白，则原材料采购入库后，形成无金额的销售订单库存，采购金额直接进消耗科目，本例中产成品 ZMTO80 的评估类型为空白，其原材料 ZROH80 的评估类型也为空白，因此入库后形成无金额的销售订单库存，该物料的账户分配为 E，而账户 E 的科目修改（Account Modification）为 VBR，因此消耗的会计科目通过事务代码 OBYC 根据事务 GBB+ 账户修改 VBR 确定。

2）如果评估类型为 A 或者 M，则采购入库后，将形成有金额的销售订单库存，相应的库存科目由事务 BSX 确定。

五个物料入库的科目确定以及会计科目具体见表 2-14 和图 2-22，关于科目确定，请参见 7.7.3 节“账户分配和科目确定”。

如图 2-22 所示，四个物料进库存科目，另一个物料 ZROH80 直接进消耗科目。

提示：图 2-22 中物料 ZROH80 的事务为 KBS，这是由于 SAP 从 R3 4.0 版本开始对带账户分配的采购订单收货时的科目确定做了修改，改为在采购订单的界面中通过事务 GBB 加账户分配中定义的账户修改来确定消耗科目，采购收货时，该会计科目将复制到收货的会计凭证中，但对应的事务仍然是 R3 4.0 前使用的事务 KBS。

表 2-14 采购入库会计凭证以及科目确定说明

原材料编码	原材料收货	科目确定的依据（事务代码 OBYC）
ZROHEM	入库增加销售订单库存数量和金额	事务 BSX
ZROHMM	入库增加销售订单库存数量和金额	事务 BSX
ZROHEA	入库增加销售订单库存数量和金额	事务 BSX
ZROHMA	入库增加销售订单库存数量和金额	事务 BSX
ZROH80	入库不增加销售订单库存金额，直接消耗，进成本科目	事务 GBB+ 一般修改 VBR

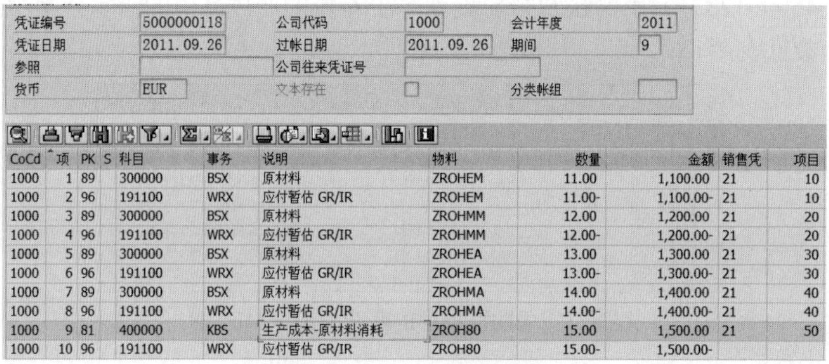

凭证编号	5000000118	公司代码	1000	会计年度	2011
凭证日期	2011.09.26	过帐日期	2011.09.26	期间	9
参照		公司往来凭证号			
货币	EUR	文本存在		分类帐组	

CoCd	项	PK	S	科目	事务	说明	物料	数量	金额	销售凭	项目
1000	1	89		300000	BSX	原材料	ZROHEM	11.00	1,100.00	21	10
1000	2	96		191100	WRX	应付暂估 GR/IR	ZROHEM	11.00-	1,100.00-	21	10
1000	3	89		300000	BSX	原材料	ZROHMM	12.00	1,200.00	21	20
1000	4	96		191100	WRX	应付暂估 GR/IR	ZROHMM	12.00-	1,200.00-	21	20
1000	5	89		300000	BSX	原材料	ZROHEA	13.00	1,300.00	21	30
1000	6	96		191100	WRX	应付暂估 GR/IR	ZROHEA	13.00-	1,300.00-	21	30
1000	7	89		300000	BSX	原材料	ZROHMA	14.00	1,400.00	21	40
1000	8	96		191100	WRX	应付暂估 GR/IR	ZROHMA	14.00-	1,400.00-	21	40
1000	9	81		400000	KBS	生产成本-原材料消耗	ZROH80	15.00	1,500.00	21	50
1000	10	96		191100	WRX	应付暂估 GR/IR	ZROH80	15.00-	1,500.00-		

图 2-22 采购订单收货的会计凭证（MIGO）

五个原材料入库后，由于五个原材料都设置为单个需求（Individual），即按销售订单采购，因此将形成销售订单库存（E 库存），系统中记录库存的评估类型，这五个原材料的评估类型与对应的产成品的评估类型一一对应，如图 2-23 所示，用事务代码 MB52 查看这五个物料的库存数量、金额、评估类型。

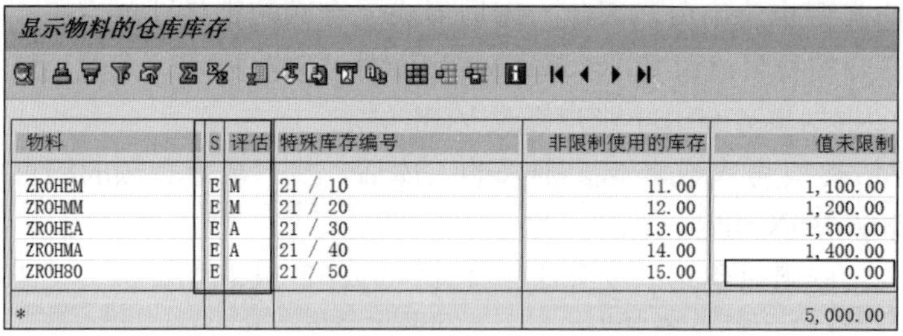

显示物料的仓库库存

物料	S	评估	特殊库存编号	非限制使用的库存	值未限制
ZROHEM	E	M	21 / 10	11.00	1,100.00
ZROHMM	E	M	21 / 20	12.00	1,200.00
ZROHEA	E	A	21 / 30	13.00	1,300.00
ZROHMA	E	A	21 / 40	14.00	1,400.00
ZROH80	E		21 / 50	15.00	0.00
*					5,000.00

图 2-23 原材料的销售订单库存（MB52）

7. 生产订单创建、释放、发料、收货

维护产成品的生产订单，并释放生产订单、发料、收货的操作如下：

1）输入筛选条件：销售订单号码（21），事务代码 CO41 将产成品的计划订单批量转为生产订单；

2）事务代码 COHV 批量释放生产订单，或者通过事务代码 CO02 对单个生产订单释放；

3）事务代码 MB1A 对生产订单发料；

4）事务代码 MIGO 对生产订单收货，生产订单入库的结果以及会计凭证参见表 2-15 以及图 2-24 和图 2-25。

表 2-15 成品生产入库说明

编码	产成品收货	产成品发货
ZMTOMA	入库增加销售订单数量和金额	发货进销售成本科目
ZMTOMM	入库增加销售订单数量和金额	发货进销售成本科目
ZMTOEA	入库增加销售订单数量和金额	发货进销售成本科目
ZMTOEM	入库增加销售订单数量和金额	发货进销售成本科目
ZMTO80	入库无会计凭证	发货无会计凭证

图 2-24 生产入库的会计科目（MIGO）

与采购入库相同，通过事务代码 MB52 查看，可以看到销售订单中的物料 ZMTO80 的生产入库的金额也为 0，该销售订单的物料需要通过对销售订单进行结果分析（Results Analysis）来确定库存金额。

图 2-25 生产订单入库后形成的销售订单库存数量及金额（MB52）

8. MTO 中的评估的说明

产成品的需求分类中可定义不同的评估类型（Valuation），系统提供三种评估类型，三种评估类型的影响如下。

（1）评估设置为 A（Valuation without reference to sales document）

销售订单的库存金额等于销售订单数量乘以物料的标准成本，销售订单数量和金额分别更新表 MSKA 和 MBEW，无法通过事务代码 MBBS 查看到该销售订单。

（2）评估设置为空白（No stock valuation）

生产订单入库，直接消耗，计入到成本（消耗）科目中，入库后无库存价值。

（3）评估设置为 M（Valuated separately with reference to the sales document/project）

销售订单的库存金额按照等于销售订单数量乘以销售订单的成本，销售订单数量和金额分别更新表 MSKA 和 EBEW，同时还可以通过事务代码 MBBS 查看到。

销售订单的成本按照下列步骤进行评估：

1）使用用户出口确定（COPCP002），如果没有定义则取步骤 2；
2）使用销售订单中的成本估算，如果没有定义则取步骤 3；
3）使用生产订单中的成本估算，如果没有定义则取步骤 4；
4）使用物料主数据中的标准成本。

9. 销售订单的发货并过账

事务代码 VL01N 对销售订单 21 创建发货单，并发货过账，发货过账的移动类型为 601。账户分配 E 设置消耗记账（Consumption Posting），其对应的账户修改为 VAY。账户分配 M 未设置消耗记账（Consumption Posting），其对应的账户修改为 VAX。因此发货过账产生的会计凭证如表 2-16、图 2-26 所示，账户分配 E 和 M 产生的会计凭证不同。

发货过账时科目确定的逻辑，请参见 SAP Note 616097 - Usage of account modifications GBB-VAY，-VAX，-VKA。

表 2-16 销售发货的科目确定逻辑

成品编码	销售发货说明	科目确定逻辑
ZMTOEM	发货进销售成本科目 1	事务 GBB+ 一般修改 VAY
ZMTOMM	发货进销售成本科目 2	事务 GBB+ 一般修改 VAX
ZMTOEA	发货进销售成本科目 1	事务 GBB+ 一般修改 VAY
ZMTOMA	发货进销售成本科目 2	事务 GBB+ 一般修改 VAX
ZMTO80	发货无会计凭证	无

CoCd	项	PK	S	科目	事务	说明	物料	数量	销售凭	项目
1000	1	99		792000	BSX	产成品	ZMTOEM	10-	21	10
1000	2	81		893015	GBB	主营业务成本	ZMTOEM	10	21	
1000	3	99		792000	BSX	产成品	ZMTOMM	12-	21	20
1000	4	81		892000	GBB	Inv.chg.finished pds	ZMTOMM	12	21	
1000	5	99		792000	BSX	产成品	ZMTOEA	13-	21	30
1000	6	81		893015	GBB	主营业务成本	ZMTOEA	13	21	
1000	7	99		792000	BSX	产成品	ZMTOMA	14-	21	40
1000	8	81		892000	GBB	Inv.chg.finished pds	ZMTOMA	14	21	

图 2-26 销售发货的会计凭证（MIGO）

2.3.4 MTO 对采购的影响

MTO 对原材料的影响，如前面所说：一方面，原材料自身的相关需求标识（Dependent Requirements Indicator）会影响原材料的采购。另外一方面，产成品的评估类型与账户分配同时会影响 MTO 模式下的原材料的采购订单、采购入库。

同时请参见 7.7.3 节 "账户分配和科目确定" 以及本章 2.2.4 节 "MTS 的四种计划策略

对原材料和半成品的影响"。

2.3.5 MTO 模式总结

MTO 模式的小结如下。

1）对于无最终装配的计划策略，可以通过事务代码 MD61 维护产成品的独立需求（销售预测），并可以通过事务代码 MD73 查看独立需求被哪些销售订单消耗。

2）在 MTO 模式下，原材料是否提前采购、半成品是否提前生产是由原材料、半成品的 MRP 的属性"独立/集中"（MRP4 视图）确定的。

- 如果设置为单个，根据独立需求产生的计划订单是不可以转换为采购申请或者生产订单的。
- 如果设置为集中，则可以根据独立需求采购和生产。

3）MTO 模式下可以追溯销售订单、生产订单、采购订单之间的关系，查看三者之间的互相影响关系。

4）MTO 模式下，产成品库存为专门的销售订单的库存。

5）MTO 模式下，选择不同的账户分配和评估类型将产生完全不同的影响。

2.4 按订单组装（ATO）

ATO（Assemble-To-Order/按订单组装），属于按订单生产（MTO）的一种特殊模式，接到客户订单才开始生产，但产成品的生产过程只是对零部件做简单的装配或者机加工。

ATO 模式下的 BOM 可以是固定的，譬如某公司生产搅拌机，包括搅拌器、桨叶、轴，其所有原材料均外购，并且提前采购，当接到客户订单后，直接开始组装、贴标签、刷油漆、包装等操作。

ATO 模式下的 BOM 可能是可配置的，譬如某公司生产导轨，有两种规格的原材料（5M、10M），均提前采购，接到客户订单后，直接切割该原材料，当客户要求 6M 的，则使用 10M 的导轨来进行机械切割加工，要求 4M 时，则使用 5M 的。

ATO 最主要的特点表现在以下几个方面。

1）零部件的计划、采购、生产。可通过设置安全库存、基于消耗的计划或者直接对零部件设置计划策略并维护计划独立需求来提前采购、生产零部件。

2）产成品的生产订单。创建产成品的销售订单时，无需运行 MRP 就可以自动产生针对该销售订单的生产订单。

3）销售订单维护。销售订单维护时自动对成品包含的所有组件（零部件）进行可用性检查，并根据组件的可用性检查的结果，确定产成品的确认数量和日期。

2.4.1 ATO 案例说明

本案例中的主数据、业务流程如下。

1. 主数据设置

本例中，相关主数据设置如下：

- ZATO001（产成品），设置计划策略为 82（物料主数据 MRP3 视图）；
- ZATO100 与（原材料），设置相关需求标示（独立/集中）为集中（物料主数据 MRP4 视图）；
- 维护产成品 ZATO001 的 BOM，包含组件 ZATO100、ZATO102，数量均为一个。

2. 业务操作流程

客户订购产成品（ZATO001）50 个，原材料 ZATO100 和 ZATO102 的可用数量分别为 30 个和 20 个。如图 2-27 所示，事务代码 VA01 创建订单时，输入产成品需求数量 50 个，系统自动对产成品下的所有组件进行可用性检查，因此最终销售订单的产成品的确认数量为 20 个。

> 提示：销售订单中的产成品 ATP 计算逻辑（确认数量和确认日期的计算）如下：
> - 销售订单中的产成品的确认数量等于所有组件中可用数量最小的。
> - 销售订单中的产成品的确认日期等于所有组件中可用日期最晚的加上产成品的生产周期以及收货处理时间。

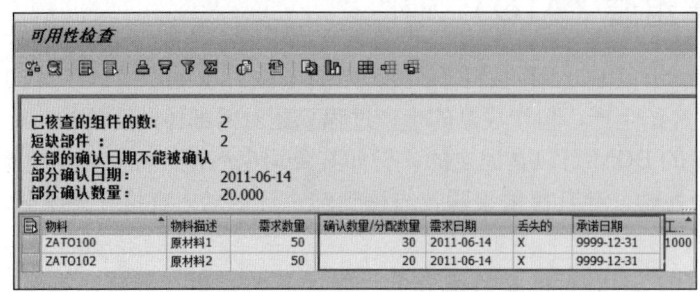

图 2-27 销售订单中对组件做可用性检查（VA01）

如图 2-28 所示，在销售订单的行项目的计划行中，多出一个按钮"产品订单"（生产订单 Production Order），单击该按钮，则转到生产订单界面。

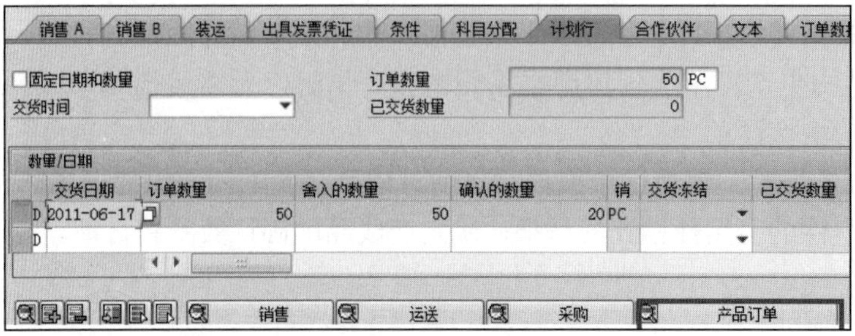

图 2-28 销售订单中的计划行界面（VA03）

2.4.2 ATO 系统配置说明

通过计划策略 82 可满足 ATO 业务的需要，如图 2-29 所示，计划策略 82 的配置如下：
- 事务代码 OPPS 定义计划策略 82 的需求类型为 KMFA；
- 事务代码 OVZH 定义需求类型 KMFA 的需求分类为 201；
- 事务代码 OVZG 定义需求分类 201 的属性，定义 ATO（订单装配）的各种属性，包括产生生产订单（装配类型）、产生的生产订单类型（PP04）、对生产订单的组件进行可用性检查。

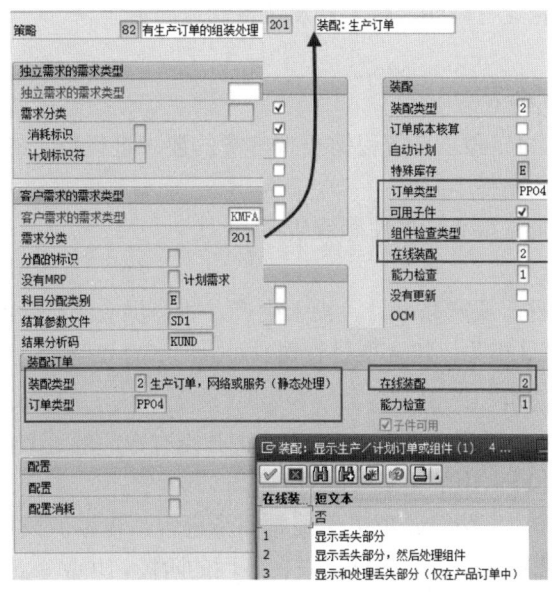

图 2-29　计划策略 82（ATO）的配置截图示例（OPPS）

2.4.3 ATO 补充说明

对 ATO 的补充说明如下。

1. 销售订单与生产订单关联

销售订单创建后，系统自动生成生产订单，销售订单删除后，若生产订单无相应的发料和入库等凭证，则系统也会自动删除生产订单；

生产订单的确认日期更改，则销售订单的确认日期也会同步更改。

2. ATO 下销售订单的可用性检查与多层 BOM

如果 BOM 为多层，系统仅检查第一层中的组件是否可用。如修改上例（见 2.4.1 节）中的场景，设置产成品 ZATO001 中包括组件 ZATO100 和半成品 ZATO120，该半成品包括组件 ZATO102。则创建产成品的销售订单时，系统检查第一层的组件 ZATO100 和半成品 ZATO120 的可用数量。

若该半成品设置为集合订单/母子订单（Collective Order），则创建销售订单时，则系统将根据该半成品下的组件的可用数量确定产成品的可用数量，而不再考虑半成品自身的库存。

2.5 按订单设计（ETO）

在订单设计模式下，ETO（Engineering To Order）常常与项目管理（PS 模块）结合，围绕着项目来管理销售、生产、采购和财务。限于篇幅，本节对 ETO 仅作简单介绍。

典型的 ETO 类型企业有船舶、航天器及装备制造等企业。

1. ETO 的特点

ETO 通常具有如下特点。

1）产品结构（BOM）和工艺流程需要按客户的要求进行特定的设计，BOM 中特殊物料较多，BOM 重复使用率很小。

2）产品订货数量批量很小，单件制造居多。

3）边设计、边生产。

4）企业的业务流程，从产品设计、投入生产、物料供应到产品的交付和安装，乃至成本和收入核算常常与项目相关，结合项目管理。

2. ETO 模式简要说明

从 SAP 中的计划策略的角度来看，ETO 模式并没有专门的计划策略，可能是与销售订单或是项目结合，其在 ERP 中的主要特点是：

- 由于报价、设计、采购等几项工作经常同步进行，在报价或是销售订单的初始阶段时，BOM 和工艺路线往往并未确定，在不同的阶段，BOM、工艺路线都会有所变化。
- ETO 模式下常需要创建多个销售订单 BOM，并结合 BOM 的状态，如适用于成本估算的 BOM 和工艺，适用于生产的 BOM，并通过 BOM 中的项目类别以及一些定制化程序来解决 ETO 模式下 BOM 中的原材料编码尚未确定、客户指定 BOM 中的原材料的供应商等业务需求。

2.6 重复制造

通常而言，应用重复制造（Repetitive Manufacturing）模式的企业，其生产线总是在一段比较长的时间内生产某一种或某几种特定的产品。其生产工艺较为稳定，不轻易变更。即使发生产品切换，也不会因为工艺的变更而影响到生产流程。

对于生产管理者而言，重复制造不再需要根据生产订单进行逐单的生产控制，而只需要监控某段特定时间的产量即可。生产任务也不再被分解为生产订单的形式，而是以期间为单位制定生产计划。

重复制造的优点主要是可以简化生产计划与执行的各项操作。

1. 重复制造与按订单生产的主要差异

表 2-17 列举重复制造与按订单生产两种生产方式在 SAP ERP 中的主要差异。

表 2-17 重复制造与按生产订单两种生产方式对比

	重复制造（期间为单位）	按订单生产
工作中心	工作中心类型一般为生产线（Production Line）	工作中心类型为普通的机器或是机器的组合或是车间
物料主数据	标记重复制造（MRP4 视图）	不标记重复制造
物料的生产版本	标记重复制造，并标记物料的瓶颈的生产线（工作中心）	不标记重复制造
成本结算规则	1）维护每个物料的成本收集器（事务代码 KKF6N） 2）按期间（每月）进行结算	1）物料维护标准成本 2）生产订单确定结算规则，每张生产订单（或销售订单）都进行结算
生产计划	维护生产计划表（事务代码 MF50） 一般以天维护生产计划	维护独立需求或是销售订单，MRP 运行后产生计划订单
生产执行	1）报工操作（事务代码 MFBF） 常常同时进行作业反冲、原材料反冲（Backflush）、成品收货 若选择报告点反冲，系统只进行原材料的反冲、作业的反冲	1）创建、释放生产订单 2）生产订单发料 3）工单确认 4）生产订单收货
领料方式	大多采用拉料（Pull List）形式（事务代码 MF60），原材料采用反冲的方式	可能为领料，也可能为拉料

2. 重复制造的实现说明

重复制造的说明如下。

- 重复制造主要的配置参数是通过事务代码 OSP2 定义重复制造参数文件（Repetitive Manufacturing Profiles），在参数文件中定义反冲的方式、过账的移动类型（发料、收货、报废、联产品）、倒冲时计划订单如何被消减、错误处理的方式，在重复制造业务中，产成品收货所对应的默认移动类型是 131，而不是 101，该配置也是通过事务代码 OSP2 中定义。
- 汇报点（Reporting Point）也叫报告点，是设置在工艺路线上的，标识这个工序需要汇报，在做汇报时，上一个汇报点到这个汇报点之间分配的组件将被反冲掉。

2.7 可配置制造

可配置物料的内容比较多，下面仅简要介绍。常规做法中，如果一个产品包含的原材料（BOM）有重大差异，往往会建立多个物料编码，但对于以下几种情况，则很难使用常规做法。

场景 1：BOM 中的各种组件之间的组合太多。

例如电脑是由多个组件组成的，每个组件都有非常多的类型。

CPU 类型：1G、2G、单核、双核等；

内存类型：1G、2G；

硬盘类型：100G、200G、5400 转、7200 转；

显卡类型：独立显卡、ATI、NVIDIA；

……

假设每个组件都有 10 种类型，每种类型的组件之间都可能搭配，则这种组合可能多达数千、数万种，这样就很难按照常规方法建立物料编码。

场景 2：BOM 中的组件与数量相关，并且有着几乎不可分割的数量。

某企业生产特种钢材，按照客户的要求，钢材长度可能是 1~20m 之间的任一种长度，精确到 1cm，这意味着有 2000 个规格，这样也很难按照常规方法建立物料编码。

此时则可以使用可配置物料和可配置 BOM，可配置物料可与 MTS、MTO 结合，与 MTO 模式结合，有时称之为按订单配置 CTO（Configure-To-Order）。

可配置物料的基本操作步骤如下：

1）将产成品物料设置为可配置物料；

2）建立特征、相关性，并建立可配置参数文件，并分配给产成品；

3）创建产成品物料的可配置 BOM，建立特征与组件的关系，不同特征下通过相关性确定不同的组件（原材料）；

4）创建销售订单时，输入产成品物料，并确定产成品的特征，从而确定生产该产成品所需要的组件（零部件）。

2.8　计划策略汇总说明

SAP 预配置 30 种左右的计划策略（需求类型），每一种计划策略都针对企业不同的业务模式，在实际项目应用中，直接使用标准的计划策略或是在标准计划策略基础上做一定的修改。

前面介绍了最常用的八种计划策略。

选择计划策略，是在库存成本（Storage Costs）和交货期（Replenishment Lead Times）之间进行平衡，具体而言，考虑的因素包括：

❑ 在接到销售订单前，产品是否应该生产、是否能够生产；

❑ 在接到销售订单前，原材料是否应该采购、是否能够采购；

❑ 是否需要建立独立需求，独立需求与客户需求之间如何进行消耗。

2.9　流程行业与离散行业

制造业的企业可分为流程行业和离散行业，在本节中将简要介绍流程行业与离散行业的一些特点。

有些企业二者模式兼而有之，不同工序具有不同的性质，如药品、食品生产，半成品的生产往往具有流程行业的特点，而后续包装，又大多具有离散行业的特点。

2.9.1　流程、离散行业简要对比

流程行业与离散行业有着很多的差异，表 2-18 对流程行业和离散行业做了简要的对比。

表 2-18　流程行业与离散行业的简要对比

	流程行业	离散行业
典型行业	化工、医药	机械行业
产品的计量、计数方式	产品一般都不是按个数计算的，如油、牛奶，实际使用时往往按照重量或者体积来计量。但物品又需要可数、容易计算或是有包装的需要，因此最终经常为双单位。如一包牛奶在标签上写明净含量，一根钢材，重 2t	产品一般可按个计数来计算，计量单位是标准的。如计算机、汽车等，都是一个个可数的
活性成分	经常有活性成分概念，活性成分是指真正生效的东西，英文为 AI（Active Ingredient） • 药品：治疗特定病状的有效部分 • 食品：1kg 果汁为 80% 纯果汁，则可以称之为活性比例为 80%	无活性成分概念
原材料形态	原料／产品／中间料／半成品以多种形态存在，如液体、固体、气体，辅以各类包装	大多为固体状态
BOM 和投入产出关系	流程行业往往是一种原料进入，多种产品出来，伴随着较多联产品、副产品。 流程行业大都将 BOM 称之为配方，BOM 就像一颗树，根是原材料（比如原油），而枝干是各种产品了。 产品结构本身不复杂，层次一般不会太多	离散行业的 BOM 是一棵倒立的树，树根是最终装配出的产成品，而枝干是原材料和半成品。 层次结构可能很多，复杂的生产包括几百个零部件
物料属性不定	原料／产品的属性和质量是多种因素（时间、温度、压力等）的函数，每批物料的属性都会有所不同，也就是所谓的"灰化肥会挥发"	物料属性一般不发生变化
批次管理和序列号管理要求	常采用批次管理，在批次中记录每一批的生产情况的详细信息以及整个供应链的追踪	往往采用序列号管理大型设备
原料缺料对生产影响	可能停线也可能只是调整批量大小或是生产其他类似产品。 1）计划日产量 10t 100% 纯果汁，需要番茄 20t，结果发现只有 10t 番茄，那么改为生产 50% 浓度的果汁，产量可以仍然是 10t 2）生产某种口味的产品，缺某原料，那么可能生产原味的产品	基本将导致停线： 生产电脑，缺少显示器，则导致停线
EHS 要求	流程行业（特别是化工和食品）对 EHS（环境保护、健康和安全方面）有特殊要求，需要符合比较严格的 EHS 规范。 SAP 有专门的 EHS 模块，实现对危险品检查（Dangerous Goods Checks）等功能	有 EHS 要求，但一般没有流程行业要求高
产品产出	产出有时不够确定，最终的产出包括主产品、联产品、副产品、废料等，而且产量可能大于或小于投料量	产出较为确定
设备管控和人力投入	自动化水平高、生产设备复杂 流程工业企业控制生产的工艺条件的自动化设备比较成熟，例如 DCS、PLC，生产过程多数是自动化，生产车间的人员主要从事管理、监视和设备检修工作 因此会产生需求，将 ERP、MES 中的控制配方传输到工控系统来控制工艺及发料	可能也有大量的设备应用，但又伴随着人海战术，需要大量的人手

(续)

	流程行业	离散行业
生产流程	大部分为少品种大批量生产方式,生产连贯性很高。 工艺流程采用专用设备或装置,流程和能力都相对固定,工序间连续且能力匹配性强,在最高和最低日产量间波动。 产出品可能随原料产地和工艺参数变化,需要按浓度、质量等级分类。 进出料都是连续的,提前期很短,除流程首尾外,无排队、等待时间,通常不考虑在制品问题。 流程企业的设备是一条固定的生产线,设备投资比较大,工艺流程固定,生产能力有一定的限制。生产线上的设备维护特别重要,不能发生故障,只要一发生故障,就全线停产,损失严重	各种生产方式都可能存在: • 按订单生产; • 按库存生产。 • 大批量生产的话,可能会采用重复制造的模式
生产退料	流程行业的产成品一般生产完毕,就很难再进行退料,变成原材料	离散行业的产成品中不少零部件再进行退料,变成原材料
变化过程	生产过程一般伴随着化学反应的过程	生产过程大多是物理反应的过程

2.9.2 流程行业特点举例

本小节就流程行业的一些典型特点做进一步的说明。相比离散行业,流程行业常常有更多的不确定性。

1. 投入产出不确定

有较多投入产出不确定的情况,可能原因如下:
- 投入的原材料用量不确定——受原材料内在本身影响;
- 投入的原材料用量不确定——受其他原材料影响;
- 投入的原材料用量不确定——受外界生产环境影响;
- 产出不确定——受原材料影响;
- 产出不确定——受生产环境影响。

(1) 环境对原材料的影响

维生素损失是比较典型的例子,在不同的条件下,维生素会发生不同的损失,因此若使用维生素生产特定产品,无疑将影响投入以及产出。

维生素会发生两种类型的损失:处理损失和储存损失。处理损失(Process Loss):维生素在特定处理下发生损失,如在100℃下持续30分钟,其营养元素发生了损失,表2-19为不同的维生素在此背景下的损失,因此有熟吃会损失维生素的说法。

表2-19 维生素的处理损失

维生素类型	损失百分比
维生素C	32%
叶酸(维生素B复合体之一)	56%
维生素D	19%

储存损失（Storage Loss）：水果中的维生素冷藏一段时间后含量将会下降。在特定条件下（15 天，6°C，阴暗面），将会发生表 2-20 中的损失。

表 2-20　维生素的储存损失

维生素类型	损失百分比
维生素 C	13 %
叶酸（维生素 B 复合体之一）	09 %
维生素 D	05 %

（2）投入的原材料量由其他原材料的量确定

涂料产品由四个主要的原材料构成：成膜物质（油料）、添加剂（助剂）、颜料、溶剂。其中，溶剂的数量是由添加剂和颜料数量确定的，它是通过一个公式计算出来的，主要逻辑如下：

- 根据添加剂中的活性成分确定溶剂的数量，但如果计算出来的溶剂数量大于颜料数量的 40%，则溶剂数量为颜料数量的 35%，否则溶剂数量为按照添加剂计算出来的结果。
- 活性成分一般是指化学产品中有效的成分，类似活性成分的概念在很多行业中都有应用，譬如：果汁的百分比含量、煤炭的含碳量就是活性成分的百分比。具体而言某个批次的添加剂中的实际活性成分比例会体现在该批次的主数据中。

2. 多并行单位

很多行业中的产品需要同时使用多个单位，譬如在五金行业，一根铁丝本来直径为 1mm，在此基础上，特定长度铁丝将会有特定的重量，长度与重量二者之间存在特定的换算关系，但是随着时间的推移，拉丝的模具在拉丝过程中磨损，铁丝的直径以一种不可见、但不可忽略的速度增加，导致预先设定的换算比例失准。

一方面对于客户而言，需要的是特定长度的铁丝，另外一方面交易金额又是以重量作为基础的。关于双单位和活性成分，详细内容参见 16.6 节"批次特有单位"。

2.9.3　流程行业的 SAP 解决方案说明

SAP 的 PP 模块中，前台菜单和后台配置都分为生产（Production）和针对流程行业的生产（Production For Process），在这两部分的功能中，差异体现最明显的事务代码如表 2-21 所示，在流程行业中，使用事务代码 COR1 创建工作指令，而离散行业使用事务代码 CO01。

表 2-21　流程行业与离散行业

	产品结构	生产指令
流程行业	配方（Recipe）事务代码 C201	流程订单（Process Order）事务代码 COR1
离散行业	BOM　事务代码 CS01	生产订单（Production Order）事务代码 CO01

值得注意的是，流程行业的企业不一定使用 SAP 的 Production For Process，譬如食品、饮料行业理论上来说更偏向流程行业，但在实施 SAP 的食品饮料企业中，很多并未使用 SAP 中的配方、流程订单等流程行业特有的东西。

这是由于以下多方面的原因造成的：

- 虽然属于流程行业，但食品行业的配方相对化工并没有如此复杂多变，配方一般很明确，投入相对比较固定，产出一般也比较明确。
- SAP 中的绝大部分解决方案并没有区分说某个功能一定只能用在流程订单，即使使用生产订单也可以解决流程行业的一些特有问题、常见问题，譬如多单位、批次单位等问题，无论采用流程订单还是生产订单都可以解决。

当然对化工、制药更偏向化学性质的公司，很多使用的是流程订单以及流程行业的一些典型解决方案。

最后需要补充说明的是，一方面 SAP 有很多针对特定行业的解决方案，这些方案现在大多通过功能增强包的形式来进行激活，另外一方面 SAP 中的绝大部门功能，都无需激活任何行业特有的功能增强。在 1.3.2 节"SAP ERP 产品概览"中介绍功能增强包的激活。

第 3 章　MRP 简介

MRP（Material Requirement Planning，物料需求计划）是基于需求、供给、产品 BOM 结构等信息计算产生不同的获取建议（Procurement Proposal），在获取建议中包含应该在何时、采购（生产）何种物料、多少数量等各项信息，从而用来实现制造业库存管理目标，即在正确的时间按恰当的数量得到所需的物料。

本章将介绍下列内容：
❏ MRP 运行的示例、运行方式；
❏ MRP 运行需要考虑的常见问题；
❏ MRP 结果的评估。

3.1　MRP 运行的简要说明

本节以一个例子简要说明 MRP 的运行过程，并解释 MRP、MPS 的关系、流程以及相应的系统操作。

3.1.1　MRP 运行示例

> 提示：网络中有一篇通俗版的 MRP 故事，本人对其稍作补充，可参见本人博客"厨房里的 MRP"。

产成品 X 包含 1 个半成品 Y、1 个原材料 A，半成品 Y 包括 1 个原材料 B，该产成品运行 MRP，其过程如下。

1. 产成品净需求计算（Calculates Net Requirements）

产成品 X 的需求、供给、库存情况如下：
❏ 供给情况：存在一个未完工的生产订单，数量为 10 个；
❏ 库存情况：存在非限制库存 10 个，未设置安全库存；
❏ 需求情况：存在独立需求（PIR）100 个。

运行 MRP 后，产成品的净需求等于毛需求减去供给（Receipts）再减去库存（Stock），并加上安全库存等于 80 个，因此系统将创建获取建议。

2. 产成品获取建议的产生（Procurement Proposals）

获取建议的产生是 MRP 运行的最终结果，对产成品 X 来说，获取建议的确定过程如下。

(1) 确定获取建议的获取类型

根据物料的获取类型，确定物料为自制生产，还是外购亦或是外包、寄售形式，在本例中，产成品设置为自制，因此将产生获取类型为自制的计划订单。

(2) 确定获取建议的数量

根据净需求数量，并结合物料的批量类型、配额信息、报废率、取整等参数，系统确定出获取建议的数量。在本例中，设置批量类型（Lot Size）为 Lot-For-Lot、未设置报废率（Scrap）、未设置取整参数（Rounding Profile）。

因此 MRP 运行后，将生成产成品 X 数量为 80 的计划订单。

3. 产成品 BOM 展开、相关需求产生

系统首先确定产成品 X 的有效 BOM，然后再确定该 BOM 所包含的有效项目，最后根据产成品需求产生的计划订单，进一步触发对半成品、原材料的相关需求（Dependent Requirement），具体步骤如下。

(1) 确定产成品的有效 BOM

一个产品可能有多个 BOM，运行 MRP 时，系统根据产成品的物料主数据中指定的 BOM 展开标识（Select Method for Alternative Bills of Material），系统确定不同的展开方式，常见的展开方式如下：

1）根据计划订单中的计划生产日期确定有效的 BOM；

2）根据计划订单中的计划生产数量确定有效的 BOM；

3）根据生产版本确定有效的 BOM：维护物料的生产版本（Production Version），在生产版本中指定物料的 BOM，MRP 运行时，如果某物料有多个生产版本，一般系统会选择有效的生产版本中编号最小的。

(2) 确定有效的组件

产成品会使用到多个半成品/原材料/零件，这些组件（Component）将会维护到 BOM 中，作为 BOM 的项目（Item）。

在展开 BOM 时，注意组件特殊的获取方式。

1）若 BOM 中某组件标记为供应商提供的，则系统不会产生该物料的相关需求；

2）若 BOM 中某组件标记为虚拟件（Phantom），如某半成品标记为虚拟件，则一般来说系统将不会产生该半成品的相关需求和获取建议，而是直接产生半成品的下阶物料（原材料）的相关需求；

3）若 BOM 中某组件标记为替代、取代物料，此时也将产生取代、替代物料的相关需求。

(3) 相关需求确定

在本例中，针对产成品 X 仅维护一个 BOM，也没有设置 BOM 项目的特殊属性，因此将产生半成品物料 Y 的相关需求，数量为 80 个，以及原材料 A 的相关需求，数量为 80 个。

4. 半成品 Y 的净需求计算

步骤同产成品的获取建议，在本例中，半成品无任何库存、供给，因此净需求为 80 个。

5. 半成品 Y 的获取建议

步骤同产成品的获取建议，在本例中，未设置特定的批量、取整等参数，因此将产生数量为 80、类型为自制的半成品的计划订单。

6. 原材料 A 的净需求计算

对原材料 A 的相关需求数量为 80 个，原材料 A 的当前库存数量为 30 个，因此净需求数量应为 50 个。

7. 原材料 A 获取建议产生

对于外购原材料来说，获取建议大多是以采购申请的形式，具体过程如下。

（1）获取建议的获取类型的确定

根据物料的获取类型，确定原材料 A 为外购，因此将产生获取类型为外购的获取建议，若物料的获取类型维护为寄售，则产生获取类型为寄售的获取建议。

（2）获取建议的数量的确定

系统根据物料的批量类型、配额信息、报废率设置、取整参数，系统确定出获取建议的数量，在本例中，设置批量类型（Lot Size）为 Lot-For-Lot，未设置报废率（Scrap），在物料主数据的 MRP1 视图中设置舍入值（Rounding Value）为 100。

因此 MRP 运行后，获取建议的数量为 100 个。

8. 配额以及供应商的确定

若未维护配额（Quota），则系统根据货源清单、采购信息记录确定供应商；

若维护配额，系统将会根据配额确定供应商，以及向每家供应商的采购数量。

9. 获取建议的形式（单据类型）

根据 MRP 运行时的参数，获取建议可能是计划订单，也可能是采购申请，还可能是计划协议中的计划行。关于 MRP 的示例，请参见本章最后一节。

3.1.2　MPS 和 MRP

MRP 与 MPS 的关系以及相应的事务代码如下。

1. MPS 与 MRP 关系以及流程

简单说，MRP 运行的目的是产生自制产成品、自制半成品的生产计划以及外购原材料的采购计划，如果有外发加工的（Sub Contract），产生对委外供应商的采购计划。

运行 MRP 的第一步是确定成品的 MPS，MPS（Master Production Scheduling，主生产计划）是指企业的产成品的生产计划，即确定在未来的一段期间内，何时生产何产成品。对于绝大部分公司来说，MPS 都是非常关键的一步，根据历史销售数据、新品上市、最近的客户需求、市场促销情况等确定出需求数量，需求数量一般在系统中是以计划独立需求（PIR）的形式体现，通过事务代码 MD61 维护。

在确定计划独立需求后，在系统中运行 MPS，则得到产成品的生产计划，即产成品应该生产的数量和时间，该生产数量和时间在系统中以计划订单的形式体现，此时需要对

MPS 的结果进行评估，如果评估后，发现产能不足或是其他情况，则需要调整计划订单。对 MPS 评估并调整得到确定的 MPS 后，则根据 MPS，对原材料、半成品运行 MRP，产生原材料的采购计划、半成品的生产计划。

2. MRP、MPS 类型系统配置

系统通过事务代码 OMDQ 定义 MRP 类型，在 MRP 类型中，通过字段 MRP procedure（过程）来区分 MRP 类型是属于 MPS、MRP 或者不运行 MRP。系统标准的最常见、应用最广泛的 MRP 类型为 PD。系统标准的 MPS 类型都是 M 打头的，包括五个：M0、M1、M2、M3、M4。

3. MRP、MPS 与计划策略

MPS 的确定取决于计划策略，第 2 章对此做了简要的介绍，由于 MPS 关键而又复杂，需要多个部门协调确定的，因此部分公司这一操作是在系统外完成，或是仅由系统做一定的辅助，具体而言在 SAP 中以如下两种常见的方式执行。

（1）先确定产成品的生产计划，然后再确定半成品的生产计划、原材料的采购计划

先对成品运行 MPS，然后对 MPS 结果进行评估、调整，即根据产成品的需求计划得到产成品的生产计划，具体而言可分为以下几个步骤：

1）设置产成品运行 MPS：事务代码 MM01 维护产成品的 MRP 类型，设置为 M0、M1、M2、M3、M4 等 MPS 类型，并维护计划策略；

2）设置原材料、半成品运行 MRP：事务代码 MM01 将半成品、原材料维护成 PD 等 MRP 类型；

3）维护计划独立需求：事务代码 MD61 对产成品维护计划独立需求；

4）MPS 运行：事务代码 MD40、MD41、MD42、MDBS 对产成品来运行 MPS；

5）MPS 结果评估：事务代码 MD04、MD12 等对计划订单进行评估，根据需要固定或修改计划订单；

6）运行原材料的 MRP：事务代码 MD02、MD01、MDBT 等对半成品和原材料来运行 MRP。

（2）直接对所有物料运行 MRP，产生所有物料的获取建议

不少公司会对包括产成品在内的物料都设置 MRP 类型为 PD 或类似的，然后对所有物料一起运行 MRP，产生产成品、半成品的生产计划和原材料的采购计划，这种操作方法往往是 MPS 事先在系统外已评估过。

4. MRP、MPS 运行的事务代码说明

MRP 和 MPS 的运行有多个事务代码，表 3-1 列举九个相关的事务代码以及对应的程序和屏幕。

如表 3-1 所示，MRP 运行可以前台运行或者后台运行，前台运行的七个事务代码，无论是单个物料运行还是整个工厂运行 MRP，无论是运行 MRP 还是 MPS，都是调用相同的程序 SAPMM61X，同时事务代码 MD02、MD41 对应的屏幕也是相同的，因此总体来说，

这些事务代码背后的处理逻辑是基本是相同的。

表 3-1　MRP/MPS 运行的事务代码

事务代码	对应程序	对应屏幕	简要说明
MD01	SAPMM61X	100	工厂级别运行 MRP
MD40	SAPMM61X	110	工厂级别运行 MPS
MD02	SAPMM61X	150	单个项目，多层运行 MRP
MD41	SAPMM61X	150	单个项目，多层运行 MPS
MD03	SAPMM61X	200	单个项目，单层运行 MRP
MD42	SAPMM61X	200	单个项目，单层运行 MPS
MD43	SAPMM61X	250	单个项目，交互式运行
MDBS	RMMDBTCH	1000	定义后台任务运行 MPS
MDBT	RMMDBTCH	1000	定义后台任务运行 MRP

这些事务代码的差异是通过表 T450N 来记录的，该表记录这些事务代码在 MRP 运行时的参数，然后在程序 SAPMM61X 中，根据这些参数确定不同的处理方式，譬如当使用事务代码 MD02 运行时，系统将检查输入物料的 MRP 过程（Procedure）是否设置为 MPS，如果设置为 MPS，则不能使用事务代码 MD02 运行。

（1）单个物料多层运行 MRP

事务代码 MD02 对单个物料运行 MRP，单个运行时，不考虑计划文件条目（Planning File Entries），无论当前物料是否存在计划文件条目，都会对当前物料运行 MRP。事务代码 MD02 对单个物料进行多层计划，如在上节的示例中，当使用事务代码 MD02 对物料 X 运行 MRP 时，不仅对产成品物料 X 运行 MRP，还会对产成品 X 下的半成品（Y）、原材料（A、B）运行 MRP。该事务代码不能处理 MRP 过程为 MPS（如 MRP 类型 M0）的物料。

（2）单个物料单层运行 MRP（Single-item，Single-level）

事务代码 MD03 与事务代码 MD02 类似，但仅单层运行 MRP，如在上节的示例中，如果对产成品 X 运行 MRP，只会产生对产成品 X 的获取建议（计划订单），不会对半成品、原材料运行 MRP。

（3）总体运行（Total Planning Run）MRP（多物料、多工厂运行）

事务代码 MD01/MDBT 对工厂下的所有 MRP 相关的物料以前台或者后台的方式同时运行 MRP，总体计划运行时，系统通过处理代码（Processing Key）和计划文件条目（Planning File Entries）来确定哪些物料需要运行 MRP，因此总体运行时，若某物料无法运行 MRP，请检查计划文件条目。该事务代码不能处理 MRP 过程为 MPS（如 MRP 类型 M0）的物料。

（4）总体运行 MPS

事务代码 MD40/MDBS 对工厂下的所有物料可以同时运行 MPS，总体计划运行时，系统通过处理代码和计划文件条目来确定哪些物料需要运行 MRP，因此总体运行时，若某物料无法运行 MPS，请检查计划文件条目。该事务代码默认处理 MRP 过程为 MPS 的物料，当勾选上参数"Process MRP Materials/ 处理MRP物料"后,则可以同时处理MRP过程为MRP的物料。

(5) MRP、MPS运行的事务代码补充说明

限于篇幅,这里不详细介绍,参见SAP Note 550568 - FAQ: MRP run(MD01, MD02, MD03, MDBT…)。还可以在网络中搜索文章"MRP控制参数—计划文件与处理代码(Processing Key)",该文介绍了MRP运行前(时)的参数。

3.2 MRP运行需要考虑的问题

抛开MRP本身的局限性,企业如果决定运行MRP生成生产、采购计划,并根据生产计划、采购计划安排生产、采购执行,则要保证MRP运行结果的准确、合理,而要达到运行结果的合理性,无非就是要保证两个方面:正确、合理的输入信息(业务数据)以及正确、合理的运行参数(主数据和配置数据)。

主要的输入与运行参数信息都是围绕产供销三大要素,会涉及一系列的问题,下面列举一些常见的问题。

3.2.1 库存地点

每个工厂下都存在多个库存地点,默认MRP运行是基于整个工厂运行,即所有库存地点都参与MRP计算,因此需要考虑特别情况下,是否应在库存地点级别设置该库存地点参与MRP计算,譬如对于客户暂时寄存在公司的货物所属的库存地点设置不参与MRP运算。

通过事务代码OMIR设置库位的MRP标识(MRP Indicator),当设置为1((Storage location stock excluded from MRP),代表该库位不参与MRP。譬如设置工厂1000下,库存地点0001不参与MRP运算,则关于该库位的库存、需求、供给都不参与MRP运算,即发货库位为0001的销售订单或收货库位为0001的采购订单均不会被MRP考虑。

在设置MRP标识前,系统已维护在库存地点0001下的物料,需使用事务代码MM17,批量更改这些物料在库存地点0001下的MRP标识符(字段MARD-DISKZ),否则,这些物料在这些库存地点的产供销仍包括在MRP运算中。对于其他所有物料,也应通过事务代码MMSC维护该物料的库位,使得所有物料在该库位的MRP的标识符均为1。

3.2.2 安全库存

安全库存是为了调节需求和供给的不确定(如紧急订单、插单、交货误期等等),结合企业期望达到的服务水平得到的目标库存数量。

安全库存的应用在企业中非常广泛,SAP中的安全库存的功能分为多个方面,请参见10.6节"安全库存"。

3.2.3 多组织下的 MRP 运行

实施 MRP 的公司，往往都是集团性的公司，这些集团性的不同公司互相之间会有很多后勤业务往来，系统中对此业务的支持也是非常关键的。

具体内容参见第 4 章"多组织下的生产管理"。

3.2.4 特殊库存

在 MRP 中，有着各种类型的特殊库存，在运行 MRP 时，某些特殊库存将被考虑，某些特殊库存又不被考虑，运行 MRP 时，要清晰地了解特殊库存与正常库存以及 MRP 的关系。

具体的特殊库存的业务操作过程，请分别参见 10.1.1 节"库存类别"、7.6 节"寄售业务处理"、2.3 节"按订单生产（MTO）"和 11.5 节"寄售模式"。

特殊库存之特殊有两种情况：特殊类型的库存和特殊状态的库存。

1. 特殊类型的库存（Special Stocks）

常见的特殊类型的库存有四种，其与 MRP 运行的关系分别介绍如下。

（1）供应商寄售库存（Vendor Consignment）

供应商寄售库存由于使用权在我方，因此默认参与 MRP 计算，并且一般和正常库存互相替代。譬如：生产订单需要某原材料 100 个，需要的库存类型为正常库存，当前仅存在寄售库存为 100 个，运行 MRP，将不会产生采购申请。

（2）供应商分包库存（Stock of Material Provided to Vendor）

我方发送给外包供应商的分包库存，将参与 MRP 运算，与正常库存无差异。

（3）销售订单库存（Sales Order Stock）

按库存生产（MTS）与按订单生产（MTO）是分开运行 MRP 的。例如，某产品的计划策略为按销售订单生产（MTO），接到客户订单，客户需求数量为 100 个，在系统中创建相应的销售订单，运行 MRP，由于产品设置为按订单生产的计划策略，因此单独运行 MRP，此时尽管该产品存在正常的可用库存 100 个，仍然将产生数量为 100 的计划订单，要求安排相应的生产。

（4）客户寄售库存（Consignment Stock at Customer）

客户寄售库存实物不在我方仓库，使用权也不在我方，被认为并不可用，因此运行 MRP 时，不参与 MRP 计算。具体解释，请参见 SAP Note 301681 - Doc MRP takes no customer consignment。

2. 特殊状态的库存

常见的特殊状态的库存有如下五种。

1）限制库存（Restricted Stock）。限制库存是指当启用批次管理功能，并激活批次状态功能，批次状态为限制状态（Restricted）的批次，默认 MRP 考虑。详细请参见 16.5 节"批次状态"。

2）退货库存（Return Stock）。销售退货时可以使用不同的移动类型将库存退回到不同的状态，当使用移动类型 653，退货到非限制库存，而使用移动类型 651，则退货到未估价的退货库存（Return Stock）。该库存无价值，不属于我方所有，并且一般来说质量不明，MRP 始终不考虑。

3）冻结库存（Blocked Stock）。当库存中存在可疑数量的库存，则通过事务代码 MB1B 移动类型 343 将这部分数量的库存从非限制库存转为冻结库存，冻结库存默认 MRP 考虑。

4）质检库存（QI/Quality Inspection Stock）。当产品处于质检中，则称为质检库存，MRP 始终考虑。

5）在途库存（Stock In Transit）。默认 MRP 考虑在途库存，在途库存的定义，详细请参见 10.3 节。通过事务代码 OPPI 可以设置三种特殊状态的库存（在途库存、冻结库存、限制库存）是否参与 MRP 计算。

3.2.5 替代物料

替代物料是企业业务中非常常见的业务，MRP 运行时，替代物料是一个头疼的问题，详细请参见第 5 章 "替代和取代"。

3.2.6 采购

MRP 运行的目的之一在于合适的时间采购合适数量的原材料，具体而言需要在 MRP 运行时，确定以下采购因素。

1. 原材料的获取方式（采购模式）

系统通过特殊获取类（采购模式）来确定 MRP 运行后的采购申请的项目类别。通过在物料主数据的 MRP2 视图中维护特殊获取类型（Special procurement）可以控制产生的采购申请的项目类别：是正常采购还是寄售的采购，还是委外加工的采购。若在物料主数据中设置特殊获取类型设置为空白，则采购申请项目类别为正常采购，若设置为 10（寄售 / Consignment），则采购申请的项目类别为供应商寄售采购，若设置为 30（外包 / Subcontracting），则采购申请的项目类别为委外加工。

寄售和委外加工业务模式详见 7.6 节 "寄售业务处理"、7.3 节 "委托外加工业务（7.3）"。

2. 原材料的需求来源的类型

对原材料的需求一般都是由于半成品、产成品引起的相关需求。追溯原材料的需求来源，主要是按照库存进行采购，即主要根据销售预测，但在按销售订单生产的模式（MTO）下，部分原材料可能会采取按销售订单进行采购，即收到产成品（半成品）的客户订单才进行采购原材料。

在 MTO 模式下，系统通过在原材料的物料主数据的 MRP4 视图中设置相关需求标识符（Dependent Requirements Indicator）来区分原材料是按销售订单采购，还是按库存采购。

当产成品设置为按订单生产，原材料的相关需求标识符设置为个别（Individual）时，则原材料为按销售订单采购，采购入库后，进入销售订单库存；若设置为集中（Collective），则原材料采购入库后，进入普通库存。如果原材料中相关需求标识符设置为空白，则上层物料为MTO的，原材料为独立（个别）采购，上层物料为MTS的，原材料则为集中（汇总）采购。

详细请参见2.3节"按订单生产（MTO）"和7.7节"带账户分配的采购订单"。

3. 采购申请的固定（Firmed）与MRP

运行MRP时，如通过事务代码MD02运行，当计划模式选择3（删除并重新创建计划数据），系统将先会删除非固定（Unfirmed）的采购申请，再根据当时的物料供给情况，决定是否产生以及如何产生新的采购申请。

值得注意的是，当采购申请审批后，系统默认并不会设置为固定的，如果希望已经审批的PR不被MRP删除，则可以设置已经审批的PR自动为固定的（Firmed）。参见本人博客"已经审批的采购申请设置为自动固定（Firmed）"。

4. 采购获取建议的形式

MRP运行后，对于需要向供应商采购的物料，系统可以有三种获取建议（Procurement Proposal）类型：计划订单、采购申请、计划协议的交货行。当对单个物料运行MRP（如事务代码MD02）或者整个工厂级别（如事务代码MD01）运行MRP时，通过两个参数"Creation Indicator for Purchase Requisitions"和"Delivery Schedules"确定产生获取建议的具体类型。

系统中也同时支持根据物料设置获取建议的类型，譬如设置部分物料产生采购申请、部分物料产生计划订单，具体而言是通过在物料主数据的MRP1视图为不同的物料设置不同的MRP组（MRP Group），并在后台通过事务代码OMDZ中设置该MRP组是产生何种获取建议类型。

整体来说，单个物料运行MRP时，以在计划运行时（如事务代码MD02）的初始屏幕中输入的参数为准，整体运行时，以MRP组中的参数为准，如果MRP组未维护，则以计划运行时输入的参数为准。

5. 采购提前期与MRP

MRP运行时，系统将根据物料的计划交货时间（采购提前期）以及物料的需求日期得到物料应该下达给供应商的时间（Release date），譬如，对某原材料的需求日期为2011/12/25，原材料的采购提前期为5天，因此原材料应该至少在2011/12/20下达给供应商。

采购提前期的设置非常重要，系统中在物料主数据和采购信息记录中均记录了该时间，根据需要可以通过事务代码OMDT配置MRP运行是读取物料主数据还是读取采购信息记录中的提前期，更多采购提前期的内容，参见本人博客"计划交货时间（Planned Delivery Time）"。

6. 供应商确定与 MRP

MRP 运行产生的采购申请中可以有明确的供应商信息，也就是系统运行 MRP 时，可以自动确定供应商，具体而言有以下常见的方法。

（1）未使用配额（Quota）的供应商确定

这种情况下，一般都是物料只有唯一的供应商，或者说有默认的供应商，此时只需要在物料主数据的采购视图中设置货源管理（Source List），然后在使用事务代码 ME01 维护货源清单时，输入该供应商，并在字段"MRP"中设置与 MRP 相关。

参见 7.5 节"计划协议"。

（2）使用配额（Quota）的供应商确定

当一个原材料存在多个供应商，并且在多个供应商之间有着明确的配额，譬如某原材料供应商 A 有 60% 的采购量配额，供应商 B 有 40% 的采购配额，此时可以在该原材料的主数据的 MRP2 视图的字段"配额安排（Quota arr. Usage）"中设置配额管理，然后通过事务代码 MEQ1 维护两个供应商各自的配额。

（3）使用库存管理的制造商物料号码

通过使用库存管理的制造商物料号，物料与供应商是绑定的，因此可以在 BOM 中通过指定的供应商物料，从而确定制造商、供应商信息。具体请参见第 8 章"制造商物料管理"。

（4）使用增强确定供应商

在 MTO 模式下，经常有客户指定原材料的供应商的情况，该需求可借助增强来进行实现。

在 MTS 模式下，如果希望 MRP 运行所产生的采购申请，能够考虑客户指定原材料的供应商这一需求，从技术层面来说该需求基本不可能实现，同时从业务的角度来看，由于 MTS 模式下，原材料并非根据销售订单采购，而是根据销售预测或是产品的生产计划展开的，对于长交期物料，还可能提前采购，采购行为发生在销售订单下达之前，因此无论从技术还是业务层面来说，逻辑都说不通。

7. 采购订单执行与 MRP

采购订单发送给供应商后，供应商应该确认交货日期和交货数量，常用的有两种形式的确认。

（1）类型 AB（Order Acknowledgment/ 订单确认）

代表采购订单发送给供应商后，供应商根据其库存、生产情况对订单进行初步的确认，从供应商收到此信息后，在采购订单中通过确认类型 AB 输入确认信息。

（2）类型 LA（Inbound Delivery/ 内向交货单）

代表供应商已经创建外向交货单，准备发货，此时的交货日期和数量基本上已经确认，从供应商收到此信息后，事务代码 VL31N 针对采购订单创建内向交货单。

通过使用采购订单中的确认功能（Confirmation），并可通过事务代码 SM34 视图 VC_T163G 设置确认控制参数（Confirmation Control），可以设置确认信息与 MRP 相关，这样运行 MRP 时，系统可根据供应商的订单确认和内向交货单中的更为准确的交货期和数量进行 MRP 计算。

8. 采购订单状态与 MRP

采购订单创建过程中，出现问题，采购订单可以暂存（Hold），采购订单生成后，当后续不再执行，则应该删除，由于某些原因需要临时冻结，则执行冻结（Block）操作，当采购订单执行到一半不再执行交货，则标记订单已经交货完成（Delivery Completed）。

需要注意，暂存和冻结的采购订单仍然参与 MRP，删除和标记交货完成的采购订单才不参与 MRP 计算。

3.2.7 采购申请的数量

MRP 运行后，系统根据需求产生获取建议（计划订单、采购申请等），获取建议的数量主要是由净需求数量结合批量（Lot Size）类型来确定，具体而言是在物料主数据的 MRP1 视图的子屏幕批量数据（Lot Size data）中定义。

假设对某原材料的需求如表 3-2 所示，在四个需求日期均有数量为 1000 的需求。

表 3-2　原材料的相关需求

需求日期	需求数量
2011/10/14	1000
2011/10/21	1000
2011/10/28	1000
2011/11/4	1000

事务代码 OMI4 设置批量类型，通过设置批量，产生的计划订单或者采购申请可能一一对应需求（Lot-For-Lot）或者可能按照期间进行合并，具体而言，有以下三类批量类型：静态批量过程、期间批量过程、最优批量过程。

1. 静态批量过程（Static Lot-Sizing Procedures）

静态批量常见的三种类型为：EX（Lot-For-Lot）、固定批量 FX、补货至最大库存水平（HB），下面介绍最常见的前两种。

批量类型 EX（Lot-For-Lot）是最常用的静态批量，是指获取建议与需求基本上是一一对应，在表 3-2 所示的需求情况下，相应将产生四个采购申请（计划订单），数量各 1000，理论上来说批量类型 EX 是完全的按需采购，库存成本最低，但是订货次数频繁，造成物流成本偏高。

值得注意的是，在 MTS（按库存生产）的模式下，当使用批量类型 EX（lot-for-lot），如果在同一天存在多个需求，系统将合并同一天的多个需求创建为一个获取建议（Procurement Proposal），即批量 EX 按天汇总，并不会真的一一对应。

参见 SAP Note 550568 - FAQ: MRP run（MD01，MD02，MD03，MDBT…）。

固定批量 FX 可以设置固定批量大小为 100 个，若净需求为 10 个，则产生一个数量为 100 个的采购申请，若净需求为 310 个，则产生四个数量为 100 的采购申请。

2. 期间批量过程（Period Lot-Sizing Procedures）

期间批量将对原材料的需求按照期间进行汇总，如设置为两周批量（批量类型 W2），意味着两周内的需求汇总成一个采购申请，在表 3-2 所示的需求情况下，MRP 运行后，系统将汇总两周的需求，最终将产生两个采购申请（计划订单），数量各为 2000 个、需求日期根据批量类型的后台定义确定。

期间批量 PX（Period lot size acc. to planning calendar）是一种特殊的期间批量，可与计划日历（Planning Calendar）结合。

通过事务代码 MD25 建立不同的计划日历，为物料维护批量类型 PX，并在物料主数据中分配给不同的物料不同的计划日历（MRP2 视图），这样可以实现不同的物料在不同的日期送货，譬如可设置生产中使用到的物料按照供应可靠性，分别设置在周一、周二、周三、周四送达，这样减轻仓库的压力，避免所有原材料集中在某一天到达。

3. 最优批量过程（Optimizing Lot-Sizing Procedures）

最优批量在理论层面早已成熟，计算逻辑也很清晰，但实际业务中，由于其需要事先确定两个前提条件，而这两个前提条件库存成本百分比（Storage Costs）和订购成本（Ordering Costs）很难确定，因此尽管 SAP 中也支持由系统根据物料主数据中指定的库存成本百分比（Storage Costs）和订购成本（Ordering Costs）确定最优批量大小，但最优批量在项目中很少使用到。

本例中，假设单次订购成本为 100 元（运输成本等各项杂费），物料成本为 20 元，年度库存成本百分比为 10%，年度库存成本使用百分比表示，等于物料持有一年时的总成本除以物料成本。

以表 3-2 中的物料需求为例，对该物料最早的需求日期为 2011/10/14，因此正常来说，运行 MRP 后将会产生交货日期在 2011/10/14 的采购申请，采购申请的数量将由批量类型确定。最优批量是指由系统考虑库存成本和订购成本之后的综合成本比较低，在本例表 3-2 的需求情况下，在 2011/10/14（交货日期）采购不同的批量，具有不同的订购成本、库存成本、库存附加成本、单位成本，具体如表 3-3 所示。

表 3-3 批量不同引起的各项成本

采购批量	简要说明	订购成本	增加的库存成本（相比上一批量）	总计库存成本	单位成本	附加库存成本	批量引起的成本节省
1000	没有多采购，无库存成本	100	0	0	0.1	0	0
2000	多采购 1000 个，持有的 1000 个在一周后被消耗掉	100	38.36	38.36	0.069	1.79	2.74
3000	多采购 2000 个，其中 1000 个，一周后用完 其中 1000 个，二周后用完	100	相比批量 2000，增加成本 76.71	115.07	0.072		
4000	多采购 3000 个，1000 个，一周后用完 1000 个，二周后用完 1000 个，三周后用完	100	115.07	230.14	0.083		

(1) 库存持有成本说明

库存持有成本等于持有数量 × 持有天数 × 物料成本 × 持有成本百分比 /365。例如，2011.10.14 需要 1000 个数量的原材料，但是采购量为 2000 个，在 2011.10.14 入库，因此将多持有 1000 个的库存，持有 1 周，而持有 1000 个数量，持有 1 周的库存成本是数量（1000 个）× 成本（20 元 / 个）× 持有天数（7）× 持有成本百分比（10%）/ 天数（365）= 38.36。持有 1000 个数量，持有 2 周的库存成本是数量（1000 个）× 成本（20 元 / 个）× 持有天数（14）× 持有成本（10%）/365= 76.71。

因此在本例中，若在 2011.10.14 采购入库 3000 个，则增加库存成本 115.07 等于 38.36+76.71，相比批量 2000 个，额外增加库存持有成本 76.71。

(2) 单位成本（Unit Cost）

单位成本等于（订购成本 + 持有成本）/ 订购数量。

(3) 附加库存成本（Additional Storage Cost）

采购批量为 2000 时，附加库存成本为多采购 1000 个的成本，等于数量（1000 个）× 成本（20 元 / 个）× 持有成本（10%）/[天数（365）×2]= 1.79。

(4) 批量引起的成本节省（Lot Size Fixed Cost Saving）

多采购 1000 个，将导致多持有 7 天，但同时导致少采购一次，少采购一次的成本分摊到七天中等于采购成本 100/[库存持有天数 7×（库存持有天数 7+1）]=2.74。

系统中支持四种最优批量类型，具体而言如表 3-4 所示，不同的批量类型有着不同的最优批量的计算方式。

表 3-4 不同的最优批量类型，不同的最优批量计算方式

批量	描述	最优批量逻辑	最优批量示例
DY	Dynamic Lot Size Creation 动态批量创建	比较库存增加的成本和订购成本	批量从 3000 增加到 4000，库存成本增加（115.07）超过订购成本（100），因此最优批量为 3000
GR	Groff Reorder Procedure Groff 重订货程序	比较附加的库存成本和节省的成本	批量为 2000 时，附加的库存成本大于节省的金额，因此最优批量为 1000
SP	Part Period Balancing 部分期间余额	比较库存成本和采购成本	批量为 3000 时，库存成本大于采购成本，批量为 2000 时，库存成本低于采购成本，因此最优批量为 2000
WI	Least Unit Cost Procedure 最小单位成本法	单位成本最低时的批量	批量为 2000 时，单位成本最低（0.069），因此最优批量为 2000

4. 采购申请（计划订单）中的取整（Rounding）方式

MRP 运行产生获取建议时，采购申请（计划订单）的数量根据以下设置进行取整。

(1) 单位的取整

很多物料最小计数单位是个，因此采购量也需要进行取整为个，譬如生产 1 箱产品需要 0.1 个某包装，计划生产 99 箱产品，则相应的采购量应该为 9.9 个取整为 10 个。事务代码 CUNI 设置物料的单位的取整位数，还可参见本人博客"物料单位与 MRP"。

(2) 舍入值取整（Rounding value）

如果在物料主数据MRP1视图中输入舍入值（Rounding value），则MRP运行后，产生的采购申请的数量只能是舍入值的整数倍数，譬如采购某原料，该原料每桶为50kg，每次采购只能是整桶，因此可以将50kg作为舍入值，每次采购量都是50kg的整数倍数。

(3) 取整参数文件（Rounding Profile）

通过取整参数文件可设置更加灵活的取整方式，譬如定义不同批量范围内不同的取整方式，譬如需求数量1～20、取整为20，需求数量20～50、取整为50。

通过事务代码OWD1定义取整参数文件，然后分配给物料（MRP1视图），取整参数文件还可以分配给采购信息记录，配额等对象，应用在销售订单、采购订单中。

3.2.8 需求

MRP中的需求来源主要有两种：

- 来自于客户的需求（Customer Requirement）：其形式一般是销售订单或是销售计划协议。
- 直接来自于销售预测（生产计划）的独立需求（independent requirement）：其形式是PIR（计划独立需求/Planned Independent Requirement），一般通过事务代码MD61进行维护。

这两种需求来源一般是针对产成品、半成品，然后通过BOM，至上而下触发对半成品、原材料的相关需求（Dependent Requirement）。本小节中，以销售订单为例介绍客户需求与MRP的关系。

1. 销售订单中的需求类型与MRP

通过客户需求的需求类型中的需求分类的定义，确定销售订单是否参与MRP以及是否在事务代码MD04中显示。具体销售订单是否参与MRP，如果参与MRP，销售订单需求（客户需求）如何与独立需求冲销，请参见2.2节"按库存生产（MTS）"。

2. 订单关闭与MRP

当销售订单不再执行，则在销售订单中设置拒绝（Reject）原因从而关闭订单，则需求不再进行传递，注意前提条件是事务代码OVAG中定义相应的拒绝原因中未勾选字段"OLI"。

3. 可用性检查组（Availability Check Group）与MRP

销售订单的需求传输时，可能是单个需求（Individual Requirements）传输，即每张销售订单就是一个需求来源，也可能是多个需求汇总（Collective）传输，按照时间周期汇总销售订单的需求。

系统通过物料主数据中的可用性检查组来控制需求传输的形式，如果可用性检查组设置为01（汇总需求），系统将更新销售订单需求到汇总表VBBS，该表中未记录销售订单号码，因此在事务代码MD04中不会显示销售订单号码，而是按天汇总显示销售需求。

如果物料的可用性检查组设置为 02（单个需求），系统将更新销售订单需求到表 VBBE，该表中记录了销售订单号码，因此在 MD04 显示销售订单的号码以及需求，02 为最常用的可用性检查组。

通过事务代码 OVZ2 定义可用性检查组的销售需求是单个需求还是汇总需求（按日、周）。

4. 销售订单数量与 MRP

当销售订单中启用可用性检查功能（ATP）后，销售订单中将存在两个数量，订单需求数量（客户需求数量）以及可用性检查的确认数量，在 MRP 中，以订单中的需求数量为准。

5. 销售订单信用检查与 MRP

系统默认只要销售订单参与 MRP，无论销售订单是否信用冻结，系统都会将销售订单中的需求数量传递到 MRP。

关于销售订单的需求传递的更多问题，请参见 SAP Note 547277 - FAQ: Requirements in SD and in the delivery。

3.2.9 BOM 展开

MRP 运行时，将会依次展开产成品、半成品的 BOM，得到半成品、原材料的相关需求，因此选择合适的 BOM 以及合适的 BOM 行项目显得尤为重要。

具体而言需要考虑三个方面的问题。

- BOM 的层次设置：一般来说 BOM 层次越多，MRP 运行将会更加复杂；
- 替代 BOM 的问题：同一个产品由于各种原因可能会有多个 BOM，系统如何选择 BOM；
- BOM 行项目问题：BOM 的行项目的设置对 MRP 的影响。

1. BOM 层次（BOM Leve/BOM 断阶）

BOM 层次应尽可能简单，只有当确定需要时，再进行复杂设置。

一方面，只有实际形成在制品库存（半成品），才增加 BOM 层次，例如，在制品可能自制、也可能外购或者销售，应增加 BOM 层次；

另外一方面 BOM 断阶多，意味着 BOM 层次多，每一个层次都需要创建生产订单，例如，一个产成品的 BOM 有五个层次，意味着至少需要创建一个产成品的生产订单和四个半成品的生产订单，只有当半成品设置为虚拟物料时，才不需要创建半成品的生产订单。

2. 同一产品有多个 BOM 问题（Alternative BOM/ 可选 BOM）

由于获取类型不相同（自制和委外）或是替代料都会导致同一产品经常会有多个 BOM。

如果是由于原材料替代问题引起的，则应该尽量减少这种业务类型，参见第 5 章。

如果确实有多个 BOM，需要制定出明确的规则，运行 MRP 时采用何 BOM，系统中主要是通过在物料主数据中设置 BOM Explosion 规则来确定采用何 BOM。

3. BOM 中包含的项目设置

根据需要灵活设置 BOM 中的组件的项目类别的属性。

如果设置 BOM 中的原材料的"物料供应标识 / Material Provision Indicator"为供应商提供，则 MRP 运行时不会产生该物料的需求。

如果设置 BOM 中的半成品的"特殊获取"为虚拟件，则 MRP 运行时不会产生该物料的计划订单，也无需为该产品创建计划订单。

4. MTO 模式下的 BOM 选择

MTO 模式下，运行 MRP 和生产执行时，系统可以使用销售订单 BOM 或普通 BOM，应根据需要选择使用何种类型的 BOM，采用销售订单 BOM 可方便记录客户对产品的特殊要求、对原材料的特殊要求。

事务代码 OPPQ 定义工厂参数，选择参数"物料单展开"（BOM Explosion），设置 MTO 模式下，运行 MRP 时，是采用物料 BOM 还是采用销售订单 BOM。

3.2.10 单据关闭

MRP 运行时，如果实际业务中，某个业务已经结束，但是并未关闭系统中的单据，就会造成运行不准确，因此需要及时的关闭单据，此时需要考虑的两个问题。

1. 流程设计

在流程设计时，需要考虑不同情况下，何时、何人关闭各种对 MRP 有影响的单据，譬如某张采购订单不再执行，则应该明确何时、何人根据关闭采购订单，或者规定定期关闭，或者规定根据某个事件触发关闭。

2. 系统中的容差设置

需要考虑各种业务情况下，如何设置容差，使得应该关闭的订单能够合理的自动被系统关闭，以生产订单为例：

某公司生产某产品，生产订单下达量为 1000kg，实际产出会有偏差，在 980kg 和 1020kg 上下。一般在此范围内，则生产订单不再继续生产、交货，因此可以通过设置交货容差来实现交货量在特定范围内则生产订单视为完全交货。

3.2.11 业务模式的选择

MRP 运行时应该选择一个符合公司业务的生产业务模式（计划策略），若选择了一个不符合公司业务的计划策略，显然将会给 MRP 运行带来很大的麻烦。譬如：公司业务类型为按订单生产，但系统中却选择按库存生产。

详细请参见第 2 章"生产模式与计划策略"。

3.2.12 增强

在特定情况下，可以通过增强 BADI "MD_CHANGE_MRP_DATA"来控制特定业务记录不参与 MRP 计算。例如，在该增强的方法"CHANGE_MDPSX_VBBE"中可设置信用冻结的销售订单不参与 MRP 运算，将不需要参与 MRP 的记录的数量设置为零，并标记"CH_CHANGED = 'X'"，方法"CHANGE_MDPSX_MDFA"可设置特定的生产订单不参与 MRP 运算。

3.2.13 小结

MRP 运行后，要得到一个相对满意的 MRP 结果不是一件容易的事。其中比较重要的有几点。

1. 合理的系统设计

合理的系统设计，换句话说，是指尽可能少地出现系统与业务操作脱节、甚至二张皮的情况，具体而言，以下几个方面的问题比较突出：

1）正确设置计划策略；
2）合理根据企业业务逻辑设计业务流程；
3）合理设计物料编码和 BOM；
4）合理解决替代问题。

2. MRP 运行很难一蹴而就

一方面 MRP 的运行还依赖于执行层面的多个因素，如生产执行的及时性和准确性、采购执行的及时性和准确性、库存的准确性。另外一方面企业自身业务不规范的地方也比较多，改变这些也需要时间。因此对 MRP 运行要有足够的耐心，逐步改善 MRP 的运行。

3. 了解 MRP 运行的局限

MRP 本身有其应用的局限性，MRP 运行的结果并不完美，因此需要对 MPS、MRP 运行的结果进行评估，并做适当的调整。了解一个人的缺点，并能够适应、调整，才可以相处愉快，对系统同样如此，局限性并不可怕，可怕的是不了解系统，不知道如何去调整。

3.3 MRP 结果评估概览

企业可通过多种方式来评估 MRP 运行的结果，对结果进行分析，及时发现各种异常情况，并作适当的调整。本节主要说明各种评估的方式。

1. MRP 评估的必要性

MRP 评估需要 MRP 控制者这一角色，MRP 评估的必要性是由多个因素决定的。

（1）企业业务中的异常情况

企业业务操作中异常的情况很多，譬如应该在 2 月 10 号采购某批原材料，但是结果一直未采购或是供应商未送货，又如某个产品的 BOM 未维护，导致未展开下阶原材料的相关需求，对这些异常情况，需要评估才能够及时的发现，并调整，这样才能保证 MRP 的正常运行。

（2）MRP 自身的局限性

MRP 作为一种计划运行的方法，有其本身的局限性。

MRP 运行结果是基于无限产能，因此或者需要在系统外对主生产计划（MPS）进行排程，或者运行完 MPS（MRP）后，对工作中心负荷（Work Center Load）进行评估，通过比较工作中心的能力（产能/Work Center Capacity）和已分配的生产订单、计划订单，当工作中心的负荷超过了工作中心的能力，则应增大产能（如加班）或者应该调整生产订单、计划订单的执行时间。

常用的对工作中心负荷评估的事务代码从 CM01 到 CM05，工作中心评估对应的区域菜单的事务代码为 CM00。

如果希望评估产能也包括计划订单，在 MRP 运行参数"Scheduling"中选择"lead time scheduling and capacity planning"。

SAP ERP 中工作中心评估的工具略显粗略，要实现更加细致、灵活的要求，需要采用高级排程软件 APO（APS）等解决方案。

同时 MRP 运行并不是基于当前物料供给得出的最优结果，完全是至上而下，输入产成品的需求数量，然后通过 MRP 运行，得到 MRP 运行的结果，即半成品、原材料的采购申请、计划订单等，如果半成品、原材料无法供给，就给出例外消息，并不会自动调整。

因此对 MRP 的结果的评估是必不可少的，通过阅读 MRP 例外消息以及查看 MRP 的各种报表来及时发现各种业务异常，如可能缺料的情况以及多采购的情况，并及时做相应的调整。

2. MRP 评估的角度与指标

MRP 结果使用如下四个工具来进行评估：

- 供给/需求清单（Stock/Requirement List）——是指在一个界面中查看到一个物料的供给、库存、需求数量、日期以及可用量，这样可以直观地了解一个物料是否会缺料，是否会多生产。
- 覆盖范围（Range of Coverage）或（供应天数）——覆盖范围、供应天数、覆盖天数的意思基本相同，通过查看物料的覆盖范围来评估物料的可用天数（供应天数），可用天数过低代表可能会导致缺料情况发生，过高又说明有库存积压的风险。

SAP 中覆盖天数的计算有两种逻辑。

逻辑 1：可用库存何时将会被消耗点。

当前可用库存为 250 个、明天需求 50 个、后天需求 100 个、大后天需求 150 个，则在大后天物料将不可用，因此可用库存可覆盖需求的天数为 2+（250−50−100）/150= 2.67 天，即当前可用量（库存＋供应）只能覆盖 2.67 天。系统提供了三个覆盖天数的指标，三个指标有着不同的可用库存的计算方式，指标 1 中可用数量即为当前库存数量，指标 2 和指标 3 可以考虑过各种类型的供给，具体是通过事务代码 OMIL 定义可用库存的计算方式，哪些供应（生产订单、计划订单等）纳入到可用库存的计算中。

逻辑 2：等于当前可用库存数量/日需求数量的算术平均数。

当前可用库存为 250 个，下一周的需求如上面所示（明天需求 50 个、后天需求 100 个、大后天需求 150 个），则下一周的日平均需求等于 300/5 等于每天 60 个，因此覆盖天数等于 250/60=4.16 天。

- 例外消息评估——例外消息是 MRP 运行过程中，系统自动产生的消息。有数十种例外消息，不同的例外消息代表不同的业务情况，譬如某个原材料可能缺料，因此对例外消息的评估是 MRP 控制者必须要做的日常工作。
- 需求追溯和订单报表——指追溯原材料的供给是由哪一个半成品触发的，半成品的需求又是由哪一个产成品产生的。订单报表是指整体查看对象的供需情况，譬如一个产成品的生产订单中包括五个原材料，此时作为生产计划员（MRP 控制者）需要通过订单报表可以汇总查看产成品及其五个组件的供需情况。

3. MRP 评估的事务代码

如图 3-1 所示为 MRP 评估的事务代码，这些事务代码可分为以下几组：

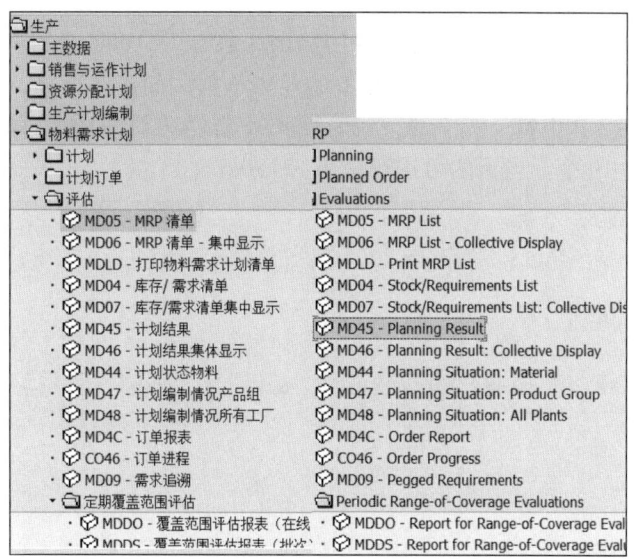

图 3-1　MRP 评估的事务代码清单（CMRP）

1）事务代码：MD04、MD05、MD06、MD07，这几个事务代码最为常用，可单个或批量查询物料供需情况，查询例外消息，并集成事务代码 MD4C、MD09 中的订单报表、需求追溯等功能。

2）事务代码：MDDO、MDDS 是批量显示物料的供应天数。

3）事务代码：MD4C、CO46、MD09 以订单为单位进行评估，查看整张订单以及订单所包含的原材料的产供销情况，还可以进行需求追溯。

4）事务代码：MD44、MD45、MD46、MD47、MD48 是对 MRP 运行结果进行按照 MRP 元素合并查看，不是很常用。

4. MRP 清单与 MRP 结果差异（MD04、MD05、MD06、MD07 差别）

MRP 运行后，产生两类的结果：MRP 清单（MRP List）和 MRP 库存需求清单（Stock/Requirement List）。MRP 清单是指上一次运行 MRP 的结果，通过事务代码 MD05、MD06 查看。例如，物料 A，有一个销售订单，数量 100，2011/9/14 晚运行 MRP，产生计划订单 100 个，2011/9/15 上午，创建一个新的销售订单。当前日期为 2011/9/15 在事务代码 MD04、MD07 中可以查看到新创建的销售订单，通过事务代码 MD05、MD06（MRP 清单中）中查看的仍然是上次运行 MRP 的结果，因此不会看到新维护的销售订单。

3.3.1 产供销清单说明

事务代码 MD04 是最为常见的 MRP 评估的事务代码，用于查看单个物料在单个工厂（MRP 区域）下的产供销情况，从 ECC 6.0 EHP2 开始，激活相应业务功能，还可进行多物料、跨工厂查看，具体功能在后面介绍。事务代码 MD04 中相关功能可以分为以下几类。

1. 以列表的形式汇总显示产供销信息

如图 3-2、图 3-5 所示，可以看到物料 Z-101，在工厂 1000 下的产供销的详细情况，看到该物料在工厂 1000 下所有与 MRP 相关的业务单据，如销售订单、采购订单、生产订单等 MRP 元素。图 3-2 中第一行代表：2011.08.01 有销售订单的需求，销售订单编号为 12925，需求数量为 10 个，当天的可用数量为 –3190.574。

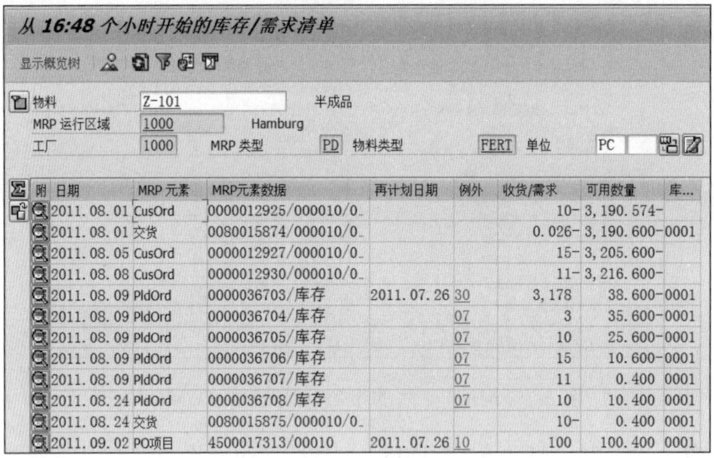
从 16:48 个小时开始的库存/需求清单

显示概览树

物料 Z-101 半成品
MRP 运行区域 1000 Hamburg
工厂 1000 MRP 类型 PD 物料类型 FERT 单位 PC

附	日期	MRP 元素	MRP元素数据	再计划日期	例外	收货/需求	可用数量	库...
	2011. 08. 01	CusOrd	0000012925/000010/0_			10-	3, 190. 574-	
	2011. 08. 01	交货	0080015874/000010/0_			0. 026-	3, 190. 600-	0001
	2011. 08. 05	CusOrd	0000012927/000010/0_			15-	3, 205. 600-	
	2011. 08. 08	CusOrd	0000012930/000010/0_			11-	3, 216. 600-	
	2011. 08. 09	PldOrd	0000036703/库存	2011. 07. 26	30	3, 178	38. 600-	0001
	2011. 08. 09	PldOrd	0000036704/库存		07	3	35. 600-	0001
	2011. 08. 09	PldOrd	0000036705/库存		07	10	25. 600-	0001
	2011. 08. 09	PldOrd	0000036706/库存		07	15	10. 600-	0001
	2011. 08. 09	PldOrd	0000036707/库存		07	11	0. 400	0001
	2011. 08. 24	PldOrd	0000036708/库存		07	10	10. 400	0001
	2011. 08. 24	交货	0080015875/000010/0_			10-	0. 400	0001
	2011. 09. 02	PO项目	4500017313/00010	2011. 07. 26	10	100	100. 400	0001

图 3-2 MD04 库存 / 需求清单（MD04）

系统通过 MRP 元素来（MRP Element）区分各种业务单据的类型，如图 3-2 所示，"CusOrd" 代表销售订单、"PldOrd" 代表计划订单、PO 项目代表采购订单，因此 SAP 中共有近 60 种 MRP 元素，鼠标定位在 MRP 元素，按 F1 帮助，可以看到 MRP 元素的解释。

使用中文登录 SAP 时，会发现部分 MRP 元素的描述令人费解，事务代码 OMD5 可以定义（修改）MRP 元素的描述，譬如修改 MRP 元素 "销售订单" 的描述从 "CusOrd" 到 "销售订单 "，修改后的结果，如图 3-3 所示。

2. 显示物料在工厂下的汇总信息（抬头信息）

单击按钮"展开抬头细节" ，则显示物料的抬头信息。抬头信息共有七个标签页，其中有五个标签页中的内容主要取自物料主数据中的 MRP 的信息，另外两个标签页（"库存/范围"和"统计 1"），汇总相关信息并计算出物料的覆盖天数（日供应量、第一次日供应量接收、第二接货日的供货）。

图 3-3 修改后的 MRP 元素的描述（MD04）

从 ECC6.0 EHP3 增强包中，系统增加了两个标签页，具体见后面 3.3.2 节。

在本屏幕（物料抬头）中，单击或双击有下画线的文字，还可以直接转到后台的配置中，如图 3-4 所示，单击"第一次日供应量接受"可以直接转到定义该字段的后台配置的事务代码 OMIL，从而可查看"第一次日供应量接受"是如何定义的，在该事务代码中，定义计算三个覆盖天数时，如何确定供应数量。

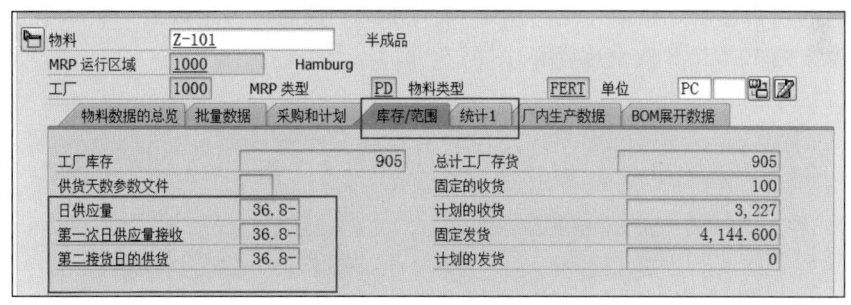

图 3-4 MRP 评估的抬头信息（MD04）

在本例中，以"日供应量"为例，本例中日供应量为 –36.8 天，代表已经缺料 36.8 天，若日供应量为 36.8，代表还有 36.8 天才缺料。

如图 3-5 所示，可用库存出现负数（库存不够用）的日期为 2011-07-26，当前日期为 2011-09-14，当前日期减去 2011-07-26，扣除非工作日（周末）的天数为 36 天，而在 2011-07-26 当天总需求为（100+100+3,844.711+0.526+0.526）=4045.763，前一天（2011-07-25）的可用库存为 867.925，因此 2011-07-26 当天的不可用数量换算为天数等于（4045.763–867.925）/4045.763=0.8，合计缺料 –36.8 天。

日供应量为负数，是不应该出现的情况，不仅说明过去有缺料情况，还说明对缺料未做处理；日供应量过小，说明可能有缺料的风险；日供应量过大，说明有积压库存或是过早采购或是过早生产。如果公司生产计划为按周创建，那么大部分原材料的日供应量在一周内或左右是比较正常。

附.	日期	MRP ...	MRP元素数据	再计划日期	例	收货/需求	可用数量
	2011.09.14	Stock					905
	2011.07.21	FOCDly	0000012922/000010/0..			1-	904
	2011.07.25	销售订单	0000012909/000010/0..			10-	894
	2011.07.25	销售订单	0000012910/000010/0..			10-	884
	2011.07.25	销售订单	0000012911/000010/0..			10-	874
	2011.07.25	销售订单	0000012912/000010/0..			6.075-	867.925
	2011.07.26	销售订单	0000012917/000010/0..			100-	767.925
	2011.07.26	销售订单	0000012917/000020/0..			100-	667.925
	2011.07.26	销售订单	0000012918/000020/0..			3,844.711-	3,176.786-
	2011.07.26	销售订单	0000012919/000010/0..			0.526-	3,177.312-
	2011.07.26	销售订单	0000012919/000020/0..			0.526-	3,177.838-
	2011.07.27	销售订单	0000012921/000010/0..			2.210-	3,180.048-

图 3-5 MRP 库存 / 供给清单（MD04）

3. 按期间汇总查看

单击“期间总计”按钮，可按照期间（日、周、月、计划日历）汇总需求、供应，并计算出可用量、ATP 数量、实际覆盖范围，如 3-6 所示，按照周对供给需求进行汇总，代表这一周内的所有需求、供给，这一周结束时的 ATP 数量、可用数量，实际覆盖范围，具体计算逻辑参见 10.6 节“安全库存”。

物料 Z-101 半成品
MRP 运行区域 1000 Hamburg
工厂 1000 MRP 类型 PD 物料类型 FERT 单位 PC

天数 星期 月份 计划日历 单个划分

附	期间/段	计划独立...	需求	接收	可用数量	ATP数量	实际覆盖范围
	Stock				905	0	36.0-
	W 29/2011	0	1-	0	904	0	2.2
	W 30/2011	0	4,084.048-	0	3,180.048-	3,180.048-	10.0-
	W 31/2011	0	25.552-	0	3,205.600-	25.552-	3.0-
	W 32/2011	0	11-	3,217	0.400	3,206	10.0
	W 34/2011	0	10-	10	0.400	0	9.2
	W 35/2011	0	0	100	100.400	87	999.9
	W 36/2011	0	5-	0	95.400	0	999.9
	W 38/2011	0	8-	0	87.400	0	999.9

图 3-6 需求供给按期间（周）进行汇总（MD04）

4. 向下查看功能（订单报表）

选择 MRP 元素，单击订单报表按钮，则转到事务代码 MD4C 订单报表，关于订单报表，详见 3.3.6 节。

5. 向上追溯功能

选择 MRP 元素，单击向上追溯按钮，则转到事务代码 MD09 需求溯源，关于需求溯源，详见 3.3.6 节。

6. MD04 中的操作功能

在事务代码 MD04 中，双击 MRP 元素，可对 MRP 元素进行各项操作，转到对应的业务处理的事务代码中。操作如下：

- 对于 MRP 元素—计划订单，可以选择显示计划订单、更改计划订单、转为生产订单、采购申请等操作。
- 对于 MRP 元素—采购申请，可以选择显示采购申请、更改采购申请，将采购申请转为采购订单等操作。
- 对于不同的 MRP 元素，系统有默认的可以调用处理该 MRP 元素的事务代码，图 3-7 的示例，是将计划订单转为生产订单。

可以根据需要通过事务代码 OM0K 自行增加处理 MRP 元素的事务代码。例如，在事务代码 MD04 中，对于 MRP 元素—采购申请，系统默认无法执行审批采购申请的操作，则可以通过事务代码 OM0K 增加审批采购申请的事务代码，更多资料，限于篇幅，请自行网络搜索关键字"SAP OM0K"。

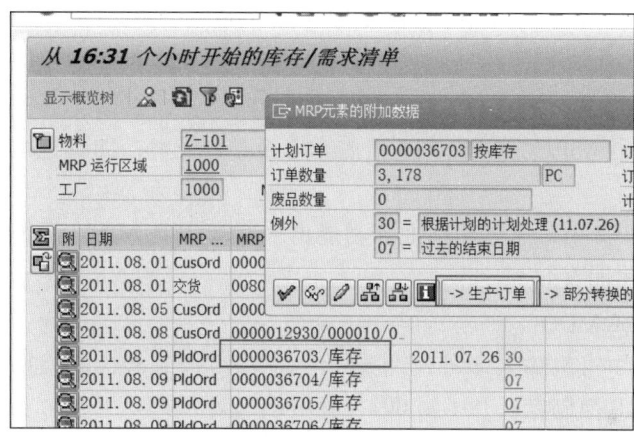

图 3-7　MD04 中的操作功能—计划订单转为生产订单

7. 选择条件和过滤器

在事务代码 MD04 中，通过单击按钮 ，可以设置"选择条件"和"过滤器"从而仅显示特定类型的 MRP 元素，二者都用于进行筛选，二者之间的差异如下。

- 选择条件（Selection Options/Rules）相当于执行报表时，进行筛选，因此合计的结果为符合选择条件的。
- 过滤器（Filter）相当于执行报表后，再进行筛选，因此合计的结果与过滤器无关。

譬如：在 MD04 中，存在两个 MRP 元素，库存 100 个，2011/10/1 存在销售订单需求 50 个，因此 2011/10/1 可用数量为 50 个；若设置选择规则，选择条件中不包括 MRP 元素"销售订单"，则显示的可用数量将根据选择条件，发生变化，也就是不再考虑销售订单，因此可用数量变为 100 个；若设置过滤器，过滤条件中不包括 MRP 元素"销售订单"，则显示的可用数量不会随着过滤器的设置发生变化，因此显示的可用数量为 50 个。

系统预定了各种过滤器和选择规则，还可以通过后台事务代码 OM0I/OM0J 按照需要定义新的过滤器和选择规则。通过定义不同的选择规则，不同的选择规则中可包含不同的 MRP 元素类型，譬如：

- 选择规则1：只考虑销售订单、发货单、库存、生产订单的某个产品的可用情况，满足销售订单操作的人员的需求；
- 选择规则2：只考虑发货单、库存、生产订单的某个产品的可用情况，满足销售发货操作人员的需求。

8. MRP 信息取数说明

事务代码 MD04（库存/需求清单）和 MD05（MRP 清单）中显示的 MRP 信息非常有用，但报表中需要这些 MRP 信息时，一般情况下不会直接读取表来获取 MRP 相关信息，而是通过函数来读取信息。

通过函数 MD_STOCK_REQUIREMENTS_LIST_API 可读取特定物料在特定工厂下的所有 MRP 元素，即事务代码 MD04 中的信息。

通过函数 MD_MRP_LIST_API 读取 MRP List 的信息。

3.3.2 覆盖范围

覆盖范围（Range of Converge）是指库存可覆盖的天数，即可用库存还能用几天（覆盖多少天的需求）。

在 ECC 6.0 EHP2 中，通过激活业务功能增强 LOG_PP_MIS，系统进一步增强覆盖范围的评估功能，具体而言如下。

1. 增加事务代码 MDDO

在该事务代码中可以输入多种查询条件，如 MRP 控制者、覆盖日期查询等等。如图 3-8 所示，查询 MRP 控制者从 001 到 007，物料编码为 ZMTO 开头，日供应量小于三天的（即库存在三天后用光）物料。

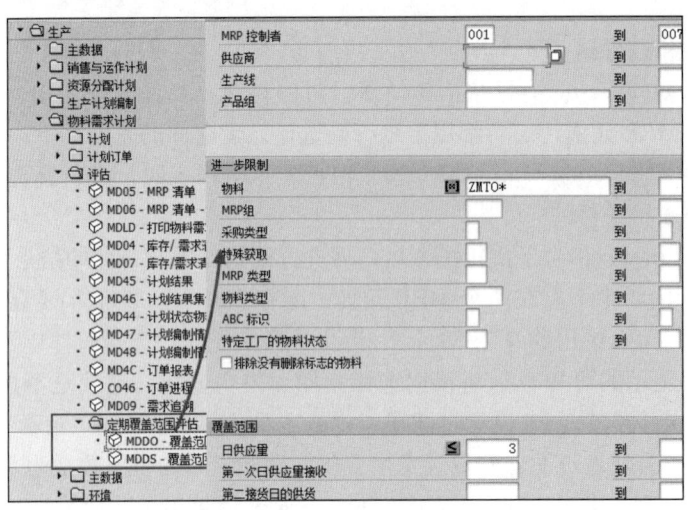

图 3-8　覆盖天数的报表（MDDO）

2. 增强事务代码 MD04/MD05/MD06/MD07 的选择界面

激活 ECC6.0 EHP2，业务功能增强 LOG_PP_MIS 后，如图 3-9 所示，事务代码 MD04/MD05/MD06/MD07 中的选择界面中增加下列筛选条件：

❑ 增加根据物料类型、物料状态进行搜索；
❑ 增加根据日期查找。

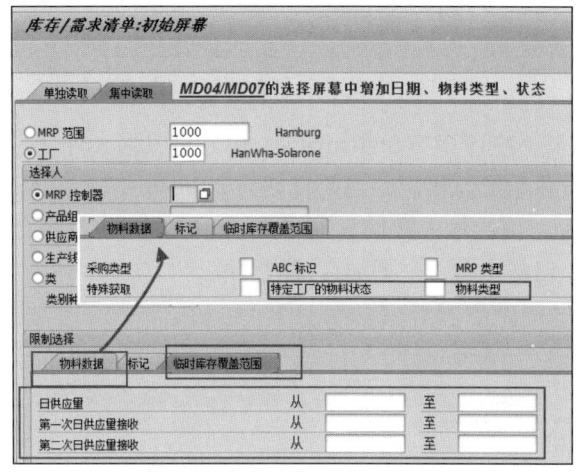

图 3-9　EHP2 新功能 -MD04/MD07 中增加筛选条件

3. 在事务代码 MD04 的抬头明细中增加四个屏幕

如图 3-10 所示，通过事务代码 MOIO 配置，在事务代码 MD04 的抬头中增加了如下几个屏幕：

❑ Ranges of coverage（覆盖范围）；
❑ Stocks（库存）；
❑ Period statistics（期间统计）；
❑ Statistics 2（统计 2）。

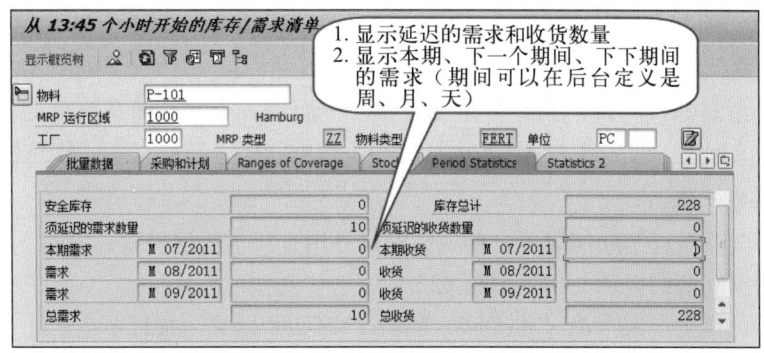

图 3-10　MD04 的抬头增加四个屏幕（MD04）

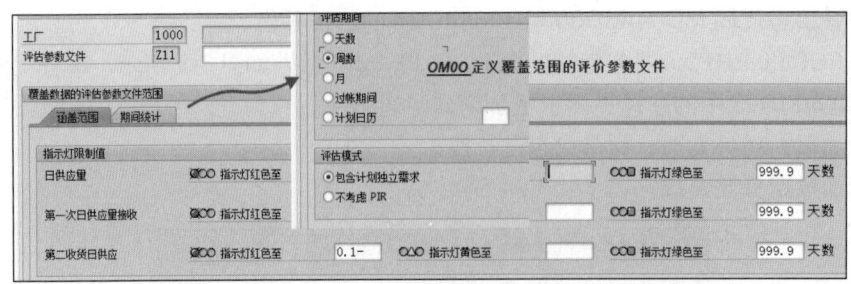

图 3-11　定义覆盖参数文件（OM0O）

在图 3-12 的标签页"统计 2"（Statistics 2）中，可以输入评估日期，然后系统计算到评估日期为止的需求、供给汇总情况。当前日期为 2011-06-27，在本周末（2011-07-01）需要生产某一关键的产品，因此输入评估日期 2011-07-01，系统将统计截止到 2011-07-01 为止的需求、供给情况，这样将有一个更加直接的了解。

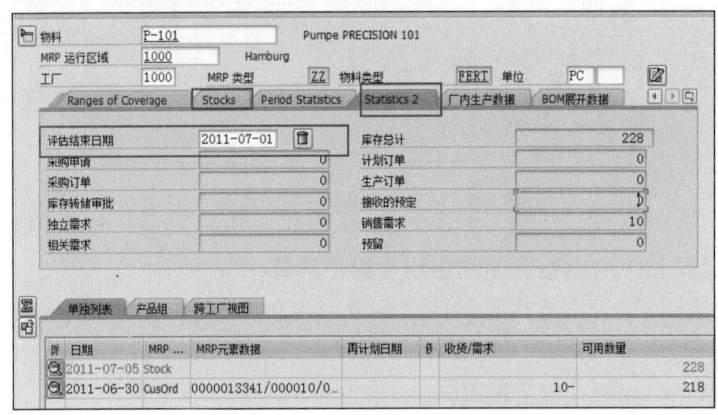

图 3-12　基于评估日期进行汇总产供销信息（MD04）

3.3.3　例外消息

MRP 中的例外消息是 MRP 中运行时产生的，系统将 MRP 运行过程中的异常情况以例外消息的形式体现。

每个例外消息都说明特定的业务出现异常，下面举一个常见而又简单的例子来说明业务中比较常见的问题，分别代表 MRP 运行时的主数据问题、缺料提示、积压提示。

1. 例外消息示例

下面以示例简要说明如何展现三种典型的例外消息：主数据异常、缺料、积压。

（1）主数据问题的提示（例外消息 62）

某公司按订单生产某产品 ZMTO80，物料 ZMTO80 设置为按订单生产，获取方式为自制，物料 ZMTO80 不存在物料 BOM，无销售 BOM，也无工艺路线。

接到客户订单，在系统中创建产成品 ZMTO80 的销售订单（订单号码 13）。此时运行

MRP，由于该物料类型设置为自制，但是却无 BOM、工艺路线，系统判断属于异常情况，自然应该给予例外消息。

具体而言，如图 3-13 所示，销售订单对应的计划订单中有两个例外消息：
- 例外消息 62：代表应该有工艺路线，但是系统没有找到有效的工艺路线；
- 例外消息 52：代表应该有 BOM，但是系统没有找到有效的 BOM。

例外消息 62 在例外消息 52 的前面，这是后台例外消息的优先级控制的。

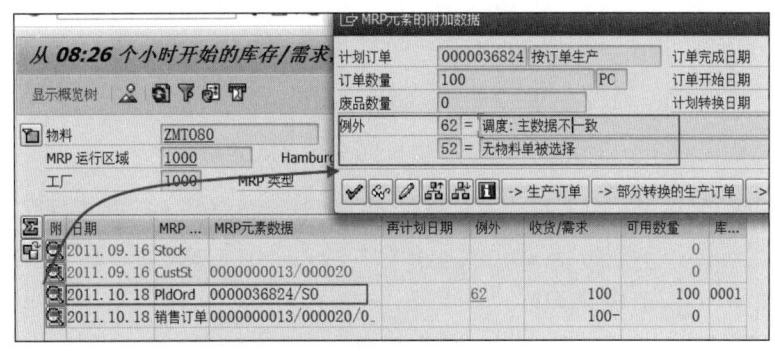

图 3-13　例外消息 62 示例（MD04）

（2）缺料提示（例外消息 30 和 10）

维护原材料 ZROH80，设置该原材料的交货日期为 40 天，为物料 ZMTO80 维护 BOM，包含原材料 ZROH80，并维护物料 ZMTO80 的工艺路线。

系统产生产成品 ZMTO80 的计划订单，其计划生产日期为 2011-10-18，因此原材料的要求到位日期最迟为 2011-10-18。

用事务代码 MD02 重新运行 MRP。

用事务代码 MD04 查看物料 ZROH80 的供需情况，系统产生相应的采购申请，当前日期为 2011-09-16，考虑物料 40 天的交货期及采购处理时间，因此采购日期中的交货日期为 2011-10-31。

由于生产 ZMTO80 而触发对物料 ZROH80 的相关需求最晚应于 2011-10-18 交货，该采购申请从时间上无法满足需求。因此，如图 3-14 所示，系统判断该采购申请存在异常情况，给出例外消息 30：代表有可能导致缺料。此时如果该物料有多个供应商，应向交货期短的供应商采购，如果仅有一个供应商，也应及时向供应商确认交货期是否可以提前。

将该采购申请转为采购订单，系统并不会提示例外消息，但是当采购申请转为采购订单时，可以看到此时的例外消息变为 10，如图 3-15 所示。

与例外消息 30 相比，例外消息 10 代表缺料的可能性进一步提高，此时应进一步与供应商协调，或者调整生产计划。

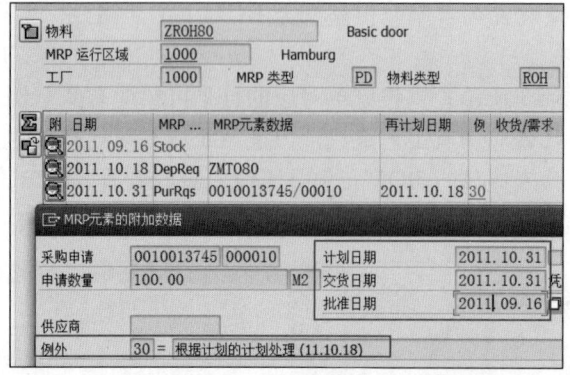

图 3-14 例外消息 30 示例（MD04）

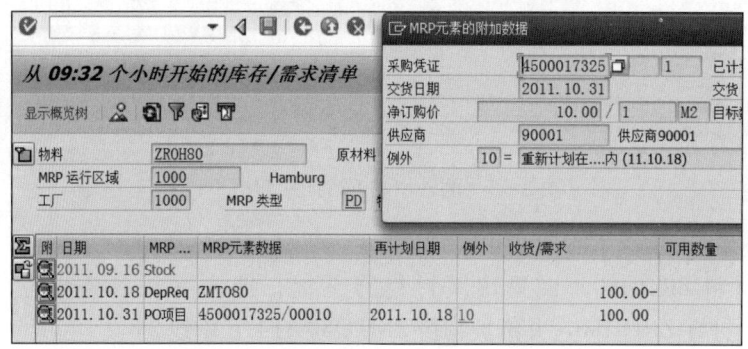

图 3-15 例外消息 10 示例（MD04）

（3）多余供给提示（例外消息 20）

此时删除销售订单（13），因此需求减少，重新运行 MRP，相应的原材料也应该减少采购。但由于采购订单已经生成，运行 MRP 后，采购订单无法自动被系统删除，因此系统给出例外信息 20，具体见图 3-16，代表供给没有需求，应该被取消，正常情况下，如果无法取消，则导致库存积压。

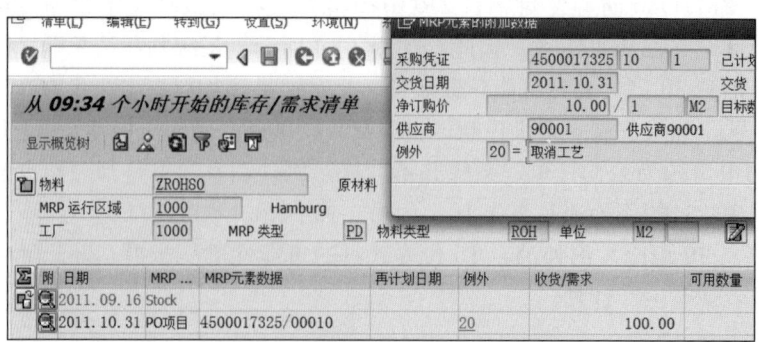

图 3-16 例外消息 20 示例（MD04）

2. 例外消息配置说明

各种例外信息的产生都是由 MRP 运行时自动产生的，每个例外消息都有特定的含义，无法进行配置。系统共有 36 个例外消息，36 个例外消息又分为八个例外组（Exception Group），系统允许修改例外消息所对应的例外组，但一般项目很少修改，如果确实有必要修改，修改时需要了解所有的 36 个例外消息的逻辑后再去修改。

SAP 例外消息的中文翻译不够准确，可通过事务代码 OMD3 修改例外消息的描述，在图 3-16 中，例外消息 20 翻译为"取消工艺"，修改例外消息的描述后，在事务代码 MD04 中可以看到更改结果，图 3-17 所示为修改后的结果。

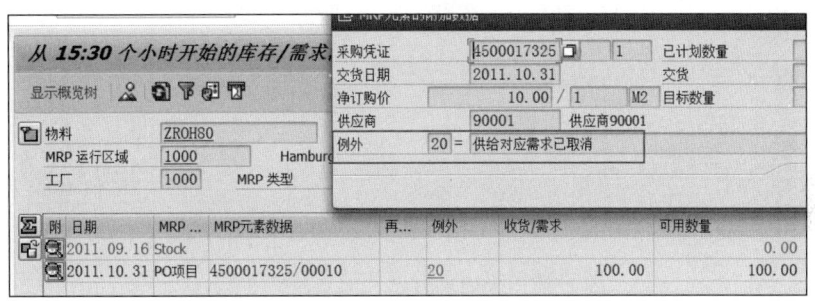

图 3-17 修改后的例外消息的描述（MD04）

3. 例外消息组以及报表查看

不同的例外组代表不同的业务异常情况，因此非常有必要批量查询物料的例外组，以及根据例外组查找相应的物料。如图 3-18 所示，MRP 清单即实现该功能（事务代码 MD06）。

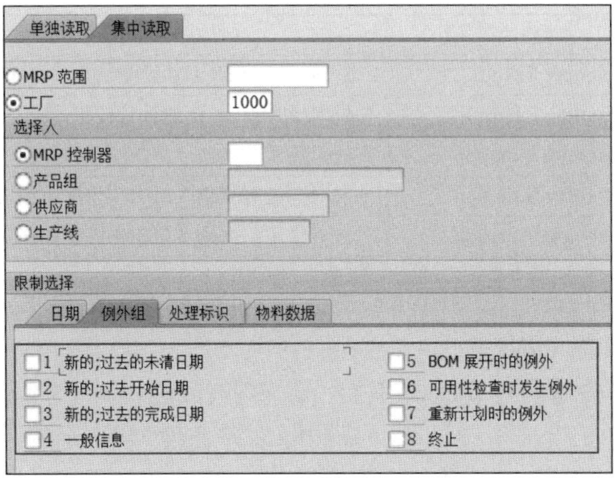

图 3-18 批量查询某例外信息组的物料（MD06）

在本例中，选择所有的例外消息组，执行后，将出现存在这八个例外消息组的物料的列表，如图 3-19 所示，可以看到物料 1000002 有例外消息，该物料有 3 条例外记录属于例外消息组 7，1 条例外记录属于例外信息组 3。生产计划员（采购计划员），应该查看属于各自 MRP 控制者的物料的 MRP 例外消息，并进行处理。

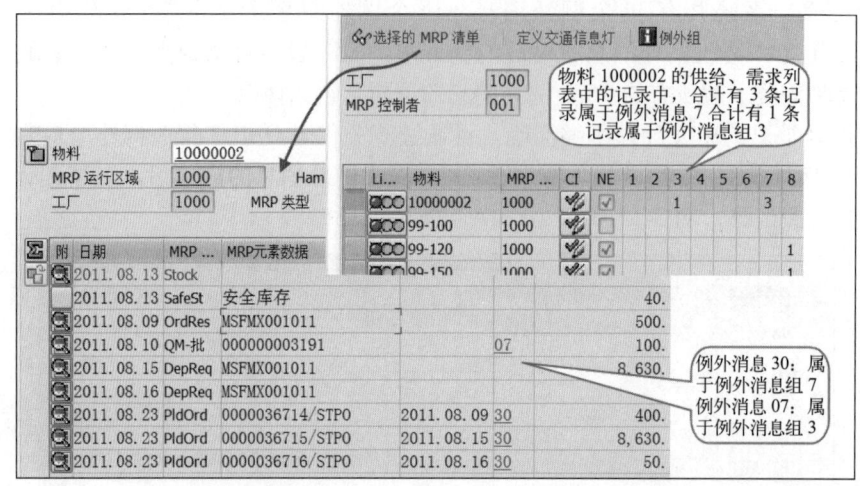

图 3-19　集中查看例外消息（MD06）

3.3.4　计划结果和计划状况

计划结果和计划状况（Planning Result and Planning Situation）是将各个 MRP 元素按照类型、期间进行汇总，一共有五个事务代码，如表 3-5 所示。

表 3-5　MRP 的计划结果、状况的评估的事务代码

事务代码	对象	描述、功能
MD45	Planning Result	针对 MRP List 评估计划结果（单个物料）
MD46	Planning Result	针对 MRP List 评估计划结果（多个物料）
MD44	Planning Situation	针对需求与供给（MD04 数据）评估（单个物料）
MD47	Planning Situation	针对需求与供给（MD04 数据）评估（产品组）
MD48	Planning Situation	针对需求与供给（MD04 数据）评估（单个物料、跨工厂）

说明：Planning Result 是指 MRP list（上一次执行 MRP）的结果，而 Planning Situation 是当前的库存/供给/需求情况。

这五个事务代码整体的逻辑差异不大，以事务代码 MD44 为例，相当于将事务代码 MD04 中的各个 MRP 元素（生产订单、采购订单等各种 MRP 元素）按照月份进行合计。其汇总的结果如图 3-20 所示。

图 3-20 中，相关字段解释说明如下。

1. 可用数量和 ATP 数量的计算

可用数量等于当月及以前月份所有的接受数量（包括库存）减去当月及以前月份所有

的需求数量。ATP 数量等于当月（不包括以前月份）所有的接受数量（包括库存）减去所有需求（扣除独立需求数量）数量。累计的 ATP 数量等于当月（包括以前月份）所有的接受数量（包括库存）减去所有需求（扣除独立需求数量）数量。

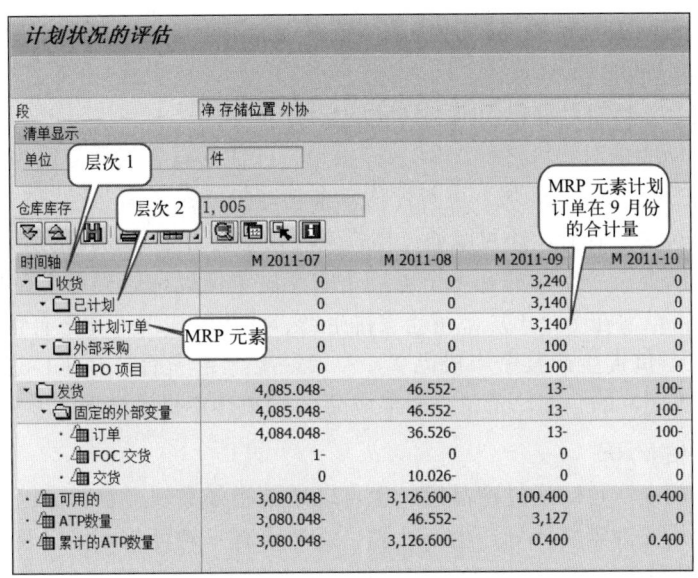

图 3-20　计划状况的评估（MD44）

注意：无论如何设置、配置，譬如配置只显示特定类型的需求和供给元素，当前界面中可用数量、ATP 数量仍然是对所有 MRP 元素进行合计。

详细消息请参见下列 SAP Note：
- SAP Note 48280 - MD44: Calculation of the ATP quantity
- SAP Note 82453 - MD44: available quantity and ATP quantity cannot be set

2. 排除在 MRP 外库存的以及特殊库存的显示

通过在菜单中单击"编辑"，然后设置"段"（Segment），可以设置当前界面显示的库存是否包括排除在 MRP 外的库存以及特殊库存。

3. 系统设置

系统设置如下：
- 事务代码 OPPK：定义图 3-20 中"层次 1/2"的描述；
- 事务代码 OPPM：定义评估参数文件，系统默认的两个格式为 MPS 和 SOP，可以新增或者做适当的修改；
- 事务代码 OPPN：定义评估格式，分配评估参数文件。

3.3.5 跨工厂、多物料查看 MRP 结果

在 ERP 6.0 EHP2 中，通过激活业务功能增强 LOG_PP_LMAN，系统增强了三个方面的功能：看板、重复制造（Sequencing in Repetitive Manufacturing）、库存和需求清单（Stock/ Requirements List），在库存和需求清单中增加了物料分组功能（Material Groupings in the Stock/Requirements List）。

下面介绍该业务功能对事务代码 MD04 的影响。

事务代码 MD04 是对物料进行 MRP（产供销）评估的重要工具，但 MD04 只能对基于单个物料的单个工厂（MRP 区域）进行评估，本功能包增强了该功能：一方面可以按照产品组（Product Group）查看，还可以通过增强实现任意的自定义物料的组合的产供销情况。另外一方面，可以查看一个物料在多个工厂下的产供销情况，这样对于存在多个工厂的公司，而同一个物料经常在多个工厂下可能安排生产、使用的情况，非常有帮助。

譬如：A 工厂负责生产某个半成品 X，A 工厂生产完毕后给 B 工厂进一步生产使用，站在整个公司（集团）的角度，希望查看半成品 X 的整体产供销情况。步骤如下。

1. 多物料评估 MRP

系统标准功能中，可以通过产品组，也可以通过增强实现多物料的组合。通过为物料建立组合，无论是安排销售计划、生产计划、还是给客户的订单承诺以及最终的交货，都可通过查看组合的整体的需求、供给、可用量，来实现更好的跟踪。

本例中演示通过产品组组合物料，物料 P-101、P-102、P-100 为非常类似的产成品，仅存在细小的差异，譬如颜色差异。从满足客户的需求角度考虑，在某种情况下各种产成品可以互相替代。

提示：这里的产品组是指销售运作计划（Sales, Operation and Planning, SOP）中特有的一个概念，产品组的应用主要用于 SOP 中，可根据产品组维护独立需求，系统根据产品组中维护的成员比例将需求分解到单个物料。

如图 3-21 所示，事务代码 MC84 创建产品组 PG-100，产品组中包括三个成员：物料 P-100、P-101、P-102，并设置成员各自的比例，一般来说产品组的成员比例合计应为 100%，比例代表当对产品组 PG-100 维护独立需求时，系统将按照此比例对成员进行分配各自的需求数量。

如表 3-6 所示，当前在系统中，产品组中所包含的三个物料在工厂 1000 下的供需情况如下。

表 3-6 产品组物料的供需情况

物料	库存	销售订单	生产订单	计划订单	单个物料可用性
P-101	228	−10			218
P-102	64		100	887	1051
P-100	1	−888			−887

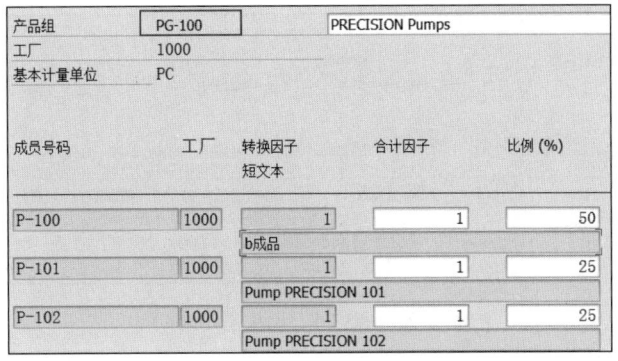

图 3-21　维护产品组（Product Group）（MC84）

在事务代码 MD04 中，如图 3-22 所示，可按照集合（Aggregated Form）或非集合的形式查看供需情况。

1）非集合方式（单个物料）：物料 P-101 在 6 月 30 日的可用数量为 218。物料 P-100 可用数量不足，缺 887；

2）集合方式（产品组）：包括物料 P-101 在内的产品组在 6 月 30 日的合计可用数量为 –505。

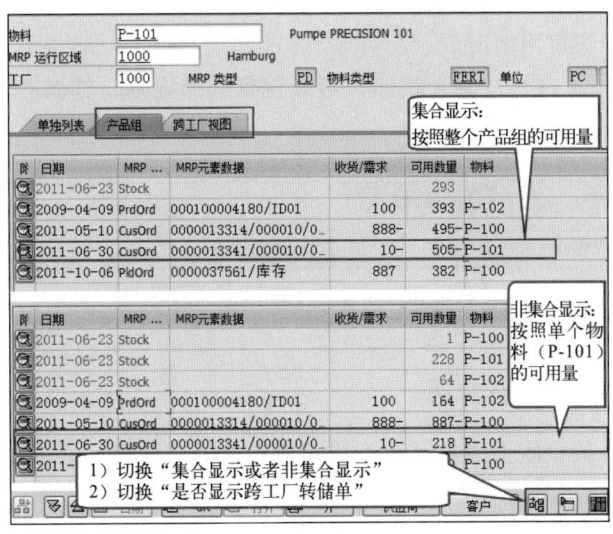

图 3-22　按照产品组、跨工厂视图评估（MRP）中的结果（MD04）

2. 跨工厂评估

如图 3-23 所示，在跨工厂视图中，可以查看到物料 P-101 在所有工厂下的物料需求、供应情况。本例物料 P-101 在工厂 1000、3000 都存在 MRP 数据。跨工厂评估时同样也可以按照集合显示或者非集合显示产供销的可用量情况，即可以显示物料在多个工厂的合计可用数量，也可以显示物料在单个工厂的可用数量。

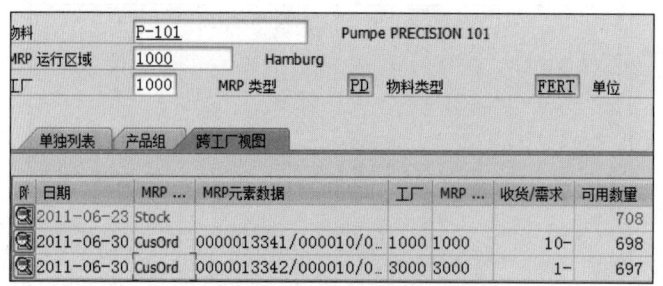

图 3-23　跨工厂评估（MD04）

3. 系统实现以及说明

使用本功能时，需要注意以下要点：

❑ 只有当物料存在产品组或者在多个工厂下存在时，"产品组视图"和"跨工厂视图"才会出现在事务代码 MD04 中。

❑ 后台需激活在事务代码 MD04 中显示"产品组"和"跨工厂视图"的信息。

设置路径：OPP1> 评估 > 显示物料分组（Display Material Groupings）

❑ "产品组"和"跨工厂视图"二个功能可结合过滤器（Filter）和选择规则（Selection Rule）功能，设置不同的过滤标准和选择规则，评估不同情况下物料的产品组或者物料在跨工厂下可用情况。

如图 3-24 所示，单击"过滤"按钮，可以设置选择规则、过滤器功能对 MRP 元素进行筛选。

图 3-24　过滤器和选择规则（MD04）

3.3.6　订单报表和需求溯源概览

生产计划员需要从整体上清楚某个产成品所包含的原材料、半成品以及半成品下的原材料的供给情况如何，是否有缺料情况。

采购计划员和（或）采购员需要知道某个原材料的供给是由于何需求触发的。

系统中提供订单报表和需求溯源功能来满足这方面的需求。其中订单报表是自上而下（产成品到所有相关的原材料、半成品），需求溯源是自下而上（原材料到产成品），订单报表先体现需求，再找到需求所对应的供给，需求溯源找到供给所对应的需求。二者在数据源和处理逻辑上是完全一致的，也就是订单报表中，需求 A 对应供应 B 的话，同时查看需求溯源报表，供给 B 也是对应需求 A。

有多种方法可以用于查询订单报表和需求溯源：

- 专门的订单报表的事务代码 MD4C\CO46、需求溯源的事务代码 MD09；
- 事务代码 MD04（当前供需报表）；
- 在满足一定条件下，通过事务代码 COOIS、VA03 等界面，单击相应的按钮或者选择菜单命令也可转到订单报表中。

3.3.7　订单报表

在订单报表中读取当前供需情况，即事务代码 MD04 中的信息，将整张销售订单（生产订单、计划订单等）中所包括的组件（原材料、半成品），从产成品到最底层的原材料都显示在一个界面，每一个组件都列出需求日期和需求数量，并显示相应的覆盖需求的供给（Receipt Covers the Demand），并读取供给的各项信息（开始日期、结束日期、状态、供给数量）、供给的 MRP 例外消息，以及根据 ATP 逻辑计算物料是否缺料。

1. 订单报表参数文件

系统预配置两个参数文件 SAP000000001 和 SAP000000002，分别分配给事务代码 MD4C 和 CO46，这两个事务代码都可以查看订单情况，主要差异就是参数文件的区别。

事务代码 CO46 为订单执行报表（Order Process Report），相比事务代码 MD4C 其对应的参数文件 SAP000000002 比参数文件 SAP000000001 将显示更多字段（包括物料价格等）与更多物料信息，如包括 bulk 物料，相关参数参见图 3-26。

在执行订单报表的界面可以手工修改默认的参数文件中的参数，还可以通过事务代码 OPPF 维护新的参数文件。

2. 订单报表示例

通过一个简单的示例来说明订单报表的应用，具体如下。

（1）主数据设置情况

产成品（ZMRP010）包括一个原材料（ZMRP090）和一个半成品（Z-112），该半成品下又包括一个原材料（ZMRP091），这四个物料不存在任何供给、库存、需求。

设置产成品（ZMRP010）的自身的生产周期为两天、未设置计划边际码的产前、产后缓冲天数（Scheduling Margin Key）、未设置收货处理时间（GR Processing Time）。

设置半成品自身的生产周期 10 天（不考虑周末为两个礼拜）、收货时间 1 天；

原材料的采购提前期为 10 天。

（2）业务操作情况

当前日期为 2011/10/18，创建销售订单（27），销售产成品 ZMRP010，数量为 99 个，交货日期为 2011/10/25，系统倒推计算出该订单的计划行中的物料可用日期为 2011/10/20。物料可用日期是指在这一天物料应该在仓库准备到位，处于随时可发货给客户的状态，可用日期到交货日期之间的间隔为拣配、装载、运输等时间。

如图 3-25 所示，运行 MRP 产生产成品的计划订单（37066）、半成品的计划订单（37070）、原材料的采购申请（10014049）。

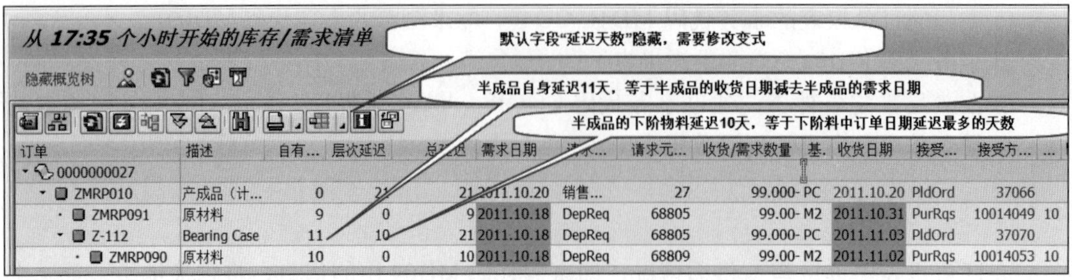

图 3-25 订单报表（CO46）

（3）MRP 结果（订单报表）—产成品供需情况

产成品 ZMRP010 的计划订单（37066）的完成日期为 2011/10/20（物料可用日期减去产后缓冲日期减去收货处理时间），开始日期为 2011/10/18（完成日期减去生产周期两天）。

因此在图 3-25 中可以看到产成品的需求日期为 2011/10/20，其对应的供给为产成品的计划订单（37066），计划订单的完成日期（收货日期）为 2011/10/20，产成品本身没有延误，产成品的生产周期为两天，因此产成品的计划开始日期为 2011/10/18，即产成品 ZMRP010 对半成品 Z-112 产生的相关需求日期为 2011/10/18（产成品的开始生产日期）。

（4）MRP 结果（订单报表）—半成品供需情况

由于半成品没有库存，因此半成品也产生了计划订单，正常来说该计划订单的完工日期应该等于产成品对该半成品的需求日期，即 2011/10/18，但当前日期为 2011/10/18，半成品最早于今天开始生产，半成品的生产周期为两周，因此半成品的计划订单的完成日期为当前日期向前推（Forward），即 2011/11/02（完成日期等于当前日期 + 生产周期），收到仓库日期为 2011/11/03，也就是说本例中即使原材料按时到位，半成品生产完毕并就位，将拖延 11 天。

因此在图 3-25 中可以看到半成品的需求日期为 2011/10/18，其对应的供给为半成品的计划订单（37070），半成品本身将延误 11 天。

（5）MRP 结果（订单报表）—原材料供需情况

半成品 Z-112 对原材料 ZMRP090 产生的相关需求日期为 2011/10/18（半成品的开始生产日期），由于原材料 ZMRP090 也不存在库存，因此原材料将产生采购申请，原材料的采购提前期为 10 天，因此在图 3-25 中可以看到，原材料需求日期为 2011/10/18，供给日期为 2011/11/02，原材料将延误 10 天。

（6）整体延误（多层延误情况）

综合来看，多层延误的总天数等于延误最多天数的下阶物料的延误天数 + 产成品本身延误天数，如果 BOM 有多层，则不断累加，具体而言，本例中原材料将延误 10 天，等原材料入库到位后，还需要 11 天，半成品才能生产到位，半成品到位后，产成品需要两天，就能入库，当前订单中，客户的订单提前期仅为两天（2011/10/20-2011/10/18），仅考虑产成品本身，不会延误，考虑半成品、原材料供应，合计的延误天数为 21 天，也就是说该张销售订单（27）预计会延误 21 天，才能交货给客户。

3. 功能应用说明

在 SAP ECC6 EHp3 及以上版本中，功能增强包 LOG_PP_MIS 中增强了查询多层延迟的功能以及批量查询销售订单的多层延迟日期（客户需求日期 - 可能的交货日期）。

相关说明如下。

（1）订单报表中查看订单的多层延迟日期的说明

在订单报表（CO46/MD4C）中，在订单报表的参数文件中，可以设置多层延迟（Multilevel Delay）。具体设置如图 3-26 所示，在参数文件中定义多层延迟及其计算逻辑。具体效果如图 3-27 所示，查看到订单中的产成品的累积延迟天数，本例中销售订单（27）预计将延误 21 天交付给客户。

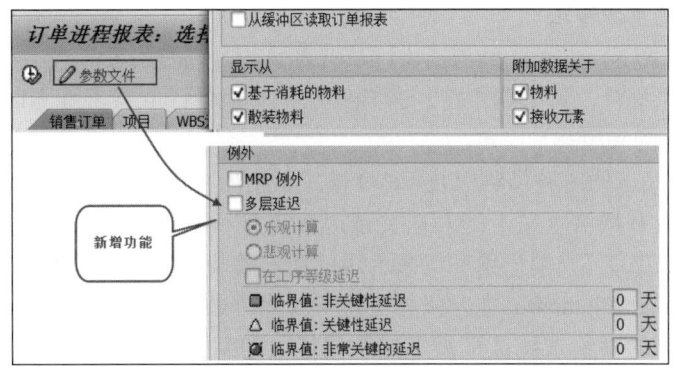

图 3-26 订单报表的参数文件（CO46/MD4C）

（2）销售订单延迟天数报表查询说明

增加程序 RMDMULTILEVELDELAY，可以批量查询多张销售订单的多层延迟情况，根据输入的查询条件（如销售订单号码），事务代码 SE38 运行程序后，可以直观地查询到销售订单可能的延迟交货天数（客户需求日期 - 可能的交货日期），如图 3-27 所示，可以查看到销售订单 27 的整体延误情况，该张有三行，延迟天数分别为 21、11、11 天。

Multilevel Delay Calculated via Order Report							
R_ Requiremen	Requir.	Delay	Tot.	Uni	Requiremen	Rec./reqd qty	Unit
VC 0000000027	10		21	****	2011.10.20	99	PC
VC 0000000027	20		11	****	2011.10.17	99	PC
VC 0000000027	30		11	****	2011.10.17	99	PC

图 3-27 显示订单信息

（3）订单报表中的对象

订单报表中可以查看销售订单、生产订单、计划订单，但是只有销售订单设置为 MRP 相关，才可以在订单报表中查看到。

(4) 事务代码 MD4C、CO46 中缺料逻辑

事务代码 MD4C、CO46 可以整体查看所有原材料的缺料情况，缺料逻辑可以定义根据 ATP 逻辑还是货物接受日期（参数文件中定义），如果未显示缺料标志（Misspart Indicator），可能需要参见 SAP Note 1504531 - MD4C: Missing part indicator not displayed。

3.3.8 需求溯源

需求溯源（Pegged Requirement）是指追溯某个供给所对应的需求，最常见的供给是外购供给（采购申请、采购订单、计划协议、计划订单）和自制供给（生产订单、计划订单），具体而言，追溯原材料的采购申请是为哪些半成品而采购的，半成品的计划订单（生产订单）是由哪些产成品触发的。

1. 需求追溯的基本逻辑

在 MTO 的模式下，生产订单与销售订单有着一一对应的关系，对于非通用件（按销售订单采购）的原材料，其采购申请、采购订单也与销售订单有着唯一的对应关系，在此背景下，追溯供给的来源非常简单。

在 MTS 的模式下的所有供给以及 MTO 模式下按库存采购的原材料、按库存生产的半成品，其追溯并没有严格意义上的对应关系，系统并不记录需求与供给之间的直接关联，而是将事务代码 MD04（当前供给和需求）中的所有收货 / 供给元素（Receipt Element）和所有发货元素（Issue Element）在时间轴上进行排序，最早的收货 / 供给被最早的发货 / 需求给消耗，若最早的供给未被最早需求完全消耗，则剩余部分的供给被次早的需求消耗，按此进行类推。

2. 需求追溯示例

原材料 ZMRP090 为按库存采购，通过事务代码 MD04 查看其供给需求情况，如图 3-28 所示，按照需求溯源的原则，则相应的供给对应的需求如下：

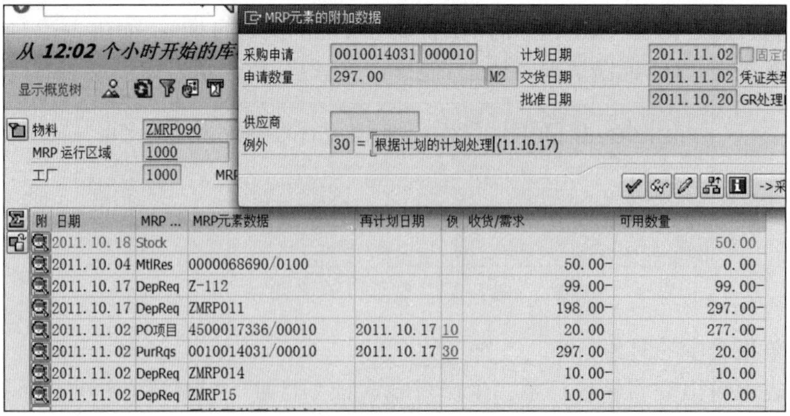

图 3-28 需求追溯（MD04）

供给库存，数量 50 个，对应最早的需求，具体而言为预留 50 个；

供给采购订单（4500017336），数量 20 个，对应物料 Z-112 触发的相关需求，数量为 99 个中的 20 个，剩余 79 个需求将被另外的供给覆盖；

供给采购申请（10014031），数量 297 个，对应物料 Z-112 触发的相关需求，对应的数量为相关需求总数量 99 个中的 79 个，对应半成品 ZMRP011 触发的相关需求 198 个（半成品），对应物料 ZMRP014、ZMRP15 触发的相关需求各 10 个。

在图 3-28 中，双击采购申请 10014031，单击向上追溯按钮，追溯结果如下（见图 3-29）。

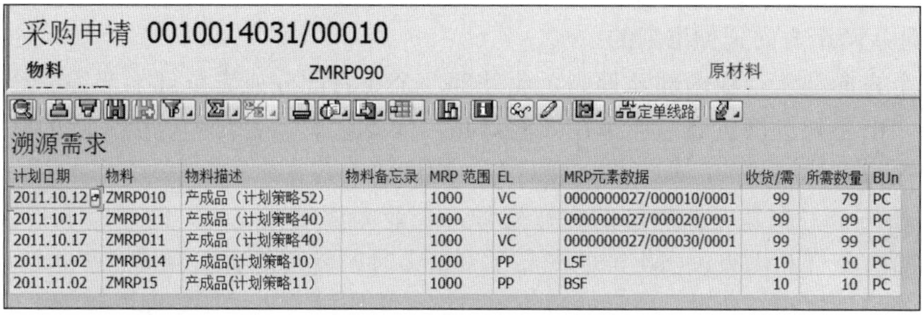

采购申请 0010014031/00010

物料　ZMRP090　原材料

定单线路

溯源需求

计划日期	物料	物料描述	物料备忘录	MRP 范围	EL	MRP元素数据	收货/需	所需数量	BUn
2011.10.12	ZMRP010	产成品（计划策略52）		1000	VC	0000000027/000010/0001	99	79	PC
2011.10.17	ZMRP011	产成品（计划策略40）		1000	VC	0000000027/000020/0001	99	99	PC
2011.10.17	ZMRP011	产成品（计划策略40）		1000	VC	0000000027/000030/0001	99	99	PC
2011.11.02	ZMRP014	产成品(计划策略10)		1000	PP	LSF	10	10	PC
2011.11.02	ZMRP15	产成品(计划策略11)		1000	PP	BSF	10	10	PC

图 3-29　需求追溯

3. 需求追溯注意点

使用需求追溯时需要注意以下方面。

1）需求溯源的结果来源于事务代码 MD04 中的结果，系统并不保存供给与需求的对应关系，而是动态计算的，譬如在上例中增加某个供给的数量：手工更改采购订单（4500017336）的数量为 120 个，再对该采购订单进行追溯，其需求将发生变化，而后续的采购申请的溯源结果也会随之发生了变化，也就是说同一个供应元素（如本例中的采购订单、采购申请）在不同时间查看，由于其他供给和需求发生变化，其需求来源都不尽相同。

2）MTS 的模式下无法对现有库存进行溯源，因为当前库存是若干次收货、发货之后的结果。

3）需求追溯所调用的函数为 MD_PEGGING_NODIALOG 或者 MD_PEGGING。

4）在 MTS 的情况下，即使使用批量 EX，仍然无法进行一一对应。

5）下列两个 Note 进一步解释了需求追溯功能：

- ❑ SAP Note 12955 - Pegged orders/pegged requirements: Documentation
- ❑ SAP Note 32214 - MD09: The meaning of the required quantity

3.3.9　订单报表和需求溯源总结

订单报表和需求溯源中二者一脉相承，最基本的原则都是按照时间轴，将当前的需求与供给一一进行对应，当供给或需求发生变化时，对应关系可能也将随之发生变化，所谓的时间轴，就像游戏中二军对垒，一方冲锋在前的和对方冲锋在前的捉对厮杀，厮杀完了如果血瓶还有、尚未死掉，再和对方第二回厮杀。

第 4 章　多组织下的生产管理概览

随着企业的发展，其生产模式变得越来越复杂，涉及生产的组织越来越多，这里所说的多组织是从两个方向延伸出来的：

- 一个方向是从企业内部延伸到企业外部，企业将部分或者全部生产委托给外包供应商，由于外包供应商可能远在天涯海角，因此企业需要对外包供应商的整个生产管理进行有效的监控，从而保证产品有效的供应。
- 另外一个方向是企业内部的内在延伸，企业内部的某工厂，随着企业规模的扩大，不断有新产品出来，当生产的产品类别繁多时，就可能会出现按照产品划分事业部，生产管理也相互独立，这样就衍生出对同一工厂进一步细化管理的要求。

当产品线（事业部）规模足够庞大或者其他原因（如财务核算、税务），不同的产品线可能会有各自独立的工厂，无论这些独立的工厂是否隶属于同一家公司，这些不同的独立工厂之间往往在计划层面需要进行整体的协调，在执行层面需要互通有无。因此企业希望能够有一系列的工具来支撑这种越来越复杂的多组织下的生产供应链，本章将分别从两个方面来阐述这一问题：

- 同一工厂下的进一步细化，具体而言主要是通过 MRP 区域功能来实现，在一个工厂下设置多个 MRP 区域，不同 MRP 区域独立运行 MRP、进行生产管理。
- 多个工厂的生产管理，即如何对生产管理进行协调。

4.1　MRP 区域

系统默认运行 MRP 的最小组织单元是整个工厂，当激活了 MRP 区域（MRP AREA）功能后，就可以在一个工厂下设立多个 MRP 区域，所有的需求、供应、库存都对应特定的 MRP 区域，MRP 运行则基于工厂下的 MRP 区域。

4.1.1　MRP 区域的类型

当在某工厂下激活了 MRP 区域功能后，一个工厂则可以被分割成三种类型的 MRP 区域，具体如下。

- 包含特定库存地点的 MRP 区域。在某工厂下建立一个 MRP 区域，该 MRP 区域中可包含该工厂下的一个或多个库存地点，这些库存地点下的需求、供给、库存汇总单独运行 MRP。

- 包含特定供应商外包库存（Subcontractors）的 MRP 区域。在某工厂下可为外包供应商建立一个专门的 MRP 区域，在此 MRP 区域下，维护针对外包供应商的独立需求，并执行 MRP，产生相应的采购申请。
- 工厂级别的 MRP 区域。除了属于其他 MRP 区域的需求、供给、库存，工厂下其他与 MRP 相关的需求、供给、库存都属于工厂级别的 MRP 区域。

很显然，启用 MRP 区域后，某工厂下将会有一个工厂级别的 MRP 区域，0 个到多个库存地点级别的 MRP 区域，0 个到多个特定供应商外包库存的 MRP 区域。

MRP 区域的应用场景 1——外包库存

随着外包业务的增加，企业对外包的管理需求显得越发重要，对于部分公司，如苹果（Apple）公司，基本上苹果自身不生产任何零部件、产成品，其所有的制造业务都已经外包，但是苹果的产品质量是世界顶级水平的，可见苹果公司的供应链的管理水平以及对外包供应商的管理很到位，在乔布斯去世之后，继任乔布斯职位的蒂姆·库克（Tim Cook）是苹果公司原 COO（Chief Operating Officer，首席运营官），其主要的职责之一就是保证供应链的质量、效率。

注意：如果对外包业务了解不多，请参照阅读 7.3 节"委托外加工业务"。

1. 业务场景说明

某公司的平板产品（物料编码 ZMRP010）包括一个原材料（物料编码 ZMRP091）和一个半成品物料编码（Z-112），所有半成品均由自己公司生产，原材料 ZMRP091 是由四星电子（供应商代码 1010）供应的内存。

2011 年 10 月，公司共需生产 100 万件产品，其中 50 万件由该公司自行生产，另外 50 万件由外包供应商富士抗（编码 1000）负责生产，外包供应商所需要的原材料由四星电子按照本公司的生产计划根据采购订单直接送货到外包供应商富士抗，所需要的半成品由本公司生产完毕后，再发给外包供应商富士抗。

2. 系统实现说明—系统配置

要实现本业务场景，需要在后台首先激活 MRP 区域，然后维护 MRP 区域。

（1）激活 MRP 区域（MRP Area）

如图 4-1 所示，事务代码 OM01 激活 MRP 区域，激活 MRP 区域后，MRP 的运行则基于 MRP Area 进行运行。

在客户层激活 MRP
☑ MRP 范围激活

图 4-1　激活 MRP 区域（OM01）

激活 MRP 区域是针对整个客户端（Client），也就是所有工厂一起激活，MRP 区域激活后可以取消激活。

需要注意的是，激活 MRP 区域之前，需要通过事务代码 OM0F 将当前系统中的计划文件条目（Planning File Entries）从工厂级别转为 MRP 区域级别。计划文件条目的作用就是运行 MRP 时，系统将结合计划文件条目来判断本次运行 MRP 时，哪些物料应该运行 MRP。

(2) 定义 MRP 范围

如图 4-2 所示，事务代码 OMIZ 为工厂 1000 建立 MRP 区域 1000-L1000，MRP 类型选择 03（供应商 /Vendor），为该 MRP 区域分配供应商 1000（外包商富士抗），一个类型为外包供应商的 MRP 区域只能包含一个外包供应商。

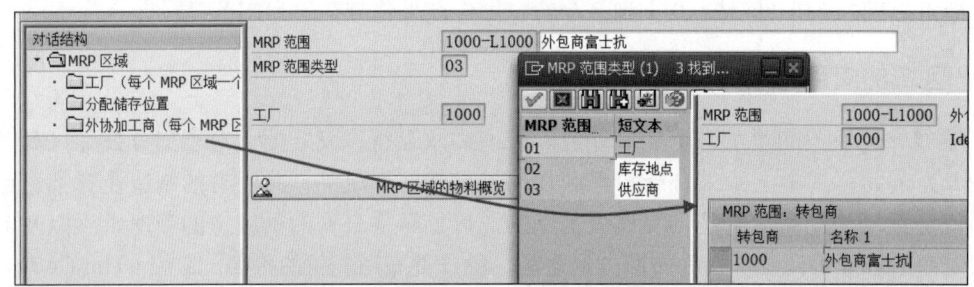

图 4-2　类型为外包供应商的 MRP 区域（OMIZ）

3. 系统实现说明——主数据

物料主数据分别维护产成品、半成品、原材料，并搭建产成品和半成品的 BOM。下面主要就物料在外包供应商处的操作（MRP 区域 1000-L000）进行说明。

外包供应商生产产成品时，产成品所需要使用的组件（原材料、半成品）的获取来源可能有三种形式。

- 由本公司提供：先由本公司采购或生产，然后库存调拨到外包供应商；
- 由第三方供应商提供：直接从第三方供应商送货至外包供应商；
- 由外包供应商自身提供：若由外包供应商提供的组件，可以不维护在 BOM 中，也可以为体现 BOM 的完整性，维护在 BOM 中，在 BOM 中指定由外包供应商提供，并设置与成本估算无关，具体请参照 7.3 节"委托外加工业务"。

本例中半成品由本公司提供，原材料由第三方供应商提供。

(1) 产成品维护

产成品一部分是自己生产，一部分由外包供应商生产，因此通过事务代码 MM01 一方面创建产成品物料 ZMRP010，在工厂 1000 下指定获取类型为 X（或者 E），代表自制，另外一方面在工厂 1000 下，创建 MRP 区域信息，如图 4-3 所示，在 MRP 区域 1000-L000 下指定特殊获取类型为 30（Subcontract/ 外包），代表在此 MRP 区域下，物料外包给供应商 1000（富士抗）生产。

维护产成品的货源清单，如图 4-4 所示，事务代码 ME01，维护物料 ZMRP010 的货源清单，指定供应商为 1010，并设置 MRP 相关。

(2) 半成品维护

半成品全部由本公司提供，因此通过事务代码 MM01 创建半成品 Z-112，并在 MRP

区域 1000-L000 中，指定特殊获取类型 45（库存调拨，从工厂调拨到 MRP 区域 Stock transfer from plant to MRP area），设置后，如果在该 MRP 区域下对该半成品存在需求，运行 MRP 后，系统将产生调拨需求，即半成品由本公司生产后，以库存调拨的方式提供给外包供应商。

图 4-3　维护产成品的 MRP 区域数据信息（MM01）

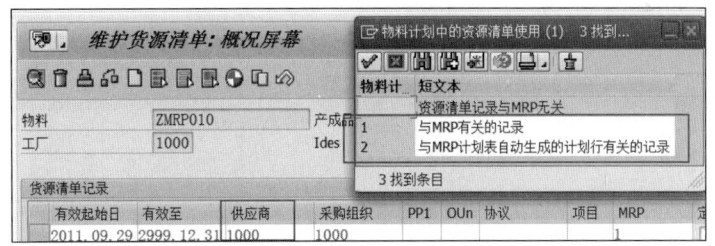

图 4-4　维护产成品的货源清单，并设置与 MRP 相关（ME01）

（3）原材料维护

本例中原材料根据需要由第三方原材料供应商（1010）直接送达至外包供应商，因此创建原材料 ZMRP091，在 MRP 区域 1000-L000 中，指定特殊获取类型 20（外购/External Procurement），代表该原材料由原材料供应商 1010 直接提供给外包供应商 1000，设置后，在该 MRP 区域下，该原材料产生的采购申请的收货地址为外包供应商。

（4）BOM、工艺路线维护

维护产成品、半成品的 BOM、工艺路线，具体截图略。

4．系统操作说明

本案例中，当在 MRP 区域（1000-L1000/ 委外供应商 1000 富士抗）下维护针对产成品 ZMRP010 计划独立需求，运行 MRP 后，系统将会在该 MRP 区域下分别产生：

❏ 类型为委托外加工的产成品的采购申请；
❏ 原材料的采购申请，送货地址为供应商 1000，由第三方直接送货至委托外加工供应商；
❏ 半成品的转储预留，由本公司生产完毕后，送至委托外加工供应商。

具体操作如下。

（1）产成品的计划独立需求维护（Planned Independent Requirements）

事务代码 MD61 维护产成品 ZMRP010 的计划独立需求，在 MRP 区域 1000-L1000 下维护计划独立需求 50 个。

（2）MRP 运行结果—产成品

运行 MRP 后，如图 4-5 所示，通过事务代码 MD04 可以看到，在 MRP 区域 1000-L1000 下产生委外的采购申请（采购申请项目类别为 L），数量为 50，由于维护了货源清单，因此采购申请对应的供应商为 1000，由于供应商为 1000，而供应商 1000 分配给了 MRP 区域 1000-L1000，因此采购申请属于 MRP 区域 1000-L1000 下。

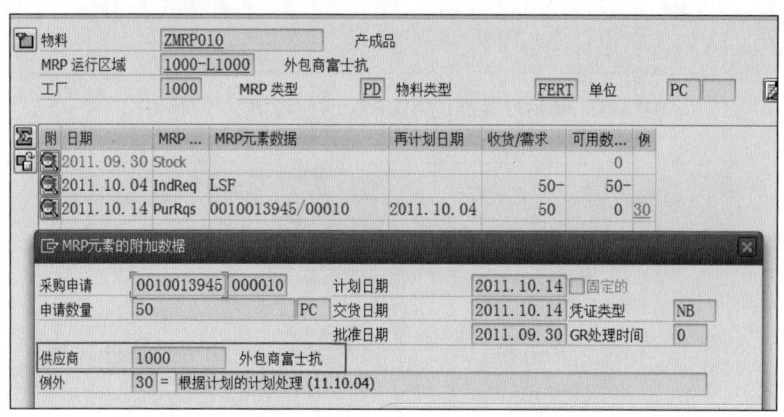

图 4-5　外包的 MRP 区域下的供需情况（MD04）

（3）MRP 运行结果—第三方提供的原材料

如图 4-6 所示，事务代码 MD04 查看原材料 ZMRP091 的供需情况，在 MRP 区域下产生该原材料的采购申请，该原材料由第三方供应商直接送货至外包供应商，因此采购申请的交货地址直接是外包供应商 1000，勾选采购申请中字段"源供应"，并且收货供应商设置为 1000，当将此采购申请转为采购订单，发送给第三方供应商时，第三方供应商将按照采购订单中指定的送货地址（外包供应商）直接送货到外包供应商，当外包供应商收到第三方供应商的实物后，将收货证明传递给我方，我方在系统中对采购订单进行收货，收货后原材料库存将直接挂靠在外包供应商 1000 下，属于外包库存。

第 4 章 多组织下的生产管理概览

> **提示**：一般来说，系统根据库位来确定 MRP 区域，对于外包 MRP 区域，是由供应商代码确定，在本例中，如图 4-6 所示，收货的供应商设置为 1000，因此其对应的 MRP 区域为 1000-L1000。参见 SAP Note 503497 - Subcontracting and MRP areas。

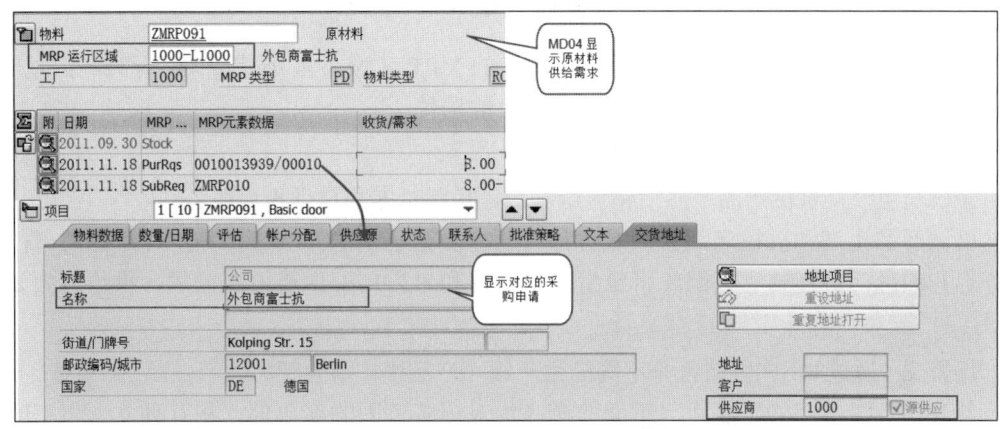

图 4-6 第三方供应商提供的原材料的供需情况（MD04&ME53N）

（4）MRP 运行结果——本公司提供的半成品

如图 4-7 所示，半成品 Z-112 将产生一个转储的预留 69020，预留的移动类型为 541，该预留的发出工厂为 1000（MRP 区域 1000），收货方为供应商 1000（MRP 区域 1000-L1000）。

后续可通过事务代码 MB1B，参照预留 69020 进行库存转移到外包供应商处，或者通过事务代码 ME2O 针对预留创建半成品的发货单，将半成品发送给外包供应商，根据需要，还可以通过发货单创建运单，安排物流公司运输，以及做后续的运费结算。

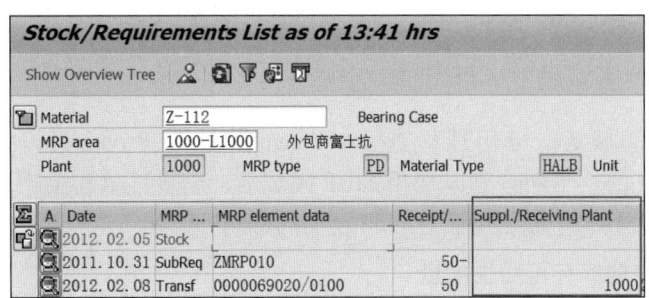

图 4-7 半成品的 MRP 结果（MD04）

5. 多层外包的支持（Multi-Level Subcontracting）

系统支持使用 MRP 区域功能实现多层外包的计划、执行。例如：本公司提供原材料给某外包供应商 X，由其生产某半成品，外包供应商 X 生产完毕后，将半成品送至外包供应商 Y 处，由其加工生产出产成品。

具体实现方式：为两个供应商建立对应的两个 MRP 区域，通过激活特定功能和增强，实现在多个 MRP 区域之间直接调拨（stock transfers between MRP areas），参见 SAP Note 550844 - FAQ: MRP areas。

MRP 区域的应用场景 2——为库存地点设置 MRP 区域

以上小节介绍类型为委托外加工供应商的 MRP 区域，本小节简要介绍库存地点的 MRP 区域，其应用非常广泛，下面为三个常见的场景。

场景 1：通过 MRP 区域区分生产和售后

某公司生产某机械产品，然后销售给客户，后续给客户提供售后服务。

机械产品生产和机械产品售后服务都可能需要某些零配件，该公司生产产品的部门和服务客户的部门相互独立，因此希望生产用配件和售后用配件能够在需求、供给方面划清界限。

场景 2：通过 MRP 区域区分不同的生产线（产品线、事业部）

某公司有着不同的产品线，不同的产品线对应着不同的事业部，相互独立，但不同产品线所使用到的原材料为多个事业部都会使用到的公用物料，不同产品线事业部各自的采购、用料都完全是独立的，希望能够独立划分。

场景 3：通过 MRP 区域控制同一工厂下的不同部门是否运行 MRP

某公司原来已经实施 SAP，但未实施 MRP 功能，公司有多个生产部门，限于公司的各种情况（如基础薄弱），不同生产部门的业务独立，相关数据在同一个工厂中，用不同库位区分，现希望逐步实现 MRP，先对其中一个生产部门运行 MRP，因此可为该生产部门下的所有库存地点建立一个 MRP 区域，然后仅对该 MRP 区域运行 MRP。

限于篇幅，这里不再详细介绍实施过程，这里三个业务场景都可以通过为工厂下的库存地点建立 MRP 区域，然后各自 MRP 区域进行各自的 MRP 运行、生产计划与执行。

4.1.2 启用 MRP 区域后的 ATP 功能描述

当启用 MRP 区域后，可用性检查（ATP/Available To Promise）功能也是可以基于 MRP 区域进行展开的，下面分别以启用 MRP 区域后，销售订单和生产订单的可用性检查功能为例，来说明 MRP 区域启用后对 ATP 功能的影响。

1. 销售订单中的库存可用性检查

（1）业务场景

某公司生产糖果，总部在上海，在上海有一个总仓，主要负责供应华东区域，同时当区域性仓库供货不足时，也可以从总仓进行发货。

同时在华南的东莞、华中的武汉、华北的天津、东北的沈阳各有四个区域性仓库，这四个仓库供应各自对应的区域，每个区域在系统中都包括五个库存地点，为这四个区域各建立一个 MRP 区域，每个 MRP 区域各包括五个对应的库存地点，具体清单见表 4-1。

表 4-1 某公司仓库分布表

区域	上海	华南	华北	华中	东北
库存地点	0001	0002	0003	0004	0005
	0010	0020	0030	0040	0050
	0011	0021	0031	0041	0051
	0012	0022	0032	0042	0052
	0013	0023	0033	0043	0053
对应 MRP 区域	0001 工厂级别	Z002 库存地点级别	Z003 库存地点级别	Z004 库存地点级别	Z005 库存地点级别

当接到客户的订单之后，如果该客户属于华中地区，那么默认从华中仓库发货，如果华中仓库不能完全提供，则从上海总仓提供，如果上海仓库也不能够完全提供，则由人工来进行判断，从哪个仓库发送货物给客户。

（2）业务分析

本文中，接到客户订单时，可能存在以下两种情况。

情况 1：区域性仓库库存充足。接到客户订单，创建销售订单执行可用性检查时，首先应该检查所属区域的库存，也就是说接到位于华南的客户订单，系统自动检查华南仓库（MRP 区域 Z002）下五个库存地点（0002、0020、0021、0022、0023）的库存可用量。

情况 2：区域性仓库库存不足。当特定 MRP 区域（华南仓库）的库存不足时，此时则应该从上海总仓进行发货，此时则应该检查工厂 MRP 区域 0001 下的可用库存。

（3）系统操作

本例中限于篇幅，针对上述案例，简化并调整了整个测试过程，具体如下。

仅设立了两个 MRP 区域：一个代表华南地区性仓库，一个代表上海总仓。

创建物料 84，并维护 MRP 区域等数据，并进行初始化库存，具体库存情况通过事务代码 MMBE 查看，如图 4-8 所示，MRP 区域 Z0002，代表华南区域的仓库，在该仓库下有 5 个库存地点（0002、0020、0021、0022、0023），各有库存 100 个，除 MRP 区域 Z0002 外，在工厂级别的 MRP 范围中，还有库存 500 个。

接到客户订单，事务代码 VA01 创建销售订单，输入需求数量为 1000，此时输入库存地点 0020，系统将带出该库存地点的所属的 MRP 区域的 Z0002。

同时在可用性检查控制中（事务代码 OVZ9）设置没有仓储地点检查，这样系统将检查该 MRP 区域下的所有可用库存，在本例中，MRP 区域 Z0002 下的可用库存为 500 个，因此如图 4-9 所示，订单的确认数量为 500 个。

提示：本章中的库存地点、仓储地点均对应英文 Storage Location。

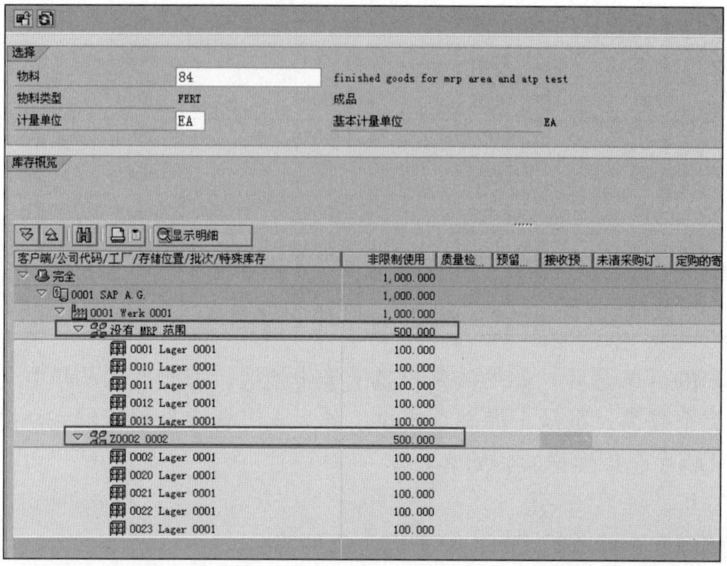

图 4-8　物料在 MRP 区域以及库存地点的分布情况（MMBE）

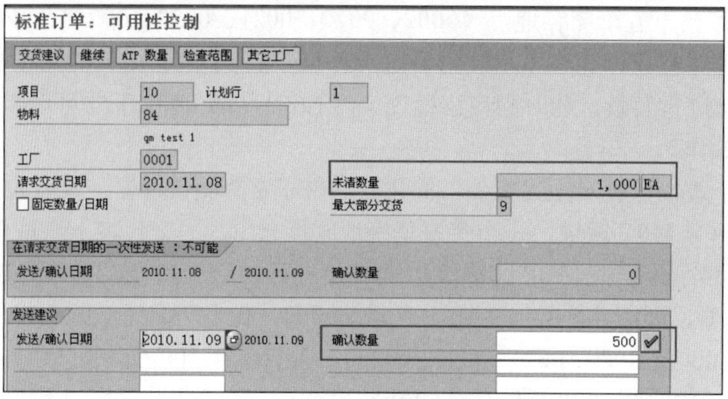

图 4-9　订单的可用性检查（VA01）

若此时基于 MRP 区域（Z0002）的可用性检查为无确认数量，可以手工修改为不输入任何库存地点，系统则将检查工厂级别的 MRP 区域，工厂级别的可用库存是排除调库存地点级别的 MRP 区域下的库存，即本例中属于 MRP 区域 Z0002 的可用库存。

本例中，基于 MRP 区域（Z0002）的可用性检查为部分确认，则可以修改本行销售订单的数量为 500 个，并新增加一行，数量为 500 个，不输入任何库存地点。

（4）系统实现说明

销售订单中的可用性检查规则说明如下。

1）可用性检查控制与库存地点。销售订单中输入库存地点后，对可用性检查的影响如下。

❏ 如果事务代码 OVZ9 定义可用性检查控制（Availability Check Control）时，设置有库存地点检查，系统将仅检查该库存地点下的可用库存。

❏ 在不启用 MRP 区域的情况下，若设置无库存地点检查，系统将检查工厂下的可用库存。

❏ 在启用 MRP 区域的情况下，若设置无库存地点检查（No Storage Location Inspection），系统将检查库存地点所属 MRP 区域下的可用库存。

本例中，在可用性检查控制中设置"没有仓储地点检查"，具体如图 4-10 所示，可以看到本例中销售订单维护时 ATP 检查仅针对特定 MRP 范围（Z0002）。

2）销售订单中的可用性检查控制确定。如图 4-10 所示，本例中销售订单的可用性检查控制的组合为可用性检查组 02(Checking Group) 和检查规则 A(Checking Rule) 的组合。

其中，可用性检查组 02 是在物料 84 的物料主数据中定义（视图销售/工厂），检查规则 A 由销售订单类型确定，正常订单类型均为 A，寄售订单的检查规则为 AW，按订单生产的检查规则为 AE。

需要注意的是，SD 模块中销售订单、发货单的可用性检查规则由系统锁死，无法配置，而 PP 模块，通过事务代码 OPJK 将检查规则分配给生产订单类型，MM 模块，通过事务代码 OMCP 将检查规则分配给事务代码。

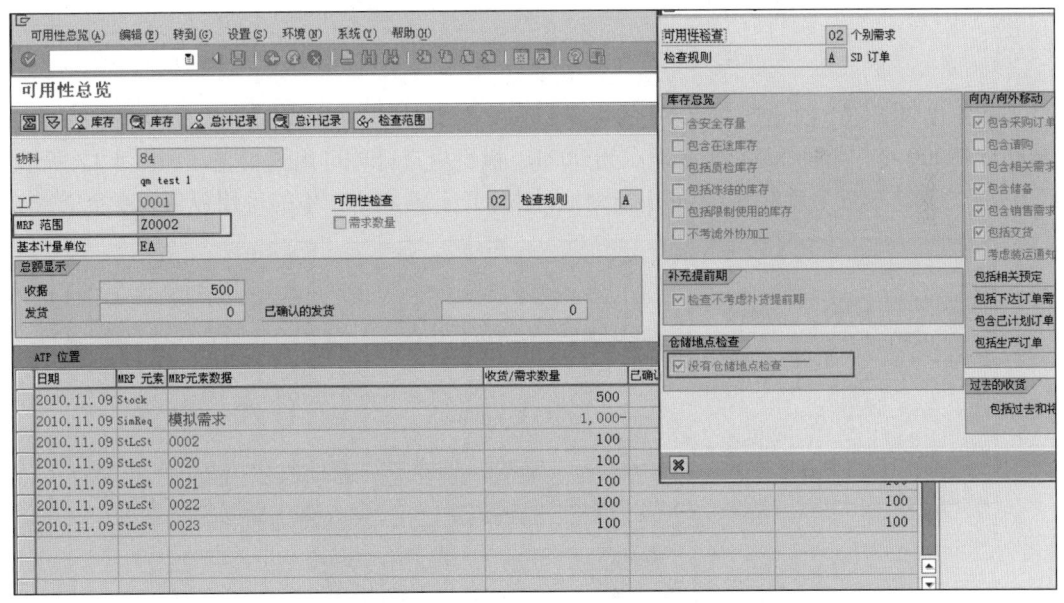

图 4-10 基于 MRP 区域（Z0002）的可用性检查（VA03）

2. 生产订单中的组件可用性检查

上一小节介绍销售订单 ATP 与 MRP 区域的关系，本小节介绍生产订单中的 ATP 功能与 MRP 区域的关系，生产订单 ATP 逻辑与销售订单 ATP 逻辑基本相同。

组件 85 为某原材料，其库存情况如图 4-11 所示，库存地点 0021 属于 MRP 区域 Z0002。

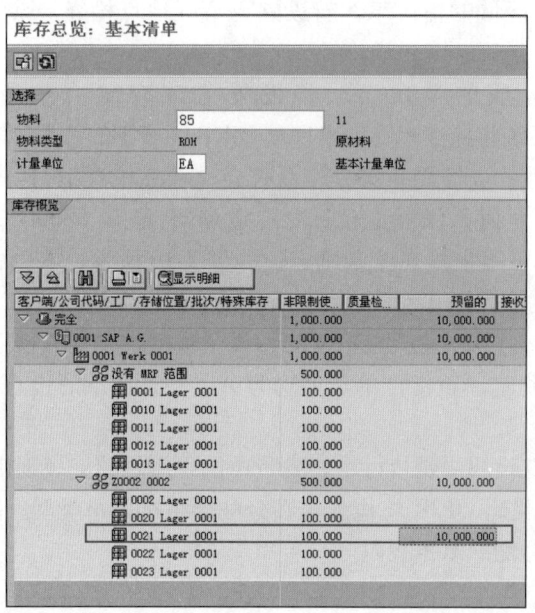

图 4-11　原材料 85 的库存分布情况以及对应的 MRP 区域（MMBE）

事务代码 CO01 创建产成品 84 的生产订单，计划生产数量为 10000，对物料 85 的需求也为 10000 个，组件 85 的库存地点为 0021，执行生产订单可用性检查，如图 4-12 所示，组件 85 的确认数量为库存地点 0021 所对应的 MRP 区域 Z0002 中的可用数量 500 个。

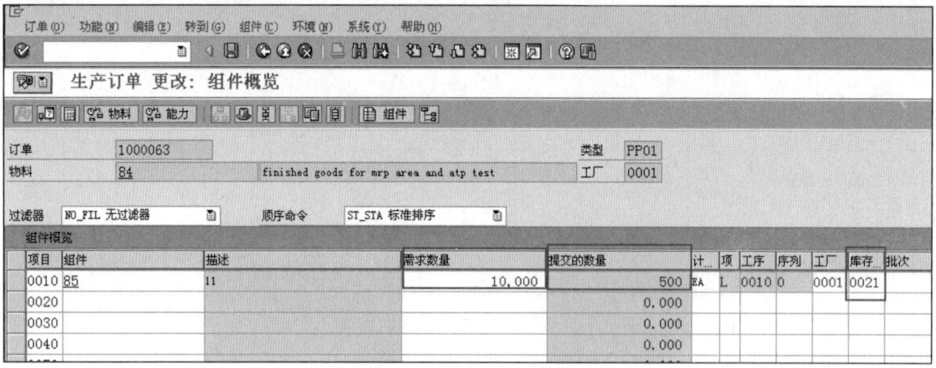

图 4-12　生产订单中的组件基于 MRP 区域进行可用性检查（CO03）

同样此处，需要在当前生产订单所使用到的可用性检查规则中设置不针对库存地点进行检查。

4.1.3 MRP 区域小结

在上文的基础上，我们对 MRP 区域的功能做简单的小结：

- MRP 区域是在工厂下进行进一步细分，每一个 MRP 区域进行单独计划、生产执行，系统中所有 MRP 相关的库存、需求、供给都属于特定的 MRP 区域。
- 系统将通过库存地点、供应商等信息确定当前库存、需求、供给所对应的 MRP 区域。
- 取决于具体的业务，如不同事业部，可能使用工厂来进行区分更为妥当。
- 尽管不运行 MRP，但如果启用了 MRP 区域，则可用性检查（ATP 功能）仍然是可以基于 MRP 区域的。

4.2 多工厂下的计划与生产管理

对于全球性的跨国公司而言，在全球可能有数十个甚至几百个生产基地，其生产计划可能会变得非常复杂；而对于国内绝大部分公司，尚未到面临这一局面，但无论如何，即使只有多个工厂的存在，也会对生产计划、执行提出一些新的要求。

多个工厂之间的关系可能是如下两种模式：

- 模式 1：多个工厂之间是产业链的上下游关系。工厂 A 生产的产品作为半成品提供给工厂 B 进行进一步加工。
- 模式 2：多个工厂之间是并列关系。工厂 A、B 生产相同或相似的产品，使用相同或相似的半成品、原材料。

实际业务中，多个工厂之间的关系可能是混杂、双向的，譬如工厂 A 采购原材料提供给工厂 B，工厂 B 对原材料加工成半成品，再提供给工厂 A，但无论是何模式，可能会带来四种跨工厂（跨公司）的业务需求。

- 业务需求 1：跨工厂计划。例如，首先将产成品的计划安排在一个工厂，然后再根据产能等多种因素进行拆解到不同工厂中，并考虑各种约束条件（机器产能、产成品产出率、BOM 等因素）。

  通过系统做单个工厂的主计划已经足够复杂，做跨工厂计划就不言而喻，极少数公司能够做到这一点，对此不再做详细介绍。

提示：需要说明的，SAP ERP 支持很有限的跨工厂计划，如果希望对多个工厂实现更好的计划，可能需要另外购买生产计划软件，如 SAP 的 APO 产品（高级排程）。

- 业务需求 2：工厂间（公司间）需求传递 + 工厂间（公司间）调拨。A 工厂需要的某个半成品由 B 工厂提供，其过程可分拆为两个部分。

  首先是需求传递过程，A 工厂可能是由于生产某个产成品而需要该半成品，那么对该半成品的需求，将会传递到 B 工厂，B 工厂或者将现有库存调拨，或者生产该半成品再进行调拨。

然后是库存调拨操作，B工厂发货，A工厂收货，库存调拨请参见7.2节"公司间采购"、10.3节"库存调拨、在途库存"。

- 业务需求3：需求传递+跨工厂领料。与需求2类似，在某些情况下，A、B两个工厂实际的位置可能紧挨在一起，A工厂生产产成品所需要的半成品，可能只凭借领料单直接到B工厂进行领料，该模式常称之为替代工厂领料或跨工厂领料。
- 业务需求4：需求传递+替代工厂生产。与需求3类似，在某些情况下，A、B两个工厂实际的位置可能紧挨在一起，A工厂生产产成品所需要的半成品，直接触发B工厂生产该半成品。

值得注意的是当工厂间业务中涉及的两个工厂属于不同的公司时，则又称为公司间（跨公司），涉及公司间（跨公司）时，则需要进行公司间结算，此时或者通过公司间开票、发票校验等操作实现，或者需要财务手工做会计凭证。

后面将介绍以下内容：

- 公司间后勤业务往来总览；
- 多工厂下的生产组织：替代工厂生产、跨公司领料、库存转储；
- 计划工厂与计划物料；
- 多工厂下共用料的评估；
- 多工厂与APO。

4.2.1　公司间后勤业务往来总览

实施SAP ERP的公司基本都是集团型的公司，集团下有很多公司，不同公司之间一方面有不同的分工，另一方面却又是紧密联系，譬如由某公司集中采购某原材料、由某公司集中生产某半成品、某公司集中销售某产成品等，这样就带来非常多的跨公司和公司（工厂）间的交易。

表4-2中列举了常见的跨公司、公司间（工厂间）业务类型，其中在11.3节"跨公司销售"中介绍跨公司销售，在7.2节和7.4节中介绍跨公司采购、公司间采购，10.3节介绍库存调拨，本节介绍跨公司领料、替代工厂生产。

表4-2　公司间常见的后勤业务往来举例

业务类型	技术层面的典型特征举例
跨公司销售	销售订单中销售组织和发货工厂对应的公司为两个公司
跨公司采购	采购订单中采购组织和收货工厂对应的公司为两个公司
替代工厂（跨工厂）生产	生产订单的计划工厂和生产工厂为两个工厂，这两个工厂是同一公司或两个公司的
替代工厂（跨工厂）领料	生产订单投入的原材料的工厂和产出的工厂为两个工厂，这两个工厂是同一公司或两个公司的
通过STO的工厂间调拨	从同一公司的一个工厂调拨货物到同一公司的另外一家工厂

(续)

业务类型	技术层面的典型特征举例
公司间采购	从同一集团下的一家公司采购货物到集团下的另外一家公司
通过 MB1B 的工厂间调拨	不通过 STO（Stock Transfer Order，库存转储单），而是直接进行库存转储

4.2.2 多工厂的生产组织

本节通过一个业务场景介绍以下功能：
- 替代工厂生产；
- 替代工厂领料；
- 库存转储。

1. 获取类型说明及比较

假设在工厂 A 下生产某产成品 X 需要某半成品 Y，但是该半成品 Y 由另外一个工厂 B 提供，此时半成品 Y 的获取方式可能有三种情况，相应的系统中定义了三种特殊获取类型，以此为背景，表 4-3 对这三种获取类型做简要的对比。

表 4-3 三种获取类型方式对比

获取类型代码	70	80	40
获取类型描述	由替代工厂（B）生产	从替代工厂（B）领料	库存从另一工厂（B）转储
需求传递	生产的需求直接产生在替代工厂（B）	发料的需求直接产生在替代工厂（B）	需求传递通过 STO 实现，需求工厂为 A，供货工厂为 B
生产执行比较	工厂 B 生产的半成品 Y，直接入库到工厂 A；当工厂 A 生产成品 X 时，在工厂 A 下，发半成品 Y 到该产成品的生产订单	工厂 B 生产的半成品 Y，入库到工厂 B；当工厂 A 生产成品 X 时，则从工厂 B 直接发料到产成品 X 的生产订单中	工厂 B 生产的半成品 Y，入库到工厂 B；当工厂 A 需要半成品，则从工厂 B 进行库存调拨，调拨到工厂 A 时，再根据需要发料到产成品的生产订单
涉及两家公司业务	跨公司入库业务	跨公司发料业务	公司间业务
公司间结算的说明	如果两个工厂属于两个公司，则需要手工处理部分公司间凭证	如果两个工厂属于两个公司，则需要手工处理部分公司间凭证	通过创建发票和发票校验实现公司间结算
选用该方案的主要理由	两个工厂距离很近，业务操作简单	两个工厂距离很近，操作简单	两个工厂距离比较远，一个工厂生产（采购）入库后，需要通过交通运输工具，从一个工厂运输到另外一个工厂

2. 业务场景

某公司在工厂 1000 下生产液晶显示器（ZFERT001），需要生产 1000 台显示器，生产液晶显示器需要液晶屏（6500000000000）、底座（6500000000001）、电源线、背板等组件。

半成品液晶屏（6500000000000）由工厂 2000 生产，生产液晶屏的数量完全由工厂 1000 确定，生产多少，都直接入库到工厂 1000 中，在工厂 2000 下生产液晶屏需要两种主要的原材料：液晶面板（ZROH601）和玻璃（ZROH602），其中液晶面板（ZROH601）由工厂 1000 提供，直接从工厂 1000 领料用于生产，玻璃由工厂 2100 提供，液晶面板和玻璃均向外部供应商采购。

半成品底座（6500000000001）由工厂 2100 生产。

工厂 2000 与工厂 1000 在同一个厂区，各自的车间、仓库的位置紧挨在一起，工厂 2100 与工厂 1000 不在同一个城市，有一天的路程。

本例中假设三个工厂分属三个公司代码。

3. 业务需求分析

本场景涉及替代工厂生产、替代工厂领料以及工厂间需求传递、库存转储，具体如下。

（1）替代工厂生产（特殊获取类型 80）

设置半成品 6500000000000 在工厂 1000 下的特殊获取类型为 80，当在工厂 1000 中需要该半成品，则触发该物料在另外一家工厂生产（Production），具体而言，直接触发半成品在另一家工厂 2000 生产，产生相应的计划订单、生产订单，该半成品的生产订单的计划工厂为 1000，生产工厂为 2000，对该生产订单入库后，直接入库到工厂 1000 中。

（2）工厂转储（特殊获取类型 40）

设置半成品 6500000000001 在工厂 1000 下的特殊获取类型为 40，当在工厂 1000 中需要该半成品，则触发该半成品的库存转移（Stock Transfer），发货工厂为 2100、收货工厂为 1000，产生工厂间的采购申请（转储单），如果该半成品在工厂 2100 库存充足，则通过库存转储的形式发货到工厂 1000 下，如果该半成品在工厂 2100 库存不足，还将间接触发该半成品在工厂 2100 生产，产生相应的计划订单、生产订单，该生产订单入库后，形成充足的库存后，再进行库存转移。

（3）替代工厂领料（特殊获取类型 70）

设置原材料 ZROH601 在工厂 2000 下的特殊获取类型为 70，当在工厂 2000 中需要该原材料品，则触发替代工厂发料（Issue/Withdraw），即直接从工厂 1000 投料到工厂 2000 下的半成品（6500000000000）的生产订单。

4. 系统实现说明

系统通过定义特殊的获取类型，并分配给相应物料，从而确定物料的获取方式，具体定义如下。

（1）后台配置—获取类型、特殊获取类型的定义

获取类型（Procurement Type）和特殊获取类型（Special Procurement Type）用来确定物料的获取方式，事务代码 OMD9 定义特殊获取类型，与跨工厂业务相关的有三个常用的特殊获取类型为 40、70、80，这三个特殊获取类型的具体定义如图 4-13 所示。

提示：使用系统标准的特殊获取类型 20+ 货源清单也可以实现库存在公司间转储。

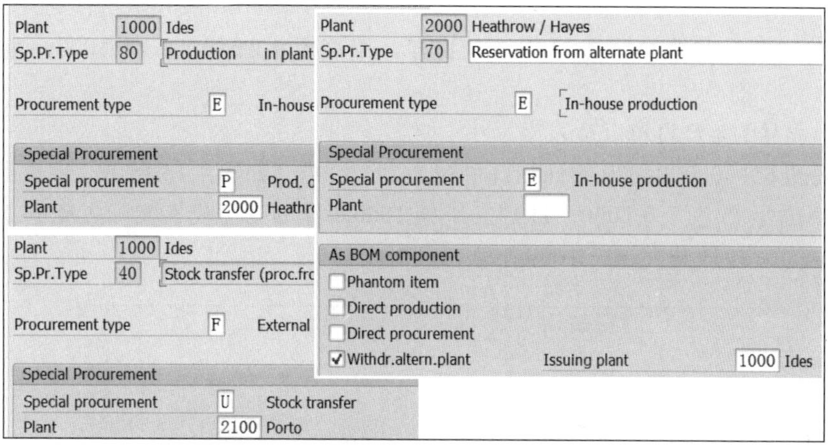

图 4-13　特殊获取类型定义（OMD9）

（2）主数据维护

如表 4-4 所示，事务代码 MM01 维护五个物料主数据。

表 4-4　物料主数据维护

物料	物料工厂	物料的获取类型或特殊获取类型	特殊获取类型对应的获取工厂	说明
半成品 ZFERT001	1000	E	N/A	
半成品液晶屏 6500000000000	1000	80	2000	在 1000 工厂设置由 2000 工厂生产
	2000	E	N/A	
半成品底座 6500000000001	1000	40	2100	在 1000 工厂设置由 2100 工厂库存转储
	2100	E	N/A	
原材料面板 ZROH601	2000	70	1000	在 2000 工厂设置由 1000 工厂发料
	1000	F	N/A	
原材料玻璃 ZROH602	2000	40	2100	在 2000 工厂设置由 2100 工厂库存转储
	2100	F	N/A	

事务代码 CS01 维护 BOM 设置如下：

在工厂 1000 下维护产成品 ZFERT001 的 BOM；

在工厂 2000 下维护半成品 6500000000000 的 BOM；

在工厂 2100 下维护半成品 6500000000001 的 BOM；

其他主数据的设置略。

5. 操作步骤

以本例中的业务场景为例，其主要的操作步骤如下。

(1) 产成品生产订单维护

事务代码 CO01 在工厂 1000 下维护产成品 ZFERT1 的生产订单，数量 1000 个，并运行 MRP。

MRP 运行后，将产生半成品的计划订单，半成品的计划工厂为 1000，生产工厂为 2000。

(2) 半成品的生产订单以及入库

将半成品 6500000000000 的计划订单转为生产订单，如图 4-14 所示，半成品生产订单 60000140 中的生产工厂为 2000，计划工厂为 1000，计划工厂代表实际入库的工厂，因此生产订单 60000140 收货在工厂 1000 下。

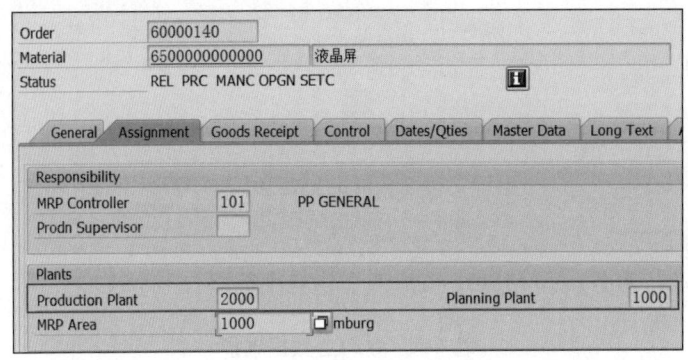

图 4-14　生产订单中的生产工厂和计划工厂（CO03）

对生产订单进行收货，半成品入库后，由于这是一个跨工厂并且跨公司的业务，因此入库后，将在两家公司产生如下的会计凭证。

在工厂 2000 的公司下，结转确认生产订单的成本，因此会计凭证示例如下：

　　借：公司间内部清算（往来）

　　贷：生产成本结转（转出）

在工厂 1000 的公司下，库存增加，因此会计凭证示例如下：

　　借：库存商品——半成品

　　贷：公司间内部清算（往来）

(3) 半成品 6500000000000 中的组件发料

半成品 6500000000000 中的组件 ZROH601 设置从替代工厂 1000 领料，因此如图 4-15 所示，生产订单 60000140 中的该组件的工厂为 1000，该物料将从工厂 1000 发料到该生产订单。

正常发料应该从工厂 2000 进行发料，组件 ZROH601 发料跨过工厂 2000，从替代工厂 1000 直接发料，因此发料时，将会在两家公司产生会计凭证。

使用组件 ZROH601 的生产工厂 2000 下，确认生产成本，会计凭证示例如下：

借：原材料消耗

贷：公司间内部清算（往来）

组件 ZROH601 库存所在工厂 1000 下，库存减少，会计凭证示例如下：

借：公司间内部清算（往来）

贷：库存商品——原材料

组件 ZROH602 设置为库存转储（Stock Transfer），调拨工厂为 2100，因此将触发库存转储流程，本例中组件 ZROH602 将从工厂 2100 调拨到工厂 2000，再从工厂 2000 发料到生产订单中。

关于库存转储流程，请参照 10.3 节"库存调拨、在途库存"、7.2 节"公司间采购"。

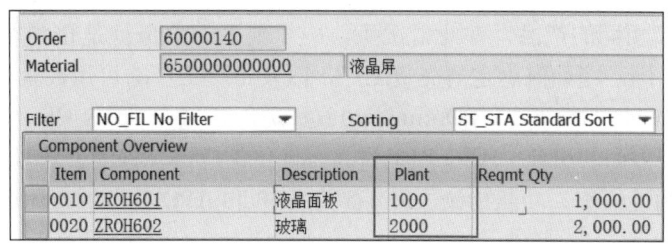

图 4-15　生产订单中的组件的工厂（CO03）

4.2.3　计划工厂与计划物料

系统中存在两个计划工厂的概念。

❏ 生产订单中的计划工厂代表生产入库的工厂，当维护生产订单时，不输入则默认生产工厂等于制造工厂。

❏ 物料主数据的计划工厂代表该物料消耗何工厂下的计划独立需求。

如图 4-16 所示，设置物料 6500000000003 在工厂 1000 中的计划工厂为 2000，事务代码 MD61 在工厂 2000 下创建计划独立需求 100 个，如果同时计划策略中定义销售订单将冲销独立计划需求，则创建销售订单时，交货工厂为 1000 工厂或 2000 工厂都将消耗工厂 2000 下的计划独立需求。物料主数据中计划物料的作用与计划工厂类似，如果在图 4-16 中设置物料 6500000000003 在工厂 1000 中的计划物料为 6500000000002，则创建物料 6500000000003 可以消耗物料 6500000000002 的计划独立需求。

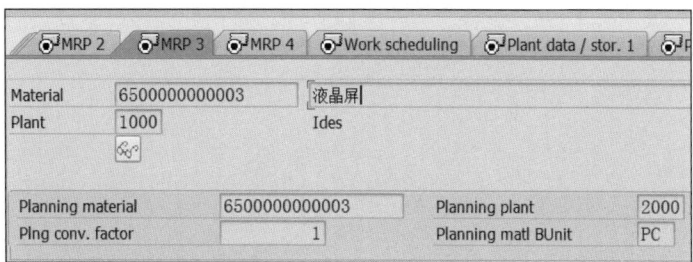

图 4-16　物料主数据—MRP3—计划物料与工厂（MM03）

4.2.4 多工厂下的共用料评估

当物料在多个工厂间流动,就需要能够跨工厂对这些物料进行产供销的评估,作为一个集团性的公司,在流程上,应该确定哪些共用料需要进行定期评估,评估在多个工厂之间的供需情况:是否在特定工厂短缺,在特定工厂积压。

3.3 节"MRP 结果评估概览"中,介绍激活业务功能 LOG_PP_LMAN 后,就可以在当前供需清单(事务代码 MD04)中跨工厂查看多个工厂的共用料的供需情况。

4.2.5 多工厂与 APO

当企业规模发展为集团性的公司,存在多个工厂之后,多个工厂经常会发生需要相同的原材料或是生产相同的产品,在此情况下,一个典型的业务就是接到客户订单,如果某产品有多个交货工厂,该如何确定何交货工厂,以及每个工厂的可用数量。

APO(Advanced Planning and Optimizer)是 SAP SCM(Supply Chain management)解决方案中针对计划方面的组件,APO 用于提高、优化供应链、预测、计划水平。

以 ATP(可用性检查)功能为例,表 4-5 为 ERP 和 APO 简单的对比表。

表 4-5 ERP 和 APO 可用性功能对比

ATP In R/3/ECC	ATP In APO
单个库存地点检查	多库存地点
手工的多工厂分配	定义替代规则,设置替代地点、替代产品

第 5 章　取代和替代

物料的取代与替代几乎是每一家制造型公司都会遇到的问题，产生替代的原因很多，例如：

- 从降低供应链风险的角度来看，向多家供应商采购会导致物料的替代问题；
- 技术进步、产品更新换代，会产生物料的取代问题；
- 从客户对品质的要求来看，不同客户对品质要求不同，会导致物料的替代问题；
- 产品本身的多样化，会导致物料的替代问题。

取代与替代在日常生活中也很常见，我们去市场上购买商品，想购买的产品没货，销售人员可能会说，有同厂家的升级产品出来（取代），或说试试该厂商的另外一种型号或另外一家厂商的产品（替代），此时我们也许就要纠结该如何决策了。

对于企业来说，类似的情况更多、更复杂，因为企业运营还要同时满足质量、生产、财务管理等约束，因此面对这种问题时更加纠结，本章就取代与替代的权衡做简要的介绍，并用实例讲解了几个实用方案。

5.1　取代替代总览

取代是指随着时间的推移，新一代替换旧一代的，它体现了时代的变化。譬如新研发出来的组件取代旧的组件，新包装取代旧包装，新市长取代旧市长，如果是取代的关系，那么一旦旧物料停止使用，就不再使用，被新物料取代。

替代是同一时间内，不同物料由于不同属性（例如供货商、质量、其他技术参数）导致物料会有不同的适用情况，但同时在某些情况互相之间是可以替代的。

以质量等级为例，某供应商提供某原材料，该原材料有两个质量等级，质量等级高的原材料可以用于所有的产成品上，但质量低的原材料只能用在特定的产品上。

物料的编码原则与取代、替代功能的关系互相影响，当某原材料（产品）相似却又不完全相同时，如何进行物料编码、如何平衡相似原材料（产品）之间的共性和个性，相似物料之间的替代关系是什么情况，这些问题是一个整体，在方案设计时，应将此作为整体方案进行考虑。

以某原辅料钢板为例，由两个供应商宝钢和鞍钢提供，两家供应商提供的钢板基本相同，如长度、宽度等参数都相同，对此有以下两种处理方式。

- **方式 1**：建立一个物料编码，该方式主要带来的问题是当生产某产品需要指定使用宝钢的钢材时，如何通过其他信息来识别钢材的供应商信息。

❑ **方式 2**：建立两个物料编码，分别对应两个供应商，该方案主要带来的问题是当生产某产品时，如果两家供应商的钢材都是可用的，在生产订单中如何指定物料编码，如何综合考虑这两家供应商的库存情况。

供应商的差异会带来纠结，表 5-1 还列举一些其他属性，原材料在这些属性上的差异都可能让我们难以选择。

表 5-1 类似物料的差异点说明

类　别	示　例
供应商不同	某产品（香精）由不同供应商生产（国际香精公司和上海申宝）
品质等级不同	某产品（白糖）品质上有差异（95 纯度、99 纯度两种）
活性成分比例不同	某产品（橙汁）的果汁含量不定（90% 到 99% 中的任意一个）
获取类型不同	某产品（齿轮）有两种获取类型（自制与外购）
宽度不同	某产品（薄膜）有两种宽度（0.9m、1.0m）
包装升版	某产品（外包装）同一个供应商提供，但是每年都换新包装，也就是所谓的升版
含量变化	某产品（方便面），含量从 95g 变成 80g
规格不同	某产品（香精），包装有两种：1kg 包装和 2kg 的包装
制造商不同	某产品（密封剂）由同一个供应商提供，但是向多个制造商采购

5.1.1　取代替代的方案简要说明

对于由两个供应商提供的钢材或是其他类似的情况，一方面二者之间有着很多共性的东西，另一方面各自又有个性的成分，二者之间如何权衡，从技术方案的角度来看，主要从两个方面考虑。

1）通过物料编码区分，则每个物料编码都有各自的个性，那么如何在需要体现共性时，能够将共性体现出来；

2）不通过物料编码区分，仅建立一个物料代码，通过其他途径来区分个性化差异。

从实践的操作角度来看，没有完美的方案，只能说是选择最贴近企业需要的方案，具体而言，针对不同的业务场景（见表 5-1），可能有如下三种方案。

❑ **方案 1**：区分物料编码，然后借助系统标准的取代和替代功能；
❑ **方案 2**：不区分物料编码，使用其他途径，如批次来进行区分差异；
❑ **方案 3**：区分物料编码，在方案 1 的基础上，激活库存管理的 MPN 等功能，来更好地实现替代。

方案 1 说明

当物料之间有差异时，则建立多个物料编码来区分，后续通过系统标准的取代与替代功能来实现互相利用，具体而言包括两个功能。

❑ **标准取代功能**：当旧物料库存消耗完毕，将会被新物料取代；
❑ **标准替代功能**：两个物料在特定情况下可以发生替代。

关于方案 1，在下文中仅作简单介绍，可参见网络 ID 为 KanterWang 所写的文章"SAP 最完整的替代及取代资料"。

方案 2 说明

不建立多个物料编码，但通过版次、批次、制造商物料号、分割评估（Split Valuation）等功能来区分差异部分，具体如下。

1）利用批次管理功能。使用同一物料编码，不同批次来区分个性的内容，如不同的批次中对应不同的供应商、不同的成分。

本章后面将对此进行介绍，同时请参见第 16 章。

2）利用物料变更功能。同一物料编码，通过 ECN 号码和 Revision 功能来区分，利用工程变更（ECM）以及物料版次（Material Revision）功能，实现新旧物料切换，具体内容，请参见 17.2 节工程变更管理（ECM）。

3）非库存管理的制造商料号（MPN）的应用。利用 MPN 功能可以为同一个物料建立多个 MPN 料号，解决同一物料同一供应商由于制造商原因造成多个采购价格等问题，具体内容请参见第 8 章"制造商物料管理"。

4）分割评估（Split Valuation）。出于成本考量，企业需要区分物料的不同获取（Procurement）方式。如上文提到某个物料有两种获取方式：自制、外购，此时可以考虑使用分割评估。关于分割评估，简单说，就是对物料的评估在物料+工厂的基础上进一步分割，增加了一个评估的维度，该评估的维度根据需要自行定义，限于篇幅，详细内容不做介绍。

3. 方案 3 说明

建立多个物料编码来区分个性内容，但多个编码之间更紧密，需要激活 SAP 产品中特定的业务功能增强，具体而言，有以下两个常用功能。

1）库存管理的制造商料号（MPN）的应用。建立多个物料编码，分别与不同的供应商关联，不同物料可以在各个环节进行替代，详细说明请参见第 8 章"制造商物料管理"。

2）利用功能增强包 LOG_PP_LMAN 中的功能。建立多个物料，但是可以在事务代码 MD04 中实现跨物料查看需求/供给清单，通过跨物料查看供给、需求可以同时查看多个物料的需求与供应情况。

详细内容请参见 3.3.5 节。

5.1.2 取代替代在其他模块的应用

上面介绍了取代、替代在制造、采购等模块的应用，在 SAP 产品的其他模块中，也有类似的取代与替代的概念。

1. 财务模块的应用

其主要为成本中心、利润中心、会计科目的替代：设置满足特定的条件下，成本中心、利润中心、会计凭证中的一些字段将会被替代。

2. 销售模块的应用

即物料确定功能：当推出新产品后，销售订单中输入旧的物料，系统可以自动确定出新产品。

5.2 标准功能说明

本节介绍方案 1，即 SAP 标准的取代与替代功能，这里只做简单介绍。

5.2.1 取代功能

本小结将介绍取代功能的定义与应用，并介绍如何进行系统实现。

1. 概念定义

Discontinuation 有多种翻译：取代、非连续、中止、终止、中断。在本节中，这些词语均为相同意思。Discontinuation Part 指将不再使用的物料，即"中止物料"，并且与此同时该物料一定会存在一个后继物料（Follow-Up Material），该后继物料将会取代"中止物料"。

中止物料和后继物料也可以简单地称为被取代物料和取代物料。

当物料维护成为取代物料和被取代物料后，运行 MRP 时，如果中止物料（被取代料）的现有库存不足以覆盖需求时，那么系统将产生对后继物料（取代物料）的需求，并产生相应的获取建议（计划订单或者采购申请）。

2. 业务场景及应用

某公司换了 CEO 兼总裁，来了新的领导，生效日期为 2011.09.13，那么在该公司的领导层面最可能发生的情况有三种：

❑ 新来一个 CEO，同时也兼任总裁，到此为止；
❑ 新来一个 CEO，同时也兼任总裁，同时 CEO 还带着自己人来，这些人随后接替现任 CFO、COO 等职位；
❑ 新来两个人，一个接任 CEO，另外一个接任总裁。

物料的取代的情况与企业领导的交替类似，当新物料取代旧物料时，典型的三种情况如下：

❑ 单一且唯一取代；
❑ 成组配套取代；
❑ 单一但不唯一取代。

（1）业务场景 1：单一且唯一取代

A 原材料在五个产品中使用到，当 A 原材料使用完毕后，这五个产品中，都将被 B 物料取代 A，即一个旧的走了，来了一个新的。

如图 5-1 所示，事务代码 MM02 在物料 P-100 的物料主数据的 MRP4 视图设置非连续（取代）指示符为 1（"Single/parallel discontinued part/material"），并设置后继物料为 P-101，代表从 2011.09.13 起，物料 P-101 将取代物料 P-100，因此如果在 2011.09.13 后，如果对物

料 P-100 仍然有需求，MRP 运行后，系统不再产生对物料 P-100 的获取建议，即不再采购、生产物料 P-100，而是产生对物料 P-101 的获取建议。

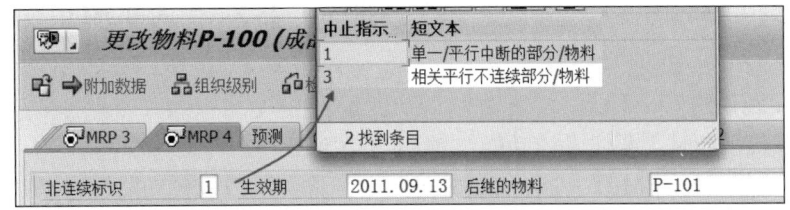

图 5-1　SAP 中物料中设置 P-101 中止物料 P-100（MM02）

（2）业务场景 2：成组取代（并行替代）

两个（或多个）物料（如 ZROH1，ZROH2）被两个（或多个）物料（如 ZROH3、ZROH4）成组取代，ZROH1 物料为主物料、ZROH2 为与 ZROH1 配套的相关物料，从特定日期开始，则被物料 ZROH3、ZROH4 取代，具体系统实现如下：

- 被取代的主物料（ZROH1）的"取代指示符"设置为 1 Single/parallel discontinued part/material；
- 被取代的相关物料（ZROH2）的"取代指示符"设置为 3 Dependent parallel discontinued part/material；
- 事务代码 CS01 创建 BOM，BOM 中包含这四个物料，设置 ZROH1、ZROH2

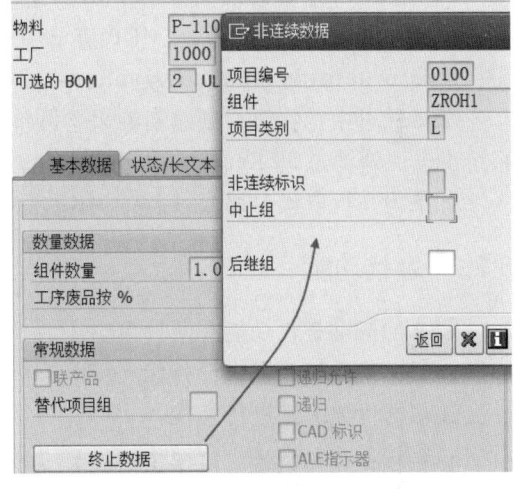

图 5-2　BOM 中设置成组替代（CS01）

为被取代组（中止组），ZROH3、ZROH4 为后继组，被取代的组和后继组需使用同一个组名（如 A1），具体如表 5-2、图 5-2 所示。

表 5-2　设置成组替代

项目号	物料	中止组	后继组
0010	ZROH1	A1	
0020	ZROH2	A1	
0030	ZROH3		A1
0040	ZROH4		A1

（3）业务场景 3：单一但不唯一取代

单个零配件在不同的产成品中被不同零配件取代，举例如下。

A 物料被其他物料取代，但是替代规则是物料 A 在产品 X 中，被物料 B 取代，物料 A

在产品 Y 中,被物料 C 取代。

在 A 物料的物料主数据的 MRP4 视图设置,终止指示符为 1,Single/parallel discontinued part/material,并设置后继物料,同时在产品 X、Y 的 BOM 中分别设置被 B、C 取代。

3. 系统实现说明

在使用取代功能时,要注意该功能与 MRP 的关系。

1) 取代功能只针对 MRP。运行 MRP 时,系统将会执行取代功能,但若是针对中止物料手工创建销售订单、手工创建直接预留或者间接创建相关预留、手工创建采购订单,系统将不会自动执行取代功能。

2) 在 MRP 中查看取代关系。MRP 运行时,将会显示关于物料取代的例外消息。

通过例外消息 57 可以在 MRP 清单中查看到所有的被取代(中止)物料(例外信息57:Disc. matl partly replaced by follow-up)。

如果针对中止物料,创建新的采购订单,那么查看中止物料的 MRP 清单时,将会发现系统产生例外消息 59 Receipt after effective-out date。

如果为并行取代,那么只会在 MRP 清单中显示并行取代的主物料,不会显示相关物料

5.2.2 替代功能

SAP 的标准替代功能有两种策略。

❑ 根据使用可能性进行替代(Alternative);
❑ 根据优先级别进行替代。

1. 根据使用可能性(可手工修改)/ According to usage probability(manual changes possible)

在 BOM 中指定可以互相替代的物料的使用可能性,确定需求比例,需求比例之和一般为 100%,后续在生产订单中可修改默认的使用可能性,具体如图 5-3 所示,维护 BOM 时,需要互相替代的物料设置为同一个替代项目组(Alternative Item Group),选择替代的策略组选择 1,并设定百分比。

(1)系统逻辑说明

创建产成品 X 的 BOM,BOM 中包含两种可互相替代的物料(物料 A、B),物料 A、B 代表同一型号的原材料的两种规格,设置对物料 A 的需求数量为 100 个,需求可能性为 70%,设置对 B 物料的需求数量为 100 个,物料 B 的需求可能性为 30%。

当需要产成品 X 数量 50 个,则对物料 A 的需求等于总需求数量(50×100)乘以需求可能性(70%)等于 3500 个。

(2)系统维护说明

如果生产成品 X 时主要使用 A 物料,同时 B、C 物料作为替代物料,如果 A 物料没有,可以使用 B、C 物料。

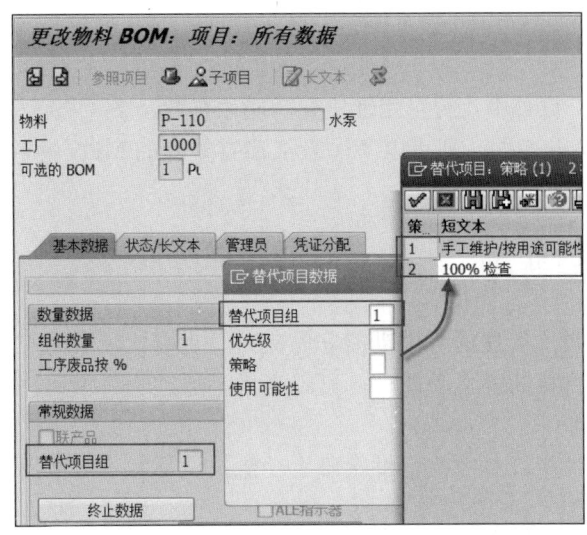

图 5-3　BOM 中设置替代（CS01）

可以创建产成品 X 的 BOM，BOM 中包含 A、B、C 三种物料，设置 A 物料的比例为 100%、B、C 的使用可能性为 0%，当创建生产订单时，发现 A 物料缺料，则修改物料 B、C 的使用百分比，然后发料使用 B 或者 C 物料。

2. 根据优先级别（依次查看库存可用性）/ Withdrawal if 100% availability

在 BOM 中指定可以互相替代的物料的优先级别，具体如图 5-3 所示，维护 BOM 时，需要互相替代的物料设置为同一个替代项目组（Alternative Item Group），选择替代的策略组选择 2，并设定优先级。

（1）逻辑说明

创建产成品 X 的 BOM，BOM 中包含 A、B、…、Z 等可互相替代的物料，A 优先级别最高，Z 优先级别最低。

在生产订单中，执行可用性检查功能，如果优先级别最高的物料 A 库存 100% 充足，则使用该物料 A，如果物料 A 不是 100% 充足，则使用下一优先级别的物料 B，如果物料 B 不是 100% 充足，则依次类推，直到优先级别最低的物料 Z，如果物料 Z 的库存仍然不是 100% 充足能够满足需求，那么仍然使用优先级别最高的物料 A。

（2）可应用的业务类型

生产某药品，可使用 A、B、Z 三种原料，优先级别为 A、B、Z，要求使用 A 物料，则不能使用其他两种物料（B、Z）（A、B、Z 物料不能并存），且优先是使用 A 物料。

3. 替代功能应用注意点

使用替代功能时，需要注意替代功能与 MRP 的关系。

使用替代策略 1 会影响 MRP 结果，但是对于使用策略 2，尽管 BOM 中可设置策略为"根据优先级别"，原材料 A 优先级别最高，B 优先级别次之，但 MRP 运行并不考虑这种策略，并不能先检查 A 的库存，如果 A 库存不足，就再检查 B 的库存，B 不足，则产生 A 的采购申请。

该功能仅当在生产订单中执行可用性检查功能才有效。

如果希望 MRP 可以考虑，则可以考虑激活库存管理的 MPN 物料功能，具体参照第 8 章"制造商物料管理"。

5.3 批次管理与替代

SAP 的产品中，批次管理的标准功能非常完善，也有比较多的工具，与各种业务结合的也比较好，在考虑物料的替代功能时，可以考虑不通过物料编码，而是通过批次来区分个性的东西，如供应商。

本节中，通过在生产订单中执行批次确定功能来满足客户对原材料的特殊要求，从而"回避"物料替代物料。

批次确定还可以应用于生产发料、销售发货等多个环节，操作逻辑与本节的案例基本完全相同。

在第 16 章"分类、批次管理和序列号管理"对批次管理功能做了更多的解释。

5.3.1 案例 1——概要说明以及分析

案例 1 的业务场景以及分析如下。

1. 业务场景描述

某公司生产中央空调（产成品物料编码 61），产成品采用 MTO 模式（按销售订单生产），使用到压缩机（物料编码 1），该压缩机的采购采用预先备库存的方式。该压缩机由 2 家供货商日立（供应商代码 T001）和丹佛斯（供应商代码 Z0003）提供，日立提供 75% 的供应量，丹佛斯提供 25%，如果客户指定丹佛斯的产品，则生产时，使用丹佛斯压缩机，同时假设在此情况下，最终的产成品将会加价 1000 元，如果客户没有特定要求，默认使用日立提供的压缩机，若当前库存中没有日立的压缩机，则使用丹佛斯的压缩机，同时要求在系统中设置两种品牌（日立和丹佛斯）各保持两台的安全库存。

2. 业务场景分析

上述案例的需求可细分为以下几个功能点。

（1）原材料的配额管理

针对原材料压缩机（物料 1）使用事务代码 MEQ1 维护配额，从而实现不同供应商有不同的采购配额，操作并不复杂，限于篇幅，详细内容不做介绍。

（2）客户指定原材料的供应商

将供应商作为特征维护到该物料（压缩机）的批次分类中，然后利用批次确定功能，若客户对原材料供应商有特殊需求，要求采用丹佛斯的压缩机，则在批次搜索策略中维护客户对特定原材料的供应商要求，设置批次的选择条件为供应商丹佛斯。

若客户无特殊要求，在批次搜索策略中维护批次的排序顺序为先使用供应商日立，再使用供应商丹佛斯的压缩机。

在下文中重点就批次确定功能做一一介绍。

（3）最终的产品加价 1000 元；

通过可配置 BOM 或定价的其他相关功能可以实现此需求，在此不过多讨论，请参见第 13 章"销售定价功能"。

（4）保持两种品牌各两台的安全库存

这一点正是通过批次方案的局限性，MRP 运行是基于物料运行的，无法根据批次中的特征进行运行，使用两个物料的方案则容易很多，在当前既定的业务背景下，只有通过一些定制化的程序才有可能实现。

5.3.2 案例 1——系统实现

设置压缩机为批次管理，在压缩机的批次主数据中记录压缩机的供应商，然后系统通过批次确定功能实现以下两个业务需要。

1）如果客户要求空调必须使用丹佛斯的压缩机，则根据客户＋物料（压缩机）维护批次搜索策略，在批次搜索策略中设置选择条件为供应商丹佛斯；

2）如果客户无特殊要求，则根据物料维护批次搜索策略，在批次搜索策略中指定排序条件为优先使用供应商日立的压缩机，其次使用丹佛斯的压缩机。

1. 配置说明

利用批次搜索策略实现本案例中的业务需求，批次搜索策略同样使用条件技术，与条件技术在定价中的应用相同，本案例中，条件技术包含的要素如下。

- 定义两个批次搜索用的条件表，一个是根据组件物料确定批次，另一个根据客户和组件物料的组合确认批次，在客户＋组件物料的组合中，定义选择条件为供应商丹佛斯。
- 将条件表分配给存取顺序。
- 将存取顺序分配给条件类型。
- 将条件类型分配给批次的查找过程。
- 激活生产订单中的批次确定功能，将批次的查找过程分配给特定的订单类型。

由于系统已经预配置了相当多的内容，在此基础上只需要增加一个条件表，并将该条件表分配给存取顺序，同时分配批次的查找过程给特定生产订单类型即可。

（1）定义条件表

如图 5-4 所示，事务代码 OPLB 创建用于生产订单中批次确定的条件表，条件表中包括两个条件字段：客户和组件物料，从而可以设置特定的客户对特定的原材料有指定的要求，如本例中客户对供应商的要求，根据需要还可以设置其他要求，如原材料必须使用质量等级高的。

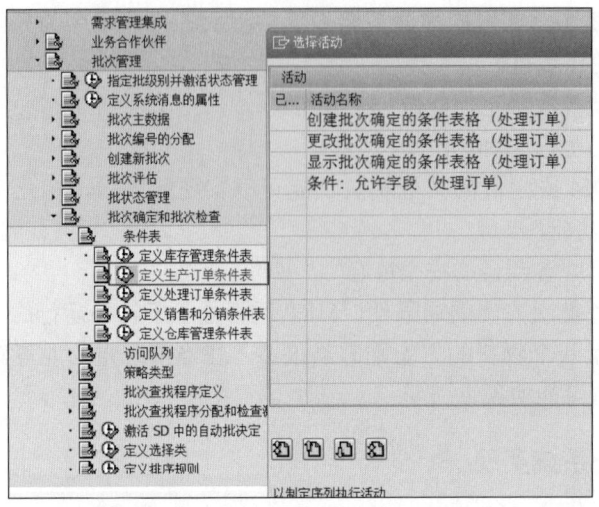

图 5-4　定义批次搜索的条件表（OPLB）

如图 5-5 所示，定义条件表 888。

条件表包括两个关键字段客户＋组件物料，本例中该条件表用于确定特定的客户＋物料的组合决定特定的供应商。

系统标准的条件表 031 中可用于针对不同的产成品（抬头）发不同批次属性的原材料，如 5.3.1 节提到的生产某类产成品，使用某高等级的原材料，生产其他产品，使用一般等级的原材料。

需要注意的是在生产订单中有两类物料：抬头物料和组件物料。

❑ 抬头物料指需要生产的产品，即产出物料。

❑ 组件物料（Component）指投入的物料，这也是本文中需要加以控制的物料。

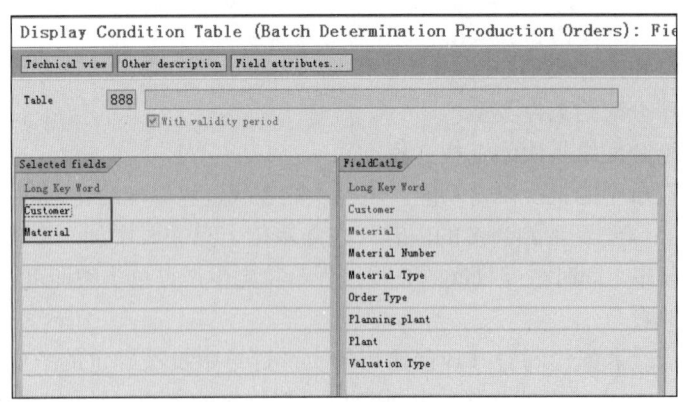

图 5-5　定义条件表（OPLB）

（2）分配新建的条件表到存取顺序

如图 5-6 所示，事务代码 OPLF 分配新建的条件表 888 给存取顺序 CO01，而存取顺序 CO01 为系统预配置的存取顺序，该存取顺序已经被分配给条件类型 CO01，条件类型 CO01 也被分配给了批次确定的查找过程 CO0001。

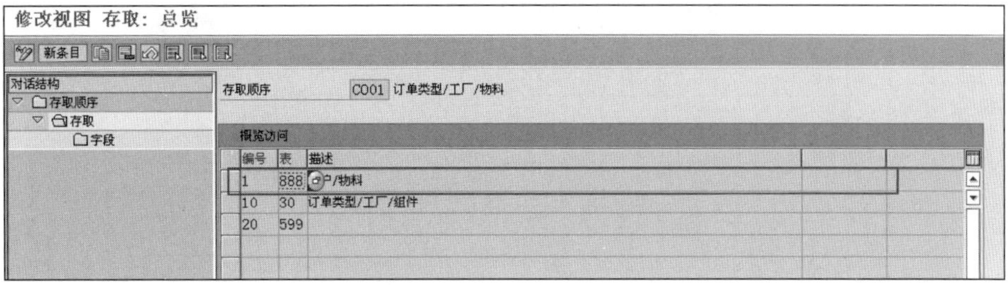

图 5-6　将新建的条件表分配给存取顺序（OPLF）

（3）设置生产订单中的批次确定

如图 5-7 所示，事务代码 OPL8，针对工厂 0001 和生产订单类型 PP01，分配系统标准的批次确定的查找过程 CO0001。

在批次确定的查找过程 CO0001 中，包含系统标准的用于批次搜索的条件类型 CO01。

2. 批次相关的主数据的系统实现说明

在执行生产订单的批次确定功能时，系统将根据批次中的特征来确定何批次满足发料条件，何批次优先使用，具体在本例中，通过特征"供应商"来确定何批次满足发料条件，何批次优先使用。

（1）定义特征（Characteristics）

如图 5-8 所示，事务代码 CT04 定义特征 Z010，代表"供货商代码"，该特征参考表字段为 MCH1-LIFNR，注意由于批次的级别设置不同，参考表字段可能为 MCHA-LIFNR。

采购订单收货时，供应商代码会自动写入到批次主数据，具体而言是存储到表字段 MCH1-LIFNR（MCHA-LIFNR）中，而特征 Z010 的参考表字段为 MCH1-LIFNR，则系统自动将供应商代码赋值为特征 Z010 的特征值。

（2）分类维护（Class）

如图 5-9 所示，事务代码 CL01 创建分类 Z004，包含新创建的特征 Z010，一个分类中可以包含多个特征。

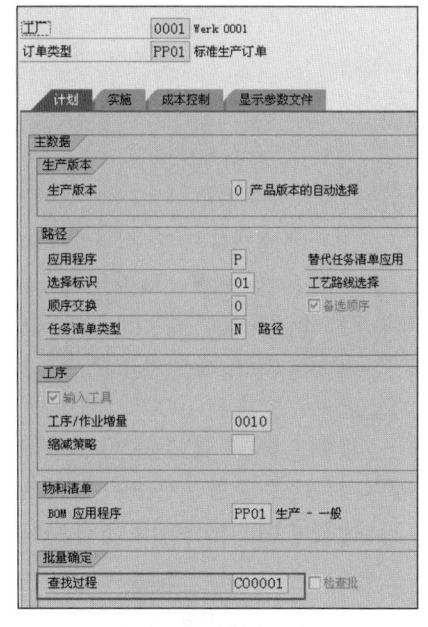

图 5-7　分配批次确定的查找过程给生产订单类型（OPL8）

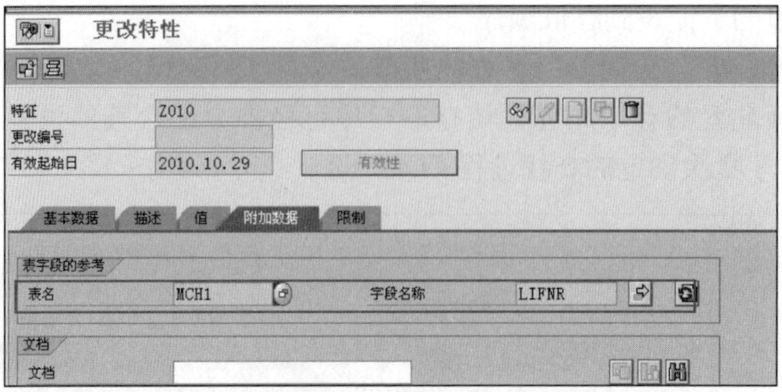

图 5-8 定义特征（CT04）

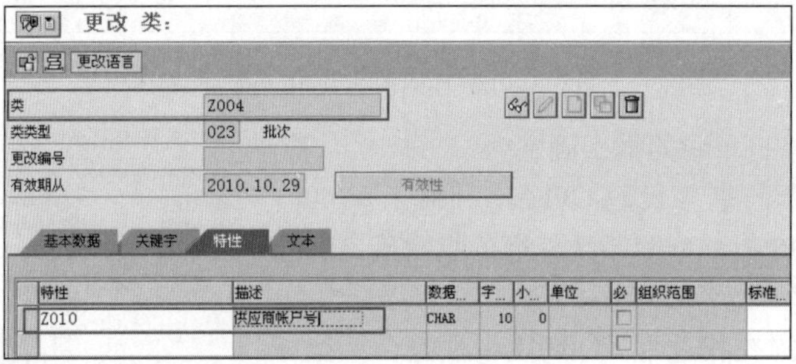

图 5-9 定义分类（CL02）

（3）创建排序顺序（Sort sequence）

如图 5-10 所示，事务代码 CU70 维护排序顺序，通过排序顺序，确定当存在多个可用批次时，何批次优先使用，本例中用来设置优先发何供应商的原材料。

例如：库存两个可用批次，批次 A 对应供应商 10001，批次 B 对应供应商 10003，若希望优先发供应商 10001，则这里定义为升序。

根据需要，可以设置其他特征作为排序字段，如将产品质量等级作为特性设置在排序顺序中，优先发质量等级一般的产品。

比较常用的排序字段还有物料的失效日期，通过对失效日期排序，实现物料先进先出。

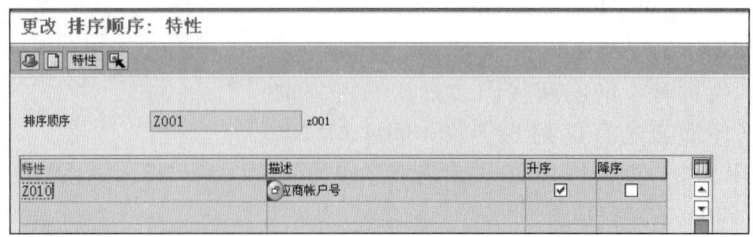

图 5-10 定义排序顺序（CU70）

（4）创建批查找策略（Batch Search Strategy）

如图 5-11、图 5-12 所示，事务代码 COB1 维护生产订单的批次搜索策略，选择批次搜索策略的类型（Strategy type）CO01，创建如下两个批次搜索策略。

创建搜索策略 1：针对特殊客户的搜索策略，关键字组合：客户＋组件物料（对应图 5-5 所定义的条件表 888），在本例，如图 5-11 所示，设置对于客户 1，原材料 1，在选择标准中定义只发供货商 Z0003，即针对客户 1 只发丹佛斯的压缩机。

创建搜索策略 2：关键字组合为：订单类型＋工厂＋组件（Component），不设置选择标准（Selection Criteria），设置排序顺序（Sort）为 Z001，代表按照供应商进行排序，先发哪个供应商的，即客户无特殊要求下，先发应商日立的，再发供应商丹佛斯的。

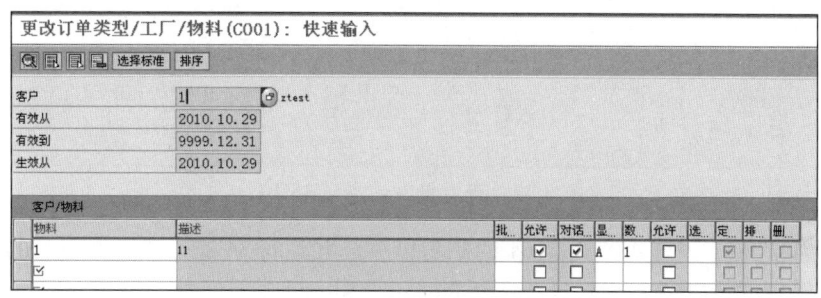

图 5-11　创建批次搜索策略（COB1）

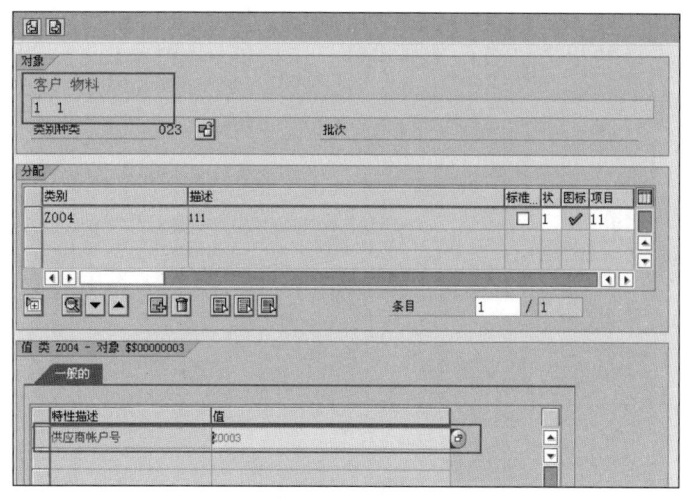

图 5-12　设置批次选择标准（COB1）

5.3.3　案例 1——系统操作说明

事务代码 MM01 创建产成品物料 61（空调），产成品的计划策略设置为按订单生产；

事务代码 MM01 创建原材料 1（压缩机），设置批次管理，并将分类 Z004 分配给该物料；

事务代码 CS01 创建产成品物料 61 的 BOM，包含原材料 1；

事务代码 XK01 创建二个供应商 Z0003&T001；

事务代码 ME21N 创建对原材料 1、供应商 Z0003&T001 的若干张采购订单；

事务代码 MIGO 对原材料 1 进行采购订单收货，产生四个批次，收货后，当前压缩机的库存情况通过事务代码 BMBC 查看，具体如图 5-13 所示，其中三个批号（0000000001、0000000002、0000000006）属于供货商 Z0003（丹佛斯），一个批次属于供应商 T001（日立）。

图 5-13 查看批次信息（BMBC）

事务代码 VA01 创建对产成品 61 的销售订单，并运行 MRP，产生产成品的计划订单，然后将计划订单转为生产订单。

由于产成品的计划策略设置为订单生产，因此在生产订单中将记录销售订单信息以及客户代码信息。

如图 5-14 所示，在生产订单中选择组件（压缩机/物料编码 1），执行批次确定功能（Batch Determination）。

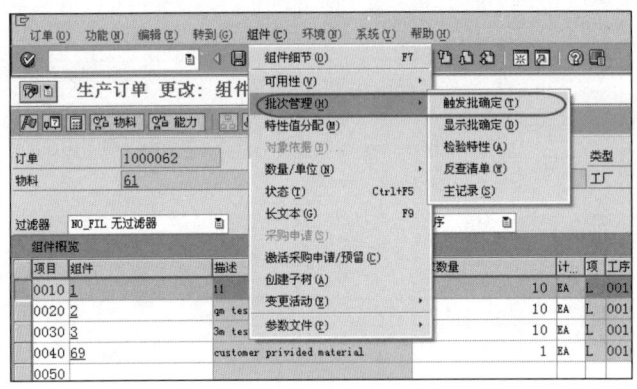

图 5-14 生产订单中的批次确定功能（CO01）

查找结果如图 5-15 所示，由于在批次的选择标准中定义了只查找供应商 Z0003 的库存，因此系统查找到的批次库存都属于供应商 Z0003/丹佛斯，具体而言只查找到三个批次。

单击"选择标准…"按钮，如图 5-16 所示，查看到定义的选择标准；查找供货商为 Z0003 的批次，在当前界面根据需要可以修改批次搜索的选择条件，修改后，系统将根据新的选择条件搜索批次。

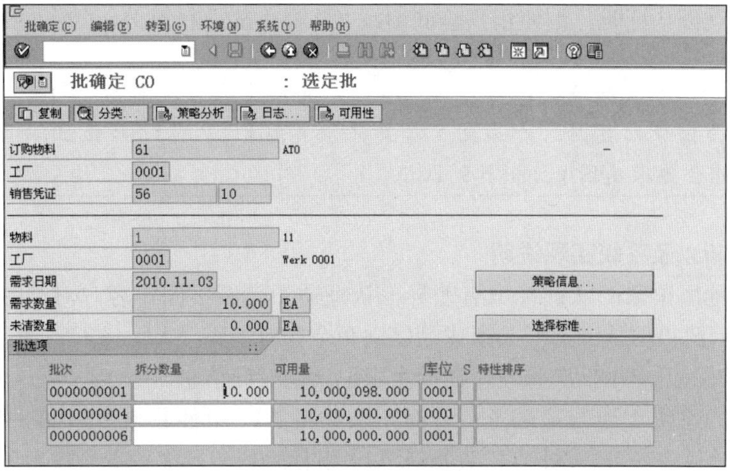

图 5-15 生产订单批次搜索界面（CO02）

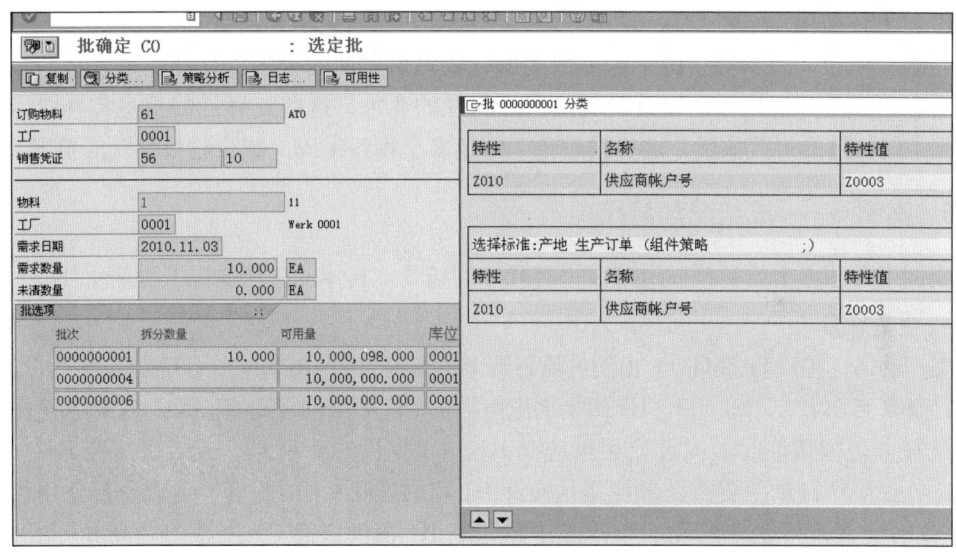

图 5-16 批次搜索界面（CO02）

5.3.4 案例 2——场景以及分析

案例 2 的业务场景以及分析如下。

1．业务场景

某产品 A 由 B、C 两种原材料生产而成，B 原材料可由供应商 B1、B2 提供、C 原材料可由供应商 C1、C2 提供。

若要符合特定国家和地区的认证，对产品 A 有以下要求：

❑ 当符合美国认证时，则使用供应商 B1、C1 提供的原材料 B、C；

❑ 当符合欧洲认证时，则使用供应商 B2、C2 提供的原材料 B、C。

> 提示：就像一个大学生要过英语四六级一样，产品由于法规或者客户的要求经常要符合各种认证，如药品出口到美国，产品至少需要符合美国 FDA 的 GSP 认证，电子产品出口到美国，客户可能会要求美国 UL 出具的认证。

2. 方案分析以及系统实现说明

由于不同地区国家的认证标准有差异，认证适用范围不同，客户对产品的认证也会有明确的要求，因此根据认证类型为产成品建立两个物料编码（A1、A2），而原材料 B、C 均只建立一个编码，但启用批次管理，在批次中记录供应商信息。

在案例 1 的系统实现的基础上，针对抬头物料 A1+ 组件物料 B，维护批次搜索策略，设置选择标准为供应商 B1、针对抬头物料 A1+ 组件物料 C，维护批次搜索策略，设置选择标准为供应商 C1。

3. 扩展性应用

在本案例中，演示的是由于认证原因所导致对供应商的要求，显然，可以进一步演化为由于客户或是其他原因，导致对其他产品属性的要求，这些差异性的信息都可以以批次主数据中的特征的形式体现，这样就避免了创建多个物料编码，减少物料替代的情况。

5.3.5 案例 3——成组配套替代

案例 3 介绍多个原材料成组配套"替代"的场景，具体业务场景以及分析如下。

1. 业务场景

某产品 A（编码为 ZMTO）由两种原材料 B（编码为 ZMRP090）、C（编码为 ZMRP091）构成，而 B 可由 B1、B2、B3、B4 四个供应商提供，C 可由供应商 C1、C2、C3、C4 提供。

当符合美国认证时，或者使用供应商 B1、C1 提供的原材料，或者供应商 B3、C3 提供的，一张生产订单中要么全部使用供应商 B1 和供应商 C1 的配套，要么全部使用供应商 B3、C3 的配套，不允许出现一个产品中供应商 B1 和供应商 C3 或者供应商 B3 和供应商 C1 的搭配。

当符合德国认证时，则使用供应商 B2、C2 提供的原材料或者 B4、C4 提供的原材料。

2. 方案分析

产品 A 根据认证类型建立两个物料编码，A1 为符合美国的认证，A2 为德国认证，原材料 B、C 均只建立一个物料编码，但启用批次管理，在批次中记录供应商信息。

参考 6.3.3 节和 5.3.4 节的批次案例 1 和 2，事务代码 COB1 针对抬头物料 A1+ 组件 B，维护批次搜索策略，设置选择标准为供应商 B1、B3，针对抬头物料 A1+ 组件 C，维护批次搜索策略，设置选择标准为 C1、C3。

通过增强，设置两个原材料 B、C 的供应商必须符合认证的配套要求。

3. 增强简要描述

通过自定义表记录配套关系，并在批次确定时，通过增强根据配套关系进一步选择特定的批次。

（1）定义自定义表，维护供应商配套关系

事务代码 SE11 定义表 ZBATCH 记录供应商配套关系，如图 5-17 所示，通过事务代码 SM31 维护自定义表 ZBATCH，具体而言代表产成品 ZMTO 中的两个原材料 B、C 的供应商，存在两种配套关系，即供应商 1000 和 1001 配套，或供应商 5031 和 5032 配套。

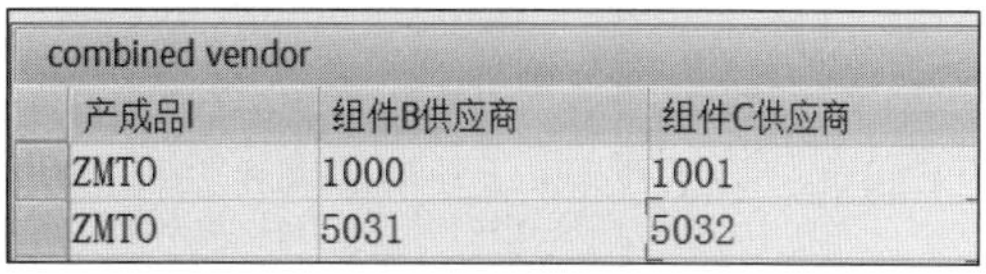

combined vendor		
产成品I	组件B供应商	组件C供应商
ZMTO	1000	1001
ZMTO	5031	5032

图 5-17　组件的供应商配套关系

（2）维护批次搜索策略

事务代码 COB1，维护批次搜索策略时，如图 5-18 所示，设置物料 ZMRP091 中的数量建议的例程（Quantity Proposal Routine）为 902，设置物料 ZMRP090 中的数量建议的例程为 901。

本例中例程（Routine）是非常灵活的小程序，在定价中应用非常广泛。

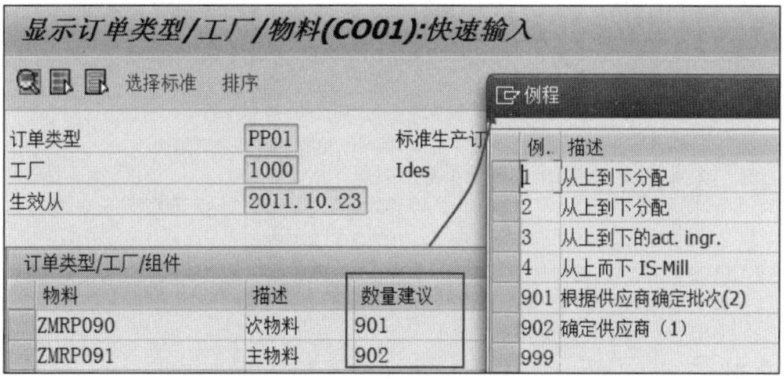

图 5-18　维护批次搜索策略，设置数量建议的例程（COB3）

如图 5-19、图 5-20 所示，定义两个数量建议的例程：例程 902 用于根据物料 ZMRP091 的批次中的供应商确定相关物料 ZMRP090 的配套供应商；例程 901 用于根据例程 902 中确定的供应商，来确定物料 ZMRP090 的可用批次是否符合配套要求。

批次确定中的例程是在根据批次搜索策略确定出可用批次之后调用，批次搜索策略执行后，系统得到当前的所有可用的批次和数量，并记录在内表 DISQTY 中，该内表中的字段 DISQTY-AVAL_QUAN 代表该批次可用数量，字段 DISQTY-QUANTITY 代表实际分配给当前生产订单的数量。

（3）生产订单中的批次搜索策略的执行

创建产成品 ZMTO 的生产订单，在生产订单中，由于两个组件是配套使用的，因此同时选择两个组件（ZMRP091、ZMRP090），单击批次确定按钮，系统首先确定原材料 ZMRP091 的批次，然后再根据原材料 ZMRP091 的批次中的供应商，确定组件 ZMRP090 的组件的供应商，从而确定组件 ZMRP090 的批次。

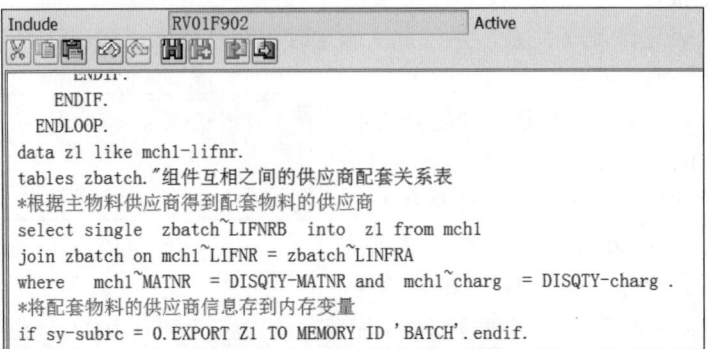

图 5-19　批次确定的数量例程 902

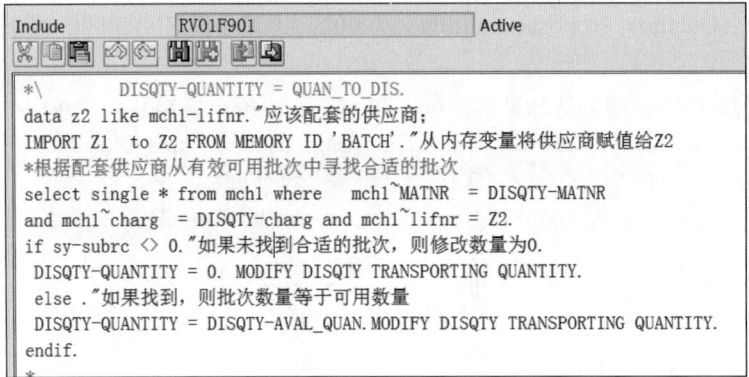

图 5-20　批次确定的数量例程 901

4. 方案使用说明

案例 3 演示的是产成品中使用到的不同组件（原材料）的供应商需要配套，导致成组替代的情况，成组替代还有着更为广泛的应用，如两个原材料，高浓度的与高浓度的配对，低浓度的与低浓度配对。

> 提示：案例 3 实现方式有多种，如在 BOM 中直接维护批次分类，本节重点是通过该案例介绍批次确定的例程功能，该例程功能还常常用来实现一张生产订单中的某个原材料不能混用多家供应商的原料。

5.3.6　批次方案小结

批次方案是通过在批次分类中的特征来记录供应商或是品质等级等信息，借助批次搜索策略或是批次搜索的增强来实现在不同业务中使用不同供应商或是品质等级的组件。

通过批次区分信息，这样避免建立多个物料，这样就不会出现物料的替代问题，当在生产过程中需要区分不同供应商的原材料时，可以通过批次搜索中的选择条件来限制。

批次方案的局限性主要是在与 MRP 的结合上，MRP 无法参照批次中的特征。

5.4 非库存管理的 MPN 与替代

详细功能，请参见第 8 章 "制造商物料管理"。

企业会向同一供应商采购多个制造商的"相同"物料，由于向不同的制造商采购有不同的价格或者需要按照制造商设置配额，因此在系统中需要区分制造商信息。

具体而言，非库存管理的 MPN 可能有如下方案：

方案 1：建立两个物料编码，分别代表两个不同的制造商制造的产品，但这样就可能会存在替代问题；

方案 2：建立两个供应商编码，以实现价格和配额功能，但此时将不符合实际业务情况，并且不具备扩展性；

方案 3：建立两个制造商料号（制造商料号 MPN1 和 MPN2），分属于不同的制造商，在这两个物料号码中，都对应公司内部物料 ZBATCHQM。

这里的制造商料号并不具有库存管理功能，仅应用于采购环节，具体而言：

- 制造商料号可用于采购信息记录，实现不同的制造商料号有不同的价格；
- 制造商料号可用于配额功中，实现不同的制造商有不同的配额；
- 可结合批次管理功能，将制造商信息记录在批次中，后续可以实现查询制造商的库存，并且可以实现一定的限制作用，如某些产品不能使用某制造商的原材料。

库存管理的 MPN 与替代也有类似情况，详细功能，请参见第 8 章 "制造商物料管理"。

5.5 物料变更与替代

同一物料编码，通过 ECN 号码和 Revision 功能来区分，利用工程变更（ECM）以及物料版次（Material Revision）功能，实现新旧物料切换，具体内容，请参见 17.2 节。

5.6 本章总结

解决替代问题是一个综合性的方案，替代方案的考虑需要综合物料编码、批次管理、MPN 等功能进行确定。类似的原材料是通过建立不同的编码，还是建立不同的批次来区分，亦或是 MPN 物料，这需要综合考虑系统技术方案以及企业的业务场景。

1. 不同方案的对比

如果两个物料在任何情况下都不能够互相替代，同时两个物料又不是取代的概念，那么应该创建两个物料，其他情况下，可以考虑建立一个物料编码，辅助批次管理、物料版次（Material Revision）等功能来进行区分。

某些历史的原因或是业务上要求互相替代的物料必须建立两个物料编码，如果所属行业为离散行业，可以考虑激活库存管理的 MPN 功能。

使用多个物料编码可以很好地区分类似产品的差异，但意味着物料编码将会成倍增长，这对于有大量物料的企业来说，可能是一个灾难。

使用一个物料编码，通过批次区分，这在技术上更为简单、方案更加灵活，但 MRP 是不能根据批次的特征值来运行的。

2. 局限性说明

在某些情况下，无论使用建立多个物料编码还是在批次中区分，在计划层面部分功能都很难实现，尤其是 MTS 模式（按库存生产）下。例如系统在采用 MTS 模式下，如果希望 MRP 运行的结果能够考虑客户指定原材料的供应商，根据客户的特定要求，进行采购。

第 6 章 生产执行

生产执行包括按生产订单执行和不按生产订单执行,绝大部分的生产是按生产订单执行的。生产订单执行又称车间作业控制（Shop Floor Control）是根据生产计划进行具体的生产执行。

生产订单执行的过程取决于生产模式,其步骤有所不同。在按库存生产、按订单生产、重复制造以及 JIT 等不同生产模式下,生产执行过程会有所差异。图 6-1 所示的是最常见的模式:根据生产订单安排生产,其生产执行可分解为 10 个步骤。

1）系统运行 MRP,产生订单建议（Order Proposal）,具体而言一般是计划订单（Plan Order）,在计划订单中,记录着应该何时生产何产品,投入何原材料。

2）将计划订单单个或者批量转为生产订单,该计划订单将会被删除,当然也可以不参照计划订单直接创建生产订单。

3）对生产订单进行物料的可用性检查（ATP）,检查是否有缺料情况。

4）能力计划检查：能力计划是指工作中心的能力和负荷的情况。由于运行 MRP 时,系统不考虑产能情况,采用的是无限能力排产模式,只能通过查看工作中心负荷（WorkCenter Load）的方式来辅助判断能力情况。

5）订单下达（Release）：订单下达代表生产订单进入到真正的执行阶段,一般情况下,在此阶段,生产订单所需的原材料应当全部备齐,所需产能充足。

6）打印订单：SAP 中预配置相当多的输出类型,可以以多种形式打印生产订单,如领料单、配料单、工作中心指令单。

7）物料领用（Goods Issue）：仓库或者车间根据打印出的领料单、配料单进行领料或者配料。

8）完工确认（Confirmation）：确认生产所需要使用的工时。

9）仓库入库（Goods Receive）：产成品入库。

10）订单成本结算：根据投入的原材料、工时等进行成本结算。

实际业务中,一方面这 10 个步骤中的部分步骤可能由系统自动操作,无需手工操作或是系统外操作,另外一方面操作的顺序也可能有交叉。

在本章中,将主要讨论生产执行中的以下功能：

❑ 生产订单发料（Goods Issue）；
❑ 生产订单状态与业务事务；
❑ 生产订单报表；

❑ 可用性检查（ATP）；
❑ 生产订单确认（Confirmation）。

生产订单处理

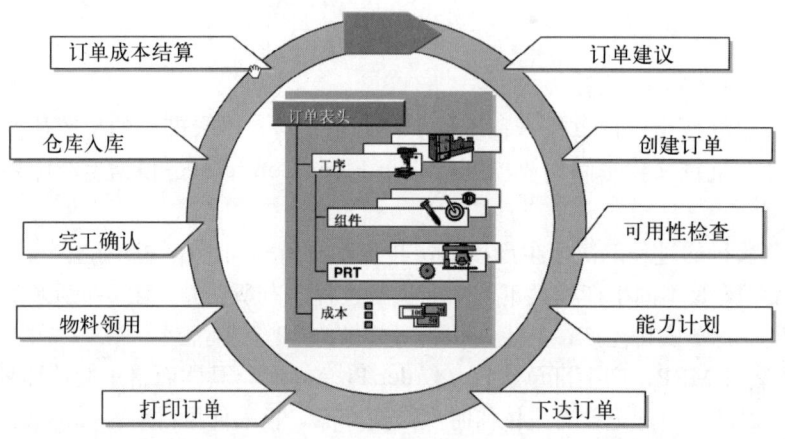

图 6-1 生产订单的处理过程

6.1 生产用物料的类别

简单来说，在离散行业，如汽车行业，生产就是将各种原材料、半成品（一般称零部件）经过加工、装配组成产品。在流程行业，如药品行业，生产就是将投入的原材料、半成品（原辅料）经过各种化学、物理反应形成具有特定功效的产品。

本小节对其中一些特殊的投入原材料和产出物料做简要的说明。

1. 散装物料（Bulk Material）

可以在物料主数据、BOM 中设置物料为散装物料，散装物料的消耗是与生产某个产品相关的。

（1）散装物料的应用

散装物料的应用可分为以下两种情况。

应用 1：散装物料不是产品的一个组成部分，而是直接在工作中心消耗，如润滑油、擦拭机器用酒精等。

应用 2：散装物料是产品的一个组成部分，典型的如机械产品上所使用到的螺栓、螺母等各种标准件。

（2）散装物料与生产发料

散装物料可以维护在 BOM 中，创建生产订单时带到生产订单的组件清单中，如果 BOM 中的某个物料标记为散装物料，一般来说并不是每次生产都会去领用该物料，而一般是定期性的发料到工作中心，因此在生产订单的领料单、缺料单（Missing Parts）、拣配单中都不会出现该物料，但在工艺文件、工作中心加工单、产品组装文件中可能会体现该物料。

（3）散装物料的计划

散装物料的计划一般是基于消耗的计划，而不是基于 MRP 进行的计划。

2. 反冲物料（Back Flush）

可以在物料主数据、工作中心中设置是否物料为反冲物料。反冲物料常常是先从仓库领料到车间线边仓库，然后在生产订单收货、工单确认时倒扣该物料的消耗。

3. 虚拟物料（Phantom）

可以在物料主数据、BOM 中设置物料是否为虚拟物料。虚拟物料是指从技术层面或是在设计图纸中，可能有该物料存在，但在实际的生产过程中，或者不会形成该物料，或者说该物料的形成只是一瞬间，生产并不会在形成该物料的那一刻停留，而是继续向前走，该物料转瞬或者最终又形成了另外的物料。有时虚拟物料还用来代表一组物料，譬如建立某个物料，名为"机组通用组件"，多种产品都会包括该"机组通用组件"，该物料是指某类机械产品中都会所包含的五个小零件，这五个小零件并未实际组装在一起。

虚拟物料的影响：某个产成品 A 中包含某个半成品 B，该半成品中 B 又包含原材料 C、D，如果半成品 B 设置为虚拟物料，那么运行 MRP 时，只会生成该产成品 A 的计划订单，该计划订单直接展开到原材料 C、D；创建该产成品 A 的生产订单时，也会直接展开到原材料 C、D，生产过程中不会对半成品 B 进行收货、发料，自然也不会形成半成品 B 的库存。

4. 物料供应方式（Material Provision）

一般来说，原材料或半成品是由自己公司从外部采购或者内部生产形成的，然后用于生产相应的产品，投入时从产权角度来说都属于本公司所有（寄售物料除外），但有两种例外的情况：

- 供应商供料：当产成品委托供应商进行加工，此时产成品中使用到的原材料可能由该供应商自行采购，然后直接使用到产品上。
- 客户供料（来料）：当客户委托我方加工产品，此时产品中所使用到的原材料可能由客户提供。

这两种特殊的物料的供应方式可在 BOM 中指定，参见 7.3 节"委托外加工业务"。

5. 寄售与管道物料（Consignment /Pipeline）

寄售与管道物料都是在使用完毕后，才与供应商进行结算的。

管道物料是物料通过管道（Pipeline）或者类似管道的方式进行消耗，典型的如水、天然气、电，无需入库，不做库存管理，可以随时从管道中无限制使用，使用多少支付相应金额的款项给供应商。关于寄售物料，请参见 7.6 节"寄售业务处理"。

6. 联产品（co-product）和副产品（by-product）

正常来说，生产过程中，投入原材料，将会产生唯一的产成品（如物料 A），但在某些行业，如流程行业，投入的原材料可能会产出多个物料（如物料 A、物料 B、物料 X）。其中物料 A 是我们最希望产出的，物料 B 是联产品，物料 X 是副产品。

(1) 说明

联产品是指用相同原料，经过同一生产过程，生产出两种或两种以上的类似的产品；副产品是指在生产主要产品过程中附带生产出的非主要产品。副产品和联产品都会在完工后库存增加，联产品是产出的一部分，一般来说经历了完整的生产过程，因此将根据生产订单的结算规则中定义的比例，承担一部分的制造费用，而副产品是冲减投入，不会承担制造费用，一般来说，它只是生产过程中某个工序的结果。

例如某公司生产太阳能电池模组，先将 64 块电池片组装在一起，然后切割铝合金形成铝合金支架来固定这 64 片电池，最后检测该电池片的功率等级。生产过程中，切割铝合金形成的铝合金边角料是副产品，而最终产品太阳能模组的功率等级最可能是 200 瓦，但也可能是 210 瓦，不同瓦数对应不同的物料编码，其中 210 瓦的物料就是 200 瓦的物料的联产品。

(2) 联产品系统操作说明

联产品可以在物料主数据的 MRP2 视图中指定联产品以及比例或者直接在生产订单中指定，后续针对生产订单通过移动类型 101 对联产品进行收货。

(3) 副产品系统操作说明

副产品可以在 BOM 中以负数的形式出现，也可以直接在生产订单收货时，指定移动类型 531 和需要收回的副产品。

6.2 生产发料

生产发料取决于物料的属性、不同的生产模式，有不同的处理方式，以下为两种典型的生产发料模式：

- 领料模式：车间人员按照生产订单去仓库进行领料；
- 配料模式：按照车间需要量（多张生产订单中的组件需求数量减去线边仓存），仓库进行按时按量配送。

在这两种典型的模式的基础上，企业实际的操作会有所差异，两种模式也可能结合，譬如车间人员以配料的逻辑到仓库领料。本节将简要介绍这两种发料模式。

6.2.1 领料模式：使用领料单

生产订单创建并释放后，车间打印领料单（Picking List，标准程序或者自定义程序），车间人员去仓库领料，此时仓库人员对该生产订单发料（事务代码 MB1A/MIGO），库存从仓库减少，发到生产订单中，也可以使用批量处理的事务代码 CO27/COOIS 来进行操作，下面介绍批量处理的事务代码。

1. 批量处理的操作概览

事务代码 CO27/COOIS 批量对生产订单发料，根据输入的各项查询条件，列出所有需要发料的生产订单的组件的清单，单击拣配按钮，将显示图 6-2 所示的“拣配清单”，在拣配清单中，每张生产订单的每个组件都会单独列出，即按生产订单进行发料，如图 6-2 所示，可以单击“批次确定”或“库存确定”按钮，通过批次确定和库存确定功能来确定发料的数量、库存、批次等信息，当然也可以手工输入库位、批次，当操作完成后，系统将产生物料凭证，实现对生产订单进行发料。

批次确定功能请参见 16.4 节“批次确定”、5.3 节“批次管理与替代”，库存确定功能请参见 10.5 节“库存确定”。

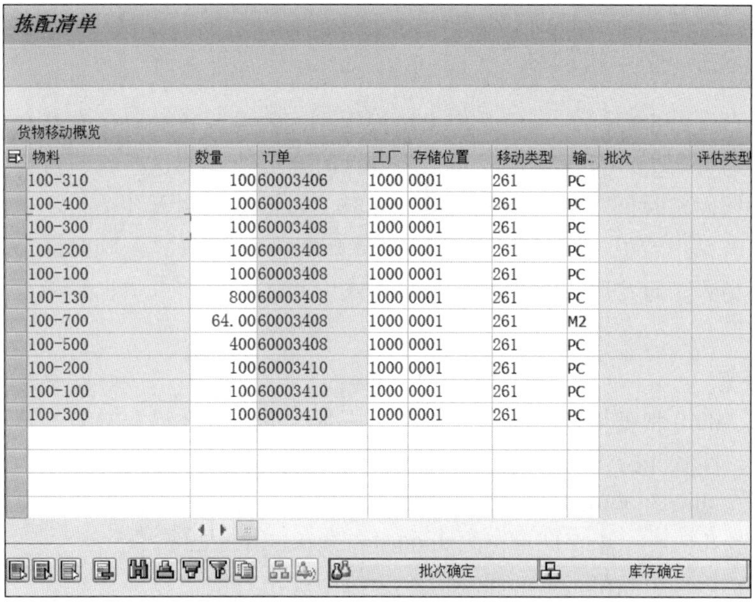
拣配清单

货物移动概览

物料	数量	订单	工厂	存储位置	移动类型	输..	批次	评估类型
100-310	100	60003406	1000	0001	261	PC		
100-400	100	60003408	1000	0001	261	PC		
100-300	100	60003408	1000	0001	261	PC		
100-200	100	60003408	1000	0001	261	PC		
100-100	100	60003408	1000	0001	261	PC		
100-130	800	60003408	1000	0001	261	PC		
100-700	64.00	60003408	1000	0001	261	M2		
100-500	400	60003408	1000	0001	261	PC		
100-200	100	60003410	1000	0001	261	PC		
100-100	100	60003410	1000	0001	261	PC		
100-300	100	60003410	1000	0001	261	PC		

批次确定　库存确定

图 6-2　拣配清单（CO27）

2. 事务代码 CO27/COOIS 的使用说明

在使用事务代码 CO27 或 COOIS 时，需要清楚系统将根据何逻辑确定哪些生产订单的哪些组件需要进行发料，哪些组件需要排除掉不需要发料。通过事务代码 SE38，查看事务代码 CO27 对应的程序，可以看到生产订单中需要发料的组件至少需要符合以下 10 个条件。

1）允许获取移动的（ goods movement allowed），一般生产订单释放才允许货物移动，参见图 6-6、图 6-7。

2）未删除的（not deleted）。

3）没有直接采购的（no direct procurement），当在物料主数据中设置物料的特殊获取类为直接采购或者在 BOM 项目类别设置为 N（非库存项目）时，代表该物料为直接采购至生产订单。

4）未设置虚拟件（no phantom），一般虚拟物料不做库存管理，自然不需要进行发料。

5）未设置为反冲（no backflush），反冲物料是对产成品收货时，系统自动反冲原材料的消耗。

6）未标记最终发料（not final issued）。

7）未设置散装物料（bulk material），散装物料一般是批量发料至成本中心，而非针对生产订单发料。

8）未设置收货标记的（not for receipt goods），设置为收货标记的，如联产品，显然不需要仓库发料到车间。

9）未设置物料供应指示符的（no part provided）。

10）非文本项目。

6.2.2 配料模式：使用拉料单

使用拉料单（Pull List），可由仓库人员根据车间需要，首先将库存从仓库配送到车间的线边仓，然后再对生产订单发料或是工序确认时对线边仓的这些物料进行反冲扣料。配料模式下，按照固定时间节奏（如天）进行配料，如每晚对明天各个生产车间所需要的物料进行配料，若采用看板（Kanban）、JIT（Just In Time）等模式，则时间节奏可能进一步加快，譬如每半天、每小时进行配料。配料模式中具体的操作人员也可能是车间人员到仓库来进行拉料。

1. 操作概览

事务代码 MF60 根据生产订单需求量和供应量生成线边仓需要补货的建议，并产生库存转移的凭证，注意此时将汇总生产订单的需求。

本例中，线边仓在系统中以库存地点的形式存在，同时在生产订单的组件清单中的库存地点为对应的线边仓，库存地点代码为 0001，具体操作步骤如下。

1）生成补货建议（Replenish Proposal）。确定线边仓的需要补货数量，线边仓需要补货的数量等于截止需求日期对线边仓库的生产需求数量减去线边仓的已有的库存，即等于生产订单中的组件的库存地点为 0001 的需求数量减去库存地点 0001 下的库存数量。

2）执行批次和库存确定（Batch Determination/Stock Determination）。确定补货的来源，从何库存地点、使用何批次进行补货到线边仓，并根据建议的数量调整实际需要的补货数量。

3）确定（Stage）补货建议。当补货的数量、批次、库存地点都已经确定后，则可以进行实际补货。

4）过账补货建议。实际补货可以一步法，也可以是二步法。一步法是指确定补货建议后，系统可以直接生成库存转移的物料凭证，对应的移动类型为 311，相应物料的库存从仓库转移到车间线边仓库。二步法是指可以先生成库存调拨的预留，然后通过事务代码 MF65 将预留过账。一步法比较适用于仓库直接操作；二步法比较适用于车间操作产生预留，然后仓库根据实际情况对预留进行过账。

5)打印补货建议。

2. 系统实现说明

在图 6-3 中的 "全局设置" 中可以进行以下但不限于以下设置：

❏ 设置上述哪些操作步骤由系统自动生成；

❏ 设置打印格式；

❏ 设置直接过账到物料凭证，还是先生成库存调拨的预留，然后再过账。

3. 系统示例

如图 6-3 所示，拉料单可以针对计划订单、生产订单、流程订单，通过选择需求日期（字段 "为需求展开日期" /Selection period for requirements），系统默认的需求日期为明天，需求量的计算截止到明天为止，也就是当天配料满足明天的需求，在此日期之后的需求将不会被统计，不会进行配料。

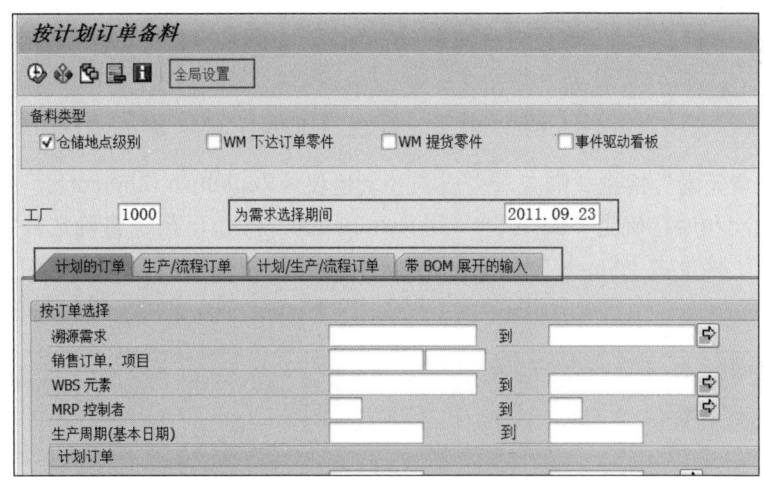

图 6-3 拉料单的初始屏幕（MF60）

以生产订单为例，创建生产订单时，在生产订单的组件（原材料）界面中，将会指定组件（原材料）的需求数量和库存地点（即生产线边仓），系统根据生产订单中指定的组件需求信息，将按照物料、工厂、库存地点进行汇总每个物料的需求数量，如图 6-4 所示，将查看到相关物料在工厂 1000 下的库存地点 0001 的汇总的生产需求数量和可用数量，以物料 100-100 为例，截止到日期 2011.09.23，其在工厂 1000、库存地点 0001 下的总需求数量为 1256 个，可用库存为 914，单击 "明细" 按钮可以查询到详细的生产需求情况，本例中为物料 P-100、P-110 的生产订单触发的，其中生产订单 6003410 中需要物料 100-100，数量为 100 个，需要的库存地点为 0001，生产订单 6003410 要 100 个，系统将汇总多个计划订单（生产订单）的需求，汇总的需求数量为生产订单为 1256 个。

生产需求数量和可用数量的差异数量即为生产线（线边仓）缺料数量，也就是需要向生产线（库存地点 0001）补货的数量，本例中，物料 100-100 在库存地点 0001 的库存可用数量为914个，需求数量为1256个，因此需要进行补货的数量为342，单击按钮"补货建议"，则生成补货建议。

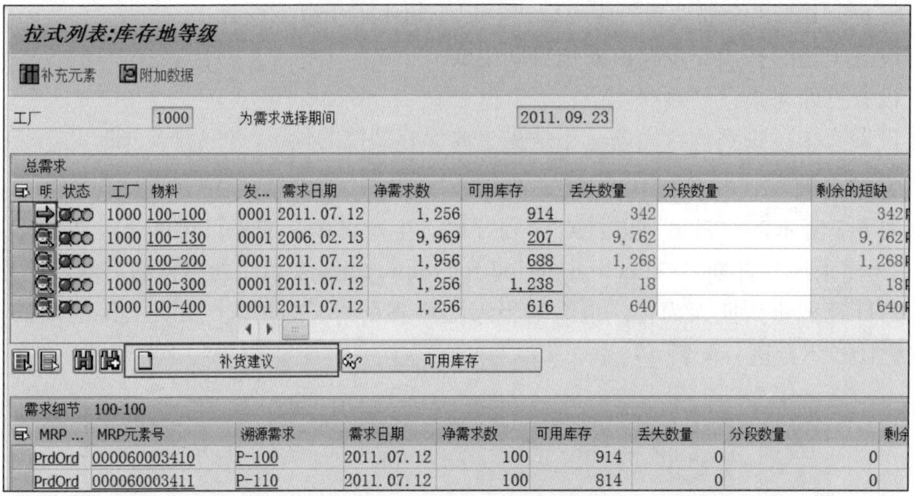

图6-4 拉料单中显示需要拉料的物料（MF60）

单击"补货元素"按钮，则查看生成的补货建议（Replenish Element）。

单击"批次和库存确定/Batch/Stck Determination"按钮，系统将确定补货的物料的批次和库存地点，再单击"Stage"按钮，将确定补货建议，保存后，将生成相应的凭证（见图6-5）。

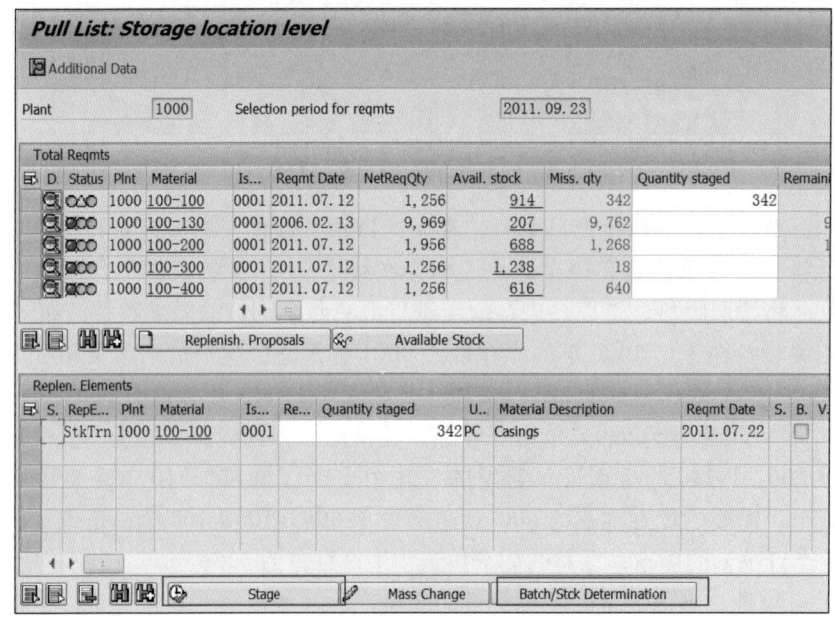

图6-5 生成补货建议（MF60）

6.3 生产订单状态与业务事务

生产订单中有多个状态，一方面这些状态代表了生产订单的执行情况，另一方面这些状态与生产订单的业务事务相互影响、相互控制，在本节中对此做简要的描述。

注意：系统状态、用户状态、业务事务为跨模块的功能，应用于各个模块中。

6.3.1 生产订单的状态

生产订单的状态有两种：系统状态和自定义用户状态。

系统状态（System Status）是指系统标准的状态，该状态由特定的业务事务或操作确定，一般无法手工直接修改状态。

用户状态（User Status）是每家企业根据需要配置的状态，该状态可由用户手工直接修改或者通过业务事务确定，当用户手工指定用户状态时，可以通过"权限码"设置权限，检查该用户是否有修改该用户状态的权限，用户状态有两种形式：带有状态编号（with status no）和不带有状态编号（without status no），使用 with status no 时，对于同一个对象来说，同时只能有一个用户状态为有效状态，使用 without status no，可以同时有多个用户状态为有效状态。

生产订单同时会存在多个系统状态，表 6-1 为最常见的系统状态。

表 6-1 生产订单常见状态

生产执行进展	对应系统状态	状态描述
创建生产订单	CRTD	订单建立
可用性检查 OK	MACM	已承诺的物料
下达生产订单	REL	已释放
对生产订单投料	GMPS	已过账的货物移动
生产订单报工	CNF	生产订单确认
生产订单收货	DLV	交货
生产订单	TECO	技术实现

6.3.2 生产订单的业务事务

业务事务（Business Transaction）代表对对象的特定业务（Business）操作/事务（Transaction），对生产订单而言，最常见的业务事务如下：

- 单击生产订单中"释放"按钮，释放生产订单；
- 设置"删除"标记，逻辑删除生产订单；
- 对生产订单进行收货，产生相应物料凭证。

在系统中，上述的业务操作都使用相应的业务事务代码来代表，表 6-2 列举了常见的业务事务。

表 6-2 生产订单的常见业务事务代码和描述

业务事务代码	对应操作
BFRE	释放生产订单
RMWF	生产订单收货
RMWA	物料移动（生产订单发料等）
BTAB	技术实现
RMNS	重读主数据（BOM、工艺路线）
RMOD	打印生产订单

6.3.3 业务事务与系统状态的关系

业务事务与系统状态相互影响，互相控制。以生产订单为例，其互相之间的关系具体如下。

1. 生产订单的状态是对生产订单进行业务事务的前提

如：状态为"REL 释放"的生产订单，可以对该生产订单进行发料、收货，状态为"CRTD 新建（未释放）"的生产订单，则无法针对该生产订单发料、收货，原因如图 6-6、图 6-7 所示。事务代码 BS22：定义系统状态以及对事务处理的控制，如：

❑ 生产订单新建时，其系统状态为 CRTD，此时不允许生产订单发料和收货；

❑ 对生产订单释放后，系统状态变为 REL，此时允许对生产订单发料和收货。

如图 6-6 所示，生产订单的系统状态为 CRTD 时，业务事务货物移动（RMWA）和生产订单货物接受（RMWF）是被禁止的。

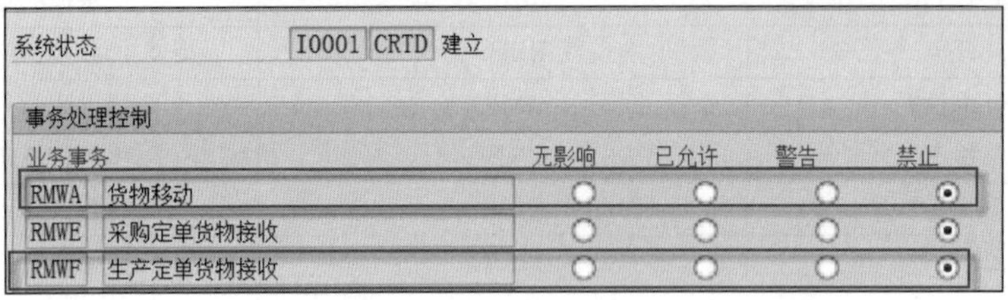

图 6-6 生产订单状态对业务事务的影响（BS22）

如图 6-7 所示，生产订单的系统状态为 REL 时，业务事务货物移动（RMWA）和生产订单货物接受（RMWF）是被允许的。

单击图 6-7 的"使用处清单"按钮，查看关于系统状态 REL 的更多信息，包括如下信息：

❑ 何业务事务将生产订单的状态设置为"REL/ 释放"，具体而言如执行业务事务"释放"、撤销技术完成（TECO）；

❑ 何业务事务删除状态"REL/ 释放"，具体而言如执行业务事务"技术完成"；

❑ 状态"REL/ 释放"允许操作何业务事务：如允许对生产订单发料；
❑ 状态"REL/ 释放"禁止操作何业务事务。

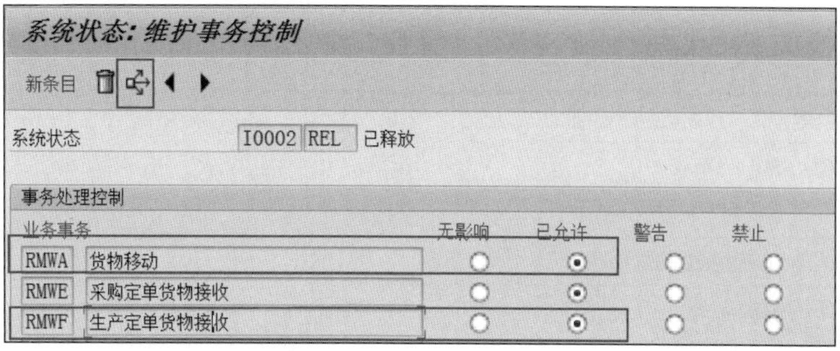

图 6-7　生产订单状态（Rel）对业务事务的影响（BS22）

2. 业务事务对状态的影响

对生产订单执行业务事务将导致生产订单中新的系统状态的产生和已有状态的消失。事务代码 BS32 定义业务事务影响何系统状态。

如图 6-8 所示，在生产订单中，单击"释放"（业务事务 BFRE）按钮，生产订单的状态"CRTD/ 新建"将被删除，新增状态"REL/ 释放"，也就是生产订单将被释放。

图 6-8　业务事务对系统状态的影响（BS32）

提示：图 6-8、图 6-9 中"业务事务"与"处理"意思基本相同。

单击图 6-8 中的"使用处清单"按钮，如图 6-9 所示，可以看到业务事务与系统状态的关系包括如下信息：

❑ 允许处理的对象类型（Object types that permit the process）：如生产订单、WBS、内部订单等；
❑ 由处理（本操作）设置的系统状态：System statuses set by the process；
❑ 由处理（本操作）删除的系统状态：System statuses deleted by the process；

具体而言，如图 6-9 所示，业务事务"释放"与系统状态的关系如下。

❑ 系统状态将被设置：REL（释放）；

- 如下系统状态将被删除：CRTD 建立、PREL 部分释放、TECO 技术实现、CLSD 已结算、RELR 释放被拒绝；
- 生产订单为冻结、删除、技术完成等状态时，不能单击"释放"按钮；
- 生产状态为新建状态时，允许单击"释放"按钮。

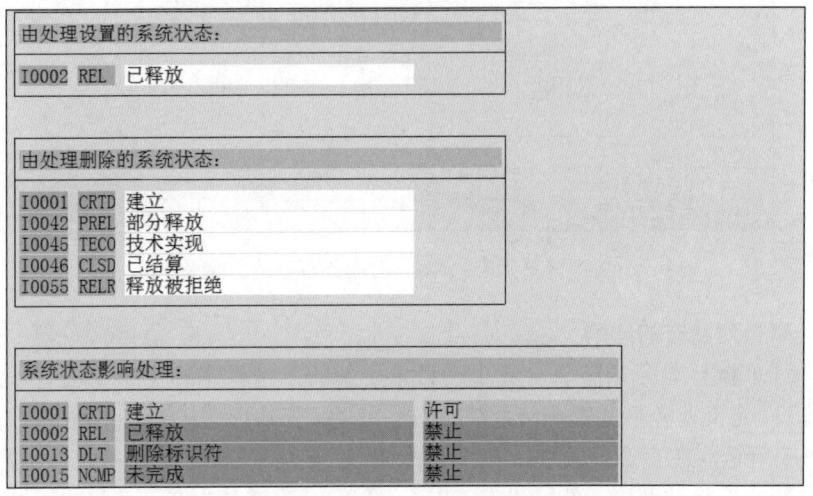

图 6-9　业务事务释放的影响（BS33）

3. 系统配置的修改

如图 6-7 所示，通过事务代码 BS22、BS32 可以修改系统状态、业务事务的控制参数，实现特定功能。但 SAP 不建议直接通过事务代码 BS22、BS32 修改，主要由于以下两个原因：

- 升级考虑。当升级 SAP 系统时，事务代码 BS22、BS32 中的设置可能会被覆盖，这里的升级一般是指大规模的升级，如从 ECC5.0 到 ECC6.0，并非是指日常生活中下载 SAP 的修正补丁到系统中，当然也不能绝对排除修正补丁就一定不会覆盖。
- 应用层面的考虑。一方面由于系统状态、用户状态功能应用广泛，通过事务代码 BS13 可以查看到该功能可应用的对象有 200 多个，不同的对象有不同的对象代码，本例中的生产订单的对象代码为 ORH。

因此事务代码 BS22、BS32 的修改可能会影响到所有对象，影响面大，这样容易造成错综复杂的问题。

提示：事务代码 BS13 可以查看所有的对象以及相应的业务事务和系统状态，如可查看生产订单允许的业务事务和允许的系统状态。

另一方面事务代码 BS22、BS32 为集团级别的控制，是不区分工厂、订单类型的，无法控制不同的订单有不同的操作。除此之外，系统状态不能够根据企业需要进行增加，并且也很难针对系统状态设置相应的权限，使特定的人不能做特定的业务操作；

考虑到上述原因，系统增加了用户状态（User Status）功能，通过增加各种自定义的状态，同时为用户状态设置权限检查以及设置用户状态与业务事务的关系，从而来实现企业的一些自定义的需求。同样，用户状态功能也是广泛应用于各个模块中。

6.3.4 业务事务与系统状态、用户状态的应用案例

如上节所说，用户状态、系统状态和业务事务之间可以互相影响，下面将举例说明。

应用 1：技术完成后，不允许生产订单的收发货

系统标准设置中，对生产订单执行技术完成后，仍然可以对生产订单进行收发货，现希望设置技术完成后，不允许对生产订单进行收发货，可以有如下两种方案，但是推荐使用方案 2，原因在上文已经描述。

方案 1：修改系统状态的控制参数

技术完成的系统状态为 TECO，生产订单发料的业务事务为 RMWA、生产订单收货的业务事务为 RMWF。

因此如图 6-10 所示，事务代码 BS22 修改系统状态 TECO，针对业务事务代码 RMWA 和 RMWF 从系统默认的允许（Allowed）设置为 Forbidden（禁止）。

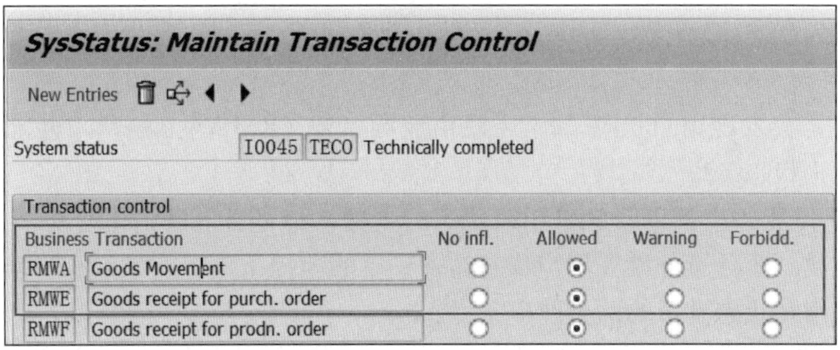

图 6-10 设置系统状态 TECO（技术完成）的允许的业务事务（BS22）

方案 2：增加用户状态，通过用户状态控制

事务代码 BS02 创建用户状态参数文件（Status Profiles）ZP000001，设置该参数文件的对象类型（Object Types）为（PP/PM: order header/ 生产计划 / 生产费用单：定单标题），即生产订单。参见图 6-11。

事务代码 OPJH 将该用户状态参数 ZP000001 分配给相应生产订单类型。在状态参数文件中 ZP000001 中可设置一个或多个用户状态，本例中包含一个用户状态 Z1，设置状态 Z1 的相关参数如图 6-11 所示：

❑ 业务事务"技术实现"将设置用户状态 Z1；
❑ 业务事务"撤销技术实现"将删除用户状态 Z1；
❑ 状态被设置为 Z1 后，则不允许货物移动、生产订单收货这两个业务事务。

最终的效果是创建生产订单时，系统确定出用户状态参数为 ZP000001，对该生产订单执行技术实现（技术完成）后，用户状态 Z1 自动设置为激活，而若用户状态设置为 Z1，则不能进行货物移动，当撤销技术完成，则用户状态 Z1 的状态被取消激活。

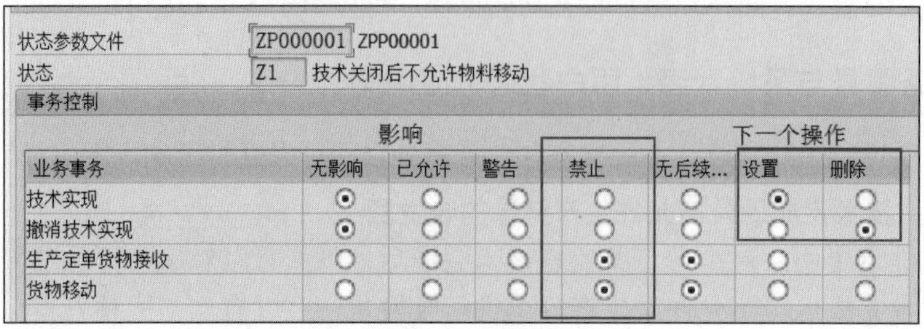

图 6-11 用户状态参数文件和用户状态（BS02）

应用 2：生产订单发料后，才允许进行收货

系统默认设置中，生产订单只要释放，就允许进行收货，现希望通过修改设置，使得生产订单发料后，才允许进行生产订单收货。

方案 1：通过用户状态控制

说明：参照应用 1 中的逻辑，定义用户状态 Z2，并设置业务事务（RMWA/ 货物移动 / 生产发料）触发状态 Z2 生效，状态 Z2 又禁止业务事务（RMWF/ 生产订单货物接受 / 生产订单收货）。

但配置时，会发现用户状态 Z2，无法由业务事务（RMWA）触发，也就是生产订单发料无法触发用户状态 Z2。

原因分析：业务事务可以触发用户状态的生效，但是并非所有的业务事务都能够触发用户状态的生效。业务事务设置用户状态具备一定的前提条件，SAP Note 406537 中说明了业务事务触发用户状态具备的两个前提条件。

- 系统标准程序中，设置了该业务事务运行时，执行了函数 STATUS_CHANGE_FOR_ACTIVITY。
- 事务代码 BS02 中，如图 6-12 所示，设置业务事务可以修改用户状态，只有在此设置了，维护用户状态参数文件时，就会出现该业务事务。

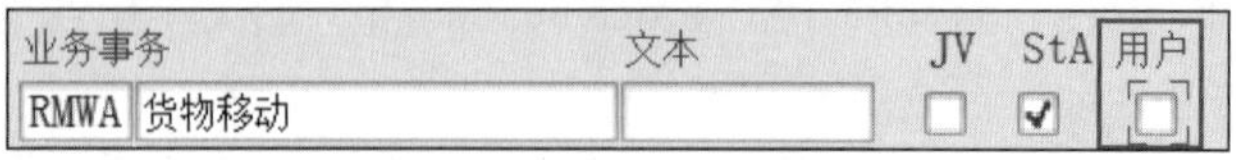

图 6-12 业务事务与用户状态（BS02）

在本例中，对生产订单执行业务事务 RMWA，即对生产订单进行发料时，不会执行函数 STATUS_CHANGE_FOR_ACTIVITY，因此无法修改用户状态。

具体请参照 SAP Note 406537 - Status management: Importance of the TJ01-ANWST field。

方案 2：直接修改系统状态

一方面，生产订单释放后，生产订单的系统状态为 REL（释放），而系统默认设置中，生产订单释放后（系统状态为 REL）时，则可以对生产收货（业务事务 RMWF）。另外一方面，生产订单发料后，生产订单的状态为 GMPS（已过帐的货物移动）。

因此修改设置如下：

- 如图 6-13 所示，系统状态 REL 下，删除允许的业务事务（RMWF/ 生产订单收货），这样生产订单释放后，尚未发料时，则不允许生产订单收货。
- 如图 6-14 所示，系统状态 GMPS 下，增加允许的业务事务（RMWF/ 生产订单收货），这样生产订单发料后，系统状态变成了 GMPS，则允许生产订单收货。

提示：如上文解释，直接修改系统状态的方案不建议使用，这里仅是作为一项功能进行介绍。

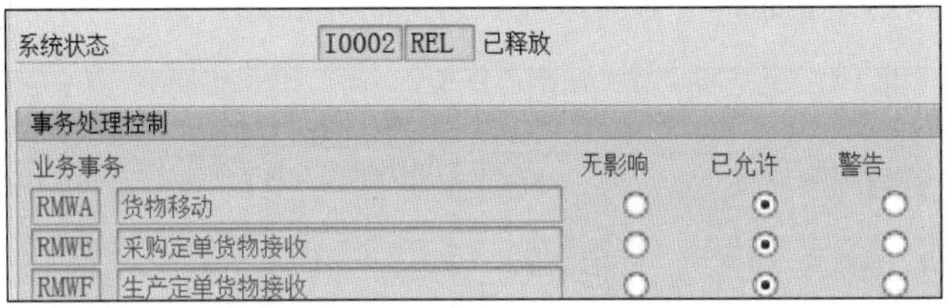

图 6-13　删除系统状态 REL 允许的业务事务（BS22）

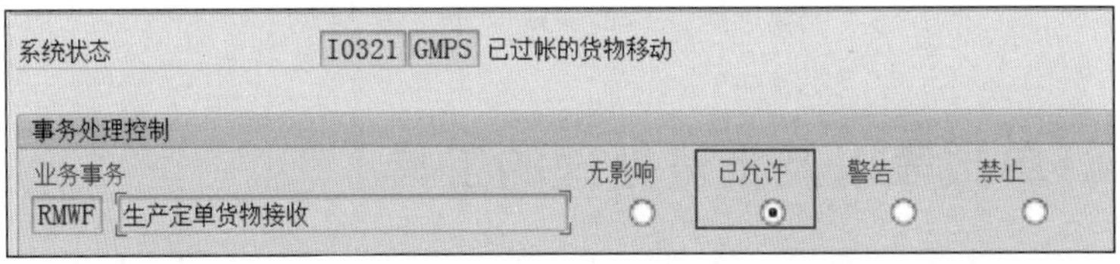

图 6-14　增加系统状态 GMPS 允许的业务事务（BS22）

6.3.5　状态选择参数文件

随着生产订单的不断执行，生产订单状态（系统状态、用户状态）在不断发生着变化，每一个状态都代表着生产订单的特定的执行情况，而状态与状态的组合（状态参数文件）更能明确说明当前生产订单的执行情况。

状态选择参数文件，顾名思义，是用于屏幕选择的，在系统标准报表，如事务代码 COOIS、CO27 可以用来作为搜索条件。

事务代码 BS42 定义状态选择参数文件（Status Selection Profiles），可以定义多个状态选择文件，然后在状态选择文件定义其包括的系统状态和用户状态的各种组合。

例如：对于仓库人员来说，可能需要查询生产订单已经释放且可用性检查 OK 的生产订单，以便发料，因此定义图 6-15 所示的参数文件 Z001，后续执行事务代码 COOIS 就可以输入该参数文件查询特定的生产订单。

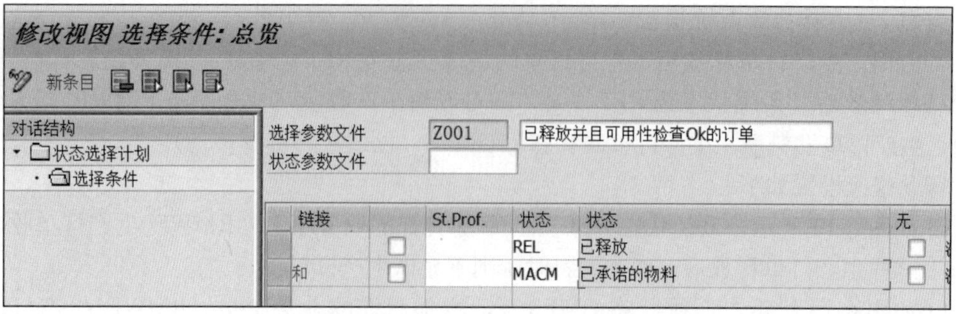

图 6-15 状态参数文件（BS42）

对于生产计划员来说，可能需要查询生产订单已经释放但是可用性检查不 OK 的生产，以便进行缺料检查，因此定义图 6-16 所示的参数文件 Z002，定义状态参数文件时可以设置包含多个系统状态和用户状态，并且可以设置排除特定状态。

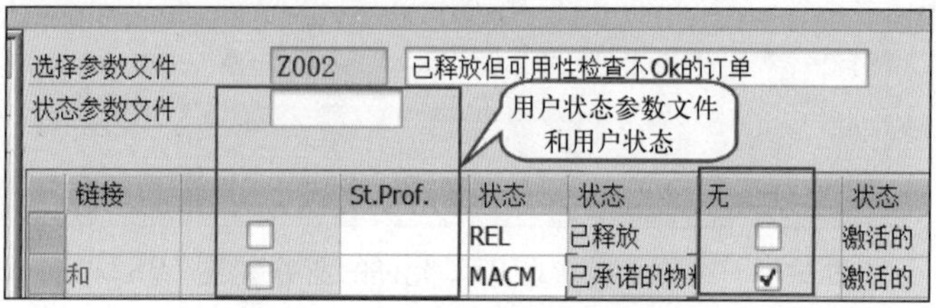

图 6-16 状态参数文件（BS42）

6.4 生产订单报表以及批量处理的工具

生产信息系统是指批量查看、处理计划订单、生产订单、流程订单的报表，其不仅具备批量显示功能，还具备批量操作功能，如批量对生产订单执行可用性检查功能。生产信息系统有多个事务代码，表 6-3 列举了生产信息系统的相关事务代码以及对应的程序，可以看到生产信息系统的事务代码基本都基于程序 PPIO_ENTRY，只是不同的事务代码有不同的程序变式，因此其功能、操作界面基本类似。

例如执行事务代码 COHV，然后选择功能 160（物料可用性检查），就相当于直接执行事务代码 COMAC，又如事务代码 CO24 的操作与事务代码 COOIS、COHV 基本类似。对于使用生产订单的离散行业来说，最基本的两个事务代码就是 COOIS、COHV。

表 6-3 生产信息系统的事务代码

事务代码	事务代码描述	程序 / 事务代码	程序变式 / 事务变式	行业范围
COHV	批处理生产订单	PPIO_ENTRY	SAP&HVOM	离散行业的生产订单、计划订单
COOIS	生产订单信息系统	PPIO_ENTRY	SAP&COOIS	

(续)

事务代码	事务代码描述	程序 / 事务代码	程序变式 / 事务变式	行业范围
COHVPI	批处理流程订单	PPIO_ENTRY	SAP&HVOMPI	流程行业的流程订单、计划订单
COOISPI	流程订单信息系统	PPIO_ENTRY	SAP&COOISPI	
COMAC	汇总可用性检查	PPIO_ENTRY	SAP&AVAILCHK	
COHVOMPRINT	打印生产订单	PPIO_ENTRY	SAP&PRINT	
COHVOMRELEASE	下达生产订单	PPIO_ENTRY	SAP&RELEASE	
CO04N	打印生产订单	COHVOMPRINT	CO04	
CO05N	下达生产订单	COHVOMRELEASE	CO05	
CO24	短缺零部件信息系统	PPCMP000		

6.4.1 生产订单报表参数说明

本节以事务代码 COOIS 为例，简要说明生产信息系统的功能应用，如图 6-17 所示。

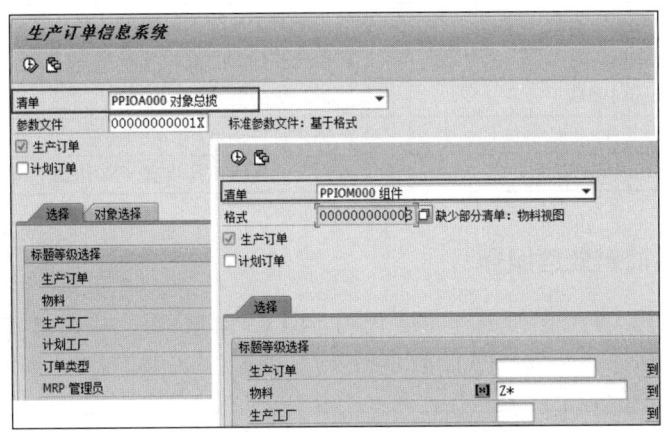

图 6-17 生产信息系统报表（COOIS）

以生产订单为例，生产订单中包含的信息非常多，包括产出信息、投入的原材料信息、工序信息等，相对应的事务代码 COOIS 的功能也很多，系统通过清单类型（List Type）来区分生产订单中不同的功能应用，选择不同的清单类型可以查看生产订单的不同信息或处理生产订单的不同功能，从 ECC6.0 EHP3 开始，通过业务功能 LOG_PP_MIS，进一步增强了 COOIS 的各项功能，例如增加了两个清单类型。

清单类型的清单见表 6-4，其中清单类型 PPIOA000 为对象总览，在对象总览中可以包含其他清单类型，通过事务代码 COISN 定义对象总览中包含的对象，如可设置包括组件信息、工单确认信息。

表 6-4　生产信息系统 COOIS 中的清单类型

List Type	List Type Description	说明与备注
PPIOA000	Object Overview	工单的对象总览，可以包括其他的清单类型（List Type）
PPIOD000	Documented Goods Movements	工单的货物移动信息（发料、收货），对应表 AUFM
PPIOE000	Trigger Points	工单中的触发点
PPIOF000	Production Resource/Tool	工单中使用的生产资源与工具
PPIOG000	Automatic Goods Movements	自动收货（工艺）或者倒冲料信息
PPIOH000	Order Headers	订单抬头信息，一张订单一行
PPIOI000	Items	可查看联产品的情况，如果有联产品，则一张订单有多行，通过行项目编号区分（Item Number）
PPIOK000	Capacities	查看订单耗用的工作中心的能力情况
PPIOM000	Components	显示订单中的组件
PPIOO000	Operations	可显示前道工序状态和后道工序状态，ECC6 EHP3 有效
PPIOP000	Production List	可显示订单抬头信息 +MRP 信息，ECC6 EHP3 有效
PPIOQ000	Purchase Requisitions	工序委托外加工的采购申请，工序产生采购申请
PPIOR000	Confirmations	工单确认信息，查看每个工序的报废、返工信息
PPIOS000	Sequences	查看工序所使用的工艺路线
PPIOT000	Purchase Orders	工序委托外加工的采购订单
PPIOV000	Document Links	与工单相关的文档
PPIOW000	Goods Movements with Errors	工单确认时自动倒冲、收货未成功记录，同事务代码 COGI
PPIOX000	Control Instructions	查看生产的具体执行步骤（X-Steps）、控制配方等

6.4.2　生产订单批量处理操作

通过事务代码 COHV 以及其他事务代码可以对计划订单、生产订单进行各项批量操作，具体如表 6-5 所示，对生产订单可以执行批量释放、可用性检查、删除等各项操作。

提示：关于生产信息报表的具体使用，由于其功能非常多，功能间又有一定的类似性，因此本章下面 6.5.3 节通过示例来说明其功能。

表 6-5　可以执行的批量操作

操作代码	操作批量描述	事务代码	操作的对象	备注说明
110	Scheduling（对生产订单计划）	COHV	生产订单	
120	Costing（对生产订单成本估算）	COHV	生产订单	
130	Release（释放生产订单）	COHV	生产订单	
140	Printing of Shop Floor Papers（打印单据）	COHV	生产订单	
160	Material Availability Check（物料可用性检查）	COHV	生产订单	

(续)

操作代码	操作批量描述	事务代码	操作的对象	备注说明
170	Create Capacity Requirements（创建能力需求）	COHV	生产订单	
180	WM Material Staging（备料）	COHV	生产订单	
200	Confirmation（工单确认）	COHV	生产订单	ECC6 EHP3 增强该功能
210	Convert Planned Order（计划订单转生产订单）	COHV	计划订单	与 MD16 类似，但更多筛选条件
220	Technically Complete（技术完成）	COHV	生产订单	
240	Picking（拣配）	COHV	生产订单	与事务代码 CO27 类似
250	Set/Delete User Status（设置/删除用户状态）	COHV	生产订单	
260	Set/Deletion Flag（设置/删除生产订单）	CO78	生产订单	也可执行事务代码 SE38，程序 PPARCHP1
205	Fix/Delete Fixing（设置为固定/取消固定）	COHV	计划订单	新功能 EHP3
215	Delete Planned Order（删除计划订单）	COHV	计划订单	与事务代码 MD16 类似，但更多筛选条件

6.4.3 生产订单报表的常见问题

事务代码 COOIS 以及相关的信息报表是生产执行中最常用的报表，以下为该报表执行中常见的问题。

1. 如何为生产信息系统报表增加自定义字段

参见 SAP Note 434123 - Filling and displaying own fields in information system。

2. 如何设置系统标准字段的显示与隐藏

示例：事务代码 COOIS 中清单（List）"组件"中，将会显示组件发料的数量和发料的金额，财务部要求该字段不可以让生产部的人查看。

在激活 ECC6 EHP3 功能增强 LOG_PP_MIS 前，可以通过程序 RCOTX000，字段串名称 IOOPCOMP（对应清单类型"组件"），修改相应字段来隐藏特定字段，详细参见 SAP Note 363327 - COOIS/CO26/CO28: Change list of fields that can be displayed。

激活 EHP3 功能增强 LOG_PP_MIS 后，通过事务代码 COISF 来修改清单类型中的特定字段的显示与隐藏。

3. 如何设置清单类型（List）

（1）限定特定用户仅可查看特定清单

SE38 创建程序 PPIO_ENTRY 的程序变式（如 Z001），在程序变式 Z001 中限定特定的清单类型，然后 SE93 创建带有程序变式（Z001）的事务代码，该事务代码对应程序 PPIO_ENTRY，然后将该事务代码分配给特定用户。

（2）新增清单类型

在激活 EHP3 功能增强 LOG_PP_MIS 后，通过事务代码 COISL 可以新建清单类型。

4. 如何根据生产订单的各个状态查询生产订单

在生产订单信息系统报表中可以输入状态或是状态选择参数文件，状态选择参数文件在本章上文（图 6-16）介绍到。

6.5 生产订单中组件的可用性检查

生产订单中组件（原材料）的可用性检查对生产订单有着重要的影响，我们知道企业生产产品所需要的投入三要素是料、工、费。换句话说，企业生产产品需要人力资源到位、设备资源到位以及所需原材料到位。假设人力资源、设备资源均可用的情况下，下达生产指令（生产订单）的一个主要的前提条件为生产订单中所有物料可用性检查结果均为可用，而人力资源、设备资源在实际的项目应用中，往往很少也很难通过系统来判断是否可用。

因此，我们可以简单地认为，在系统层面，确定是否能够生产某产品的最主要前提条件就是原材料全部为可用，当确定需要生产并且能够生产，则在系统中释放下达生产订单。

从系统操作的步骤来看，生产订单的建立的过程一般可分为三个步骤：

1）首先是 MRP 运行后产生产成品、半成品的计划订单；
2）然后计划订单转为生产订单；
3）最后是对生产订单进行释放。

在此过程中，从决策的角度来看，需要考虑以下几个问题：

❑ 何时将计划订单转为生产订单；
❑ 转为生产订单时计划订单的组件物料是否必须全部可用；
❑ 生产订单何时释放；
❑ 释放时是否必须生产订单中的所有组件物料必须全部可用。

这些问题中，最主要的一个问题是物料的可用性检查的策略，下节就这些问题做简要的介绍。

6.5.1 可用性检查的策略

可用性检查的策略包括两方面的内容：

❑ 可用性检查的环节：在何时检查、如果物料不可用，如何反应；
❑ 可用性检查的策略：如何判断物料是否可用。

1. 可用性检查的环节

可用性检查的环节有如下两种常见类型。

类型 1：在生产订单创建时，确保所有物料均为可用。只有当计划订单中的物料可用时，才将计划订单转为生产订单；通过批量转换生产订单的事务代码 CO41 或者定义后台任务让系统自动生成生产订单，当其他条件也满足时，则释放生产订单，安排生产；

类型 2：在生产订单下达（释放）时确保所有物料均为可用。无论计划订单的物料是否可用，都按照计划的排产时间，如将所有下一周的计划订单全部转成生产订单，但不作下达，然后后续使用事务代码 COHV 对生产订单作批量物料可用性检查或者使用事务代码 CO02 对单张生产订单进行 ATP 检查，检查后如果生产订单不缺料，这张生产订单就可以释放正式生产。

具体而言，在确定可用性检查的环节需要考虑的因素如下。

技术上需要考虑的因素：
- 生产订单一旦创建，则不能够在 MRP 运行时自动被系统删除；
- 生产订单一旦创建，MRP 运行时也无法对生产订单重读 BOM 等主数据，也就是说当 BOM 发生变更时需要手工读取；
- 成品的销售订单的可用性检查一般不考虑计划订单，而会考虑生产订单；
- 对工作中心进行产能平衡时一般不考虑计划订单，而会考虑生产订单；

业务上需要考虑的因素：
- 需求的变动性，需求变动太快，则不宜过早创建生产订单，在需求确定后再创建生产订单。
- 在不少公司中，生产订单创建时会检查物料的 ATP，如果不是所有料到齐，则会出现警告提示，而在生产订单释放时，必须所有物料都到齐为可用状态。

2. 可用性检查的环节中系统实现注意点

SAP 的 MRP 在生产订单创建和释放这两个环节都可以执行可用性检查，并且在这两个环节可以采用不同的可用性检查规则，一般来说也常常采用不同的规则。

例如生产订单创建时，可用数量可以考虑各种类型的计划收货，而生产订单释放时，则只考虑库存。

3. 可用件检查的策略类型

对生产订单的组件执行可用性检查时，可以选择以下两种检查组件库存可用的策略。

策略 1：基于 ATP 逻辑的可用性检查

ATP（Available To Promise）数量等于库存数量加上特定业务类型的收货数量减去特定业务类型的需求数量，正常来说都使用此策略。

策略 2：针对计划独立需求的可用性检查（Availability Check Against PIR）；

PIR 是 Planned Independent Requirements（计划独立需求），该策略使用较少，适用于对组件（原材料/半成品）单独做生产计划（PIR），其供应量一方面基本是固定的，另外一方面确定的时间会比较早。如每月初基本就能确定当月某个半成品的产量为 10 万件，并且当月不轻易修改该产量，则将该数量通过事务代码 MD61 维护成 PIR，然后创建成品的生产订单，检查该半成品的库存可用性时，直接针对该半成品的 PIR 进行检查，可用数量等于 PIR 数量减去已经被消耗的 PIR 数量。

6.5.2 ATP 的策略

本节以基于 ATP 逻辑的可用性检查为例,生产订单的 ATP 控制主要分为两个部分:
- 定义与生产订单相关的可用性检查控制参数(Order Control),主要定义是否进行控制,何时进行控制;
- 定义可用性检查控制(Availability Check Control)参数,在此定义如何进行控制,即可用数量如何计算。

1. 定义与生产订单相关的可用性检查控制参数

如图 6-18 所示,事务代码 OPJK 定义生产订单创建和释放时可用性检查相关的控制参数。

如图 6-18 所示,组件的可用性检查控制参数与工厂、(生产)订单类型以及业务类型(Business Function)相关,也就是说不同的工厂、不同的生产订单类型,不同的业务类型可以有不同的可用性检查的控制参数,业务类型有两种,如图 6-18 所示:

业务类型 1 对应的是生产订单创建(Order Creation)时的可用性检查的设置;

业务类型 2 对应的是生产订单释放(Order Release)时的可用性检查的设置。

图 6-18 生产订单 ATP 的控制参数(OPJK)

从图 6-19 可以看到生产订单创建时的可用性检查包括三部分,即组件物料的可用性检查、生产工具(PRT)的可用性检查、产能的可用性检查。我们主要介绍组件物料的可用性检查。其中相关字段的解释如下:

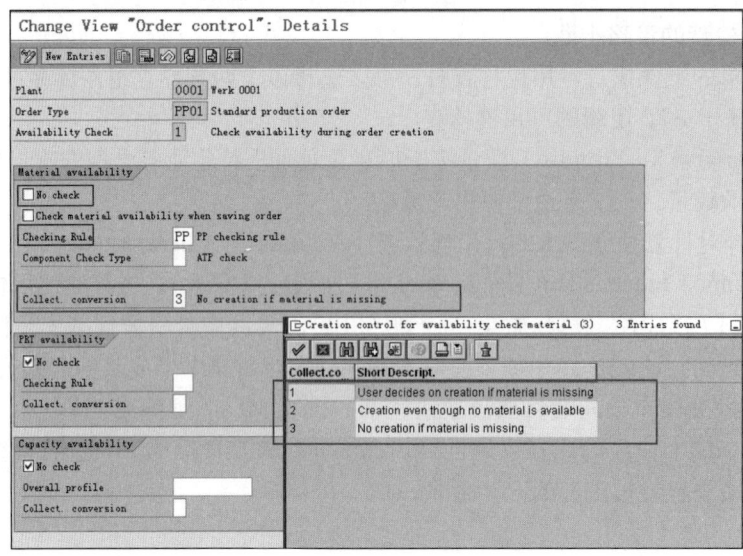

图 6-19 生产订单创建时的可用性检查的控制参数(OPJK)

- 不检查（No Check）。当勾选上"No Check"，是指当生产订单被创建时，不会自动 ATP；如果不勾选上，当创建生产订单时，系统自动进行 ATP 检查，如果缺料，将会列出缺料清单。
- 批量转换（Collective. Conversion）。当计划订单缺料时，是否可以使用批量生成的事务代码 CO41 将此计划订单转为生产订单以及是否可以使用事务代码 CO40 部分地将计划订单转为生产订单。
- 检查规则（Check Rule）：PP。系统通过这里定义的检查规则和物料主数据 MRP3 视图中的检查组（Check Group）（见图 6-20）这二者的组合来确定可用性检查控制参数，下节将介绍通过事务代码 OVZ9 定义可用性检查控制参数。

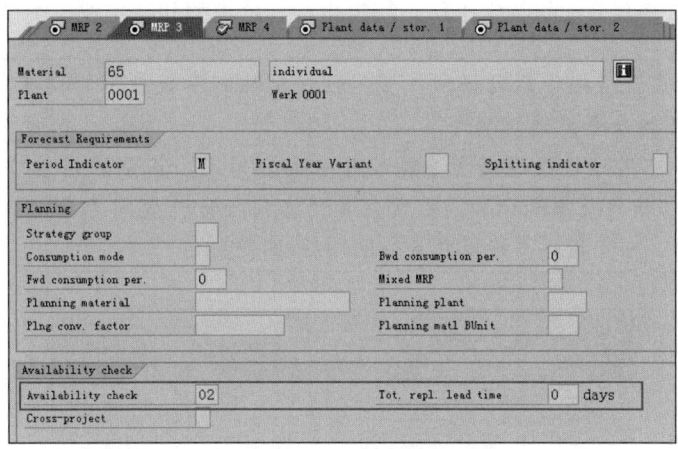

图 6-20　物料主数据中的可用性检查组 -MRP3（MM03）

图 6-21 为生产订单释放时的可用性检查参数，主要包括：
- No Check 是指当订单释放时，不会自动检查 ATP；
- Status Check 是指订单释放时，检查缺料状态，如果没有 Miss Parts，则不做检查。

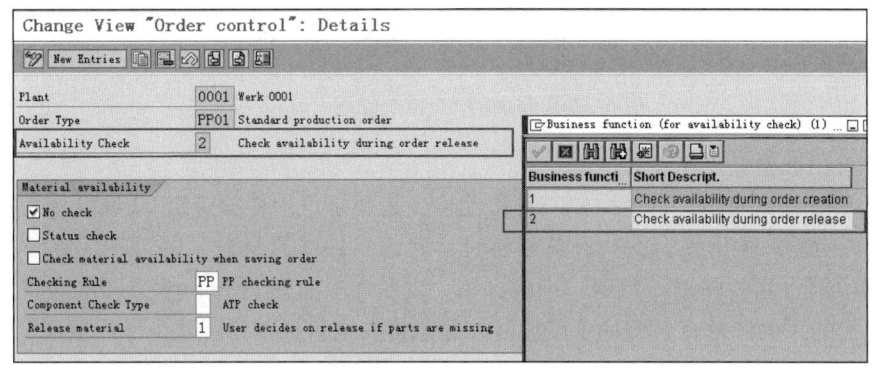

图 6-21　生产订单释放时的可用性检查规则（OPJK）

2. 可用性检查控制参数

事务代码 OVZ9 定义可用性检查控制参数,该参数用来控制在执行生产订单的可用性检查时,系统如何计算组件物料的可用数量。

(1)可用性检查控制参数的确定

系统通过可用性检查组(Check Group)和可用性检查规则(Checking Rule)确定可用性检查控制的策略,如图 6-22 所示。

上面提过,如图 6-20 所示,可用性检查组将会分配给物料,同时是基于工厂级别的,也就是说不同物料在不同工厂或同一个物料在不同工厂下可以执行不同的可用性检查控制参数;可用性检查规则将会分配给业务类型,对于生产订单,在上文中(见图 6-19、图 6-21)已经描述,将会分配给特定工厂、特定生产订单类型和特定业务类型的组合。

提示:ATP 功能广泛应用于后勤模块,可用性控制控制参数在不同模块中逻辑基本相同,主要差异点在可用性检查规则的确定。

SD 模块中,可用性检查规则大多在程序中固定写死,正常的销售订单,其可用性检查规则为 A,寄售销售订单为 AW,正常发货的可用性检查规则为 B,寄售的订单发货为 BW、MM 模块中,可用性检查规则将被分配给移动类型。

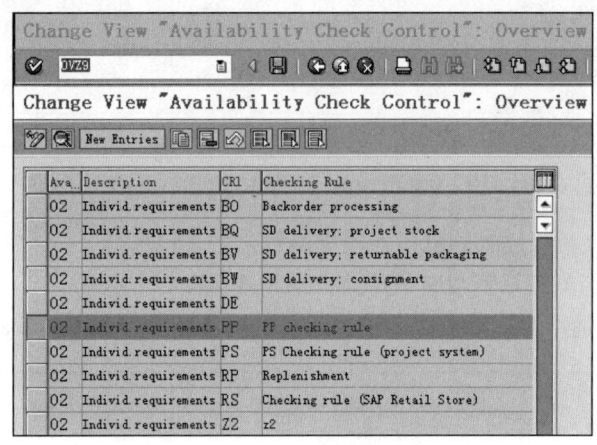

图 6-22 可用性检查控制参数(OVZ9)

(2)可用性检查控制参数示例

SAP 系统默认对生产订单组件的可用性检查是基于可用性检查组 02 和可用性检查规则 PP 的组合。图 6-23 代表当生产订单创建时,考虑组件(原材料)的可用库存时,采购订单、采购申请、相关需求、预留、销售订单、发货单、计划订单、生产订单均将考虑,也就是非退货的采购订单将会增加可用数量、非退货的销售订单将会减少可用数量。

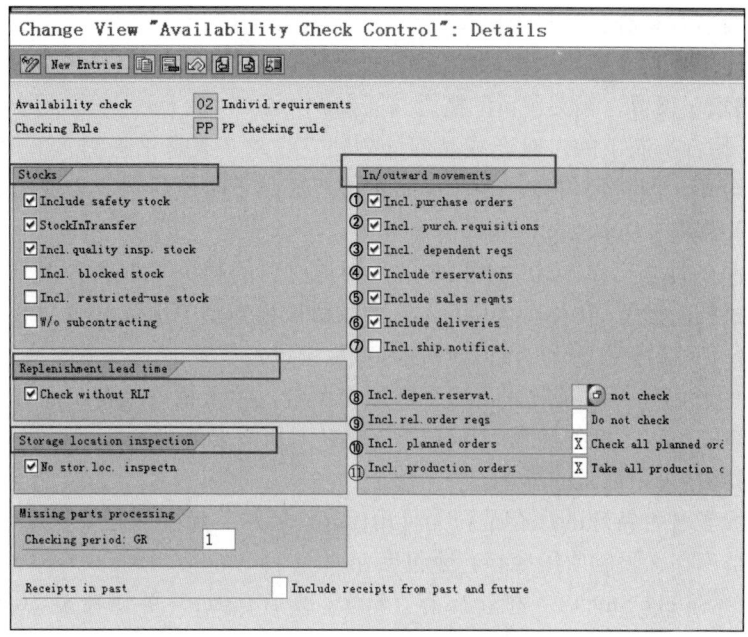

图 6-23　可用性检查控制参数

可用性检查的控制参数可以分为四个部分：

❑ 内向和外向移动（In/Outward Movement）对物料可用数量的影响；

❑ 库存（Stocks）对物料可用数量的影响；

❑ 补货提前期（Replenishment Lead Time）对可用数量的影响；

❑ 库存地点（Storage Location）对可用数量的影响。

下面分别介绍可用性检查的控制参数。

1）内向和外向移动（In/Outward Movement）对物料可用数量的影响如下（参考图 6-23）：

❑ 如果勾选①，那么无论采购订单是否已经审批，系统都将会考虑，非退货的采购订单将会增加可用数量；

❑ 如果勾选②，那么无论采购申请是否已经审批，系统都将会考虑，非退货的采购申请将会增加可用数量；

❑ 如果勾选⑤，那么代表销售订单将会被考虑，非退货的销售订单将会减少可用数量；

❑ 如果勾选⑥，那么代表发货单将会被考虑，非退货的发货单将会减少可用数量；

❑ 如果勾选⑦，那么代表内向交货单将会被考虑，非退货的内向交货单将增加可用数量，内向交货单是采购订单的后续凭证；

❑ 如果勾选⑨，那么转储单将会被考虑，关于库存转储，请参见 7.2 节 "公司间采购"、10.3 节 "库存调拨、在途库存"；

❑ ⑩可以设置仅检查已经固定（Fixed）的计划订单、已经完整确认的计划订单还是所有计划订单都将会被考虑；

- ⑪可以设置仅检查已经释放的生产订单，还是所有的生产订单；
- ③、④、⑧处设置是否考虑相关需求、预留、相关预留。

2）相关需求、预留、相关预留的概念与区别。

MRP 运行是自上而下的，对产成品的计划独立需求（或是销售需求），将会触发产生产成品的计划订单，同时还将会产生产成品对该产成品下阶原材料、半成品的需求，这种需求被称为相关需求（Dependent Requirement）。

当该产成品的计划订单转为生产订单时，对原材料的相关需求也会由于生产订单的创建，变成对原材料的预留（Reservation），这种预留被称为相关预留，通过事务代码 OPL8，定义是生产订单创建时产生预留，还是释放时产生预留。

预留从字面意思就可以了解到，库存得预先留着，除了相关预留，还有一种预留是通过手工方式创建的预留（事务代码 MB21），直接针对所需要的物料。

3）库存对物料可用数量的影响。

系统可以设置各种特殊的库存是否为可用库存，特殊的库存包括安全库存、在途库存、质检库存、冻结库存、限制使用库存、分包库存。

安全库存（Safety Stock）、在途库存（Stock In Transfer）等请参见 10.6 节"安全库存"、10.3 节"库存调拨、在途库存"。

限制使用（Restricted-Use Stock）库存请参见 16.5 节"批次状态"。

4）补货提前期对可用数量的影响。

补货提前期（RLT/Replenishment lead time）是指物料补货所需要的提前期，即物料的总的生产周期和采购周期，系统通过字段"RLT 检查（Check Without RLT）"对物料可用数量进行控制。

- RLT（replenishment lead time）补货提前期的计算逻辑如下：

    对于自制件，如图 6-20 所示，如果在物料的 MRP3 视图中维护了总的补货提前期（TRLT），那么该值将用于可用性检查，如果未维护，则自制件的 RLT 等于物料 MRP2 视图中的生产周期（In-house Production）加上收货处理时间（GR Processing Time），对于外购件始终等于采购周期（Planned Delivery Time）加上收货处理时间。

- RLT 对 ATP 的影响如下：

    如果未勾选按钮（Check Without RLT），代表将考虑 RLT，相当于认为总是能够按照补货提前期生产出相应的产品，因此对于提前期以外的需求是总能够满足的，提前期内的需求如果不能够满足，则在提前期结束的后一天被满足。

- RLT 对 ATP 的影响的示例说明：

    设置 ATP 考虑 RLT，RLT 为 20 天，当前可用库存数量为 200 个。

    如果当需求（销售订单，相关需求）的需求日期在今天日期后的 21 天，即超过了补货提前期，需求数量为 100 个，那么该需求将不会消耗任何可用数量，可用库存的数量仍然为 200 个。

    如果需求日期在今天日期之后的 20 天之内，分为以下两种情况：

情况 1：如果系统当前库存可用量能够满足需求，那么需求的确认日期（Confirmed/Committed）等于需求日期，确认数量等于需求数量；

情况 2：如果系统当前可用数量不能够满足需求，那么确认数量仍然等于需求数量，同时最晚的确认日期为补货提前期的结束日期，也就是今天日期+20 天。此时如果设置 ATP 不考虑 RLT，则当可用数量不能够满足需求时，确认数量是等于可用数量。

5）库存地点对可用数量的影响。

系统通过字段"库存地点检查"（Storage Location Inspection）来控制库存地点对 ATP 的影响。一般来说，在生产订单中输入组件的库存地点后，如果没有勾选上该按钮，则可用数量等于该库存地点下的可用数量，如果勾选上该按钮，则可用数量等于工厂下所有库存地点的可用数量。

当启用 MRP 区域后，可用性检查的规则将与 MRP 区域相关，具体请参见 4.1.2 节"启用 MRP 区域后的 ATP 功能描述 ATP"。

6.5.3 批量检查逻辑与应用

生产订单的 ATP 可以有两种检查的形式：
- 单个检查一张生产订单中的一个组件（Individual Check）。
- 批量检查一张生产订单或者多张生产订单中的多个组件（Overall Check）。

下面通过案例介绍批量检查可用性的功能。

1. 业务场景背景说明以及 ATP 检查逻辑

产成品物料的计划策略为 MTO（按销售订单生产），当同一物料存在多个生产订单，则按照以下逻辑安排生产：
- 对于必须准时交货否则面临客户的高额罚款的生产订单（销售订单），必须进行排产，此时将在系统中对此类生产订单设置优先级别为高等级；
- 对于未设置特殊的优先级别的生产订单，按照订单的完工日期（对应销售订单的可用日期）依次生产，而销售订单的可用日期一般又是基于客户的交货日期计算出的；

每天按照上述逻辑对所有未排产的生产订单重新执行可用性检查功能，其中已经释放、并且不缺料的生产订单，代表是已经安排生产的生产订单，因此不参与可用性检查的重新确认。

2. 业务场景示例说明

依次创建六张成品（物料 89）的销售订单，数量均在 90～100 之间，交货日期为客户的要求的交货日期，六张销售订单产生对应的六张生产订单，成品仅包括一个原材料组件（物料 90），该原材料组件的当前库存及可用库存均为 400 个。在系统中生成的六张生产订单中，其中第一张生产订单被释放，必须交货的二张销售订单对应的生产订单（第三张和第六张生产订单）设置交货优先级别为很高与高。

生产订单中的组件确认量，将会按照创建生产订单的顺序，先创建的生产订单先确认，总的确认数量为 400，因此在本例中，当六张生产订单全部创建完毕后，其相关属性如表 6-6 所示。

表 6-6　生产订单的组件的初始确认情况

生产订单编号	组件需求数量	计划完工日期	优先级别	初始组件确认量
1000082	100	2010.12.04		100
1000083	93	2010.12.01		93
1000084	91	2010.11.24	Z	91
1000085	95	2010.12.02		95
1000086	99	2010.12.07		21
1000087	97	2010.12.03	9	0

根据上述背景及 ATP 逻辑，对这些生产订单批量执行可用性检查，首先将排除掉已释放的生产订单（1000082），然后按照优先级别、计划完工日期对生产订单重新排序，执行 ATP 完毕后，组件的确认结果如表 6-7 所示。

表 6-7　执行批量 ATP 后的组件确认情况

生产订单编号	组件需求数量	计划完工日期	优先级别	最终组件确认量	确认量变化情况
1000082	100	2010.12.04		100	未执行新 ATP
1000084	91	2010.11.24	Z	91	不变
1000087	97	2010.12.03	9	97	增加 97
1000083	93	2010.12.01		93	不变
1000085	95	2010.12.02		19	减少 76
1000086	99	2010.12.07		0	减少 21

3. 系统部分操作步骤

系统通过事务代码 COHV 来对多个生产订单执行批量可用性检查功能，如图 6-24 所示。该事务代码的各个功能具体如下。

（1）参数说明

系统提供了相当多的筛选条件，本例中，除了正常的筛选条件外，还需排除生产订单状态为 CNF And REL（释放和确认的）的生产订单。通过定义选择参数文件状态（参见本章图 6-16），可以实现更为精准的查找特定状态的生产订单。

（2）重置有效数据

在图 6-24 中选择屏幕字段：重置有效数据（有时也称为：重置可用性检查数据 /Reset Available Data）。如果设定重置有效数据，系统将清单中的生产订单进行以下操作：

❏ 组件中的确认数量将被删除；
❏ 组件中的缺料标识将会被删除；

❑ 订单抬头的总的确认日期将会被删除；
❑ 订单抬头的确认数量将会被删除；
❑ 生产订单中的"物料缺料"状态 MSPT 和"物料承诺"状态 MACM 将取消激活；

本例中，选择"重置有效数据"，涉及的五张生产订单的确认数量将首先被重置，确认数量全部变成 0，物料的可用数量释放出来，也就是将会释放出 300 个数量。

（3）处理范围

在图 6-24 中选择屏幕字段：处理范围（Scope of Process）
❑ 选择 ATP，代表所有物料执行 ATP 逻辑；
❑ 选择 Planning check，代表可用性检查基于计划独立需求（Planning against PIR）；
❑ 选择 No Check，代表仅重置已有的生产订单的确认数量，但不重新执行 ATP；
❑ 选择 Individual，代表根据每个物料的物料主数据中的可用性检查组中的设置来决定采用 ATP 逻辑还是基于预测（PIR）的检查，事务代码 OVZ2 定义可用性检查组。

本例中，物料的可用性检查均基于 ATP 的逻辑。

（4）固定订单计划

在图 6-24 中选择屏幕字段：固定订单计划（固定的生产订单 /Firm planned orders）。勾选这个选项，表示当对计划订单执行可用性检查时，若计划订单的可用性检查结果为所有组件全部可用，则自动固定计划订单，而固定的计划订单不会自动被 MRP 修改或删除。

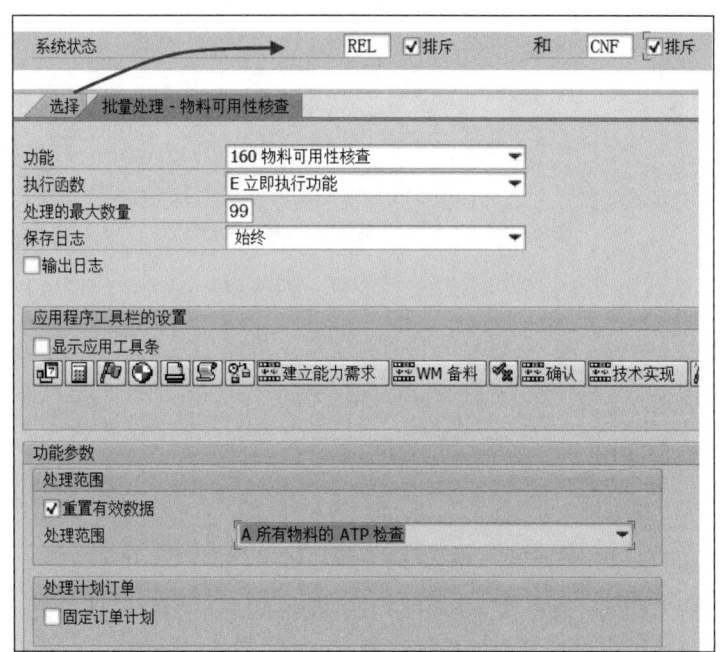

图 6-24　COHV 批量可用性检查的参数（COHV）

(5) 执行可用性检查的顺序

系统首先对清单中的所有生产订单的可用性检查相关的数据（如确认数量）清零，然后按照生产订单的排序顺序，系统依次对生产订单执行可用性检查，最前面的订单将首先会被执行可用性检查，这样在本例中，该生产订单将被会首先确认可用数量，可以通过设置变式的方法自定义排序标准。

根据本案例中预设的业务逻辑，如图6-25所示，设置如下变式，变式中设置二个排序字段（Sort Criteria），第一个排序字段：按照优先级别（Priority）降序排列，第二个排序字段：按照计划完成日期（Scheduled Finished Date）升序排列。

系统将按照排序的结果，依次将组件的可用量分配给生产订单，如本例中，总库存400个，排除掉生产订单1000082的确认数量100个，组件（原材料）可用库存为300个，设置重置后，将按照生产订单排序结果依次将可用量分配给生产订单。

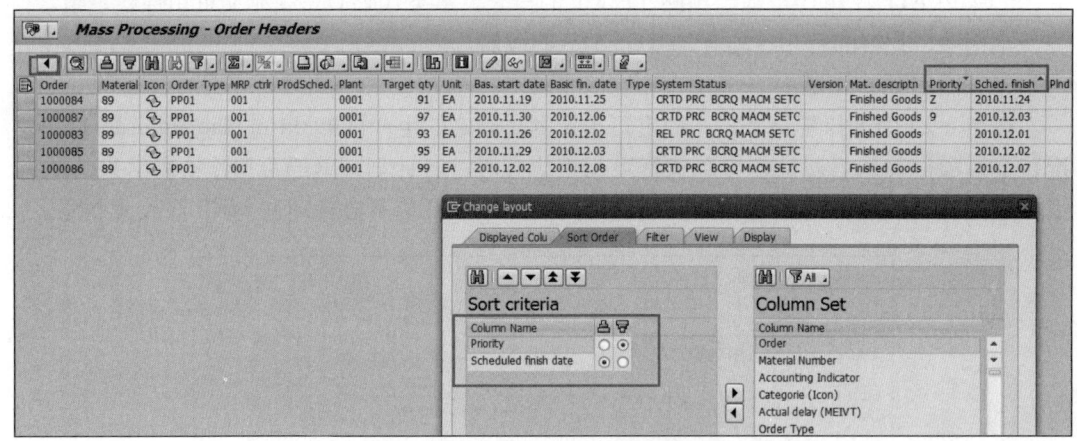

图6-25 对生产订单进行排序（COHV）

如图6-26所示单击"执行"（Execute）按钮，系统将相关的生产订单执行可用性检查。

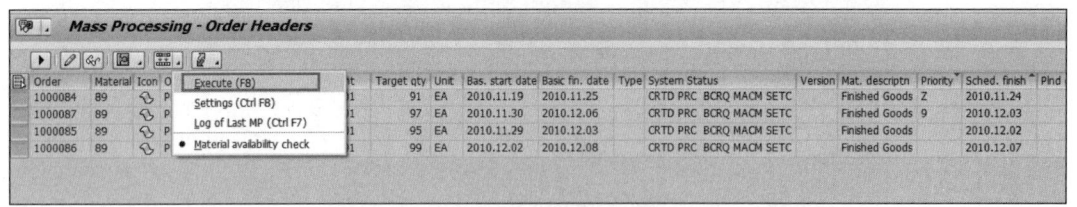

图6-26 执行批量可用性检查（COHV）

通过事务代码CO24—缺料清单，可以看到执行结果正如我们期望的（见表6-7），缺料的生产订单为两张排序排在后面的生产订单（1000085和1000086），确认数量分别为19和0。

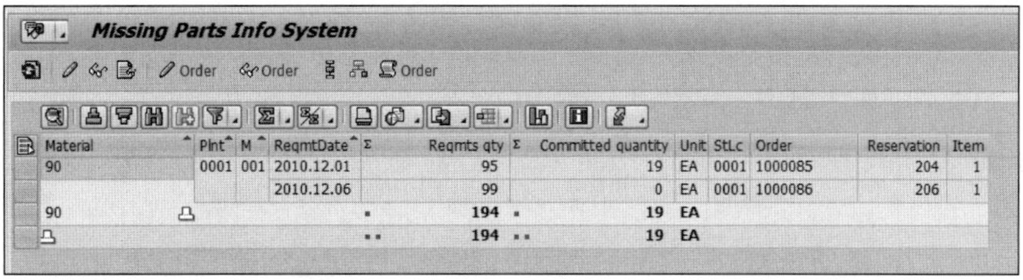

Material	Plnt	M	ReqmtDate	Reqmts qty	Committed quantity	Unit	StLc	Order	Reservation	Item
90	0001	001	2010.12.01	95	19	EA	0001	1000085	204	1
			2010.12.06	99	0	EA	0001	1000086	206	1
90				194	19	EA				
				194	19	EA				

图 6-27 生产订单缺料清单（CO24）

通过事务代码 COOIS—生产信息系统，可以更为清晰地看到执行 ATP 的结果，订单的需求数量和确认数量与表 6-7 完全一致。

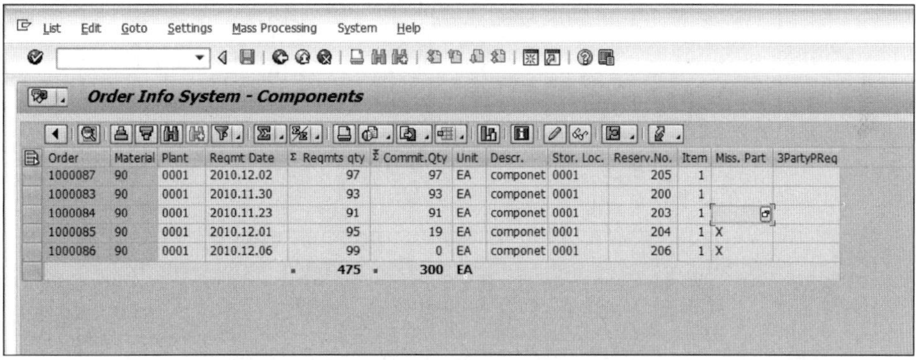

Order	Material	Plant	Reqmt Date	Reqmts qty	Commit.Qty	Unit	Descr.	Stor. Loc.	Reserv.No.	Item	Miss. Part	3PartyPReq
1000087	90	0001	2010.12.02	97	97	EA	componet	0001	205	1		
1000083	90	0001	2010.11.30	93	93	EA	componet	0001	200	1		
1000084	90	0001	2010.11.23	91	91	EA	componet	0001	203	1		
1000085	90	0001	2010.12.01	95	19	EA	componet	0001	204	1	X	
1000086	90	0001	2010.12.06	99	0	EA	componet	0001	206	1	X	
				475	300	EA						

图 6-28 生产订单报表—组件（COOIS）

4. 按订单生产中，销售订单和生产订单之间的关系说明

如图 6-29 所示创建销售订单 14，客户要求的交货日期为 2011.10.2，数量为 10 个，由于该客户比较重要，设置交货优先权（Delivery Priority）为 6（高优先级别），物料的可用日期加上拣配时间、运输周期等于交货日期，因此根据交货日期系统倒推得到物料可用日期为 2011.09.27，销售订单中的物料可用日期代表物料此时可以拣配、运输给客户，本例中，由于尚未生产，该日期代表对应的生产订单应完工日期。

事务代码 CO41 将计划订单转为生产订单（60000062），尚未释放，如图 6-30 所示，系统自动设置生产订单的交货优先权为 6，生产订单中的计划完成日期为销售订单中的物料可用日期。

提示：如果采用按订单生产，可以通过增强（CMOD 增强 PPCO0006）将销售订单中的交货优先权赋值给生产订单中的优先级别（Priority）。

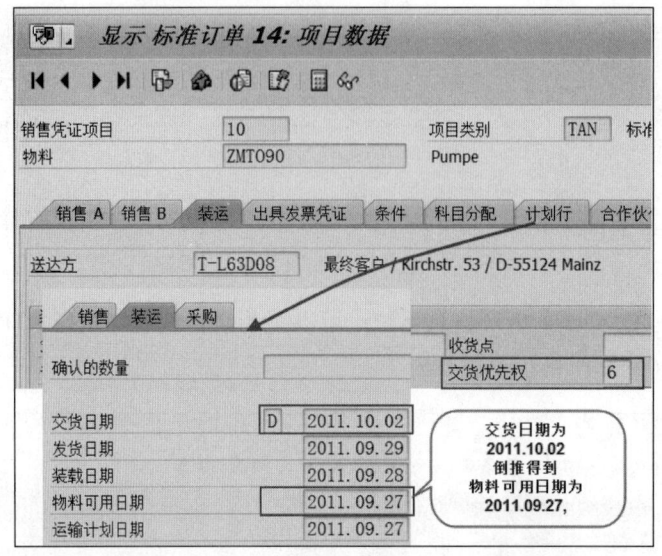

图 6-29　销售订单中交货期信息（VA03）

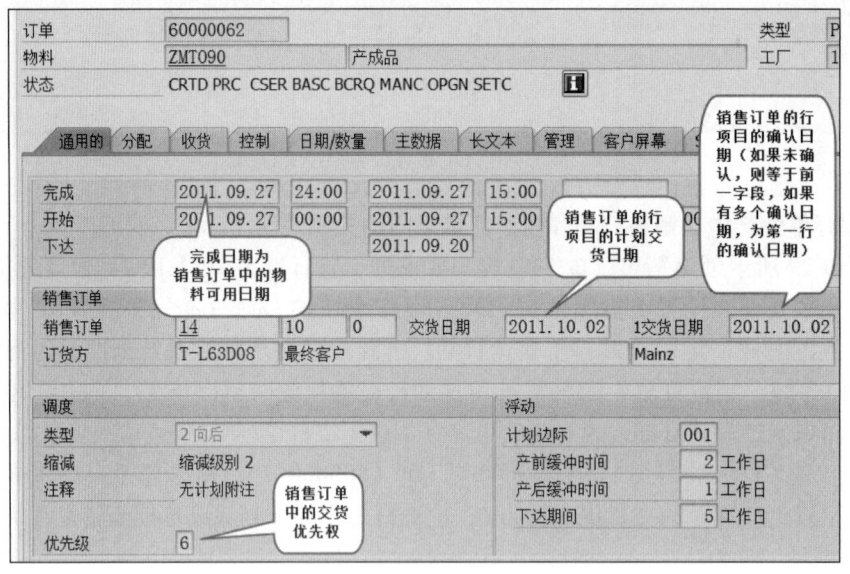

图 6-30　销售订单对应的生产订单（CO03）

6.6　生产订单的确认

生产订单确认（Confirmation），又称为生产订单的报工，是指当生产订单完成或者部分完成后，"报"告"工"作情况，系统中可以通过事务代码CO11N 或 CO12 或 CO15 或 COHV 对生产订单进行报工，确认生产订单的投入和产出。

6.6.1 生产订单的确认说明

1. 确认投入的工时

确认生产相应产品投入的人力工时、机器工时等,这些时间可用来进一步确定生产该产品所投入的"工"和"费"。

2. 确认产出

产出情况可分为三种情况:正常产出,有异常的能返工就进行返工,有异常但无法返工的则进行报废。生产某产品可能需要多个工序,通过事务代码 CO11N 可按照工序对每道工序都进行报工,报告每个工序的产出数量(Yield)、返工数量(Rework)、报废数量(Scrap),也可以按照工单来进行报工。

注意:这里输入的返工、报废数量并不会产生任何物料凭证,对库存无任何影响。

3. 触发物料移动

工序确认时,可以触发生产订单的物料移动,该设置根据业务场景的需要,并不是必需的设置,具体而言,分为两种货物移动:

- 产成品(半成品)的自动收货。如果工序(Operation)的控制码中定义了自动收货(事务代码 OP00),则对该工序进行确认时,自动对产成品收货,一般来说如果需要设置,则在最后一道工序设置自动收货,实现对产成品自动收货,自动收货的数量等于产出数量(Yield)。
- 原材料的自动反冲。如果产成品 X 的生产订单中的某组件 Y 为反冲物料(Backflush),一个 X 需要两个 Y,该组件对应工序 A,那么对工序 A 进行确认时,系统可以根据产出确定组件的投入,即自动倒冲原材料,实现对生产订单发料。

组件的反冲数量根据总的确认数量按照生产订单中的比例倒推得到,例如报工确认 X 的产出数量(Yield)、返工数量(Rework)、报废数量(Scrap)均为 10 个,则原材料 Y 的反冲数量为 60 个,即对生产订单发料 60 个,并产生相应的物料凭证。

自动货物移动日志以及错误处理:当工单确认时,系统后台自动对生产订单执行货物移动操作,由于生产订单中未输入库存地点、反冲物料的库存不够、权限不足等多种原因,可能会导致货物移动失败,此时可通过事务代码 COGI 查看并处理失败的记录,事务代码 COOIS 中可查看成功和失败的货物移动记录。

事务代码 OPK4N 配置生产订单确认参数,可以设置如果后台货物移动失败,则终止当前的确认,可参见图 6-32 字段"错误的货物移动的终止"。

6.6.2 生产订单的返工

返工可能有两种形式:

- 生产过程中出现问题,则当时就确定需要进行返工;

❏ 生产入库后再进行返工。

本文主要就生产过程中的返工做简要说明，生产过程中的返工可以有两种处理模式。

1. 系统自动创建返工订单

系统可以在生产订单确认时，根据确认的结果自动创建返工订单，具体如下。

1）业务概览。某些产品为客户定制的产品或是工艺要求比较高，生产过程中，检查发现不符合客户要求或是工艺要求，则进行返工，转为常规产品或是低工艺要求的产品。

2）系统实现过程简要描述。通过在生产订单确认时，输入返工数量和偏差原因码来激活特定的用户状态，特定的用户状态激活系统自动创建返工订单。

3）系统实现配置步骤简要描述如下：

❏ 定义用户状态、状态参数文件（事务代码 BS02）；

❏ 定义差异原因，并与特定的用户状态关联（事务代码 OPK5）；

❏ 创建触发点（Trigger Point），定义特定的用户状态，触发产生新的生产订单，并定义生产订单的类型、所使用的工艺路线；或者在原来订单中增加新的工序（事务代码 CO31）；

❏ 工艺中增加工序或者工单中增加工序（CA01/CO02）；

❏ 工单确认时，输入返工数量和差异原因，系统将触发产生特定的生产订单（事务代码 CO11N）。

详细的事例请在网络中搜索关键字 "Automatic Rework using Reason of Variance Key" 或者 "SAP 中触发点生成返工订单"。

2. 手工创建返工订单

手工创建返工不做过多解释，一般来说都是使用特定的返工的生产订单类型。

6.6.3 生产订单报工增强功能说明

在 ECC6 EHP3 的业务功能 LOG_PP_SRN_CONF 中，系统增强了工单确认时的各项功能，本文就此做简要的介绍。

1. 业务功能增加的新功能概览

业务功能增加了工单确认时的多个功能，具体如下。

1）增加了对班组（Shift）功能的支持。大部分中国企业采用两班倒或是三班倒，通过本功能在生产订单确认时，可针对班组进行确认。

例如：为某个包装车间建立工作中心，该车间早晚班倒（2 Shift），早晚班合计下达一张生产订单，通过该功能可以对该包装车间的同一张生产订单分别针对早班、晚班进行确认，确认早班、晚班各自的生产的数量、报废的数量、工作时间等信息。

2）确认数量的增强。激活该功能前，工单确认时，只能输入三个数量：产出数量（Yield）、报废数量（Scrap）、返工数量（Rework），通过该业务功能，对这三者可以自定义更细化的数量，例如，将报废数量细分为原材料原因、辅料原因、机器原因报废数量。

3)自定义字段。无需 ABAP 开发,直接通过配置,在工单确认时,增加自定义字段。

4)自动生成质量通知单。可设置如果有报废情况,自动生产质量通知单。

2. 示例说明

如图 6-31 所示,在工单工序确认(事务代码 CO11N)、整张工单确认(事务代码 CO15)的界面中增加了班组信息、增加了自定义字段、并将报废数量按照原因进行了细分。

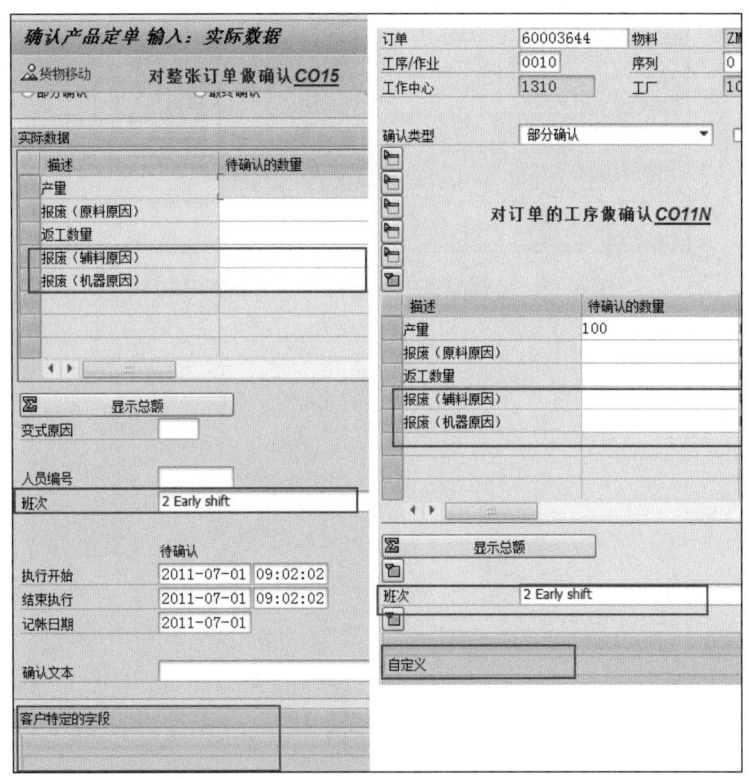

图 6-31 工单确认的增强(CO11N&CO15)

3. 系统实现说明

如图 6-32 所示,当激活业务功能 LOG_PP_SRN_CONF 后,通过事务代码 OPK4N/OPK0 设置在工单确认时,显示班次、客户特定字段、细分的数量。

在生产订单确认时,针对班次(Shift)进行确认的前提条件是在后台配置班次(事务代码 OP4A),然后在工作中心的能力类别中选择后台定义的班次(事务代码 CR02),如果该配置有问题,请参考 SAP Note 1415590 - Not possible to use shift related subscreens。

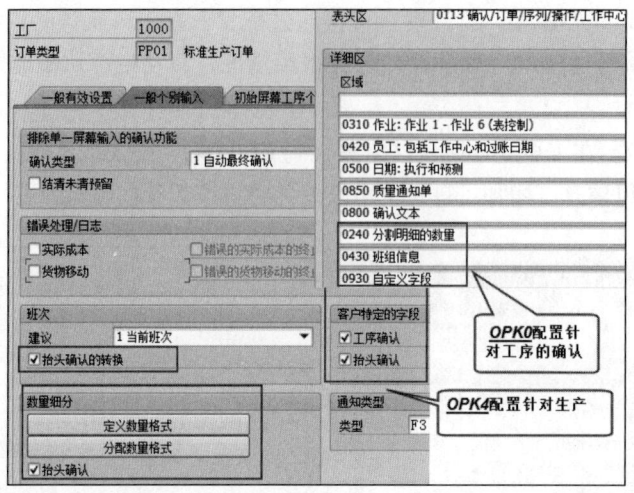

图 6-32 后台配置工单增强(OPK4N/OPK0)

第二篇

采购与库存管理

第 7 章 采购模式

企业的采购业务有很多种划分的标准，本章首先从三个方面对采购模式进行分类，然后简要介绍 SAP 对各种采购模式的支持，以及组合方式，之后选择其中常见的几种采购模式进行介绍，具体而言，将介绍以下采购模式：

- 再订货点采购；
- 公司间采购：同一集团内的两家公司之间的采购；
- 委外采购：提供原材料（半成品）给供应商，供应商收取加工费，加工成半成品（产成品）；
- 跨公司采购：供应商送货至 A 公司，但与 B 公司进行结算；
- 计划协议：与核心供应商签订长期的供货协议，在此期间，直接下达交货通知给供应商；
- 寄售业务：供应商的货物在我方使用完毕后再进行结算；
- 带账户分配的采购：为了特别目的（账户）进行的采购。

7.1 采购模式概览

采购模式有很多种，其分类也很复杂，下面是常见的三种分类方式：

- 分类 1：采购业务处理流程；
- 分类 2：触发采购的原因；

❑ 分类 3：采购业务类型。

下面分别介绍一下这三种分类。

7.1.1 分类 1：采购业务处理流程

从采购业务的处理流程角度来看，企业的采购业务可分为三种情况：

❑ 根据 MRP 运行结果进行的采购业务；
❑ 根据再订货点（Reorder Point）进行的采购业务；
❑ 手工直接触发的采购业务。

1. 根据 MRP 运行结果进行的采购业务

根据 MRP 运行结果的采购业务，涉及的物料通常是生产性物料，对这些物料的需求是由上阶物料的需求引起的，如原材料的采购是由于半成品、产成品的需求引起的，通过对物料运行 MRP，系统将展开半成品、产成品的 BOM，从而计算出对原材料的需求，并触发对原材料的采购，关于 MRP 的运行请参见第 3 章。

对于采购件来说，MRP 运行的结果一般是采购申请或者是交货计划行，后续的采购根据 MRP 运行结果进行进一步的处理，取决于采购周期的不同阶段以及与供应商的关系、物料的属性，具体而言，采购业务又可以分为以下四种流程：

❑ 询报价流程；
❑ 采购订单流程；
❑ 采购合同流程；
❑ 计划协议流程。

（1）四种采购业务流程简要说明

这四种采购业务流程有着不同的操作步骤、操作前提，在表 7-1 中从多个方面对这四种采购业务做了简单对比。

企业与供应商在询报价时，尚属于陌生关系，当关系紧密时，可能就会签订采购合同或者计划协议。

表 7-1 采购业务类型对比表

业务类型	询报价流程	采购订单流程	采购合同流程	计划协议流程
业务简要说明	适用于需要与供应商确定价格的业务，如第一次采购某个原材料	最标准、最广泛的采购流程	与供应商签订长期的大额合同，分步逐渐执行合同	与供应商关系紧密、采购业务频繁，可用于 JIT 业务
业务前提	无	此时应已经与供应商确定采购价格；采购单价一般作为采购信息记录维护在系统中	已经与供应商签订采购合同并且维护在 SAP MRP 中；在货源清单中（事务代码 ME01）维护相应的合同	已经与供应商签订计划协议并且维护在 SAP MRP 中；在货源清单中维护相应的计划协议
操作依据	MRP 生成的采购申请			MRP 生成的交货计划

（续）

业务类型	询报价流程	采购订单流程	采购合同流程	计划协议流程
采购业务操作步骤	1）SAP 中根据采购申请创建询价单（RFQ）（事务代码 ME41） 2）询价单发送给一家或多家供应商 3）每一家供应商进行报价 4）SAP 中创建采购报价单（事务代码 ME47） 5）-1 或者选择最合适的报价，然后将报价单转为采购订单 5）-2 或者报价单转成采购信息记录，然后根据采购申请做采购订单	将采购申请转为采购订单，在此过程中进行货源确定，并可结合配额分配功能，确定向何供应商采购、采购的数量	由于货源清单中指定了合同，因此 MRP 运行产生的采购申请中包含采购合同信息，将该采购申请转为采购订单	由于货源清单中指定了计划协议，MRP 运行后以预测以及 JIT 形式更新该计划协议中的交货行，将计划行释放（Release），然后发给供应商，不需要创建采购订单
	采购订单发送给供应商（事务代码 ME9F）			发送交货计划给供应商
采购过程监控	供应商反馈确认的交货数量和交货日期			计划协议模式下，一般供应商全力配合，例外情况下才会出现缺货
	收到供应商确认信息，在 SAP 中维护确认信息（事务代码 ME22N）			
	供应商反馈已经发货			
	收到供应商确认信息，在 SAP 中维护内向交货单（事务代码 VL31N）			
货物接受和发票处理	收到供应商送来的货物，在 SAP 中进行收货（事务代码 MIGO）			
	供应商开具发票			
	收到供应商发票，在 SAP 进行发票校验（事务代码 MIRO/MRKO）			

（2）采购流程说明

表 7-1 划分的四种典型采购业务为标准的操作流程，但企业往往都会根据自己公司需要进行调整，很多步骤可能会省略。

询报价业务可应用于某个新原料的初次采购，但很多企业由于各种原因（如物料号尚未创建），询报价业务在系统外操作，系统中只是直接维护结果，通过采购信息记录维护采购单价。

询报价业务就像一张纸的正反面，针对的是同一个单据，当有采购需求后，发给潜在供应商的是询价（RFQ）（事务代码 ME41），要求潜在供应商进行报价，供应商进行报价，收到供应商的报价后，则报价信息输入到系统中（事务代码 ME47），而后将不同供应商的报价进行价格比较（事务代码 ME49），比较完毕后，接受合适的报价，该报价可产生采购信息记录，拒绝不合适的报价，还可以直接参照报价单创建采购订单。报价信息还可以被保存为市场价格（Market Price），市场价格可用于供应商评估或是存货跌价准备。

采购需求信息发送给供应商（事务代码 ME9F），SAP 中称之为消息输出（Message Output），发送给供应商最常见的形式是打印采购订单，然后传真给供应商，但 SAP 中支持多种传输媒介（Media）传递信息，包括将采购订单等各种采购单据直接发送到供应商的邮箱或者直接通过 EDI 的形式将信息发送到供应商的 ERP 系统。

为了保证采购的货物按时按量到达，对采购过程的监控是必不可少的，可以通过手工的方式接受供应商的确认信息、发货信息，然后输入到系统中，在时机成熟时，还可以使用 EDI、SAP 的 SNC（供应链协作产品）、SRM（供应商关系管理）从系统层面直接进行集成，实现信息交换，业务流程整合。

关于 EDI 的处理，参见第 18 章 "IDOC 和 EDI 应用"。

（3）SAP 中的采购单据类别

SAP 中通过采购单据类别和类型来区分上述的采购业务处理流程，SAP 中预配置五种采购单据类别、七种典型的采购单据类型，表 7-2 列举了这些采购单据类型。

表 7-2 采购单据类别和采购单据类型

中文描述	采购申请	询报价单	采购订单	采购合同	计划协议
英文描述	Purchase Requisition	RFQ/Quotation	Purchase Order	Purchase Contract	Scheduling Agreement
采购单据类别	B	A	F	K	L
采购单据类型	NB（标准采购申请）	AN（询报价单）	NB（标准订单）	MK（数量合同） WK（金额合同）	LP（计划协议） LPA（计划协议）
事务代码	ME51N	ME41/ME47	ME21N	ME31K	ME31L& ME38

2. 根据再订货点（Reorder Point）进行的采购业务

再订货点考虑物料自身的历史消耗情况，是基于消耗的订货方式（Consumption-Based Planning），这种订货方式是指当可用库存量降到特定水平后，就进行采购，这里的特定水平就是指再订货点，再订货点的数量等于日均消耗量 × 供应天数（采购提前期／采购周期）＋安全库存。

（1）再订货点的应用领域

对于制造业中的备品、备件，如螺栓螺母等各种易耗品，以及零售行业的各种商品，常常使用再订货点的方法。

再订货点在日常生活中也非常常见，例如，一个人需要出差 10 天，在这 10 天之内没有机会取钱，根据过往经验每天吃饭、乘车一共需要花 20 元，十天共要 200 元，同时以防万一，会额外多带 50 元。这里出差 10 天就是补货天数（采购提前期），多带的 50 元就相当于安全库存，每天需要花 20 元，就是日均消耗量，因此出发时一共需要携带 250 元现金。

（2）再订货点示例

一般来说应该根据过去的一年或者更长周期的历史消耗记录，推断出某原材料（备品、备件）的日均消耗量。假设根据历史记录，得到某物料的日均消耗量为 30 个，该物料的采购提前期为 10 天，安全库存设置为 100 个，则再订货点等于 30×10+100=400 个。当前日期为 2011.10.31，可用库存数量为 350 个，低于再订货点 400 个，取决于批量的设置，将产生不同数量的采购申请。

再订货点是目标的库存数量，而采购申请的具体数量是结合物料中设置的采购批量规则确定的，具体而言，本例中：若设置采购批量为固定批量，等于再订货点 400 个，因此将触发生成采购申请，数量为 400 个；若设置采购批量为 EX（lot for lot），将触发采购申请，数量为 50 个。

（3）二箱法（特殊的再订货点）

当采购批量等于再订货点，同时再订货点数量正好就是特定容器的容量，被称为二箱法，譬如在一些公司，对于螺栓、螺母这种消耗量大、价值低、通用性强的物料，常常采用这种采购模式，这种模式也可以简单地称之为看板订货法。

每种螺栓设置两个箱子，供应商每周固定来巡查几次，凡是看到有一箱为空，那么他将记录下来，然后发货过来，将其补满，发货的数量取决于空箱子的数量。箱子的容量大小是根据企业预计的日消耗量考虑供应商送货周期以及安全库存，也就是再订货点的计算逻辑。

供应商巡查是一种手工处理的方法，也可以在系统中进行设置再订货点和固定批量，这样当库存量低于 1 个箱子的容量，则触发产生 1 个箱子（假设为 5 盒，1000 个螺栓）的采购订单发送给供应商，注意在这种方式下，当螺栓被消耗掉后，需要及时或者定时或者定量（如每消耗一箱后）在系统中进行记账。

（4）MRP 中应用说明

MRP 中，通过定义不同的 MRP 类型，并结合安全库存、预测模式的设置，然后分配 MRP 类型、预测模式给物料主数据中，实现不同的模式，典型的以下两种模式。

❑ MRP 类型为 VB，手工维护物料的再订货点和安全库存。在此模式下，系统将比较可用库存数量与再订货点数量，如果可用库存不足，则产生采购申请，系统默认可用库存的数量等于库存 + 采购订单 + 固定的采购申请 / 计划订单之和。

提示：可以通过事务代码 OMDQ 配置不同的再订货点的 MRP 类型，修改可用库存的计算方式，如设置可用库存还需要排除特定需求（如订单预留 /Order Reservation）。

❑ MRP 类型为 VM，自动再订货点模式，系统自动计算出再订货点。在此模式下，逻辑同上，但是由系统自动计算安全库存和再订货点。

通过维护预测模型，根据过去一段时间的消耗数量得到预计的未来期间的日均消耗数量，通过维护服务水平，结合过去一段时间的消耗数量的波动性得到安全库存数量，最后由系统算出再订货点数量。

详细内容请参见 10.6 节 "安全库存"。

3. 手工直接触发的采购业务

不根据 MRP 运行结果，也不根据再订货点结果，而采用手工、无任何参考的方式来处理采购业务。一般来说手工处理的针对的是非生产性物料，如 MRO（Maintenance Repair &Operation，维护维修运营用）物料、服务类采购、固定资产类采购，对于生产类物料，当然也可以无任何参照直接创建。在项目实施中，比较典型的有以下两种处理方式：

- 手工创建采购申请,然后将采购申请转为采购订单;
- 直接手工采购订单。

在此过程中,对采购申请、采购订单做必要的审批,如果还需要进行询报价、采购合同等操作,也是可行的,本文不做详细介绍。

7.1.2 分类2:触发采购的原因

采购是需要付出金钱和投入时间的,没有盲目的采购,下面为一些常见采购的原因:
- 按库存生产模式下,可能销售预测是采购的原因;
- 按订单生产模式下,可能接到某个销售订单是采购的原因;
- 项目型销售下,可能接到某个项目是采购的原因;
- 生产某件产品时,某道工序需要委托其他厂家生产,因此生产订单是采购的原因;
- 新成立一个部门需要很多电脑,部门消耗(成本中心领用)是采购的原因;
- 投资设立某个新厂区,需要采购很多固定资产,那么固定资产购置是采购的原因。

SAP 是通过采购(采购订单)的账户分配(Account Assignment)来区分采购原因,除此之外,账户分配还有一层概念"这笔账分配到谁的头上去",常见的方法如下,常见的方法如下:
- 由于是为某个销售订单采购,一般来说采购成本应该算到销售订单的成本中。
- 由于是为某个部门采购,采购成本则算到部门的预算中(成本中心费用)。
- 按库存生产模式下,由于按照销售预测采购,没法算到直接的对象中,采购订单下达时就没有账户分配,采购的结果将形成库存。当从库存中领用时,再算账。领用到生产订单中,则这笔账算到生产订单中,领用给某个部门,则算到部门预算中。

关于账户分配,在本章 7.7 节"带账户分配的采购订单"将进行更详细介绍。

账户分配与成本对象(算账)

一般来说,在 SAP 中,采购订单中有账户分配的,采购入库时则算账,入库的货物金额直接记在某个对象头上。这个对象称为成本对象。常见的成本对象有六个:生产订单、销售订单、项目(WBS要素)、成本中心、内部订单、固定资产。成本对象可以用来收集各种费用、成本,其后往往还可将收集到的成本进行分摊、分配、结算。

采购订单中没有账户分配的,则采购入库时不算账,入库的货物的金额在会计上形成库存商品的金额。

7.1.3 分类3:采购业务类型

一家公司,从一个小厂子发展为一个公司,再发生为一个集团型公司,当企业的摊子大了,其采购业务就会变得多种多样。

1)接单越来越多,发现生产能力有问题,而且发现自己生产成本可能还高于接单的单价，怎么办，委托其他公司生产，当然原材料的采购自己还得管着，这是利润的主要来源。这就是委托加工业务，提供原材料给供应商，供应商将原材料加工变成半成品（成品）。

2）一个小车间发展成规模上亿，得成立公司，便于管理、单独核算、发挥其主观能动性；另外一个小车间也发展成规模上亿，也成立一个公司，两家公司发生业务了，这时就产生了公司间采购业务以及各种类型的库存调拨；

3）企业销售上规模，老板发现库存更上规模了，没有赚到钱，神马都是浮云呀，却发现供应商的老板的座驾一个个都鸟枪换炮了，这就产生了供应商寄售业务，供应商送货后，库存所有权还是供应商的，但支配权已经不属于供应商了，属于企业的了，这样等用完后再与供应商结算，用不完还可以再退给供应商，真帅；

4）库存还是挺高，而且寄售的模式供应商也很不高兴，那就把库存取消吧，于是 JIT（Just In Time/ 及时供货）业务出现了，让供应商在正确的时间点上按照需要直接送货到生产线上。

SAP 中主要是通过采购单据中的项目类别（Item Category）来区分这些特殊的业务。SAP 中常用的项目类别包括六种预先定义的项目类别：标准项目类别、寄售、委外、库存转储、服务、第三方。

关于第三方采购，由供应商将货物直接送到客户，请参见 11.7 节"第三方销售和单独采购"。

7.1.4 采购业务汇总说明

上面介绍了 SAP MRP 中分别从三个方面对采购业务进行了描述（"采购单据类别（Category）和类型 Type"、采购的账户分配、采购的项目类别）。

这三者的组合代表着采购业务的主要特征，除此之外，还有另外两个因素需要考虑：

❑ 是否为公司间业务；
❑ 是否为退货、免费业务。

可以简单认为每个组合都代表一种业务场景、采购模式，七种采购单据类型、七种常见的账户分配、六种项目类别等，再考虑是否为公司间业务，这四者组合起来是数百种类型。

SAP 对其中大部分的组合都是支持的，但需注意以下几种情况。

1）某些组合从业务层面来说是不存在这样的业务类型的，如固定资产（账户分配为资产）+ 项目类别为寄售的采购组合，应该是一种尚未出现的业务模式，固定资产等折旧完，才与供应商进行结算，未来应该也不会有这种业务。

2）某些组合业务上存在，但在系统技术层面是不允许的，即可以认为 SAP 中标准功能不支持或者支持有限，如公司间业务 + 项目类别为服务的组合，只能通过其他变通的方式实现公司间服务的采购模式，又如委外 + 寄售的模式，系统中并不支持。

3）某些组合系统默认是禁止的，但可以通过修改配置来允许，如系统默认是不可以针对固定资产创建公司间采购订单（公司间采购 + 固定资产的组合），可以通过修改消息号（06 806）来设置允许，配置路径：SPRO> 物料管理 > 采购 > 环境数据 > 定义系统的属性。

4）某些组合在最新版本中支持，但是在老版本中不支持，例如在绝大部分老版本中是不支持的第三方销售订单＋委外的业务组合，但是当激活 EHP5 中的业务功能 LOG_MM_OM_2 后，系统则可以支持创建完销售订单后，自动产生委外的采购申请，并且采购申请中记录了对应的销售订单以及客户的交货信息。

限于篇幅，本文不会介绍一一这三者之间的所有的组合，本文中将选择典型、常用的业务，具体而言将在下文中介绍以下内容。

- 公司间采购：同一集团之间的采购；
- 委外采购：提供原材料（半成品）给供应商，供应商收取加工费，加工成半成品；
- 跨公司采购：供应商送货至 A 公司，但与 B 公司进行结算；
- 计划协议：与核心供应商签订长期的供货协议，在此期间，直接下达交货通知给供应商；
- 寄售业务：供应商的货物在我方使用完毕后再进行结算；
- 带账户分配的采购：为了特别目的（账户）进行的采购。

7.2 公司间采购

公司间采购业务是指一家公司向集团内的另外一家公司进行采购，这在多组织的公司中非常常见，如 B 公司向集团下的 A 公司采购半成品，做进一步生产或者 B 公司向集团下的 A 公司采购产成品，做进一步销售。

公司间采购又可称为公司间调拨，关于库存调拨，详细请参见 10.3 节"库存调拨、在途库存"。

7.2.1 公司间采购业务的类型

公司间采购业务有很多，下面是几种常见的类型：

- 典型的公司间采购订单；
- 公司间采购订单的退货以及免费项目；
- 公司间采购计划协议（公司间库存调拨计划协议）；
- 公司间采购的特殊业务类型。

公司间采购与寄售、委外加工结合在一起，则形式一些特殊业务类型，如公司间寄售、公司间委外采购业务。

7.2.2 典型的公司间采购订单

下面从三个方面来描述典型的公司间采购订单：

- 业务流程、相关主数据以及组织数据说明；
- 操作步骤说明；
- 系统实现说明。

1. 案例简要说明

苏州分公司向上海总部采购成品,这两家公司属于同一集团内的两家公司,具体而言苏州分公司(对应的公司代码 HZ10、工厂 HY01、客户代码为 10000546,采购组织为 HC02)向上海总部(对应的公司代码 HZ01、工厂 H001、供应商编码为 100900)采购成品 R01000435,后续进行销售。

在系统中配置上海总部(发货工厂 H001)对应的销售组织 HX01、分销渠道 H3、产品组 H1,上海总部(发货工厂 H001)对应的装运点为 HX01。

2. 相关主数据以及组织数据说明

公司间采购业务是一方进行销售,另外一方进行采购,为了实现销售业务和采购业务,应准备相关主数据如下。

(1)上海总部的销售操作

需要在发货工厂 H001 下创建发货单以及出具发票给苏州,因此应该维护以下数据。

- ❑ 客户主数据的维护。创建内部客户 10000546(苏州分公司),并且该内部客户需要在上海工厂 H001 对应的销售区域(HX01、H3、H1)下维护,同时该客户在发货工厂 H001 对应的公司代码 HZ01 下维护。
- ❑ 物料的维护。创建物料 R01000435,并在发货工厂 H001 对应的销售组织 HX01、分销渠道 H3 维护销售视图,同时物料应该在发货工厂 H001 下维护工厂、会计视图。
- ❑ 其他必要的主数据:如销售单价。

(2)苏州分公司的采购操作

需要在收货工厂(HY01)下对物料 R01000435 进行采购收货、发票校验,因此应维护以下数据。

- ❑ 物料主数据维护。物料 R01000435 在苏州分公司下维护,在工厂 HY01、采购组织 HC02 下维护相应工厂和采购信息。
- ❑ 供应商主数据维护。供应商 100900(上海总部)在苏州分公司下(采购组织 HC02、公司代码 HZ10)下维护相应采购组织、公司代码信息。
- ❑ 其他必要的主数据:如采购信息记录。

3. 操作步骤概要说明

公司间采购业务的操作步骤分为五个步骤,具体如表 7-3 所示。

表 7-3 公司间业务的操作步骤简要描述

事务代码	操作内容
ME21N	苏州分公司创建公司间采购订单
VL10B、VL02N	上海总部针对公司间采购订单创建发货单,并发货过账
MIGO	苏州分公司采购订单收货
VF01	上海总部(发货工厂)给苏州分公司(收货公司)出具销售发票
MIRO	苏州分公司(收货公司)做发票校验

4. 主要操作步骤说明

下面对表 7-3 中的主要操作逐一解释。

（1）创建公司间采购订单

事务代码 ME21N，采购订单选择标准的采购订单类型 NB，输入供应商上海总部 100900，输入采购组织、采购的公司苏州分公司 HC02、HZ10 以及采购组，并输入物料以及收货工厂（苏州工厂）HY01。

一方面系统根据供应商 100900 确定出发货工厂 H001，然后根据发货工厂确定销售组织（HX01）、分销渠道（H3）、产品组（H1）、装运点（HX01）等信息，另外一方面根据收货工厂 HY01 确定客户 10000546。

如图 7-1 所示，与正常的采购订单相比较，公司间采购订单 4500005399 的屏幕中多出一个装运数据（Shipping Data），在装运数据中确定了发货单类型、装运点、销售组织、客户等信息，这些装运数据将为后续创建发货单、发票进行服务，装运数据的确定逻辑将在下文中描述。

公司间采购订单可以手工创建或者是由公司间采购申请转换而来，而公司间采购申请可以手工创建或者根据公司间需求运行 MRP 产生，公司间需求的产生可通过在物料主数据的 MRP2 视图中设置特殊获取类型（Special Procurement）实现。

注意：创建公司间采购订单，相比正常的采购订单，经常会提示"无法确定装运数据"或"无法确定客户"等各种提示，此时除了检查必要的后台配置外，还应该检查本节开始提到的主数据是否维护完整。

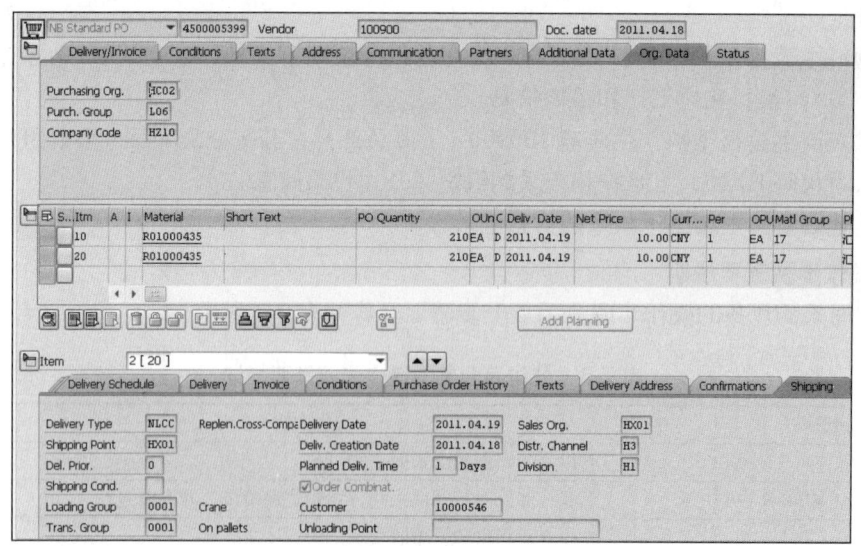

图 7-1 公司间采购订单（ME23N）

(2) 创建发货单并过账

事务代码 VL10B/VL10D，输入采购订单编号 4500005399，创建发货单，并通过事务代码 VL02N 对该发货单进行过账，发货过账后，如果采用二步法，可以通过报表 MB5T 追踪在途库存。系统默认的发货单类型为 NLCC，发货单行项目类别为 NLC，注意以下几个问题。

问题 1：发货单中的三个状态。

如图 7-2 所示，针对采购订单 4500005399 创建发货单 3100000424，该发货单的正确的状态应该为：与发货过账相关（Goods Issue）、与公司间开票相关（IntcoBill）、与正常开票无关（Bill.Docs.），也就是说应当针对该发货单出具发票类型为公司间（类型 IV）的发票，而非对客户（类型 F2）的发票。

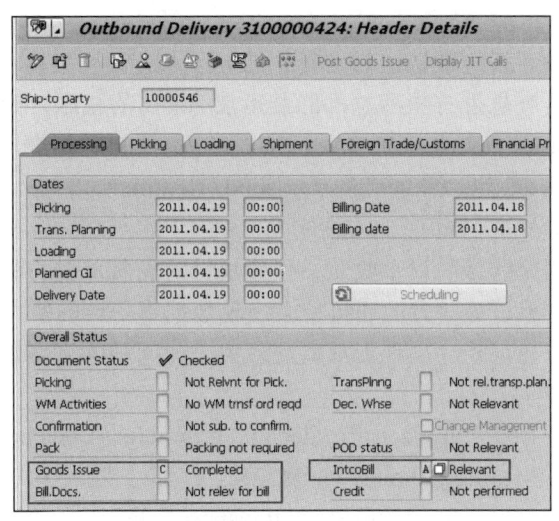

图 7-2　公司间的发货单的状态（VL03N）

问题 2：该发货单中的库位可以通过以下多种方法确定。

❑ 在采购订单中手工输入发货库位（Issue Storage Location）；
❑ 系统中发货过账时执行库存确定功能，参见 10.5 节 "库存确定"；
❑ 销售模块中的拣配地点确定功能（SD）；
❑ 批次确定功能确定，参照 16.4 节 "批次确定"；
❑ 通过增强实现。

问题 3：发货单（货物）的运输。

如果我们实施了 LE 运输模块，那么我们可以根据发货单创建运单（事务代码 VT01N），并进行相应的运费结算，并集成到财务模块中，生成相应的会计凭证，详细请参见第 15 章 "运输管理"。

> **注意**：关于事务代码 VL10B/VL10D 执行后找不到公司间采购单的问题。
>
> 事务代码 VL10B/VL10D 读取表 VETVG（Delivery Due Index for Stock Transfer）中的数据，请首先检查表 VETVG 中是否有相应的数据，如果有数据，则说明执行事务代码 VL10D/VL10B 中输入的查询条件有误或者权限等问题，如果没有数据，则是采购订单中的问题，如采购订单未审批。

（3）采购订单收货

当公司间采购订单被设置为一步法后，则对发货单进行过账，则自动收货，当设置为二步法，则通过事务代码 MIGO 进行收货，选择"收货/发货单" `A01 Goods Receipt` `R05 Outbound Delive` 命令，输入发货单号码 3100000424，进行采购订单收货。

问题1：针对发货单进行收货的权限。

对发货单进行收货，系统默认会对发货单的装运点进行权限检验，在本案中也就是苏州分公司收货时，会检查是否有上海总部的装运点 HX01 的权限，此时可以通过事务代码 SU22，取消事务代码 MIGO 对装运点（V_LIKP_VST）的权限检查。详细信息请阅读 SAP Note 35902 - Authorization check when posting goods receipt。

问题2：针对发货单和采购订单收货的差异。

尽管可以针对根据采购号码订单收货，但建议针对发货单进行收货，否则一方面会导致发货单的凭证流不完整，另一方面还可能会出现数据不一致的情况，在使用 EDI 处理采购订单的发票校验时，还可能会出现无法对应，关于此问题的更多解释，请阅读以下三个 SAP Note：

SAP Note 358454 - Redesign: Delivery document flow for goods movement；

SAP Note 361014 - Meaning of message M7352；

SAP Note 1499411 - GR reversal for stock transport order and document flow。

（4）发货工厂出具销售发票给货物接受工厂

事务代码 VF01 或 VF04（选择公司间发票），创建公司间发票，发票类型为 IV，通过配置系统可以自动将采购订单中的采购单价复制到该销售发票中。

（5）采购订单的发票校验

事务代码 MIRO，输入采购订单编号或者发货单号码进行采购订单的发票校验，本操作可通过 IDOC 自动实现，具体请参照第 18 章 "IDOC 和 EDI 应用"，同时参照 SAP Library 中 Invoices Received via EDI（MM-IV）。

5. 公司间采购订单的系统实现说明1——必需配置

系统已经预配置了相当多的配置，如发货单类型 NLCC 等，要实现公司间采购订单的功能，只需要额外配置下文中的三个信息。

- ❑ **设置1**：供应商与发货工厂关联。在采购订单中输入供应商，系统则可以根据供应商确定出发货工厂。
- ❑ **设置2**：装运信息的确定。装运信息包括装运给谁（客户编号）、使用何发货单类型、

相应的销售区域信息,三者的确定逻辑简述如下:
- 根据发货工厂,确定销售区域信息;
- 根据采购订单中输入的收货工厂信息,确定内部客户代码;
- 根据发货工厂和收货工厂,确定发货单类型。

❑ **设置 3**:销售开票的单价的确定。公司间采购业务中,一方的采购单价就是另外一方的销售单价,通过复制控制中的设置,使得销售开票时的单价可以取采购订单中的单价。

(1)前台数据维护——发货工厂的确定

在供应商主数据维护发货工厂,具体如图 7-3 所示,事务代码 XK02 输入供应商代码 100900 和采购组织 HC02,选择采购视图(Purchasing Data),选择菜单中的"附加(Extras)"—"附加采购数据(Add. purchasing data)"命令,输入发货工厂 H001。

注意:一个供应商只能对应一个发货工厂,如果在某家公司下存在多个发货工厂,那么只能通过建立多个供应商代码来对应多个发货工厂,但仅对应一个出票方。

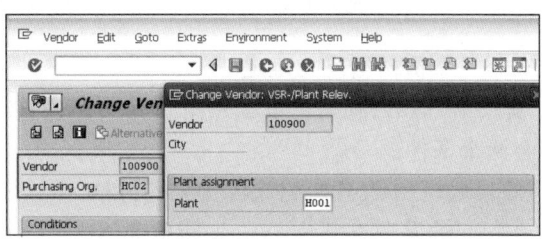

图 7-3 供应商与工厂的关联(XK02)

(2)后台配置定义——装运信息的配置

主要的配置见图 7-4、表 7-4,设置库存调拨单(Set Up Stock Transfer Order),事务代码 OLME 可以直接进入采购订单装运信息配置的路径,相关配置说明见表 7-4。

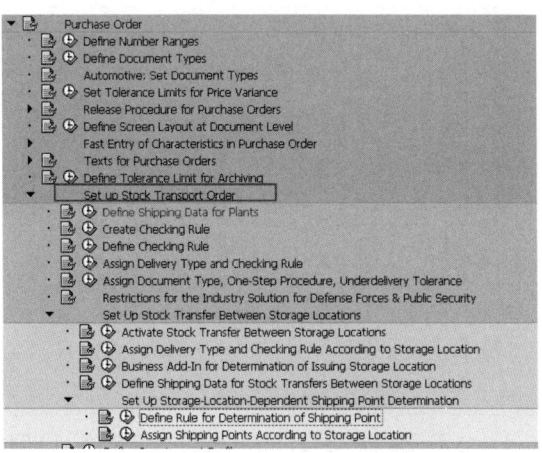

图 7-4 后台设置公司间的配置

表 7-4　公司间采购订单配置说明

配置英文描述	本案例配置说明
Define Shipping Data For Plant	为发货工厂 H001 定义创建发货单和发票用的销售组织（HX01）、分销渠道（H3）、产品组（H1） 为收货工厂 HY01 定义对应的客户代码 10000546
Assign Delivery Type and Checking Rule	为发货工厂 H001 和采购订单类型 NB 分配发货单类型（公司间的发货单类型为 NLCC，公司内发货单类型为为 NL）
Assign Document Type，One-step procedure，underdelivery Tolerance	定义库存转移是一个步骤（一步法），还是两个步骤（二步法），关于一步法和二步法参见 10.3 节"库存调拨、在途库存"
Shipping Point Determination	事务代码：OVL2，用来确定装运点（Shipping Point），本例中为工厂 H001 分配装运点 HX01
Set Up Stock Transfer between Storage Locations	系统除了可以根据工厂确定相应装运信息外，还可以根据库存地点确定装运信息，分配交货单类型、确定装运点等，对于在全国各地有很多分公司、子公司，并且分子公司可支配的库存以库存地点的形式存在的企业，该功能可能非常适用。 同时，激活库存地点功能后，在采购订单中才可以输入发货库位
ATP Check（Create、Define Checking rule、Assign Checking Rule）	在图 7-4 中，我们还可以定义 ATP 检查规则，苏州分公司创建采购订单时，系统自动进行 ATP 检查，告诉其上海总部可用库存情况。关于 ATP 的更多功能，请参见 6.5 节"生产订单中的组件的可用性检查"

（3）后台配置定义——开票价格信息的确定

上海总部出具销售发票给苏州公司时，发票中的价格可以设置取自公司间采购订单中的采购单价，只需要符合两个条件。

❑ 复制控制（Copy Control）中设置价格来源为采购订单。

本例中，使用到的公司间的发票类型为 IV，发货单为 NLCC，行项目类别为 NLC，因此如图 7-5 所示，事务代码 VTFL 选择发票类型 IV，发货单类型 NLCC，发货单行项目类别 NLC，然后设置"价格来源"（Price Source）选择 A（采购订单）。

❑ 销售发票中的条件类型与采购订单中的条件类型取相同的名字，如标准 SAP MRP 系统中均使用条件类型 PB00。

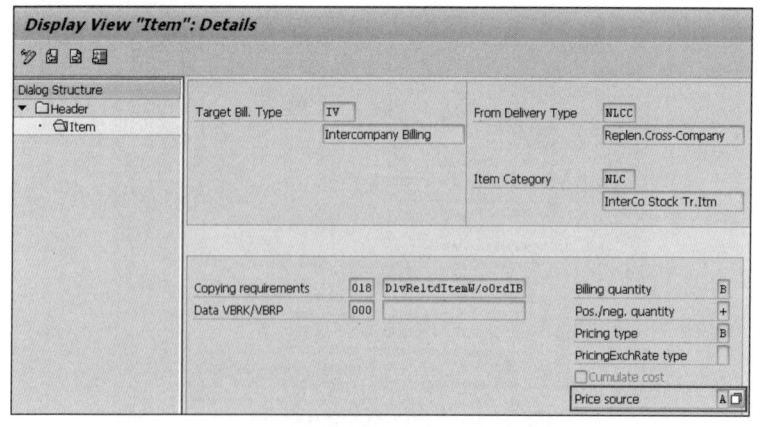

图 7-5　公司间发货单到公司间发票的复制控制（VTFL）

6. 公司间采购订单系统实现——标准配置说明

在前文中我们已经配置了发货单类型以及发货相关的组织数据，本节中，我们介绍一下 SAP MRP 的标准配置，这些标准配置中确定的主要内容如下：

❑ 确定公司间的发票类型（IV）；
❑ 确定发货单行项目类别（NLC）；
❑ 确定发货单的发票相关性（与公司间发票相关）；
❑ 确定发货单的发货过账的移动类型。

除此之外，系统还配置了其他内容，但限于篇幅，我们仅关注这几个与公司间采购密切相关的内容。

（1）确定公司间的发票类型（IV）

发货单和销售订单类型的定义中确定公司间采购的发票类型。如图 7-6 所示，事务代码 0VLK，在发货单类型 NLCC 的定义中确定（Default Ord.ty/Default Order Type）默认的销售订单类型 DL，这里的订单类型的定义仅仅是出于技术需要，具体而言是因为系统是需要通过销售订单类型（DL）确定发票类型（IV）。销售订单类型（DL）的定义中确定公司间发票的类型为 IV（事务代码 VOV8 截图略）。

（2）确定发货单行项目类别 NLC

在发货单的行项目的确定中，定义发货单（销售订单）行项目 NLC 的确定；如图 7-7 所示，事务代码 0184 定义了发货单行项目 NLC 由发货单类型 NLCC、物料的项目类别 NORM、用途（Usage）V 确定。

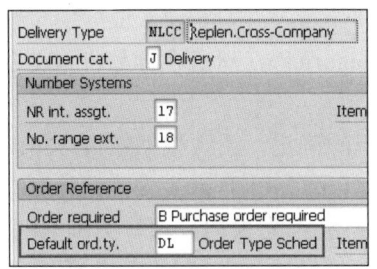

图 7-6　定义公司间的发货单
类型 NLCC（0VLK）

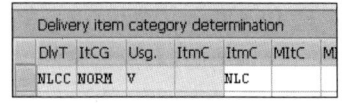

图 7-7　定义发货单中的行项
目类别 NLC（0184）

物料的项目类别是在物料主数据的销售视图中定义的，类别 NORM 为最常用的类别。

用途是由系统自动确定的，本例中的用途 V 对应采购订单，只要根据采购订单创建发货单，系统就自动确定用途为 V。

注意：对于非参照销售订单创建发货单，而是参照采购订单或者其他单据创建的发货单，其发货单行项目类别同时相当于销售订单的行项目类别，无需再根据销售订单类型进行确定销售订单行项目类别。

(3) 确定发货单的发票相关性（与公司间发票相关）

如图 7-8 所示，通过事务代码 VOV7 定义销售订单的行项目类别（NLC）与公司间发票相关。

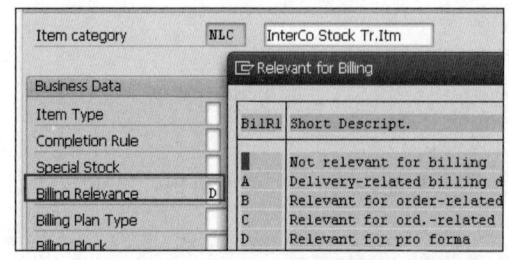

图 7-8　定义虚拟的销售订单行项目类别的属性（VOV7）

在销售订单行项目的定义中，设置"出具发票相关"（Billing Relevance）选择"D"，字段"出具发票相关"中定义了行项目的开票属性。

注意：D 不仅仅是图 7-8 中字面意思（与形式发票有关/Relevant for pro forma），实际上还指该行项目类别与跨公司发票相关，此处不应该随意修改，这里不应该选择空白，否则发货工厂（上海总部）创建的发货单无法创建对应的公司间发票，这里也不应该选择 A，否则创建的发货单既与公司间开票相关，又与非公司间开票相关（参见上文图 7-2 中发货单的中的状态）。

---

(4) 确定发货单的发货过账的移动类型

系统首先确定出计划行类别（Schedule Line Categories），然后在计划行定义发货单发货过账的移动类型。

如图 7-9 所示，事务代码 VOV5 中定义了计划行的确定，系统根据销售订单的行项目类别（字段 ItCa/Item Category）和 MRP 类型（字段 Typ/ Mrp Type）来确定计划行。本例中，行项目类别为 NLC、物料的 MRP 类型为 PD，系统首先根据行项目类别 NLC 和具体的 MRP 类型 PD 寻找相应的记录，如果找不到，则根据行项目类别 NLC 和 MRP 类型（空白）寻找相应的记录，最终确定计划行类别 NC。图 7-9 中，MRP 类型为空白，是通配符的概念，代表该条记录适用于所有的 MRP 类型。

如图 7-10 所示，事务代码 VOV6 定义了计划行类别对应的移动类型，本例中定义计划行类别 NC 对应的移动类型，若库存调拨采用一步法（One-Step），则移动类型为 645，若库存调拨采用二步法（Two-step），则移动类型 643，本例中发货单的发货过账和收货为两个步骤，为二步法。在图 7-4、表 7-4 中，定义了一步法、二步法是如何被确定的。

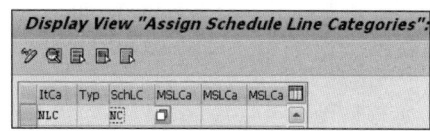

图 7-9　计划行的确定（VOV5）　　　图 7-10　计划行的定义中定义了公司
间发货过账的移动类型（VOV6）

7.2.3　公司间采购订单的退货以及免费项目

上面介绍到了正常的公司间采购业务，下面首先介绍两种特殊的公司间采购订单业务，最后对公司间采购订单业务的相关配置做一个简单的汇总说明。两种特殊的公司间采购订单业务：

- ❏ 公司间采购订单退货：有正常的业务就会有退货业务；
- ❏ 公司间免费的采购订单：譬如 A 公司的废料可能无偿调拨给集团下另外一家公司。

1. 公司间采购订单退货

在正常的公司间采购订单的配置基础上，只需要增加一个配置：分配退货的发货单类型 NCR 给相应的采购订单类型和交货工厂（供应商对应的工厂）。

配置路径：OLME>Purchase order >Return Order> Store Return / Return Plant to Plant。

（1）操作流程说明

以分公司向总部退货为例：

- ❏ 事务代码 ME21N 分公司创建退货的采购订单，采购订单中的供应商为总部，收货工厂为分公司工厂，采购订单行项目标记为退货；
- ❏ 事务代码 MIGO 输入采购订单编号，分公司进行退货，分公司库存减少；
- ❏ 事务代码 VL10D 创建退货的发货单，事务代码 VL02N 对发货单进行收货，总公司库存增加；
- ❏ 事务代码 VF01 总公司创建退货的发票，发票类型为 IG，冲减总公司收入，该发票还可与正常的发票结合在一起合并出具金税发票；
- ❏ 事务代码 MIRO 分公司针对退货采购订单做发票校验，分公司对总公司的应收账款减少。

（2）操作注意点

正常采购订单以及公司间采购订单收货时对应的移动类型为 101，其对应的退货收货的移动类型为 161。

事务代码 MIGO，选择对发货单或者采购订单收货（Goods Receipt For Purchase Order），尽管采购订单退货时的移动类型为 161，但在做公司间采购订单退货时，图 7-11 中右上角的收货移动类型必须输入移动类型 101，否则采购订单行项目不会出现在收货的界面中，也就是说这里的移动类型 101 是用于搜索采购订单的，实际生效的移动类型为行项目中的移动类型 161。

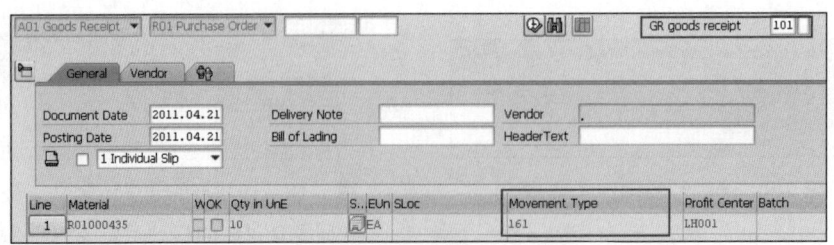

图 7-11 公司间采购退货中移动类型 101 和 161（MIGO）

2. 免费的公司间采购订单

在上文基础上，无需任何配置，其操作流程为：

- 事务代码 ME21N 创建公司间采购订单，行项目标记为免费；
- 事务代码 VL10D 创建发货单，此时发货单自动标记为与开票无关，当然后续也无需出具发票，只要采购订单行项目为免费，这一点是程序写死的；
- 事务代码 MIGO 采购订单收货，无需发票校验。

3. 公司间采购订单业务对比

公司间采购业务有着不同的类型，表 7-5 简要汇总了其中六种常用的业务类型及其主要系统参数。

表 7-5 公司间采购订单业务对比表

业务类型	发货单类型	货单/订单行项目类别	虚拟的订单类型	订单行项目中的发票相关	发票类型	计划行	发货（收货）移动类型
公司间采购（一步法）	NLCC	NLC	DL	类型 D，公司间开票	IV	NC	645/101
公司间采购（二步法）	NLCC	NLC	DL	类型 D	IV	NC	643/101
公司间采购（退货一步法）	NCR	NCRN	DLR	类型 D	IG	NS	675/161
公司间采购（退货二步法）	NCR	NCRN	DLR	类型 D	IG	NS	673/161
公司间采购寄售	NK	NKN	与开票无关，只支持二步法			K0	635（W）/101K
公司间采购（免费）	同公司间采购，但与开票无关						

7.2.4 公司间采购计划协议

在同一集团内，公司间业务往来非常频繁，可以使用上文中提到的公司间采购订单，也可以公司间采购计划协议，相比公司间采购订单，公司间计划协议无需创建采购订单，进一步减少了系统的操作，系统通过交货计划来传递采购、需求信息。

1. **公司间库存转储计划协议（框架协议）的简要操作步骤说明**

公司间采购计划协议，又可称为公司间库存转储计划协议，其操作步骤如下所示：
- 事务代码 ME31 创建公司间计划协议，框架协议类型选择 LP；
- 事务代码 ME38 手工维护计划协议的计划行（发货信息），代表发货公司需要发货的数量和发货日期，同时也是收货工厂需要的采购数量和采购日期；
- 事务代码 VL10B、VL02N 创建发货单，并过账；
- 事务代码 MIGO 针对计划协议收货；
- 事务代码 VF01 出发公司间发票；
- 事务代码 MIRO 发票校验。

2. **系统实现说明**

公司间计划协议需要注意两个问题。

（1）计划协议中的计划行

计划协议可通过事务代码 ME38 手工维护，但也可以通过运行 MRP 自动产生。

事务代码 ME01 维护货源清单时，将计划协议维护到货源中，并设置与 MRP 相关。

事务代码 MD02 前台运行 MRP 时，参数交货计划表（Delivery Schedules），选择 3（计划行/Schedule Lines），这样 MRP 运行后可自动产生计划协议的计划行。

（2）公司间计划协议定价

对于公司间计划协议，当事务代码 VF01 出具对关联公司的公司间发票时，默认是无法取到计划协议中的定价，这是因为计划协议中定价记录的保存默认采用的是时间相关的定价，而销售发票中采用的是单据相关的定价，系统只支持从单据相关的定价复制。

因此可建立一个新的计划协议，该计划协议用于公司间业务，并设置定价方式为单据定价，关于计划协议的定价请参见 9.3 节"计划协议定价"。

7.2.5 公司间采购的特殊业务类型

上文中介绍标准的公司间采购订单、计划协议，除此之外，可能还存在以下业务和公司间采购进行结合，表 7-6 对这些组合做简单的描述。

表 7-6 公司间业务类型的组合

采购单据类型	采购项目类别	SAP 对该业务的支持度	备注说明
公司间采购订单	正常物资采购	支持特殊业务（如退货、免费）	无
	委托外加工采购	取决于 SAP MRP 的版本，支持程度有所差异	见 7.3 节"委托外加工业务"
	服务采购（借贷项）	部分支持	见备注 2
	第三方（Third-party）	不支持该业务类型	见备注 1
	寄售（Consignment）	有限制支持	无
公司间计划协议	正常物资采购	支持	无
	委托外加工采购	有限制支持	无

组合说明如下：

备注 1：如果是第三方的同时又是公司间，那么说明该供应商是集团内的其他公司，此业务属于跨公司销售业务，具体参见 11.3 节"跨公司销售"和 11.7 节"第三方销售和单独采购"。

备注 2：公司间服务采购的定义。

业务场景描述：集团内的两家公司之间经常会相互提供服务（如 IT 服务、咨询服务、运输服务），还会发生各种需要进行补偿、补差等非正常的服务，譬如 A 公司向 B 公司采购 1000 元的货物，当出具发票完毕后，隔月发现金额错误，需要进行补差价，又如 B 公司向 A 公司提供 IT 支持服务，因此 A 公司需要支付特定金额给 B 公司。

7.3 委托外加工业务

众所周知，外包是当前应用非常广泛的业务，还诞生了很多专门做代工的工业巨头，如我们熟知的富士康。本节介绍的是其中一种类型的外包业务：委托外加工（Subcontract，简称"委外加工"），即企业提供全部或者部分原材料给一家制造商，由该制造商完成产成品的生产，然后交付给企业，企业再进行后续的制造或者直接销售。

企业可能出于多种原因进行委托外加工，如更低的成本、有限的生产能力、让专业公司从事专业事情、企业自身可以更灵活的应对市场变化。还有一种情况，客户委托公司加工，这称为来料加工。

下面通过两个案例介绍标准的委托外加工流程以及特殊的委托外加工流程，在此过程就常见问题做一些简单的阐述，具体而言分为以下内容：

❏ 委外加工与工序委外的比较；
❏ 委外加工的业务操作简介；
❏ 委外操作常见问题及系统实现说明。

7.3.1 委外加工与工序委外的比较

项目实施中，有人常混淆"委外加工"和"工序委外"这两种业务类型，下面就此做简要的阐述并进行对比。

下面举例说明委外加工和工序委外的概念：

❏ 委托外加工：投入 A、B 物料（1 个或多个物料），供应商加工完毕后，产出 C 物料，产品 C 加工完毕后送到仓库，而后可能直接销售也可能进行再次加工。加工好的产品 C 会形成库存。

❏ 工序委外：投入 A，对 A 加工，而后物料号码不变，还是 A，物料 A 是生产过程中的一道工序，只是这道工序变成了由供应商来承担。整个过程为连续的，当供应商完成工序加工后，随即进入下一道工序继续生产。当然可能由于每个月底财务月结的原因，也会形成在制品。

判断加工过程是委托外加工还是工序委外可通过以下方式：
- 对于投入多个原材料而后产出新的物料 C，不仅仅是加工的过程，这个过程中发生了装配或者化学反应等重大改变，自然应该是采用委外加工；
- 对于钢材加工为钢板这种类似的行为，其前后数量发生变化（投入 10t 钢材，产出了 100 块钢板）显然应该采用委外加工；
- 对于电镀、油漆这种对某个物料操作后，基本不改变物料原来的性质，采用工序委外更多一点；
- 在某些情况下，尤其从技术角度，采用工序委外或者委托加工都是可行的，只是操作步骤可能会有所差异，SAP MRP 中最终的账务处理都不会有问题。

下面的表 7-7、表 7-8 从两个方面（业务流程、SAP MRP 操作）对委外加工、工序委外进行比较。

表 7-7 委外加工和工序委外的业务流程差异

		委外加工	工序委外
差异	物料号码	需要创建新的物料	无需创建新的物料
	BOM 层次	需要创建 BOM，BOM 层次增多	无需建立 BOM，是对产品本身的加工
	我方投入物料	一个或者多个	基本为一个 供应商可能会提供辅料
	收发料动作	原材料发给供应商 供应商消耗原材料 产成品入库	不涉及物料的移动（核销），因为出去的为 A、回来的还是 A
	工艺处理	由供应商处理	平行工艺，通过工序号来区分
	发起部门	大多为采购部发起	大多为生产部发起
	加工完毕目的地	大多为仓库	大多为生产车间
	应用说明	苹果向三星采购显示屏，向高通采购处理器然后交由富士康加工成 iPhone。	1）某公司生产好的产品最后一道工序"油漆"由第三方负责，第三方有时会在本公司进行现场作业 2）处理生产突发情况，如：公司某台设备突然损坏导致某工序无法完成，此时使用工序委外处理流程简便
	管理的对象	通过采购订单管理整个流程	通过生产订单管理整个流程，同时结合采购订单功能

表 7-8 委外加工和工序委外在 SAP MRP 中处理流程简介

	委外加工	工序委外
主数据	1）创建物料，并设置产品的特殊获取类型为委外（外协） 2）维护产品的 BOM 3）维护采购信息记录（采购价格）类型为委托加工（外协加工）	1）维护采购信息记录（采购价格）类型为正常的 2）在工艺路线中指定特定工序需外发加工，同时工序中指定加工的供应商和采购信息记录

(续)

	委外加工	工序委外
流程	1）创建委外的采购订单，项目类别为 L（外协加工 /Subcontracting） 2）参考采购订单向供应商发料 3）供应商生产完毕后，针对采购订单收货，此时同时根据 BOM 倒扣原材料 4）收到供应商开具的加工费发票，对采购订单发票校验	1）创建生产订单 2）生产订单将触发产生工序委外的采购申请 3）采购申请转为采购订单，该采购订单挂在生产订单下（账户分配为生产订单） 4）供应商加工完毕送至我公司，对采购订单做确认 5）收到供应商开具的加工费发票，对采购订单发票校验
备注	N/A	1）若工序委外的过程可能会有多道的工序委外，涉及多家供应商，则建立多个外加工工序则可 2）若需要管理产品发送、运输给供应商的过程，常需要一定的开发

7.3.2 委外加工的业务操作简介

下面从三个方面对委外加工业务进行简要描述：
- ❏ 业务背景；
- ❏ 业务需求分析；
- ❏ 业务流程操作描述。

1. 业务背景

某公司 2010 年 10 月计划生产化妆品 Z10，但是生产能力有限。

当月的生产计划总产量 10000 盒，自行生产 5000 盒，委托供应商甲生产 5000 盒。

生产 1 盒化妆品需要 1 个外包装 ZW，一个内包装 ZN，以及 80g 半成品 ZB。（BOM 结构），其中对于由供应商甲生产的 5000 盒产品，其外包装由供应商甲自行采购，内包装由本公司负责采购，由供应商乙提供，由于供应商乙的距离供应商甲很近，因此供应商乙将按照本公司指令直接送货到供应商甲仓库中。

因此供应商乙按照指令送 5000 个内包装直接到供应商甲处，另外的 5000 个送到本公司仓库中。半成品均由本公司生产，然后按照需要发送给供应商甲，本月需要数量为 5000×80g=400kg 半成品 ZB。每盒化妆品的加工费支付 0.2 元，但同时由于外包装实际上由外包供应商甲自行采购，该外包装价值 0.3 元，因此每盒化妆品合计的支付给供应商甲的费用为 0.5 元。

2. 业务需求分析

本案例中涉及以下知识点：

- ❏ 外包商供料部分（其自购外包装）处理。外包过程中，供应商常常会自行提供一部分辅料、材料，这些辅料的处理方式有多种，可以忽略不计，直接当成加工费的一部分，对于不可忽略的物料也可以在 BOM 中体现，详细见下文的测试 1。
- ❏ 内包装处理：直接送货到外包供应商处。交由供应商生产的产品中通常包括我方提供的物料，但有时也包括由另外一个供应商提供的原材料，如何实现该原材料，由另外一个供应商直接送货到外包供应商处，详细见下文的测试 2。
- BOM 选择问题。物料 A 需要两个 BOM，一个用于自制的生产订单，一个用于委托外加工的采购订单，两个 BOM 可能有所差异，另一方面我们还需要确定成本估算时，按照自制 BOM 还是委托外加工 BOM 处理，详细介绍见下文的测试 3。
- 我方供料部分处理。从我公司仓库运输到外包供应商甲处，如何实现创建发货单以及后续的运单、运费结算，详细的见下文的测试 4。
- 生产计划维护。如果既有自制，又有委外，并且有非常多的物料经常性的有这样的情况，那么可以启用 MRP 区域功能，详细见 4.1 节"MRP 区域（MRP Area）"。

3. 业务流程操作步骤简述

本案例中，委外加工的操作步骤简述如下，部分操作请参见 4.1 节"MRP 区域（MRP Area）"。

（1）事务代码 MD61 维护独立需求

在两个不同的 MRP 区域下（本公司工厂、外包供应商甲），各自维护产品 Z10 的计划独立需求 5000 盒。

（2）事务代码 MD02 运行 MRP

假设运行 MRP 前，所有原材料和半成品的库存均为零，因此运行 MRP 的结果如下所示。

1）在 MRP 区域（外包供应商）下相关物料的 MRP 情况如下。
- 在该 MRP 区域下将生成产成品 Z10 的委外采购申请；
- 在该 MRP 区域下将会产生原材料 ZN 的采购申请 5000 盒，收货方为供应商甲，这是因为原材料 ZN（内包装）由供应商乙直接送到供应商甲处。
- 在该 MRP 区域下将不会产生原材料 ZW 的采购申请，这是因为原材料 ZW 由供应商甲直接提供。
- 在该 MRP 区域下将会产生半成品的库存转储的预留，数量为 400kg，该预留从工厂 MRP 区域转移到外包供应商处。

2）在工厂下相关物料的 MRP 情况如下。
- 工厂的 MRP 区域下将会产生产成品 Z10 的计划订单 5000 盒；
- 工厂的 MRP 区域下将会产生原材料 ZN（内包装）的采购申请，收货方为我公司仓库；
- 工厂的 MRP 区域下将会产生半成品 ZB（半成品）的计划订单 800kg；
- 工厂的 MRP 区域下将会产生半成品的库存转储的预留，数量为 400kg，该预留从工厂 MRP 区域转移到外包供应商处。

（3）事务代码 ME57 将采购申请转为采购订单

将内包装 ZN 的两个采购申请转为采购订单，其中一行的送货地址为供应商甲，另外一行的送货地址为我公司仓库，数量各为 5000 个，该张采购订单发给供应商乙；将产成品 Z10 的采购申请转为委外的采购订单，数量为 5000 盒。

(4）事务代码 CO41（MD04）将计划订单转为生产订单

将产成品 Z10 的计划的订单转为生产订单，数量为 5000 盒；将半成品 ZB 的计划订单转为生产订单，数量为 800kg。

(5）事务代码 MIGO 对原材料进行收货

供应商乙反馈已经送货到我公司以及送货到供应商甲处，则对原材料 ZN 的采购订单进行收货；车间反馈半成品已经生产完毕，则对半成品 ZB 的生产订单进行收货。

(6）事务代码 MB2O、VT01N 将我方供料发送给外包供应商甲

按计划将半成品 ZB 400kg 发货给供应商甲，在系统中创建发货单（事务代码 ME2O）；仓库发货，在系统对发货单发货过账；（事务代码 VL02N）；物流公司运输，在系统中创建运输单据（事务代码 VT01N），以及后续的运费结算。

(7）收到供应商甲加工完毕的产品

供应商甲生产完毕 5000 盒，并送至我公司，事务代码 MIGO 对采购订单进行收货，并倒扣物料。

7.3.3 委外操作常见问题

本节对委外操作的常见问题做简要的描述，限于篇幅，仅截取部分图片，共分为以下四个部分的测试：

❑ 外包商自购外包装的处理；
❑ 原材料从一家供应商直接送到外包供应商；
❑ BOM 选择 – 采购信息记录与委外订单、与生产版本（测试 3）；
❑ 从我公司仓库运输到外包供应商甲（测试 4）。

注意：下面演示的案例所使用到的物料编码与上一节案例中的物料编码不相同。

1. 外包商自购外包装的处理（测试 1）

产成品 PFERT8 的 BOM，包括三个组件，其中组件 PROH82 为供应商提供，系统实现如图 7-12 所示，事务代码 CS01 维护产成品的 BOM 时，设置产成品 PFERT8 的 BOM 中的组件 PROH82 的"物料供应标识（Material. Provision）"为供应商提供，同时设置成本估算为空白。通过这两个设置主要达到以下两个目的。

❑ 供应商提供的部件，无需产生该物料的相关需求，因为该物料并不需要我们提供；
❑ 成本估算时，不应该包括此物料，该物料的成本体现在加工费中。

注意：当将物料供应标示修改为 L（供应商提供）时，并不会自动设置该组件与成本估算无关，因此在修改物料供应标示符的同时，还应该手工将该组件设置为与成本估算无关。

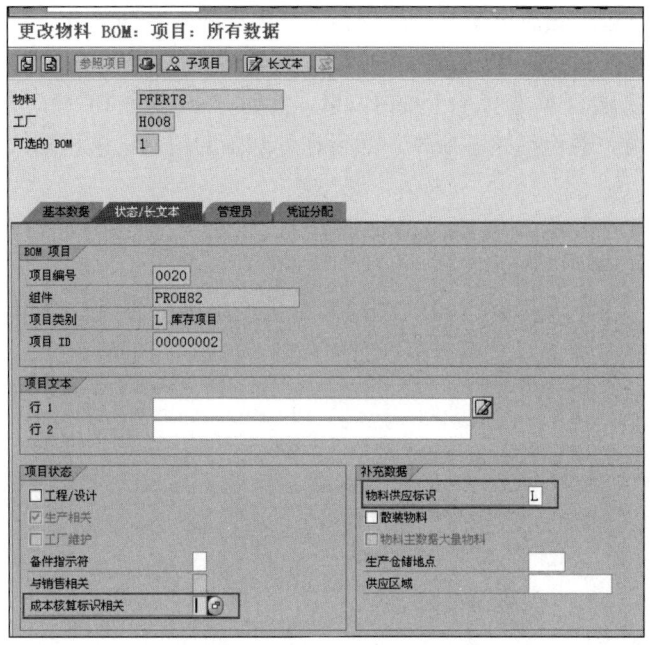

图 7-12 委外加工的 BOM—供应商供料的设置（CS01）

2. 原材料从一家供应商直接送到外包供应商（测试 2）

向供应商乙采购的物料直接送到另外一个外包供应商甲（编码 1111）处，其系统操作如图 7-13 所示，创建对供应商乙的采购订单时，手工在收货地址（delivery Address）输入另外一个供应商甲的代码 1111，并勾选上"SC Vendor"选项。

当事务代码 MIGO 对采购订单收货时，货物的接受供应商（Receiving Vendor）变成了供应商 1111。采购订单收货后，通过事务代码 MMBE 和 MBLB 查看库存情况，库存直接入到供应商 1111 处，形成外包库存。

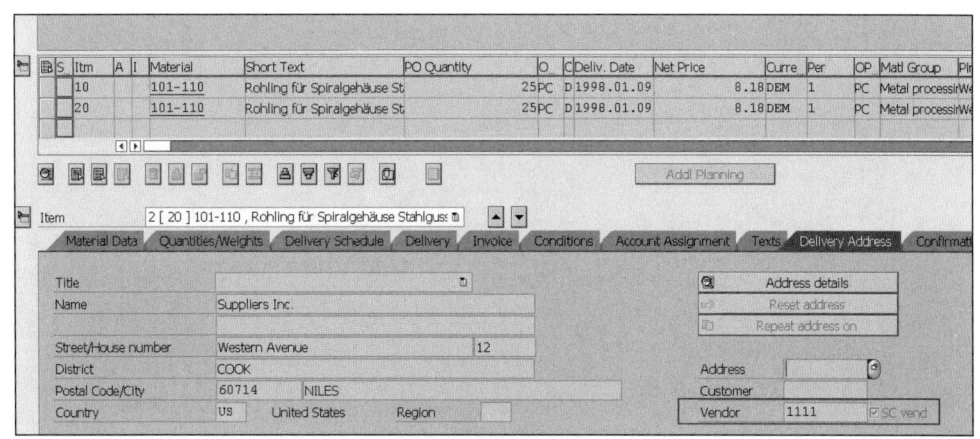

图 7-13 委外加工的组件的设置（ME23N）

3. BOM 选择，采购信息记录与委外订单、与生产版本（测试 3）

公司有一成品既可以厂内生产，也可以委外生产，两种方式的 BOM 不一样，在 ME21N 时如何为采购订单选择合适的 BOM。此时维护多个 BOM，并在物料主数据的 MRP4 里维护版本号，并激活这些版本，然后在外加工的信息记录里输入版本号。

具体的步骤如下：

1）首先通过事务代码 CS01 为成品物料 70032 创建两个 BOM，一个 BOM 用于自制生产，另外一个 BOM 用于委外加工；

2）如图 7-14 所示，为物料 70032 创建两个生产版本，其中一个用于自制生产，另外一个用于委托外加工，并激活，两个生产版本分别对应两个 BOM；

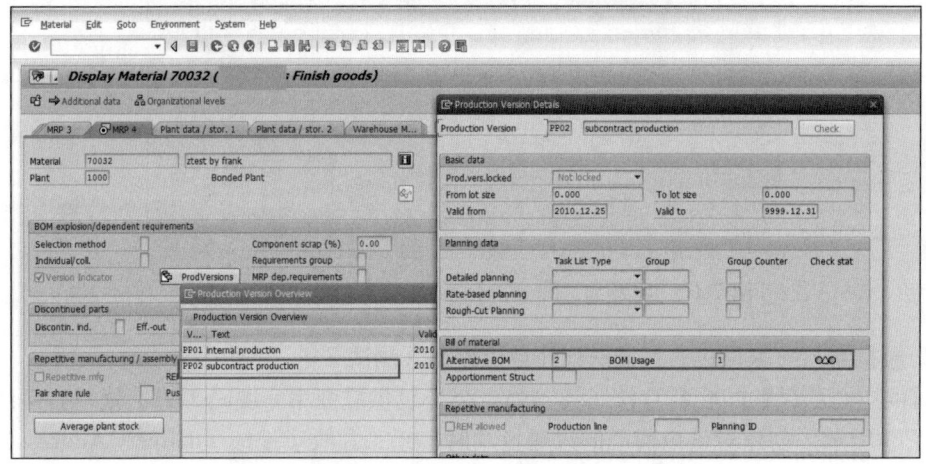

图 7-14　物料的生产版本—MRP4 视图（MM03）

3）如图 7-15 所示，在采购信息记录中，指定用于委托外加工的生产版本；

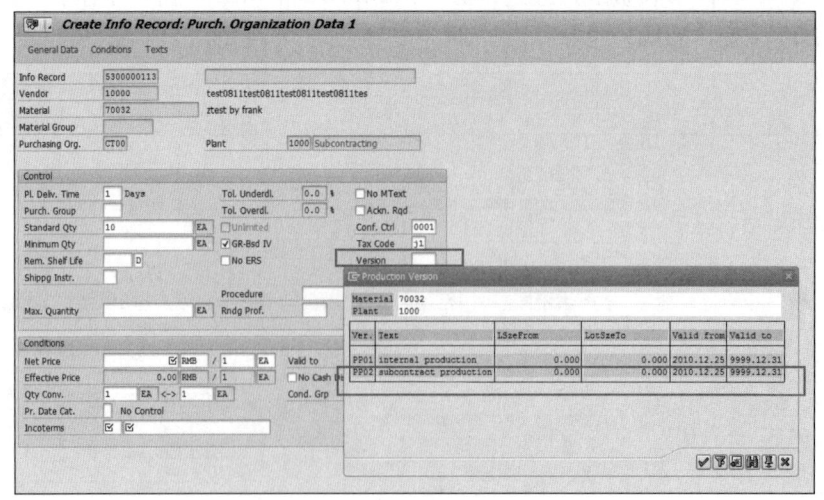

图 7-15　创建委外的采购信息记录，并指定版本（ME11）

4）创建委外的采购订单，采购订单中组件以及组件的数量将依赖于委外加工的生产版本中的 BOM 的情况。

4. 从我公司仓库运输到外包供应商甲（测试 4）

企业希望管理外发原材料、半成品给外包供应商的发货和运输过程，则可以在系统中创建发货单、创建运单。

如图 7-16 所示，执行事务代码 ME2O 后，在此界面可以看到委托外加工的组件的预留数量，代表需要发送给外包供应商的物料和数量，单击创建发货单"Create Delivery"，则可以生成发货单，在此界面，可以对发货单进行实际过账（Post Goods Issue），后续还可根据该单据创建运单，并进行运费结算。详细请参见第 15 章"运输管理"。

> 提示：更多关于事务代码 ME2O 的解释，请查看 SAP Note 458938 FAQ: Subcontracting stock monitoring list，transaction ME20。

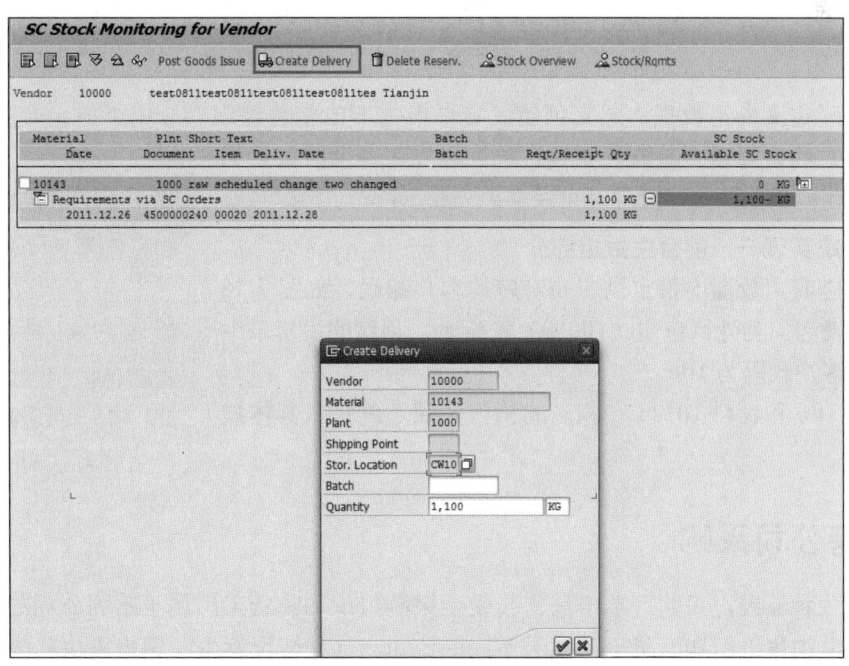

图 7-16　对外包供应商的库存监控（ME2O）

7.3.4　委外系统实现说明

上面介绍的委外操作，绝大部分都不需要进行任何后台配置，只需要维护必要的主数据，主要的配置都是由于需要创建发货单，而创建发货单必要的因素如下：

❏ 发货单类型，发货单类型通过后台配置；

❑ 销售区域（销售组织、分销渠道、产品组），通过工厂的装运数据配置；
❑ 客户，通过在供应商中进行确定；
❑ 相应主数据，前台将客户、物料在相应销售区域下维护。

1. 系统实现前提——后台配置部分

系统实现包括系统预定义的配置和额外需要进行的配置。

1) 预定义配置。系统预定义了发货单类型 LB、行项目类别 LBN、计划行类别 LB 以及对应的移动类型 541，该配置由于系统已经预先配置，不再阐述。

2) 额外设置的后台配置。如图 7-17 所示，事务代码 OMGM 根据工厂确定委外加工的发货单类型，本例中为工厂 1000 分配发货单类型 LB。

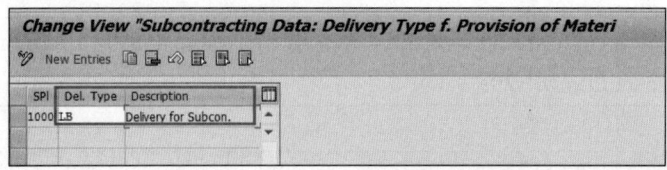

图 7-17　分配发货单类型（OMGM）

为工厂定义发运数据，定义创建发货单所需要的销售组织、分销渠道、产品组信息。配置路径：物料管理 > 采购 > 采购订单 > 设置库存调拨单 > 为工厂维护装运数据，具体配置参见表 7-4、图 7-4。

2. 系统实现——前台主数据部分

在供应商主数据中指定供应商对应的客户编码，如图 7-18 所示，代表当向委外供应商（10000）发货时，创建的发货单中的送达方客户代码为 106。

客户 106 和物料 10143 在相应的销售区域下维护，具体操作略。

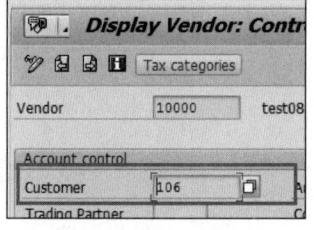

图 7-18　供应商与客户关联（XK02）

7.4　跨公司采购

由于各种原因，采购订单中经常会发生采购组织和收货工厂属于不同公司的情况，如销售订单中销售组织和发货工厂属于不同的公司。这种情况发生在销售模块称为跨公司销售，发生在采购模块可称为跨公司采购（也称为集中采购），对于集团型的公司，这样的情况经常会发生。

1. 业务场景简述

由于多种业务的原因可能会出现跨公司采购的情况，以下为两个典型的场景：

❑ 由于某些特殊的原因，对供应商的收货是收到某个公司（如生产性质的公司 B），而对供应商的付款是由另外一家公司（如贸易性质的公司 A）采购，如在国内，不少公司在香港特别行政区会成立这类贸易性质的公司，当需要向国外进口一些原材料，则通过 HK 公司，实际供应商送货直接送至国内的工厂。
- 某集团下，有多家公司（如公司 A、公司 B、公司 C 等）都需要使用同一个原材料，采用集中采购的模式，由其中一家公司 A 与供应商签订协议，相关付款业务全部由 A 公司操作，但送货根据每家公司（公司 A、B、C 等）的需要送至各自公司的工厂中。如 A 公司可能是财务共享性质的公司或者为母公司，统一负责对外部供应商的付款。

2. 方案分析

对上述两个业务场景有以下两种方案。

方案 1：认为是二次采购行为，相应的创建两张采购订单。

首先是在系统中创建对外部供应商的采购订单，采购组织、收货工厂均为 A 公司，并创建针对 A 公司的公司间的采购订单，采购组织、收货工厂为 B 公司。收到供应商的实物后，首先在 A 公司进行收货，然后再从 A 公司针对公司间采购订单创建发货单，发给 B 公司，B 公司再做收货。

方案 2：创建一张采购订单。

同一张采购订单，收货的公司与发票校验的公司可以是不相同的，创建采购订单，采购订单中的采购组织属于 A 公司，采购订单中的行项目的工厂属于 B 公司（或 C 公司等），这样当采购订单收货时，库存收到 B 公司，发票校验时，直接在 A 公司进行发票校验。发票校验时，除了产生对外部供应商的应付账款的会计凭证，还会在 A、B 两家公司之间产生公司间往来的会计凭证。

方案简单比较

方案 2 优点在于简洁，整个后勤模块的操作步骤少，并且与业务完全匹配，但是其缺点在于缺少必要的会计凭证，公司 A 下缺少收入、成本科目，同时公司间往来凭证的科目中不包括税金科目，这些凭证需要手工进行制作，如果 A 公司需要出具增值税发票给 B 公司，那么采用该方案对金税接口也会有影响。

方案 1 优点在于不需要财务做手工凭证，缺点已经在方案 2 中描述，与业务不符。

系统实现说明

方案 1 的系统实现在上文公司间采购中已经描述。

方案 2 的系统实现需要通过事务代码 OBYA 定义公司间清账科目（Clearing between company codes），这样在进行跨公司代码的发票校验时，系统可以在产生对供应商的应付的同时产生公司间往来的会计凭证。

7.5 计划协议

计划协议主要应用在供求双方关系非常紧密的情况下，供求双方大多有"亲戚"关系或者"依赖"关系。如在汽车行业有着极为广泛的应用。在汽车行业，汽车整车厂与重要的汽车零部件之间签订的一般是计划协议（Schedule Agreement），汽车零部件产生的某些产品专供特定的汽车整车厂，而汽车整车商就特定的零部件也只向特定的汽车零部件厂商购买，两家公司之间共享生产计划、供货计划等信息，生产计划与交货计划在系统中以计划协议的计划行的形式体现，两家公司一方面是供应链的上下游关系，另一方面互相之间经常又是 100% 的依赖关系。

具体而言，以汽车行业为例，其操作步骤简要如下：
❑ 汽车整车厂商下达季度、月度的零部件需求计划给汽车零部件厂商；
❑ 汽车零部件厂商收到该生产计划后安排自身的生产计划、采购计划；
❑ 汽车整车厂商下达每周、每日的交货计划给汽车零部件厂商；
❑ 汽车零部件厂商收到该交货计划后安排出货给汽车整车厂商。

整个过程的信息交流非常频繁，如果采用传统的采购订单模式，一方面效率比较低，操作烦琐，另外一方面，无法同时体现两个计划（生产计划、交货计划），采购订单中一般体现的仅仅是交货计划，代表供应商应该向客户何时交付特定数量的产品，而非生产计划，生产计划是需要指导供应商进行生产的。

计划协议比其他采购模式涉及的内容更多，限于篇幅，不再详细阐述。

在 9.3 节"计划协议定价"通过介绍定价功能，简要介绍了计划协议的功能。

在上文 7.2.4 节"公司间采购计划协议（7.2.4）"中也简要介绍了公司间计划协议的流程。

7.6 寄售业务处理

供应商寄售（Vendor Consignment）是企业与供应商签订协议，要求供应商将货物送达企业仓库，由企业进行保管，并自由分配使用，此时不发生物权转移，企业实际消耗或者转为自有库存时，再进行结算，结算数量为企业消耗或转为自有库存的数量，结算价格为消耗或者转为自有库存时点的价格，一般固定期间结算（如每月结算一次）。

7.6.1 系统操作简述

供应商寄售的操作流程具体如下。

1. 主数据设置

事务代码 MM01 在物料的 MRP2 视图中维护特殊获取类型寄售（10-Consignment），这样运行 MRP 产生的采购申请就是寄售的采购申请（项目类别为 K）。事务代码 ME11 维护采购信息记录时，信息记录的类别为寄售（Consignment）。

2. 采购订单创建

根据采购申请或者直接创建项目类别为 K 的采购订单。

3. 采购订单收货

收货后，直接进入供应商寄售库存，此时不会产生会计凭证，不会增加库存金额，只会增加供应商寄售库存数量，收货后可以通过事务代码 MMBE 或者 MB54 查看到每个供应商的寄售库存。

4. 寄售库存消耗

寄售库存消耗的模式与相关说明如下。

（1）寄售库存消耗的模式

寄售库存消耗有以下两种方式。

- 通过事务代码 MB1B，移动类型 411（K），将库存从寄售库存移转到自有库存，再从自有库存进行消耗，从寄售库存转移到自有库存的过程，将会生成会计凭证。
- 直接从寄售库存进行消耗

（2）寄售库存消耗说明

如果寄售库存使用批次管理，在生产发料（如 MIGO）时，可以使用库存确定和批次确定功能来确定寄售批次。如果同一个物料既有寄售库存，又有自有库存，可以通过物料库存确定功能（Stock Determination），实现先使用自有库存，再使用寄售库存。关于库存确定请参见 10.5 节 "库存确定"。

5. 寄售结算

通过事务代码 MRKO 对寄售物料进行结算，结算的数量即为转为自有库存或是寄售消耗的数量，结算的价格为物料凭证的日期所对应的寄售的采购信息记录的价格。

> 注意：事务代码 MRKO 不可以人工干预，系统完全根据物料凭证的数量和采购信息记录的价格进行结算，这就要求采购信息记录维护的及时与准确性，与供应商对账保持清晰。

6. 寄售业务补充说明

1）当寄售发票需要冲销时，首先冲销相应的物料凭证，然后通过 MRKO 再次结算，参见 SAP Note 356130 - MRKO: Reversing the documents。

2）寄售相关科目需要设置允许带税码进行过账。详细参见 SAP Note 103639 - MRKO: Message M8050。

3）寄售业务与交货成本（运费）。寄售业务下，不支持交货成本，请参见 SAP Note 208555 MB11 Delivery costs for pipeline and consignment。

4）寄售与 QM（质量管理）。寄售入库后，同样可以产生检验批，此时如果某个检验特征为破坏性检验（Destructive Inspection），则因为检验消耗的物料视为已被使用，这些物料将列入待结算清单中。

5）寄售与公司间采购。限于篇幅，请参见本人博客介绍 "公司间采购—寄售业务"。

7.6.2 供应商寄售与 VOI、VMI

供应商寄售，也可称为 VOI（Vendor Owned Inventory/ 供应商拥有库存），它的主要的目的是降低企业自身的库存。

而 VMI（Vendor Managed Inventory/ 供应商管理库存），是通过企业与供应商之间共享库存、需求等数据，提高采购效率、采购数量的合理性，从而来优化整体（供应商和企业）的库存水平。

1. VMI 和 VOI 的比较

VMI 和 VOI 二者之间存在的一些区别如下：

- VMI 是对供应链上的补货模式的改进与变革，打破了传统的各自为政的库存管理模式，通过上下游企业之间数据共享、协作，可实现供应商自动补货；而 VOI 着重在财务结算上的变化，着重在使用时物权转移并进行结算，这样一是财务账上没有库存体现，二是大大延迟了结算时点；
- VMI 物权一般为企业所有；当然合约规定也可以为供应商拥有；VOI 物料所有权为供应商，使用时才转移到企业；

可以看出 VMI 是一个系统的工程，并非简单的供应商寄售，通过加强供应商与企业之间的相互协作能力，使得供应商、企业的角色相当于一个集团下的两个部门，实现信息良好的沟通。

2. VMI 的应用情况

贸易领域：供应商（如宝洁）与零售企业（如家乐福）之间。

制造领域：汽车、电子等行业，如零部件生产商（如博世集团）与成品制造商（如上海通用）之间。

不同的领域关注的 VMI 重点有所差异，以贸易领域为例，零售企业将库存数据、销售信息以 EDI 形式（或其他形式）发送给供应商，供应商收到后，根据收到的该零售企业的当前库存，以及目标库存，生成预计的需求量，并根据自身的库存情况计算可行的订货量（建议订单），将建议订单以 EDI（或其他形式）的形式发送给零售企业，零售企业收到后，做适当修改，提交确认的订单给供应商，供应商按照此信息进行补货。

7.7 带账户分配的采购订单

账户分配（Account Assignment）说明了采购的原因，因何而采购，采购成本归集在何对象上，账户分配的同义词为科目分配。账户分配的由来请参见 7.1.2 节。下面介绍账户分配的定义，并举例说明如何理解账户分配的采购订单。

7.7.1 账户分配的定义与类别

本小节首先介绍常见的账户分配类别，然后以账户分配类别 E 举例说明账面分配的应用。

1. 系统预定义的账户分配类别

系统预定义了数十种账户分配，不同的账户分配代表不同的业务类型，表 7-9 所示为最常见的账户分配类型及其主要参数。

表 7-9 账户分配类别

账户分配	描述以及应用的业务类型		参见章节	消耗记账	账户修改	特殊库存
空白		按库存采购	N/A	空白	空白	空白
A	Asset	资产采购	N/A	A	空白	N/A
E	Customer indiv. reqt	单独采购业务	11.7 节 2.3.3 节	E	VBA	E
F	Order	工序委外	N/A	V	VBR	空白
K	Cost center	费用采购	N/A	V	VBR	空白
M	Ind. cust. w/o KD-CO	按销售订单采购	2.3.3 节	空白	VKA	E
U	Unknown	运输服务采购	15.3.5 节	U	空白	空白
X	Third-party	第三方业务	11.7 节	V	VAX	空白

2. 账户分配类别示例

事务代码 OME9 定义账户分配，以账户分配类别 E 为例，相关定义以及示例如图 7-19，相关定义说明如下。

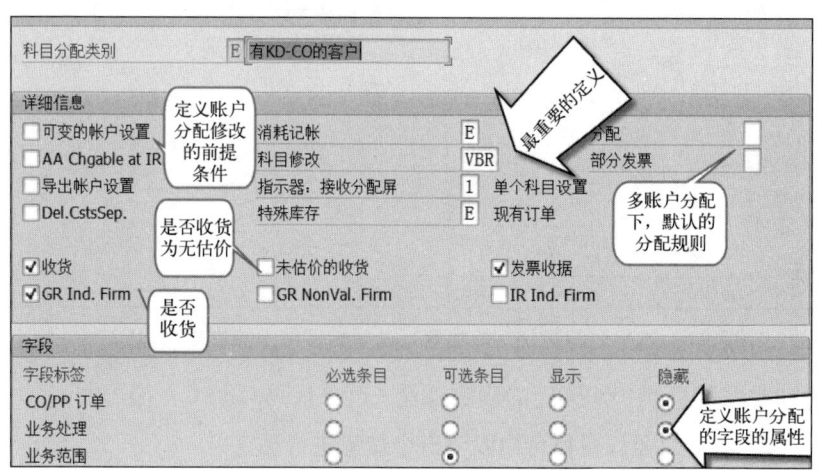

图 7-19 账户分配类别（E 类型）的定义（OME9）

（1）字段"导出账户设置"（Derive account assignment）

该字段是指根据 G/L 科目确定（派生）CO 对象，参见 SAP Note 551863 - ME21N Accnt assignment not derived for required entry field。

有账户分配的采购订单中需要输入 G/L 科目（总账科目），该科目可以手工输入，也可以根据物料组确定，当 G/L 科目确定后，系统可根据 G/L 科目派生成本中心、利润中心等信息。

具体的派生规则通过事务代码 OKB9 定义，在派生规则中可以定义费用科目默认的成本中心、内部订单，这样在采购订单中输入某费用科目后，系统就可派生出相应的成本中心、内部订单。

(2) 字段 "可变的账户设置"

该字段是指采购订单已经收货或发票校验后，是否还可以修改账户分配中的内容，参见：SAP Note 210019 - ME22 account assignment is no longer changeable。

(3) 其他定义

定义账户分配中字段的属性，如是否必须输入、是否隐藏。定义是否需要进行收货，收货是否估价。

以账户分配 E 为例，销售订单为必须输入、而业务范围为可选择输入。

7.7.2 账户分配与科目确定

创建带账户分配的采购订单时，需要输入 G/L Account（总账科目），该总账科目可以由系统自动确定，下文中，以账户分配（E）为例，介绍图 7-20 中采购订单中的总账科目的确定。

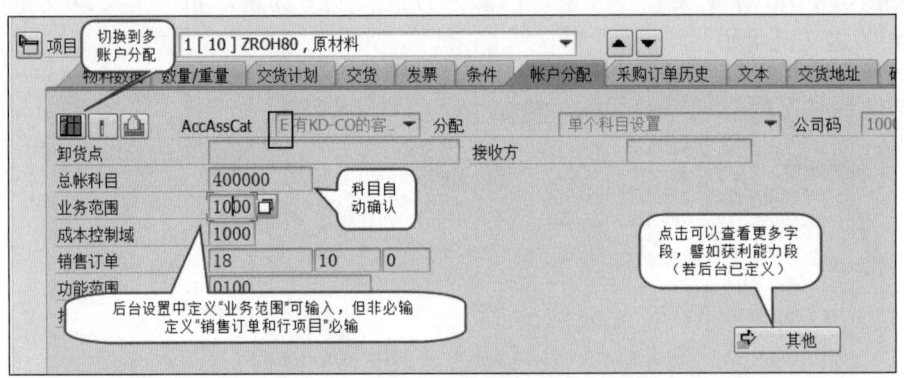

图 7-20 账户分配类别（E 类型）在采购订单中的影响（ME23N）

图 7-20 中总账科目 "400000" 的确定过程（事务代码 OBYC）描述如下。

1. 如图 7-21 所示，会计科目可由以下五个信息进行确定

账目表（Chart of Accounts）；

业务（Transaction）；

估价修改（Valuation Modification）；

一般修改（General Modification）；

评估级别（Valuation Class）。

2. 账目表的确定

账目表（Chart of Accounts）是指公司所采用的会计科目表类型，同义词为科目表，本例中采购订单中的公司代码为 1000，事务代码 OBY6 定义公司代码对应的科目表，具体而言公司代码 1000 对应的科目表为 INT。

3. 业务的确定

业务代表当前操作的业务类型，对于采购订单入库来说，业务类型主要分为两个：

- 业务 GBB（Offsetting entry for inventory posting），对应的业务是采购入库时不形成库存，而是直接消耗。
- 业务 BSX（Inventory posting），对应的业务是采购入库时将会形成库存，大部分情况下的采购订单入库都是使用业务 BSX。

本例中，账户分配类别 E 中（见图 7-19）定义消耗记账（Consumption posting）为 E，代表采购订单入库后，直接进入消耗科目，因此业务为 GBB。

4. 估价修改的确定

估价修改（Valuation Modification）代表企业的估价的方式，同义词为评估分组代码（Valuation Grouping Code），事务代码 OMWD 定义评估分组代码。

企业估价的方式指的是企业记账的规则，如果同一集团下的几个公司代码的记账规则一致，那可以为它们定义一个评估分组代码；如果不一致，那么就分别为每个公司代码定义不同的评估分组代码，一般来说同一集团下的记账规则相同，如相同类的原材料入库、出库进相同的会计科目，只是对于跨国企业来说，在不同国家可能会有所差异。具体而言，在事务代码 OMWD 可以看到，评估分组代码是由三个要素确定的，评估范围（Valuation Area）、公司代码（Company Code）、会计科目（Chart Of Account）。

评估范围可以设置为基于工厂或者基于公司代码，实际项目应用中使用的都是基于工厂来进行评估物料，即同一物料在不同的工厂下分别维护成本价格，分别进行后续的评估，具体而言通过事务代码 OX14 定义评估范围。

在本例中，通过收货工厂 1000、公司代码 1000、科目表 INT 来确定出估价修改 0001。

5. 一般修改的确定

一般修改（General modification）是对业务类型的进一步细分，其同义词为科目修改（Acct modification），一般修改由两种途径确定：

- 对于先入库形成库存，再通过移动类型出库的业务（如生产发料、销售出库），一般修改由移动类型确定，对应的事务代码为 OMWN，譬如移动类型 601 为销售出库，取决于销售订单是否有科目分配，其对应的科目修改为 VAX 或者 VAY，销售发货单发货过账时的会计科目，则由该科目修改确定。
- 对于入库就直接消耗的业务类型，一般修改由科目分配类别确定，本例中如图 7-19 所示，科目分配类别"E"，入库直接修改，对应的科目修改为 VBR。

6. 评估级别的确定

评估级别（Valuation Class）是指从财务角度对物料进行评估的方式，同义词为评估类，譬如某企业从财务的角度将物料分为原材料、半成品、产成品，在物料移动时不同的评估类的物料可以设置不同的过账科目，因此就会定义三个评估类，然后维护不同类型的物料时分配不同类型的评估类。评估级别由三种途径确定。

- 业务操作中存在物料编码的，则等于维护物料主数据时输入的评估类（会计视图1）。
- 业务操作中无物料的情况。如果采购订单中没有输入物料编码，则等于采购订单中物料组的评估类别（事务代码 OMQW 定义物料组的评估类别），如果未确定出任何评估级别，则评估级别为空白。
- 特殊的无物料的情况。对于特殊的无物料的情况，例如服务，也会有相应的评估类用来确定过账的会计科目，服务的默认的评估类为 3200。

本例中物料 ZROH80 在工厂 1000 下的评估类（评估级别）为 3000。

7. 会计科目 400000 的确定

根据上述五个字段，如图 7-21 所示，系统根据账目表 INT、业务 GBB、估价修改 0001、一般修改 VBR、评估级别 3000，确定出会计科目 400000（生产成本—原材料消耗），因此当账户分配为 E 的采购订单入库时，一般来说，对应的会计科目如下：

借：400000（生产成本—原材料消耗）
贷：GR/IR（应付暂估）

帐目表	INT	示例科目表
业务	GBB	库存记帐的冲销输入

科目设置				
估价修改	一般修改	评估级别	借	贷方
0001	VBR		400000	400000
0001	VBR	3000	400000	400000

图 7-21 科目确定（OBYC）

7.7.3 多账户分配的采购订单

同一张采购订单同一行常常需要设置多账户分配（Multiple Account Assignment），下文中简要描述多账户分配的业务场景、系统操作及实现说明。

1. 业务场景

某公司在某报纸中进行一项广告宣传，为期两个月，每天在报纸上进行宣传，合同总金额为 1 万元，涉及两个品牌，对应 SAP MRP 中两个成本中心（1220、2300），经商定，成本中心 1200 承担 60% 的费用，成本中心 2300 承担 40% 的费用。

2. 系统操作说明

下面演示维护多账户分配的采购订单，然后对该采购订单进行部分收货。

（1）采购订单维护

合同签订后，事务代码 ME21N 创建采购订单 4500017541（见图 7-22），供应商为某报纸，设置科目类别为 K（成本中心），数量为两个月，单价为 5000 元，合计金额 10000 元，由于涉及两个品牌，需要在两个品牌进行分摊，因此设置多账户分配，输入两个成本中心。

（2）费用确认（采购服务确认/采购订单收货）

按照会计准则中的权责发生制原则，凡是当期已经发生或应当负担的费用，不论款项是否收付，都应作为当期的费用；凡是不属于当期发生的费用，即使款项已在当期支付，也不应当作为当期的费用。

在本例中，确认费用的原则应当是报纸是否进行了如期的宣传，在第一个月的月底，检查该月的所有报纸确实如期按质进行了宣传，因此应当进行费用确认，在系统中通过事务代码 MIGO 进行采购订单 4500017541 收货，收货数量为 1 个月，产生如图 7-23 所示的会计凭证。可以看到，按照在采购订单中定义的分摊原则，成本中心 1220 承担 3000 元广告费、成本中心 2300 承担另外的 2000 元广告费。

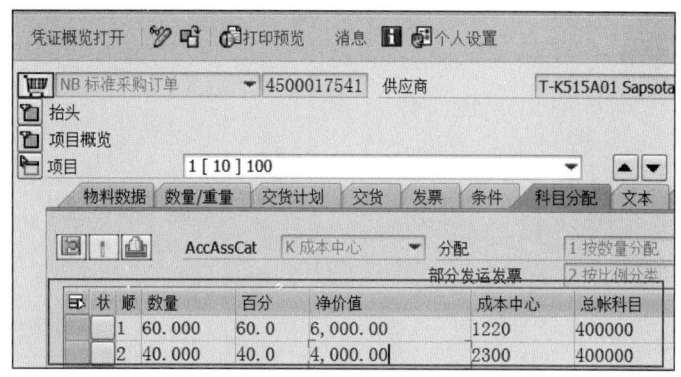

图 7-22　采购订单与多账户分配（ME23N）

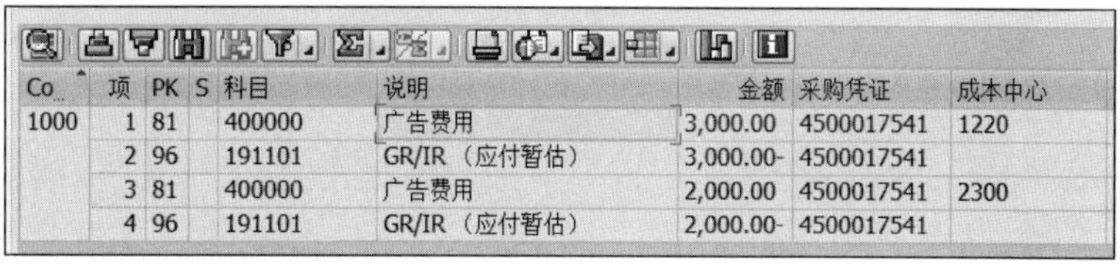

图 7-23　采购订单收货的会计凭证（MIGO）

多账户分配时需要确定在采购服务确认和发票校验时，如果部分确认，应该如何将费用分摊到何成本中心，如图 7-22 所示，系统分别通过两个控制字段"分配原则"（Distribution）以及"部分发运发票（partial invoice）"下来进行分别控制，分配原则有两个：

- 累积的填补数量（Distribution on quantity base/On a progressive quantity fill-up basis）；
- 百分比（Distribution By percentage/Proportional to the planned quantity distribution）。

具体而言，以本场景的例子为例，可以有以下两种分配原则：

- 两个成本中心同等义务承担费用，同时承担相应百分比的费用；
- 一个成本中心先承担，该成本中心的承担完毕后，再由另外一个成本中心承担。

（3）发票校验

收到供应商发票，通过事务代码 MIRO 进行发票校验，发票校验时，如果仅校验部分数量的发票（Partial Invoice），此时将按照采购订单中确定的部分发票标识（Partial Invoice Indicator）进行分摊，具体的分摊规则也是两个，与采购订单收货时的分配规则原理完全相同。

3. 系统实现说明

多账户分配下，如果未激活业务功能 LOG_MM_MAA_1，则系统自动默认为采购订单收货是无估价的,也就是采购收货时不会产生相应的会计科目。

如果希望像本例一样,采购订单收货时,产生会计凭证,则激活业务功能 LOG_MM_MAA_1(需ECC6.0 EHP4及以上版本),激活后如果在采购收货报错,错误提示号码为M7 581,则查询 SAP Note 1300901 - System incorrectly issues error message M7 581。

第 8 章 制造商物料管理

企业在处理与供应商的关系时面临一个天然的矛盾，一方面企业希望减少供应商数量，从而减少供应链的复杂度，通过加大在单一供应商处的采购量，与供应商建立紧密的联系，并借机提高在供应商处的话语权，乔布斯重掌苹果帅印时，就曾经与 COO 库克一起大刀阔斧地在减少供应商数量的同时，提高供应商的质量、反应速度，极大地改善供应链、提高库存周转速度。时至今天，不少企业仍以苹果的供应商为傲。另外一方面单一供应商又会让企业觉得可能会失去控制，担心供应商的"要挟"，不少企业还会认为多个供应商之间互相竞争，原材料的价格可以有保证，并且单一供应商还可能造成一旦供应商"出事"则可能导致企业自身产能受到影响、甚至停产。2011 年 3 月发生的日本大地震引起日本以及全球电子、汽车等产业的供应链紧张，因为日本企业为这些行业提供很多精密的机械、电子零部件，有些日本企业甚至是全球唯一的供应商。2011 年下半年泰国的洪灾又造成硬盘、部分汽车零配件的供应紧张。

因此出于降低、分散供应风险的原因，对于部分零部件，不少企业会努力向多家供应商采购或者向一家供应商分布于全球（全国各地）的多家工厂采购。同时出于降低成本的原因，同一个零部件既有国产的，价格可能便宜一点，又有进口的，使用寿命长一点。

1. 典型的业务应用场景

由于存在同一部件由不同供应商（制造商）提供的业务，因此要求系统能够支持如下典型的业务场景：

- ❑ 客户指定供应商：客户指定某件产品中包含由某供应商提供的部件，如生产空调时，指定使用宝钢的钢板、三洋的压缩机；
- ❑ 生产过程中的互换：生产某种空调时，正常情况使用国产件，但当生产发料时，发现国产件不够时，可以使用进口件；
- ❑ 采购过程中的替换：向某供应商（贸易商）采购某压缩机时，指定制造商为 A，但当供应商反馈该制造商的压缩机无库存时，则采购另外一家制造商 B 的压缩机。

2. 制造商物料功能总览与分类

SAP 中，制造商物料（Manufacturer Part Number，MPN）的功能满足了上述列举的需求，除此之外，MPN 功能还可以满足更多的功能需要。

制造商物料功能，简单说就是建立了一个新的物料号码，该物料号码中指定了制造商，具体而言，该功能分为两种类型：非库存管理的 MPN 功能和库存管理的 MPN 功能，二者之间的差异如表 8-1 所示。

表 8-1 制造商物料功能一览

主要区别	非库存管理的 MPN 功能	库存管理的 MPN 功能
适用版本	ERP 的基本功能（R34.0 开始）	需激活针对离散行业的 DIMP 功能增强包
物料差别	制造商物料仅有基本视图和采购视图，该物料是不做库存管理的	制造商物料就是一个正常的物料号码，做库存管理
业务差别	制造商物料号仅用于采购模块（如采购订单、采购信息记录、货源清单）中	和正常物料一样，应用于库存管理、采购管理、生产管理、销售管理等

提示：1. 激活 DIMP 的方法，请参见 1.3.2 节"SAPERP 产品概览"。
　　　2. ECC6.0 的两个的功能增强包 EHP3、EHP4 中又进一步增强了库存管理的 MPN 功能。

8.1 非库存管理的 MPN 功能

正如前面所说，同一种物料存在多个供应商，并且供应商背后可能还存在多个制造商。制造商是指真正制造产品的公司。供应商与我们发生实际业务，可能是制造商，也可能只是贸易商，其从多个制造商处进行采购，然后再与我们发生往来关系。

当一种物料出现多个制造商时，由于以下典型的业务，我们应使用非库存管理的 MPN 功能：

1）向同一供应商采购同一种物料，但是存在多家制造商，不同制造商的价格可能差异。

2）向同一供应商采购同一种物料，但是存在三家或多家制造商，不同制造商的质量可能差异，我们只允许向其中的两家进行采购，并且不仅如此，我们还希望生产订单发料时，这两家制造商提供的同一种物料不能在同一张生产订单中进行混用。

3）向同一供应商采购同一种物料，但是存在两家制造商，不同制造商的质量、价格可能有差异，也可能无差异，我们按照配额进行采购，向两家制造商各采购 1/2 的量。

非库存管理的 MPN 功能并不复杂，下面将通过一个简单的示例来描述该功能。

8.1.1 操作步骤

假设某原材料向一个供应商采购，但是制造商有两个，不同的制造商价格不同，并针对制造商设置相应的配额，同时在原材料的批次中记录制造商信息以便于跟踪，因此采用非库存管理的 MPN 功能，具体可分为以下几个步骤：

- 维护物料，设置自有物料（Own-Material）10021 进行 MPN 管理，该物料是正常的物料，进行库存管理的物料，并设置批次管理；
- 维护物料，新建两个制造商物料号（M001-10021、M002-10021），并建立与自有物料的对应关系；
- 针对制造商物料维护采购信息记录，设置不同的制造商物料有不同的价格；
- 针对制造商物料维护配额；

❏ 针对制造商物料 M001-10021 创建采购订单，系统根据制造商物料确定采购价格，并带出自有物料 10021。

详细操作步骤如下。

1. 维护物料

（1）设置我方物料进行 MPN 管理

如图 8-1 所示，事务代码 MM01 在本公司的物料主数据的采购视图中指定该物料做 MPN 管理，本例中为物料分配制造商参数文件（MPN）2000，制造商参数文件的配置在后面介绍。

注意：尽管我们需要记录制造商信息，但如果物料只有唯一的制造商，那么我们也可以在物料主数据中直接输入该制造商信息，如果存在多个制造商，我们则需要维护制造商参数文件，如本例的 2000。

图 8-1　物料主数据中指定制造商参数文件（MM01）

（2）维护二个制造商物料

如图 8-2 所示，事务代码 MM01 维护制造商物料 M001-10021 和 M002-10021，物料类型选择：HERS，该物料类型为系统预定义的物料类型，该物料类型的物料只需要维护采购相关的信息，在本例中，维护两个制造商物料 M001-10021 和 M002-10021，均对应本公司物料 10021，两种制造商物料对应两个制造商。

这里的制造商，如果与供应商是一体的，则在图 8-2 中直接输入供应商代码，如果制造商并不是供应商，则可以创建专门的制造商主数据（事务代码 XK01），选择账户组（MNFR/Manufacturer），本例中输入制造商代码 30000。

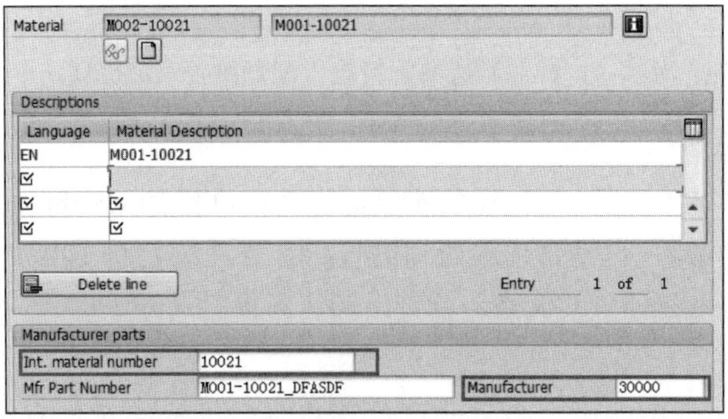

图 8-2　制造商物料维护（MM01）

2. 针对制造商物料维护采购信息记录

如图 8-3 所示，事务代码 ME11 分别针对制造商物料 M001-10021 和 M002-10021 维护采购单价，单价分别为 100 元、105 元，可以看到使用"制造商物料功能"可以实现同一物料同一供应商不同的制造商不同的价格。

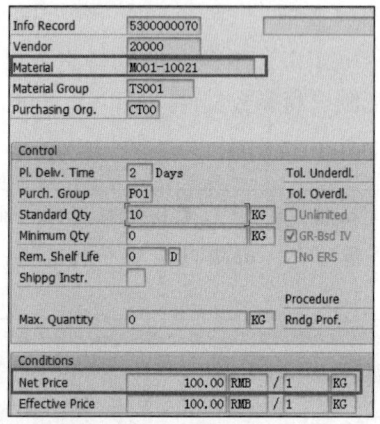

图 8-3　针对制造商物料维护采购信息记录（ME13）

3. 维护配额

如图 8-4 所示，事务代码 MEQ1 针对物料 10021 维护配额，对不同的供应商（20000 和 20001）维护采购配额，我们还可以根据制造商物料号进一步细分配额。如图 8-4 所示，我们对物料 10021 的供应商 20000 下按照制造商物料进一步进行配额分配。

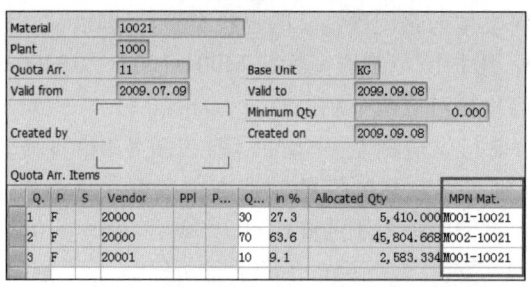

图 8-4　针对制造商物料进行配额维护（MEQ1）

4. 创建采购订单

如图 8-5 所示，事务代码 ME21N 针对供应商 20000 维护采购订单，在采购订单中输入供应商物料 M001-10021，自动带出本公司进行库存管理的物料 10021，同时根据维护的制造商物料的价格确定采购订单的价格，并带出制造商信息（30000）。

5. 采购订单收货

制造商物料仅用于采购中，当采购订单收货时，仍然针对自有物料（Own-Material）10021，物料 10021 做批次管理，事务代码 MIGO 对新维护的采购订单收货后，产生批次

9000158，如图 8-6 所示，制造商信息记录（30000）将记录在物料 10021 的批次主数据中。

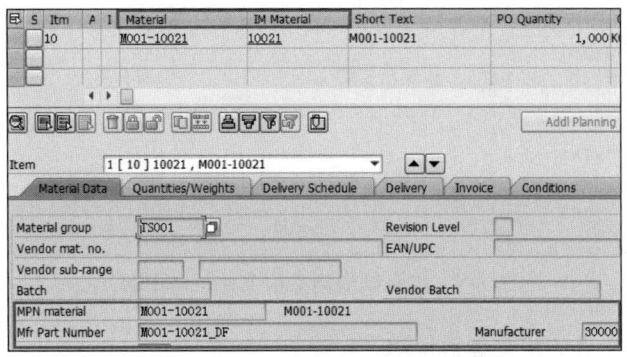

图 8-5　带有制造商信息的采购订单（ME23N）

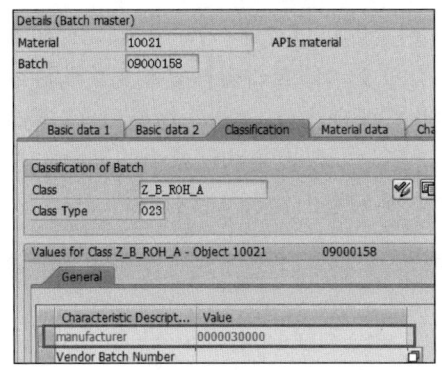

图 8-6　带有制造商信息的批次主数据（MSC3N）

通过在批次中记录制造商信息，可以在后续生产过程中实现更好的质量追溯，关于批次管理，可参照 16 章"分类、批次管理与序列号管理"中相关内容。

提示：在批次中记录制造商信息，需要通过批次的增强实现，可参照本人博客文章"批次主数据和批次中的特征的自动确定"。

8.1.2　系统实现说明

实现非库存管理的 MPN 功能，只需要配置 MPN 参数文件，下面以示例中使用到的 MPN 参数文件 2000 为例，介绍相关定义，具体如下。

1. 定义制造商商参数文件（MPN Profile）

如图 8-7 所示，事务代码 OMPN 定义制造商参数文件 2000。

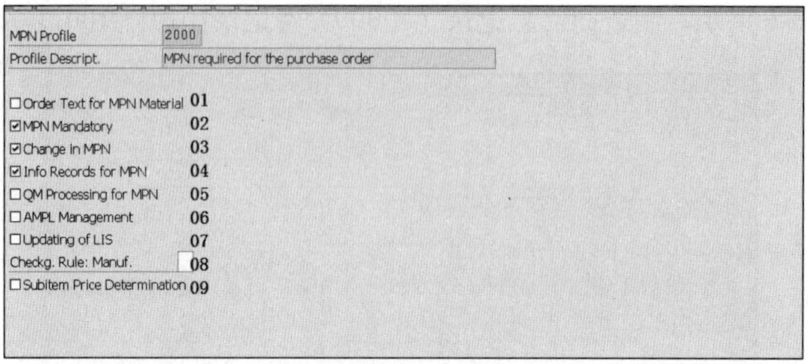

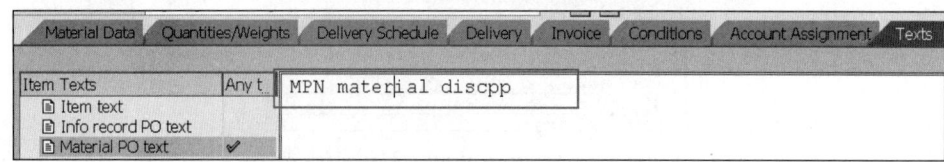

图 8-7 定义制造商参数文件（OMPN）

2. 制造商参数文件的相关参数说明

下面对图 8-7 中的制造商参数文件的八个相关字段做简要介绍。

（1）字段 01 Order text for MPN Material

在物料主数据中可以维护采购订单文本（Purchase Order Text），当创建该物料的采购订单时，物料中维护的采购订单文本信息将会被复制到采购订单中，而当使用 MPN 物料创建采购订单时，采购订单中将有两个物料：MPN 物料和自有物料。

勾选上该字段，如图 8-8 所示，代表采购订单中的采购文本（Material PO text）取自制造商物料（MPN）中的文本，不勾选上代表从自有物料（Own-Material）取数。

图 8-8 采购订单中的文本（ME23N）

（2）字段 02 MPN is mandatory

启用 MPN 功能后，创建采购订单时可以用自有物料，也可以使用制造商物料，当此处勾选上，代表创建采购订单时，禁止使用自有料号直接建立采购单，而只能输入 MPN 料带出自有料。

（3）字段 03: Change in MPN

该字段用来控制 MPN 物料的修改，当参照采购申请创建采购订单时，是否可以修改采购申请中的 MPN 物料号码，同时还控制在采购订单中是否可以将现有的 MPN 物料修改为其他 MPN 物料。

（4）字段 04：Info Record For MPNS

采购信息记录针对自有物料也可以针对 MPN 物料，如果勾选上，代表采购信息记录是针对 MPN 物料，也就不同的 MPN 物料可以有不同的价格。

（5）字段 05：QM Processing For MPNS

当在物料主记录的质量管理视图中激活质量信息记录功能后，创建报价、采购订单、收货时，系统将检查物料和供应商组合是否有相应的质量信息记录，如果没有，则代表从质量角度不允许向该供应商采购该物料，维护质量信息记录的事务代码为 QI01。

启用 MPN 功能后，质量信息记录可以针对 MPN 物料也可以针对自有物料，如果勾选上，代表质量信息记录是针对 MPN 物料，也就是质量部门不仅对供应商实行准入，还对制造商实行准入制度。

（6）字段 06: AMPL Management（Approved Manufacturer Parts List Management）

与字段 5 一起从质量角度管控制造商，标记上，则所有制造商都需要被批准，采购部门才能够向制造商下达采购订单，如果未批准，创建采购订单时，则会提示该制造商物料未被批准，即 ⊗ No assignments maintained for MPN material MPN2 。

如图 8-9 所示，通过事务代码 MP01 维护批准的制造商物料清单，图示中代表物料 10021 可以向制造商 30000 和 30001 采购。

如图 8-9 所示，系统支持在工厂级别对制造商进行批准，还可针对物料的版本（Revision）对制造商进行批准，对于原来批准，但后续不再允许的制造商可以设置冻结，冻结原因通过事务代码 OAMP 设置。

关于物料版本，请参见 17.2 节"工程变更管理（ECM）"。

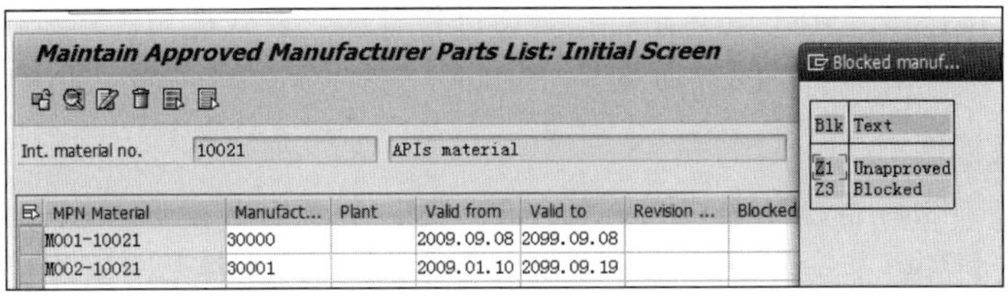

图 8-9　维护批准的制造商料号清单（MP01）

（7）字段 07 Updating of LIS

采购订单、收货等信息可以更新到后勤采购信息系统报表，本字段设置以 MPN 物料还是自己公司物料更新到相应表中，因此如果勾选上，代表当查看采购信息系统报表时，将查询到 MPN 物料的采购情况。

查看采购信息系统报表的事务代码有很多，譬如查看采购金额的事务代码 MC$G。

（8）字段 08 Checkg. Rule: Manuf

检查采购订单中的制造商，是否在采购订单同时以合作伙伴功能 HS 存在，譬如本例中采购订单的供应商为 20000，物料的制造商为 30000，勾选上系统将检查制造商 30000 是否维护在采购订单的合作伙伴功能中。一般来说，会在供应商主数据的合作伙伴功能中维护该制造商，然后创建该供应商的采购订单时，复制到采购订单中。

8.1.3　整体说明

非库存管理的制造商料号（MPN Material）可以应用于采购的各个环节（采购申请、采购合同、采购询价单、采购报价单、采购订单、采购合同、供应商确认等业务），但仅限于采购业务，库存管理等操作仍然是针对自有物料（Own Material）。

通过该功能，结合配额管理功能，实现对制造商进行配额管理。

通过该功能，结合批次管理功能，实现各种针对制造商的需求，如控制一张生产订单中的一个组件只允许由一个制造商提供、实现满足特定客户指定制造商零部件的需求。相关功能，请参见 16 章节"分类、批次管理与序列号管理"。

注意：寄售业务下，必须针对自有物料而不能根据制造商物料创建寄售信息记录，原因是寄售消耗的是自有物料，无法分清楚消耗的是何制造商物料。

8.2 库存管理的 MPN 功能

库存管理的 MPN 物料是进行正常库存管理的物料，有着完整的物料主数据信息，相比正常的物料，多了制造商信息，系统通过这些制造商特有的信息（制造商编号、外部制造商代码）来进一步识别物料。

不同制造商物料，如果有着相同的属性（外观相同、装配无差异，性能相同），则可以在采购过程、库存管理、MRP 和可用性检查中进行替换、替代使用。

具体而言有以下两种类型的互换情况。

1. 完全可互换性

完全可互换的物料通过一个共同类组合在一起，代表互相之间可以完全互换。这个类称为"外观、装配和性能类"（FFF/ Form-fit-function），代表着无论从外观（Form）、性能（Function）还是和其他部件的搭配上（Fit），这些物料都视为等同的，它们之间可以进行互换。这些物料在采购申请、采购订单、物料管理等环节都可以进行替换。

说明：完全可互换还可以在 MRP 中得到执行，实现自动替代，我们可以将一组可互换的部件组合成为同一个 MPN-MRP 集合，在这个组合中定义优先物料（Leading Part），这样 MRP 运行时，该集合下所有物料的需求和供给都会进行汇总，最后产生对优先物料的需求。

2. 受限制互换或者单向的替代的功能

在部分情况下，同一个零配件，高等级的零配件可以替代低等级零部件，但反过来可能并不可行，或是在满足特定条件下，零配件可以发生替换，这就是单向替代和受限制替代。

我们通过可交换代码来组合这些零配件，在销售订单的产品选择、可用性检查、采购订单收货、库存总揽、库存调拨单、采购订单中使用该功能实现替代，但在 MRP 不可以使用。

8.2.1 完全可互换性的应用场景

例如一家企业在国内建有多家工厂，并且同一原材料存在多个供应商（制造商），下面介绍不同制造商之间的物料在各种业务场景下如何互相替换。

1. 业务场景描述

某公司存在四家生产工厂，分布在上海、北京、广州、成都，每家工厂在 SAP 中对应的工厂代码和生产的主要产品，具体如表 8-2 所示。

某重要零部件共有五家供应商（对应七个制造商），如表 8-3 所示，分布在七个城市（上海、苏州、北京、广州、深圳、天津、成都），对应有七个制造商物料，这七个物料符合 FFF Class 的定义，也就是说它们在外观、装配、性能上相同，可以发生互相替换。

表 8-2　工厂分布情况

生产工厂	上海	北京	广州	成都
工厂代码	H001	H002	HY02	HY01
生产产品	ZFERT1	ZFERT1	ZFERT1	ZFERT1
	ZFERT2	ZFERT2	ZFERT2	ZFERT2

表 8-3　供应商分布情况

供应商地点	上海	苏州	广州	深圳	成都	天津	北京
制造商料号	ZROH1	ZROH2	ZROH3	ZROH4	ZROH5	ZROH6	ZROH7
供应商编码	112643	112643	略	略	略	略	略
制造商代码（内部）	180001	180002	略	略	略	略	略
制造商代码（外部）	Z181	Z182	Z3	Z4	Z5	Z6	Z7

不同工厂的业务情况如下：

❑ 上海、苏州两家供应商供应上海工厂，根据不同产品确定优先使用的供应商；
❑ 广州、深圳两家供应商供应广州工厂，优先是广州的供应商，也就是 MRP 运行时优先考虑广州供应商，上海、苏州的两家供应商在部分情况下也会供应给广州工厂；
❑ 成都、苏州两家供应商供应成都工厂，优先是成都的供应商，但上海、苏州的供应商部分情况下也会供应成都工厂；
❑ 北京、天津两家供应商供应北京工厂，两个供应商按照 50% 的比例分享采购配额。

2. 系统方案分析说明

根据上文示例中的业务背景，在四个工厂下采用的方案总体说明如下：

1）上海工厂采用库存管理的制造商物料（MPN），在产品的 BOM 中指定制造商料号，在采购、生产过程中根据需要进行替代，在 MRP 运行时不进行自动替代，不启用 MPN-MRP SET 功能；

2）广州工厂启用库存管理的制造商物料（MPN），且启用 MPN-MRP SET 集合，在广州工厂下设置物料号 ZROH3 为优先物料（主导物料 Leading Material）；

3）成都工厂启用库存管理的制造商物料（MPN），且启用 MPN-MRP SET 集合，在成都工厂下设置物料号 ZROH5 为优先物料（主导物料 Leading Material）；

4）北京工厂采用非库存管理的制造商物料就可以满足需要，在本章的上节已经描述，本节不做说明。

这些工厂之间可能还会发生库存的调拨，在此过程也需要进行替代。

8.2.2 操作步骤简述

本场景按照顺序包括了三个业务场景，操作步骤总揽见表 8-4。
- 场景 1：以上海工厂为例，演示采购订单、生产订单发料时的手工替代；
- 场景 2：以广州工厂为例，演示 MRP 运行时的自动替代；
- 场景 3：以广州工厂和上海工厂之间的库存调拨为例，演示库存调拨时基于可用性检查的自动替代。

表 8-4 操作步骤总揽

事务代码	事务代码描述	操作描述
XK01	维护供应商	创建供应商并维护制造商信息，以及指定替换物料采购单价规则
MM01	创建物料	维护五个制造商物料 ZROH1～ZROH5，维护一个 FFF Class：ZROH
PIC01	维护组件的互换性	将五个供应商物料分配给同一个 FFF Class ZROH
ME11	维护采购单价	针对供应商和制造商物料号维护采购单价（详细步骤略）
ME01	维护货源	若未启用货源管理，无需维护货源（详细步骤略）
CS01	维护产成品的 BOM	BOM 中的组件为供应商物料号，在几个工厂维护的内容类似（详细步骤略） 上海工厂下： □ ZFERT1 包含组件 ZROH2 的数量为 5 个 □ ZFERT2 包含组件 ZROH1 的数量为 5 个 广州工厂下： □ ZFERT1 包含组件 ZROH2 的数量为 5 个 □ ZFERT2 包含组件 ZROH1 的数量为 5 个
CA01	维护产成品的工艺路线	略（可不维护）
ME21N ME22N	创建采购订单 /修改采购订单	上海工厂： □ 输入物料 ZROH1，单击物料替代 □ 最终采购数量为 ZROH1 100 个，ZROH2 100 个 □ 新产生的 ZROH2 价格自动复制 ZROH1，（替代物料的价格确定规则）
MIGO	采购订单收货	上海工厂： 采购订单收货时，可以物料替代
MMBE	查看库存	上海工厂： 输入物料 ZROH1，可以查看到（ZROH1～ZROH5）这五个制造商物料的合计库存 200 个
CO01	创建生产订单	上海工厂：手工创建生产订单 ZFERT1 数量 40 个，每个产成品需要 5 个 ZROH2，合计对组件 ZROH2 的需求为 200 个，可在组件界面单点击物料替代，可用性检查后，组件修改为 ZORH1、100 个、ZORH2、100 个
MB1A/ MIGO	生产订单发料	上海工厂：输入物料 ZROH1，单击物料替代，使用物料 ZROH1、ZORH2

(续)

事务代码	事务代码描述	操作描述
PIC01	维护 MPN-MRP Set	广州工厂下,维护 MPN-MRP 集合 SET Z001,集合下包含四个物料 ZROH1～ZROh4,同时指定 ZROH3 为主导物料(优先物料)
MD61	维护独立需求	在广州工厂下维护两个产成品 ZFERT1 和 ZFERT2 的独立需求各 100 个(详细步骤略)
MD04	查看 MRP 运行结果	在广州工厂下,查看库存/需求都体现在 ZROH3 上
ME21N	创建库存转储单	广州工厂向上海工厂请求转储 ZROH1,数量 100 个,此时 ZROH1 库存不足,执行替代,使用 ZROH2 进行替代
VL10B	创建库存转储单的发货单	发货单创建时,也可以进行替代,但本案例中已经在库存调拨单中替换,因此不作演示(详细步骤略)
VA01	创建销售订单	客户需要零配件 ZROH2,库存不足,进行替代(详细步骤略)

8.2.3 场景 1 的操作步骤

下面将演示业务场景 1 中上海工厂下采购订单、生产订单发料等业务下的手工替代功能,首先维护多个制造商料号,然后通过 FFF Class 维护多个制造商物料之间的关系实现替代,主要步骤如下。

1. 维护供应商(制造商)

如图 8-10 所示,事务代码 XK01 维护多个制造商(180001,180002 等),账户组选择制造商(MNFR),在供应商(制造商)主数据的控制视图中输入制造商的外部号码,本例中制造商 180001 对应的外部账号为 Z181。

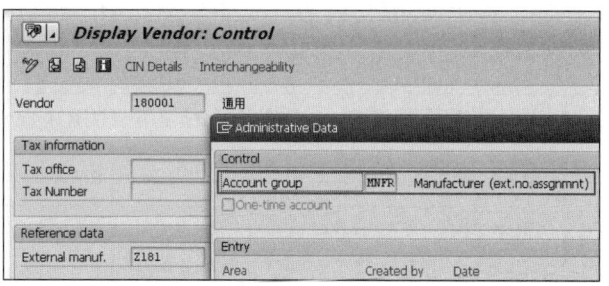

图 8-10 维护制造商信息(XK03)

提示:字段"External manuf/外部制造商"可能默认设置为隐藏,可通过事务代码 OMSG 修改本例中使用到的账户组 MNFR 的字段选择,将该字段设置为可修改,具体后台配置路径:后勤–常规>业务合作伙伴>供应商>控制>定义科目组和字段选择(供应商)。

2. 分配制造商给供应商

事务代码 XK02 分配制造商给供应商,合作伙伴功能 MN,如图 8-11 所示,代表向该供应商 112643 可采购多个制造商(180001、180002)的产品。

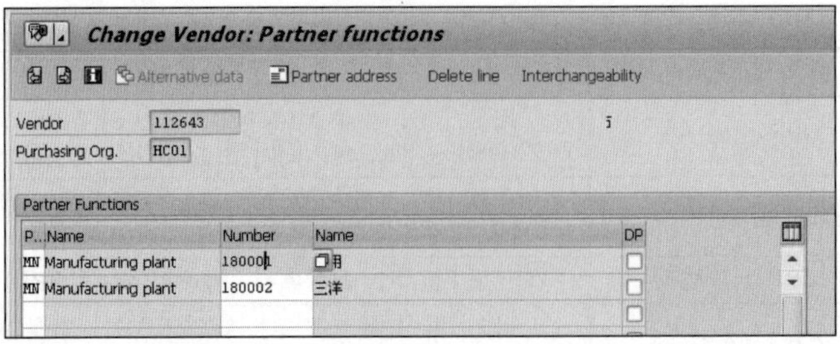

图 8-11 将制造商分配给供应商（XK02）

提示 1：通过单击图 8-11 的按钮“Interchangeability”，设置向供应商采购时，如果有替换物料发生，替换物料的价格确定方法，是与被替换物料相同，还是单独的价格。

提示 2：如果供应商本身就是制造商，就可以在供应商主数据的控制（Control）视图中输入该供应商本身的制造商号码，字段为 External manuf External manuf.，无需再专门创建制造商主数据。

3. 维护物料

使用事务代码 MM01 维护制造商物料，并维护特殊的物料（FFF Class）。

（1）创建制造商物料号

如图 8-12 所示，使用系统预定义的物料类型（HERB）维护制造商物料，输入对应的外部制造商 Z181 和制造商自己的零件号 Z111（制造商自己系统对该零部件的编码），同时输入制造商参数文件 Z001，制造商物料 ZROH1 ～ ZROH5 与正常物料相同，做库存管理、贯穿在采购、生产、销售过程中。

注意：通过事务代码 OMS2 定义物料类型时，确保物料类型 HERB 在相应工厂设置了数量管理、金额管理。

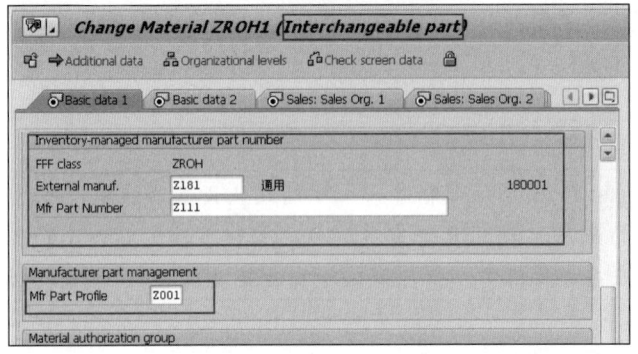

图 8-12 创建库存管理的制造商物料号码（MM01）

（2）创建 FFF Class 类物料 ZROH

如图 8-13 所示，事务代码 MM01 创建 FFF Class 物料 ZROH，对应的物料类型 FFFC。（Form-fit-function Class），该物料起着桥梁的作用，将一组具有相似属性、可以互换的物料进行关联，这就是所谓的"'物'以'类'聚"，注意与制造商物料使用同一个制造商参数文件 Z001，该物料仅有基本视图。

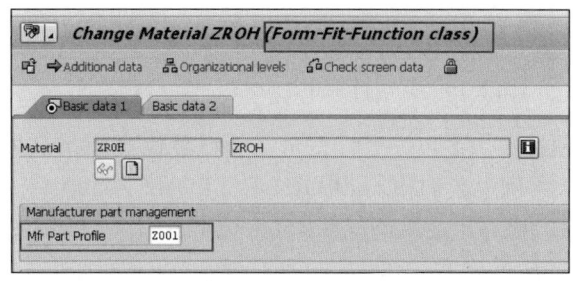

图 8-13　创建 FFF class 物料（MM01）

4. 维护零部件互换

事务代码 PIC01 将一组物料分配给 FFF Class，如图 8-14、图 8-15 所示，在 FFF CLASS 处输入 ZROH，然后单击图标"完全可替换（Full Interchangeability）"按钮，输入五个制造商物料 ZROH1～ZORH5（见图 8-15），这代表这五个制造商物料可以进行互换。

该事务代码同时可维护 MPN-MRP Sets，维护了 MPN-MRP Sets 的物料在 MRP 运行时就可以自动替换。

图 8-14　维护零部件互换（PIC01）

5. 维护采购订单

如图 8-16 所示，事务代码 ME21N/ME22N 手工维护采购订单，输入供应商、制造商物料（ZROH1）等信息，也可以将采购申请转为采购订单，本例中初始需求物料为 ZROH1，当创建采购订单时，采购员确定应采购另外一家制造商的零部件，或者采购订单发送给供应商时，采购物料为 ZROH1，供应商回复该物料不可用，确认另一可替换的物料为可用状态，此时选择行项目 10，单击替换图标 。

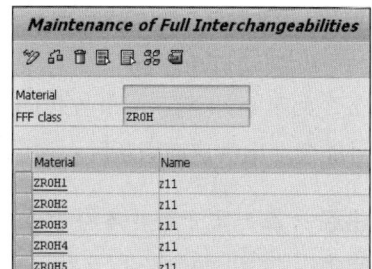

图 8-15　分配物料给 FFF Class（PIC01）

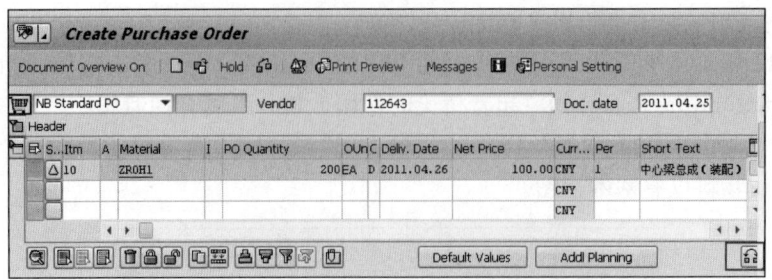

图 8-16 采购订单中的物料替代（ME21N）

在采购订单的行项目中，多出一个标签页（物料替代/Material Replacement），此时可以输入多个替代物料，本例中我们输入 ZROH1 和 ZROH2 各 100 个，系统将根据输入的结果自动产生新的行项目，保存生成采购订单 4500005425。

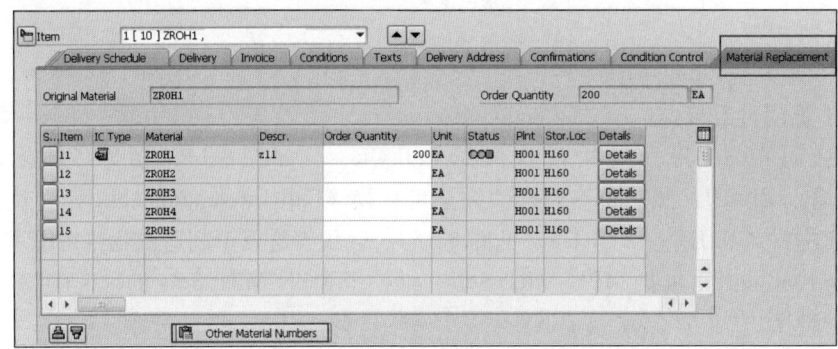

图 8-17 采购订单中的物料替代（ME21N）

替代物料的价格说明：

新产生的 ZROH2 价格自动复制 ZROH1 的价格（100 元），替代物料的价格确定规则在供应商主数据中定义（事务代码 XK02），参见图 8-11 下的备注，我们可以定义替代物料 ZROH2 采用被替代料 ZROH1 的价格，还是自身（ZROH2）的价格。

6. 采购订单收货

如图 8-18 所示，事务代码 MIGO 针对制造商物料对采购订单 4500005425 收货，此时可能会发生供应商送货时，送的是替代产品，如果有替换业务发生，则单击替换图标 。

注意：在上文介绍非库存管理的 MPN 功能时，采购订单收货是针对自有物料，而非 MPN 物料。

7. 查看库存

事务代码 MMBE 查看库存时，可以查看单个物料的库存，也可以查看所有可互相替代物料的合计库存，如图 8-19 所示，单击按钮 Aggregated Stock 和 FFF Class 既可以看到单个物料 ZROH1 的库存，又可以看到整体的库存 200 个，物料 ZROH1、ZROH2 的库存各 100 个。

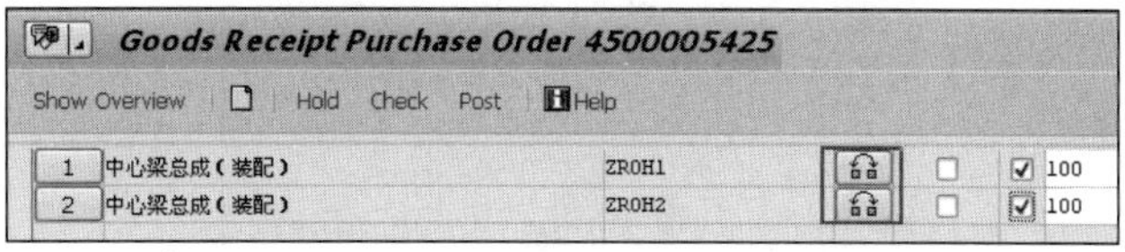

图 8-18　采购订单收货的替代（MIGO）

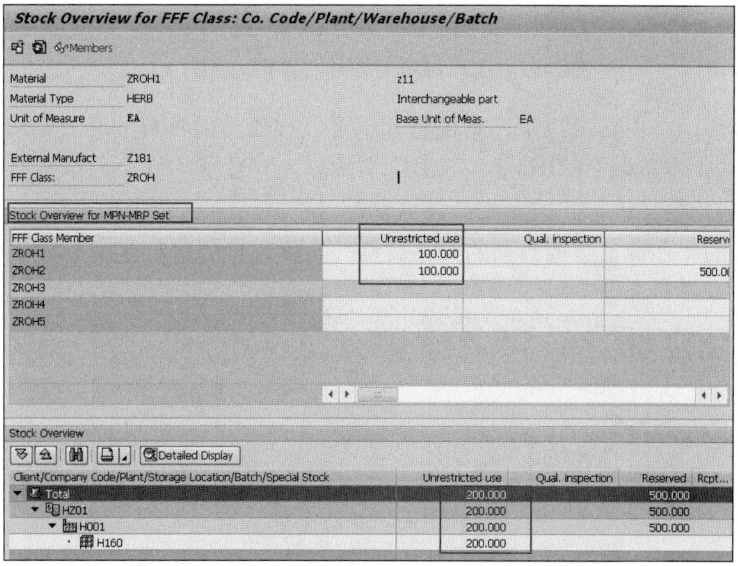

图 8-19　库存概览（MMBE）

8. 创建物料 ZFET1 的生产订单

如图 8-20 所示，事务代码 CO01 针对产成品 ZFERT1 创建生产订单 1000060，在 ECC6 EHP4 及以上版本，可以在生产订单组件总揽界面单击"互换"按钮，按照可用性检查（ATP）的规则进行替代，我们也可以在下面的生产订单发料中进行替换，本例在生产订单发料进行替换。

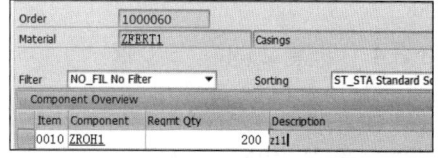

图 8-20　创建包含替代料的
生产订单（CO01）

9. 对生产订单发料（事务代码：MB1A/MIGO）

如图 8-21 所示，事务代码 MB1A 对生产订单 （1000060）进行发料，输入移动类型 261、生产订单编号 1000060，如图 8-20 所示，生产订单中的组件 ZROH1 的需求数量为 200 个，组件 ZROH1 库存不足，此时确定需要使用替代物料，则如图 8-21 所示，单击按钮"MPN Selection"。

提示：在 ECC6 EHP3 及以上版本，事务代码 MIGO 支持生产订单发料的替换功能。

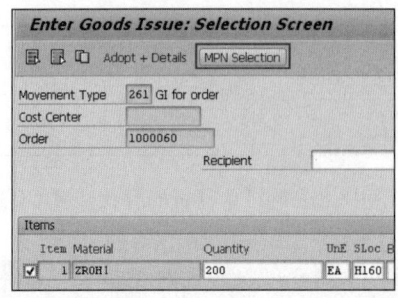

图 8-21　生产订单发料时的替代（MB1A）

如图 8-22 所示，在新窗口中，系统将列出可以替代当前物料的替代物料，此时可输入替代物料的数量，本例中 ZROH1 和 ZROH2 各输入发料数量 100 个，单击"Copy"（复制）按钮，保存生成物料凭证，完成对生产订单发料。

图 8-22 中的库存数量是指当前的库存数量，此数量非可用库存数量。

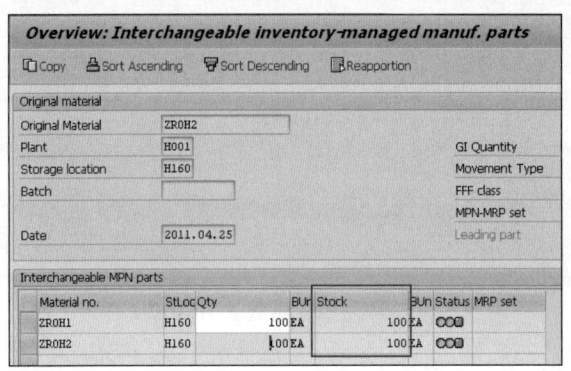

图 8-22　生产订单发料替代（MB1A）

8.2.4　场景 2 的操作步骤

下面将以广州工厂为例，演示场景—MRP 运行时的自动替代，通过为可替代物料、替代物料建立 MPN-MRP Set（MRP 集合），系统运行 MRP 时，自动将被替代物料的需求全部体现在替代物料上，下面将分别描述 MPN-MRP Set 的创建步骤以及对 MRP 的影响。

1. 维护 MPN-MRP Sets

根据业务场景，广州工厂和成都工厂需要在 MRP 运行时自动替代，因此分别为广州工厂和成都工厂维护 MPN-MRP 集合，限于篇幅，仅演示广州工厂。

如图 8-23 所示，事务代码 PIC01 在 FFF Class 处输入"ZROH"，单击 按钮，为广州工厂维护 MPN-MRP 集合 Z001，包含四个制造商物料 ZROH1~ZROH4，并设置 ZROH3

为主导物料（优先物料）（Leading Part）。为成都工厂维护集合 Z002，包含三个制造商物料 ZROH1、ZROH2、ZROH4，并设置 ZROH4 为主导物料。

本例中，在广州工厂创建 MPN-MRP 集合 Z001 后，系统将汇总该集合下的四个物料的需求和供应情况，然后仅产生对主导物料的需求建议。

MRP 仅针对主导物料，在运行 MRP 的过程中，对于非主导物料，一方面系统会将非主导物料的需求（如相关需求、预留等）、供给（如库存、采购订单等）汇总到主导物料中，另一方面，系统将会自动删除非主导物料的未固定的收货（如采购申请），我们无法对非主导物料直接运行 MRP。

非主导物料就像一些小国家一样，外交与军事政策从此依附在大国身上（主导物料上）。

（1）FFF Class 与 MPN MRP Set 的说明

FFF Class 代表这些物料从制造的角度来看有着共同的技术和功能属性，因此在各种业务中可以发生互换，MPN-MRP SET 代表从公司业务的角度来看，我们希望某个物料默认是优先采购/生产的，譬如可能该物料的成本最低或者供货周期最短或者质量最佳，该物料就是主导物料。

（2）维护 MPN-MRP 集合的注意点

同一个集合（如这里的 Z001）必须指定唯一的主导物料；

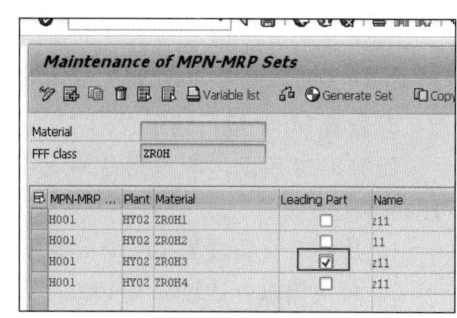

图 8-23 维护 MPN-MRP 集合（PIC01）

在工厂下，一个 FFF 类（ZORH）可以创建一个 MPN-MRP 集合，也可以创建多个 MPN-MRP 集合，如在广州工厂下，FFF 类 ZORH 中包含五个制造商物料，其中的两个 ZROH1、ZROH2 制造商物料可对应 MRP 集合 Z001，另外的三个物料 ZROH3～ZROH5 可对应 MRP 集合 Z002，在各自 MRP 集合下指定主导物料。

如果不启用 MRP 区域，同一个工厂下，类中的一个物料只能属于一个集合，譬如在广州工厂下，假设建立两个 MRP 集合 Z001、Z002，物料 ZROH1 不可以同时属于这两个类。

如果有多个 MRP 区域，那么同一个 MRP 区域下，类中的一个物料只能属于一个 MPN-MRP 集合。

原因显然易见，业务逻辑就像当年的冷战期间，整个世界被分为华约、北约，一个小国家不可能属于华约的同时，又属于北约，华约、北约中也不可能同时有二个老大，技术上来说，如果物料同时属于二个 MRP 集合，那么运行 MRP，该物料的需求无法确定应该在哪个主导物料上。

2. 其他数据维护以及相关说明

运行 MRP 时还需要维护其他必要的信息，具体如下。

1）维护产成品的 BOM。事务代码 CS01 在广州工厂 HY02 下维护产成品 ZFERT1、ZFERT2 的 BOM，各自需要五个原材料 ZROH1、ZROH2。

2）维护产成品的计划独立需求。事务代码 MD61 在广州工厂 HY02 维护产成品

ZFERT1、ZFERT2 的需求各 40 个。

3）对产成品 ZFERT1、ZFERT2 运行 MRP。事务代码 MD02 对产成品 ZFERT1、ZFERT2 运行 MRP，MRP 运行后，产生对产成品 ZFERT1、ZFERT2 的计划订单，数量各 40 个，并产生对原材料 ZROH1、ZROH2 的需求数量各 200 个。

4）广州工厂下原材料的供给、需求情况如下。广州工厂原材料 ZROH1、ZROH2 各有库存 50 个，物料 ZROH1 还存在未清采购订单 50 个；运行 MRP，系统将汇总 MRP 集合 Z001 下所有物料的需求和供给。

本例中，集合 Z001 下的所有物料的需求为物料 ZROH1～ZROH4 的需求，等于 40×5+40×5=400，集合 Z001 下的所有物料的供应等于物料 ZROH1～ZROH4 的库存数量及供给数量等于 50+50+50 = 150。

MRP 运行完毕后，产生对主导物料（ZROH3）的获取建议，等于 400–150=250，原材料 ZROH3 为采购件，因此将生成采购建议，数量为 250 个。

3. 查看 MRP 运行结果

如图 8-24 所示，事务代码 MD04 输入物料 ZROH3，工厂 HY02（广州），在 MD04 中可以看到：

1）库存合计数量为 100 个：等于集合 Z001 下所有物料的合计库存 100 个；

2）相关需求合计数量为 400 个：为产成品 ZFET1、ZFERT2 产生的对零配件 ZORH1, ZROH2 的相对需求；

3）未清采购申请数量 50 个：物料 ZROH1 的未清采购订单；

4）最终产生物料 ZROH3 的采购建议 250 个。

在事务代码 MD04 中，输入四个物料 ZROH1～ZROH4，显示的结果将相同，都显示 MPN-MRP 集合 Z001 的信息，而原材料 ZROH5 和 ZROH3 属于一个 FFF Class 但不属于同一个 MPN-MRP 集合，因此在本例中如果输入 ZROH5，则不会显示相应的信息。

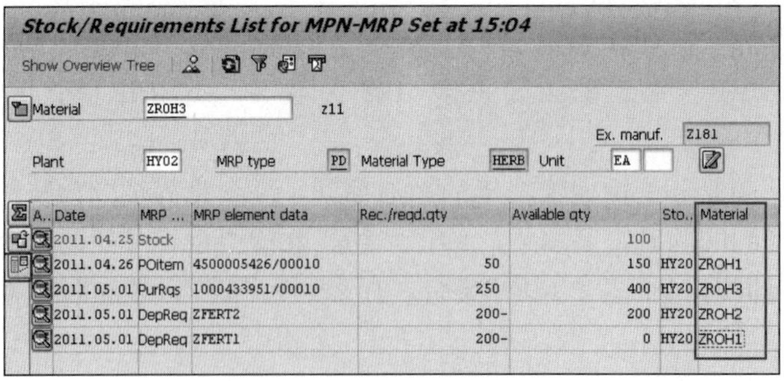

图 8-24 显示带有替代物料信息的汇总的供给和需求清单（MD04）

如图 8-25 所示，单击 按钮，可以从 MPN-MRP 集合 Z001，切换到当前物料 ZROH3 的需求和供应清单中，仅查看单个物料（ZROH3）的供给和需求情况。

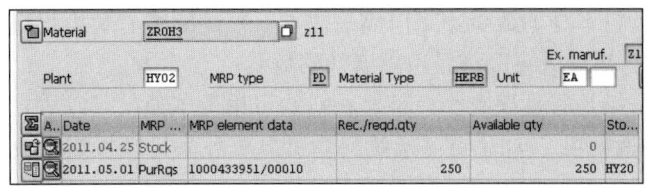

图 8-25 显示单个物料的供给需求清单（MD04）

> **提示**：事务代码 MD05（MRP 清单）中只可以查看到主导物料的 MRP 清单，非主导物料无法查询到。

8.2.5 场景3的操作步骤

一家企业往往有多个工厂，同一个物料在多个工厂下均需要使用到，这样在不同工厂之间经常需要发生库存调拨（转储 Stock Transfer），库存调拨过程中，某个工厂向另外一个工厂请求调拨 A 物料，但是另外一个工厂 A 物料库存不足，B 物料库存充足，A、B 两种物料可以互相替换，系统支持在库存调拨单（STO/Stock transfer Order）和相应的发货单中进行替代，并可设置根据发货工厂的库存情况基于可用性检查（ATP）规则进行自动替代。

下面以广州工厂向上海工厂请购物料 ZROH2 为例，介绍库存调拨单（STO）中基于 ATP 规则实现自动替代。

1. 业务背景以及操作

广州工厂需要某部件 ZROH2，但库存不足，上海工厂存在一定的可用库存，因此广州工厂向上海工厂下达调拨单采购 ZROH2，上海工厂下四个可替换物料（ZROH1、ZROH2、ZROH3、ZROH4）的库存数量和可用数量如表 8-5 所示，表 8-5 中的可用数量是指基于 ATP 规则的可用数量，在 6.5 节"生产订单中的组件的可用性检查"中介绍了 ATP 规则。

表 8-5 各个工厂库存、可用库存分布情况

上海工厂	物料	库存数量	可用数量
H001	ZROH1	1000	500
H001	ZROH3	1000	1000
H001	ZROH2	0	0
H001	ZROH4	0	0

在库存调拨单中可以手工进行替换，也可以系统自动进行替换，下面我们介绍自动替换，系统自动替换的规则如下：

系统将根据库存调拨的需求数量以及需求物料、替代物料的可用库存情况，确定 ATP 以及替换的结果，具体如下：

1）首先检查需求物料的可用库存是否充分，如果充足，则不发生任何替换；

2）如果需求物料本身的数量不足以满足需求，则继续查看替换物料的可用量，查找是否单个替换物料的可用量就可以满足所需调拨的数量；

3）如果查找结果是有且仅有一个替换物料的可用量单独就可以满足调拨需求数，则用该替换物料替换调拨物料；如果有多个物料均可以单独满足调拨需求数量，则按照物料号码大小；

4）如果一个替换物料单独无法满足，则多个替换物料一起满足调拨数量，如果仍然无法满足，则按照原始物料调拨，如果该逻辑不符合需要，则可以使用BADI修改顺序。

在表8-5的背景下，广州工厂向上海工厂的不同的调拨数量下，系统不同的替代结果，具体如表8-6所示。

注意：由于该功能在不断增强，因此取决于不同的SAP产品版本以及SAP产品中的设置，逻辑可能有所差异。

表8-6 不同调拨需求数量下，不同的替代结果

采购（调拨）物料	调拨需求数量	基于ATP（可用性检查）的替代结果		说明
		物料	数量	
ZROH2	499	ZROH1	499	有两种物料ZROH1和ZROH3的可用量各自都可单独满足调拨需求量，则取物料号码小的
ZROH2	800	ZORH3	800	只有一个物料ZROH3的可用量可以满足调拨需求量
ZROH2	1500	ZROH1	500	两种物料的可用量合计才能满足调拨量
		ZROH3	1000	
ZROH2	2000	ZROH1	500	两种物料的可用量都无法满足
		ZROH3	1000	
		ZROH2	500	

2. 操作说明

如图8-26所示，事务代码ME21N创建广州工厂向上海工厂的库存调拨单，需求物料ZORH2，需求数量为2000个，执行可用性检查后，系统自动替代后的结果。

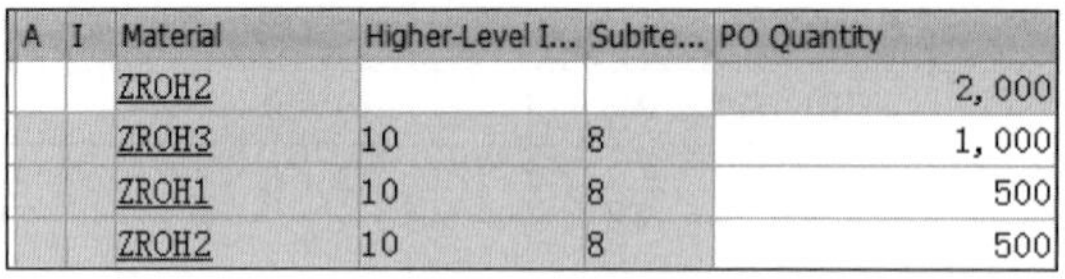

A	I	Material	Higher-Level I...	Subite...	PO Quantity
		ZROH2			2,000
		ZROH3	10	8	1,000
		ZROH1	10	8	500
		ZROH2	10	8	500

图8-26 库存调拨的替代结果（ME21N）

8.2.6 系统实现说明

上文介绍了三个业务场景。

场景 1"采购订单等业务下手工替代"和场景 2"MRP 的自动替代"无特别的后台配置，只参考系统标准的 MPN 参数文件新建一个参数文件。

场景 3"库存转储的采购订单（STO）中基于可用性检查逻辑的自动替换功能"需要配置，具体如下。

1. 设置库存调拨单中的可用性检查的规则

设置转储单的可用性检查规则，本例中的采购订单类型为 NB，发货工厂为 H001，因此如图 8-27 所示，设置该组合的可用性检查规则不能为空白，譬如可设置为图 8-27 中所示的 C（Delivery Proposal）代表在创建库存调拨单时，当需求的物料可用数量小于需求数量时，系统将根据 ATP 的规则给出交货建议。

后台配置路径:SPRO>Materials Management>Purchasing>Purchase Order>Set Up Stock Transefer Order>Assign Delivery Type And Checking Rule。

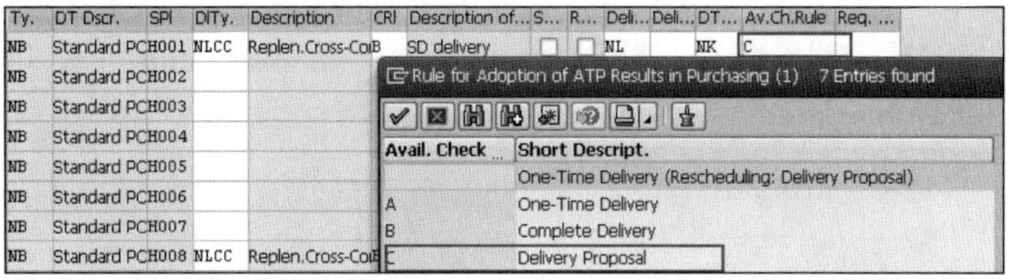

图 8-27 库存调拨单的（STO）的可用性检查规则

提示：激活调拨单的可用性检查功能（ATP），请参见 6.5 节"生产订单中的组件的可用性检查"。

2. 修改可用性检查不足后的消息提示

当可用性检查发现需求的物料可用数量小于需求数量时，根据设置系统将给出提示，在本例中，根据需要设置为 E（错误），也可以按照系统默认设置 W（警告）（见图 8-28），后台路径:SPRO → Materials Management → Purchasing → Environment Data → Define Attributes of System Messages → System Messages。

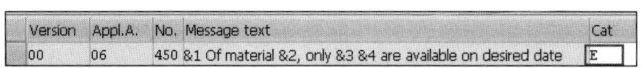

图 8-28 可用性检查的提示信息的修改

3. 通过设置处理代码（STOME）激活库存调拨单的自动替代功能

系统通过处理代码（Process Code）来区分不同的业务场景，其中处理代码 STOME 代表的库存调拨单中的替代，如图 8-29 所示，设置该业务场景下，自动生成子项目并进行替代。

配置路径：SPRO>Logistics General>Interchangeability of Parts>Define Settings for Subitem Creation and Restricted Interchangeability。

4. 库存调拨的补货发货单的自动替代功能

使用事务代码 VL10B 针对库存调拨单创建发货单后，系统将产生日志信息（LOG），在日志中将记录成功创建发货单的记录，也将会记录失败信息。

当激活发货单中的自动替代功能后，在生成日志时，如图 8-30 所示，多出一个物料替代的日志图标，单击图标，可查到自动替代的执行情况。

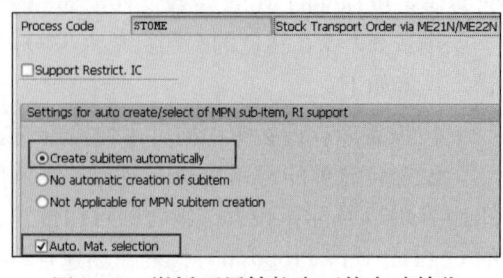

图 8-29　激活可用性检查下的自动替代

本操作也需要激活创建发货单时的自动替代功能（处理代码 VL10STO），路径如图 8-29 所示。

同时注意发货单行项目的可用性检查功能处于激活状态，根据需要可以设置行项目数量不能为零，对应的后台配置路径：SPRO>Logistics Execution>Shipping>Deliveries>Define Item Categories for Deliveries。

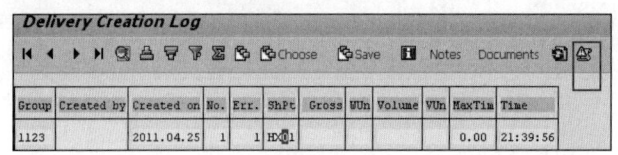

图 8-30　查看补货发货单的自动替代记录

上面介绍的为完全可替换物料，SAP MPN 还提供了单向和受限制替换物料，限于篇幅，这里就不再介绍了。

8.2.7　库存管理的 MPN 功能总结

- 通过库存管理的 MPN 功能可以实现上面演示的手工替代、ATP 自动替代、MRP 自动替代，不仅支持在采购、销售、生产业务中的替代，在 ECC6.0 的最新版本（EHP4 及以上）中，也支持对 PM 维护订单、PS 网络订单中的组件的替代。
- 按单生产模式，通过此功能，可以很简单的实现客户指定零部件的制造商的需求，只需要在维护销售订单 BOM 时，输入该制造商物料，参见 2.3 节 "按订单生产（MTO）"。
- 按库存生产模式，客户一般不会要求指定零部件的制造商，但如果客户有要求，通过维护相应的 BOM，也可以实现。
- MPN 功能不仅仅可应用于区分由于不同制造商而导致的替代，也可以用来解决其他类型导致的替代，譬如当处理保税业务时，如果相应的方案中确定使用两种物料来区分保税物料和非保税物料，那么可以考虑借助此功能来实现替换，提高效率。

第 9 章　采购定价

SAP 产品中的采购定价非常灵活，本章将从以下几个方面介绍采购定价。
- 采购信息记录、条件类型与采购单据定价之间的相互作用、采购的定价过程，以及 SAP 产品对采购环节中含税价与不含税价的处理。
- 如何处理采购过程中的运费，举例说明常见的处理流程。
- 计划协议定价。
- 采购定价中的常见问题。

提示：关于销售定价请参照第 13 章。

SAP 中销售定价与采购定价比较接近，从技术层面上看，90% 以上都是相同的，都是利用条件技术来实现的，对定价的增强也采用相同的逻辑。

然而，采购定价与销售定价相比，其来源比较多（广度），但深度有限，这是因为企业采购的物品类别很多，采购方只关心某原材料的最终采购单价是多少，而对于销售方来说，同一产品针对不同客户制定不同价格策略，考虑折扣、成本等多种因素，再得出对特定客户的最终售价，因此销售定价的技术比采购定价复杂。

采购订单中的计算方案（Calculation Schema）等同于销售定价中的定价过程（Price Procedure）。采购定价中常常通过"采购信息记录"带出条件类型，而销售定价中直接使用条件类型。

9.1　采购信息记录、条件类型与采购单据定价

最常见的采购定价形式是通过在采购信息记录（Purchase Info Record）中维护特定原材料对供应商的不含税采购单价，创建采购订单时，读取采购信息记录中的价格，得到采购订单中的不含税价格。采购信息记录包含了采购单价和其他的采购参数（如提前期、最小提前期），下面主要介绍与采购定价相关的参数。

创建采购信息记录时，系统会带出默认的条件类型，一般均为条件类型 PB00，我们还可以根据需要输入其他补充条件类型，而后创建采购订单时，将采购信息记录中的条件类型 PB00 的值将带到采购订单中，若有补充条件类型，则一并带到采购订单中。一般来说，我们通过维护采购信息记录来维护采购单价，但也可以通过直接维护条件类型的方法来维护采购单价或采购折扣，在后续的采购订单中使用该条件记录。

在项目实施过程中，按照 SAP 默认及推荐设置，维护采购信息记录时应维护成为不含税价，维护成不含税价有几个方面的原因，如从财务角度来看，采购成本应等于不含税的；又如在国外采购报价普遍按照不含税的方式进行报价。但在国内项目实施过程中，经常有项目希望能够以含税价的方式来维护采购单价，解决这一问题的途径有很多，后面我们介绍两种方法。介绍这两种方法的目的不仅仅在于解决含税价转不含税问题，更重要的是理解 SAP 采购定价的基本逻辑，同时在使用的过程中需要注意不同方式的优缺点。

9.1.1 采购信息记录的维护

我们通过一个例子来介绍采购信息记录，一般维护采购信息记录直接针对条件类型 PB00 维护不含税价，本案例中，为了更好的说明采购信息记录的功能，我们在采购信息记录中维护条件类型 PB00 为含税价 117 元，维护补充的条件类型 RA00 为 –17%，由系统在采购信息记录中计算出净价 100 元。

1. 采购信息记录中的定价

一方面采购信息记录常常是采购单据（如采购订单）定价的基础，同时采购信息记录本身也存在一个定价的过程，其定价过程可以分为三个步骤。

（1）定价步骤 1—默认条件类型的确定与输入

事务代码 ME11 维护采购信息记录时，系统根据我们输入的供应商和采购组织，确定出计算方案（定价过程），再将计算方案中定价类别（Condition Class）为单价（Pricing）、存在存取顺序（Access Sequence）、非促销的条件类型作为采购信息记录中默认的条件类型。

事务代码 OMFO 定义计算方案的确定，事务代码 M/08 定义计算方案，本例中确定出的计算方案为 RM0000，计算方案 RM0000 中符合要求的条件类型为 PB00。

（2）定价步骤 2—补充条件类型的确定与输入

在维护采购信息记录时可以输入额外的条件类型，这些额外的条件类型被称为补充的条件类型，所有条件类型一起共同决定采购信息的定价。

在步骤 1 中确定出默认的条件类型，在该条件类型中系统定义用于条件补充的定价过程，从而确定补充的条件类型。

具体而言，本例中，事务代码 M/06 定义条件类型 PB00，该条件类型用于定价补充（Condition Supplements）的定价过程为 RM0002，定价过程 RM0002 定义了包括条件类型 RA01、FRC1 在内的多个条件类型。

如图 9-1 所示，维护采购信息记录时在条件界面输入三个条件类型：
- 默认条件类型 PB00，维护成每个 117 元；
- 条件类型 RA01，维护为 –17%，该条件类型代表"税率"，用于计算不含税金额；
- 条件类型 FRC1，该条件类型的定价类别为交货成本（运费/Delivery Cost），等于每个 1 元。

（3）定价步骤 3—有效价格、净价的计算

系统将采购信息记录输入的条件类型，按照条件类型的条件类（Condition Class）进行

不同的计算，确定出采购信息记录的净价（Net Price）和有效价格（Effective Price）。

采购信息记录中的净价等于条件类别为单价的条件类型＋条件类别为折扣类型（附加费）的条件类型之和，因此，本例中，净价等于条件类型 PB00＋条件类型 RA01，事务代码 M/06 设置条件类型 RA01 的计算类型（Calculation type）为 I 百分数（旅行费用/Percentage（travel expenses）），其价格等于 117×（–17%）/{1–（–17%）}＝–17，因此净价等于 117+（–17）= 100 元。

采购信息记录中的有效价格等于 PB00＋折扣类型（附加费）的条件类型（RA01）＋定价类别为交货成本（运费）（FRC1）–现金折扣＋其他不可抵扣税金等于 117–17+1=101 元。

具体如图 9-1 所示，针对供应商 112643 和物料 ZROH11 的采购信息记录中的净价和有效价格分别为 100 元和 101 元。

要了解更多净价计算，请参见 SAP Note 586856 - Pricing in the info record/contract for fixed conditions。

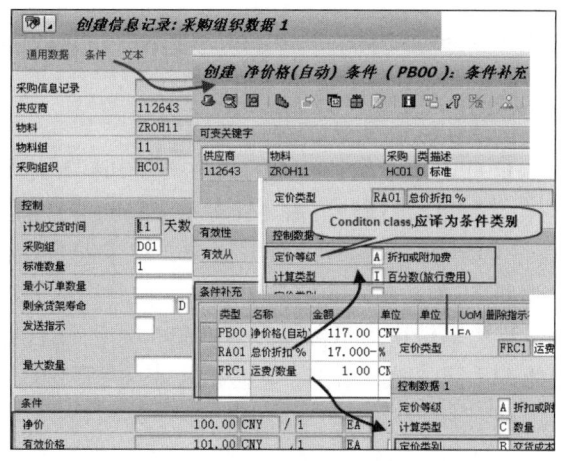

图 9-1　采购信息记录（ME11）

2. 采购订单与采购信息记录

创建采购订单时，系统根据采购订单中的供应商、物料、采购组织等确定相应的采购信息记录，然后将采购信息记录中的条件类型和补充条件类型复制到采购订单的定价中。

如图 9-2 所示，事务代码 ME21N 针对供应商 112643 和物料 ZROH11 创建采购订单时，系统将采购信息记录中维护的条件类型（条件类型 PB00 和 RA01 等）复制到采购订单中，采购订单中的净价与采购信息记录中相同，都为每个 100 元。

3. 小结

本例中介绍以下了内容：
- 采购信息记录中的条件类型、补充条件类型以及采购信息记录中净价、有效价格的计算方式；
- 条件补充的功能以及其作用，条件补充根据需要使用，在本例中，利用条件补充实现了含税价转换为不含税价；
- 创建采购订单时，将复制采购信息记录中的条件类型、补充条件类型。

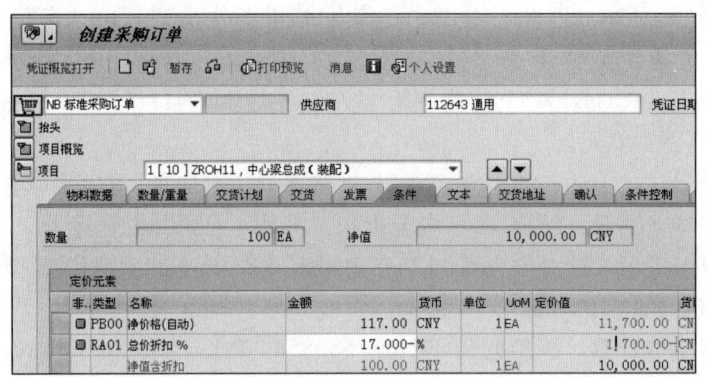

图 9-2 采购订单中的采购价格（ME21N）

更多内容，请参见 SAP Note 392988 - Consulting: Prices in info record and RM06INP0。

9.1.2 含税价转为不含税价

上节中，通过在采购信息记录中维护补充的条件类型 RA01 实现了采购含税价到不含税价的转换，该方法可行，但是比较烦琐，需要针对每个采购信息都维护条件类型 RA01。

下文中，我们通过一个示例使用另外一种方法来实现采购含税价到不含税价的转化，通过定义一个新的条件类型 Z010，在采购信息记录中维护含税单价和相应的税码，而后在采购订单中根据含税价以及税码转换为不含税价格。在本例中，假设向供应商 900001 采购某产品 ZMTO，含税价为 117 元，税码为 J1，对应的税率为 17%。

具体的步骤如下：
- 后台配置新的条件表 A988，条件表中包含条件字段"税码"；
- 后台配置新的定价存取顺序 Z001，对应条件表 A988；
- 后台配置新的条件类型 Z010，对应存取顺序 Z001；
- 后台配置修改当前有效的定价过程 RM0000，将条件类型 Z010 增加到该定价过程；
- 前台维护采购信息记录，输入含税价 117 元，税码 J1；
- 前台针对条件类型 Z010 维护条件记录，设置税码 J1 对应的百分比为 –17%；
- 前台创建采购订单，系统根据含税价 117 元，税码 J1，得到条件类型 Z010 的值为 –1，从而计算出不含税价 100 元。

详细定义如下。

1. 定义条件表（Condition Table）

如图 9-3 所示，事务代码 M/03 定义新的条件表（Condition Table），如 988，条件表 988 中包含条件字段 - 税码（Tax Code），保存并生成条件表，系统将会生成一个数据库透明表（transparent table）A988。

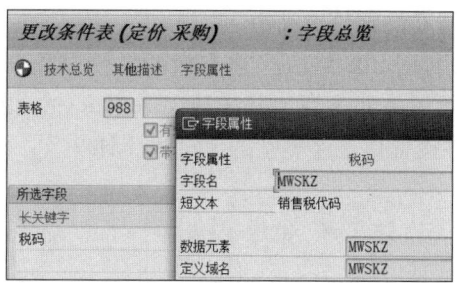

图 9-3　定义条件表（M/03）

2. 定义存取顺序（Access Sequence）

如图 9-4 所示，事务代码 M/07 定义存取顺序（Access Sequences）Z001，存取顺序 Z001 中包含新定义的条件表 988，并设置该条件表的存取字段取采购订单行项目中的税码（KOMP-MWSKZ）。

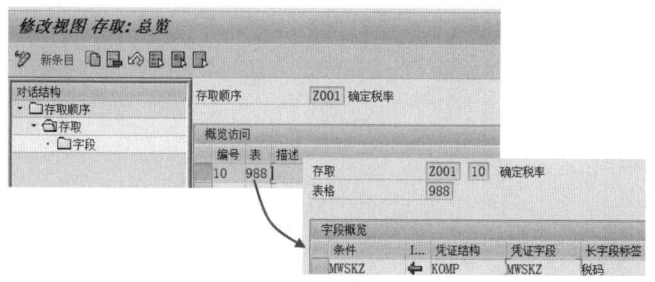

图 9-4　定义存取顺序（M/07）

3. 定义条件类型（Condition Type）

如图 9-5 所示，事务代码 M/06 定义条件类型 Z010，该条件类型的存取顺序为新定义的存取顺序 Z001，设置该条件类型的计算类型为 I，始终为负数（Negative）。

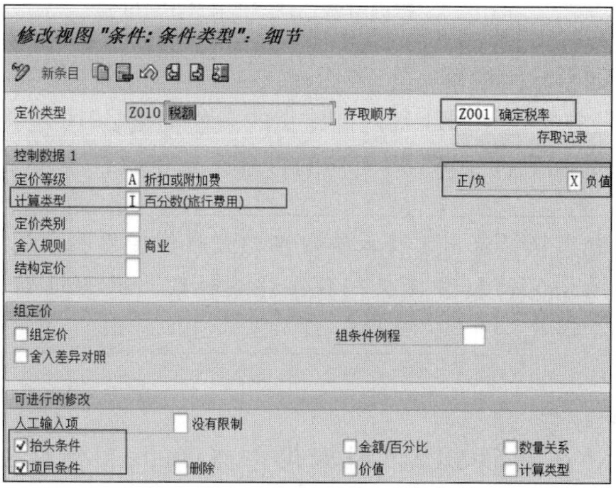

图 9-5　定义条件类型（M/06）

4. 将条件类型增加到标准的定价过程中

如图 9-6 所示，事务代码 M/08 修改当前有效的定价过程 RM0000，将条件类型 Z010 增加到定价过程中，并设置该条件类型为非统计（statistics），设置为非统计意味着该条件类型将会影响采购净值，并设置该条件类型的值进入小计 9。

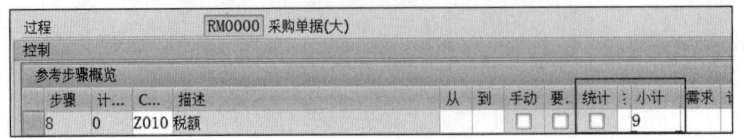

图 9-6　定义定价过程（M/08）

5. 维护采购信息记录

如图 9-7 所示，事务代码 ME11 针对供应商（90001）和物料（ZMTO）维护采购信息记录（Purchase Info Record），维护含税的采购单价为 117 元，并设置税码（税代码 Tax Code）为 J1，J1 代表进项税 17%。

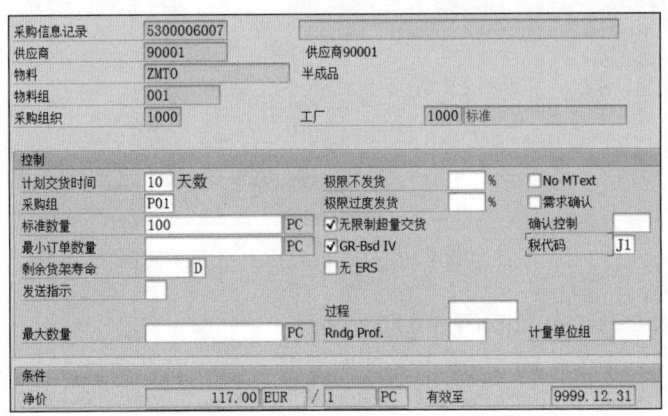

图 9-7　维护采购信息记录（ME11）

6. 维护税码对应的百分比税率

如图 9-8 所示，事务代码 MEK1 针对新定义的条件类型 Z010 维护税率的百分比，设置税码 J1 对应的百分比为 –17%，税码 J0 对应的百分比为 0%。

> 提示：这里维护的百分比仅仅是用于将采购订单的含税价转为不含税价的，在发票校验时，系统会根据不含税价结合税码 J1 中定义的税率得到税额，税码 J1 对应的税率 17% 由事务代码 FTXP 定义。

7. 创建采购订单

如图 9-9 所示，事务代码 ME21N 针对供应商 90001 和物料 ZMTO 维护采购订单 4500017347，可以看到采购订单中的条件类型 PB00 为每个 117 元，取自采购信息记录，采购订单中的条件类型 Z010 为 –17%，该条件类型是通过事务代码 MEK1 进行维护的。

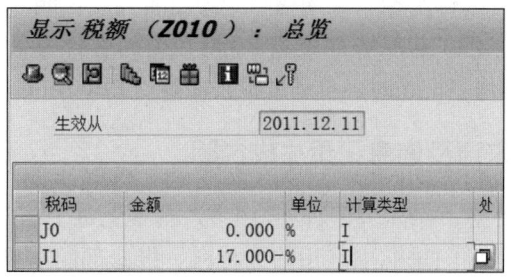

图 9-8　维护税码对应的百分比（MEK3）

条件类型 Z010 的计算类型设置为 I，代表该条件类型的金额等于 P 乘以条件基值除以 $(1-P)$，P 代表维护的百分比 –17%，条件类型 Z010 的基值为条件类型 PB00 的金额，具体而言该条件金额等于 $(-17\%)\times(11700)/(1-(-17\%))$ 等于 –1700 元。

由于条件类型 Z010 设置为非统计的，也就是该条件类型将会影响采购订单的净值，因此本例中采购订单的净值等于条件类型 PB00 的金额（含税金额）加上条件类型 Z010 的金额（应当扣除的税额），具体而言订单的不含税金额等于 11700+(–1700) 等于 10000 元。

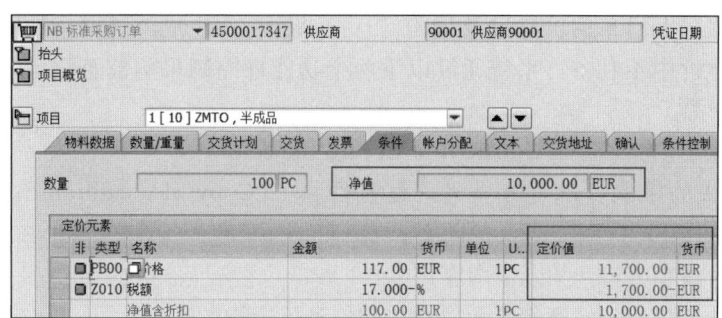

图 9-9　采购订单的条件界面（ME23N）

8. 方案实现说明

从技术上来说，如上文所示，采购信息记录中维护成含税价，通过维护条件类型 Z010，可以实现含税价格转为不含税价格，但是值得注意的是，正如上文所说，采购信息记录维护成为不含税价有方方面面的原因。

如果采购信息记录维护成为含税价格，可能会产生其他的影响，如对成本估算的影响，以本例中的物料 ZMTO 为例，该物料含税价格为 117 元，成本价应该为 100 元，当该物料被用于成品的 BOM 中时，成本也应该为 100 元。

对该物料进行成本估算时，可读取多个方面的价格来源，其中也可能会读取采购信息记录，此时以采购信息记录作为成本估算来源，同时如果采购信息记录中维护 117 元，显然将会导致成本估算不准确，具体可参见事务代码 OKK4 维护成本估算变式（Valuation

Variants For Production Costing）。

9. 事务代码 MEK1、条件类型、采购信息记录三者关系说明

事务代码 MEK1 可以维护包括条件类型 PB00 在内的各种与采购定价相关的条件类型，事务代码 ME11 维护采购信息记录时，自动维护条件类型 PB00，并自动选择相应的条件表。

9.1.3 采购订单价格来源及信息记录生成说明

企业的采购有一个特点"杂"，涉及的部门多，基本上每个部门都需要花钱，花的钱主要是付给供应商。如采购部门采购生产用的原材料、维修部门需要采购备品备件、IT 部门可能要采购 IT 的硬件、软件及服务、人事部门采购办公用品。

采购业务的"杂"带来采购定价的"杂"，这就要求针对不同的采购业务可在系统中设置不同的采购定价策略，具体而言如下。

1）采购信息记录的生成：采购信息记录可以是手工通过事务代码 ME11 维护，也可以是根据采购单据中的采购价自动生成。

2）采购单据的价格来源：采购单据（如采购订单）中的价格来源一般是来自于上文中通过维护采购信息记录和直接维护条件类型的价格，但除此之外采购订单中的价格来源还可以来自于上一次在采购单据中手工输入的结果。

复制上一张采购订单的价格以及采购信息记录的自动生成，这两个功能均为采购定价独有，在销售定价中不具备，系统通过以下两个功能来控制采购信息记录的生成以及采购单据中的价格来源。

- ❏ 信息记录更新指示符（Update Info Record Indicator）；
- ❏ 从上一张的采购订单复制条件（复制价格）（Copy of condition from last purchase order）。

具体而言，本小节将介绍以下内容：
- ❏ 报价单中的信息记录更新指示符对采购信息记录的影响；
- ❏ 采购订单中的信息记录更新指示符对采购信息记录的影响；
- ❏ 信息记录指示符的确定方式；
- ❏ 复制上一张采购订单功能。

1. 信息记录更新指示符总览

根据采购单据中的信息记录更新指示符中的设置，报价单、采购订单中手工输入的单价可以以不同形式更新到采购信息记录中。下面分别以报价单和采购订单为例介绍信息记录更新指示符的影响。

2. 报价单与信息记录更新指示符关系示例

在报价单中手工输入供应商报价，然后查看对采购信息记录的影响，报价单中手工维护的采购单价可以更新采购信息记录。

（1）维护询价单（RFQ）

如图 9-10 所示，事务代码 ME41 创建 RFQ（询价单）、物料 ZROH11、供应商 112647。

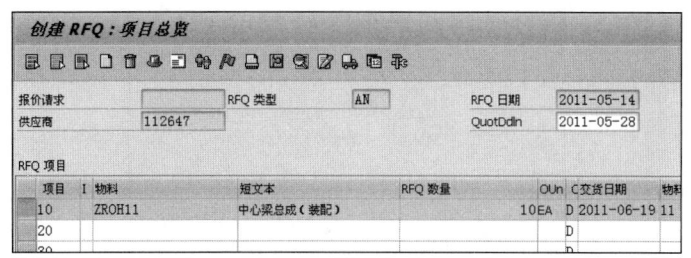

图 9-10　维护 RFQ（ME41）

（2）维护报价单

供应商 112647 对物料 ZROH11 进行报价 647 元，当收到供应商报价后，如图 9-11 所示，在系统中通过事务代码 ME47 维护报价，设置为信息记录更新。

信息记录更新设置为"A"代表如果没有信息记录，系统将会创建信息记录，如果有信息记录，则更新已有的采购信息记录。

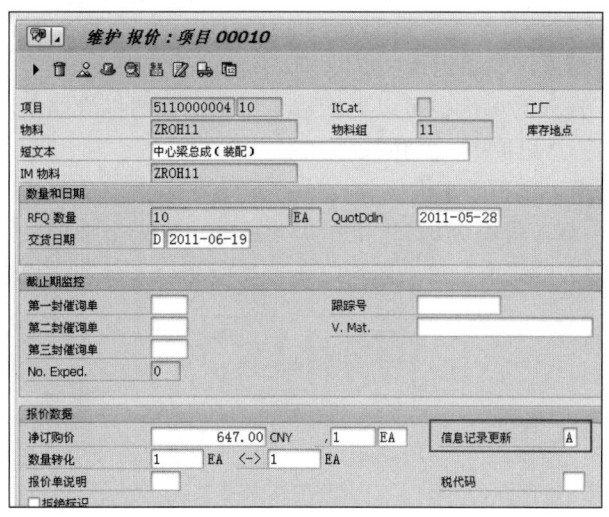

图 9-11　报价单中设置信息记录更新（ME47）

（3）报价单对信息记录的影响

保存报价单的同时系统自动更新信息记录，通过事务代码 ME13 查看新生成的采购信息记录。

如图 9-12 所示，报价单中手工输入的信息，将会更新在采购信息记录中，系统将会更新两部分的信息。

❑ 更新 1：将报价单中的单价保存在采购信息记录中。

❑ 更新 2：将报价单的单据号码保存在采购信息记录中。

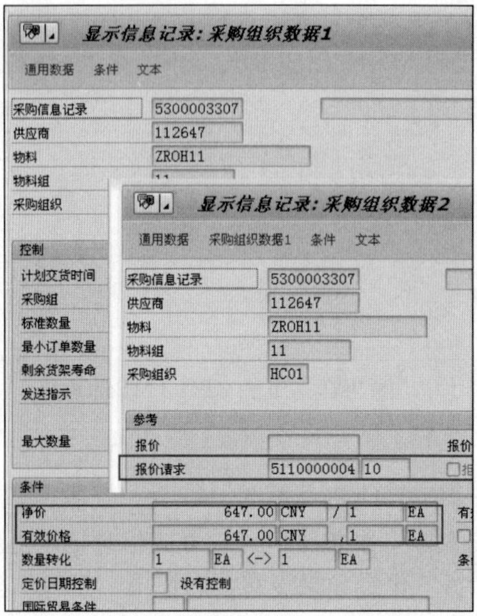

图 9-12 信息记录将会生成／更新（ME13）

3. 采购订单与更新采购信息记录

采购订单中手工输入的单价也可以更新信息记录，但与报价单不同，系统只会将采购订单编号更新到采购信息记录中，具体操作如下。

（1）创建采购订单，维护手工价格

如图 9-13 所示，事务代码 ME21N 维护采购订单，事先未维护采购信息记录，手工输入价格 48 元，手工输入的采购价格一般均以条件类型 PBXX 体现，设置为"信息更新"。

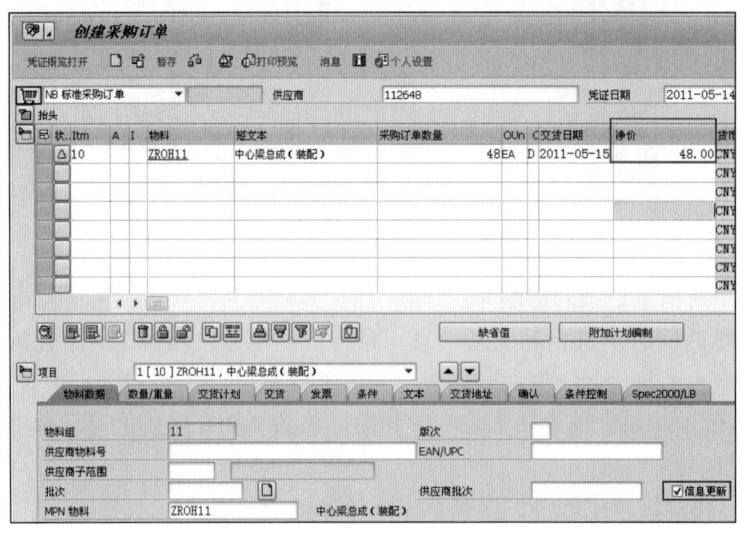

图 9-13 采购订单中手工输入单价（ME21N）

（2）手工输入的价格对采购信息记录的影响

保存采购订单时更新采购信息记录，与报价单不同，如图9-14所示，仅更新采购订单编号到采购信息记录中，而不会更新采购订单的单价到采购信息记录中。

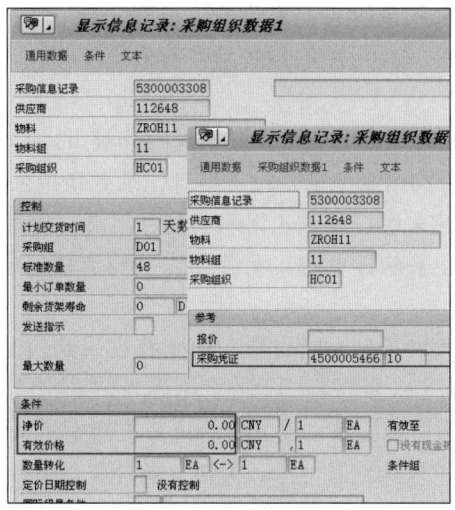

图9-14　采购信息记录将被更新（ME13）

4. 信息记录更新指示符的确定

如图9-15所示，事务代码OMFI在采购缺省组参数01中针对采购订单、报价单分别设置信息记录更新指示符。

如图9-15所示，事务代码SU01为用户分配采购缺省组参数（Parameter ID）EVO给用户C_LIJUNY，参数值为01。

图9-14和图9-15结合在一起，代表当用户C_LIJUNY创建采购订单、报价单时，系统首先确定该用户的参数EVO的参数值01，再根据参数值01确定信息记录更新指示符，从而确定报价单、采购订单中的信息将以何方式更新到采购信息记录中。

系统是通过用户参数ID（EVO）的方式来确定信息记录更新方式，因此不同的用户可以有不同的信息记录更新方式。

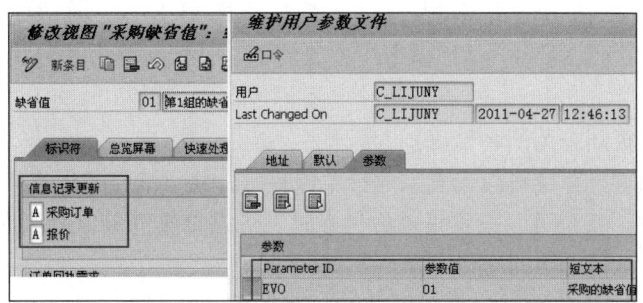

图9-15　采购信息记录更新指示符的确定（OMFI&SU01）

5. 复制上一张采购订单功能（Copy of condition from last purchase order）

当存在采购信息记录，但采购信息记录中不存在有效的价格时（见图 9-13），系统则可以复制采购信息记录中的上一张采购订单中的采购价格到当前采购订单，系统复制时，不仅复制上一张采购订单的采购单价（一般为条件类型 PB××），如果有其他条件类型（如运费），系统也会复制上一张采购订单的运费到当前采购订单。

（1）应用场景

当启用复制上一张采购订单的功能后，在不同的场景下，影响如下。

场景 1 背景：不存在采购信息记录，设置信息记录更新指示符为更新。

场景 1 应用说明：创建采购订单时，无采购信息记录，此时手工通过条件类型 PB×× 输入采购价格 200 元，保存采购订单时，系统创建采购信息记录，并将采购订单号码记录在采购信息记录中。

再次创建相同供应商和物料的采购订单，由于存在采购信息记录，但采购信息记录中无价格，因此系统自动复制上一张采购订单的价格到当前采购订单，即价格为 200 元。

场景 2 背景：存在采购信息记录，设置信息记录更新指示符为更新。

场景 2 应用说明：维护采购信息记录，价格（条件类型 PB00）为 100 元，创建采购订单，系统自动确定的价格（条件类型 PB00）为 100 元，手工修改价格为 200 元（条件类型 PB××），保存采购订单，系统将会将新生成的采购订单号号码记录在采购信息记录中。

再次创建相同供应商和物料的采购订单，由于存在采购信息记录，并且采购信息记录存在有效价格 100 元（条件类型 PB00），因此系统不会复制上一张采购订单的采购单价，而是取采购信息记录中的有效价格为 100 元。

场景 3 背景：不存在采购信息记录，未设置信息记录更新。

场景 3 应用说明：无采购信息记录，创建采购订单，此时手工输入价格 PB×× 200 元，保存采购订单时，则系统不会创建采购信息记录。

创建相同供应商和物料的采购订单，由于不存在采购信息记录，因此系统无法复制上一张采购订单，仍然需要手工输入价格。

（2）从上一张采购订单复制的指示符的确定

如图 9-16 所示，设置是否复制上一张采购订单的条件也是在采购员参数中进行定义（事务代码 OMFI），然后事务代码 SU01 将采购员参数（EVO）和参数值 01 分配给适当的用户。

6. 小结

采购信息记录更新分为两种情况：

对采购订单而言，系统可以设置采购订单保存时，将采购订单保存在采购信息记录中；

对报价单而言，系统可以设置报单价保存时，可以将报价单信息保存在采购信息记录，同时还更新采购信息记录中的净价和条件类型。

当创建相同供应商和物料的采购订单时，系统可以复制上一张采购订单中手工输入的价格。

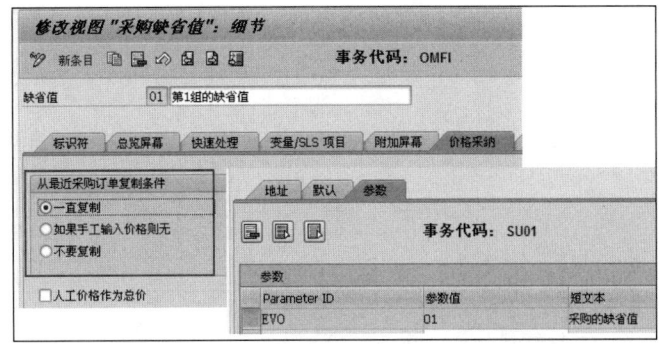

图 9-16　定义采购缺省者（OMFI&SU01）

整体而言，一种可行的方案是启用"信息记录更新"功能，还是"复制上一张采购订单中的价格"功能根据需要使用，例如考虑到操作的简便性以及无需过度管控，采购非生产性物资的用户可以采用此功能，每次手工输入采购价格，下次创建相同供应商和物料的采购订单自动复制上一张采购订单中的价格。

9.1.4　采购订单的定价过程说明

本节仅简要介绍采购订单的定价过程，详细请参见 13 章"销售定价"。

1．采购订单的定价概览

创建采购订单时，条件类型 PB00 的价格可能来自于信息记录，当参考合同创建采购订单时，条件类型 PB00 又来自于合同中输入的价格。假设二者都存在的情况下，系统以合同中输入的金额为准，若希望手工输入价格，则可以使用条件类型 PB××。

下面将以系统标准配置为例，介绍采购订单的定价功能的实现过程。

2．采购订单定价配置过程简述

采购定价采用条件技术，系统标准配置可分为以下几个步骤：
- 采购订单中的计算方案的确定；
- 计算方案的定义；
- 条件类型的定义；
- 存取顺序的定义；
- 条件表的定义。

（1）采购订单中计算方案（Calculation Schema）的确定

如图 9-17 所示，对于事务代码 OMFO 定义计算方案的确定，我们可以为不同的采购组织、不同的供应商分配不同的计算方案。在参与实施的不少项目中，往往仅使用了一个计算方案。当然根据需要我们可能会为集团内部供应商、集团外部供应商分配不同的计算方案。

本例中，采购订单中采购组织为 1000，供应商为 90001，由于未曾为采购组织 1000 分配计算方案组（采购组织），也没有为供应商分配特别的方案组（供应商），因此系统根据空白的"计划组购买组织"+空白"计划组销售商"确定出使用计算方案 RM0000。

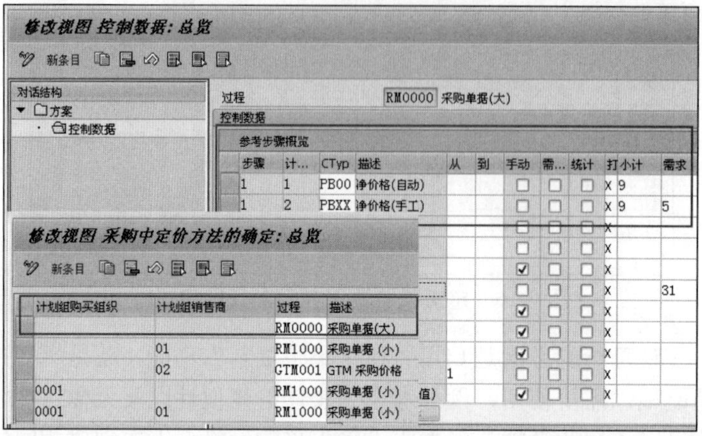

图 9-17 采购计算方案的定义与确定（OMFO&M/08）

如果希望不同的采购组织使用不同的计算方案，则通过事务代码 OMFM 定义用于采购组织的计算方案组（Schema Groups for Purchasing Organizations），然后通过事务代码 OMFP 将方案组分配给采购组织。

如果希望不同的供应商使用不同的计算方案，则通过事务代码 OMFN 定义用于供应商的计算方案组（Schema Groups for Vendors），然后事务代码 XK01/XK02 维护供应商主数据时，将该方案组分配给供应商主数据（采购数据视图）。

（2）定义采购的计算方案

如图 9-17 所示，事务代码 M/08 定义计算方案 RM0000，计算方案中定义了若干个条件类型，其中 PB00 存在存取顺序，用于自动确定采购价格，PB×× 用于手工输入采购价格。

（3）定义条件类型

如图 9-18 所示，事务代码 M/06 定义采购的条件类型，具体而言定义条件类型 PB00 的存取顺序为 0002。

（4）定义存取顺序

如图 9-18 所示，事务代码 M/07 定义采购的存取顺序，在存取顺序 0002 中定义了多达十个价格来源，本例中以价格来源采购合同和信息记录为例，系统按顺序读取，先读取采购合同（表 A016），再去读取采购信息记录（表 A017、A018），当排斥勾选上，代表读取到采购合同后，则不再继续读取，如果读取不到，则继续读取采购信息记录等。

（5）定义条件表

如图 9-19 所示，事务代码 M/05、M/04、M/03 定义采购的条件表。

维护采购信息记录时，可以选择是否输入工厂，如果输入工厂，采购信息记录维护后数据将保存在条件表 A017，否则保存在表 A018 中。

采购合同中的单价信息保存在表 A016。

可根据需要定义自己的条件表，在自定义的条件表中设置相应的条件字段，这样我们就可以根据不同的条件维护不同的价格。

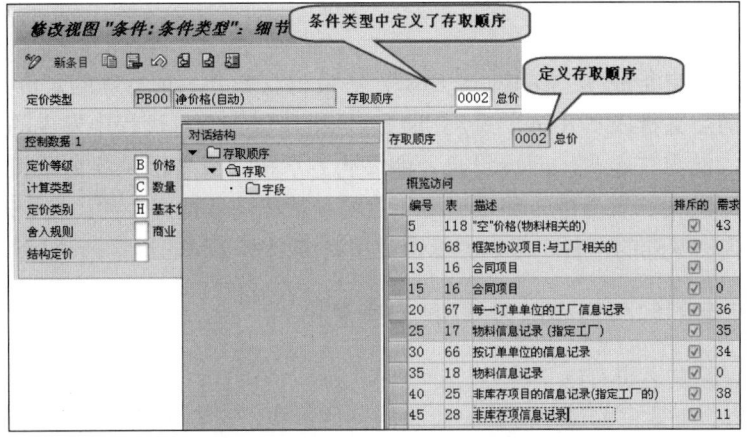

图 9-18　条件类型 PB00 的定义与存取顺序（M/06 & M/07）

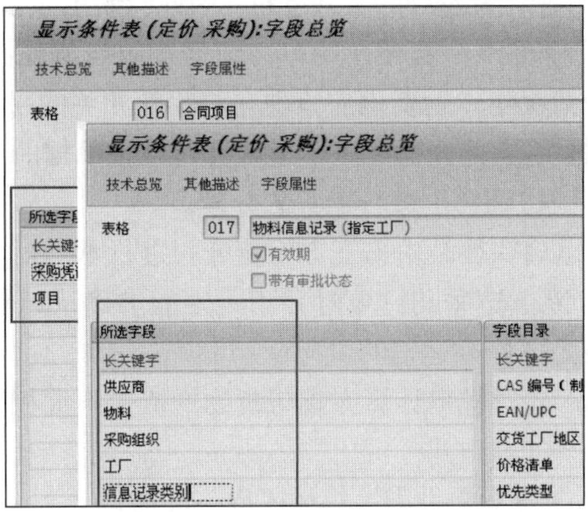

图 9-19　定义条件表（M/05）

3. 采购订单的定价小结

结合上文中的图 9-17 至图 9-19 可以得到以下结论。

当针对采购组织 1000、供应商 90001、物料 ZROH11 创建采购订单时，系统首先根据采购组织、供应商确定出计算方案为 RM0000。

在计算方案 RM0000 中，包含了条件类型 PB00，条件类型 PB00 通过存取顺序 0002，读取多个条件表中的数据，本案例中以采购合同和采购信息记录为例，系统首先读取条件表 A016，也就是如果采购订单参照合同创建，将复制合同中的单价，如果未参照采购合同创建，则读取条件信息记录中维护的价格（条件表 A017 或 A018）。

采购单价除了以采购信息记录的方式维护以外，在上文中也可以像介绍 SD 模块一样，直接通过事务代码 MEK1 维护包括 PB00 在内的条件类型，SAP 并不推荐随意使用这种方式。参见 SAP Note 456691 - FAQ: Price determination in purchasing。

9.2 采购运费

采购运费（即交货成本，Delivery Cost）是采购业务中一种特殊的定价，在 SAP 的系统中，其同义词是交货成本（Delivery Cost），是指在货物交付过程中发生的运输成本，只要有货物交付，就会有运费，而运费或者由采购方承担，或者由销售方承担。国内贸易大多是销售方承担；国际贸易中，将根据国际贸易条款确定承担方，如，在 FOB 模式下，销售方承担工厂到出发港的运费，采购方承担从出发港到本公司的运费。

9.2.1 采购运费的典型特点以及 SAP 方案总览

一般来说，采购运费有以下特点。

1）滞后性：下达采购订单时，一般只能预估运费，运费实际金额的确认往往比较晚，因此一般尽可能在采购订单中做预估，实际运费确认时，进行差异调整。

2）物料相关性：运费是由承运的货物引起的，因此运费的金额应该体现为与物料相关，在物料采用移动平均价的情况下，若存在库存，则运费应当体现在库存金额中，若库存不足或者物料采用标准价的情况下，运费也应体现在与物料相关的采购差异科目中。

3）运费的单据相关性：大部分情况下，运费针对整张单据的所有物料，因此一般来说输入总的运费，而后在不同的物料上进行运费的分摊。

4）专业公司承运：运输往往是由第三方物流公司进行承运，运输的供应商与货物的供应商往往不相同，并且可能下达采购订单时并不一定能够确认运输的供应商，因此系统应该可以在采购的不同阶段允许修改运输的供应商。

5）运费税率的计算：运费税率计算方式与货物增值税不太相同，按目前税法，税率为 7%，并且为价内税。

针对上述特点，SAP 在方案提供上，提供了以下功能。

SAP 中可以将运费作为一种条件类型事先维护在信息记录中，并相应地为运费指定专门的供应商，也可以在采购单据的抬头或者行项目中手工输入运费，并指定专门的供应商，采购订单收货时，根据输入的运费进行预提运费，并且在收货时还可以修改运输的供应商，收到运费发票时，对运费做发票校验，差异金额可以分摊在物料上或者不做分摊。

SAP 进一步将 Delivery Cost（交货成本/运费），分为 Planned Delivery Cost（计划的交货成本）和 Unplanned Delivery Cost（计划外交货成本）两种。计划的交货成本就是事先在采购单据中维护，采购订单收货时预提运费，收到物流公司发票，进行发票校验。如果没有事先在采购单据中维护，当收到物流公司发票时，运费就称为未计划的交货成本。实际业务中，可能会出现计划的交货成本和未计划的交货成本混在一起，SAP 的系统也支持此业务。

取决于公司的业务情况，采购运费具体可有以下几种处理方案。

1）运费输入在采购单据的抬头或者行项目（见下节示例）。

2）为运费建立一个单独的物料，作为单独的一行，输入在采购订单中，该方案应用简单，但无法将运费分摊到物料上，不多做介绍。

3）启用 SAP 系统的运输模块，针对采购订单创建内向交货单，再根据内向交货单创建内向运单，根据内向运单创建内向装运成本（运费），对运费做发票校验。该功能主要用于销售货物，采购货物也可以这样操作，但可能并不需要如此操作，具体请参见 15 章 "运输管理"。

9.2.2 运费处理流程示例

下面就最典型的运费处理做简要的介绍，具体的操作步骤如下：
- 维护采购订单，输入预估运费；
- 运费的供应商维护；
- 运费的发票校验。

1. 维护采购订单，输入预估运费

如图 9-20 所示，事务代码 ME21N 创建采购订单 4500005450，在采购订单的抬头条件中，输入预估运费 500 元（条件类型 FRB1），输入需要采购的两个物料代码、数量、金额，根据需要，也可直接在行项目中输入预估运费金额。

条件类型 FRB1 在采购订单抬头可以输入的前提条件是事务代码 M/06 定义该条件类型时设置了允许在抬头修改。

如果运费比较固定，我们也可以将运费以及运费对应的供应商直接维护在采购信息记录中，而不是在采购订单中手工输入，相关操作参见图 9-1。

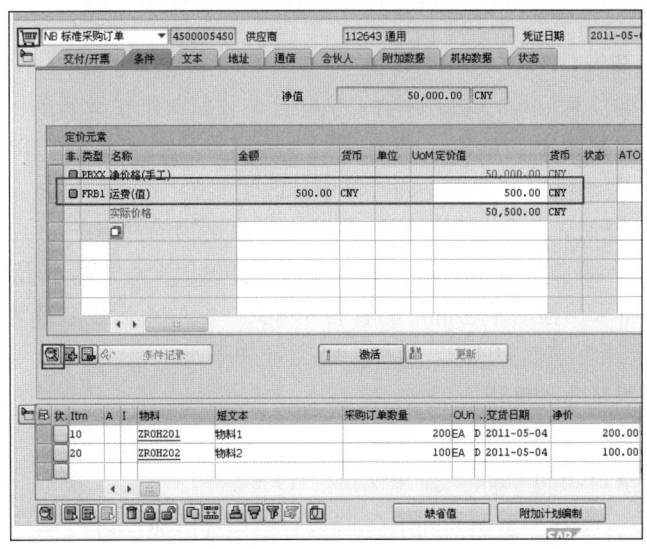

图 9-20 采购订单中输入运费（ME21N）

当在采购订单抬头输入预估运费时，取决于后台的条件类型的设置，可能会有不同的分摊处理方式，本例中采用按照采购订单行项目金额进行分摊运费，第一行分摊运费 400 元，第二行分摊运费 100 元，具体而言分摊逻辑与结果如表 9-1 所示，如图 9-21 所示。

表 9-1　抬头运费在行项目的分摊

行项目	物料	数量	单价	不含税金额	本行项目应分摊比例	运费分摊金额（抬头运费乘分摊比例）
10	ZROH201	200	200	40000	40000/50000	400
20	ZROH202	100	100	10000	10000/50000	100
合计		300		50000		500

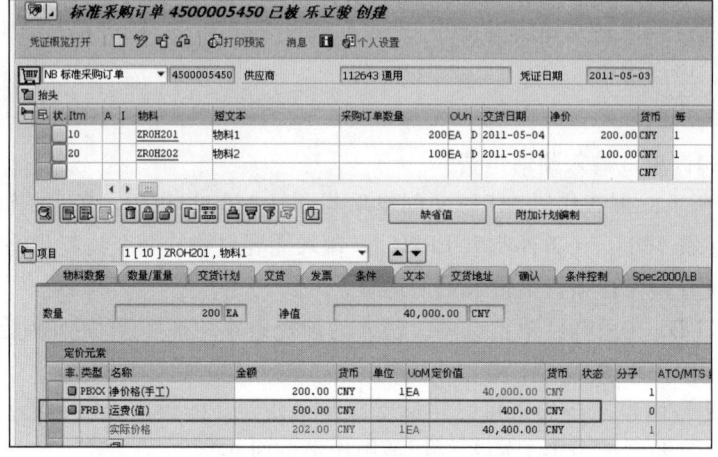

图 9-21　采购运费在行项目的分摊（ME22N）

2. 运费的供应商维护

我们可以在采购信息记录、采购订单、采购订单收货时维护运费的供应商信息。

1）在图 9-21 的基础上，单击"显示明细"按钮查看条件类型 FRB1 的明细，具体如图 9-22 所示，根据需要我们可以在采购订单中修改运费的供应商。

2）采购订单收货时，可根据实际运输情况，修改运输的供应商。

如图 9-23 所示，事务代码 MIGO 对采购订单 4500005450 的两个行项目不做任何修改直接进行收货，物料采用移动平均价，运费为 400 元，货物不含税金额为 40000，因此物料 ZROH201 的库存金额将增加 40400，参照会计凭证如下：

　　借：原材料库存 40400
　　贷：应付暂估（GR/IR）40000
　　　　运费清算（Freight Clearing）400

如图 9-23 所示，此时可根据实际情况需要修改运输的供应商，在采购订单收货时，正常来说运输的供应商信息应该是可以明确了。

图 9-22 修改采购运费的供应商（ME22N）

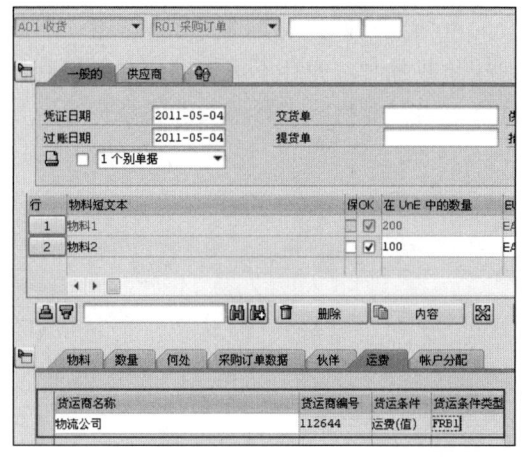

图 9-23 采购订单收货时，输入物流供应商信息（MIGO）

3. 运费的发票校验

收到物流公司出具的发票，如图 9-24 所示，事务代码 MIRO，选择"计划交货成本"命令，输入运费发票金额，此时仍然可根据需要在图 9-24 中的发票方处修改供应商。

在发票校验时，注意以下问题：

❑ 差异处理；

❑ 运费对物料成本的影响。

（1）差异处理

当计划交货成本和实际运费之间出现差异时，如本例的计划交货成本为 500 元，当实际运费发生额为 600 元，我们可以在发票校验时，将 100 元分摊到各个物料中（见图 9-24）本例中两个物料各分摊 50 元，也可以将 100 元作为计划外交货成本数据直接输入在图 9-24 中的"未计划的交货费 /Unplanned Delivery Cost"处。

在行项目进行分摊自然是更合理，差额都可以分摊到具体物料上，"未计划的交货费"则直接将差额放在一个总的差异科目上。

若无计划成本，我们的选择可以是将运费直接输入在图 9-24 中的"未计划的交货费"处或者"物料"处，输入在"物料"处的前提条件是后台需要通过事务代码 SM30，输入 TCULIV 激活发票校验可直接针对物料。

关于计划交货成本和未计划的交货成本的具体分摊规则，请参见 SAP Note。

❑ SAP Note 129066 - Invoice for planned and unplanned delivery costs；
❑ SAP Note 460244 - MIRO Planned delivery costs，reference；
❑ SAP Note 491438 - MIRO Distribution of unplanned；
❑ SAP Note 863647 - MIRO Distributing unplanned delivery。

（2）发票校验、运费差异与物料成本评估

取决于物料的成本评估方式（移动平均价还是标准价），若采用移动平均价，发票校验时货物的差异金额和运费的差异金额都将改变物料成本，继而影响物料的库存金额，但是当剩余库存数量小于发票校验数量时，库存不足的部分金额将直接计入与物料相关的采购差异科目。若采用标准价格，当针对物料进行运费的发票校验时，则计入与物料相关的采购差异科目。

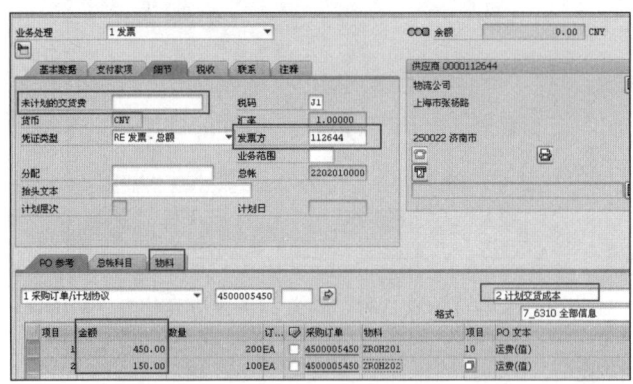

图 9-24　对运费进行发票校验（MIRO）

9.2.3　运费系统的实现以及汇总说明

采购运费的设置基本采用标准设置，只需要对条件类型 FRB1 做适当的修改，具体如下。

1. 条件类型定义（事务代码 M/06）

上文运费使用到的条件类型 FRB1 为标准的条件类型，相关配置如图 9-25 所示：

❑ 运费的条件类型的定价类型（Condition. Category）为 B（交货成本 /Delivery Cost）；

❑ 设置条件类型为抬头条件和项目条件；
❑ 设置收货的供应商为允许输入，则在采购订单收货时可以修改供应商；
❑ 设置条件类型为组定价（Group Pricing），则代表该运费是针对整张单据的，因此在采购订单抬头输入的抬头条件（运费）在行项目进行分摊。

系统还预定义很多与运费相关的条件类型（FRA1、FRA2、FRB1、FRB2、FRC1、FRC2）。

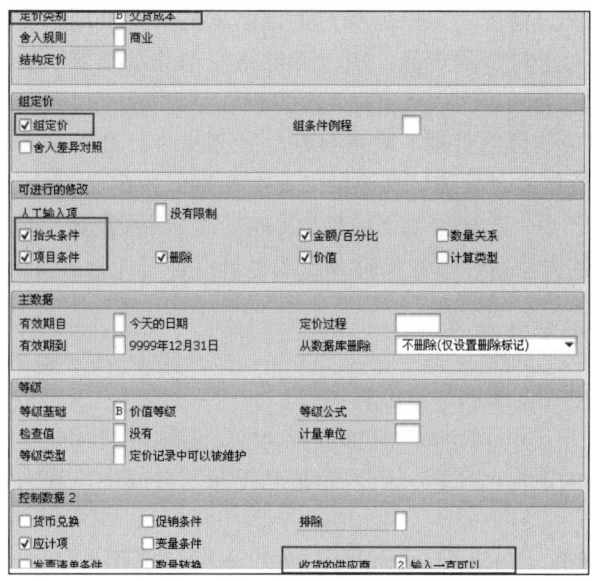

图 9-25　运费的条件类型的定义（M/06）

2. 总结

本节主要从业务层面来描述运费的处理，一般来说：
1）在采购订单收货或者更早的时候，理应确定运费的供应商；
2）对于运费由我方支付的，下达采购订单时，对运费进行预估不应该成为很大的困难。

因此对于由我方支付，金额不可忽略的运费，应该在创建采购订单时进行预估，最迟在采购订单收货时确定物流的供应商，收到运费发票时，根据实际运费进行发票校验。

提示：运费一般应计入物料成本（物料差异），只有特殊情况下才需单独记账，关于运费的这两种账务处理，请参见本人博客。

9.3　计划协议定价

计划协议的定价与上面介绍的采购订单的定价有所差异，因此特在本章中进行说明，同时通过介绍计划协议定价，对采购定价中的功能再做一些补充说明，具体而言分别介绍以下内容：

- 定价日期的控制；
- 定价的时间相关性；
- 计划协议。

9.3.1 定价日期的控制

采购业务中，大部分情况下，供需双方是根据采购单据日期来确定采购单价，但也有很多例外情况，例如对于贵金属产品，由于其价格变动非常频繁，供需双方可能会约定根据收货日期来确定单价。

系统提供了根据采购订单日期、收货日期、计划交货日期等多种日期用来确定采购单价，通过在供应商主数据或者采购信息记录（见图 9-14）中定义定价日期的控制。

在事务代码 ME23 中，选择菜单"项目/其他功能/附加数据"项可以查看采购订单的定价日期控制，同样的方法通过事务代码 ME33 也可以查看计划协议的定价日期的控制。

9.3.2 定价的时间相关性与否

采购定价中有两种完全不同的定价形式。

1）时间相关定价（Time-dependent conditions），也称为 Master Condition，采购信息记录和合同总是时间相关定价，在同一个采购信息记录、合同中，我们可以针对不同的时间段维护不同的定价。

2）时间不相关定价（Time-independent conditions），也称为 Document Condition（单据相关的定价），采购订单总是单据定价，在一张采购订单中无法同时设置不同的时间段不同的采购定价。

报价单和计划协议系统默认为时间相关定价，但我们可以在相应的单据类型定义中修改为单据定价，下面我们以计划协议为例介绍两种定价形式的差别。

9.3.3 时间相关定价

计划协议由于是企业与核心供应商签订的供货协议，其有效期一般会很长，如一整年。公司需要的某个零部件都由该供应商提供，在这一年中，价格可能会发生变化，譬如上半年价格为 100 元，下半年价格为 200 元。这也是系统默认计划协议为时间相关定价的原因。

在计划协议中维护针对同一行的同一个物料，我们可以像采购信息记录一样，维护多个价格有效期，下面将演示时间相关定价的计划协议的维护、收货和发票校验的过程。

1. 维护计划协议

如图 9-26 所示，事务代码 ME31L 维护计划协议 9500000000，在计划协议中设置了两个价格有效期：

2011-01-06 到 2011-05-10 价格 100 元；

2011-05-11 到 9999-12-31 价格 200 元。

系统默认计划协议的定价日期控制为"收货日期",也就是根据收货日期确定有效的采购单价。

提示 1:时间相关的定价是指针对同一对象(如本例中的计划协议)可以维护多个有效期的价格。

提示 2:销售模块中也有对客户的计划协议,但是销售模块中的计划协议中只有单据相关的定价,没有时间相关的定价,也就是一张销售计划协议中的某一行只能同时存在一个价格,不能根据时间段设置,如果需要的话只能分开二行进行设置。

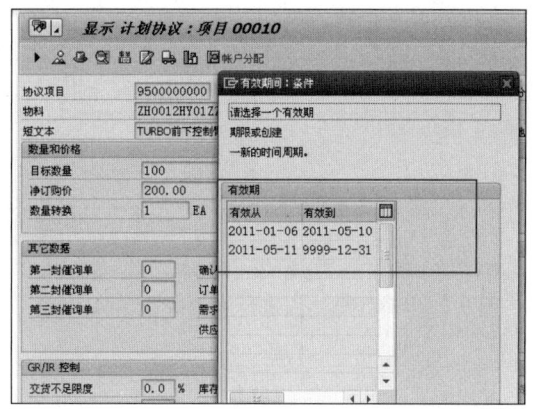

图 9-26　计划协议中的价格有效期(ME33L)

2. 计划协议收货

计划协议收货时,因为系统设定了根据收货日期确定定价,具体而言系统将根据收货凭证的过账日期(Posting Date)计算采购价格,如图 9-27 所示,事务代码 MIGO 对计划协议 9500000000 进行收货,本例中收货两次,第一次过账日期为 5 月 1 日,过账数量 100 个,根据过账日期确定的单价为 100 元,第二次收货的过账日期 5 月 11 日,过账数量 200 个,根据过账日期确定的单价为 200 元。

图 9-27　采购订单(计划协议)收货(MIGO)

3. 计划协议发票校验

如图 9-28 所示，事务代码 MIRO 对计划协议 9500000000 进行发票校验，根据计划协议收货的结果，分为两行，对应不同的单价，分别为 100 元、200 元。

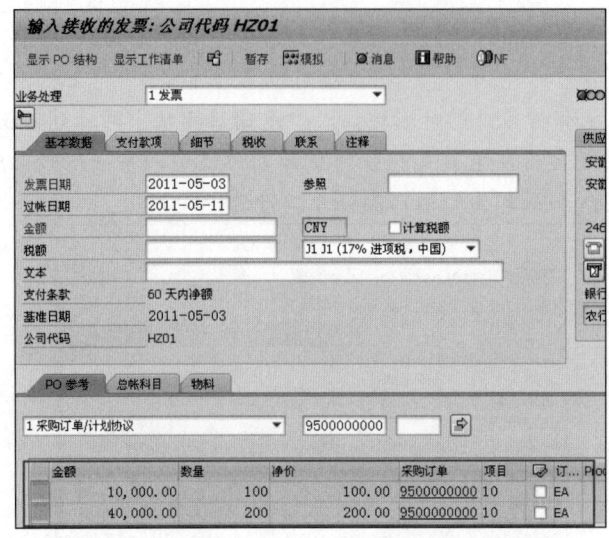

图 9-28　对计划协议进行发票校验（MIRO）

9.3.4　单据相关定价

单据相关定价与销售模块可以有很好的接口。下面首先将定义一个单据相关定价的公司间计划协议，然后供货公司根据计划协议的计划行进行发货，创建发货单，并根据发货单创建对收货公司的发票；收货公司根据计划协议中的计划行进行收货。

计划协议中的计划行可以手工输入，也可以通过运行 MRP 的方式自动产生。

提示：公司间计划协议是指计划协议的供应商是同一集团下的另外一家公司。

具体操作步骤如下：
- 定义计划协议的定价类型：设置单据相关；
- 创建公司间的计划协议；
- 为计划协议维护交货计划；
- 创建发货单，并过账；
- 创建公司间发票。

1. 定义计划协议类型，设置定价单据相关

如图 9-29 所示，定义计划协议类型 ZLP，设置定价方式为单据相关（Time-Independent Conditions 时间无关条件），对应的事务代码：SM34，输入视图 VV_T161_VL。

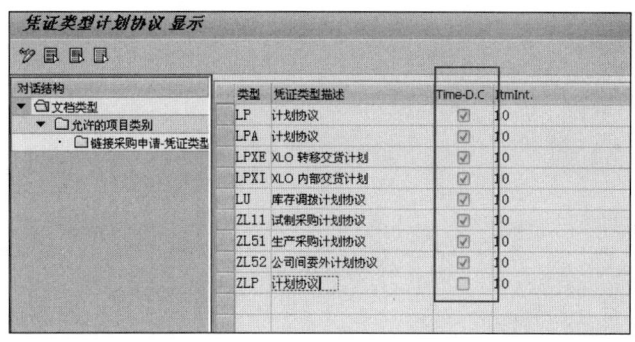

图 9-29　定义计划协议类型

2. 创建公司间计划协议

如图 9-30、图 9-31 所示，事务代码 ME31L 维护计划协议 9500000006，选择新维护的计划协议类型 ZLP，在计划协议中输入供应商 100900，系统根据供应商自动确定出供货工厂 H001，输入物料和单价每片（EA）1000 元。

关于公司间相关的配置，请参见 7.2 节 "公司间采购"。

设置定价为单据相关，目的在于公司间采购的计划协议的销售发票的价格可以直接取自采购计划协议的定价。

图 9-30　创建计划协议（ME31L）

单击"条件" 按钮，可以看到与采购订单相同的定价屏幕（见图 9-9），而与时间相关的计划协议不同（见图 9-26）。

3. 维护计划协议的交货计划

如图 9-32 所示，事务代码 ME38 维护计划协议 9500000006 的交货计划，输入交货日期和数量，具体而言本例中代表需求方希望供货方在交货日期 2011-05-11 的提供 100 个产品。

计划协议的交货行可以如本例中手工输入，也可以通过运行 MRP 产生。

4. 针对计划协议创建发货单

如图 9-33 所示，事务代码 VL10D 针对公司间的计划协议 9500000006 创建发货单，需要发货的数量为 100 个，需要发货的日期为 2011-05-11，单击 "后台" 按钮，系统将以后台执行的方法创建发货单。

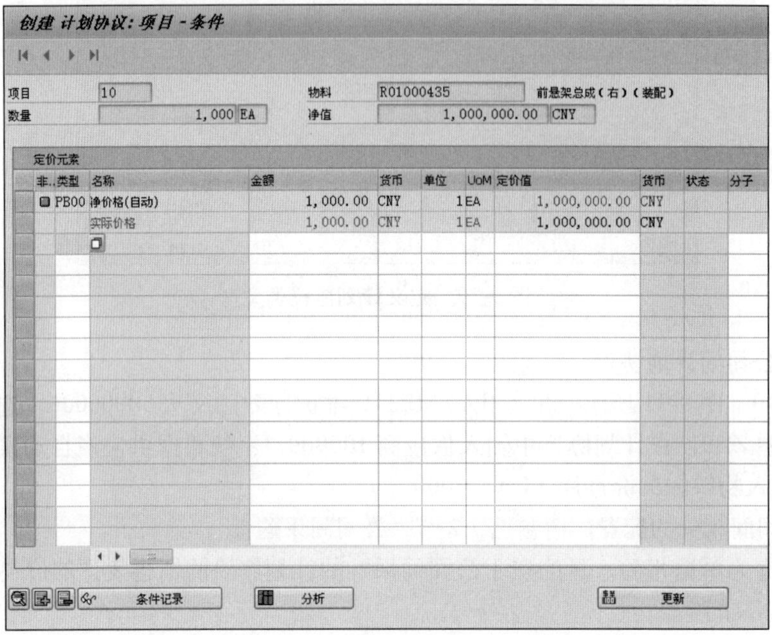

图 9-31　单据定价的计划协议的条件屏幕（ME31L）

图 9-32　维护计划协议的计划行（ME38）

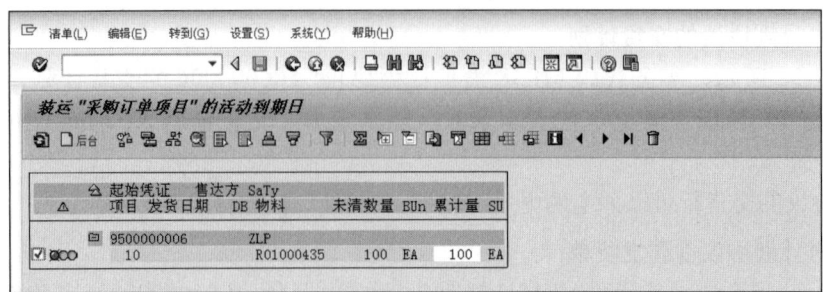

图 9-33　针对计划协议创建发货单（VL10D）

5. 事务代码 VL02N 对发货单进行发货过账（截图略）

6. 创建系统发票

如图 9-34 所示，事务代码 VF01 针对发货单创建公司间系统发票，可看到公司间发票的价格取自计划协议中的价格，每片 1000 元。

注意：若计划协议采用时间相关定价，由于销售发票为单据定价（Document Pricing），因此无法将计划协议的价格复制到销售发票中。

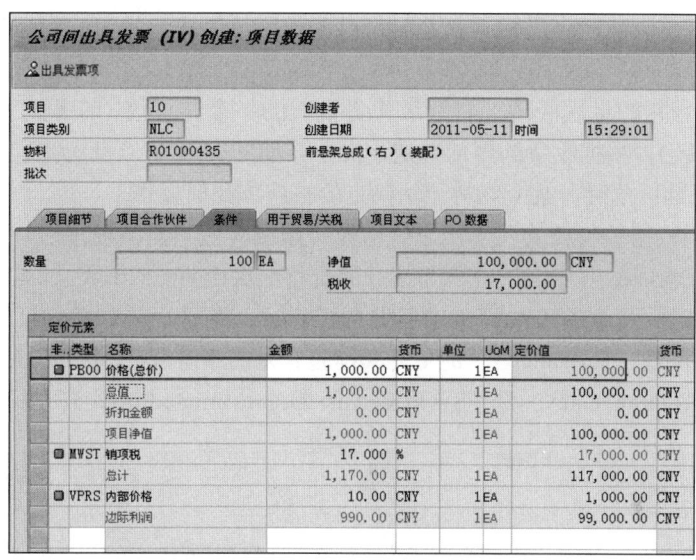

图 9-34　计划协议中的发票的价格来源（VF01）

9.3.5　定价小结

单据定价是 SAP 最常用的定价模式，单据定价通过定价过程可以实现各种复杂的定价。而时间相关定价则可以为同一对象（如计划协议）在不同的时间段设置不同的定价，但其无法实现比较复杂的定价功能，例如无法利用定价中的 routine 功能，与销售模块的接口也处理得不好。

二者在数据存储上也有很大的差别，以计划协议为例：

1）计划协议若是时间相关定价，定价记录在表 A016，通过条件记录号与表 KONP 相连；

2）计划协议若是单据相关定价，定价记录在表 EKKO，通过条件记录号与表 KONV 相连。

提示：公司间的计划协议可以采用单据相关定价，这样与销售模块可以有很好的接口；其他类型的计划协议可以仍然采用系统标准的时间相关定价。

9.4 采购定价中的常见问题

限于篇幅，对于采购定价一些常见的问题，在此仅做简要的回答，提供一点思路。如果想了解详细内容，请阅读关于定价的全文，再来看本节内容，并请参阅第13章"销售定价"。

Q1：可否根据收货日期确定采购单价？

A1：可以在供应商主数据或者信息记录中定义采购定价日期控制等于收货日期（参见图9-14）。

Q2：采购订单收货时，需根据收货时产品的质量等级或者检测的指标确定定价（以质定价）？

A2：应激活物料的批次管理，将等级作为批次的一个特征值，采购订单收货时输入该特征值（质量等级），根据收货的属性确定定价，详细见16.6节"批次特有单位"。

Q3：创建采购订单时，某个物料无法确定价格应该如何操作？

A3：首先应根据该物料的往年历史价格或者参照其他同类品项预估一个价格，然后如图9-35所示在采购订单中标明该价格为估计的价格（Estimated Price），当勾选上估计价格后，在系统中，对此类型的采购订单进行发票校验时，发票金额和采购订单金额之间可以设置更大的价格容差（Tolerance），定义发票校验容差的事务代码为OMR6，对于预估的价格，其容差组（Tolerance key）为PS（Price variance: estimated price）。

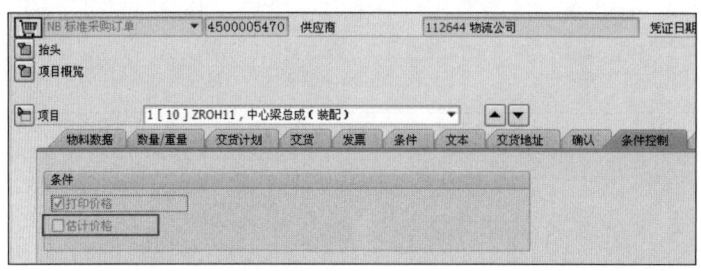

图9-35 采购订单中设置价格为估价的价格

Q4：如何实现采购等级定价？

A4：维护条件类型或采购信息记录时可以单击按钮设置阶梯等级定价（Scales）。

Q5：采购订单中价格的权限控制如何设置？

A5-1：如果希望所有人都无法修改采购订单价格，那么在条件类型定义（事务代码M/06）中设置相应的条件类型为显示状态，不允许任何修改。

A5-2：如果希望部分人员可以修改（显示）采购订单价格，部分人员不可以，那么可在事务代码OMET设置采购订单的功能权限（Function Authorizations: Purchase Order），定义两个功能权限，一个具有修改价格权限，另外一个没有修改权限，然后通过事务代码SU01维护用户参数，通过参数ID EFB为不同的人员分配不同的功能权限。

A5-3：如果希望采购申请审批后不再允许修改单价，则首先通过事务代码 SM30 视图 VV_162_B 定义屏幕格式中特定的字段选择（Field Selection），然后通过事务代码 OMET 分配字段选择（Field Selection）。

Q6：如何设置采购特定物料的价格不能在某个范围之外？

A6-1：可以增加一个条件类型，并增加到定价过程中，然后通过定义定价公式来实现。参见销售定价过程 RVAA01（事务代码 V/08）中的条件类型 PMIN（最低价格）的设置。

A6-2：如图 9-36 所示，在维护采购信息记录（事务代码 ME11）或者其他条件类型（事务代码 MEK1）定义时，我们可以设置条件类型的上下限。

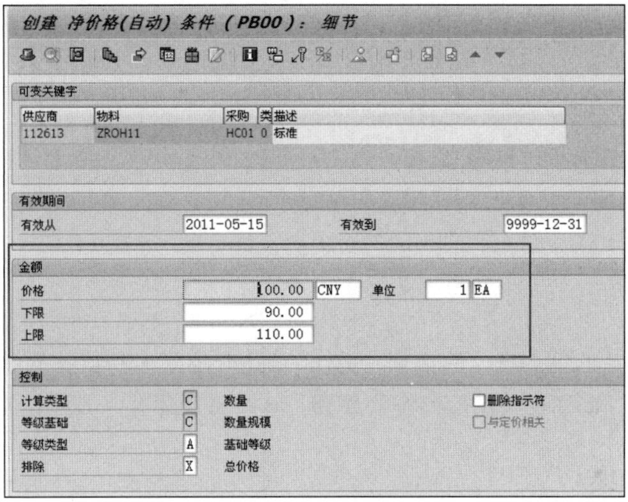

图 9-36　设置采购价格的上下限

Q7：采购价格错误冲销问题如何处理？

如果月底发现某物料的采购单价应为 10 元，错误维护为 10000 元，并且本次入库的大部分库存已经消耗。

A7-1：思路 1，自然是冲销发料（发货），冲销采购订单收货，修改采购单价，重新收货，重新发料，这样操作工作量非常大，并且可能还会涉及发料的生产订单已经结算。

A7-2：思路 2，如果该物料采用标准价格，则可以新增加一行采购订单行项目，价格为正确的价格，对该采购订单收货，然后再冲销错误的采购订单收货。

Q8：采购价格报表如何查询？

A8：事务代码 ME1P 可以查看采购订单的价格历史；

事务代码 ME1M/ME1L，可以批量查询采购信息记录，通过在用户参数中设置 ME_USE_GRID 为 X，可将采购单价（采购信息记录）以 ALV 形式导出或者通过单击"价格模拟"和"模拟"按钮，然后再进行导出。

Q9：向同一个供应商采购同一个产品，由于制造商不同，如何实现不同的定价？

A9：需要建立多个制造商物料（MPN），详细请参见第 8 章"制造商物料管理"。

第 10 章 库存管理

今日视为珍宝的库存，可能到了明天变成烫手的山芋、变成呆滞料，供不应求与供过于求有时只是一线之间，库存管理是一个非常宽泛的问题，本章仅就库存管理一些基本的、项目实施中最常见的问题做简单的说明，主要包括以下内容：
- 库存的类别；
- 库存管理的级别；
- 库存移动的类别与科目确定；
- 库存调拨的方法；
- 收发存报表；
- 库存确定；
- 安全库存。

与本章内容相关的第 2 章、第 7 章、第 11 章还介绍了多种特殊的业务类型以及相应的库存类型，如销售订单库存、供应商寄售库存、客户寄售库存，具体请参见相关章节。

10.1 库存概览

库存管理的第一步是了解 SAP 系统中库存类别的划分以及系统中支持的库存管理级别。

10.1.1 库存类别

库存类别的划分，一方面是为了尽量准确体现库存的地理位置、逻辑位置、库存所有权、库存支配权，另外一方面是为了适应各种特殊业务的需求，以及库存可用性的计算，具体而言库存同时具有三个维度。

维度 1：按照库存的类型（特殊库存和非特殊库存）进行划分

每家企业有各种各样的业务形态，例如一家公司有客户寄售、供应商寄售等模式，其实际的库存情况如表 10-1。对于原材料（ZROH1）而言，工厂 H001 中，既有正常的库存，还有供应商寄售在该公司的库存；对于产成品（物料 ZFERT1）而言，工厂 H001 中，既有正常的库存，还有寄售在客户处的库存。

表 10-1 某企业库存分布情况

物料	工厂	库存地点	特殊库存标示	特殊库存对象	数量
ZROH1	H001	H110	无	无	2000
ZROH1	H001	H110	供应商寄售	供应商 A	100
ZROH1	H001	H110	供应商寄售	供应商 B	200
ZFERT	H001	H110	无	无	1000
ZFERT	H001	无	客户寄售	客户 A	1000
ZFERT	H001	无	客户寄售	客户 B	2000

SAP 中将库存分为特殊库存和非特殊库存，对于企业来说，无论是正常库存、还是特殊库存（如供应商寄售、客户寄售库存），都需要监控和管理。特殊库存（Special Stock）是指与特定对象（销售订单、供应商、客户等）相关的库存，如表格 10-1 中的客户寄售库存是指我方以寄售的形式在客户处销售的库存，库存所有权归我方，但支配权归客户。而供应商寄售则相反，库存所有权仍归供应商，支配权归我方。非特殊库存，也称为正常库存，是相对于特殊库存而说的。

SAP 中有数十种特殊库存，表 10-2 列举了常见的四种特殊库存，要了解特殊库存的含义，必须结合具体的业务，具体请参见相应的第 2 章"生产模式与计划策略"、7 章"采购模式"、第 11 章"销售模式"。

表 10-2 常见的特殊库存类型

特殊库存类别	特殊库存标识	查看特殊库存事务代码	相应章节
供应商寄售库存	K	MB54	采购模式—寄售
客户寄售库存	W	MB58	销售模式—寄售
供应商外包库存	O	MBLB	采购模式—委托外加工
销售订单库存	E	MBBS	生产模式—按销售订单生产

维度 2：库存位置

SAP 中通过工厂、库存地点标示物料存放的位置，但工厂、库存地点的设置大多是比较宽泛的，如果希望更加具体地清楚物料存放的位置，则需要激活 WM 管理，参见 10.1.2 节。

SAP 中的工厂（Plant）不是单指生产管理的组织，更是库存管理的组织单位。库存地点（Storage Location）是在工厂下的进一步细分的库存管理的单位，库存地点可以代表实际的位置，如为某个仓库、某个线边仓库分别建立一个库存地点，库存地点也可以是逻辑的，譬如一个实体仓库下建立两个库存地点，一个是保税，另外一个是非保税，实物管理并未分开。所有的库存都在特定的工厂下，但并不是所有的库存都在库存地点下，因此某个工厂的库存之和，等于该工厂下的所有库存地点的库存之和 + 仅在工厂级别下的库存之和。

某些类型的库存是在库存地点级别下，而有些仅在工厂级别下，表 10-3 列举了四种特殊库存与库存地点的关系。

表 10-3　特殊库存与工厂、库存地点级别关系

特殊库存	地　点
供应商寄售库存	库存地点级别
销售订单库存	库存地点级别
客户寄售库存	仅在工厂级别
供应商外包库存	仅在工厂级别

供应商寄售库存、销售订单库存对应的实物在我方的仓库，因此库存需要我方进行库存管理，自然在库存地点级别，而客户寄售库存、供应商外包库存并不在我方的仓库中，自然在工厂级别。正常库存一般都是在库存地点级别下，但是当某些特殊业务，如在某一工厂下进行库存地点之间的库存转移，当一方已经发出另外一方尚未收到时，此时库存可能仅属于工厂级别，具体请参见 10.3 节。

维度 3：库存状态的区分

系统中的库存根据当前库存的可用情况、实际状态，可以分为 "4+1" 种特殊状态：

❑ 非限制库存（Unrestricted Stock）是指从使用的角度来看，没有特别的限制；

❑ 质检库存（Quality Inspection Stock）是指当前正处于质量检验状态的库存，例如当启用 QM（质量模块）中的 IQC（来料检验）功能后，原材料入库后，则库存状态为质检库存，质检库存检验完毕后，如果质量合格，则变成非限制库存，如果质量不合格，可能将会被归为冻结库存或是限制库存；

❑ 冻结库存（Block Stock）是指由于多种原因（如质量未明）被冻结的库存；

❑ 退货库存（Return Stock）是指从客户处退货，尚未检验的库存，退货库存在财务上不属于我方库存，无法进行库存盘点；

❑ 限制库存（Restricted Stock）是指启用批次管理，并激活批次状态功能后，对于有问题的批次，可设置为限制，详细请参见 16.5 节 "批次状态"。

以上介绍的这三个维度共同描述了某个物料的库存的当前情况，不同类型、状态的库存在可用性上是有所区分的，下面进一步说明。

(1) 三个库存类型维度的组合

上文介绍到，库存可从三个维度分类，因此要完整的描述库存情况需要同时从三个维度来进行描述，可以使用下面的语言来描述：

某工厂下的某库存地点非限制使用库存：如物料 A 在工厂 1000 库存地点 0001 下非限制库存 800 个；

某工厂下的某库存地点下质检库存：如物料 A 在工厂 1000 库存地点 0001 下质检库存 800 个；

某工厂下的某库存地点下的某供应商寄售非限制使用库存：如物料 A 在工厂 1000 库存地点 0001 下供应商 A 寄售的非限制库存为 800 个。

(2) 特殊类型的库存与可用性

系统中有着多种特殊类型的库存，这些特殊库存与普通库存之间互相独立的，也可能

视为一体，具体如下：

- 某些类型的特殊库存与正常库存基本上是互相独立的：在 MTO（按订单生产）模式下，销售订单的可用库存只包括对应的销售订单的库存，普通的非限制库存并不是该销售订单的可用库存。
- 某些类型的特殊库存与正常库存基本上可视为一体：很多情况下，如对生产订单中的组件执行可用性功能，此时供应商寄售库存与正常库存是同等对待的，都认为是可用库存。更多内容，如特殊类型的库存、特殊状态的库存与 MRP 的关系，请参见 3.2.4 节。

（3）特殊状态的库存与可用库存

不同状态的库存从使用的角度来看，是有所差异的，因此我们要考虑不同状态的库存在不同的业务应用下，该特殊状态的库存是否为可用状态。事务代码 OVZ9 定义可用性检查规则（Control Availability Check），可定义特定业务下（如生产发料）计算可用库存时是否包括质检库存、冻结库存、限制使用库存。定义正常的生产订单中，在生产订单释放、计算可用库存时，不考虑质检库存，但对于返工的生产订单，在生产订单释放，计算可用库存时，考虑质检库存。

具体请参见 6.5 节 "生产订单中的组件的可用性检查"。

（4）库存类型与实物管理

实物管理与系统设置或者保持一致，或者实物管理比系统更为细致，如果实物管理更加粗放，仅仅系统中按订单生产，但是实物的仓库管理并未按照销售订单对库存进行管理，一方面可能导致业务操作混乱，如库存 10 个，其中五个是系统中属于销售订单 A、五个属于销售订单 B，现在对销售订单 A 进行发货，如果实物不标明销售订单信息，则无法了解应该发实物中的哪五个；另外一方面，也无法进行库存盘点。

（5）库存信息的保存

系统将会按照三个维度（库存类型、库存位置、库存状态）记录当前库存数量，同时还会将每个月结余的库存数量记录在表中。库存金额并不按照这三个维度进行记录，例如并不会记录某个库存地点下的库存金额，一般情况下，如果库存基于物料+工厂进行评估，则库存金额记录在表 MBEW 中，对于特殊类型的库存的金额，可能会单独进行评估，譬如销售订单库存记录在表 EBEW 中，历史记录分别记录在表 MBEWH、EBEWH 中。

系统将不同类型的库存记录在不同的表中，表 10-4 列举了不同类型的库存所对应的表，在这些表中记录该类型的各个状态的库存的数量，譬如表 MARD 中记录物料在工厂的库存地点下的非限制库存、冻结库存、质检库存、在途库存等数量。

表 10-4 库存记录的表

库存类型	当前库存	历史库存	库存金额	历史库存金额
工厂级别库存	MARC MBEW	MARCH	MBEW	MBEWH

(续)

库存类型	当前库存	历史库存	库存金额	历史库存金额
库存地点库存	MARD	MARDH	MBEW	MBEWH
供应商寄售库存	MKOL	MKOLH	MBEW	MBEWH
客户寄售库存	MSKU	MSKUH	MBEW	MBEWH
供应商外包库存	MSLB	MSLBH	MBEW	MBEWH
销售订单库存	MSKA	MSKAH	EBEW	EBEWH
批次库存	MCHB	MCHB	MBEW	MBEWH

（6）库存信息表的说明

若委外加工采用的是组件收费的委外加工（Subcontracting with Chargeable Components），国内部分公司将该模式称之为双经销模式，则库存金额更新在表 OBEW 和 OBEWH 中。

销售订单库存评估的方式为 M（按销售订单评估）时，库存金额将会记录在表 EBEW，但若销售订单库存采用的评估方式（Valuation）为 A，而非 M 时，库存金额则更新在表 MBEW 中，详细参见 2.3 节"按订单生产 MTO"。

历史库存记录的表的储存有值得注意的地方，只有当月发生记录，系统才将上个月底的库存记录在历史库存记录表中，详细参见本人博客"库存、历史库存说明"。

10.1.2 库存管理级别

SAP 中可以有多种方式来管理实物库存存放的位置，这几个层次也代表着管理的细度不断增强：

- IM（Inventory Management/ 库存管理）：采用库存地点来标明实物存放的位置；
- IM+ 静态 Bin 管理：采用库存地点以及静态 Bin（仓位）来标明实物存放的位置；
- IM+WM（Warehouse Management/ 仓库管理）：启用 WM 模块，使用 BIN 来进行库存的管理；
- IM+EWM（Extended Warehouse Management）：启用 SCM 产品中的 EWM，实行更加细化的管理；

1. 库存管理级别的层次说明

库存管理（IM）的着眼点主要是库存，而 WM 的着眼点则转变为仓库。

（1）仅通过 IM 层进行管理

这种模式为最为常见的模式，通过库存地点来描述实物的实际和逻辑位置，这一模式也是最基本的、不可缺少的模式。

（2）IM+ 静态 Bin 进行管理

仓库将会划分不同的区域，不同的区域下有不同的仓位（BIN）号码，静态 Bin 是指同一个物料一般情况下，存放的位置（仓位）是固定的、静态的，而非动态的。当物料存放的位置（仓位）是不固定的，变化非常频繁，则需要使用 WM 模块中的上下架策略来实现准确定位。

（3）IM+WM 进行管理

如果仓库是立体仓库、实行货架管理，则可以使用 WM 模块来进行仓库管理。

首先设置仓位（Bin）：典型的仓位按照实际位置进行设置，譬如仓位编码为 1-2-3，代表该仓位处于货架的第一排、第二层、第三列。

然后通过定义上架策略和下架策略，来实现采购收货（生产入库）时，货物应该收在何货位，销售发货（生产领料）时，货物从何货位发出。

（4）IM+EWM 进行管理

SAP 近年推出 EWM（扩展的仓库管理 /Extended Warehouse Manage）产品，该产品是 SCM 产品的一部分，与 ERP 系统有良好的集成，进一步加强了仓库管理的各种功能，在汽车零部件等行业的仓库管理中有所应用。

2. IM+ 静态 Bin 管理

由于 WM、EWM 模块不在本书的范畴，这里简要解释第二种方式：IM+ 静态 Bin。

由于物料的存放区域是固定的，这样就可以简单的在物料中记录 Bin 位，具体如图 10-1 所示：

- 在物料主数据的工厂数据 / 存储 1 视图中，设置物料 Z-100 在工厂 1000 库存地点 0001 下的库存仓位（Storage Bin）为 BIN1-1-1。
- 在库存查询的事务代码 MMBE 中可以查看单个物料的 Bin 位，如果希望批量查询，则需要一些定制开发。
- 在收发料的事务代码 MIGO 中也可以看到该物料的所在 Bin 位，并可设置收发料单（Slip）的程序打印时，将 Bin 位信息打印出来。

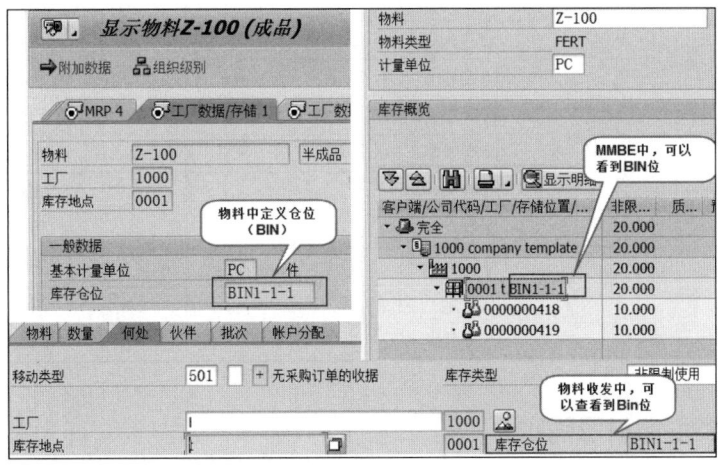

图 10-1　IM 下的静态 Bin 管理（MM03/MMBE/MIGO）

10.2　库存移动

流动的产品才是有价值的，产成品从仓库流向客户才能创造收入和资金流，库存周转速度是企业的竞争力的体现之一，具体而言货物移动有着多种多样的业务形态。

10.2.1 移动类型和物料凭证

货物的移动简单分为三类：入库（Receipt）、出库（Issue）、库存转移（Transfer），系统通过移动类型进一步细化了各种对库存的操作，SAP 中预定义了数以百计的移动类型，物料移动的结果将产生物料凭证，并且在需要的情况下，同时还将同步产生会计凭证。

在结合上文介绍库存的三个维度的基础上，对库存的各种操作产生物料凭证，一个物料凭证包含至少六个要素（5W1H）：

Where：入库到何处（工厂、库存地点），从何处出库，从何处转移到何处；

When：在何时间点进行操作的，一般包括三个时间点：过账（Posting）时间、单据（Document）时间，操作（Creation）时间；

Who：由何操作者进行操作的；

What：操作的对象是何物料、何批次（序列号）、何生产订单、采购订单等；

Why：系统通过两个因素：移动类型和账户分配来区分货物移动的原因；

如移动类型 261 代表生产发料，移动类型 601 代表销售出库；

又如正常采购、为销售订单采购有着不同的账户分配；

How：使用何事务代码操作的。

表 10-5 为最常见的移动类型的清单。

表 10-5 常见移动类型清单

库存移动大类	细分类	移动类型
入库	采购入库/生产入库	101/102
	期初库存入库	561/562
	副产品入库	531/532
出库	生产发料	261/262
	销售出库	601/602
	报废	551/552
转移	物料到物料	309
	库存地点到库存地点	301/311
	库存状态变化	343/344

10.2.2 移动类型和科目确定

物料移动后，系统产生物料凭证时，在必要的情况下，同时也是大部分情况下，将同步产生会计凭证，系统是通过定义科目确定（Account Determination）来确定会计凭证中的科目。

譬如销售发货过账时，系统在产生物料凭证的同时，自动确定出会计凭证，一般是确定销售成本或是发出商品科目。

生产订单领料时,系统在产生物料凭证的同时,自动产生一组会计凭证,该科目一般为生产成本科目。

关于科目确定的内容也比较多,简单说,系统是根据移动类型、物料中的评估类以及业务类型来确定会计科目,限于篇幅,不在本章详细介绍,请参见 7.7.3 节"账户分配与科目确定"。

更多信息可自行通过"配置自动过账 ebook" or "SAP 会计科目自动分配配置大全"等关键词搜索网络文章。

10.3 库存调拨、在途库存

库存调拨是库存操作中非常常见的操作,细化下来,我们可以将库存调拨划分为表 10-6 所列举的三类。

表 10-6 库存调拨类型

库存调拨类型	业务类型描述
工厂内调拨	从同一工厂的库存地点 A 到库存地点 B
公司内调拨 (Intra-Company Stock Transfer)	从同一公司中的工厂甲的库存地点 A 到工厂乙的库存地点 B
公司间调拨(Inter-Company) 公司间采购	X 公司下的工厂丙的库存地点 A 调拨到 Y 公司下到工厂丁的库存地点 B

10.3.1 方案简要说明

实现库存调拨,可以有以下五种处理方式。

1. 直接通过移动类型一步法进行处理

事务代码 MB1B,输入货物的接受工厂、接受库位和发货工厂、发货库位,输入移动类型 301 或是 311。

其中移动类型 301,可以在工厂内不同库存地点或公司内不同工厂或是不同公司的不同工厂之间进行调拨。

移动类型 311 只能针对同一工厂不同库位之间的调拨。

提示:移动类型 301 支持公司间调拨,一家公司库存增加的同时另外一家库存减少,但需要通过事务代码 OBYA 定义公司间清账科目,参见 7.4 节"跨公司采购(集中采购)"。

2. 直接通过移动类型二步法进行处理

事务代码 MB1B,输入接受工厂、库位和发货工厂、库位,输入移动类型 303+305 或者 313+315。

同方案1，但分二次操作，发货时，使用移动类型303从发货库位转移到收货工厂的在途，移动类型305从工厂在途转到接受库位。

移动类型（313+315）只能针对同一工厂之间的调拨，313从发货库位（A）转移到收货库位（B）的在途，移动类型315从库存地点在途（B）转到库存地点的接受库位（B）。

3. 通过不带发货单的库存调拨单

方案三、四、五都是以库存调拨单（Stock Transfer Order）为基础，方案三操作步骤如下：

- 事务代码ME21N，创建采购订单，类型为UB，行项目类别U，或者直接使用采购订单类型NB；
- 事务代码MIGO，选择针对采购订单发货，移动类型351；
- 事务代码MIGO，对采购订单进行收货，移动类型为101。

4. 通过带发货单的库存调拨单（一步法）

5. 通过带发货单的库存调拨单（二步法）

方案四、五应用比较广泛，既可以针对公司间采购业务、也可针对公司内调拨，具体操作参见7.2节"公司间采购"。

10.3.2 在途库存、中转库存

在途库存、中转库存的形成可能有不同的操作原因，下面以库存转移为例，我们演示三种导致不同的在途库存（中转库存）的库存调拨之间的差异。

"在途库存"和"中转库存"的定义

Stock in Transit 翻译为在途库存或途中库存，Transit 一词常与运输相关，因此形成在途，而 Stock In Transfer 翻译为中转库存，非严格意义上，经常把二者都称之为在途，在 SAP 中，通过事务代码 MB1B 而不是 STO 形成的"在途"称为 Stock In Transfer，通过 STO 形成的"在途"称为 Stock in Transit。

---

1. 业务场景说明

建立三个物料，然后分别以二步法的方式执行三种不同类型的库存转移操作，执行完第一步发货后，查看三种方式下的差异，具体如下：

1）物料Z303305，采用移动类型303进行库存转储。物料Z303305，在工厂H001初始化库存1000个，而后使用事务代码MB1B移动类型303做库存转储到相同工厂H001数量100个，转储到工厂H002的数量200个，在工厂H001和H002暂不收货。

2）物料Z313315，采用移动类型313进行库存转储。物料Z313315，在工厂H001初始化库存为1000个，而后使用事务代码MB1B移动类型313移到相同工厂H001中100个，在工厂H001暂不收货。

3）物料ZSTO1，采用库存调拨单进行库存转储。物料ZSTO1，在工厂H001初始化库存 100 个，而后事务代码 ME21N 创建库存转储单转储 100 个到相同工厂 H001 中，通过事务代码 VL10B 创建发货单、事务代码 VL02N 发货过账，但不收货。

2. 三种在途库存的差异

当在系统中按照上述业务场景操作完毕后，三种操作下都执行了发货，但是未收货，通过以下事务代码查看三种方式下的差异：

（1）事务代码 MM03 查看三个物料的"工厂库存"视图

如图 10-2 所示，查看上述三个物料在工厂 H001 下的库存情况：

❏ 物料 Z303305 的"中转（工厂）/In Transfer（Plant）"库存为 100 个；

❏ 物料 Z313315 的"中转（工厂）/ In Transfer（Plant）"库存为 0 个；

❏ 物料 ZSTO1 的"在途库存 / Stock in Transit"库存为 100 个。

从中可以得到结论，物料主数据的"工厂视图"中的"中转（工厂）"对应的库存是通过移动类型 303 进行转储所形成的在途库存，无论是否在同一工厂进行转储。

物料主数据的工厂视图中的"在途库存"对应的库存是通过 STO 的方式在同一个工厂下进行库存调拨的情况，调拨单处于已发货但未收货的数量。

提示：使用调拨单（STO）进行工厂之间的库存转储，采用二步法时，在发货工厂进行发货过账后，发货工厂库存减少，收货工厂并不会增加库存，但是会显示在图 10-2 中的"在途库存"。

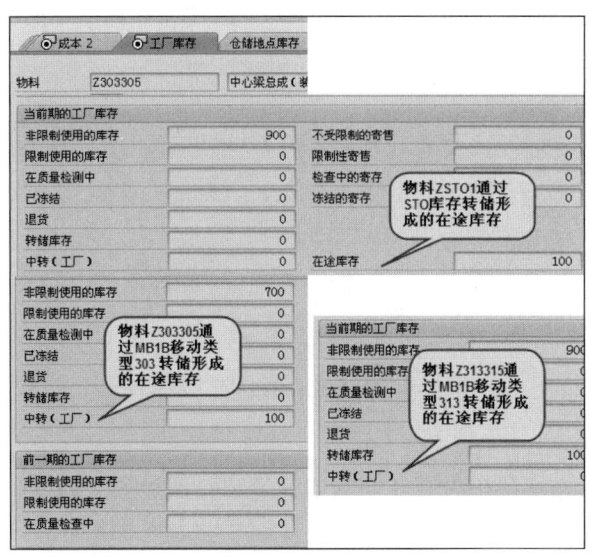

图 10-2 在途库存的查看（MM03）

（2）事务代码 MMBE 查看

如图 10-3 所示，三种库存转储的结果如下：

- 通过移动类型 313 形成的中转库存属于特定的库存地点（H120）下；
- 通过移动类型 303 形成的中转库存不属于特定的库存地点，而是直接挂在工厂下；
- 物料 ZSTO 通过 STO（Stock transfer Order/ 库存调拨单）形成的在途库存无法直接查看，只能通过未清采购订单间接查看，而未清采购订单与在途库存并不相等。

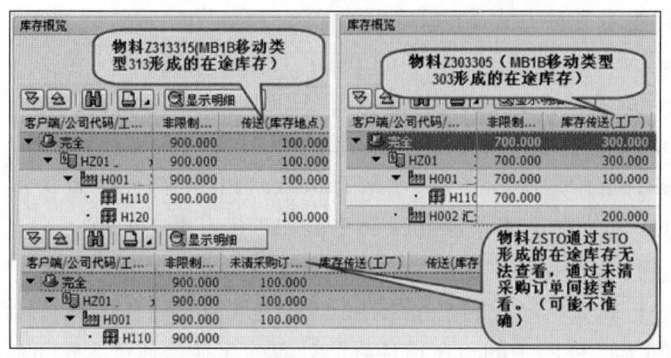

图 10-3 在途库存的查看（MMBE）

（3）报表 MB52 显示仓库中库存

事务代码 MB52 可以单独显示中转库存和途中库存，也可以汇总显示中转库存和途中库存。

如图 10-4 所示，如上文提到的，中转库存 [In Transfer（Plant）] 指的是通过移动类型 313、303 形成的，途中库存（Stock in Transit）是通过库存调拨单的形式（Stock Transport Order）形成的。

显示物料的仓库库存

外部长物料编号	工厂	库位	SL	非限制使用的库存	货币	值未限制	途中/中转库存	交易中/转储值
Z303305	H001			0	CNY	0.00	100	9,472.00
Z303305	H001	H110		700	CNY	66,304.00	0	0.00
Z303305	H002			0	CNY	0.00	200	18,944.00
Z313315	H001	H110		900	CNY	85,248.00	0	0.00
Z313315	H001	H120		0	CNY	0.00	100	9,472.00
ZST01	H001			0	CNY	0.00	100	9,472.00
ZST01	H001	H110		900	CNY	85,248.00	0	0.00
*					CNY	236,800.00		47,360.00

图 10-4 在途库存的查看（MB52）

（4）事务代码 MB5T 查看

如图 10-5 所示，事务代码 MB5T 可查看通过库存调拨单（STO）形成的在途库存，可以查看到明细信息。

显示在途库存

物料	工厂	采购凭证	项目	供货工厂	S	数量	单位	本位币金额	物
ZSTO1	H001	4500005476	10	H001		50	EA	0.00	中

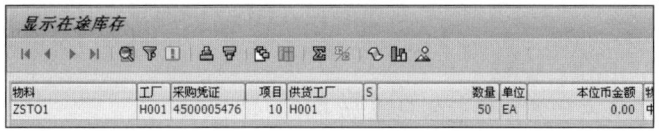

图 10-5 在途库存的查看（MB5T）

10.3.3 小结

从系统层面来说，应该严格区分中转库存和在途库存。

1) In Transfer（中转库存）是指一方已经发出，另外一方尚未收到，尚未收到的部分在系统中有所体现，是属于特定的工厂或者库存地点下的。

2) Stock in Transit（在途库存）是指一方已经发出，另外一方尚未收到，尚未收到的部分在库存账面（财务账）没有体现，只能通过报表的形式查看。

具体而言，关于在途库存和中转库存，注意以下问题。

1) 不同的库存转储的方式的差异比较。移动类型 313 导致的中转库存是属于特定库存地点下，因此若目标库存地点明确，应使用移动类型 313；移动类型 303 导致的中转库存是属于特定工厂，而非库存地点下的。

2) 在途库存和中转库存信息的保存。移动类型 303 导致的中转库存记录在表 MARC 中，中转库存在工厂级别；移动类型 313 导致的中转库存记录在表 MARD 中，中转库存在库存地点级别。

通过库存调拨单（STO），导致的在途信息并未记录在库存的表中，只是在表 EKET 中有所记录，表 EKET 中记录了库存调拨单的计划数量、发货单数量、发货过账数量、收货数量。

3) 在途库存有时容易被忽视，发出方认为我已经发出，收货方认为反正我还没有收到，因此，企业应该明确对这一部分在途库存负责的部门，另外一方面应通过运输单据的跟踪保证采购方的及时收货。

4) 库存转储的一步法、二步法。二步法是指发货、收货分成两个步骤进行操作；一步法是指发货的同时，自动进行收货。显然一步法操作步骤简单，但具体使用要根据业务流程需要灵活采用。

❑ 用两个步骤（二步法）执行库存转储的原因可能如下：

发货、收货工厂（库位）之间的距离较远，并且货物在途中耽误了时间；

发货、收货工厂（库位）有各自负责仓库的员工，仅过帐各自工厂（库位）的货物移动。

应该监测在途库存。

❑ 采用一个步骤（一步法）执行库存转储的原因可能如下：

发货库位和收货库位为同一个人进行管理，并且库存的物理位置可能也是同一个，并没有实际的搬运过程。

通过一步法，系统层面是没有在途库存的，一步法适合只是逻辑位置移动，而没有物理位置移动的库存转储。

有些公司使用一步法的同时，会设定特别的库存地点来代表在途库存。

10.4 收发存报表

库存移动的结果将会形成收发存记录，SAP 标准系统中提供了多种方法查看种收发存记录。

- 事务代码 MB51：查看物料的物料凭证清单，关于该报表，请请参见本人博客"MB51 使用简要说明"。
- 标准报表 MB5B：查询物料的收发存记录。
- 俄罗斯库存报表 J3RFLVMOBVED：查询物料的收发存记录。

下面对 MB5B 和 J3RFLVMOBVED 做简要介绍。

10.4.1 标准报表

事务代码 MB5B 是查询选择期间之内的收发存报表，其中，收、发为汇总选择期间的收、发信息，存为选择期间的期初、期末库存数据。

我们也可以用该报表查询历史上某一天的库存，但注意有一些限制条件。

1. 选择屏幕的查询条件说明

如图 10-6 所示，下面对该报表的一些选择字段做简要解释。

（1）"库存类型"的选择

- 选择"仓储位置／批次库存"（Storage loc./bat Stock），则仅显示在库存地点层次的库存，不显示工厂级别下的库存（部分特殊库存和工厂级别在途库存），只能查看收发存数量，无法查看金额。查询结果按照物料＋工厂汇总，若物料为批次管理的，则按照物料、工厂、批次进行汇总。
- 选择"对库存做评估"（valuated Stock），则查询某个物料在整个工厂级别的收发存情况，可以查看到收发存数量以及金额。无论物料是否做批次管理，查询结果均按照物料、工厂进行汇总。

注意：此时不能同时输入其他查询条件（如库存地点、批次、特殊库存标示、评估类型、移动类型）。

- 选择"特殊库存"（Special Stock），可查询客户寄售、供应商寄售、销售订单等特殊库存的收发存汇总情况，查询结果按照物料、工厂、特殊库存类型进行汇总。

注意：系统并不会显示特殊库存对应的具体对象，如客户代码、销售订单号码。

（2）移动类型的限制

同时输入移动类型和期间，那么此时的期初期末数据可能是不准确，因为限制了移动类型。

（3）冲销凭证的处理

以收货为例，系统默认对收货的冲销，将会出现在"总发出数量"，这可能不是我们期望的，我们可以考虑勾选上"无冲销移动"按钮，但注意仅在确保冲销凭证和被冲销凭证在同一个选择期间中，才能勾选上"无冲销移动"按钮，否则期初、期末库存可能不准确。

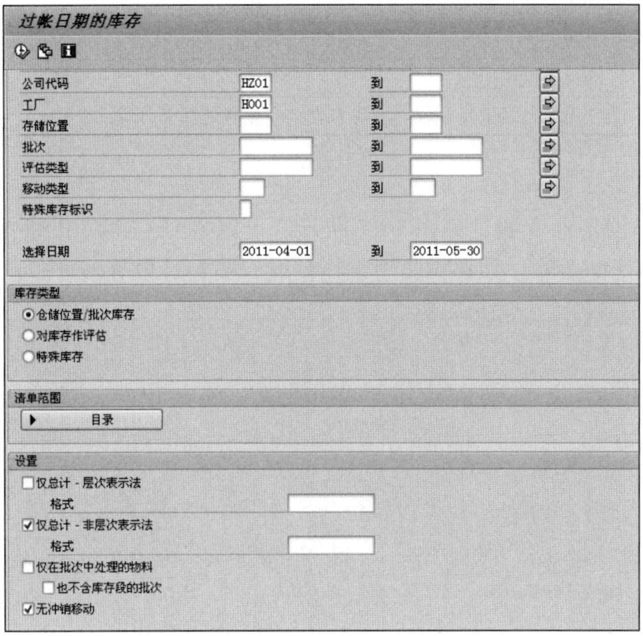

图 10-6 收发存报表（MB5B）

2. 关于事务代码 MB5B 的补充说明

SAP 标准系统并不建议用事务代码 MB5B 处理大量的数据，尽管它未限制使用该报表处理大量数据，对于用户的此类需求，SAP 标准系统建议数据量大的公司，在 SAP 标准报表基础上进行优化，请阅读以下 SAP Note：

Note 1005901　　MB5B: Performance problems；

Note 773673　　MB5B: Conversion for accessibility；

Note 921165　　MB5B: Improving the runtime using database hints。

10.4.2　俄罗斯库存报表

俄罗斯库存报表 J3RFLVMOBVED 是 SAP 针对俄罗斯开发的一张报表，在 ECC6.0 及以上版本中作为 SAP 的标准报表交付使用。与事务代码 MB5B 相比较，其更加明细，如表 10-7 所示，对俄罗斯库存报表和系统标准报表做简单对比，俄罗斯报表包括但不限于以下功能。

表 10-7　俄罗斯库存报表和系统标准报表对比

业务需求	J3RFLVMOBVED	MB5B
根据特殊库存的对象进行搜索，并按照特殊库存的对象进行汇总，譬如 MTO 模式下，按照销售订单号码显示收发存结果	支持	不支持
可根据更多的筛选条件：如 物料类型、物料组进行搜索，并在结果中显示	支持	不支持
查询结果中显示收发存金额	支持	仅工厂级别支持
冲销凭证和被冲销凭证的自动抵消	支持	支持有局限性
二步法下库存转储，当发出方已经发货，收货方尚未收到的业务处理	支持	支持有局限性

1. 操作说明

选择屏幕的查询条件说明，如图 10-7 所示，可以看到与事务代码 MB5B（见图 10-6）相比较多出很多的查询条件，如物料类型、物料组、销售订单等。

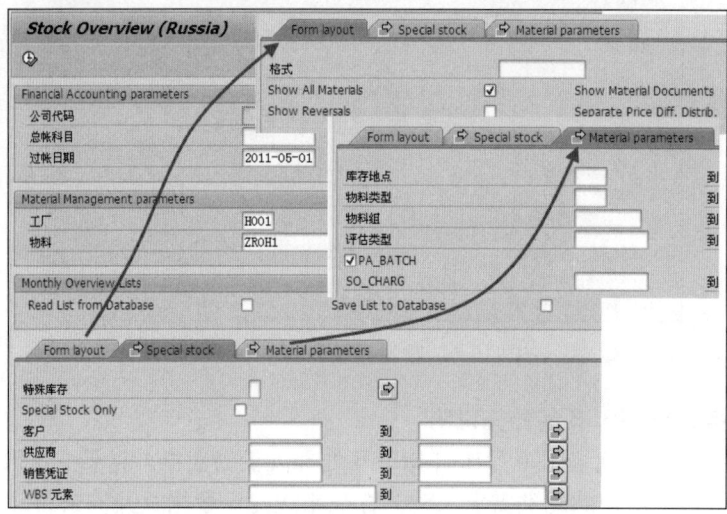

图 10-7　俄罗斯报表（J3RFLVMOBVED）

2. 查询结果说明

根据库存的实际情况，系统按照工厂、库存地点、特殊库存的对象显示收发存记录。

其中对于工厂级别下的在途库存、特殊库存，其库存地点使用 **** 代替，对于无特殊库存的对象，则显示为空。

如图 10-8 所示，查看物料在 2011 年 5 月份的收发存情况，可以看到：
- 物料在库存地点下的收发存数量和金额；
- 物料在工厂下的在途库存的收发存数量和金额；
- 物料在特殊库存类型（如销售订单库存、寄售库存）下的收发存数量和金额。

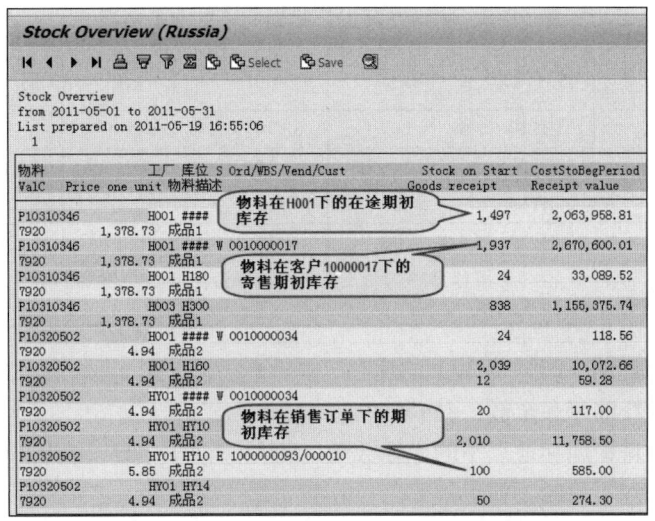

图 10-8 俄罗斯报表示例（J3RFLVMOBVED）

通过单击"变式"按钮，如图 10-9 所示，可以将格式调整为更易阅读的格式，其查询结果中显示的字段比 MB5B 也多出很多，详细可通过单击"变式"按钮来查看。

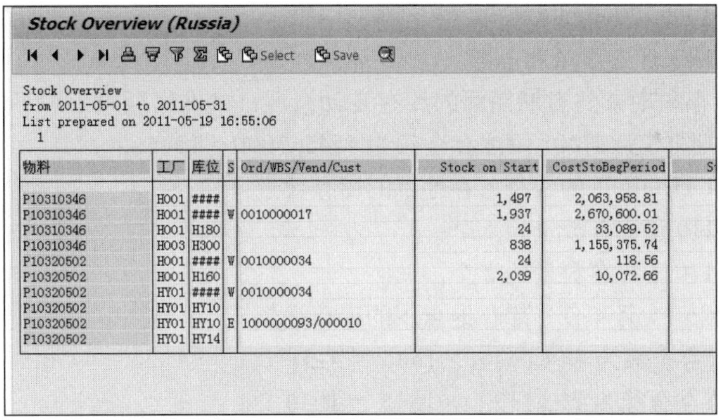

图 10-9 俄罗斯库存报表（J3RFLVMOBVED）

3. 收发存金额的说明以及价差的影响

SAP 标准系统中库存评估基本是在工厂级别，即物料的成本一般都是基于工厂级别的，这也是为何报表 MB5B 选择库存地点级别无法显示金额的原因。

而在俄罗斯报表中，库存地点的金额是程序运行时动态计算出来的，其计算过程举例如下，物料 ZROH602 在某工厂 H001 下发生的特定的业务，具体如表 10-8 所示。

当前日期为 2011-5-20，使用俄罗斯库存报表查询 5 月 1 日到 5 月 4 日的收发存情况，系统的处理步骤如下。

表 10-8　物料在某工厂某期间下的业务情况

日期	业务类型	库存地点	数量	单价	金额	工厂累计库存数量	工厂累计库存金额
5月2日	入库	H110	1	10	10	1	10
5月2日	入库	H120	2	10	20	3	30
5月5日	入库	H110	100	10	1000	103	1030
5月5日	入库	H120	200	10	2000	303	3030
5月10日	发票校验	物料采用移动平均价，发票校验导致库存金额增加50%，即增加1515元；					4545

（1）取得当前日期（2011-5-20）的库存

当前工厂下物料的库存金额：4545；

当前工厂下物料在库存地点下的库存数量：H110 为 101、H120 为 202。

（2）统计期末到当前的物料凭证

系统汇总统计 5 月 4 日到 5 月 20 日之间的所有的物料凭证，得到期末（5 月 4 日）到当前日期（5 月 20 日）之间的库存地点 H110 下库存变动情况等于入库 – 出库 = 100 个，库存地点 H120 的变动数量等于入库 – 出库 = 200 个

根据物料凭证对应的会计凭证的金额得到 5 月 4 日（期末）到当前期间的整个工厂的库存变动金额 = 1000+2000=3000

（3）倒推出期末库存数量和金额

根据当前库存和期末到当期期间的库存变动情况，倒推出期末工厂下的库存金额，具体而言，本例中期末工厂 H001 下库存金额为 4545–3000 = 1545。

倒推得到工厂 H001 下的各个库存地点的库存数量：

库存地点 H110 下库存数量为 1 个；

库存地点 H120 下库存数量为 2 个。

计算得到期末（5 月 4 日）库存地点下的库存金额：

H110 下，库存金额为 1/（1+2）×1545 = 515；

H120 下，库存金额为 2/（1+2）×1545 = 1030。

（4）同理倒退期初库存地点下的库存数量、库存金额

本例中，均为 0。

（5）统计期初和期末之间的物料凭证，得到收发货库存数量和金额

本例中，库存地点 H110 下，收货数量为 1，收货金额为 20；库存地点 H120 下，收货数量为 2，收货金额为 40。

（6）差异处理

本例中，根据上述五个步骤的计算得出。

库存地点 H110 下，期初库存为 0，期间库存收发金额 20，期末金额却为 515，中间存在差异金额为 495 元，这是由于发票校验导致的，当然还可能由于其他原因会导致类似的差异。

在初始屏幕选择（见图 10-7）中，通过单击按钮“Separate Price Difference Distribution”来确定价差的处理方式，有两种处理方式。

处理方法 1：选择价差不分摊，这样如图 10-10 所示，差异金额单独一列出现（Additional Value），物料 ZROH602 在库存地点 H110 下，期初金额为 0，入库金额为 20，附加金额为 495，期末金额为 515。

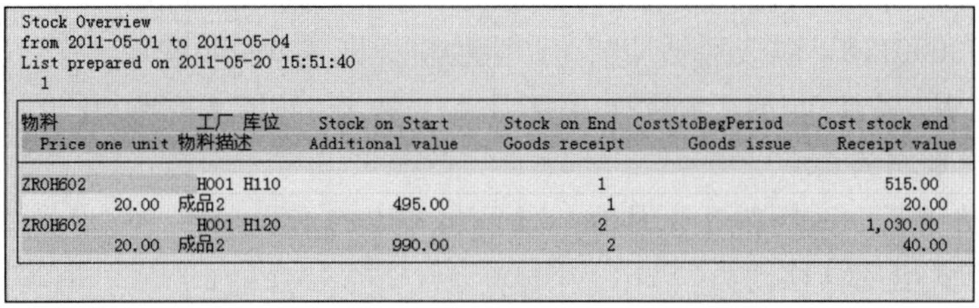

Stock Overview
from 2011-05-01 to 2011-05-04
List prepared on 2011-05-20 15:51:40
1

物料 / Price one unit	工厂 库位 / 物料描述	Stock on Start / Additional value	Stock on End / Goods receipt	CostStoBegPeriod / Goods issue	Cost stock end / Receipt value
ZROH602	H001 H110		1		515.00
20.00	成品2	495.00	1		20.00
ZROH602	H001 H120		2		1,030.00
20.00	成品2	990.00	2		40.00

图 10-10 库存地点下的不进行价差分摊的金额的收发存报表（J3RFLVMOBVED）

在选择屏幕（见图 10-7）中可以单击Show Material Documents和Show Reversals按钮，如图 10-11 所示，可以显示物料 ZROH602 的物料凭证号码、物料 ZROH602 的价差（发票校验凭证）、冲销凭证等各项明细信息。

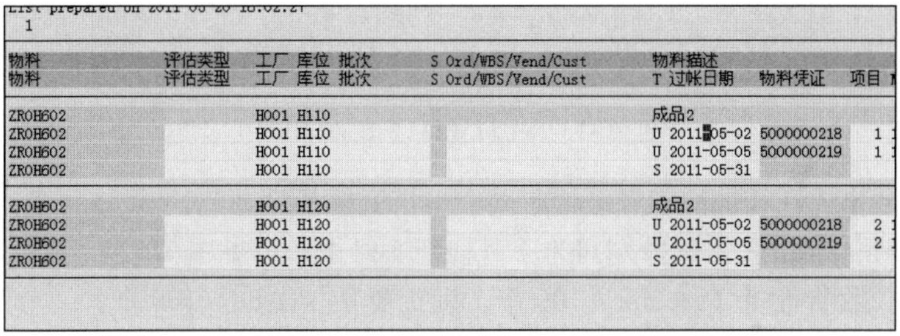

1

物料 / 物料	评估类型 / 评估类型	工厂 库位 批次 / 工厂 库位 批次	S Ord/WBS/Vend/Cust / S Ord/WBS/Vend/Cust	物料描述 / T 过帐日期	物料凭证	项目
ZROH602		H001 H110		成品2		
ZROH602		H001 H110		U 2011-05-02	5000000218	1
ZROH602		H001 H110		U 2011-05-05	5000000219	1
ZROH602		H001 H110		S 2011-05-31		
ZROH602		H001 H120		成品2		
ZROH602		H001 H120		U 2011-05-02	5000000218	2
ZROH602		H001 H120		U 2011-05-05	5000000219	2
ZROH602		H001 H120		S 2011-05-31		

图 10-11 明细信息的显示（J3RFLVMOBVED）

处理方法 2：选择将价差分摊到收发金额中。

当前日期为 2011-5-20，查询 5 月 1 日到 5 月 20 日的收发金额，差异金额被分摊到收发金额中，如图 10-12 所示，物料 ZROH602 在工厂 H110 下的收货金额变成了 1515，实际上当时物料凭证中的金额为 1010 元，收货金额承担了发票校验导致的 505 元。

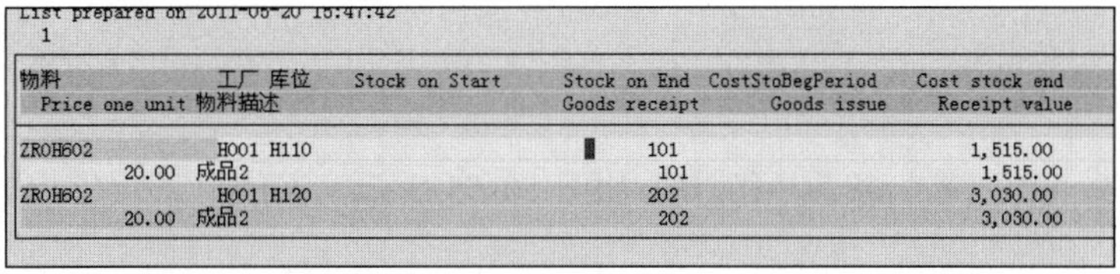

List prepared on 2011-05-20 15:47:42
1

物料 / Price one unit	工厂 库位 / 物料描述	Stock on Start	Stock on End / Goods receipt	CostStoBegPeriod / Goods issue	Cost stock end / Receipt value
ZROH602	H001 H110		101		1,515.00
20.00	成品2		101		1,515.00
ZROH602	H001 H120		202		3,030.00
20.00	成品2		202		3,030.00

图 10-12 库存地点下的进行价差分摊的金额的收发存报表（J3RFLVMOBVED）

4. 冲销凭证的说明

对单据汇总时，当出现对原凭证进行冲销一向是程序处理中比较麻烦的一件事情，下面分别以 MB5B 和俄罗斯报表为例，查看冲销凭证对报表的影响。

如图 10-13 所示，通过事务代码 MB51 查看到物料 ZROH1 在工厂 H001 下发生的所有业务，其中发生两笔冲销（Reversal）。

一笔是当月冲销（4 月冲销 4 月）：移动类型 561（期初库存入库）数量 10000 个，产生物料凭证 4900000118，隔天后被冲销，产生物料凭证 4900000121。

另外一笔是隔月冲销（5 月冲销 4 月）：物料凭证 4900000170 冲销物料凭证 4900000123，数量均为 1000。

排除掉冲销凭证，该物料在 4 月份，以采购入库的形式入库（移动类型 101）100 个，以生产发料的形式出库（移动类型 261）100 个。

执行两个收发存报表（俄罗斯报表和 MB5B），查看在此业务背景下，报表的处理逻辑。

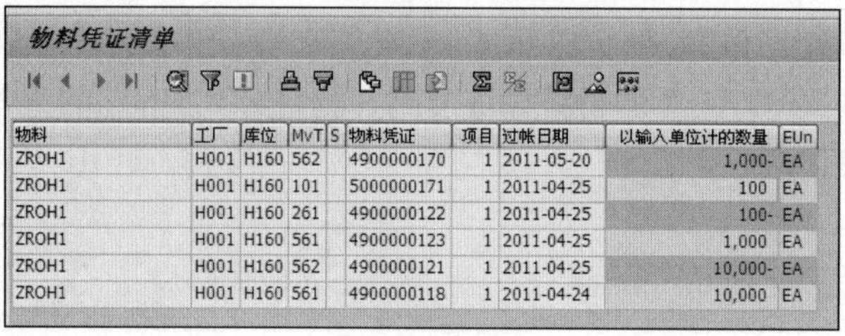

物料	工厂	库位	MvT	S	物料凭证	项目	过帐日期	以输入单位计的数量	EUn
ZROH1	H001	H160	562		4900000170	1	2011-05-20	1,000-	EA
ZROH1	H001	H160	101		5000000171	1	2011-04-25	100	EA
ZROH1	H001	H160	261		4900000122	1	2011-04-25	100-	EA
ZROH1	H001	H160	561		4900000123	1	2011-04-25	1,000	EA
ZROH1	H001	H160	562		4900000121	1	2011-04-25	10,000-	EA
ZROH1	H001	H160	561		4900000118	1	2011-04-24	10,000	EA

图 10-13 物料凭证清单（MB51）

测试 1：冲销凭证和被冲销凭证处于同一个报表执行期间

执行俄罗斯库存报表，选择期间为 4 月初到 5 月末，可见图 10-14，可以看到冲销凭证自动互相抵消，收货数量（receipt）100 个，发货数量（Issue）100 个。

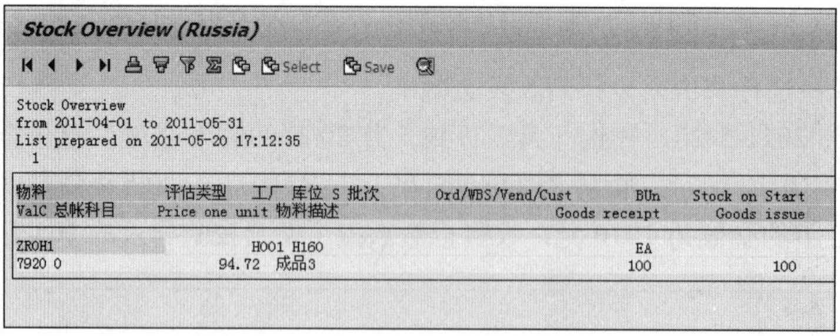

图 10-14 俄罗斯报表—冲销凭证处理（J3RFLVMOBVED）

同样的筛选条件，执行报表 MB5B，如图 10-15 所示，系统显示收货数量为 11100，发货也为 11100。

在报表 MB5B 的筛选条件（见图 10-6）中可以选择无冲销移动（No reversal movements。☑无冲销移动，则执行结果同俄罗斯报表，如图 10-16 所示，收发数量均为 100。

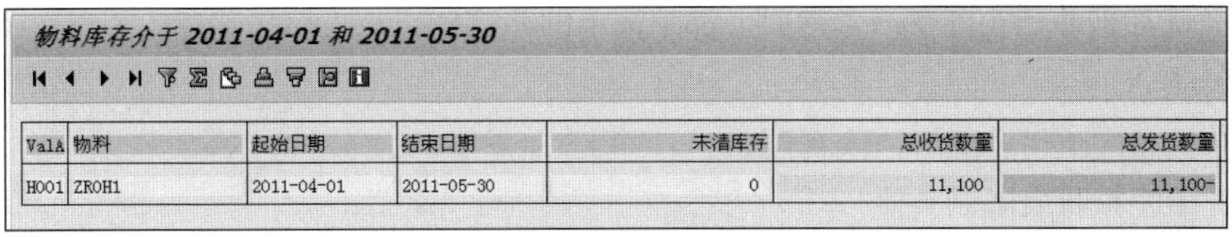

ValA	物料	起始日期	结束日期	未清库存	总收货数量	总发货数量
H001	ZROH1	2011-04-01	2011-05-30	0	11,100	11,100-

图 10-15 冲销凭证处理（MB5B）

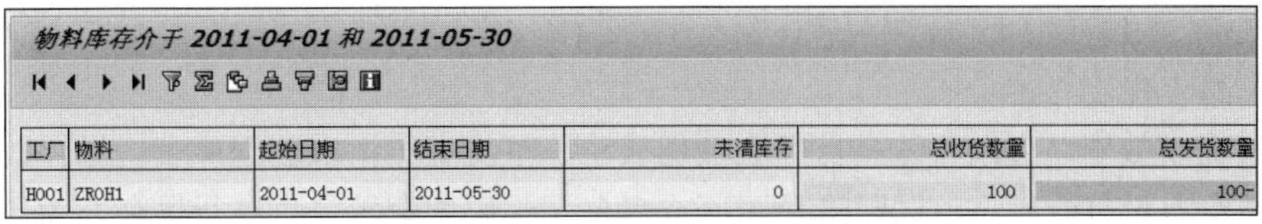

工厂	物料	起始日期	结束日期	未清库存	总收货数量	总发货数量
H001	ZROH1	2011-04-01	2011-05-30	0	100	100-

图 10-16 冲销凭证处理（MB5B）

测试 2：冲销凭证和被冲销凭证不在同一报表执行期间

执行俄罗斯报表，选择期间为 5 月份，如图 10-17 所示，可以看到期初库存为 1000 个，发货数量（Goods Issue）为 1000 个。

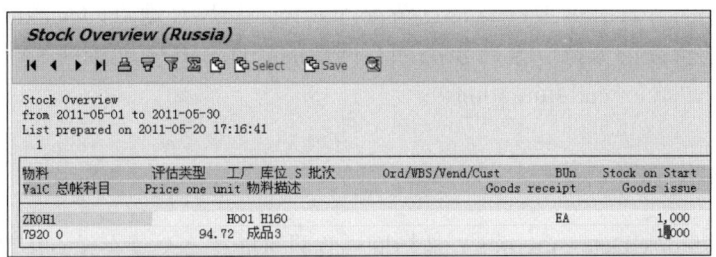

图 10-17 俄罗斯报表冲销凭证处理（J3RFLVMOBVED）

执行 MB5B，选择期间同样选择 5 月份，筛选条件中选择☑无冲销移动 按钮，如图 10-18 所示，则显示收发数量均为空白。

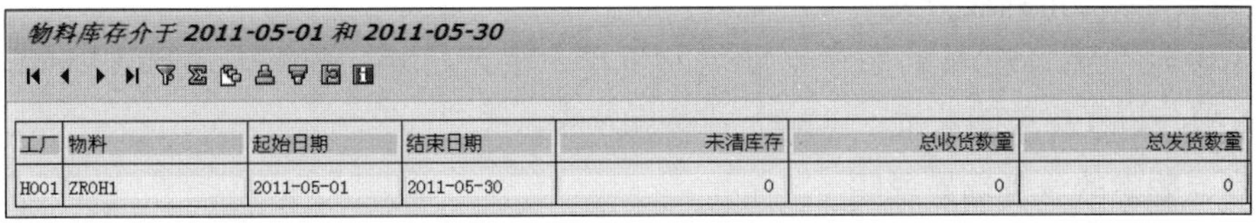

工厂	物料	起始日期	结束日期	未清库存	总收货数量	总发货数量
H001	ZROH1	2011-05-01	2011-05-30	0		

图 10-18 冲销凭证处理（MB5B）

冲销凭证处理逻辑小结如下：
- 与事务代码 MB5B 相比较，俄罗斯库存报表对于冲销操做的处理更为合理。
- 在俄罗斯报表中，如果冲销和被冲销凭证在同一个选择期间，那么两个凭证将会自动抵消。如果不在一个期间，对收货的冲销将会出现在发货数量中，对发货的冲销将会出现在收货数量中。
- 而事务代码 MB5B 则根据查询条件的不同，若选择☑无冲销移动 按钮，则无论是否冲销凭证和被冲销凭证在一个期间，都是简单的将这些记录直接排除掉。

5. 注意点

俄罗斯报表使用时的两个注意点如下。

（1）俄罗斯报表限制条件

评估方式为 M（按销售订单评估成本）的销售订单库存才在俄罗斯报表中出现，评估方式为 A 或者空白的不会出现。关于销售订单库存的评估方式，请参见 2.3 节 "按订单生产（MTO）" 的评估方式。

（2）报表优化

为了提高效率，可以将结果保存在数据表中，下次直接读取数据库表。保存数据时只能针对整个月份进行保存，同时选择工厂或者公司代码+会计科目进行保存，为了将数据保存在表中，需要有权限对象 J_3RM_WRTB 的所有权限。

10.4.3 收发存报表小结

俄罗斯报表比事务代码 MB5B 功能强大了很多，在使用该报表时，一方面我们要了解整体逻辑，另外一方面要注意特殊情况的处理，如库存地点的金额的计算逻辑、发票校验等造成的价差的分摊以及两步法库存调拨的处理。具体可参见 SAP Note 947515 - J_3RMOBVED behavior and limitations

10.5　库存确定

库存确定（Stock Determination）是指同一物料可能在多个库存地点下都有库存，可能存在多种不同类型的库存（如正常库存和寄售库存），在启用分割评估后，还有不同评估的库存，在此背景下，在不同的发货（Issue）环节，如何确定库存使用的逻辑，即从何库存地点发何种类型的库存。

1. 库存确定应用的业务类型

库存确定功能可应用于库存管理、发货单、生产订单、拉料单（Pull List）、看板、WM 等各项与库存相关的发货（Issue）业务操作中。

2. 库存确定的业务场景说明

库存确定的应用场景很多，举例如下。

- 使用库存确定功能来确定何评估类型的库存优先使用。某公司某原材料启用分割评估（Split Valuation），评估类型（Valuation type）有两个：国外采购、国内采购。该物料设置为反冲物料（Back flush），在生产订单确认时进行反冲。当物料设置分割评估后，所有的出入库环节必须输入评估类型，生产订单反冲该物料时也不例外，此时希望先反冲评估类型为国内采购的库存，再反冲国外采购的。
- 使用库存确定功能来确定何特殊类型（正常）库存优先使用。某公司某原材料有正常自有库存，又有寄售库存，希望生产发料时，先使用自有库存，再消耗寄售库存。

3. 库存确定的基本逻辑

简单说，系统是根据物料＋业务类型确定库存确定的策略，具体如下：

1）事务代码 OSPX 定义库存确定组（Group），然后将库存确定组分配给物料主数据（MM02 工厂 / MRP2 数据），这样不同的物料可以有不同的策略；

2）事务代码 OSPX 定义库存确定规则（Rule），然后将库存确定规则分配给不同应用的不同业务类型，如重复制造的参数文件、发货单的行项目类别、生产订单类型，不同的业务类型可以有不同的策略；

3）事务代码 OSPX 定义根据库存确定组、库存确定规则、工厂，这三个因素确定库存确定的逻辑，定义何种类型的物料先发料。

4. 库存确定的规则定义说明

库存确定规则主要是确定库存使用优先级顺序，具体如下。

1）在库存确定规则中可以定义排序规则，最常用的三个排序规则是库存类型、库位、评估类型，也就是说可以设置优先特定库存类型、特定库存地点、特定评估类型的先使用（被确定）；

2）后台定义示例。如图 10-19 所示，通过事务代码 OSPX 定义库存确定的逻辑，代表工厂 3220 下使用库存确定组 0001 的物料。使用库存确定规则 0001 的业务类型下，发料/发货时（Issue）将按照优先级别的设置依次使用下列库存：

❑ 首先使用特殊库存为 K（寄售）的库存；
❑ 然后使用正常库存下的库存地点 3200 的库存；
❑ 最后使用库存地点 3202 中的库存。

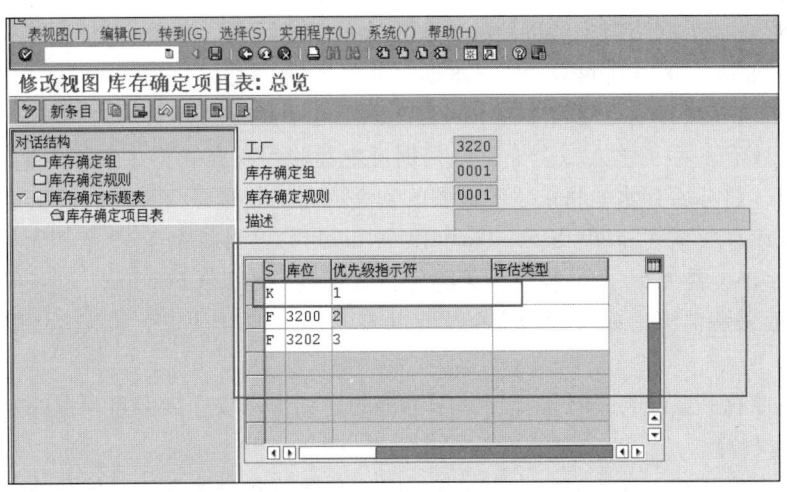

图 10-19　库存确定的优先级定义（OSPX）

5. 库存确定规则的分配与执行方式

库存确定规则的分配和执行方式如下。

1）库存确定规则的分配。库存确定规则分配给不同的业务单据类型，由多个事务代码进行定义，配置路径：SPRO IMG> 物料管理 > 库存管理和实际库存 > 库存确定 > 在应用中分配库存确定规则。

2）库存确定功能的执行方式。取决于不同的应用，库存确定的执行有些是在后台直接执行的，有些是在前台执行的。如在外向交货单（事务代码 VL02N）中，当单击"发货过账"按钮，系统则根据定义的库存确定规则来确定从何库存地点发货，整个过程是后台操作；

在生产订单的拉料单（事务代码 MF65）中，可以在前台执行库存确定功能。

6. 库存确定补充说明

使用库存确定功能时，注意以下问题。

1）系统与实物的一致性。系统中定义的库存确定的优先级顺序，必须与实物发货（发料）的顺序保持一致。

2）确定发货/发料（Issue）物料位置（库存地点等）的方式。除了这里中介绍到的库存确定功能，确定发货/发料的库存地点的方式还有很多，以生产订单发料为例，可以在物料主数据或者 BOM 或生产版本中指定默认的发料的库存地点。当物料使用了批次管理后，可以使用批次管理的批次确定功能来确定采用何库存地点、何类型的批次。如果启用了 WM（Warehouse Management）模块，还可以通过设置出库的策略来确定使用何位置的库存。

10.6 安全库存

安全库存是为了调节需求和供给的不确定（如紧急订单、插单、交货误期等），结合企业期望达到的服务水平得到的一个库存水准。

SAP 中的安全库存功能比较丰富，可分为以下几个部分。

1）安全库存—手工输入。企业可以根据历史经验手工在物料主数据中输入安全库存，运行 MRP 时，目标库存水准将是手工设置的安全库存的数量。

2）安全库存共享（Safety Stock Partially Available）。当前库存 49 个，无其他供给和需求，若安全库存设置为 50 个，物料为采购件，批量类型为 Lot-For-Lot，则系统触发产生数量为 1 的零散采购申请，如果利用安全库存共享功能，则可以减少零散的获取建议（采购申请等）。

3）安全库存—系统自动计算。在基于消耗的计划中，安全库存可根据一定公式进行由系统自动进行计算。

4）动态安全库存（Dynamic Safety Stock）。普通的安全库存的目标是达到特定数量的安全库存，而动态安全库存是考虑未来期间的日需求情况以及覆盖天数得到一个安全库存，其目标是达到特定天数的需求量。

5）安全时间（Safety Time）。为了避免缺料情况，可以通过设置安全库存的数量来多备库存，还可以要求供应商提前送货，也就是通过额外的时间来保证安全。

6）安全库存与可用性。系统中通过事务代码 OVZ9 定义可用性检查控制，设置不同业务情况下，安全库存是否可用，参见 6.5 节"生产订单中的组件的可用性检查"。

提示：限于篇幅，本节中仅简要介绍 3）、4）部分的内容，1）、2）、5）请参见本人博客。

10.6.1 安全库存与再订货点的计算

如上文所说，安全库存是为了调节需求和供给的不确定（如紧急订单、插单、交货误期等等），结合企业期望达到的服务水平得到的一个数字，一方面安全库存、再订货点的计算国际上有比较通行的公式，SAP 标准系统自动计算安全库存、再订货点也是按照此公式，另外一方面，由于多方面原因，企业也常有自己的计算方式。

1. 安全库存的计算公式

需求的不确定性、供给的不确定性和客户期望的服务水平分别用三个数字来代表：
- 需求数量的不确定性，根据历史需求（消耗）数量，通过计算需求数量的 MAD（Mean Absolute Deviation/ 绝对偏差的平均值）得出，即需求的波动性；
- 供给的不确定，使用 W 因素代表供给偏差，一般是等于交货周期的平方根；
- 客户的服务水平（Service Level），客户的服务水平是指企业自身希望供给满足需求的可能性，使用安全系数（安全因子 /Safety Factor）R 来代表 MAD 绝对偏差的平均值（预测精确度）和客户服务水平的关系。

安全库存综合考虑上述三个因素，因此等于需求的绝对偏差的平均值（MAD）乘以安全系数 R 乘以 W 因素的平方根。

具体而言，安全系数为零，代表安全库存为 MAD 的零倍，即不设置安全库存，此时有 50% 概率（服务水平），需求得到满足，即此时 50% 的概率是供给大于需求，反过来就是当服务水平为 50% 时，安全系数为零。

当服务水平为 95%，代表 95% 的概率供应满足需求，对应的安全系数为 2.06，在 SAP 的网站中，搜索 "Safety Factor R" 可以看到服务水平和安全系数 R 的对应关系，表 10-9 摘选其中的部分数据。

提示：安全库存的理论基础是需求符合正态分布（Normal Distribution），标准正态分布是指均值为 0，标准偏差为 1，在 Excel 中，可以使用公式 NORMSINV 根据服务水平（概率）求出标准偏差值。

2. 安全库存和再订货点的计算示例

下面通过示例说明安全库存和再订货点的计算。

（1）维护物料的 MRP 类型以及预测模式

在物料主数据的 MRP1 视图中，定义物料的 MRP 类型为 VM（自动重订货点计划），

创建预测视图（Forecast View），选择预测模式为 D，期间为 M（月份）

表 10-9　服务水平和安全系数的对应关系

服务水平（%）	对应的安全因子	
	标准偏差（σ）	平均绝对偏差（MAD）
50.00	0.00	0.00
80.00	0.84	1.05
85.00	1.04	1.30
90.00	1.28	1.60
95.00	1.65	2.06
99.00	2.33	2.91

提示：这里没包括预测模式，这里主要是演示安全库存的计算逻辑。

（2）维护物料的服务水平

在物料主数据的 MRP2 视图，定义物料的服务水平为 95%，参照 SAP 网站的对照表，因此安全系数为 2.06。

（3）维护物料的需求数量

计划期间为月，当前期间为 2010 年 10 月，过去 12 个月的物料消耗情况如图 10-20 所示，12 个月的平均消耗数量等于 53.333（基准值），计算得到 MAD（Mean Absolute Deviation/ 绝对偏差的平均值）等于 18.167。

绝对偏差的平均值，等于每个月的绝对偏差之和除以 12 个月，每个月的绝对偏差等于每个月的消耗数量减去 12 个月平均消耗数量的绝对值，绝对偏差的平均值，可以在 Excel 中的公式"AVEDEV"计算得出。

提示：物料的消耗数量正常来说是由系统汇总计算每个月的消耗数量得出的，本例中为了测试方便，直接通过事务代码 MM02 修改，在物料主数据的附加数据视图 / 消耗数量中输入的过去 12 个月的每个月的消耗数量。

（4）维护物料的计划交货周期

维护物料的计划交货周期为 10 天，因此 W 因素的平方根等于 10/30（计划期间天数）的平方根，等于 0.577350269。

（5）计算安全库存

如图 10-21 所示，事务代码 MP30 执行预测后，可以看到安全库存等于 MAD（18.167）× 安全系数 R（2.09）× W 因素的平方根（0.57）=22。

（6）计算再订货点

如图 10-22 所示，执行预测后，可以看到再订货点等于安全库存 + 日消耗量 × 交货周

期 =22+53.33/30×10 = 39。

物料号 ZTEST001
工厂 H008

期间	全部消耗	更改全部消耗
2010-09	94.000	94.000
2010-08	48.000	48.000
2010-07	30.000	30.000
2010-06	60.000	60.000
2010-05	21.000	21.000
2010-04	33.000	33.000
2010-03	62.000	62.000
2010-02	38.000	38.000
2010-01	85.000	85.000
2009-12	61.000	61.000
2009-11	41.000	41.000
2009-10	67.000	67.000

图 10-20　物料的消耗情况（MM02）

关于再订货点，请参见 7.1.1 节“分类 1—采购业务处理流程”。

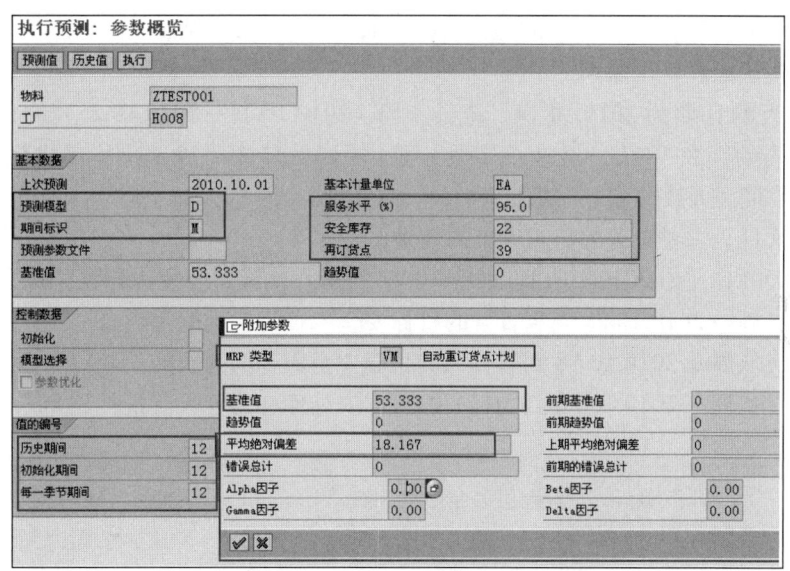

图 10-21　安全库存和再订货点（MP30）

10.6.2　动态安全库存

在供给和需求不确定的情况下，为了保证不缺料，需要有安全的方式来保证，这两种方式就是 Q 模型和 P 模型。

Q 数量模型是保持库存数量在一个特定的数量水准上（Quantity），Q 模型中的数量可以手工输入，也可以如上文所示，通过公式由系统自动计算得出；

P 期间模型是保持库存数量满足未来固定期间的需求（Period），P 模型中也称为动态安全库存，这里的动态是指期间固定，但数量是动态的。

1. 动态安全库存在企业中的应用

应用 A：某企业在实施 SAP ERP 之前，每年两次计算安全库存数量，安全库存数量等于日用量 ×（采购周期 + 安全天数 + 检验周期），每年 1 月份更新当年度 2-7 月份淡季安全数量，每年 7 月份更新 8 月份至次年 2 月份旺季安全库存。

应用 B：某行业中的下游强势客户向上游的供应商提出要求，必须保证未来三天需求的库存量，这样上游供应商实施 ERP 时，也可以设置动态安全库存，使得库存水平满足未来三天的需求数量。

2. 动态安全库存在系统中的实现说明

动态安全库存是通过定义供货天数参数文件（Range of Coverage Profile）实现的，后台定义的路径：IMG>Production>Material Requirements Planning>Planning>MRP Calculation>Define Range of Coverage Profile（Dynamic Safety Stock），定义完毕后，将供货天数参数文件分配给物料（MRP2 视图）。

如图 10-22 中所示，定义动态参数文件 ZZ4，系统计算过程如下。

（1）首先确定日平均需求

假设今天的日期为 2010.10.14，统计 2 周（2010.10.11—2010.10.25）的合计需求量，然后除以 2 周的天数 12 天，这两个字段分别由图 10-22 中"确定平均需求"中的"期间数"和"每个期间天数的编号"确定。

（2）其次计算需要覆盖的需求天数的数量

假设今天的日期为 2010.10.14，如图 10-22 所示，计算需要覆盖的数量如下：

第一周（周一 2010.10.11 到周日）的目标安全库存为 4 天的消耗量；
第二周（从周一 2010.10.18 到周日）的目标安全库存为 3 天的消耗；
第三周（从周一 2010.10.26 到周日）的目标安全库存为 0 天的消耗。

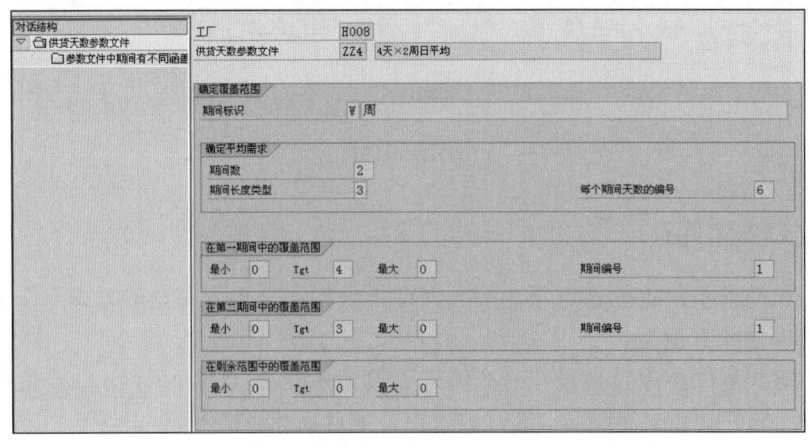

图 10-22　动态安全库存的供货天数参数文件的定义

3. 动态安全库存在系统中的示例说明

为物料分配图 10-22 中定义的供货天数参数文件 ZZ4，41 周为当前日期（2010/10/14）所在的周数，运行 MRP 后，通过事务代码 MD04 查看该物料的供需情况，分别选择按照“星期”和“天”进行需求合计显示。

如图 10-23 所示，按照周数进行合计，42 周的目标安全库存覆盖天数为 3 天，42 周的总需求为 154，除以天数（六天），每日需求为 26，需要因此目标安全库存数量为 78，而 43 周的目标安全库存覆盖天数为 0 天，因此目标安全库存数量为 0。

提示：正常来说，41 周的目标安全库存覆盖天数应为 4 天，而此处 41 周的目标安全库存的覆盖天数和目标库存均为 0 的原因是由于当前日期为 41 周的周中，按周汇总时，系统显示的为本周一的目标安全库存，而该日期已经是过去的日期，详细信息参见图 10-24。

附	期间/段	计划独立需求	需求	接收	可用数量	ATP数量	实际覆...	统...	目	每日需求	最	最	目标...	最小...	最...
	Stock				0	0	3.0-	0.0	0	0	0	0	0	0	0
	W 41/2010	389-	0	570	181	570	8.3	4.0	0	45.250	0	0	0	0	0
	W 42/2010	154-	0	51	78	51	3.5	3.0	3	26	0	3	78	78	0
	W 43/2010	158-	0	80	0	80	0.0	0.0	0	26.667	0	0	0	0	0
	W 44/2010	162-	0	162	0	162	0.0	0.0	0	13.500	0	0	0	0	0

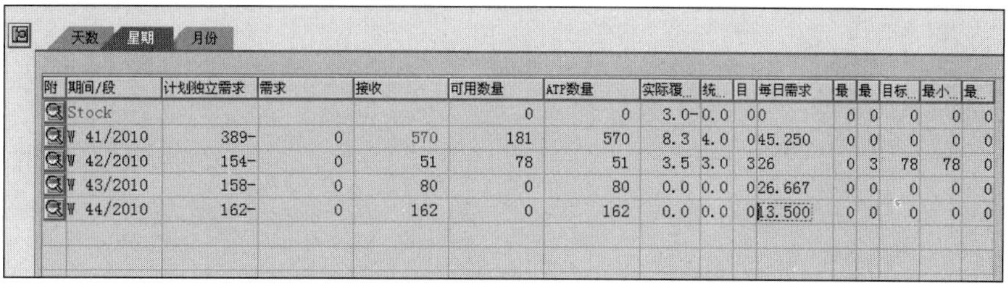

图 10-23 动态安全库存示例（按周汇总）（MD04）

如图 10-24 所示，按照天数进行合计，41 周为当前日期（2010/10/14）所在的周数，本周的安全库存覆盖天数为 4 天，安全库存覆盖数量为 181 等于 45.25×4。

附	期间/段	计划独立需求	需求	接收	可用数量	ATP数量	实际覆...	统计...	目	每日需求	最	最	目标...	最小...	最...
	Stock				0	0	3.0-	0.0	0	0	0	0	0	0	0
	10.10.11	128-	0	0	128-	0	5.0-	0.0	0	45.250	0	0	0	0	0
	10.10.12	13-	0	0	141-	0	4.0-	0.0	0	45.250	0	0	0	0	0
	10.10.13	14-	0	0	155-	0	3.0-	0.0	0	45.250	0	0	0	0	0
	10.10.14	15-	0	0	170-	0	2.0-	0.0	4	45.250	0	4	181	181	0
	10.10.15	16-	0	367	181	367	1.9	4.0	4	45.250	0	4	181	181	0
	10.10.16	17-	0	17	181	17	1.0	4.0	4	45.250	0	4	181	181	0
	10.10.17	186-	0	186	181	186	8.3	4.0	4	45.250	0	4	181	181	0
	10.10.18	19-	0	0	162	0	7.3	6.2	3	26	0	3	78	78	0
	10.10.19	20-	0	0	142	0	6.3	5.5	3	26	0	3	78	78	0
	10.10.20	21-	0	0	121	0	5.3	4.7	3	26	0	3	78	78	0
	10.10.21	22-	0	0	99	0	4.3	3.8	3	26	0	3	78	78	0
	10.10.22	23-	0	2	78	2	3.4	3.0	3	26	0	3	78	78	0
	10.10.23	24-	0	24	78	24	3.4	3.0	3	26	0	3	78	78	0
	10.10.24	25-	0	25	78	25	3.5	3.0	3	26	0	3	78	78	0

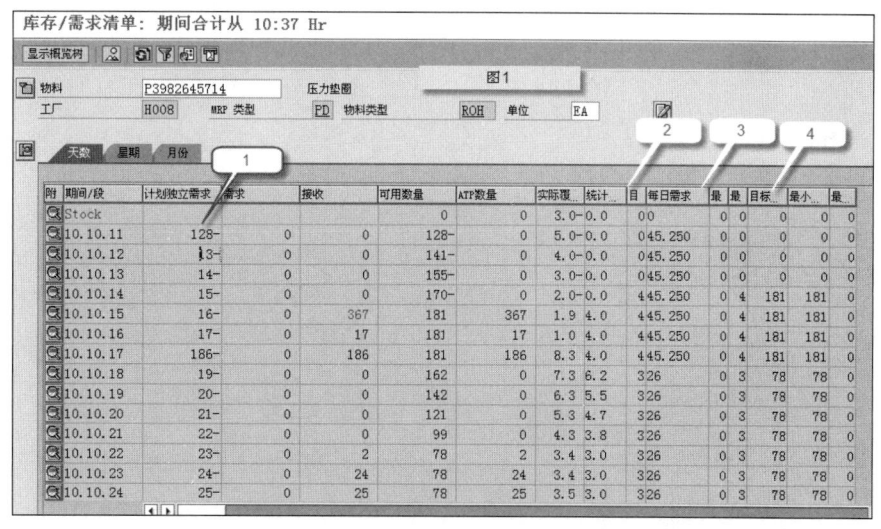

图 10-24 动态安全库存（按天汇总）（MD04）

10.6.3　动态安全库存小结

理解动态安全库存，必须从两个方面来看。

静态的看，设置动态安全库存，目标库存等于未来期间日需求的数量乘以覆盖天数，相比较不设置动态安全库存，将会导致额外采购、生产。

动态的看，设置动态安全库存后，目标库存随着未来期间的日需求发生变化，当生产旺季到来，日需求增加时，当前期间将额外多采购、生产，当淡季到来，日需求减少时，当前期间将会少采购、生产。

第三篇

销售与分销管理

第 11 章 销售模式

销售模式有很多种分类方式，譬如按产品销售的渠道（直销、经销、B2C），SAP 系统通过分销渠道（Distribution Channel）来区分产品销售的渠道。

本章介绍的销售模式主要从产品发货的方式（物流）、开票的方式等业务流程角度来划分，不同的销售模式在生产方式、采购方式、开票方式、物流模式上有所差异，我们将在下面介绍以下几种销售模式。

- ❑ 按库存销售；
- ❑ 按销售订单生产；
- ❑ 跨公司销售；
- ❑ 成套销售；
- ❑ 寄售销售；
- ❑ 项目销售；
- ❑ 第三方销售和单独采购。

11.1 按库存销售

按库存销售（MTS）是常见的销售模式，基本的操作如下：

1）事务代码 VA01 创建销售订单；

2）事务代码 VL01N 创建发货单，并发货过账；

3）事务代码 VF01 创建发票。

具体参见 2.2 节"按库存生产（MTS）"。

11.2　按销售订单生产

按销售订单生产（Make-To-Order，MTO）也是常见的销售模式，基本的操作如下：

1）事务代码 VA01 创建销售订单；
2）根据销售订单生成生产订单；
3）生产订单收货，入库后形成销售订单库存；
4）事务代码 VL01N 创建发货单，从销售订单库存进行出货；
5）事务代码 VF01 创建发票。

参见 2.3 节"按订单生产（MTO）"。

11.3　跨公司销售

跨公司销售（Cross Company Sales）是指销售单据中的发货工厂（Delivery Plant）对应的公司和销售组织（Sale Organization）对应的公司为不同的公司。

跨公司销售在集团性质的公司应用得非常普遍。

公司 A 为生产性质的公司，负责生产各类产品，公司 B 为销售性质的公司，一般不持有库存，公司 B 接到客户的订单后，直接从 A 公司进行发货给客户。

如果不通过跨公司销售，则需要 B 公司先向 A 公司下虚拟的采购订单，然后 A 公司做虚拟的发货给 B 公司，B 公司再做虚拟的收货，最后 B 公司再发货给客户。

11.3.1　系统操作步骤简述

SAP 支持一张销售单据进行跨公司操作，也就是订单中销售公司和订单中的发货公司可以是同一集团下的不同公司，这样大大简化了业务操作。下面介绍一个示例。

1. 业务操作背景

外部客户代码：T-L63D08；销售组织 2200，属于公司代码 2200，对应的客户编码也为 2200；交货工厂 1000，属于公司代码 1000。

销售组织 2200 向客户 T-L63D08 销售产品，单价为 11.00 元，对应的价格条件类型为 PR00，销售的产品从另外一家公司的工厂 1000 直接交货给客户。

该产品的公司间价格（交货工厂 1000 对销售组织 2200）为 8 元，对应的价格条件类型为 PI01，该物料在工厂 1000 下的成本价为 7 元。

2. 销售订单维护

销售组织 2200 接到客户 T-L63D08 的采购订单后，则在销售组织 2200 下创建销售订单，销售订单类型选择系统标准的销售订单类型 OR，在销售订单的行项目中，输入发货工厂 1000。

该销售订单中有两个价格：

- 价格 1 为对外的价格，即销售组织 2200 对客户 T-L63D08 的单价 11 元（条件类型 PR00）；
- 价格 2 为公司间价格（发货工厂 1000 对销售组织 2200 的销售价格），公司间标准的价格条件类型为 PI01 和 PI02，其中条件类型 PI02 代表公司间价格为对客户的价格的固定百分比，条件类型 PI01 代表公司间价格等于固定价格，本例中为固定价格 PI01，价格为 8 元。

3. 发货单维护

根据销售订单在发货工厂 1000 创建对客户 T-L63D08 的发货单 80015887，并进行发货过账。

如图 11-1 所示，该发货单后续将创建两张系统发票，在发货单中有两个开票状态：

- 字段"开票凭证"代表对外部客户的开票状态，状态 A 代表未开，状态 C 为已开状态。
- 字段"IntcoBill"代表公司间开票（Intercompany Billing）的状态，状态空白代表该张发货单与公司间开票无关，只有该发货单为公司间的发货单，状态为 A 或者 C。

注意：图 11-1 中示例发货单 80015887 的"发票状态"和"IntcoBill"的状态均为 C，是因为截图是在两张发票创建完毕后，即针对该张发货单已经出具销售组织 2200 对最终客户 T-L63D08 的发票和发货工厂 1000 出具给销售组织 2000 的公司间发后截图的。

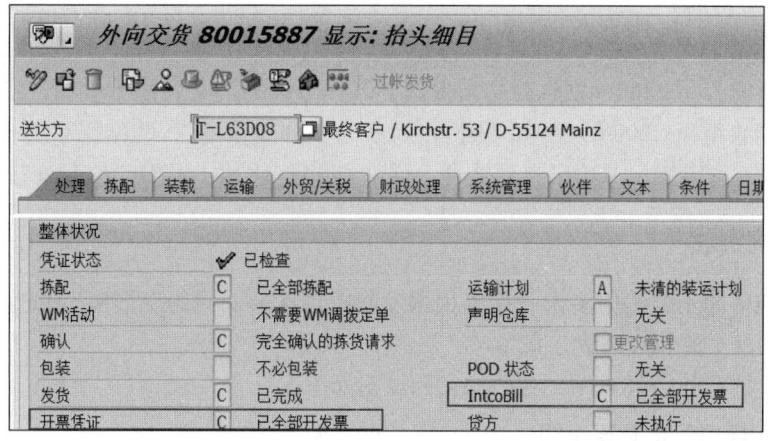

图 11-1　公司间的发货单（VL03N）

4. 维护对外部客户的系统发票

根据发货单 80015887，创建销售组织 2200 对最终客户 T-L63D08 的发票，系统默认的发票类型为 F2，销售价格为销售订单中维护的对客户的价格，即 11 元，销售成本为公司间价格（发货工厂 1000 对销售组织 2200 的价格），即 8 元。

5. 维护公司间的发票（Intercompany Billing）

根据相同的发货单 80015887，创建发货公司 1000 对销售组织 2200（对应的内部客户 2200）的发票，该发票为公司间的发票，默认的发票类型为 IV，发票中的价格为销售订单中的公司间价格，即 8 元，成本为发货过账的金额，即 7 元。

当上述四个操作完毕后，单击发货单的凭证流（Document Flow），如图 11-2 所示，可以看到一张订单（0000012936）、一张发货单（0080015887），对应两张发票（0090036881 和 0090036882）。

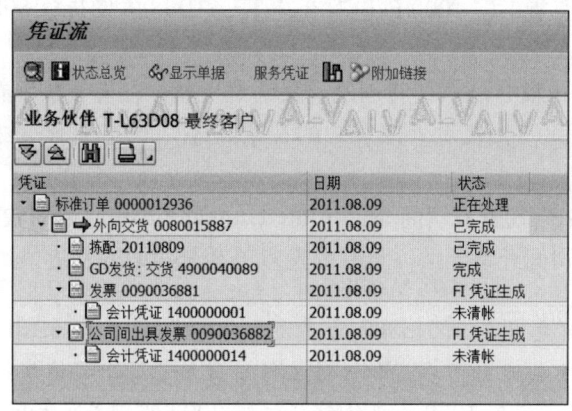

图 11-2　销售单据的凭证流（VL03N）

6. 销售性质公司成本确认

销售性质的公司 2200，根据公司间发票（0090036882）进行成本确认，发货公司 1000 的收入即为销售组织 2200 的成本，该操作大多为根据步骤 4、5 的结果手工操作，在确有必要的情况下，可以采用 IDOC 自动处理，详细参见第 18 章"IDOC 和 EDI 应用"。

11.3.2　系统实现

跨公司销售比正常操作多出一步"根据发货单创建公司间的发票"，因此系统实现都围绕着公司间发票中的相应数据来确定。

以本例中的业务场景为例，相关配置和说明如下。

1. 系统实现的配置简要说明

根据销售订单中的发货工厂、销售组织、订单类型来确定公司间发票的相关参数，具体如下。

1）确定公司间发票中的发票类型。事务代码 VOV8，为订单类型 OR 定义公司间发票类型 IV。

2）确定公司间发票中的客户。事务代码 OVVA，为销售组织 2200 分配对应的客户

2200。

3）确定公司间发票中的销售区域数据（销售组织、分销渠道、产品组）。事务代码 OVV9，为发货工厂 1000 分配对应的销售区域数据。

4）确定公司间发票中的价格。一般来说，销售订单和该订单对应的对客户的发票会采用一个定价过程，该定价过程包含条件类型 PI01 和 PI02，但在订单中这两个条件类型仅起统计作用，公司间发票将会分配另外一个定价过程，该定价过程中也包括条件类型 PI01 和 PI02，并且起实质性作用（非统计作用）。

销售订单中的定价过程请参照系统标准的定价过程 RVAA01。

公司间发票中的定价过程请参照系统标准的定价过程 ICAA01。

2. 系统实现的补充说明

跨公司销售业务中，要注意以下问题。

（1）主数据的完整维护

在跨公司销售中，请确保公司间的客户和相应的物料在对应的销售区域下维护，当所有的数据正确维护后，创建公司间的发货单保存后，公司间开票所需要使用到的五个重要信息（销售组织、分销渠道、产品组、公司间发票类型、公司间内部客户）将会保存在发货单的抬头表 LIKP 的五个字段 VKOIV、VTWIV、SPAIV、FKAIV、KUNIV 中。如果公司间的发货单中这五个字段的值为空白，大部分情况下，可能是内部客户的客户主数据和销售的物料在相应的销售区域下没有维护，当然配置也可能会导致该问题。

（2）跨公司销售和发票分拆

当事务代码 VOV7 设置销售订单行项目类别的开票相关为 K（Delivery-related invoices for partial quantity），则对客户的开票可以部分开票，但需要注意的是公司间开票的凭证，不支持对行项目进行分拆开票，如对客户 A 销售产品 X，发货单某行项目的发货数量为 10 个，生成对客户的系统发票时，系统允许部分开票，仅出具 5 个，但是生成公司间发票时，系统不允许部分开票。

（3）跨公司销售中的开票顺序

跨公司销售业务中的两张发票的开票顺序的逻辑如下。

通过事务代码 VF04，批量出具发票时，系统默认先出具对外部客户的发票，对外部客户的系统发票开具完毕后，再生成对公司间的发票。

通过事务代码 VF01，单个出具发票时，通过选择发票类型（如 IV）可以先出具公司间系统发票。

（4）跨公司销售与财务

当采用跨公司销售业务时，理论上，对外部客户的系统发票和对内部客户的公司间系统发票（上面 11.3.1 节的操作步骤 4、5、6）应当在同月，这样符合成本和收入匹配原则。

11.4 成套销售

成套销售（KIT）指产品是成套进行销售的，销售的是相对固定的组合产品，组合中的产品常有简单的组装操作，这些组装操作往往是在仓库而非车间完成。成套销售将会在系统中搭建销售 BOM（Bill of Material，物料清单），销售 BOM 由成套产品（母件）和成套产品中包括的组件组成（子件）。

实物管理的对象可能是针对母件或直接针对子件，当库存管理的对象为母件时，则子件为虚拟的，当库存管理的对象为子件时，则母件为虚拟的。销售定价时，可能针对成套产品，也可能针对各自子件。

1. 成套销售的业务场景

下面为两个常见的场景。

场景 1：某公司销售成套产品（如某电脑），成套产品中包括一个主机和一个显示器，销售定价按照母件，也就是整台电脑定价，销售发货按照电脑中包含的组件，接到客户订单后，在仓库而非在车间进行组装发货。

场景 2：某公司销售成套产品（如某电脑），成套产品中包括一个主机和一个显示器，销售定价、销售发货均针对组件。

2. SAP 系统中的 BOM 的简要说明

SAP 系统中支持多种类型的与物料相关的 BOM。

- 普通的物料 BOM（Material BOM）。该 BOM 是指最普通的 BOM，用于指导生产，创建该 BOM 的事务代码为 CS01，BOM 用途（BOM Usage）一般选择 1（生产）。
- 销售 BOM（Sales BOM）。该 BOM 与生产无关，仅与销售模块相关，也是本文中要介绍的内容，创建该 BOM 的事务代码为 CS01，BOM 用途一般选择 5（销售和分销），该 BOM 与销售订单不绑定，销售 BOM 一般不涉及生产。
- 销售订单 BOM（Order BOM）。销售订单 BOM 与普通 BOM 类似，也是用来指导生产的，但销售订单 BOM 与销售订单绑定的，可以通过销售订单 BOM 体现客户对产成品有不同的原材料要求，通过事务代码 CS61 创建销售订单 BOM。
- 带 VC（可配置 Variant Configuration）的 BOM。可配置 BOM 中所包含的组件是不固定的，根据客户的要求确定采用何组件，如客户选择采用 20 寸的显示屏还是 30 寸的显示屏。

VC BOM 在正常的物料 BOM、销售订单 BOM 基础上，增加相关性等内容，来实现根据特征值确定 BOM 中所使用的组件。

11.4.1 系统操作步骤简述

以场景 1 为例，下面介绍系统主要的操作步骤。

1. 主数据维护

维护本案例所需的物料主数据、BOM 和价格主数据如下。

1）事务代码 MM01 维护物料 R-1001，代表整台电脑，在该物料主数据销售视图 2 中，设置物料的项目类别为 ERLA；

2）事务代码 MM01 维护物料 R-1111、R-1120、R-1130 代表电脑（R-1001）中所包含的三个组件：主机、鼠标、键盘，这三个物料的项目类别设置为 NORM；

3）事务代码 CS01，创建物料 R-1001 的 BOM，BOM 用途选择 5，设置一台电脑（R-1101）物料包含一个主机、一个鼠标和一个键盘；

4）事务代码 VK11 维护物料 R-1001（整台电脑）的销售价格为每台 1017.2 元。

2. 维护销售订单

如图 11-3 所示，事务代码 VA01 维护销售订单，输入成套物料电脑（R-1001），系统将确定出项目类别为 TAQ，项目类别 TAQ 的特点是与定价相关，与开票相关。

系统将物料 R-1001 的 BOM 展开，带出电脑中的三个组件 R-1111、R-1120、R-1130，这三个组件的项目类别为 TAE，类别 TAE 的特点是与发货相关，代表库存管理的单位。

可以看到对销售订单中物料 R-1111（主机）而言，其自身项目编号为 20，项目类别为 TAE，其上阶项目（High Level）的项目编号为 10，项目类别为 TAQ。

Item	Material	Order Quantity	Un	Description	ItCa	HL Itm	Amount
10	R-1001	2	PC	计算机	TAQ	0	2,034.40
20	R-1111	2	PC	主机、显示器一体机	TAE	10	0.00
30	R-1120	2	PC	鼠标	TAE	10	0.00
40	R-1130	2	PC	键盘	TAE	10	0.00

图 11-3　销售订单中的销售 BOM（VA01）

3. 创建发货单

事务代码 VL01N 维护发货单，发货单中包含四个物料，但物料 R-1111、R-1120、R-1130 做库存管理，发货过账扣减这三个物料的库存，在发货单中 R-1001 仅起着信息的作用。

4. 创建发票

事务代码 VF01 维护发票，发票中包含物料 R-1001，根据需要 R-1111、R-1120、R-1130 也可以显示在发票中，但仅物料 R-1001 存在价格，组件 R-1111、R-1120、R-1130 的成本可以累积到物料 R-1001 中，即最终的销售收入、销售成本同时体现在物料 R-1001 上。

11.4.2 系统实现简述

以本例中的业务场景为例，销售订单的相关配置和说明如下。

1. 销售订单中项目类别的定义与确定

本例中，母件、子件项目有着不同的项目类别，其中母件项目类别 TAQ 与定价、开票相关，子件 TAE 无需开票，但与发货相关。

(1) 项目类别定义

事务代码 VOV7 中，定义项目类别 TAQ 与出具发票、定价相关，定义确定 BOM 的参数，即 BOM 应用为 SD01，系统根据 BOM 应用 SD01 从而确定 BOM 用途为 5 的销售 BOM，同时定义行项目类别 TAE 与出具发票、定价都无关。

(2) 项目类别确定

如图 11-4 所示，事务代码 VOV4，定义当物料主数据的项目类别组为 ERLA、使用标准的销售订单类型 OR 创建销售订单，输入该成套物料（R-1001）时，销售订单的行项目类别将为 TAQ，成套物料的 BOM 展开，将得到组件，由于组件的项目类别为 NORM，组件物料的高阶物料的项目类别（HlevITca）为 TAQ，因此销售订单中的组件的行项目类别为 TAE。

如图 11-4 中，如果成套物料（母件）的物料主数据中定义项目类别组为 LUMF，则创建的销售订单中，母件的项目类别为 TAP，子件的项目类别为 TAN，这两个项目类别对应上面中销售 BOM 的场景 2。

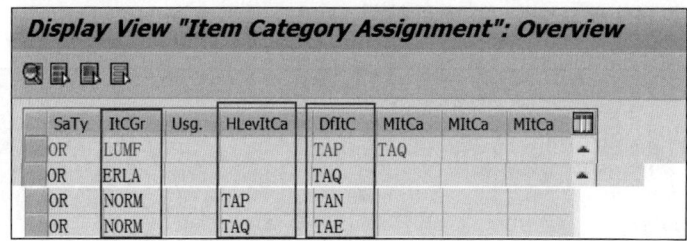

图 11-4　销售订单中的行项目类别的确定（VOV4）

2. 计划行的定义与确定

计划行中的定义是控制发货相关配置，本例中母件对应的计划行无需发货，子件对应的计划行需要发货。

(1) 事务代码 VOV5 根据销售订单中的行项目类别确定计划行类别

本例中，不同的销售订单的行项目类别有着不同的计划行类别，具体而言，行项目类别 TAQ 确定计划行 CT，行项目类别 TAE 确定计划行 CP。

(2) 事务代码 VOV6 定义计划行类别的发货相关性

如图 11-5 所示，计划行类别中定义是否需求传递，是否需要销售发货，存在移动类型（Movement Type，如 601）的计划行代表进行实物管理，需要发货过账。

在本例中，整台电脑没有对应的实物，不需要发货过账，而电脑中所包含的三个组件需要发货过账，相应的计划行 CP 对应移动类型 601，需要发货，计划行 CT 未对应移动该类型，代表发货过账后不会扣减库存。

3. BOM、交货组（Delivery Group）、成本累加

组件与子件是一个整体，因此交货是一个整体，即组件中的各个子件将形成交货组，同时子件的成本常需要累加到组件中，具体说明如下。

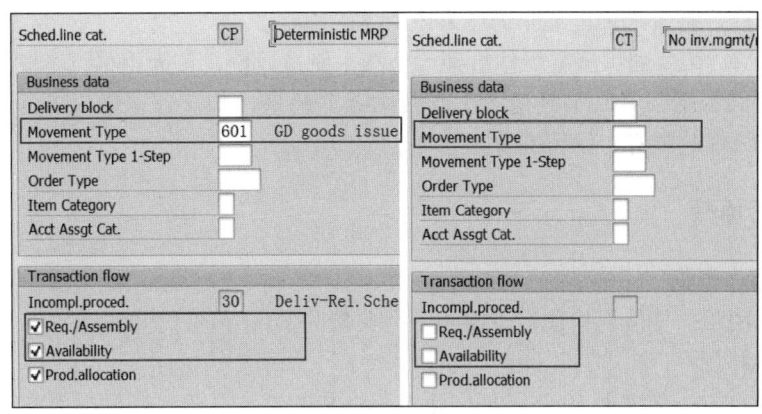

图 11-5 计划行的定义（VOV6）

1）交货组是指一组物料在交货时，应该组合发货，对于销售 BOM 的各个子件应同时发货，譬如同一台电脑中所包含的各个组件一般是一起进行配套发货的，不可能在向客户发五个主机的同时，只发三个键盘、两个鼠标。

事务代码 VOV7 定义销售订单中的行项目类别，本例中根据需要可定义母件的行项目类别 TAQ 形成交货组，具体参见 SAP Note 546719 - FAQ: Delivery group and BOM in the delivery。

2）多个 BOM（Multiple BOM）。如果某个产品有多个同时存在并有效的销售 BOM，那么创建销售订单时，系统将提示要求选择何 BOM。

3）成本累加（Cumulate Cost）。当销售 BOM 中的组件的成本需要累积到抬头（母件）的成本中，通过事务代码 VTFL 定义发货单到发票的复制控制，如在本例中，发货单类型为 LF，发票类型为 F2，因此在发货单类型 LF 到发票类型 F2 的复制控制中，设置组件的行项目类别（TAE）的成本累积到抬头物料中。

11.5 寄售销售

寄售销售首先将产成品发送到客户处，该操作是库存转移的过程，等客户消耗掉这些产品后，才算销售过程，客户才与我方进行结算，该操作是库存转移的过程。

整个寄售销售分为两个步骤，首先是库存转移，而后是实际消耗完成结算。

一种情况是我公司寄售产成品在客户处，另外一种情况是供应商寄售原材料在我公司，分别简称客户寄售与供应商寄售。供应商寄售在 7.6 节"寄售业务处理"介绍。

11.5.1 业务背景

业务背景 1：某公司供应日用品给某大型连锁超市，平时按照正常节奏发货给超市，但此发货并非结算依据，每月底超市根据当月流水（收银信息）中销售给消费者的数量，与该公司进行结算，剩余未销售部分仍然为该公司的库存。

业务背景 2：某公司供应零配件给某大型汽车制造厂商，每天根据汽车制造商的需求安排发货，每月底根据当月汽车制造商生产线实际消耗量，与该公司进行结算，剩余未销售部分仍然为该公司的库存，保留在客户仓库、车间中。

11.5.2 业务流程

1. 寄售操作概览

寄售操作由四个子流程构成，下面为一个典型的销售寄售过程简述。

（1）寄售补货

收到给客户的补货需求 50 箱，则创建寄售补货的销售订单（订单类型 KB Fill-Up）。

仓库发货给客户 50 箱，则针对寄售补货订单创建发货单并发货过账，此时客户寄售库存为 50 箱。

（2）寄售消耗

当月月底客户确认使用 30 箱，则创建寄售消耗的销售订单（销售订单类型 KE Issue），创建发货单并发货过账，而后创建系统发票，开具 30 箱数量的发票给客户，此时客户寄售库存变为 20 箱。

（3）寄售退货

隔月客户说开票错误，应该开票 29 箱，因此创建寄售退货的销售订单（订单类型 KR Return），然后创建退货的发货单，并创建退货的系统发票 1 箱，此时客户寄售库存变为 21 箱。

（4）寄售退回

原材料上涨，我公司不得不涨价，而客户（超市）不允许涨价，我公司综合考虑后决定撤离该超市，所有未销售的 21 箱需要退回，则创建寄售退回的销售订单（订单类型 KA Pick-up），数量 21 箱，针对该订单创建退回的发货单，仓库收到实物后，收货过账。

2. 主要操作步骤摘要

本小节对上一小节中的主要步骤寄售补货做更进一步的阐述。

（1）寄售补货—寄售补货订单

事务代码 VA01，创建寄售补货的订单，销售订单类型为 KB。

订单中的售达方编号为 T-C005A21，送达方为另外一个客户：T-C0005A19，如图 11-6 所示，可以看到订单的净价值为零，寄售补货只是一个库存调拨的动作。

提示：寄售补货是一个库存转移的过账，只是从公司自有仓库转移到客户处，商品的所有权始终是属于我方的，没有涉及产权的转移。

寄售补货是无法进行信用检查的，原因是寄售补货仅仅是库存转移的动作，从我方库存移到客户处，如果需要控制寄售补货，那么应该站在库存控制的角度来管理，就是在客户处应该寄存多少库存，有一个总量控制的概念。这种控制与控制分公司、控制异地仓库的库存是一个类似的概念。技术上而言，我们是可以通过一定的增强来实现此功能，当然往往业务上也无此必要。

出于需要物流公司赔偿或者其他原因，寄售补货的单据打印可以通过打印程序显示金额。

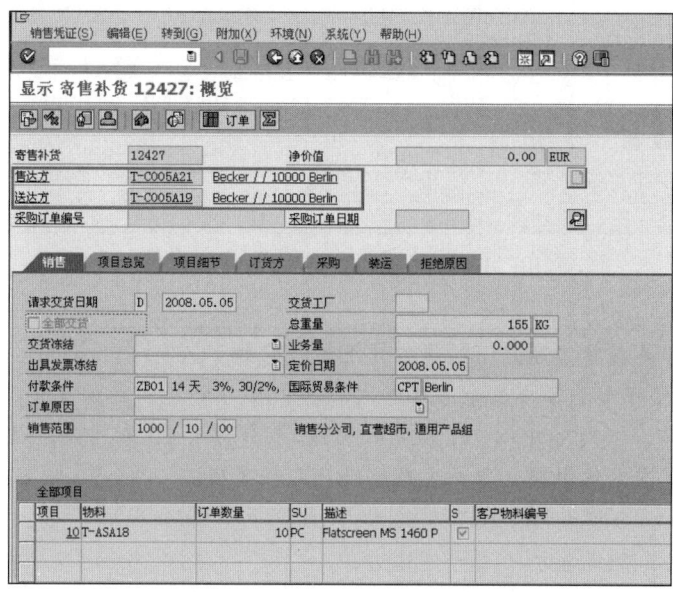

图 11-6　寄售补货的订单（VA01）

（2）寄售补货过账

事务代码 VL01N 针对新维护的销售订单 12427 创建发货单。

事务代码 VL02N 或 VL06G 等对发货单发货过账。

图 11-7 为通过事务代码 MB03 查看发货过账所产生的物料凭证，可以看到发货过账凭证中同时记录了售达方、送达方的信息。

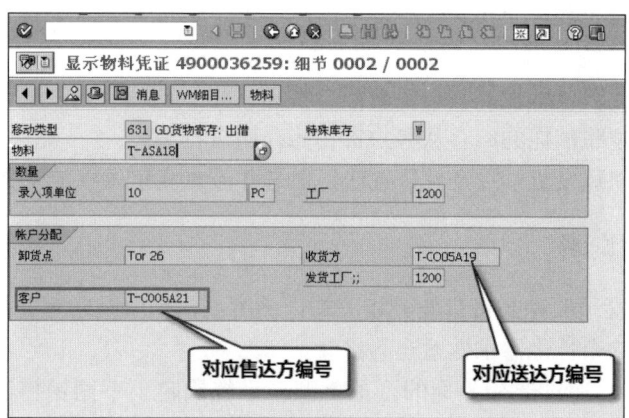

图 11-7　寄售补货的物料凭证（MB03）

如图 11-8 所示，事务代码 MB58 查看客户寄售的库存，寄售补货后，库存仍然属于我方，但是此时寄售库存归属在客户下，归该客户自由使用，注意库存是在售达方的编号下，而非送达方下。

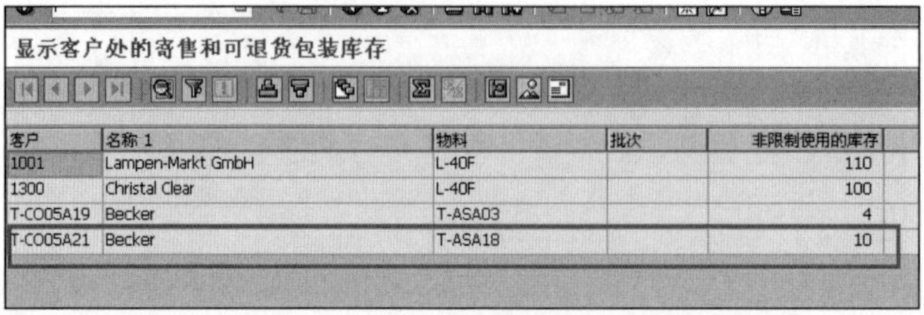

客户	名称1	物料	批次	非限制使用的库存
1001	Lampen-Markt GmbH	L-40F		110
1300	Christal Clear	L-40F		100
T-C005A19	Becker	T-ASA03		4
T-C005A21	Becker	T-ASA18		10

图 11-8　客户寄售库存查询（MB58）

注意：寄售库存归属在特定客户下的售达方下的影响如下。

如果某公司 A 有大量客户属于寄售形式，其中有一个客户 B 为大型连锁超市，该客户 B 在全国有三个分部（财务中心/开票中心），每个分部有 10 家门店，该公司 A 直接送货至每个门店，此时在系统中建立客户主数据时有三种选项：

选项 1：建立一个售达方，30 个送达方；

选项 2：建立三个售达方，30 个送达方；

选项 3：建立 30 个售达方，这 30 个售达方同时也是送达方，这 30 个客户对应三个开票方；

如果期望更方便地查看到这 30 个门店的各自寄售数量，选项 3 应该是更为妥当。

（3）寄售补货消耗

当客户确认消耗数量时，在系统中进行寄售补货消耗，其操作与正常的销售流程类似：

❑ 创建订单类型为 KE 的寄售拣配（Pick-Up）；

❑ 针对销售订单创建发货单；

❑ 针对发货单系统发票。

与正常操作相比较，寄售补货消耗有两个特点。

特点 A：发货过账消耗的库存从客户寄售库存中进行消耗；

特点 B：需要创建发货单以及发货过账，但是并没有真正的物流发货过程。

11.5.3　系统实现说明

标准系统中配置了四种与寄售业务相关的订单类型，不做改动可完成基本的案例测试，项目中可根据公司的个性化需求做适当的修改。

如表 11-1 所示，通过选择不同的订单类型，系统确定出不同销售订单的行项目类别，不同的行项目类别的定义不相同，有些需要开票，有些与开票无关，有些从正常库存发货，有些从寄售库存发货。

表 11-1　寄售模式的四种订单类型的对比

四种类型对比		寄售补货（Fill-Up）	寄售消耗（Issue）	寄售退货（Return）	寄售退回（Pick-Up）
销售订单类型（事务代码 VOV8）		KB	KE	KR	KA
销售订单类型确定的行项目类别（事务代码 VOV4）		KBN	KEN	KRN	KAN
销售订单行项目类别的定义（VOV7）	开票相关	无关	相关	相关	无关
	定价相关	无关	相关	相关	无关
	特别库存	正常库存	W(客户寄售库存)	W(客户寄售库存)	正常库存
	信用控制相关	无关	有关	无关	无关
计划行（VOV5）		E1	C1	D0	F1
计划行确定的移动类型（VOV6）		631	633	634	632
发货单类型		LF	LF	LR	LR
发货过账影响		从正常库存转移到客户寄售库存（W） 正常库存减少 寄售库存增加 发货单为发货依据	从客户寄售库存消耗 寄售库存减少 发货单为开票依据	退回到客户寄售库存 寄售库存增加 发货单为开票依据	从客户寄售库存（W）转移到正常库存 正常库存增加 寄售库存减少 发货单为收货依据
发票类型		与开票无关	F2	RE	与开票无关

11.5.4　拓展性问题

下面介绍寄售业务中的常见问题。

1. 寄售模式与其他业务模式的结合

1）寄售模式支持跨公司销售交易业务；

2）寄售模式支持计划协议业务；

3）寄售模式支持跨公司计划协议业务；

4）寄售模式与第三方订单不能同时使用，Note 751385 - Third-party order processing for the consignment fill-up 对此作了说明；

5）寄售模式支持按订单生产业务。

2. 寄售库存盘点

针对寄售库存可以直接做盘点，至于盘点损失由谁承担，按照合同约定，谁负责管理这部分库存由谁承担。

3. 寄售与信用管理

一旦采用寄售模式，本质上主动权就在客户手上，在上文中已经谈及，寄售补货技术上是无法进行信用管理的,而等货物转移到客户处后,则库存的使用已经不再受我方控制了。

4. 寄售库存转移

系统无法直接从客户 A 处转移到客户 B 处进行寄售,只能从客户 A 处寄售退回到自有库存,然后再从自有库存寄售补货到客户 B。

5. 相关性阅读

7.6 节"寄售业务处理",介绍了相应的供应商寄售流程。

10.5 节"库存确定",介绍了创建发货单时,如何直接供应商寄售库存消耗。

11.6 项目销售

项目(Project)通常是指为了特定的目标,具有一定周期,受到预算、时间约束的活动。

对企业来说,项目最常见的形式有两种。

1)企业内部的投资项目:如公司投资某个发电站,为此会成立项目组,设置项目范围、项目周期、项目规划;

2)对外部的销售项目:某客户投资某个发电站,先后需要电梯 30 台,整个过程采用公开的招投标,投标成功公司负责电梯的一条龙服务,从安装、测试到最终维护,涉及金额 1000 万元,这对电梯公司就是大型销售项目。

SAP ERP 中有专门的模块(Project System,PS)来支持对项目的管理,本文中主要就对项目销售中销售模块的特点做简要的介绍。

SAP 还提供 Resource and Portfolio Management(SAP RPM)产品对公司所有的项目资源进行整体的组织管理。

11.6.1 业务背景以及需求分析

项目销售中,对销售模块最重要的影响是发票计划(Billing Plan),如果启用项目管理(PS)模块,则涉及将销售开票收入归集到项目中。

1. 业务背景

2011 年 3 月 20 日,我方收到客户的一张订单,向我方购买某台设备,不含税金额为 30 万欧元,税额为 19%。

一天后(2011 年 3 月 21 日),我方确认可操作,并与客户共同约定以下条款:

客户第一次付款日期为 2011 年 3 月 22 日,付款金额为 10%,只有确认收到客户的该笔预收款后,才会为其生产该台设备;

产品生产完工日期预计为 2011 年 4 月 19 日,因此预计客户第二次付款日期为 2011 年 4 月 20 日,付款金额为 30%,当确认收到客户第二笔款项时,则给客户发货;

预计我方发货日期为 2011 年 4 月 22 日,同时给客户出具 90% 款项的发票,客户收到设备后,确认可运行,支付 50% 的款项;

剩余 10% 的金额以及发票，试运营六个月后，客户收到我方发票后，预计在 2011 年 10 月 22 日进行支付。

2. 需求分析

业务场景涉及的需求分析如下。

1）该公司的生产模式显然是属于按订单生产（MTO），在系统中创建销售订单后，根据销售订单生成生产订单。

2）控制某台设备是否生产。控制点可以是生产订单的释放，当然也可以选择将控制点放在创建生产订单上，本例假设控制点是在生产订单的释放。

简要说明：首先客户的预付款需要与销售订单关联，也就是说可以查询特定的生产订单是否已经支付了应该支付的预付款项，然后可通过增强，在生产订单释放时，查询生产订单对应的销售订单的预付款是否已经收足，如果未收足，则不允许生产订单释放。

3）控制某台设备是否发货。通过查看销售订单的预收款是否收到，结合信用管理功能，来控制销售发货，关于信用控制，在 12 章 "销售管控和信用管理" 中介绍。

预付款的定义

国家法律法规明确规定：对预付款不应出具增值税发票，而是出具收据或者税务局监制的统一发票，预付款并非收入的一部分。

实务操作中，很多公司也是按照此原则进行操作，但也有公司会应客户的强烈要求做适当的变通，后者不在这里的讨论之中，技术上实现的方法有所差异，但基本类似。

这里的预付款实际上是预收客户款项的意思，但在实际的操作，常称之为预付款。

分期付款的收入确认原则

以分期收款方式销售货物的，按照合同约定的收款日期确认收入的实现。

11.6.2 操作步骤简述

本业务场景的主要操作步骤简述如下。

1）事务代码 VA01 创建销售订单，并指定以下发票计划：

第一次预付款（生产前预付款）10%，日期为 2011.03.22；

第二次预付款（发货前预付款）30%，日期为 2011.04.20；

第一次发票计划为 90%，日期为 2011.04.22；

第二次发票计划为 10%，日期为 2011.10.22。

2）针对销售订单创建生产订单。事务代码 MD02 运行 MRP，然后将计划订单转为生产订单或者通过事务代码 CO08 针对销售订单创建生产订单。

3）维护预付款请求。事务代码 VF01 针对销售订单创建第一笔 10% 的预付款请求（Prepayment Request），并可选择将预付款请求打印给客户，预付款请求在系统中以发票的形式出现，对应的发票类型为 FAZ，预付款请求与销售订单相关。

4）客户支付预付款。客户如约支付预付款，我方在系统中通过事务代码 F-29 针对预付款请求录入客户预付款，作为客户付款的凭据。

5）确认收到第一笔预付款，对生产订单进行释放。生产订单的释放人员查看对应的销售订单是否已经支付第一笔的预付款请求，确认客户支付后，事务代码 CO02 释放生产订单。

6）我方实际生产产品，事务代码 MIGO 对生产订单进行完工入库。

7）在产品快要完工或者已经完工时，我方针对销售订单创建第二笔的预付款请求，要求客户支付 30% 的款项，同样可选择将预付款请求打印给客户，作为客户付款的凭据。

8）客户支付第二笔款项，我方在系统中针对预付款请求录入该笔客户预付款。

9）维护对客户的发货单。我方信用控制人员查看对应的销售订单是否已经支付第二笔的预付款请求，确认客户已支付后，通知仓库通过事务代码 VL01N 维护发货单。

10）维护系统发票。发货后，我方应出具 90% 合同金额的发票，因此通过事务代码 VF01 出具系统发票，系统发票中将会显示发票金额为 90%，其中已预付 40%，本次应付款金额 50%。

提示：本案例中，步骤 5）、9）这两个控制点可以采用手工的方法，手工方法也并非很烦琐，当然也可以通过一定的开发，由系统进行特定的检查。

11.6.3 主要操作步骤说明

本小节中将对涉及销售模块的内容 [上文中的步骤 1）、3）、9）、10）] 做进一步的说明。

1. 维护销售订单

事务代码 VA01 创建销售订单 10765，在订单的行项目中，系统自动确定项目类别为 TAO，该项目类别对应的发票计划为 01（里程碑计划 /Milestone Billing），输入合同不含税金额 30 万欧元。

按照上文案例描述，发票计划应分为表 11-2 所示的四个里程碑。

表 11-2 发票计划

日期	类型	比例	发票类型
2011.03.22	生产前预付款	10%	FAZ
2011.04.20	发货前预付款	30%	FAZ
2011.04.22	发货后发票	90%	
2011.10.22	尾款发票	10%	

如图 11-9 所示，在销售订单中输入发票计划（Billing Plan）的详细情况，可以通过预定义模板的方式来减少工作量。如图 11-9 所示，系统默认的参考模板为参照（Reference）"0000000435"，参考是模板的意思，通过后台事先定义参考模板，简化操作，具体而言包含四个阶段（里程碑），第一个阶段、第二个阶段为预付款，后面两个阶段为二次出具发

票。第一个、第二个阶段对应的发票类型为 FAZ，出具发票规则（BR/Billing Rule）为 4，代表是预付款请求（Down Payment）。

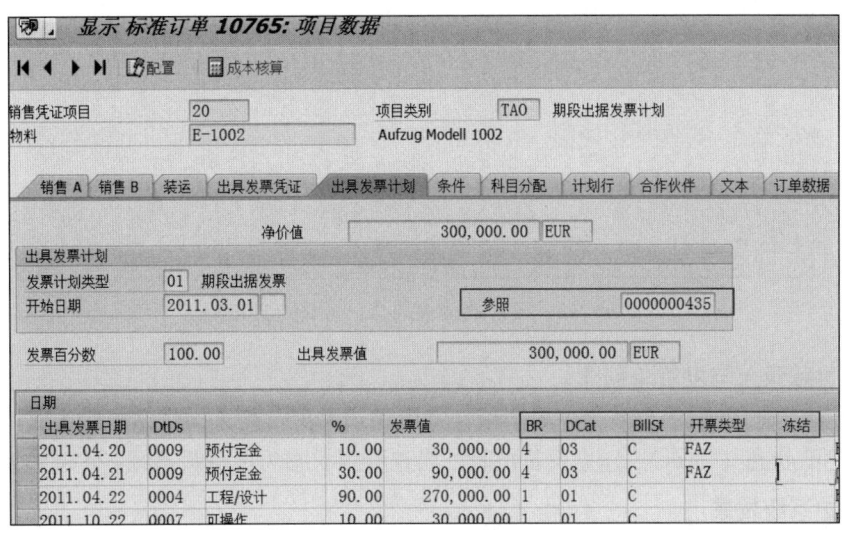

图 11-9　销售订单中的发票计划（VA01）

2. 维护预付款请求

事务代码 VF01 针对销售订单 10765 创建预付款请求发票（Prepayment Request），生成两个预付款请求 90037180、90037181，第一笔用做生产保证、第二笔作为发货保证，如图 11-10 所示预付款请求 90037180 为第一笔预付款请求，金额为合同金额的 10%，含税金额为 35 700 欧元。

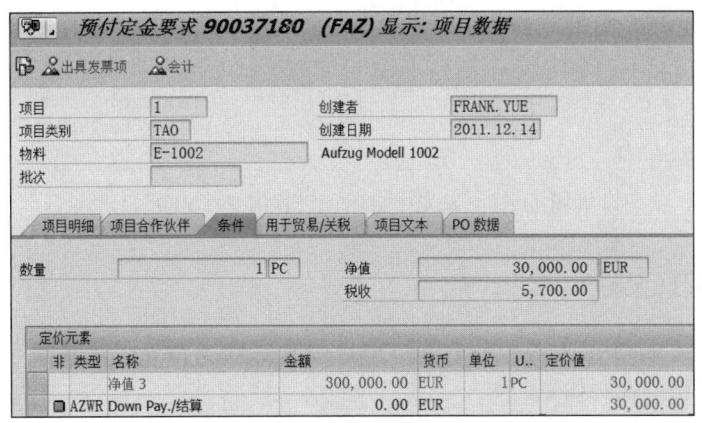

图 11-10　预付款请求发票（VF03）

如图 11-11 所示，预付款请求也会产生会计凭证，但与正常的会计凭证不同，该会计凭证是仅起注释作用的会计凭证，图 11-11 中的会计凭证只有借方，该预付款请求与销售订单（10765）绑定，价税合计金额为 35 700 欧元。

通过事务代码 FBL5N（客户行项目清单）选择类型为注释项目（Noted Items），则可以批量查询特定客户的预付款请求。

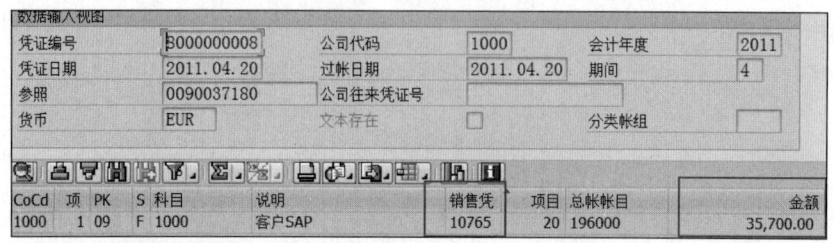

图 11-11　预付款请求的会计凭证（FB03）

3. 预付款录入与发货单创建

收到客户预付款后，在系统中根据预付款请求录入预付款，操作完毕后，预付款请求的状态变为已清状态（Clear），建立发货单时，当查看到状态为已清状态时，才创建发货单。

4. 维护系统发票

事务代码 VF01 创建系统发票，如图 11-12 所示，可以看到该系统发票中的发票金额为合同金额的 90%，该发票中还会额外有两行，分别对应该张销售订单的预付款（10%+30%），因此剩余需要客户付款的金额为合同金额的 50%。

该张发票的会计凭证除了产生正常的收入、税金、应收账款的会计科目，系统还会自动将应收账款与预收账款进行清账。

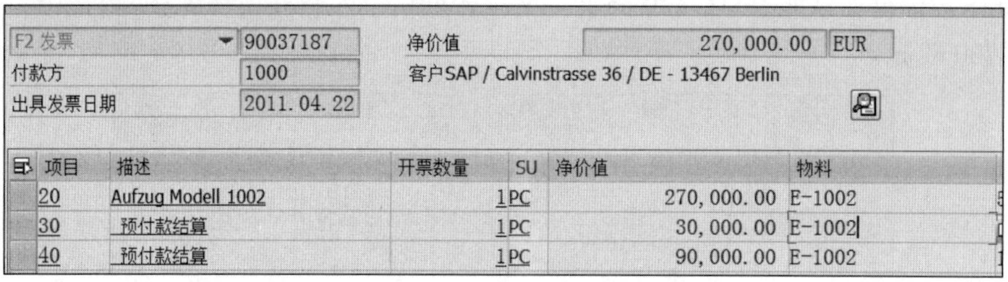

图 11-12　发票中显示预付款信息（VF03）

11.6.4　系统实现说明

项目销售中，系统定义销售订单的行项目与发票计划相关，并定义发票计划的属性，具体系统配置和相关说明如下。

1. 后台设置业务类型与里程碑的发票计划有关

定义里程碑发票计划，并将该里程碑的发票计划分配给销售订单的类型或者行项目类别使得销售订单与发票计划相关：

1）事务代码 OVBO/ OVBI 定义里程碑发票计划类型；

2）事务代码 OVBP/ OVBK 将发票计划类型分配给销售订单的类型或者行项目。

本例中，参见图 11-9，系统预定义了里程碑发票计划 01，分配给了行项目类别 TAO。

2. 后台配置具体的里程碑，并定义参考模板

定义里程碑，以及定义里程碑的参考模板，具体而言对于本例中的里程碑发票计划，相关定义如下。

1）事务代码：OVBN/OVBJ，定义多个里程碑，本例中设置开票计划 01 中具有四个里程碑，定义四个里程碑的相关属性；

2）事务代码：OVBM，定义里程碑的参考模板，如图 11-9 中的参考 0000000435，该参考模板包括四个里程碑。

3. 系统实现补充说明—预付款请求

预付款请求有不同的创建和处理方式。

（1）预付款请求（Down Payment Request）的创建方式

预付款请求可以是在财务模块中直接通过事务代码 F-37 手工创建，这也是通常的做法，在本篇中，介绍的是通过在销售订单中维护发票计划然后生成预付款请求的方式，收到预付款后，再根据预付款请求进行收款。

（2）预付款请求的对象

预付款请求的对象可以是针对客户的预付款（Down Payment），也可以是针对该客户的特定订单（销售订单）的预收款，显然后者管理更为细化，这个方案基于后者，也只能基于后者。

对于启用 PS 模块（项目管理 /Project System），预付款还可以针对 WBS（Work Breakdown Structure）元素。

4. 系统实现补充说明—发票计划（Invoice Plan）

发票计划有着不同的发票规则、类型，具体如下。

（1）发票计划中的发票规则（Billing Rule）

发票计划中每一个里程碑可以定义不同形式的发票规则。如本例中图 11-9 中所示，使用到了两种发票规则：

❑ 规则 4 代表将产生预付款请求的发票；

❑ 规则 1 代表后续将产生正常的 SAP 发票。

（2）发票计划的类型

发票计划有两种类型。

❑ 周期性发票计划（Period Billing Plan）：如与某客户签订一个 12 个月的维保合同，总金额为 120 万，每个月出具发票给客户，然后客户隔月付款 10 万，则可以在销售订单中输入周期性的发票计划；

❑ 里程碑发票计划（Millstone Billing Plan）：里程碑发票计划是大型项目销售中比较常见的。

5. 相关性阅读

在采购模块中，ECC604 及以上版本中，在采购订单界面中也集成了预付款、发票计划的功能，整体的功能比较类似，并且更加灵活。

11.7 第三方销售和单独采购

第三方销售和单独采购都是指接到客户订单后，客户所需产品需要向供应商进行采购，该供应商一般是指外部的供应商，特殊情况下，才可能是集团内部的其他子公司，因为如果该子公司和我方属于同一个 SAP ERP 系统中，则一般来说属于本章上文提到的跨公司销售。

第三方销售和单独采购都是根据销售订单触发生成采购申请，二者之间差异如下：

- 第三方销售（Third-Party）是指某公司接到客户的销售订单后，客户所需要的产品，直接向供应商进行采购，而后直接由该供应商负责进行送货到客户处；
- 单独采购（Individual Purchase）是指某公司接到客户的销售订单后，客户所需要的产品，直接向供应商进行采购，而后直接由该供应商负责进行送货到我方仓库，最后由我方送货到客户处或者客户自行提货。

下面将分别演示第三方销售、单独采购这两种业务的操作步骤和系统实现。

11.7.1 第三方销售系统操作与实现

通过在物料主数据中设置物料的项目类别为第三方，系统创建销售订单时，将自动产生采购申请，将采购申请转为采购订单，供应商凭借此采购订单直接送货至客户处。具体的操作步骤如下。

1. 主数据设置

对于由第三方（供应商）直接提供给客户的物料，该物料的项目类别组（Item Category）应设置为 BANS（第三方项目 /Third-Party Item），本例中事务代码 MM01 维护物料 M-02，并在物料主数据的销售组织数据 2 中设置物料的项目类别组为 BANS。

系统通过物料主数据的项目类别组确定销售订单中的项目类别。

如果一个物料有可能自行提供、也可能由供应商提供，则在物料主数据中设置最可能的方式，而后若有变动，则直接在销售订单中直接修改行项目类别。

2. 销售订单维护

接到客户订单，会建立相应的销售订单（Sales Order，SO），销售订单的订单类型为正常的订单类型（OR），如图 11-13 所示，销售订单的行项目类别为 TAS，类别 TAS 对应的计划行类别为 CS，计划行类别 CS 中定义了自动触发采购申请，因此保存销售订单后，系统自动产生采购申请。

本例中，针对客户 300711 创建第三方销售订单 9095，产生的采购申请为 10010884。

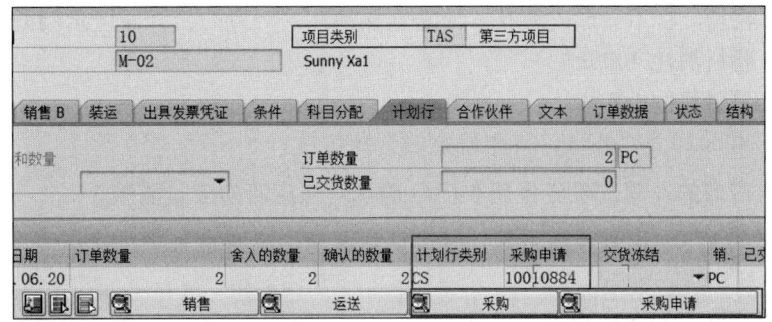

图 11-13　销售订单的计划行中显示采购申请等信息（VA03）

3. 采购流程

事务代码 ME57（ME21N）为自动产生的采购申请（Purchase Requisition，PR），分配供应商，并将采购申请转为采购订单，如图 11-14 所示，该采购订单具有三个特点：

❏ 采购订单中的项目类别为 S（第三方）；

❏ 采购订单中的账户分配为销售订单号码 9095；

❏ 采购订单中的交货地址为客户，也就是销售订单中的地址记录。

同时可以看到如图 11-14 所示，系统自动确定出总账科目 400020，该科目一般为消耗类科目（如销售成本科目）。

本例中的科目 400020 的确定过程，请参见 7.7 节"带账户分配的采购订单"。

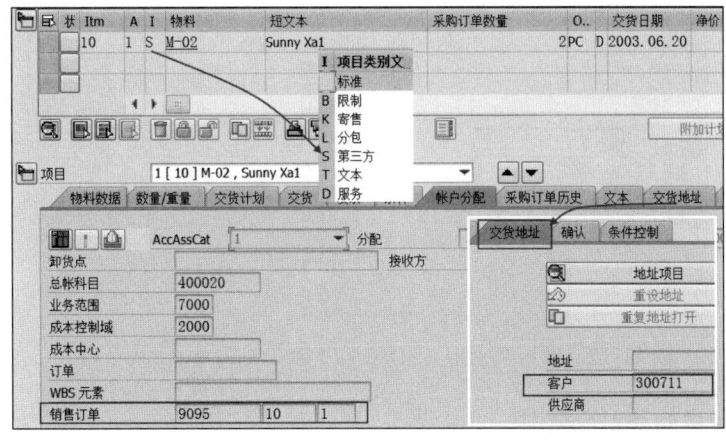

图 11-14　第三方的采购订单（ME23N）

4. 供应商送货

供应商收到采购订单后，将产品 M-02 直接发送给客户 300711，我方收到客户确认的收货信息，此时通过事务代码 MIGO 对采购订单进行收货，一般来说，此时收货后将会确认销售成本。

采购订单收货，将不会形成库存，而是直接消耗，对应的会计凭证示例如下：

借：物料消耗 400020

贷：应付暂估 GR/IR

其中科目 400020 即为图 11-14 中确定的会计科目。

5. 收到供应商的发票，事务代码 MIRO 确认对供应商的应收账款。

6. 事务代码 VF01 出具系统发票，并确认对客户的销售收入。

第三方销售系统实现的说明

第三方销售中，系统通过特别的销售订单的项目类别（TAS）、特别的计划行（CS）来实现相关的业务流程，具体配置如下。

1. 销售订单的行项目类别确定

事务代码 VOV4 定义，当销售订单的类型为 OR，销售订单中的物料的项目类别为 BANS 时，确定出行项目类别 TAS（第三方项目 / Third Party Item）。

2. 销售订单的行项目类别定义

事务代码 VOV7 定义，销售订单的项目类别 TAS，在项目类别 TAS 中定义出具发票相关为 F，如图 11-15 所示，F 代表根据销售订单出具系统发票，而非根据发货单出具发票，并且是收到供应商发票后才会在出具发票清单（事务代码 VF04）显示。

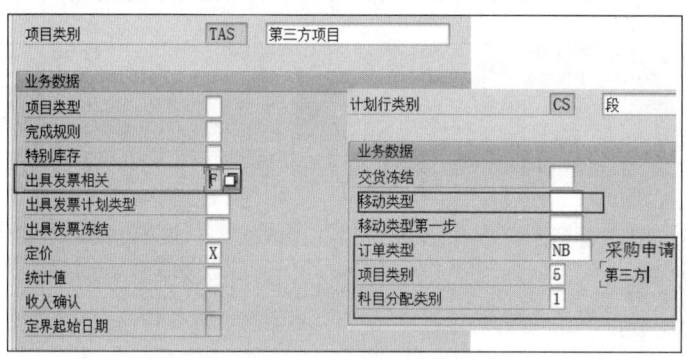

图 11-15　项目类别定义（VOV7）和计划行定义（VOV6）

3. 销售订单中的计划行类别

事务代码 VOV5 定义根据项目类别 TAS 确定计划行类别 CS。

4. 定义计划行类别 CS

如图 11-15 所示，事务代码 VOV6 定义计划行类别 CS。

计划行类别中的字段"移动类型"为空白，代表销售订单不需要进行创建发货单，该计划行中还定义了自动触发的采购申请中的三个重要属性，即采购申请类型、采购申请中的项目类别、科目分配类别。

本例中,参见图 11-15,采购申请类型为 NB、项目类别为 5,科目分配类别为 1。

5. 定义科目分配类别("1")的相关属性

计划行类别中定义了使用科目分配类别 1,事务代码 OME9 定义科目分配类别 "1" 的相关属性,具体如图 11-16 所示:

- 设置"科目修改"为 VAX;
- 设置"消耗记账"模式为 V(消耗);
- 设置是否收货。

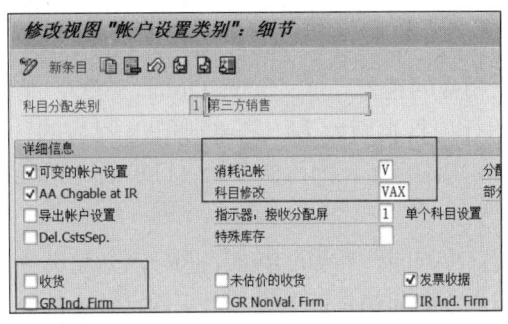

图 11-16　科目分配类别(OME9)

6. 定义采购订单收货时的会计凭证

事务代码 OBYC 通过 业务(GBB)+VAX(科目修改)定义采购订单收货的会计科目 400020,具体会计科目的确定请参见 7.7.3 节"账户分配与科目确定"。

7. 销售开票数量定义

如图 11-17 所示,事务代码 VTFA,在订单到发票的复制控制中,定义根据销售订单类型 OR,出具发票类型 F2,行项目类别为 TAS 时,发票中的数量以采购订单收货的数量作为基础,还是以采购订单发票校验的发票作为基础,选择 E,代表以收货数量为准,选择 F,代表以发票校验数量为准。

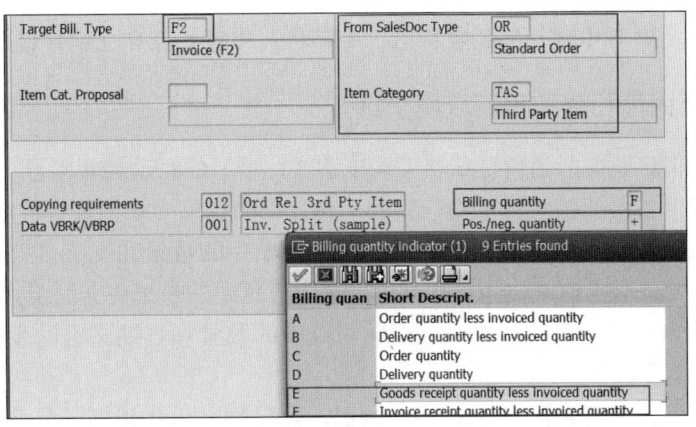

图 11-17　发货单到发票的复制控制(VTFA)

11.7.2 单独采购系统操作与实现

下面将介绍单独采购的系统操作，通过在物料主数据中设置物料的项目类别为单独采购，系统创建销售订单时，将自动产生采购申请，将采购申请转为采购订单，供应商凭借此采购订单直接送货至我方，该货物专供该张销售订单使用，后续将该货物发送到客户处，具体的操作步骤如下。

1. 主数据设置

创建物料，设置物料主数据的项目类别组为 BANC（销售组织数据2）。

2. 销售订单维护

接到客户订单，建立相应的销售订单（Sales Order，SO），销售订单的订单类型为正常的订单类型，销售订单的行项目类别为 TAB，类别 TAB 对应的计划行类别为 CB，计划行类别 CB 中定义了自动触发采购申请，因此保存销售订单后，系统自动产生采购申请。

3. 采购订单维护

将自动产生采购申请（Purchase Requisition，PR），分配供应商，并将采购申请转为采购订单，采购订单中的账户分配为销售订单编号，采购订单中的交货地址为我方仓库。

4. 供应商送货到我方

事务代码 MIGO 进行采购入库，采购入库后，将会形成 E 库存（销售订单库存）。

单独采购系统实现的说明

单独采购与第三方销售类似，如图 11-18 所示，主要差异点如下。
- 项目类别 TAB 的"出具发票相关"设置为 A，代表根据销售订单开票；
- 项目类别 TAB 的"特殊库存"标记设置为 E，代表从 E 库存（销售订单库存）进行销售发货；
- 计划行类别 CB 的"移动类型"设置为 601，代表需要创建发货单，并进行发货过账；
- 计划行类别 CB 的"科目分配类别"设置为 F；
- 科目分配类别 F 中定义采购收货后，库存将入库到 E 库存（销售订单库存）。

11.7.3 第三方销售和单独采购应用小结

采用第三方销售业务，销售订单和采购申请（订单）的联动性非常好。

由于采购订单是按照销售订单进行采购，并且采购订单中的地址直接就是客户的地址，符合实际业务的情况，避免送货错误，同时销售订单中的数量和交货日期将直接传递到采购申请，并且只要采购申请未转为采购订单，销售订单中的变更将会同步修改采购申请。

同时当采购申请转为采购订单时，采购订单中的数量和日期又将同步修改销售订单的计划行的确认日期和数量。

单独采购与按销售订单生产（MTO）相似，可以称之为按销售订单采购（Purchase To

Order,PTO),采购的物料只能给该销售订单使用,发货给该销售订单中的客户。

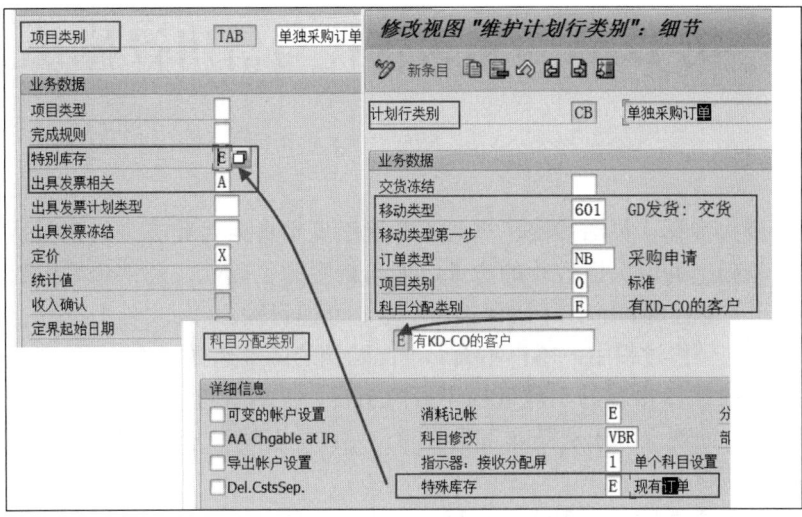

图 11-18　项目类别、计划行、账户分配的定义(VOV7/VOV6/OME9)

第 12 章　销售管控与信用管控

销售业务模式多样、灵活多变，需要不断地激发销售人员和客户的积极性，因此极具进攻性。在此基础上如何保证进攻的方式、方向始终的正确性，是销售管控的技巧与必要性的体现，适当的管控的目的在于确保销售安全、高速行驶。

大部分企业在销售过程中，不得不面对产品赊销的两难选择。不赊销，难以赢得合同；产品赊销，则应收账款很容易出现管理不好的情况，此时就会像滚雪球一样，越滚越大，资金流越发紧张。而现金流永远是非常重要的，尤其是在银根紧缩的情况下。在此背景下，触发对信用管控的要求。

销售订单中最重要的三个因素是物料、价格、数量，这三个因素引发三个方面的常见销售控制形式。

- 物料：引发对可销售物料的控制；
- 销售价格：对单价的控制；
- 销售数量：引发对可销售数量的控制。

在本章中我们将介绍以下内容。

- 产品物料销售控制。使不同的产品有不同的目标群体（客户），向特定的客户销售特定的产品。
- 销售单据中的单价控制。为产品确定指导销售价格（目录价/List Price），如果与客户签订的订单中某销售价格与指导销售价格有差异，那么需要进行管控。
- 销售数量控制。为每个区域分配一定数量的产品，使该地区的订购数量不能够超过分配的数量。
- 信用控制。对销售订单、销售发货进行风险控制，信誉良好的客户给予良好的信用政策，信誉不好的客户给予严格的风险控制，并及时发现信誉变差的客户。

12.1　产品物料销售控制

在企业销售业务的过程中，由于企业主动或者法规等方面的限制，导致只能向特定客户（客户群体）销售特定产品（产品系列），下面列举两种最常见的实现方法：

- 通过列表和排斥功能（Material Listing/Exclusion）实现；
- 通过产品属性功能（Product Attribution）实现。

12.1.1 列表和排斥功能

某公司销售 200 种产品，有 2000 个客户，为了保证客户的利益，使客户的市场有所分割，限定了不同客户可销售的产品（产品系列），该公司 200 种产品对应 10 个产品系列，2000 个客户对应 20 个客户分类。

取决于产品、客户的具体情况有如下不同的控制方式：

- 对于部分客户（客户组），允许销售特定的产品（系列），除此之外均不可销售，这称为列表功能。
- 对于特别客户（客户组），不允许销售特定的产品（系列），除此之外均可销售，这称为排斥功能。

列表和排斥功能结合在一起来控制是否可向客户销售某产品，具体如下。

- 如果仅针对某客户或者该客户所属的分类设置排斥清单，那么不在排斥清单的物料都可以向该客户销售；
- 如果仅针对某客户或者该客户所属的分类设置列表清单，那么仅在列表清单中的物料可以向该客户销售，不在该清单的都不能够销售；
- 如果针对某客户或者该客户所属的分类同时设置排斥清单和列表清单，那么不在排斥清单同时在列表清单的物料可以向该客户销售。

1. 系统实现说明

列表与排斥功能的系统实现是利用 SAP ERP 的条件技术，具体实现过程如下：

1）产品的系列对应 SAP ERP 的物料组（Material Group），10 个系列对应系统中的 10 个物料组；

2）客户分类对应 SAP ERP 的客户组（Customer Group），20 个客户分类对应系统中 20 个客户组；

3）后台设置条件表：系统标准功能中，已经有条件表"客户+物料"，再增加三个用于列表和排斥的条件表，这三个表的关键字分别为"客户组+物料组"、"客户组+物料"、"客户+物料组"，具体在图 12-1 中 1 处配置；

4）后台设置存取顺序：将新加的三个条件表增加到标准的存取顺序 A001、A002 中，具体在图 12-1 中 2 处配置；

5）后台分配过程：分配列表过程和排斥过程给相应的销售订单类型，本例中使用到的订单类型为 OR，具体在图 12-1 中 3 处配置；

6）前台：事务代码 VB01 针对不同的组合（条件表）创建列表和排斥主数据。

2. 示例

示例场景说明：仅允许向客户 1172 销售两个产品 P-104、P-102，其他产品（如 P-103）均不允许向客户销售。

（1）维护列表与排斥主数据

如图 12-2 所示，事务代码 VB01，选择类型为"列表"（List）的条件类型 A001，选择关键字组合"客户/物料",针对客户1172,维护可销售产品 P-104、P-102。

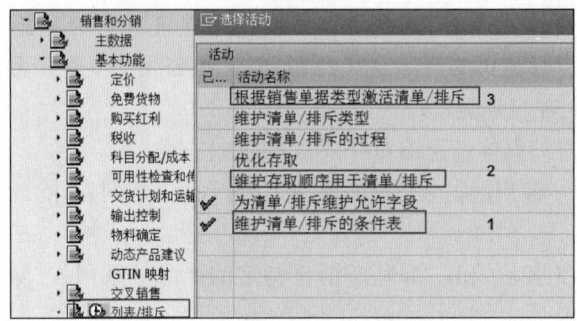

图 12-1　SPRO 配置列表与排斥功能

本例中针对"客户＋物料"进行维护,如果针对客户1172仅允许销售特定产品系列(物料组),则选择关键字组合"客户/物料组"进行维护。

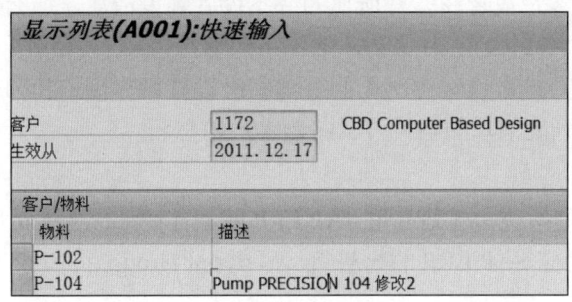

图 12-2　列表和排斥主数据维护(VB01)

(2)列表和排斥功能在销售订单中的示例

如图 12-3 所示,事务代码 VA01 使用销售订单类型 OR 创建针对客户1172的销售订单,当销售的品项 P-103 不属于该客户可以销售的产品时,则系统将会出现提示:"物料 P-103 没有被列出(Listed)因此不允许"销售。

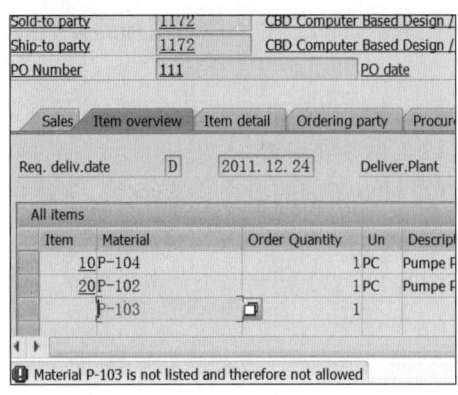

图 12-3　物料列表和排斥功能(VA01)

(3) 列表和排斥功能系统逻辑分析

条件技术在 SAP 的 SD 模块有广泛的应用，如定价、会计科目确定、物料确定，以及本例中的列表和排斥功能，系统对这些功能均提供了分析工具。

如图 12-4 所示，在销售订单的界面中，选择菜单中"环境"→"分析 / 列表排斥"命令可以进行具体的分析，通过分析功能可以查看到为何物料可以被销售或者不可以被销售。

本文中示例是分析"物料列表和排斥功能"，如图 12-4 所示，该分析功能还可应用于其他方面：如免费货物、账户确定（会计科目）等功能。

关于分析功能，请参照 13.4.7 节 "定价分析"。

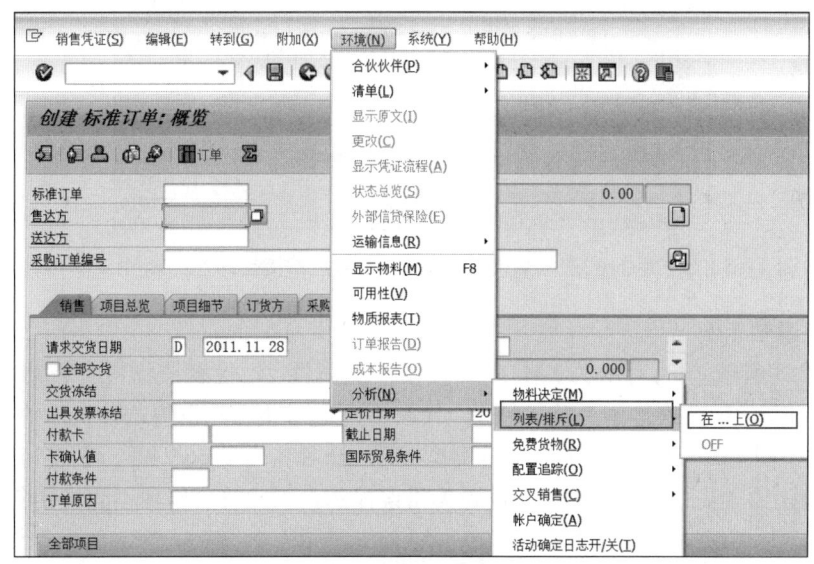

图 12-4　销售订单中的分析功能（VA01）

12.1.2　产品属性功能

某公司销售的产品有三类：化学品、正常产品、易爆易燃产品，对于某些客户，由于缺乏销售化学品的资质，因此不可以向其销售化学品。

实现该功能可以通过上节介绍到的列表和排斥功能，在本小节中介绍另外一种方法，通过产品属性（Product Attribution）功能实现。

1. 系统实现说明

如图 12-5 所示，事务代码 MM01 维护物料主数据时，定义产品是否有特定的属性，共可定义十个属性，勾选上代表具有某种属性。事务代码 XD01 维护客户主数据时，定义是否可向客户销售特定属性的产品，勾选上代表不可销售该属性的产品给该客户。

事务代码 VOV8 定义销售订单类型，字段"产品属性消息"ProdAttr.messages 中设置使用该订单类型时，向客户销售不应该销售的产品属性的产品时，系统如何反应，可设置为错误、警告或者无消息,具体截图略。

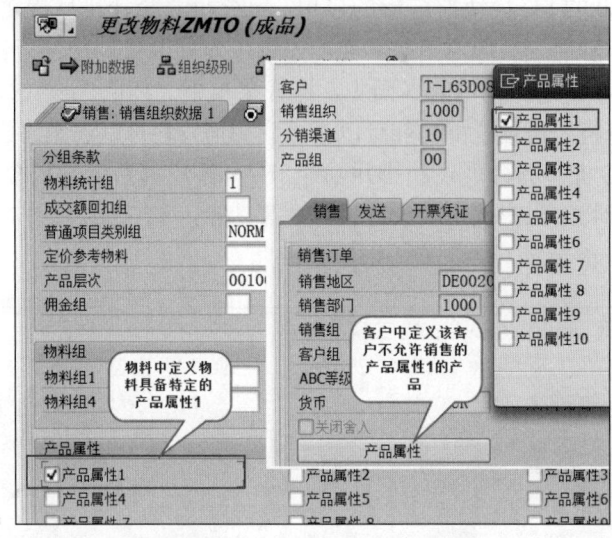

图 12-5　维护物料的产品属性（MM01）、客户不接受的产品属性（XD01）

2. 系统逻辑示例

如图 12-5 所示，当对物料 ZMTO 维护了产品属性 1，代表该物料具有特殊的产品属性，对客户 T-L63D08 维护了产品属性 1，代表不允许向该客户销售这种特殊的产品属性的产品，因此在图 12-6 中，使用销售订单类型 OR，针对客户 T-L63D08，销售特殊属性的产品 ZMTO 时，由于在订单类型 OR 中设置为错误提示，因此将会出现不允许销售的提示。

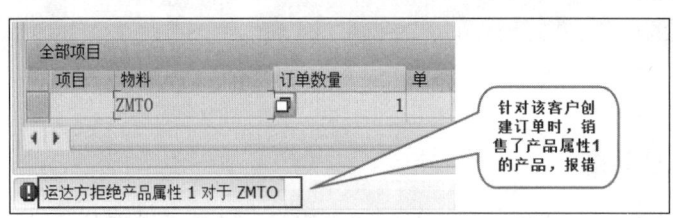

图 12-6　销售订单中错误提示（VA01）

12.2　销售单据中的单价控制

当销售订单中实际价格与公司规定的价格政策不一致时，需要对销售订单进行审批，价格政策不一致的可能有很多情况，最典型的情况有两种：

❑ 销售价低于最低限价，则需要批准；
❑ 客户期望价格与我方价格政策不一致，则需要批准。

这两种情况类似，下面以系统标准设置"客户的期望价格与我们期望的价格不一致"这一场景为例，介绍相应操作与系统实现。

1. 系统操作流程概览

某产品销售给特定客户的价格默认为 10 元,当客户期望价格不同于默认价格,譬如 9 元,此时需要公司经理进行审批。标准售价使用条件类型 PR00,客户期望价格使用条件类型 EDI1。

1)销售价格维护。事务代码 VK11,针对条件类型 PR00 维护物料的标准售价 10 元。

2)销售订单维护。如图 12-7 所示,事务代码 VA01 创建销售订单 54,系统默认的价格为 10 元,该价格通过条件类型 PR00 自动带出,手工输入条件类型 EDI1,代表客户期望价格 9 元。当二者价格不一致时,该张销售订单被自动设置为不完整,无法进行发货,需要解冻后才能创建发货单。

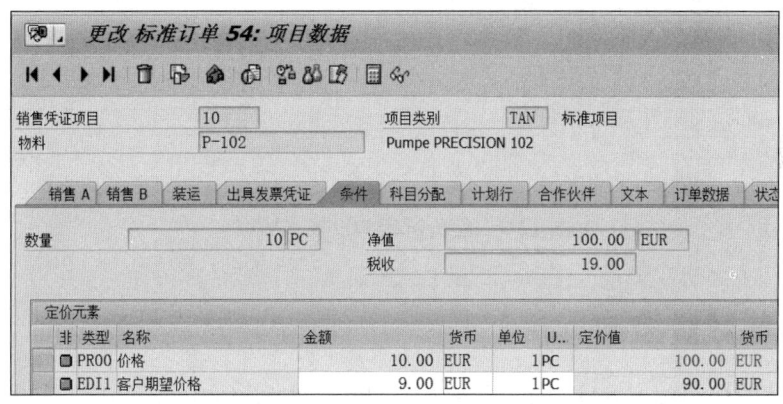

图 12-7　销售订单中输入客户期望价格(VA01)

3)销售订单价格解冻。如图 12-8 所示,执行事务代码 V.25 系统将列出销售单据的单价和客户期望的价格,可以在此界面中对销售订单进行价格批准,当价格批准后,销售订单的状态将会设置为完整,则可以参照销售订单创建发货单。

图 12-8　销售订单中批准客户期望价格(V.25)

2. 系统实现说明

下面演示了系统标准功能,在销售订单中比较客户期望价格和销售订单中的净价,如果有不一致,则需要进行审批,注意,标准配置中,最终的价格仍然是销售订单中的净价,而非客户期望价格。价格审批的实现可参照系统标准的定价过程 RVAA01 和条件类型 EDI1

的定义,根据需要可自行定义新的例程及条件类型,设置自定义的检查规则,来实现不同的业务场景。

如图12-9所示,事务代码V/08定义定价过程,定价过程RVAA01中包含了条件类型EDI1,并设置条件类型EDI的计算类型(Calculation Type)的例程(Routine)为8。系统预配置两个用于本业务的例程(例程8和例程9):

❏ 例程8:设置如果金额差异超过1元,则冻结销售订单;
❏ 例程9:设置如果单价差异超过0.05元,则冻结销售订单。

事务代码V/06定义了条件类型EDI1的定价类别为J:Customer expected price / customer value。

更多内容,请参照第13章"销售定价"。

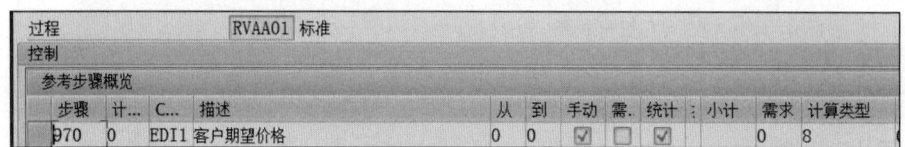

图12-9 定价过程的设置(V/08)

12.3 销售数量控制

销售数量的控制对应SAP中的产品分配(Product Allocation)功能,触发的原因均为对产品的需求量大于可分配量,具体而言有两种典型的情况:

❏ 公司的整体产能不足,如某个月的整体产能为100万箱,销售预测为150万箱,此时需要进行分配特定区域(客户)可销售的量;
❏ 特定产品"供应不足",如公司的特定热销产品或者促销产品共1万盒,分配给全国20个区域,每个区域500盒,先下订单的客户先得到,但不能超过该区域内的分配数量,这种控制的方式被某些人称为饥饿式营销。

系统实现说明:一方面该系统实现涉及配置比较多,另外一方面从过往项目实施中,系统标准功能与企业的需求还是存在一定差异的,因此本文仅简要介绍系统标准的产品分配功能,主要的操作步骤如下:

1)在物料主数据中,指定该物料需要进行产品分配(Product Allocation)。
2)在后台进行必要的配置,往往还需要辅助一定的开发,设置在何层面进行产品控制,主要是两个方面需要配置:

针对单个客户,还是针对某个销售区域进行产品分配;
针对单个产品,还是针对特定产品组合进行产品分配。
3)在前台维护,产品或产品组可分配给特定客户或者特定地区的量。
4)创建销售订单时,系统将检查订单数量是否超过了分配量。

12.4 信用控制

对于企业来说，如何在实现销售、扩大规模的基础下，控制应收账款的风险是一个非常重要的问题，SAP 系统是通过信用控制来实现这一点的。

从信用控制的过程来说，首先需要从战略层面来制定执行公司的信用控制策略。控制策略包括但不限于以下三个部分。

- 事前控制策略。在交易发生前，建立完善的信用策略、评估客户的方法。对于新客户、成熟客户都有相应的信用评估方式，并建立周期性的评估策略，SAP ERP 则创建信用主数据、定义信用控制策略、定义风险类别、定义下一次评估日期。
- 事中控制策略。对交易过程进行同步监控，对应 SAP ERP 中，则是对订单、发货单自动执行信用检查，对这些销售单据从多个方面进行信用检查，如是否已经收到款项或者有相应的信用额度，如果不符合条件，则冻结单据，由信用代表对冻结的单据进行信用审核。
- 事后控制策略。交易过程发生后，对应收账款跟踪管理，对应 SAP ERP 中，则是对各个与信用相关的指标进行分析评估以及设置相应的催款程序，系统提供了一系列的标准报表和相应的功能。

重要指标 1：DSO

DSO（Days Sales Outstanding）翻译为应收账款变现天数或应收账款的销售回款周期天数，DSO 代表着实现销售（形成应收账款）后需要多长时间收到客户款项，DSO 天数低代表着企业可以很快收回货款，不同的行业 DSO 的天数不相同，在制造行业，大多数企业的 DSO 天数在 40~50 之间，在服务行业，DSO 天数常比制造业要更长一些。

对于企业，横向来说，应该和行业内标杆企业比较；纵向来说，DSO 天数如果逐步升高，显然不是一件好事情。切割开来，企业可按照客户类型、客户区域、行业类型进行 DSO 分析。

重要指标 2：逾期（OverDue）分析

查看应收账款中逾期金额及逾期金额占应收账款的比例，国内本土企业较多使用该指标。该指标进一步细分为三个维度。

维度 1（绝对指标）。将应收账款分为五个类别：未逾期、逾期三个月以内、逾期六个月以内、逾期一年以内、逾期一年以上。

维度 2（相对比例）。五个类别各自占应收账款的比例。

维度 3（逾期原因分析）。对逾期的应收账款逐项进行原因分析。

企业在做坏账准备时，也应基于对应收收款的逾期分析。

应收账款逾期怎么办，得催款，相应的 SAP ERP 中可以定义催款程序（Dunning Procedure），定义客户如果逾期付款，则应如何进行催款，并可设置相应的利息计算，此功能在国内项目中应用不多。

12.4.1 信用管理与风险管理

一定程度上说，信用管理就是对风险的管理，企业在经营期间，评估客户本身的财务状况、评估与客户之间的交易的财务风险，评估自身的风险承受能力，在此基础上确定信用管理的策略。

从客户的支付方式来看，不同的支付方式有着不同的风险，具体而言分为以下两大类付款方式。

1. 客户提供第三方的付款保证（Payment guarantee）

企业商业往来中，对于销售方而言总是希望采购方提供无风险或者风险较小的付款方式，但对于采购方而言，也会担心一旦付款后销售方是否能够按时、按量、按质交付产品。

考虑到这些背景，"第三者"银行就出现了，银行作为中间人，为交易双方提供桥梁，最常见的模式称为单证付款，整个交易、付款过程以实际的单证作为基础。

单证付款（Documentary Payments）是企业贸易，尤其是国际贸易中最常见的方式，最常见的两种单证为信用证、银行保函等，下面介绍信用证模式。

2. 客户不提供第三方的付款保证

客户如果不提供第三方的付款保证，通常有三种形式的付款方式。

（1）提供账期给客户

向优质客户主动提供账期，也就是客户可以在发货后一段时间再付款，另外一种可能是被迫给强势客户提供账期，如大型超市一般来说是比较强势的，企业通过超市销售商品，账期基本都在1个月以上。

账期常会与信用额度结合在一起，如一方面给客户账期3个月，另一方面欠款＋未清发货等未清项最多只能有100万。

（2）要求客户预付特定比例的款

对于普通客户，在发货前，企业一般会要求支付一定比例的预付款，具体预付款的比例取决于不同行业，比例不尽相同。

（3）要求客户预付全款

对于新客户，在发货前，可能会要求客户全款支付货物的款项。

在实际业务中，有时采用混合的付款方式，如某一笔订单，金额100万，其中5%为客户预付款，剩余95%客户提供信用证；或5%预付，剩余95%发货后再付款。

12.4.2 信用证流程

信用证广泛应用于出口贸易中，近几年，在国内贸易中，信用证的使用范围呈现出扩大的趋势。信用证（L/C，Letter of Credit），在国际贸易活动中，买卖双方距离很远，可能互不信任，买方担心预付款后，卖方不按合同要求发货，而卖方也担心在发货或提交货运单据后买方不付款。因此需要银行作为买卖双方的保证人，代为收款交单，以银行信用代替商业信用，银行在这一活动中所使用的核心金融工具就是信用证。

1. 信用证操作流程

下面以信用证操作流程为例，简要描述信用证在国际贸易中的角色。

1）贸易双方签订合同，合同中约定采用信用证模式付款，并约定信用证付款的金额。

2）开证申请人（如进口商）根据合同填写开证申请书并交纳押金或提供其他保证，请进口国的开证行（Opening/Issuing bank）开具信用证。

3）开证行根据申请书内容，向受益人（如出口商）开出信用证并寄交出口人所在地通知行（Advising /Notifying Bank）。

4）通知行核对印鉴无误后，将信用证交受益人（如出口商）。

5）受益人（如出口商）审核信用证内容与合同规定相符后，按信用证规定装运货物、备妥单据，在信用证有效期内，送议付行议付。

6）议付行（Negotiating bank）按信用证条款审核单据无误后，把货款垫付给受益人（出口商）。

7）议付行将汇票和货运单据寄开证行或其特定的付款行索偿。

8）开证行核对单据无误后，付款给议付行。

9）开证行通知开证人付款赎单，开证人付款后，开证行将包括提单（Bill of Landing）在内的各种货物单据给开证人。

10）开证人（如进口商）收到单证后，将单证（提单等）给船公司，将货物领走。

2. SAP 中的信用证的操作流程

信用证的主要操作步骤为系统中维护信用证，然后在销售订单中输入信用证。

1）信用证维护。如图 12-10 所示，收到客户的信用证后，在系统中创建信用证信息（事务代码 VX11N），生成编号为 1 的信用证，在信用证中注明各项信息，包括但不限于以下信息：

❑ 信用证金额、最迟装船日期、有效期、贸易条款；
❑ 信用证所需要的单证（提单、原产地证明等）；
❑ 银行信息：录入开证行、议付行、通知行等信息；
❑ 信用证状态信息：通知信用证已经发出、信用证已经可用等状态。

2）输入信用证信息到销售订单中。事务代码 VA01 创建销售订单 1300000002，金额为 50 万欧元，在销售订单的抬头或者行项目中输入新维护的编号为 1 的信用证。

一般来说，信用证会覆盖整张订单的金额，但如果双方约定订单的特定比例的金额通过信用证来覆盖（Cover），那么在图 12-11 中字段"折价"（Depreciation）处输入由信用证覆盖的比例，不输入数据则代表 100% 覆盖。

信用证输入后，系统将比较销售订单中的各项信息与信用证中是否一致，如果不一致，将会冻结信用证，有权限的人通过事务代码 VXA3 进行审批，如果一致，系统将销售订单的金额更新到信用证中。

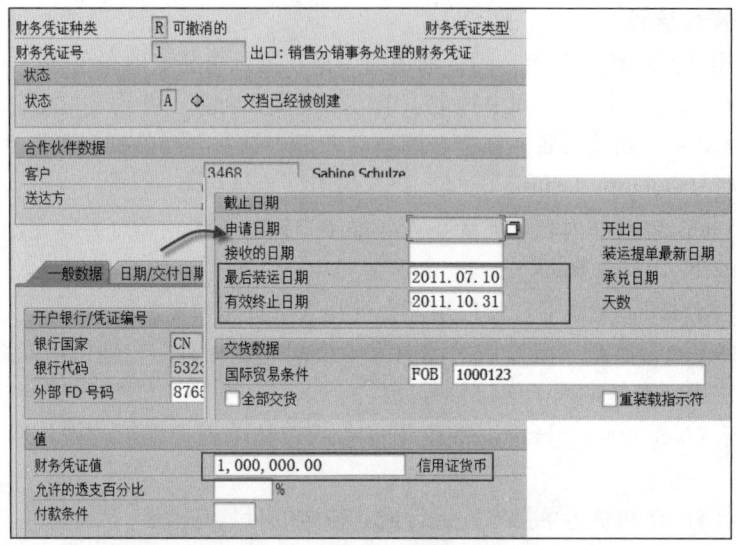

图 12-10　信用证维护操作（VX11N）

图 12-11　信用证维护在销售订单中（VA01）

3）创建发货单，系统继续检查发货单中的信息与信用证是否一致，如发货日期晚于信用证的有效期，系统将会冻结发货单，需要有权限的人进行信用审批。

4）信用证使用情况监控，通过报表 VXA1/VXA2 可以查看信用证的剩余有效金额。

3. 系统实现说明

使用信用证时，主要有如下几个配置。

（1）付款担保过程的定义与确定

系统标准功能中已预配置付款担保过程（Payment Guarantee Procedure）000001，客户的 付款担保过程 0001 和单据的付款担保过程 01 确定该付款担保过程，当在某客户中输入 0001，在销售订单类型 OR 中分配 01，则创建该客户的订单类型为 OR 的销售订单时，系统确定出付款担保过程 0001。

相关配置路径：SPRO> 销售和分销 > 基本功能 > 信贷管理 / 风险管理 > 应收款的风险管理。

（2）信用证与信用额度关系说明

有付款保证（信用证等）的销售订单，不会占用信用额度，举例如下：某客户信用额度为 100 万，创建销售订单，金额为 50 万，销售订单占用信用额度，因此剩余的信用额度为 50 万。若创建销售订单时，输入该销售订单 100% 由信用证担保，则信用额度仍然为 100 万。

（3）占用信用证金额的说明

在销售订单中输入信用证后，可以有两种设置：销售订单金额占用信用证金额，或销售订单不占用，但发货单占用信用证金额，这取决于图 12-13 信用控制范围中的更新规则的定义。

（4）系统配置说明

如图 12-12 所示，事务代码 VX52 定义包括信用证在内的财务凭证的控制点，主要有两个控制点：

- 通过配置设置当事务代码 VX11N 维护信用证时，系统将检查那些信息属于必输信息；
- 通过配置设置当创建销售单据时，系统将会检查销售订单中的哪些条款与信用证中是否一致，如是否检查销售订单中的国际贸易条款（FOB/CIF）和信用证中维护的是否一致。

如图 12-12 所示，左边的方框代表创建信用证时，必须输入信用证的有效终止日期和信用证上的最后装运日期，右边的方框代表系统将对销售订单中输入的交货期和信用证中的交货期进行比较，如何订单中的交货期晚于信用证中的交货期，属于信用证的不符合点，正常情况下，不应该发生不符合点，如果有此情况，则销售订单将会被冻结，需要由信用代表进行审核。

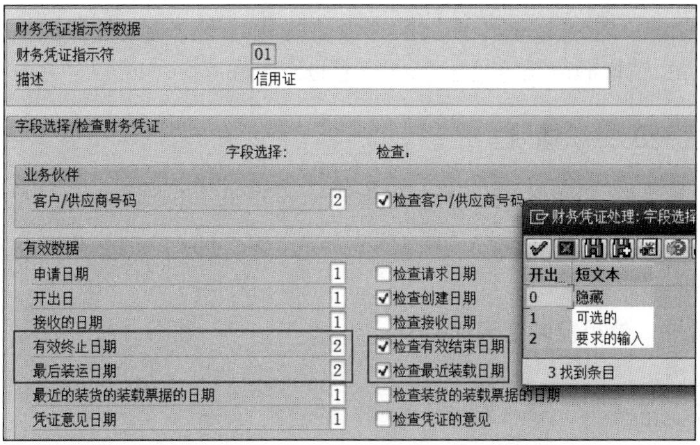

图 12-12　信用证检查点（VX52）

12.4.3 付款卡

付款卡在国内项目中应用极少，简要介绍其内容如下：

1）Payment Card（付款卡）是指借记卡（Debit Card）、信用卡（Credit Card）等各种持卡人可用于付款的卡；

2）与信用证相同，付款卡也是一种第三方提供保证的付款，SAP 系统中支持付款卡在 SD、FI、Retail、电子商务中的应用；

3）在 SAP 系统中，创建销售订单时，可输入付款卡卡号，通过与清算银行交换信息，获得授权信息，从而实现对销售订单的付款保证。

12.4.4 信用控制与风险评级机构

对于有信用的客户将会被授予信用额度（Credit Limit）、账期，此时应参考企业的财务状态，这些信息的获取可借助第三方风险评级机构，这些第三方机构反馈客户的财务状态等信息，并可给出推荐的信用额度，这些风险评级机构有很多，如美国邓白氏和国内的中信保。

美国邓白氏公司（Dun&Bradstreet，D&B）是全球最大的风险评估公司之一，该公司通过各种渠道收集各种商业信息，这些信息以每天 100 万次的频率更新到该公司的数据库。

该公司还提供了获得 SAP 认证的 D&B for SAP 软件，用于与 SAP 产品的集成，通过 RFC 函数的方式将对客户的信用评级数据传输到 SAP 产品中的客户信用主数据，即表 KNKK/KNKA。

中国出口信用保险公司（简称"中国信保"/"中信保"）是国内出口贸易中的风险评级结构，出口企业将客户财务状态、合同等信息提交给中信保，中信保可以根据其掌握的各种信息给出推荐的额度，并对交易进行保险。

在国内内销的商业往来之中，由于缺乏真实可靠的信用信息，企业本身也尚未形成这种与专业机构合作的习惯，在缺少评级机构评估的背景下，企业往往根据客户的担保（如客户提交房产证）、销售额情况等给予客户一定的信用额度。

12.4.5 信用控制的组织级别

一方面，实施 SAP ERP 的公司大多为集团型的公司，组织架构上一个集团下会存在多个公司，另外一方面，其不少客户又属于集团型，因此下文分别从我方和客户方两个角度来说明信用控制的组织级别。

1. 我方角度——信用控制范围的定义

信用控制范围是信用管控的组织单元，可以根据需要定义信用控制范围。

（1）信用控制范围（Credit Control Area）的管控方式

信用控制范围是信用管控的组织单元，取决于公司的信用管控级别，可设置以下三种管控方式：

- 集中式的管控：一家集团下的公司，正在实施 SAP ERP，其有十家集团下属公司，若执行集中式的信用管理，则创建一个信用控制范围，下面有多个公司代码。
- 分散式的管控 1：一家集团下的公司，正在实施 SAP ERP，其有十家集团下属公司，若执行分散式的信用管理，则可能创建十个信用控制范围，分属十个公司代码，若一个客户同时是多个公司的客户，每家公司单独对该客户进行信用控制，分别给予信用额度，分别控制销售信用发货。
- 分散式的管控 2：一家集团下的某公司，正在实施 SAP ERP，其下有成品销售和零部件销售业务或是具有两个品牌的产品，在系统中通过产品组进行区分，这两种业务希望单独进行信用管控，此时，则在该公司下，创建两个信用控制范围，为相同的客户在不同的销售区域下分配不同的信用控制范围，这样不同业务的销售订单、发货单中有着不同的信用控制范围，同时，收到预付款、正常款项时，也输入相应的信用控制范围。

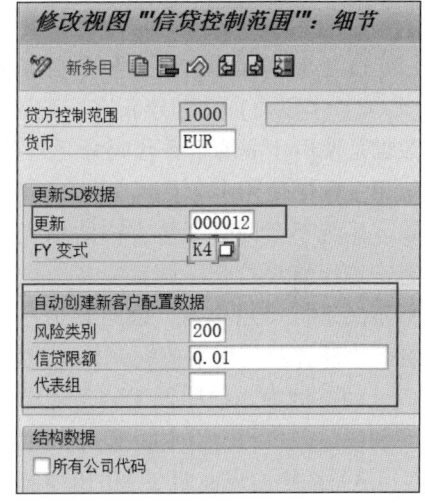

图 12-13　定义信用控制范围（OB45）

（2）系统实现说明 1—信用控制范围的定义

如图 12-13 所示，事务代码 OB45 定义信用控制范围 1000。

定义信用控制范围时，重要的字段解释如下。

1）字段"更新"的定义说明。在执行信用检查时，系统将会比较分配给客户的额度和客户已经占用的额度，得到该客户可用的信用额度，如果可用额度不足，则销售单据将会被信用冻结。客户已经占用的额度是由未清的销售单据的金额和未清的财务账款（应收账款、预收款等）组成。

未清的销售单据有三种类型：销售订单、发货单、发票。未清的销售订单是指销售订单已创建，但尚未创建发货单的部分；未清的发货单是指发货单已创建，但尚未创建发票的部分；未清的发票是指发票已经创建，但是未过账到财务凭证。

当启用信用管理功能后，销售单据保存后，未清的销售单据的信用金额，系统将保存在两个信用表中 S066 和 S067 中。其中未清的销售订单的信贷金额将保存在表 S066 中，未清的发货单、发票的金额将保存在表 S067 中。通过字段"更新"系统确定是否需要更新，系统提供了三种更新方式，项目中常用的有两个更新 000012 和更新 000015。

选择更新 000012：系统将未清的销售订单、发货单、发票的金额更新到表 S066 和 S067 信用表中，注意信用金额的更新与信用检查是独立而又有联系的，当信贷金额的更新设置为 000012 时，后续信用检查中的静态信用检查和动态信用检查时（参见图 12-20）可设置以下三个选项：

- 可用额度等于客户额度－未清订单－未清发货－未清发票－应付账款余额＋预收款；

- 可用额度等于客户额度 – 未清发货 – 未清发票 – 应付账款余额 + 预收款；
- 可用额度等于客户额度 – 未清发票 – 应付账款余额 + 预收款。

选择更新 000015：系统仅将未清的发货单、发票更新到表 S067 信用表中，不再更新未清的销售订单到表 S066 中，信贷金额更新方式选择为 000015，显然后续信用检查中的静态信用检查和动态信用检查时，仅可设置以下两个选项：

- 可用额度等于客户额度 – 未清发货 – 未清发票 – 应付账款余额 + 预收款；
- 可用额度等于客户额度 – 未清发票 – 应付账款余额 + 预收款。
- 更新规则的定义还会影响信用证的更新。

2）字段"自动创建新客户配置影响"的定义说明。维护客户主数据和维护客户信用主数据是使用不同的事务代码分开维护，维护客户主数据一般使用事务代码 XD01，维护客户信用主数据使用事务代码 FD32。当使用事务代码 XD01 新建一个客户时，如果不做特别设置，系统不会同时创建客户信用主数据，而如果未维护客户信用主数据，则系统不会对该客户进行信用检查，这意味着新建的客户处于信用失控状态，其对应的销售订单、发货单都不会进行信用检查。因此必须在此进行设置，事务代码 XD01 创建客户主数据时，系统自动创建客户信用主数据，并且此处应设置为额度很小、风险类别最高。

如本例中，按照图 12-13 设置后，当使用事务代码 XD01 创建一个新客户时，系统自动创建该客户的信用主数据，并设置风险级别为 200，信用额度为 0.01。

3）系统实现说明 2—信用控制范围的分配

在创建销售订单时，系统将自动确定出信用控制范围，信用控制范围的确定有如下四种方式：

方式 1：事务代码 OB38 按照公司代码分配信用控制范围；

方式 2：事务代码 OVFL 按照销售区域分配信用控制范围；

方式 3：事务代码 XD02 在客户主数据的销售区域数据的开票凭证视图中，定义该客户对应的信用控制范围，注意是销售订单中的付款方（Payer）所对应的客户主数据；

方式 4：通过在用户出口（EXIT_SAPFV45K_001）写自定义程序。

创建销售订单时，根据方式 4、3、2、1 的优先顺序确定信用控制范围，如果用户出口未定义，但在客户中定义，则以客户中为准，如果四种方式均无法确定出信用控制范围，则销售订单中的信用控制范围为空白，无法执行信用检查。

在不同的信用管理模式，信用控制范围的设置有所差异：

- 如果使用集中式的信用管理模式，多个公司代码共享一个信用控制范围，则在方式 1 中将多个公司代码分配给同一个信用控制范围；
- 如果使用分散式的信用控制模式，一个公司对应一个信用控制范围，则在方式 1 中为不同的公司代码分配不同的信用控制范围；
- 如果使用分散式的信用控制范围，一个公司根据产品组类型有不同的信用控制范围，则在方式 2 中为不同的销售区域分配不同的信用控制范围。

2. 客户方角度——信用账户与客户代码

信用账号（Credit Account）是对客户信用管理的业务对象，一般来说，一个客户代码对应一个信用账号，系统默认的也是一个客户代码对应一个信用账号，但企业的有些客户属于集团型的客户，在集团下有多个分、子公司，如家乐福集团为某公司的客户，而家乐福在国内有多个独立法人，如家乐福上海、家乐福北京，对于同一集团下的多个客户（家乐福上海、家乐福北京），可能会采取将该集团下的不同分子公司合并共享信用额度，这样就会出现多个客户代码对应一个信用账号。

如图 12-14 所示，事务代码 FD32 维护客户信用额度时，可以将多个客户代码对应一个信用账户，如客户 3511、客户 3512 为一个集团下的上海公司、北京公司，两个客户采用相同的信用控制策略、共享信用额度，则在图 12-14 中，将两个客户指向同一个客户的信用账号即可。

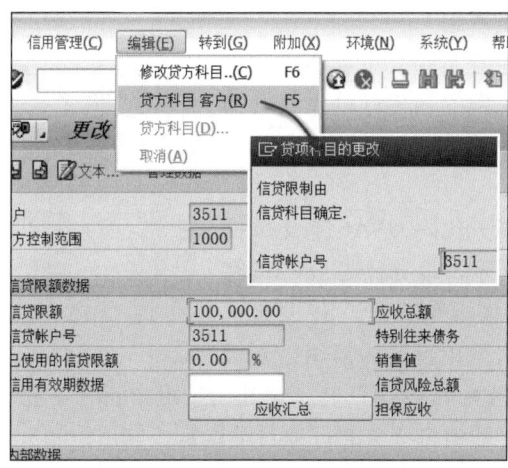

图 12-14　多个客户对应一个信用账户（FD32）

12.4.6　确定信用控制的策略

信用控制策略由三个关键字段确定（信用控制范围 + 客户信用主数据中的风险类别 + 单据类型的信贷信用组），也就是不同的销售组织（公司）、不同的客户类型、不同的业务类型可以有不同的信用控制策略。本小节将逐一介绍后两个字段确定的方式及注意点。

1. 风险类别的确定

不同的客户有着不同的风险类别（Risk category），自然应该有不同的信用控制策略，首先在后台定义风险类别，然后将其分配给客户信用主数据。

如图 12-15 所示，事务代码 OB01 按照信用控制范围定义风险类别（Risk Categories），一般来说，至少为一个信用控制范围定义两个风险类别，一个是高风险客户，一个是低风险客户。

高风险客户和低风险客户有着不同的信用控制策略，如低风险客户由于是集团内部客户，因此销售发货时，不需要检查货款是否已经到账。

当后台定义完毕风险类别后，事务代码 FD32 维护客户信用主数据时，同时分配风险类别。在图 12-13 中设置所有新客户创建时，默认风险类别全部为高风险的，而后根据情况再进行调整。

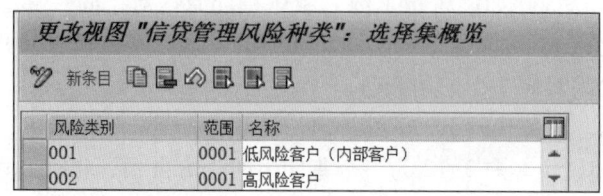

图 12-15　信用风险类别的定义（OB01）

2. 单据类型的信贷信用组

不同的单据类别（业务类别）也可能导致不同的信用控制策略。如正常的销售订单需要做信用控制，但退货的订单、借贷项凭证的销售订单不做信用控制。

如图 12-16 所示，事务代码 OVA6 定义单据的信贷组；如图 12-17 所示，事务代码 OVAK 将单据的信贷组分配给销售订单类型，并设置信用控制的策略为 D，代表采用自动的信用控制策

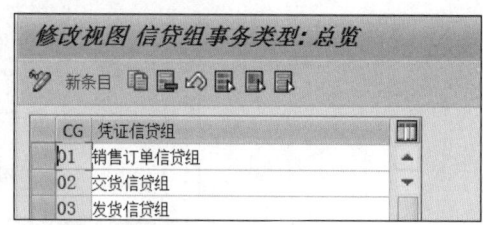

图 12-16　定义信贷凭证组（OVA6）

略；如图 12-18 所示，事务代码 OVAD 将单据的信贷组分配给发货单类型；如图 12-19 所示，事务代码 OVA7 定义特定的销售订单的行项目类别是否信用控制。

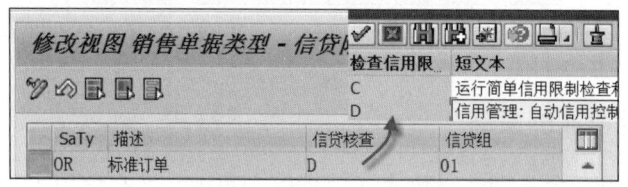

图 12-17　分配信贷凭证组给销售单据类型（OVAK）

本例中销售订单的类型为 OR、对应的行项目类别 TAN，对应发货单的类型 LF，因此在本例中做如下设置。将系统默认设置的三个事务类型（信贷凭证组）01、02、03 分配给相应的单据类型，其中 01 分配给销售订单 OR、02 分配给发货单类型 LF、03 分配给发货单 LF 的发货过账业务。也就是说，使用销售订单类型 OR 创建销售订单时以及后续对销售订单的发货（发货单类型 LF）以及最后的发货过账（发货单类型 LF）可以有不同的信用控制策略，如：销售订单中信用检查不通过仅提示，发货单中信用检查不通过则冻结单据。

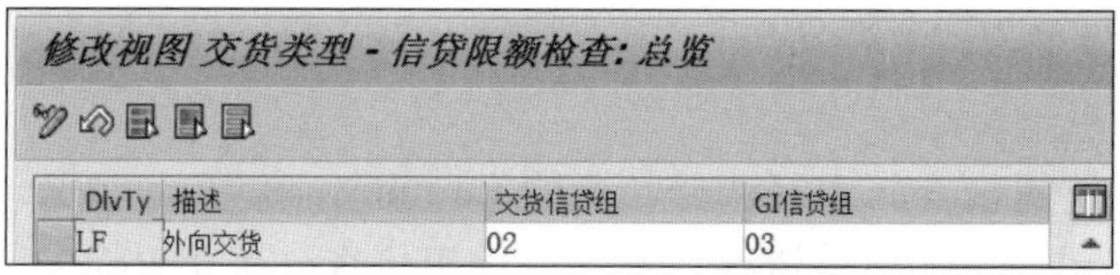

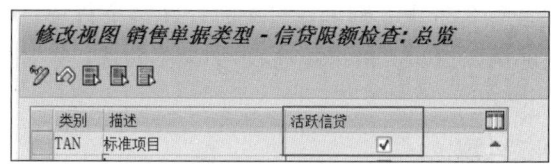

图 12-18　分配信贷凭证组给发货单类型（OVAD）

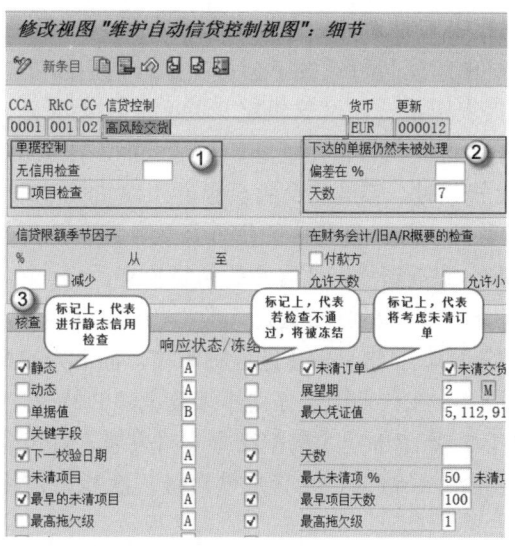

图 12-19　激活项目类别的信用检查（OVA7）

12.4.7　信用控制的策略的定义

事务代码 OVA8 定义信用控制策略（Automatic Credit Control），这是信用控制设置中的重头戏。

如图 12-20 所示，可根据不同的信用控制范围（字段 CCA/Credit Control Area）、风险类别（字段 RkC/Risk Category）、事务类型的信贷组（CG/Credit Group）定义不同的信用控制策略的参数，代表为当创建信用控制范围属于 0001，客户所对应的信用风险等级为 001 的发货单，系统执行信用检查时的各项参数。

图 12-20 中，勾选上了静态信用检查、下一校验日期的检查、最早的未清项目，代表系统将会对发货单执行这三种信用检查点。

图 12-20　信用控制策略的定义（OVA8）

图 12-20 配置可分为三个部分。

1. 单据控制

1）字段："无信用检查"中可选择相应的 Routine（例程），该 Routine 是在事务代码 VOFM 通过自定义程序定义何种情况下不进行信用检查，关于 Routine 参见 13.3.5 节"步骤 5 定价过程的定价计算"。

2）字段："项目检查"勾选上，则创建订单时，在每个行项目输入相关信息后，就进行信用检查，如果超过即跳出提示"信用超过"，如果不勾选，则在销售订单保存时才进行提示。

2. 下达的单据仍未被处理

下达的单据仍未被处理（Released documents are still unchecked）是指当销售订单、发货单已经信用释放掉后，后续如果对该单据做一定的修改，系统是否重新进行检查。系统通过两个字段"天数"和"偏差在 %"来控制是否重新做信用检查。

当某张单据同时满足这两个字段（天数偏差和金额偏差）的要求，则系统不会对该张单据重新做信用检查，具体两个字段的解释如下。

（1）字段"天数"（Number of days without check）

"天数"字段可解释为允许的信贷延迟天数。

某公司在订单环节和发货单环节均设置信用检查，信贷延迟天数设置七天，则有两个影响；

- 影响 1：当参照订单创建发货单时，系统将会查看"发货单创建时的实际的信贷延迟天数"（发货单创建日期－订单的信贷释放日期）是否超过允许的信贷的延迟天数，如果超过，那么就重新检查该客户的信贷检查。如一张信用冻结的销售订单在 2013-3-22 被信用代表审批通过，允许天数为七天，也就是说在 2013-3-22 到 2013-3-29 这一段期间，创建发货单系统不会再次执行信用检查，在本例中，该张发货单无需再次被信用代表审批，超过这里定义的允许的七天延迟，即 2013-3-29 后创建发货单，则发货单被再次执行信用检查，在本例中，该张发货单将会被再次冻结。
- 影响 2：当修改发货单时，系统将会将会查看"发货单过账／修改时的实际信贷延迟天数"（发货单的修改日期－发货单的信贷释放日期）是否超过允许的信贷的延迟天数，如果超过，那么就重新检查该客户的信贷检查。

举例说明：同上这里的"允许的信贷延迟天数"仍然为七天。

上文的发货单在 2013-3-30 创建，未通过信贷审核，而后当日财务部门释放，加上允许的七天延迟，那么到 2013-4-6 在此期间做任何不涉及金额的修改，都不会影响信用状态。

但是如果在 2013-4-10，物流部门才根据指令安排发货，在发货单中增加批次信息或者增加序列号信息，那么就会一经修改，发货单就会被再次执行信用检查，在本例中发货单就会被再次信用冻结。

如果在 2013-4-10 对发货单直接过账，不做任何修改，系统将会比较后台设置中，针对发货过账环节的信用控制策略中定义的允许延迟天数；

如果字段"天数"设置为空白的影响，相当于当天信用批准的订单的时效性只有一天，也就是必须当天发货，否则将可能会被再次冻结。

从这个字段的含义引申开来，反映的是审批是有时效性的。就像政府批了一块土地给企业，不代表企业就可以搁置这块土地十年八年，企业应该在规定时间内建设。这主要是因为随着时间的变化，可能商品本身的价值需要重估，外部的环境也发生了很大的变化。如：土地价值发生了很大的升值，或者说公司现有的资金流情况向不好的趋势发展，此时都有很大的必要进行重新评估。

（2）字段"偏差在%"（Deviation of document value）

字段"偏差在%"是指单据的金额超过审批的金额多少百分比，不会重新触发信用检查。

应用举例：订单金额为 10000.05 元，数量为 100 个，信用冻结，由信用代表进行审批，则审批的信用金额为 10000.05，在七天之内分两批发货：

❑ 第一次发货数量为 50 个，系统计算出发货金额为 5000.03，不会触发新的信用检查；
❑ 第二次发货数量为 50 个，系统计算出金额同样为 5000.03，若不设置百分比，则信用不通过，因为累计金额 10000.06 超过了信用释放的金额 10000.05。

建议若存在分批发货，可设置 1% 的百分比，注意应设置在发货单的信用检查环节，而非设置在销售订单的信用检查环节。

3. 信用检查的类型

如图 12-20 所示，系统在对销售订单和发货单进行信用检查时，标准系统中可以对单据做八个方面的信用检查，除此之外我们还可以通过用户出口（User-Exit）自定义三种信用检查。在项目中最常使用到的检查如下。

（1）信用检查点"静态信贷检查"（Static check）

如果勾选上"未清订单"和"未清交货"，则静态信用检查将分配给客户的信贷额度与如下各项之和进行比较：所有未清（Open）销售订单的总价值＋所有未清且没有开票的交货单的总价值＋所有未清且没有传递到会计财务凭证处的出具发票单据的总价值＋所有已经传递到会计处但客户还没有付款的应收账款－客户预付款。其中未清订单是指已经创建销售订单，但是尚未创建发货单的金额。

如果已经使用的额度大于客户的信用额度，则单据将会被信用冻结。譬如客户额度 100 万，未清订单为 30 万，未清发货为 10 万，未清应收账款 10 万，设置静态检查考虑未清订单和未清发货，因此可用额度为 100 万 –30–10–10 万 =50 万，此时若接到客户订单，金额为 60 万，则系统将会冻结该张订单，若此时接到客户订单，金额为 30 万，则系统不会冻结该张销售订单。

如果不勾选上"未清订单"，勾选上"未清交货"，则代表未清订单不占用信用额度，但未清发货单将占用额度。

(2) 动态信用检查

动态信用检查与静态信用检查类似，相比较而言，动态信用检查将时间因素考虑在内，对于那些交货日期距离当前日期尚有较长时间的销售订单，将不予考虑。通过设置附加的时间周期（即展望期/Horizon）来实现信用检查，示例如下：

- 客户执行动态信用检查，当前日期为2011/4/15，考虑公司产品的生产提前期等多方面的因素，设置展望期（Horizon）为一个月。
- 设置动态信用检查考虑未清订单、未清发货单，当前客户的信用额度为100万，未清项合计为50万，因此可用额度为50万。
- 2011/4/15收到客户订单A，金额为60万，交货日期（物料可用日期）为2011/6/25，该订单在展望期之外，因此该订单不会占用信用额度，此时该订单不会冻结。
- 2011/5/1运行报表RVKRED08，系统检查系统中的所有未清订单是否已经在期限内（Credit Horizon），由于此时订单A离2011/6/25仍超过1个月，订单A仍然不会被冻结，订单金额不会占用信用额度；
- 2011/5/5收到客户订单B，金额为30万，交货日期（物料可用日期）为2011/5/25，由于订单A此时仍然在Credit Horizon外，检查可用额度时，订单A的金额不会被考虑进去，因此订单B不会被冻结。若是采用静态信用检查，同等情况下，订单B将会被冻结。
- 2011/6/1，运行报表RVKRED08，系统再次检查系统中的所有未清订单是否已经在期限内，由于订单A离2011/6/25不足一个月，订单A的金额将占用信用额度，此时订单A将会被冻结。

提示：如果启用动态信用检查，应该周期性的执行报表RVKRED08，用来检查未清订单是否应该在期限内。

(3) 信用检查点"最早的未清项目"

勾选上代表系统将检查客户是否有逾期的应收账款存在。创建对客户的销售发票时，发票日期为2011/4/31，设置付款的基准日期（Baseline Date）等于发票日期，账期为30天，则该笔应收账款的到期日为2011/5/31，如果在2011/5/31，该笔发票尚未付款，则后续创建的发货单将会被信用冻结。

(4) 用户1、2、3（User1、User2、User3）

SAP预留了三个用户出口用于企业定义自己的信用检查规则，预留的用户出口对应的三个程序分别为LVKMPFZ1、LVKMPFZ2、LVKMPFZ3，勾选上，然后在这三个相应的程序中写自定义的信用检查，如创建发货单时，检查客户的预付款是否收到。

12.4.8 信用控制操作流程示例

以某公司在销售订单环节进行信用控制为例，信用控制操作流程如下。

1）客户主数据维护。事务代码 XD01 创建客户主数据，此时根据事务代码 OB45（见图 12-13）中的设置，自动创建客户信用主数据，设置为高风险级别客户，信用额度为 0.01。

2）维护客户信用主数据。借助第三方评级机构，对客户进行信用评级，通过事务代码 FD32 为客户分配信用额度 100 万和风险类别。

3）该客户的第一张销售订单维护。事务代码 VA01 创建该客户的订单，号码为 1，订单金额为 50 万，系统将根据相关配置确定该订单需要进行信用检查，信用检查结果是该销售订单不会被信用冻结，具体过程如下：

- 销售订单的行项目类别中定义了是否激活自动信用检查（事务代码 OVA7）；
- 根据销售订单的类型、客户以及组织数据（公司代码等）确定信用控制策略，系统将计算可用的信用额度等于信用额度 – 未清订单金额 – 未清发货金额 – 未清发票金额 – 未清账款金额 =100 万，因此订单不会被冻结；
- 未清销售订单 1 的金额将被更新到表 S066，更新的金额等于订单的确认数量乘以信贷单价；
- 信贷单价的确定如图 12-21 所示，事务代码 V/08 定义销售订单中所使用到的定价过程时，将含税单价赋值给信贷价格（小计 A），该信贷单价将会记录在销售订单的行项目的表 VBAP 中的字段 CMPRE（Credit price/ 信贷价格）。

更多说明请参照 13 章 "销售定价"。

4）再次维护销售订单。事务代码 VA01 创建销售订单 2，订单金额为 60 万，当前可用额度为 50 万，订单金额超过了可用额度，因此该销售订单会被信用冻结。

5）信用释放。信用代表通过事务代码 VKM1 对冻结的销售单据（销售订单、发货单）进行信用审批，可以选择各项操作（如批准、不批准），具体见下文。

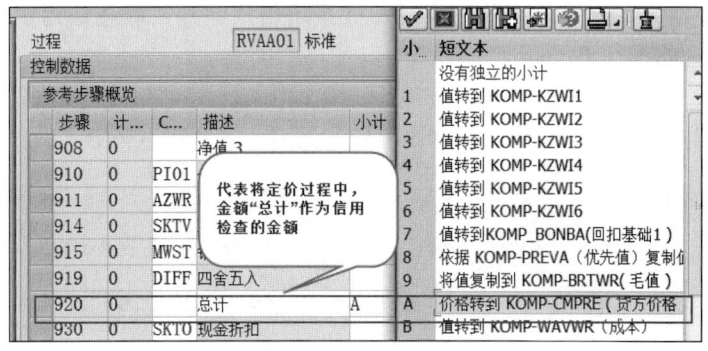

图 12-21 销售定价中的信贷值（V/08）

12.4.9 信用释放操作流程示例

若销售单据被信用冻结，可通过表 12-1 中的五个事务代码进行信用释放。

表 12-1 信用释放的事务代码

事务代码	程序名	功 能
VKM1	RVKRED02	查询信用冻结的销售订单，并执行相应信用操作
VKM2	RVKRED03	查询已经批准的销售订单，并执行相应信用操作
VKM3	RVKRED04	对指定的销售订单进行信用操作
VKM4	RVKRED01	查询信用冻结或批准的销售订单、发货单，并执行相应信用操作
VKM5	RVKRED05	对指定的发货单进行信用操作

五个事务代码功能基本相同，事务代码 VKM1、VKM2、VKM3、VKM5，均调用事务代码 VKM4 的程序 RVKRED01，只是有着不同的筛选条件（选择参数）。

1. 案例说明

某客户的信用额度为 1000 元，执行考虑未清订单在内的静态信用检查，对同一客户先后创建四张订单。四张销售订单维护完毕后，如图 12-22 所示通过事务代码 VKM4 查看结果如下：

- 销售订单 6 交货期 2011/12/19（图 12-22 中的下一个日期），金额 952 元，由于此时可用额度为 1000 元，因此订单 6 被自动释放，静态信用状态为 A（信用释放），总揽状态为 A（信用释放）；
- 销售订单 7 交货期 2011/9/8，金额为 23.8，由于此时可用额度为 1000 元减去订单 6 的金额，等于 48 元，因此订单 7 被自动释放，静态信用状态为 A（信用释放），总揽状态为 A（信用释放）；
- 销售订单 8 交货期 2011/9/8，金额为 119，由于此时可用额度 1000 元减去订单 6 和 7 的金额等于 24.2 元，因此该张订单被系统信用冻结，静态信用状态为 B（信用冻结），总揽状态为 B；
- 销售订单 9 交货期 2011/9/8，金额为 119，由于此时可用额度仍然为 24.2 元，因此该张订单被系统信用冻结，静态信用状态为 B，总揽状态为 B。

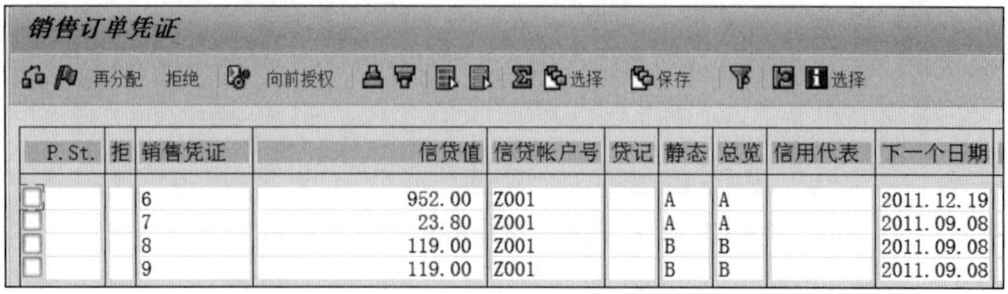

P. St.	拒	销售凭证	信贷值	信贷帐户号	贷记	静态	总览	信用代表	下一个日期
		6	952.00	Z001		A	A		2011.12.19
		7	23.80	Z001		A	A		2011.09.08
		8	119.00	Z001		B	B		2011.09.08
		9	119.00	Z001		B	B		2011.09.08

图 12-22 销售订单信用释放（VKM4）

2. 销售订单信用处理

信用审核代表在信用检查报表中，如图 12-22 所示，可以对销售单据进行六种选择：检查、释放、再分配、拒绝、向前、向前授权。

（1）检查（Check）

选择相应单据，单击"检查（Check）"按钮，则系统对该订单重新执行信用检查。如选择订单 8，若此时新收到客户款项 100 元，则此时的可用额度为 124.2 元，大于订单金额 119 元，因此系统将自动释放订单 8。

（2）释放（Release）

选择相应单据，单击"释放（Release）"按钮，则系统对该订单进行信用释放，订单的信用总揽状态变为 D，可以进行后续交货，创建发货单，注意该张订单的静态信用状态仍然为 B（冻结）。

（3）再分配（Reassign）

再分配顾名思义是指原来已经分配的失效了，要进行重新分配。当选择多张销售单据后，单击"再分配"（Reassign）按钮，则系统对所有选中的销售订单的信用状态设置为初始状态，即不再占用任何信用额度，然后按照在清单中先后的顺序，依次执行信用检查，重新分配信用额度。

最常用的两个排序字段为信贷值（订单金额）和下一个日期（Next Date）。

在本例中，若按照信贷值（订单金额）升序排列，意味着订单金额小的先占用信用额度，也就是订单 7、8、9 都将会被自动解冻。下一个日期对销售订单来说，是指销售订单中的计划交货日期；下一个日期对发货单来说，是指发货单中的拣配日期/发货日期；因此，若按照下一个日期排序，则计划先发货的订单，先占用信用额度。

（4）拒绝

如图 12-23 所示，选择相应单据，单击"拒绝"按钮，则系统将按照输入的订单拒绝原因，关闭销售订单，代表该销售订单不再履行。

（5）向前（Forward）

向前的应用有两种情况：其一是在一个组织中，可能有多个信用审核人员，不同信用审核人员审核不同客户，每个信用审核人员在系统中有对应的信用审核组，在客户信用主数据中可定义默认的信用代表组，其二是当单据金额过高，则可能需要由更高级别的人进行审批。

当信用审核人员审核单据时，可根据信用代表组作为筛选条件进行查询应该由自己审批的订单、发货单。当由于审批权限或者其他原因，某张订单的信用审核组需要给更高级别的人进行审批时，则如图 12-24 所示，选择相应单据，单击"向前"（Forward）按钮，然后输入其他的信用代表组。

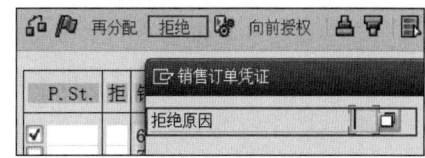

图 12-23　销售订单信用审核拒绝（VKM4）

图 12-24 销售订单信用多层审批（VKM4）

（6）向前授权（Forward To Authorization）

上节的"向前"代表公司内向更高级别的审批人员获得授权，本节的"向前授权"代表向银行获得授权，用于付款卡流程中。单击"向前授权"按钮，则向付款卡清算银行获得授权。

备注说明：关于信用释放的详细说明，请参见 SAP Note 751042 - Usage of transactions VKM1、VKM2、VKM3。

3. 信用释放后台报表说明

在信用管理中，根据公司的情况，可能需要将多个报表设置为后台任务定期执行。

1）报表 RVKRED06　New Credit Check for Blocked SD Documents（对冻结凭证执行新的信用检查）。使用报表 RVKRED06，可以检查所有信用冻结的订单。该报表应该设置为后台任务，在收款程序之后运行。

该报表中最重要的一个字段为下一装运日期（Next Shipping Date），该日期是指销售订单中的计划交货日期或者发货单的拣配日期 / 发货日期；

业务场景：当前与某客户之间存在以下业务往来，有如下订单和发货单被信用冻结：
- 订单 A：金额 200 元交货日期为 2010 年 8 月 20 日；
- 订单 B：金额 300 元交货日期为 2010 年 8 月 21 日；
- 订单 C：金额 400 元交货日期为 2010 年 8 月 19 日；
- 发货单 D：金额 500 元交货日期为 2010 年 8 月 20 日；
- 发货单 E：金额 600 元交货日期为 2010 年 8 月 21 日。

当前收到客户款项为 1500 元，执行该报表后，系统进行新的信用检查。

系统将按照单据类型和下一装运日期进行排序（发货单在前、订单在后，不同发货单、订单再按照下一装运日期进行排序）。

最终排序结果如下：
- 发货单 D：500 元交货日期为 2010 年 8 月 20 日；
- 发货单 E：600 元交货日期为 2010 年 8 月 21 日；
- 订单 C：400 元交货日期为 2010 年 8 月 19 日；
- 订单 A：200 元交货日期为 2010 年 8 月 20 日；
- 订单 B：300 元交货日期为 2010 年 8 月 21 日。

由于收到的客户款项为 1500 元，因此发货单 D、E，订单 C，将会被信用释放，其他订单 A、B 仍然为冻结状态。

2）报表 RVKRED08 Credit check on sales orders that reach the credit horizon（检查达到信用展望期的销售凭证）。如果公司使用动态信用检查，那么应该设置周期性运行该报表，确保远期的订单，到了展望期内被考虑到。

3）报表 RVKRED09 checks all the documents in the credit view（后台对销售凭证进行信用检查）。与报表 RVKRED06、RVKRED08 相比较，RVKRED09 有更多的选项，不仅仅可以检查冻结的订单，还可以包括系统信用检查 OK 的订单、信用代表已经审批但是已经超过信用释放的有效天数的订单，但原理相同，系统将按照排序顺序进行信用检查。

4）报表 RVKRED77 Reorganization of Credit Values after Update Errors（更新错误后的信贷数据重组）。客户信用主数据中记录该客户的信贷值、销售额，在信用检查时，用来判断客户的可用额度，但这两个金额有更新错误的情况，如果公司出现较多此类更新错误，应将此程序作为后台任务周期性运行。

12.4.10　信用控制常见问题

下面介绍前面未讲到的信用控制的四个常见问题。

Q1：信用检查不生效，应该信用冻结的销售订单但是未冻结。

A1：分别检查信用金额的更新的设置和信用检查的设置。

信用金额的更新是由图 12-13 和图 12-21 中定义的，判断信用金额是否已经在销售订单更新，查看销售订单中的字段信贷单价（表字段 VBAP-CMPRE）是否为销售订单的含税单价。

信用检查需要分别检查图 12-16 到图 12-20 中的配置，如可能是特定订单类型未设置信用检查，或者特定销售订单行项目类别未设置信用检查。

Q2：如何实现单据信用冻结后，自动发送邮件给信用管控人员。

A2：操作步骤简述如下：

1）在客户信用主数据中，定义信用代表组（事务代码 FD32）；

2）在后台定义信用代表中（Credit Representative），定义信用代表组对应的人员 ID；

3）在人员定义中，定义该人员 ID，对应的通信方式（事务代码 VPE1/VPE2）；

4）维护信用冻结的输出类型（KPML），并维护相应的输出主数据；

5）定义订单类型对应的合作伙伴"信用代表"（KB），并设置其来源为 A。

综合起来，创建销售订单时，系统根据客户主数据确定信用主数据，根据信用主数据确定信用代表，根据信用代表确定审批人员 ID，并确定出对应的邮件地址，当单据冻结后，系统通过输出 KPML 来发送邮件到审批人员的邮件地址中。

Q3：销售寄售业务是否可以进行信用检查。

A3：由于寄售发货中，订单金额为零，因此无法进行信用检查，如果需要对寄售业务进行控制，应该控制寄售库存量。

Q4：在第三方销售订单业务中，信用释放销售订单，并未产生采购申请的可能原因。

A4：该物料的评估价格可能不存在，创建采购价格时，该字段为必输字段。

第 13 章　销售定价功能

粗看定价功能，会觉得销售定价复杂，当深入了解后，就会发现销售定价功能全面、精妙而又严谨，它具有以下四个典型特点。

- ❏ 灵活的价格主数据。系统通过条件技术来实现价格主数据的灵活性，可以根据不同的业务信息（条件字段）确定不同的定价，维护相应的价格主数据。
- ❏ 灵活的定价计算方式。系统通过定价类型中的几十个参数、定价过程中的诸多计算方式，以及对每个条件类型设置例程小程序（Routine）来实现定价计算方式的灵活性。
- ❏ 丰富的预配置。要配置定价来满足企业的需求，就要充分地参考系统标准配置，系统配置了数百个定价表、上百个条件类型、数十个定价过程，预配置了上百个定价公式（Routine），定价前了解这些标准的配置，然后加以引用。
- ❏ 详细的定价分析功能。要解决定价问题时，在查看后台配置的基础上，需要结合定价分析功能，系统提供了详细的定价分析过程，要充分利用定价分析中的信息来解决问题。

在本书中，本章的内容技术性最强，但为了能够充分了解定价功能，必须掌握本章内容。本章将介绍 SAP 中的条件技术，定价过程简要说明，定价过程详细说明，常见定价功能应用。

提示：销售模块的定价与采购模块的定价 90% 的逻辑都是相同的，甚至很多事务代码都是相似的，如定义销售定价的条件类型的事务代码为 V/06，定义采购模块的定价的条件类型的事务代码为 M/06，因此阅读销售定价，可同时参照 9 章"采购定价"。

13.1　SAP 中的条件技术

条件技术（Condition Technique）是 SAP 中一项非常好用的功能。条件技术应用非常普遍，特别是在 SD、MM 模块，譬如在 SD 模块，除了定价功能，在批次搜索策略、输出（打印）确定、科目确定、文本确定等功能中，条件技术都有广泛的应用。

条件技术是非常灵活的，在一首关于 SAP 的打油诗中，提到"SD 是灵巧的"，这话是有道理的，具体而言 SD 模块相比其他模块主要灵活在两个方面：一方面是系统提供了非常多的现成的用户出口，通过写自定义代码的方式满足客户的个性化需求；另外一方面，条件技术在 SD 模块有着全面广泛的应用。

条件技术的实现也是非常简单的，在不同的功能应用中，条件技术的 90% 以上的逻辑都是相同的。

13.1.1 条件技术概览

条件技术由七个要素组成，当然并不是所有的要素都需要配置，为了特定的应用，可能只需要定义一个新的条件类型，而无需修改另外六个要素。

1）条件字段（Condition Field）：条件字段是用于用于条件表的字段，典型的条件字段如客户、物料、销售组织、产品组；

2）条件字段目录（Field Catalog）：条件字段目录包含可用来确定业务规则的条件字段的集合；

3）条件表（Condition Table）：条件表对应一个具体的数据库，包含一个或者多个条件字段，定义条件表中的条件字段时，经常从条件字段目录中选择；

4）存取顺序（Access Sequence）：存取顺序中包含一个或者多个条件表，当存在多个条件表时，还将指定读取这几个条件表的顺序；

5）条件类型（Condition Type）：在条件类型中定义相应的存取顺序；

6）过程（Procedure）：过程中可包含一个或者多个条件类型；

7）过程确定（Procedure Determination）：一般来说是根据单据类型，并结合其他因素（如客户、工厂）确定过程。

13.1.2 定价中的条件技术

以销售定价为例，通过条件技术可以根据任意维护的字段进行定价。当创建一张销售订单时，销售价格和销售折扣等各种价格类型可以根据客户的任意信息、产品的任意信息以及它们之间的组合进行定价，并且可以定义不同组合之间的优先顺序。

例如：定义销售折扣可以根据客户确定，也可以根据物料确定，还可以根据客户＋物料的组合确定，同时可以定义三者都维护的话，客户＋物料的组合优先读取到。客户、物料、客户＋物料，这种用来确定定价的组合元素，形成定价条件表。定价条件表中包含的字段（这里的客户、物料）为定价字段。销售折扣、销售价格等各种定价分类为定价类型。销售折扣的确定有如上三种组合，需要定义哪个组合优先，这个过程为存取顺序。

在前台通过事务代码 VK11 针对条件类型（如销售折扣）维护价格（如折扣率）后，数据存放在条件表中。

当创建销售订单时，系统首先确定出来定价过程，再根据定价过程确定需要的条件类型，然后订单中条件类型（如销售折扣）就根据存取顺序在条件表中读取，即读取相应的价格主数据。

利用定价过程（Price Procedure）将各种定价类型（单价、折扣、运费等）组合在一起，实现定价类型与定价类型相互之间的计算关系，如设置折扣金额、税额、公司间价格的计算公式如下：

- 折扣金额：折扣金额以销售单价金额为基础乘以维护的折扣率；
- 税额：税额等于不含税金额×0.17 或者等于含税金额除以 1.17 再乘以 0.17；
- 公司间价格：跨公司销售时，总公司保留固定 5% 的利润，因此公司间价格就可以维护一个 95% 的比例，然后在定价过程中设置公司间价格（总公司对分公司的价格）等于客户售价乘以 95%。

13.2 定价过程简要说明

本节将通过一个简单但有普遍性的业务场景简要介绍 SAP 系统中定价的过程。

13.2.1 业务需求

向某客户（售达方 T-L63D08）进行销售产品（物料 ZCOAL-01），送达方为 Z9999，数量为两个，销售原价为含税 800、针对送达方和物料组维护折扣 10%，产品 ZCOAL-01 的成本为 500，客户为国内客户，因此有 17% 的增值税。

13.2.2 业务需求分析

SAP 系统中以条件类型、定价过程来串联整个定价，在本业务中，按照如下方式确定销售订单中的定价，表 13-1 的这一定价结构在 SAP 系统中被称为定价过程。

表 13-1 定价过程包含的条件类型

条件类型代码和名称	条件类型来源以及计算方式	条件表组合（存取顺序和定价表）	条件类型价格（单价/百分比）	条件类型基础（数量/金额）	条件类型金额
PR00 含税销售单价	单价读取主数据，再乘以数量	售达方 T-L63D08+物料 ZCOAL-01	800 元/个	2 个	1600
K007 折扣（率）	读取主数据，折扣额等于 PR00 的金额乘以 K007 中维护的折扣率	送达方 Z9999+物料组 01	−10%	1600	−160
NTPW（含税金额）	总价减去折扣	N/A	720 元/个	2 个	1440
MWSI 税	读取主数据 税额等于（含税价−折扣）/（1+税率）×税率	国家 CN+客户税分类 1+物料税分类 1	17%	1440	1440/（1+17%）×17%=209.23
NTPS（不含税净价）	计算得到：根据折扣后含税价减去税额	N/A	615.39 元/个	2	1440−209.23=1230.77
VPRS 成本	系统自动取自物料主数据中相应工厂的评估价（标准成本/移动平均价）	物料 ZCOAL-01	500 元/个	2 个	1000

13.2.3 业务需求实现概览

要实现上述定价的需求,可以在系统标准的定价过程的基础上直接修改,也可以新建一个定价过程,本案例中,配置一个新的定价过程 ZVAACN,其他定价因素(条件类型、条件表等)基本采用系统默认设置。

1. 价格主数据维护

本例中,如图 13-1 所示,事务代码 VK11 通过条件类型 PR00,针对客户 T-L63D08 和物料 ZCOAL-01 维护单价 800 元/个,维护完毕后,数据将保存在表 A305 中,这条价格记录称为条件记录(Condition Record)。

注意:本业务场景中,通过事务代码 VK11 还需针对条件类型 K007 维护 10% 的折扣率、针对条件类型 MWSI 进行维护 17% 的税率,具体截图略。

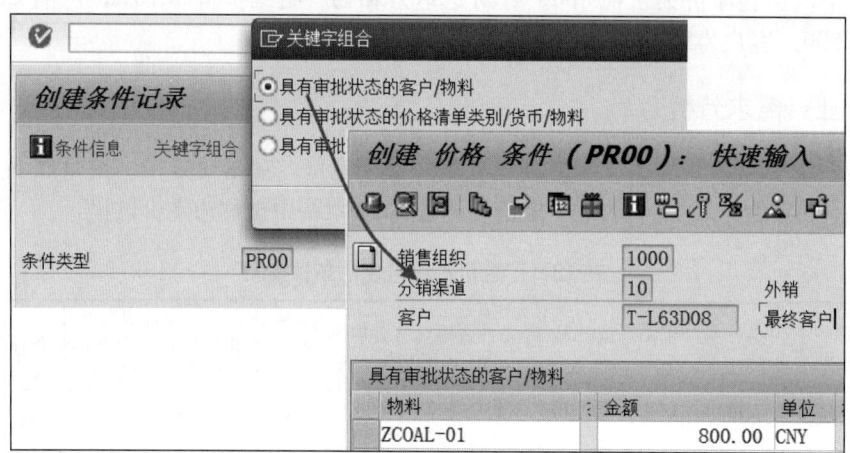

图 13-1 条件类型维护(VK11)

2. 定价在销售订单中的应用

如图 13-2 所示,创建销售订单,输入销售订单类型 ZOR1、销售组织 1000、渠道 10、产品组 00,客户 T-L63D08,物料 ZCOAL-01,数量两个。

系统首先根据销售组织等相应参数确定出该张订单应使用刚刚定义的定价过程 ZVAACN,然后系统根据上文中维护的价格记录,确定出销售订单中的单价为 800 元,折扣为 10%,税额为 17%,最终的销售含税金额为 1440,不含税金额为 1230.77,税额为 209.23。

备注:图中 13-2 中的条件类型 NTPW、NTPS 描述错误,应分别为含税金额和不含税金额。

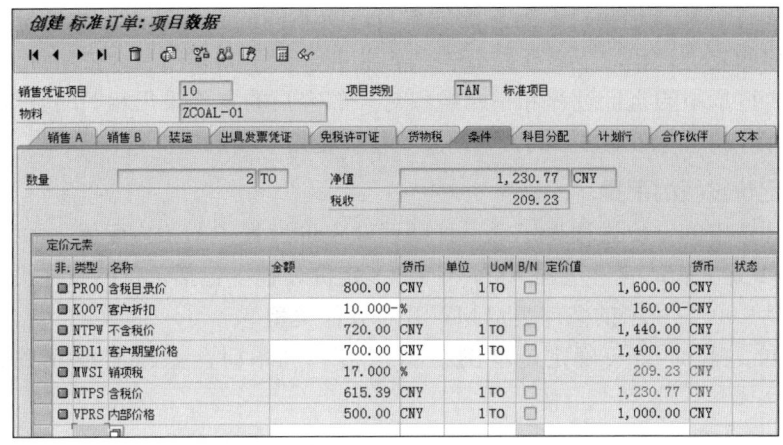

图 13-2　销售订单中的定价（VA01）

13.3　定价过程详细说明

上节中简要介绍了定价过程的实现，本节进一步从技术层面来阐述销售订单中的定价过程如何实现，创建销售订单时，销售订单中定价过程的实现可分为以下几个步骤：

1）读取后台定价相应配置，包括定价过程、条件类型等配置；
2）为定价相关的两个基础表 KOMK 和 KOMP 赋值；
3）根据表 KOMK 和 KOMP 读取价格主数据；
4）销售单据的定价过程的初步形成；
5）定价过程的定价计算。

13.3.1　步骤 1——读取后台定价配置

系统首先确定销售订单中应使用什么定价过程，再依次读取定价过程的配置、条件类型的配置。

1. 确定定价过程

当创建销售单据（如销售订单）时，系统根据销售订单中输入的五个参数（销售组织、分销渠道、产品组、客户、订单类型）确定定价过程（Pricing Procedure），本例中使用定价过程 ZVAACN。

事务代码 OVKK 定义定价过程确定，定价过程由五个因素确定（销售组织、销售组织、分销渠道、产品组、客户的定价过程、单据的定价过程），其中客户的定价过程在客户主数据中定义，单据的定价过程通过事务代码 OVKJ、OVTP 分配给销售订单和发票类型。

定价过程确定的配置比较简单，不再进行截图，从定价过程确定的配置可以看到一张销售订单只能由一个定价过程。很显然可以根据客户、销售单据类型、销售区域设置不同的定价过程，但一般来说，项目中只会设置有限的几个定价过程。

尽管销售订单和该销售订单对应的发票可以有不同的定价过程，如果没有特殊情况，一般采用相同的定价过程，但对于跨公司销售业务，由于需要出具两张系统发票，因此一般来说，销售订单中的定价过程和销售组织对外部客户的发票采用相同的定价过程，而发货工厂对销售组织（内部发票）的公司间发票往往使用不同的定价过程。

2. 读取定价过程的配置

当销售订单中的定价过程确定之后，则读取定价过程中的相应配置，如图13-3所示，事务代码V/08定义新的定价过程ZVAACN，该定价过程中包括单价的条件类型PR00、折扣的条件类型K007、税额的条件类型MWSI等条件类型。

通过定价过程定义与确定，本例中创建销售订单时，系统将使用到该定价过程ZVAACN。

备注：系统标准中预定义了很多定价过程，在项目应用中，应充分参考这些标准的定价过程（如定价过程RVAA01）。

Step	Co...	CTyp	Description	Fro	To	Ma...	R...	Sta...	P	SuTot	Reqt	CalType	BasType	AccKey	Accruals
11	0	PR00	Price			☐	☑	☑		5	2				
40	0	K007	Customer Discount			☐	☑	☑		6	2				
45	0	NTPW	Net Price includetax	10	40	☐	☐	☑		1	2	81			
50	0	EDI1	Cust.expected price			☑	☐	☐		3		9			
915	0	MWSI	Output Tax			☐	☑	☐	S		10		5	MWS	
920	0	NTPS	Price Net Share			☐	☐	☐			2	25		ERL	
940	0	VPRS	Internal price			☐	☐	☑	S	B	4				

图13-3　定义定价过程（Pricing Procedure）ZVAACN（V/08）

3. 读取条件类型的配置

根据读取到的定价过程，系统进一步确定定价过程中所使用到的条件类型的定义，事务代码V/06定义条件类型，本例中使用到多个条件类型。

在条件类型中可以定义条件类型的相关属性，其中最重要的几个属性如下。

定价等级（Condition Class）：定义条件类型属于折扣、单价、还是税类型；

计算类型（Calculation Type）：定义折扣、单价等是如何计算的，譬如销售金额是基于销售数量进行计算的；

定价类型（Condition Category）：对于特殊类型的条件类型，系统预定义了条件类别，例如对于条件类型VPRS，其条件类型为G，因此系统自动根据物料主数据中维护的标准价格（移动平均价）确定该条件类型的金额。

当然除此之外，定价类型还有很多参数可以进行设置，但限于篇幅，不做更多介绍。

表13-2中列举了本案例中所使用到的几个条件类型以及这些条件类型最主要的几个属

性值，其中条件类型 PR00 的定价类型设置为 B（单价）、计算类型设置为 C（数量），代表销售金额等于单价。

表 13-2　条件类型的定义

条件类型	Cond. Class 定价等级（类型）	Calculat.type 计算类型	Cond.category 定价类别	是否可修改
PR00（销售单价）	B（单价）	C（数量）	N/A	不可修改
K007（折扣）	A（折扣或附加费）	A（百分比）	N/A	可修改
MWSI（税）	D（税）	H（包含百分比）	D（税）	不可修改
VPRS（成本）	B（单价）	C（数量）	G（内部定价）	不可修改

13.3.2　步骤 2——为定价相关的两个基础表赋值

系统通过两个表 KOMK、KOMP 为销售单据与前台价格主数据、后台定价配置之间建立桥梁，这两个表的表名分别为 Communication Header for Pricing（KOMK）和 Pricing Communication Item（KOMP）。

系统首先根据销售订单中的信息为这两个表进行赋值，然后根据这两个表中的值确定销售单据中的定价，即这两个表起到通信（Communication）作用，具体而言，这两个表的作用如下。

1. 技术逻辑说明

当创建销售订单时，输入必要信息（客户、物料等）后，系统将销售订单中的相关字段的值赋值给 KOMK、KOMP 这两个表中，这两个表是定价的基础。

KOMK 为定价抬头表，表中包含定价相关的字段，这些字段是针对整张单据的字段，如客户（供应商）、客户组、销售组织（采购组织）、客户税分类，这些字段大多是来自于销售订单（采购订单）的抬头。

KOMP 为定价行项目表，表中的字段是针对行项目的字段，如物料、物料组、物料类型、工厂、物料税分类。

提示：这两个通信表可以通过事务代码 SE11 查看其包含的字段，KOMK 预定义了 336 个字段，KOMP 预定义了 458 个字段，取决于不同的 SAP 系统版本，表中的字段数可能不同，这两个条件表可以根据需要增加字段。

这两个通信表也仅仅起着通信的作用，是销售订单维护时的产生的两个内表，当销售订单保存后，表中的信息也会消失。

2. 应用说明

本例中，当输入客户（售达方）T-L63D08、物料 ZCOAL-01、数量两个后，一般来说，系统首先确定销售订单抬头、行项目中的各个字段（表 VBAK、VBAP 等），然后再将这些字段赋值到定价相关的两个结构中。例如：

- 销售订单中的售达方（字段 VBAK-KUNNR）赋值到定价表 KOMK 中的字段售达方中（字段 KOMK-KUNNR），字段值为 T-L63D08；
- 销售订单中行项目的送达方（字段 VBAP-KUNWE）赋值到定价表 KOMK 中的字段送达方（字段 KOMK-KUNWE），字段值为 Z9999；
- 销售订单中物料的税分类赋值到定价表中的字段税分类 KOMP-TAXM1，字段值为 1；
- 销售订单中客户的国家赋值到定价表中的字段 KOMK-ALAND，字段值为 CN（从送达方到销售订单再到定价表）；
- 销售订单中的客户的税分类赋值到定价表中的字段 KOMK-TAXK1，字段值为 0（从送达方到销售订单再到定价表）；
- 销售订单中物料的物料组赋值到定价表中的字段 KOMP-MATKL，字段值为 01；
- 销售订单中物料号码赋值给定价表中的字段 KOMP-PMATN，字段值为 ZCOAL-01。

3. 赋值原则

对于这两个表，系统有默认的赋值原则，也可根据需要自定义赋值原则。

（1）系统默认赋值

定价表（KOMK、KOMP）的赋值是定价的基础，系统有其默认的规则，如上文提到的将销售订单中的售达方自动复制到 KOMK-KUNNR 中。

注意：定价表（KOMK、KOMP）的字段与销售单据（如销售订单，表 VBAK、VBAP）中的字段，大多相同，如售达方在销售订单抬头表中为 VBAK-KUNNR，在定价表也为 KOMK-KUNNR，但并不是所有字段的命名完全相同，系统也并非根据字段名进行赋值。

（2）自定义赋值及增强示例

对定价表（KOMK、KOMP）赋值是定价的基础，但有时会发现系统未能对这两个表中的字段进行赋值，如：物料主数据中销售视图下的字段"物料组 1/MVKE-MVGR1"，现某个折扣需要根据物料组 1 确定，标准功能无法实现，原因是该字段的值系统没有将其复制到定价表中（KOMK、KOMP）。

此时首先检查该字段是否在表 KOMK/KOMP 中存在，事务代码 SE11，输入表 KOMP，发现该表中已有字段物料组 1（MVGR1），此时只需要利用 SAP 系统预留的用户出口程序 MV45AFZZ，在两个对应的 FORM：（USEREXIT_PRICING_PREPARE_TKOMP）和（USEREXIT_PRICING_PREPARE_TKOMP）写入相应代码。

从 FORM 的命名，可看出该 FORM 的作用，为定价（Pricing）的表（TKOMP/TOMK）做准备（Prepare），只需要在此写简单的代码。

TKOMP-MVGR1 = VBAP-MVGR1（销售订单中物料组 1 复制到定价表的字段物料组 1）

完整的数据处理过程是，创建销售订单时，系统读取输入的物料对应的物料组 1，将其赋值到销售订单的行项目表字段 VBAP-MVGR1，在这里的用户出口中，再赋值到表 TKOMP-MVGR1，系统自动又将 TKOMP-MVGR1 原封不动的复制到表 KOMP-MVGR1。

提示1：假设 SE11 中检查没有发现物料组 1 这一字段，很简单，事务代码 SE11 将该字段加入到表 KOMP 中即可。

提示2：销售订单中的字段取值说明。

由于客户有四种合作伙伴类型（售达方、送达方、开票方、付款方），而且还可以自定更多功能类型（如最终客户、上层客户），销售订单中不同的字段可能取自不同的功能的客户。简单来说，大部分字段取自售达方中维护的信息，但部分字段取自其他功能类型的客户，如这里的客户的税分类，就取自送达方中维护的信息。

对此，一方面系统有其默认的逻辑，这些默认的逻辑是在程序中写死，另外一方面部分字段，我们可以通过配置改变默认逻辑，如通过"合作伙伴确定"中配置销售订单的销售员取自售达方还是送达方，对于不可配置的字段则可以通过增强改变系统逻辑，但修改时要谨慎。

13.3.3 步骤 3——根据表 KOMK 和 KOMP 读取价格主数据

SAP 系统中可以非常灵活地定义价格主数据的取数逻辑，如销售单价可根据客户 + 物料确定，也可根据客户组 + 物料，具体而言系统是根据定价的两个通信表（KOMK 和 KOMP）中的值，依照条件类型、存取顺序、条件表的配置的取数逻辑，到价格主数据中搜索定价记录，从而确定销售订单中相应的价格。

本小节首先介绍条件类型、存取顺序、条件表的配置及基本逻辑，然后再以本案例中的实例来说明销售订单中的价格确定的逻辑。

1. 条件表、存取顺序、条件类型的技术逻辑说明

本文中以条件类型 PR00 为例，介绍价格主数据的三个组成（条件类型、存取顺序、条件表）以及三者之间的关系，条件类型 PR00 为系统标准的销售单价的条件类型。

（1）条件表（Condition Table）定义

如图 13-4 图标 3 所示，事务代码（V/03 V/04 V/05）定义条件表，本例中条件类型 PR00 使用到三个条件表，分别为条件表 305/306/304。在图 13-1 中，事务代码 VK11 维护条件类型 PR00 时，系统可以选择三个定价的关键字组合，这三个关键字组合与这三个定价表一一对应。

- 条件表 304 包含三个条件字段（销售组织、分销渠道、物料），代表销售单价可根据销售组织、分销渠道、物料确定。
- 条件表 306 包含五个条件字段（销售组织、分销渠道、客户的定价组、单据交易货币、物料），代表销售单价可根据这五个字段确定。
- 条件表 305 为本案例中使用到的条件表，图 13-4 图标 3 为条件表 305 的截图，包含四个条件字段，代表销售单价（PR00）可根据四个因素确定（销售组织、分销渠道、客户、物料），根据这里的定义，当事务代码 VK11 针对该组合维护一条定价记录时，系统将自动在表 A305 中生成相应的记录。

可以根据需要自定义条件表，在自定义条件表中根据业务需要分配相应的条件字段，SAP 系统为自定义条件表预留了编号从 600 到 999。

提示：
1）定价的条件表中所允许的条件字段都来自于定价表 KOMK 和 KOMP。
2）条件表有着广泛的应用，因此条件表的命名为"应用类型"+编号，如本例中的 A305、A304 为定价用的条件表，KOTH001 为批次搜索策略用的条件表。
定价用的条件表的第一位固定为 A，A 是代表条件表的应用类型为"定价应用"，可通过事务代码 SE11/SE16N 查看这些表的表结构和表内容，批次搜索策略用的条件表的前四位为 KOTH，KOTH 是代表条件表的应用类型为"批次搜索"。

（2）存取顺序（Access Sequence）定义

事务代码 V/07 定义存取顺序（Access Sequence）。以本例中的条件类型 PR00 为例，该条件类型可根据三个定价的关键字组合（条件表）进行维护，系统则通过存取顺序确定三个条件表的优先级顺序，该优先级顺序即称之为存取顺序（Access Sequence）。

本例中，条件类型 PR00 使用到的存取顺序为 PR02，如图 13-4 图标 2-1 所示，在存取顺序 PR02 的定义中，系统按存取编号 10、20、30、40 从小到大依次读取条件表 305、306、304，代表系统优先读取条件表 305 的值，也就是优先根据销售组织+分销渠道+客户+物料确定销售单价，字段"排斥的"勾选上代表如果系统读取到条件表 305 有数据（即销售组织+分销渠道+客户+物料的组合维护了销售单价），则不再继续读取条件表 306，如果该组合未维护相应的单价，则系统根据组合 306 确定销售单价。

如图 13-4 图标 2-2 所示，对条件表 305 进一步展开，可以看到系统是根据 KOMK 中的三个字段（VKORG 销售组织、VTWEG 分销渠道、KUNNR 售达方）和 KOMP 中的字段 PMATN 定价参考物料读取条件表 305。

关于定价参考物料

正常来说定价参考物料等于销售订单中输入的物料（如物料 A），但是如果在 A 的物料主数据的销售视图维护定价物料为 B，则销售订单中输入物料 A，系统确定定价物料为 B，即根据物料 B 进行定价，定价物料的目的在于减少价格维护的工作量。

（3）条件类型（定价类型）的定义

如图 13-4 图标 1 所示，事务代码 V/06，定义定价类型 PR00（销售单价）中的存取顺序为 PR02。

（4）条件类型、存取顺序、定价表的相关关系

条件类型、存取顺序、定价表的配置是一个整体，这个整体（见图 13-4）所起的作用主要是两个方面，这两方面作用是相辅相成的。

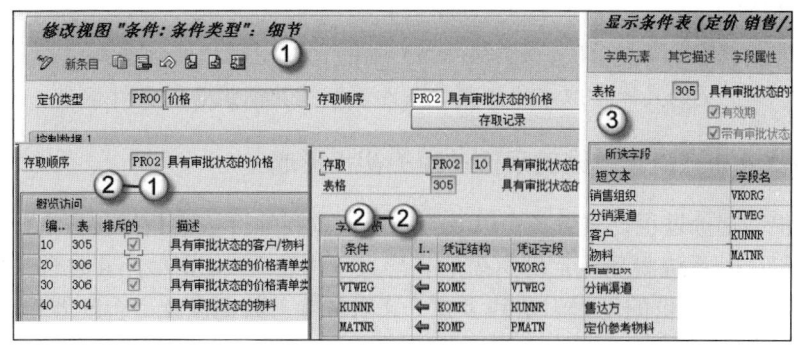

图 13-4　条件类型、存取顺序、条件表的定义（V/03& V/06& V/07）

作用 1：确定前台维护价格主数据时，数据如何存储到数据库表中。

具体而言，如图 13-1 所示，当使用事务代码 VK11 维护销售单价（条件类型 PR00）时，系统根据图 13-4 中的配置（条件类型 PR001 定义的存取顺序，以及存取顺序 PR02 中定义的条件表），系统将会跳出三个关键字组合（三个关键字组合分别对应三个条件表），关键字组合的先后顺序，即代表存取顺序，排在最前面的一个组合（销售组织＋分销渠道＋客户＋物料的组合），即对应条件表 305。

因此本例中，针对条件类型 PR00 维护销售单价时，当选择第一个组合后，代表将针对客户、销售组织、分销渠道、物料维护销售单价，该组合的单价将保存在表 A305 中。

作用 2：定义创建销售订单时，特定条件类型到"何条件表"根据"何关键字"寻找"条件记录"，这就是本小节接下来介绍的内容。

2. 销售单据中的条件类型的单价的确定

在图 13-1 处，通过事务代码 Vk11 维护了各种条件类型，如销售单价（PR00）、折扣率（K007）、税率（MWSI），销售单价为 800 元，折扣率为 10%，税额为 17%，当在前台维护这些数据后，系统自动将数据保存在相应的条件表，形成相应的条件记录。

另外，此时系统的两个定价基础表（KOMK、KOMP）中的相关字段已经被赋值。

因此此时系统根据 KOMK、KOMP 中的值读取事先维护的价格主数据（条件记录），以条件类型 PR00（销售单价）为例，其过程概括如下。

（1）确定存取字段（Access Sequence Field）

如图 13-4 所示，条件类型 PR00 的存取顺序 PR02 中定义的顺序 10（条件表 305）中定义四个存取字段，分别为 KOMK-VKORG（销售组织）、KOMK-VTWEG（分销渠道）、KOMK-KUNNR（客户）、KOMP-PMATN（定价参考物料），本例中这四个字段的值分别为 1000、10、T-63D08 和 ZCOAL-01。

（2）根据存取字段读取条件记录

系统根据这四个存取字段的值到相应的条件表中搜索相应的条件记录，本例中，根据这四个字段在条件表 A305 找到相应的条件记录，确定出该物料销售给该客户的单价为 800 元。

（3）循环读取

如果未能根据存取顺序10（条件表305）中的存取字段读取到条件记录，系统将继续根据存取顺序中定义的其他存取字段到其他条件表查找其他组合的条件记录。

13.3.4 步骤4——销售单据的定价过程的初步形成

系统将根据定价过程、定价类型以及上文中读取到的价格主数据按照定价所需的表格式进行转换，此时系统将形成定价所需的表形式（内表XKOMV），其包含的字段摘选如表13-3所示，此时定价的过程只是到步骤"读取价格主数据以及后台配置"，尚未进行条件类型的金额的计算。

如表13-3所示，系统读取到条件类型PR00的单价为800元，读取到折扣类型K007的折扣为10%，读取到税率（MWSI）为17%，读取到成本（VPRS）为500，但尚未计算这些条件类型的金额。

提示1：该定价表XKOMV的最终内容将保存在数据库表KONV中，通过条件号与销售订单关联（VBAK-KNUMV）。表13-3中，行项目号是销售订单中的行项目号，条件类型就是定价过程中分配的条件类型，条件类型单价取自价格主数据。

提示2：为了阅读方便，本表做了适当的加工，如对于百分比的条件类型MWSI，SAP系统中实际储存为170，而非17%。

表13-3 读取价格主数据后的定价过程

描述	行项目号	条件类型	条件类型单价	条件类型基础	条件类型金额	计算类型
字段名	KPOSN	KSCHL	KBETR	KAWRT	KWERT	KRECH
字段值	10	PR00	800	尚未赋值	尚未赋值	C
	10	K007	−10.00%			A
	10	NTPW				C
	10	MWSI	17%			H
	10	NTPS	0.00			C
	10	VPRS	500			C

13.3.5 步骤5——定价过程的定价计算

在步骤4中，已经初步形成了定价过程，确定了条件类型的价格[Rate（condition amount or percentage）]，在本步骤中，系统将计算定价过程中的每个条件类型的基础值以及定价值（Condition Value）。

1. 技术逻辑说明

此时系统主要根据三方面的因素来进行定价的计算：

- 后台定义的条件类型中的属性；
- 定价过程中的定义；
- 定价过程中"需求、条件基础、条件值"的 Routine 中定义的计算公式。

2. 条件类型的计算公式说明

条件类型金额的计算逻辑如下。

(1) 条件类型金额的计算公式的三要素

无论是现实生活中，还是 SAP 系统中，金额的计算公式中，都有三个要素，以本案例中的单价和折扣为例。

- 单价（800 元/个）、折扣率（10%）称之为条件类型价格 [Rate（condition amount or percentage）]，条件类型价格一般来自于前台维护的价格主数据。
- 数量（2 个）、折扣前金额（1600 元）称为条件类型基础（Condition Base Value）。
- 最后计算出来的含税金额（1600 元）、折扣额 160 元称为条件类型金额（Condition Value）。

(2) 计算公式逻辑说明

取决于条件类型中不同的计算类型，系统对条件类型金额有不同的计算方式，最常用的三种计算方式如下。

- 当条件类型中的计算类型为 C（数量），则系统默认按照单价（条件类型价格）乘以数量（条件类型基础）计算出条件类型的金额，如本例中单价的条件类型 PR00 的金额等于单价 800 元/个乘以数量 2 个 = 金额 1600 元。
- 当条件类型中的计算类型为 A（百分数），则系统默认按照百分数（条件类型价格）乘以金额（条件类型基础）计算出条件类型的金额，如本例中折扣的条件类型 K007 的金额等于 10% * 1600 元 = 160 元。
- 当条件类型中的计算类型为 H（包括在内的百分比），则条件类型的金额等于条件类型基础除以（1+百分数）乘以百分数，如本例中税的条件类型 MWSI 的金额等于 1440/（1+17%）×17% 等于 209.23。

3. 定价过程后台配置说明

图 13-5 的定价过程的定义是定价中最为关键的一步，最主要的定义都是围绕于确定条件类型基础、条件类型金额的值展开的。

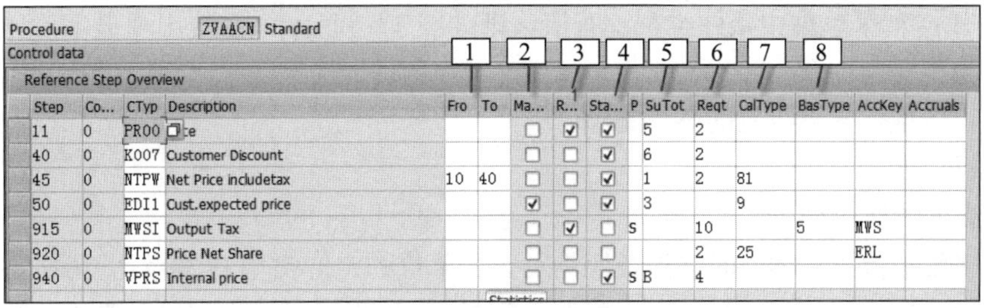

Step	Co...	CTyp	Description	Fro	To	Ma...	R...	Sta...	P	SuTot	Reqt	CalType	BasType	AccKey	Accruals
11	0	PR00	Price				☑	☑		5	2				
40	0	K007	Customer Discount				☑	☑		6	2				
45	0	NTPW	Net Price includetax	10	40		☑	☑		1	2	81			
50	0	EDI1	Cust.expected price			☑				3		9			
915	0	MWSI	Output Tax				☑		S		10		5	MWS	
920	0	NTPS	Price Net Share					☑			2	25		ERL	
940	0	VPRS	Internal price					☑	S	B	4				

图 13-5 定价过程的定义（V/08）

定价过程中的各个字段的解释如下。

(1) 图 13-5 图标 1 字段：步骤 (Step) 范围 (From ~ To)
- 作用：确定条件类型的基础 (Condition Base Value)；
- 适用情况：仅针对以百分数维护的条件类型；
- 逻辑说明：系统中提供三种以百分比维护的计算类型，分别为 A (Percentage)、H (Percentage included)、I (Percentage/travel expenses)，以计算类型 A (百分比) 为例，其条件类型的金额等于条件类型的基础乘以百分数，而条件类型的基础默认等于该条件类型的步骤范围内的条件类型的值的合计，当不输入步骤范围时，则条件类型的基础等于该条件类型前所有步骤的条件类型的金额之和。

本例中，折扣的条件类型 K007 的计算类型设置为百分比，按照图 13-5 配置，条件类型 K007 的基础 (Condition Base Value) 等于条件类型 K007 前的所有条件类型的金额之和，也就是条件类型 PR00 的值，具体而言为 1600 元，因此条件类型 K007 的金额等于条件类型基础 (1600) × 前台维护的折扣率 (10%) 等于 160 元。

在本例中，若设置条件类型 K007 的步骤范围为"从 11 到 11"与不输入步骤功能相同。

关于步骤 (Step) 的解释：每个条件类型都有对应的步骤，通过步骤为条件类型进行编号，如图 13-5 定价过程所示，条件类型 PR00 对应的步骤为 11，条件类型 K007 对应步骤为 40。

(2) 图 13-5 图标 2 字段：手工的 (Manual)
- 作用：确定条件类型是否在销售订单定价界面自动出现；
- 适用情况：无存取顺序的条件类型；
- 逻辑说明：如图 13-5 中一共有七个条件类型，条件类型 EDI1 代表客户期望的价格，被标记为"手工"同时事务代码 V/06 也没有为该条件类型定义存取顺序，即条件类型不读取主数据，而是手工在销售订单中输入，因此当创建订单时，在销售订单的定价屏幕默认最多出现六个条件类型，条件类型 EDI1 不会自动出现，如果需要使用，则需要在销售订单的定价界面中手工进行选择，以便输入。

因此，可将不常用的手工输入的条件类型设置为手工的，对于常用的需手工输入的条件类型则不应设置为手工的。

(3) 图 13-5 图标 3 字段：必须的 (Required)
- 作用：如果单据中条件类型没有值，则如图 13-6 所示，系统出现提示，凭证将被设置为不完整。
- 适用情况：需求满足的条件类型。
- 逻辑说明。

需求满足的概念如下。

需求满足是指条件类型的前提条件满足，若单价的定价类型 PR00 设置为必需的，同时条件类型 PR00 未维护，创建正常订单时，系统则会出现提示，在创建免费的订单中，系统不会出现提示。

这是由于条件类型 PR00（销售单价）的前提条件为正常订单，而非免费订单。

对于不同定价类别的条件类型来说，没有值的概念是不一样的，例如：

❏ 对于定价类别（Condition Class）为 B（Price/单价）或者 A（Discount Or Surcharge/折扣或者附加费）的条件类型，意味着必须维护相应的价格主数据，且维护的值不能等于零；

❏ 对于定价类别为 D（Taxes/税收）的定价类型，只要维护相应的主数据即可。

如图 13-5 所示，条件类型 PR00、MWSI 均设置为必需的，当通过事务代码 VK11 针对这两个条件类型分别维护单价（税率）为零的价格主数据，结果如图 13-6 所示，条件类型 PR00 报错，系统认为不完整，条件类型 MWSI 没有任何提示。条件类型 MWSI 没有任何提示的原因是免税（税率为零）从业务上来说是正常的。

（4）图 13-5 图标 4 字段：统计的（Statistics）

统计（Statistics）给人的印象往往是不干活的，对于一家企业来说，最重要的是赢得收入，赢得现金，对于一张销售订单来说，金额信息中最主要的是计算订单的不含

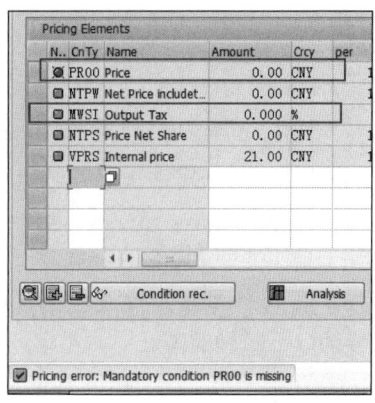

图 13-6　销售订单中定价必需的条件类型（VA01）

税金额（Net Value）和税额（Tax Value），后续开票时，订单不含税金额将过账到财务收入科目，税额将过账到税金科目，二者合计代表着现金（应收账款）。

系统将定价过程中的各个步骤中满足下面三个条件的值纳入到订单的净价值（Net Value）计算。

❏ 条件 1：该步骤未勾选上统计，如勾选统计，则代表该金额不纳入净价值。

❏ 条件 2：该步骤存在条件类型。

如图 13-7 中定价过程中最后一个步骤"test only"不存在条件类型，因此在定价过程中尽管未勾选上统计，但系统不将该步骤的值纳入净值计算，对于这些不存在条件类型的步骤，系统一律认为是统计性的。

❏ 条件 3：该步骤的条件类型的定价类别（Condition Class）为不是"税类型 D"（Taxes：税收）

如图 13-7 中的条件类型 MWSI，虽然未勾选上统计，但系统不纳入净价值统计。

在销售订单的界面中，如图 13-7 所示，非统计性的金额使用蓝色字体，在字段"Stat"中为未勾选状态，具体而言，在图 13-7 示例中，销售订单的净值（Net Value）等于条件类型 NTPS 的金额。

（5）图 13-5 图标 5 字段：小计（subtotal）

小计的概念是将步骤（条件类型）的值或者价格赋值到小计中，不同的小计有不同的用途，有些小计可以用来做后续的计算，有些小计的值将会保存到数据库表中。

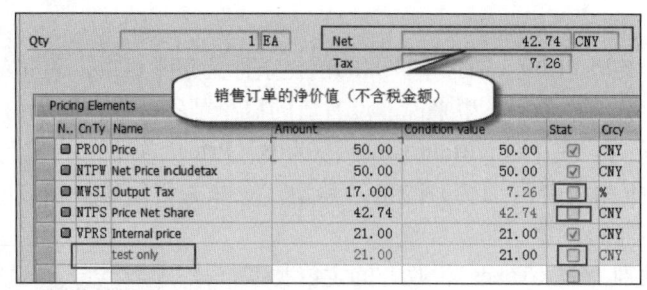

图 13-7　条件类型净值的计算（VA03）

图 13-5 中，条件类型 PR00 的小计被设置为小计 5，小计 5 对应的字段为 KOMP-KIWIZ5，则创建销售订单时，字段 KOMP-KIWIZ5 的金额等于条件类型 PR00 的金额，当销售订单保存后，销售订单行项目表的字段 VBAP-KIWIZ5 的值等于 KOMP-KIWIZ5，即等于条件类型 PR00 的金额。

表 13-4 列举定价过程中预配置的 22 个小计，并对这些小计做了简单的分类，可以划分为以下四种类型。

❏ 第一类：不可以随意使用，系统已经赋予其特定的含义。

该类型的小计必须结合业务来进行理解，如果对业务不熟悉，则无法理解透彻，并且可能导致不当的业务结果，该类型的小计的值最终都会保存在表 VBAP 中相同名称的字段里。

例如小计 A 代表信贷价格（Credit Price），该价格无特殊情况下应该等于订单中的含税价格，也就是最终产生应收账款的价格。

注意：这里系统用信贷价格，而非信贷额，销售订单的信贷额等于信贷价格乘以订单的确认数量，该字段的值最终会保存在销售订单行项目对应的表 VBAP-CMPRE 中，系统保存信贷价格而非信贷额的原因很多，如一张销售订单会分拆为多张发货单，可以结合 12 章 "销售管控和信用管控" 来考虑。

例如小计 7 代表返利（Rebate）基础，当启用返利功能时，该字段作为返利基础。

例如小计 B 代表成本，其值将更新到销售订单行项目对应的表字段 VBAP-WAVWR，一般其金额应该等于条件类型 VPRS 的值，但对于按订单生产的业务，销售订单可能既有物料评估价格（如条件类型 VPRS），又有按订单生产的订单计划成本或者实际成本（如条件类型 EK01、EK02、EK03），那么其值的计算逻辑比较复杂。

❏ 第二类：系统预留的，可根据公司需要赋予特定的含义。

该类型的小计有六个，从小计 1 到小计 6，这六个小计如果需要使用，必须提前规划好，每个小计有何作用，切勿大材小用，这六个小计的值最终都会保存在销售订单行项目对应的表字段。VBAP-KIZW1 ～ KIZW6 中。

如可设置小计 1 用来记录非常重要的折扣，如领导审批的折扣金额；小计 2 用来记录客户期望价格。使用小计 1 到小计 6，必须考虑到公司出具关于定价的分析报表的需要。

小计 1～小计 6 不仅保存在销售订单、发票的行项目表中，还保存在销售信息系统报表所使用到的表，系统预定义的这些销售信息报表中都可以直接展现这六个小计的值，对应的典型的事务代码为 MCTA、表为 S001。

❑ 第三类、第四类：系统未赋予特定含义。

这两类的小计，字段值不会保存到数据表中，仅作为中间变量使用，是为了定价过程中进一步计算使用，具体应用在图 13-5 中的 6、7、8 处，也就是步骤（条件类型）的需求公式、条件金额公式、条件基础值公式中使用，在下面的例子中将具体展现其用法。

其中第三类小计是将步骤的条件类型的金额赋值到小计中，第四类是将条件类型的价格赋值到小计中。

定价过程中的小计见表 13-4。

表 13-4　定价过程中的小计

分　类	小计类型	小计英文描述
第一类：系统赋予特定的含义，不仅保存到表中，还作为后续返利、信贷管理等的基础	7	Carry over value to KOMP_BONBA（rebate basis 1）返利/回扣基础
	8	Copy values according to KOMP-PREVA（preference value）
	9	Copy values to KOMP-BRTWR（gross value）
	A	Carry over price to KOMP-CMPRE（credit price）信贷价格
	B	Carry over value to KOMP-WAVWR（cost）成本
	C	Carry over value to KOMP-GKWRT（statistical value）
第二类：系统未赋予特定的含义，字段值保存到数据库的表中，可根据公司需要赋予其含义	1	Carry over value to KOMP-KZWI1
	2	Carry over value to KOMP-KZWI2
	3	Carry over value to KOMP-KZWI3
	4	Carry over value to KOMP-KZWI4
	5	Carry over value to KOMP-KZWI5
	6	Carry over value to KOMP-KZWI6
第三类：系统未赋予特定含义，字段值仅作用中间变量使用，作为进一步计算使用，不会保存到数据表中	D	Copy value to XWORKD
	E	Copy value to XWORKE
	F	Copy value to XWORKF
	G	Copy value to XWORKG
	H	Copy value to XWORKH
	I	Copy value to XWORKI
	J	Copy value to XWORKJ
第四类：与第三类类似，第三类记录的是价值，第四类记录的是价格	K	Copy price to XWORKK
	L	Copy price to XWORKL
	M	Copy price to XWORKM

（6）图 13-5 图标 6 字段：前提条件（需求 /Requirement）

这里的需求是指条件类型生效的前提条件，这里可以写自定义的程序来定义条件类型生效的前台条件，系统也定义了相当多的程序供选择使用。

提示： 这里的一小段代码用 SAP 的术语称为 Routine（例程），例程在销售模块应用非常广泛，在其他模块也有应用，在定价中，前提条件及下文中介绍到的条件类型基值、条件类型值都通过 Routine 来实现各种功能。

典型的两个前提条件的例程以及相关解释如下。

❑ 例程示例 1（前提条件 A）：

同一个物料，大多是出售给客户，对应的销售订单行项目类别为 TAN，但有时由于赔偿或是样品等原因，需要免费给客户，对应的订单行项目类别 KLN。

在后台行项目定义（事务代码 VOV7）中，行项目 TAN（正常销售）设置为与定价相关，行项目 KLN（免费销售的行项目）设置为与定价无关。

本案例中，条件类型 PR00 代表对客户的售价，显然该条件类型生效的前提应该是正常销售，在免费销售的业务中，该条件类型则无需生效。

因此在条件类型 PR00 的需求中写入前提条件是该行项目与定价相关，系统已经预配置例程 2，如图 13-8 所示，在定价过程中设置条件类型 PR00 的需求例程为 2。

❑ 例程示例 2（前提条件 B）：

当跨公司销售时，在销售订单中，需要销售组织对客户的售价外，还需要发货工厂对销售组织的售价，标准的公司间的条件类型是 PI01/PI02，条件类型 PI01/PI02 生效的前提条件应该是跨公司销售业务，即在正常的销售订单中，条件类型 PI01/PI02 无需生效，在跨公司的销售订单中，条件类型 PI01/PI02 需要生效，也就是需要设置条件类型 PI01/PI02 的前提条件，即判断销售订单中的销售组织和发货工厂是否属于同一个公司代码，如果属于一个公司代码，则销售订单为正常订单，如果属于两个公司代码，则销售订单属于跨公司销售。

因此在条件类型 PI01/PI02 的需求中写入该条件类型生效的前提条件是发货工厂的公司代码不等于销售组织的公司代码（Check t001-bukrs ne t001k-bukrs），具体代码请见需求 22。

❑ 查看例程的方法：

如图 13-8 所示，选择例程号，单击"源代码（Source Text）"按钮

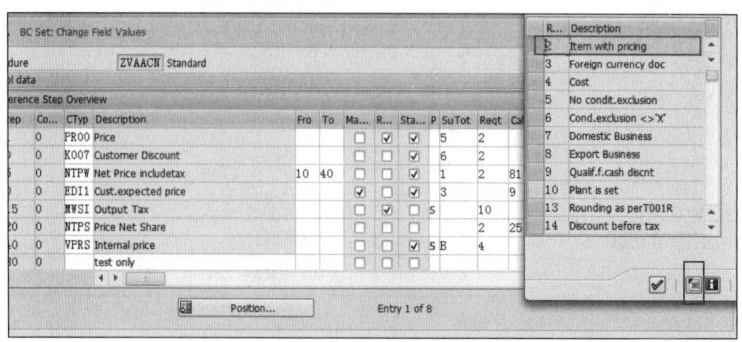

图 13-8　查看定价过程中的例程（V/08）

❑ 例程 002（LV61A002）代码说明：

如图 13-9 所示，查看例程 002 的代码，在例程 002 中最重要的一句代码是 "check :komp-prsfd ca 'BX'"，这代表着若 komp-prsfd 的值不等于 BX 中的一个，则与定价无关，komp-prsfd 的值来源于事务代码 VOV7 中对销售订单行项目的定义，其中行项目 tan 中 prsfd（定价相关性）为 X，KLN 中 prsfd 为空白。

在上文中讲到定价过程中第二个步骤就是对表 komp 中的各个字段进行赋值，当创建行项目为 KLN 的免费订单时，komp-prsfd 等于空白，此时由于条件类型 PR00 的前提条件（Requirement）不满足，因此 PR00 不会生效，而行项目类别为 tan（正常销售）时，komp-prsfd=X，因此该条件类型会生效，会出现在销售订单的定价屏幕中。

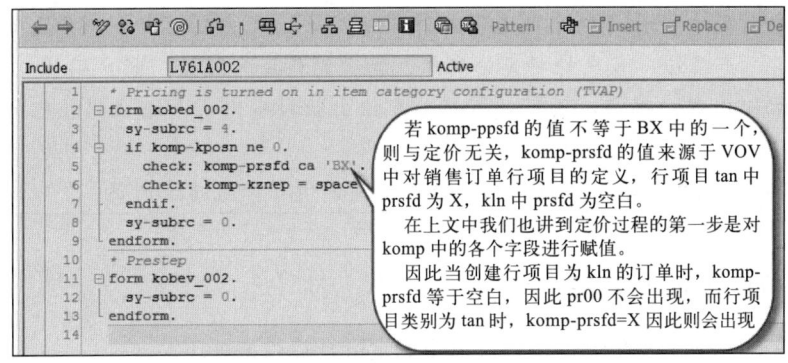

图 13-9　条件类型的需求的例程示例（SE38）

（7）图 13-5 图标 7 字段：条件金额公式（Condition Value Formula）

通过该字段主要用来改变当前条件金额的值（字段 xkwert），也可以同时改变当前条件类型的其他字段的值，如条件类型价格。

条件类型 NTPW（含税净金额）等于折扣前含税金额减去折扣金额，因此如图 13-5 所示，系统将条件类型（PR00）含税总价的金额复制到小计字段 5（KOMP-KIZWI5），将条件类型（K007）折扣的金额复制到小计字段 6（KOMP-KIZW6）中，同时该条件类型 NTPW 的条件金额公式的例程为 81。

如图 13-10 所示，在例程 81 中定义条件类型 NTPW 的金额（XKWERT）等于小计 5（KOMP-KIWI5）+ 小计 6（KOMP-KZWI6），同时在该例程中，还定义了根据条件类型 NTPW 的金额得到该条件类型的价格（XKOMV-KWERT）。

（8）图 13-5 图标 8 字段：条件基础公式（Condition Base formula）

与字段条件金额公式类似，主要是通过例程（一小段自定义程序）来改变条件类型基础的值。

（9）图 13-5 图标 9 字段：账户码和应计项（Acckey 和 Accruals）

通过定价过程中的账户码（Account Key）和应计码（Accrual Key）实现与销售开票时的会计科目的确定无缝集成，实现收入、折扣、成本、税额以及各种预提进入各自的会计科目。

```
Include                FV64A081                              Active
     1  * Tax included : summerized total
     2  form frm_kondi_wert_081.
     3    xkwert = komp-kzwi5 + komp-kzwi6 .
     4  *{    INSERT                 DMGK900757                                  1
     5  *通过上述公式(xkwert = komp-kzwi5 + komp-kzwi6)计算出含税总价
     6  *通过下述程序根据计算出的总价得到单价，否则单价为空白
     7    perform xkomv_kbetr_from_kwert using xkwert.
     8  *}    INSERT
     9    endform.
    10
```

图 13-10　条件类型的条件金额的例程

提示 1：关于销售开票科目确定

销售开票时的会计科目确定也使用条件基础，一般来说由六个条件字段确定，销售组织、分销渠道、产品组、客户的科目分配组、物料的科目分配组、账户码（应计项），其中客户科目分配组由客户确定、物料的科目分配组由物料确定，而账户码（应计项）则由定价过程中的定价类型确定。

提示 2：凡是纳入销售订单净值计算的条件类型都必须有对应的账户码。

13.3.6　定价过程的计算结果

经过上文的五个主要步骤，销售订单中的定价计算结果如下。

1. 确定出销售订单中的条件屏幕的各个条件类型的单价、基础、金额

销售订单中的每个条件类型都按照上文中的五个定价步骤进行计算，最终如表 13-5 所示，参见图 13-2。

表 13-5　销售订单中的条件屏幕

描述	行项目号	条件类型	条件类型的价格	条件类型基础 Condition base value	条件类型金额	计算类型	定价类别	统计与否
字段名	KPOSN	KSCHL	KBETR	KAWRT	KWERT	KRECH	KNTYP	KSTAT
字段值	10	PR00	800	2	1600	C（数量）		统计
	10	K007	−10%	1600	160	A（百分比）		统计
	10	NTPW	720	2	1440	C（数量）		统计
	10	MWSI	17%	1440	209.23	H（包括的百分比）		非统计
	10	NTPS	615.39	2	1230.77	C（数量）	D 税	非统计
	10	VPRS	500	2	1000	C（数量）	G 成本	统计

2. 确定销售订单的净值（Net Value）和税额

具体而言，如图 13-2 所示，本例中销售订单的净值等于非统计的金额等于 1230.77，税额等于 209.23。

提示：

1）创建销售订单时，条件屏幕的字段在内表 XKOMV 中，最终内容将保存在数据库表 KONV 中，通过条件号与销售订单关联（VBAK-KNUMV）；

2）销售订单的净值和税额将保存在销售订单行项目表 VBAP-NETWR 和 MWSBP。

13.4 常见定价功能应用

本节中对销售定价的一些常见问题做简单的描述。

13.4.1 销售定价屏幕展现

在销售订单的行项目界面，标准配置中可以显示净价值、净价、常用条件类型，从 ECC EHP604 开始，激活业务功能增强 LOG_SD_SIMP_02 后，则还可以额外显示六个自定义的定价相关字段。

在上文案例的基础上（图 13-2），如图 13-11 所示，可以将案例中所使用到的各个价格，如目录单价（800 元）、折扣率（–10%）、客户期望单价、含税单价（720 元）、净价（515.39 元）、目录总价值（1600 元）、含税金额（1440 元）、净价值（1230.77 元）都显示在销售订单的行项目中，并且可直接在本屏幕中进行修改和维护。

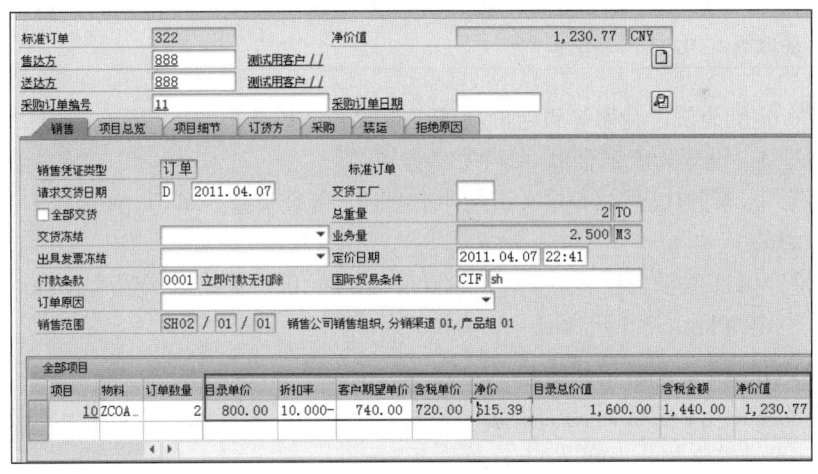

图 13-11　销售订单行项目中的条件显示（VA03）

13.4.2 等级定价

企业出于促进销售等多方面的原因，经常会设置各种各样的等级定价，譬如客户订购数量越多，单价越便宜，具体而言有以下几种常见的等级定价。

❑ 阶梯等级定价；

- 间隔等级定价；
- 累计等级定价。

提示：系统可以支持根据销售订单中数量、金额、重量、体积等确定等级，本例中演示的是根据数量确定等级。

1. 等级定价1——阶梯等级/Scale

某公司销售某产品给客户，数量0～200个，单价为每个10元，数量201～300时，销售单价为9元每个，购买250个，总金额为9×250=2250。

此需求为系统默认设置，事务代码VK11维护价格时，维护等级定价即可。

如果条件类型不允许等级定价，则通过事务代码V/06检查后台条件类型的定义。

2. 等级定价2——间隔等级定价/Graduated-to Interval Scale

某公司销售某产品给客户，数量0～200个，单价为每个10元，数量201～300时，超过部分销售单价为9元每个，购买250个时，总金额为200×10+50×9等于2450。

提示：间隔等级定价在日常生活中，也比较常见。

上海市区出租车：起步费为12元/3km，超过3km后，超过部分每km价格2.4元，超过10km，超过部分每km价格3.6元。

个人所得税计算也是采用间隔等级定价，更标准的说法叫超额累计，超过特定金额，就超过部分征收特定比例的个税。

以出租车定价为例，利用等级定价功能，设置两个条件类型。

条件类型1：设置为固定金额，维护12元。

条件类型2：事务代码V/06定义该条件类型时，等级类型Scale Type选择D：Graduated-to interval scale。

事务代码VK11维护条件类型2时，设置等级定价，0～3kg，单价为零，3km～10km，2.4元/km，10～1000km，3.6元/km。

3. 等价定价3——累计等级定价

在等级的基础上，多了时间的概念，譬如一个月内，累计销售数量为0～1000个，则单价10元，累计销售数量1000以上，单价9.5元。

两种实现方法，各有利弊，满足不同需要。

方法1：利用条件更新功能（Condition Update）。

设置两个条件类型，条件类型1，维护单价每个9.5元。事务代码V/06定义条件类型2，设置条件更新。事务代码VK11维护条件类型2时，单价为每个0.5元，在附加数据中，设置累计的数量为1000个，该条件类型的有效期均为整月，根据需要可以一次性维护多个月份。

方法 2：整个月份利用一张单据（如计划协议、销售合同、销售订单），不断更新数量，使用一个条件类型，条件类型设置等级定价。

详细说明，请参见本人博客"定价—累计等级定价"。

注意：请将累计等级定价的需求与返利业务区分开，返利是事后的行为，不会立刻在销售订单中体现折扣、价格变化。

13.4.3 层次定价

在实际业务往来中，企业销售的产品是有层次的，企业的客户也经常是有层次的，具体而言，这两种层次对应 SAP 系统中的两种层次，相应的有两种层次定价。

1. 产品层次在定价中的应用

对物料可以有很多个分类，但大部分分类是平行的，SAP 公司还提供了产品层次（Product Hierarchy）来满足对物料进行层次分类，图 13-12 为某国内知名厂商对其电脑产品 ThinkPad 进行层次分类，共分为五层。

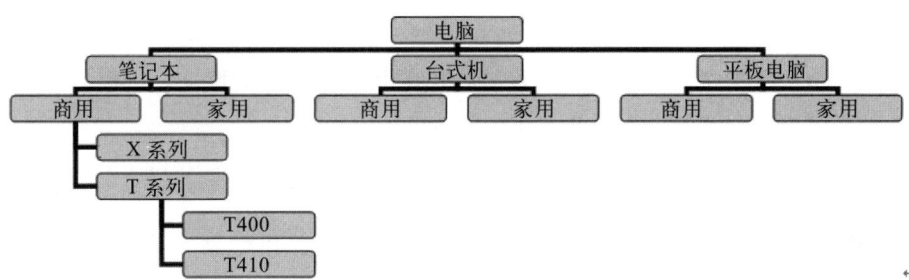

图 13-12 产品层次

在定价中，可能需要对不同的层次进行定价，可能针对第一层，即针对所有的笔记本打折 10%，也可能对所有的商用电脑（包括笔记本、台式机、平板电脑）打折 5%，也可能对所有笔记本（商用、家用）统一打折 5%，也可能对只对其中的 T 系列进行折扣，也可能只对单一型号 T400 打折，定价方式非常多而灵活。

此时可以使用产品层次功能，后台定义产品层次，然后物料主数据中维护产品对应的产品层次，而后利用标准的条件类型 K148 满足上述定价需要，除此之外产品层次还广泛应用于报表统计中。

参见本人博客"产品层次应用"。

2. 客户层次在定价中的应用：

与产品层次类似，客户也有层次概念。如某超市家乐玛是我们的客户，其层次为：最高层次为家乐玛中国，下一层次为家乐玛华东，第三层次为家乐玛上海，最后为家乐玛古北店，在定价和报表统计上同样有与物料层次类似的需要。实现方式也比较相似，先为不同层次的客户维护客户主数据,并进行层次分配,而后使用标准的条件类型 HI01、HI02 满足定价需要。

13.4.4 价格审批

销售业务中最敏感也是最重要的信息是价格信息,因此对价格的审批有时是必不可少的。价格审批有两种形式:销售订单中的价格审批和价格主数据的审批。

1. 销售订单中的价格审批

当销售订单中实际的价格与公司规定的价格政策不一致时,需要进行审批,价格政策不一致的可能有很多情况,如销售价低于最低限价,但归纳起来可以理解为客户的期望价格与我们期望的价格不一致。例如:创建销售订单的默认价格为 100 元,客户期望价格为 95 元,此时理当有某个人员进行审批。实现方式为:创建销售订单,默认价格 100 元,手工输入客户期望价格 95 元(条件类型 EDI1),系统自动冻结,而后通过事务代码 V.25 由具有审批权限的人进行审批解冻。

相关实现请参见 12.2 节"销售单据中的单价控制"。

2. 价格主数据的审批

如果用户 A 维护了价格主数据,不希望立刻生效,希望由另外一个人审批后再生效。则当事务代码 VK11 维护价格时,可以设置价格的状态为不生效状态,同时我们可以利用屏幕变式功能来实现维护人员无法修改该状态。

提示:通过事务代码 SHD0 维护屏幕变式是非常有效的功能,除了这里的价格审批,还可以实现其他一些主数据、价格的审批,不能说它一定能够实现你所希望的效果,但思路值得尝试。

13.4.5 价格隐藏

对于有些公司来说,销售价格、成本、折扣等信息是非常敏感的信息,一方面要保证系统中的价格是准确的,得到控制的;另外一方面也要控制可以查看价格的人员。以下为两个典型的需求:

1. 销售订单中的整个条件屏幕隐藏

如果希望允许生产部的人查看销售订单,但不允许查看销售订单中的任何价格(单价、折扣、成本等信息),那么可以利用屏幕变式功能,将整个定价的屏幕全部设置为隐藏。

2. 特定条件类型隐藏

销售订单界面中可以看到销售成本以及销售毛利,如果老板要求销售订单维护人员不允许看到这两个信息,则可以通过权限控制 + 增强实现,具体请查看 SAP Note 105621 - Authorization check for the condition screen。

13.4.6 查看价格

当价格主数据有很多时,需要能够有效地查询各种价格。以下为两个常见的需求。

1. 价格查看 – 查看特定条件类型的价格主数据

如果希望以报表的形式查看条件类型(如条件类型 PR00)维护的价格,则可以通过后台的事务代码 V/LA 进行配置定价报表,系统自动产生查看该条件类型的程序,然后通过前台的事务代码 V/LD 查看定价报表。

提示:配置产生的报表可能没有做完善的权限检查,如果需要做权限检查,则可以在系统生成的程序的基础上做适当的调整,增加权限检查

2. 价格查看 – 查看特定对象的价格主数据

如果希望查看包含某个物料的所有条件类型(销售单价、折扣、内部交易价等),则可以在后台启用条件类型(K007)的条件索引,并激活索引,事务代码 VK13 查看条件类型。请参见本人博客中"定价 – 条件索引(Condition Index)"文章。

13.4.7 定价分析

当创建一张单据(如销售订单)时,经常会发现条件类型的价格、金额不是期望的值,此时如图 13-13 所示,在单据中单击定价"分析"功能来进行定价分析。

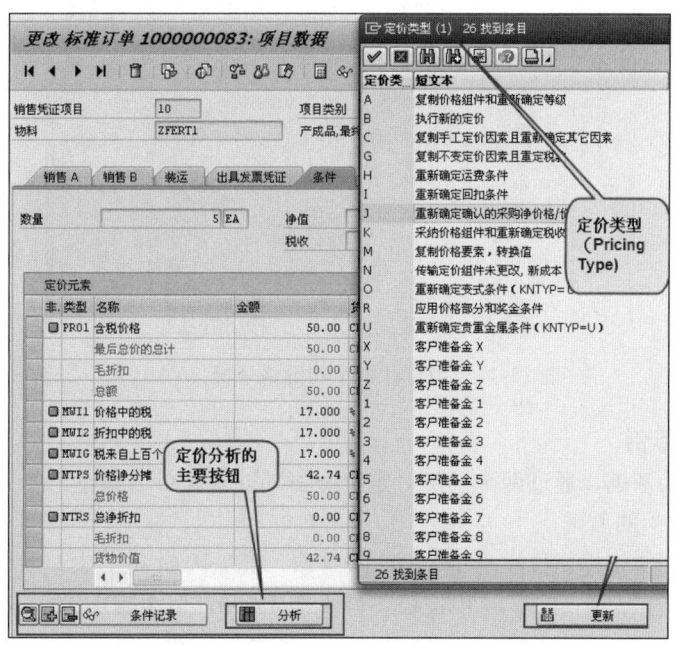

图 13-13　销售订单中的定价分析(VA01)

1. 定价中常见的问题

图 13-14 为最典型的价格错误的几种可能性。

1）价格主数据没有维护或者没有正确维护（见图 13-14 图标 4）。

如：单据的定价日期不在价格主数据有效期间；

修正方法举例：修改价格主数据。

2）定价的两个基础表（KOMK 和 KOMP）的字段没有填充（见图 13-14 图标 2）。

如：物料主数据中的物料组没有填写，而定价是按照物料组进行定价的，自然无法取到价格。

修正方法举例：修改销售订单的物料组或者修改物料主数据的物料组，重新创建订单。

3）单据在价格主数据之前创建（见图 13-14 图标 3）。

修正方法举例：在销售订单中，执行定价更新功能；

4）配置问题：如选择错误的字段（见图 13-14 图标 1，图标 5）。

详细原因请查看上文中定价过程的实现部分。

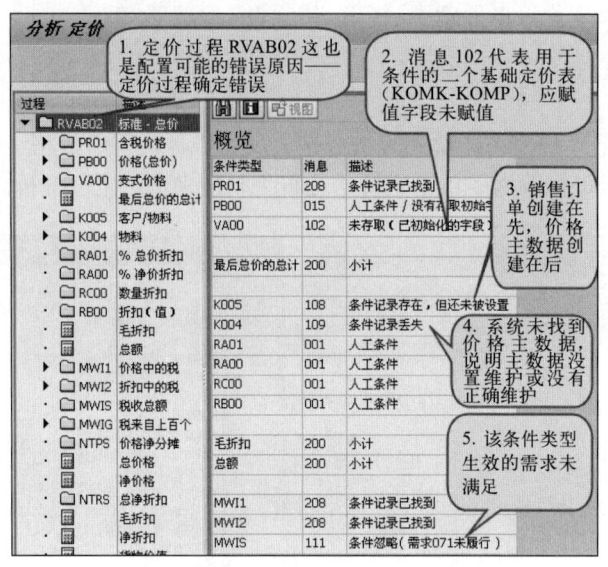

图 13-14　销售订单中的价格分析（VA01）

2. 定价分析示例

以图 13-14 为基础，通过两个示例对定价分析功能做简单的阐述。

（1）"未存取"的原因

图 13-14 图标 2 处提示价格类型 VA00 未存取，其原因如下：

如图 13-15 所示，在图 13-14 中选择条件类型 VA00，单击顺序 10，可以看到该条件类型根据四个条件字段（销售组织、分销渠道、定价参考物料、变式）进行定价，但在当前单据中，字段"变式"为空，即字段 KOMP-VARCOND 等于空白，因此系统提示未存取。

单击"视图"按钮，则可以看到这四个字段的取值分别为 KOMK-VKORG（销售组织）、KOMK-VTWEG（渠道）、KOMP-PMTAN（物料）、KOMP-VARCOND（变式），字段"变式"是应用于可配置 BOM 的定价中，本例不属于可配置 BOM，因此该字段为空属于正常情况。

提示：关于 KOMK、KOMP 如何赋值在上文定价过程实现中已介绍。

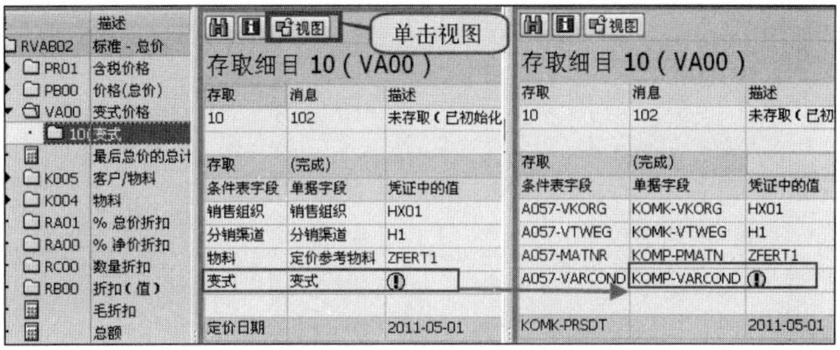

图 13-15 定价分析－赋值（VA01）

（2）主数据问题

图 13-14 定价分析图标 4 处，提示条件类型 K004 未找到条件记录，没有在销售订单中出现。

如图 13-16 所示，销售订单的定价日期为 2011 年 5 月 1 日，而通过事务代码 VK13 查看到条件类型 K004 的价格有效期从 2011 年 5 月 10 号开始，因此在销售订单中条件类型 K004 的记录丢失。

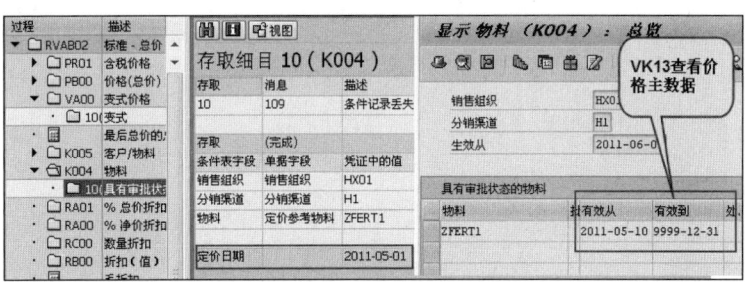

图 13-16 定价分析（VA01&VK13）

第四篇 常见跨模块功能

第 14 章 包装处理

在商品的运输、储存过程中会使用到各种各样的包装，SAP 系统中用包装处理单元（Handling Unit，HU）来处理这些事情。当使用包装后，货物在运输、存储过程中，不再基于单个物料，而是基于整个包装进行计算和处理。

在不少业务中，当基于包装进行货物移动管理时，货物移动的处理将变得更加容易，将简化仓库和装运中的操作。

本章首先简要介绍包装的概念及功能，然后通过案例来描述 SAP 中的包装功能及其应用。

提示：由于软件版本不同，Handing Unit 翻译成处理单元、处理单位、包装单元、装运单元、装运单位等不同的词，其概念是一样的。

14.1 概览

本节就产品的包装类型、SAP 系统对包装的处理做简要的介绍。

14.1.1 产品的包装类型

产品在运输过程中，根据产品特性有不同的包装形式，可分类为：无包装产品和有包装产品。

1. 无包装产品

无包装产品可进一步细分为散装产品（Bulk Cargo）或者裸装货（Nuded Cargo）。

散装产品形态大多为颗粒或者液态，一般无需包装或者不容易包装，如煤炭、粮食、散装水泥等产品，煤炭运输直接装载在火车车厢中、稻谷运输也直接使用船舶。

一方面产品的包装形态可能有多种多样，如水泥有散装水泥，也有包装水泥，另外一方面散装水泥（产品）有利环保、成本也更低。

散装产品，在运输过程中，无论是直接暴露在外面还是放在特定的容器中，相比包装产品，往往更容易发生损耗，在出发地点为 100 吨，到达目的地时，可能变成了 98 吨。

裸装货一方面不容易包装，另一方面指即使没有包装，产品的品质也不容易受影响，裸装货自成件数，典型的如木材、钢材和汽车产品，对这类商品有时会略加捆扎，如使用钢丝对钢材捆扎。

关于散装产品的运输（Bulk Transportation），SAP 系统中有专门的解决方案，请参见 15.4 节 "散装运输管理（15.4）"。

2. 有包装产品

有包装产品可以分为两类：销售包装、运输包装。其中运输包装是本章中的主要内容。

（1）可视同原材料的包装物（销售包装）

这类包装物作为产品本身不可分割的一部分存在，如：购买的化妆品瓶子、方便面袋。这类包装直接或间接接触产品，一般会随商品进入零售网点、分销渠道，和消费者或用户直接见面，因此也被称为销售包装。

这类包装物维护在 BOM 中，并和其他原材料类似，这些包装物也是根据产成品的需求，展开对这类包装物的相关需求，譬如 100 瓶化妆品，需要 100 个瓶子，从而进一步根据需要进行采购，当车间使用时，与产品中的其他物料一起通过移动类型 261 进行生产发料。

这类包装一般不可回收，但也有可回收的情况，其中饮料行业是比较典型的需要回收包装的行业，很多饮料瓶、啤酒瓶都是可回收的，在 SAP 系统中，有专门针对饮料行业（Beverage）中的饮料瓶的解决方案，目前该方案已进一步拓展到整个消费品行业。

（2）运输包装

运输包装又称为大包装或者外包装，其目的是便于产品的运输、储存，同时有了运输包装，也容易对产品进行计数。

运输包装可分为单件运输包装和集合运输包装：常见的单件运输包装有箱（Carton）等；集合运输包装是对单件运输包装再进行包装，常见的集合运输包装是指托盘（Pallet）、集装箱（Container）等，一个托盘上可能会装有 10 箱产品。

14.1.2 包装的管理

企业对包装的管理需求主要集中在两个方面。

1. 运输包装作为库存操作、运输的载体

由于大部分产品在实际运输时，都是针对运输包装，而非单个产品，因此通过直接对包装进行各项出入库、库存转移、运输等操作，将极大地减少工作量，并提高整个供应链的可视度，另外一方面对于某些行业的防串货也有帮助。

如一个托盘包含 50 个产品，该产品采用序列号管理。在整个产业链的物流转移过程中，从集团内部的不同工厂之间的转移，从工厂运输到客户处，其操作的最小单位正常情况下都是托盘。此时若库存操作的对象是单个产品，则每次对整个托盘的操作，都需要输入 50 个序列号。若库存操作的对象是托盘，则在每个环节仅针对该托盘进行一次操作即可，通过托盘带出 50 个产品的序列号信息。

2. 可回收包装的管理

可回收包装的管理包括可回收包装的发出、收回，发生损失后的赔偿。可参照网络 ID 号为"鸿烈"的作者写过的一篇文章"SD 可回收包装业务"，阐述了可回收包装在 SD 模块的应用，请自行在网络中搜索，关键字为"可回收包装+SAP"。

14.1.3　SAP 中包装功能概览

在 SAP 中通过 Handing Unit（包装处理单元）跟踪整个处理单元以及处理单元中包括的物料信息，从而实现优化物流处理。

在 R3 4.6C 以前的版本中，Shipping Unit（装运单元）主要应用于发货单和运单（Shipment）中。从 R3 4.6C 起，Handing Unit 取代了 R34.6B 及以前的版本中的 Shipping Unit，整个方案的应用也从发货单、运单中拓展到整个后勤模块。

14.1.4　包装单元的定义

最常见的运输包装的物料有三种形式：箱子、托盘、集装箱，在包装处理单元中包含了包装材料和被包装的货物的信息，即货物的编码、数量、相应的批次或者（及）序列号。

譬如：某个托盘中包含 5 箱某个产品，对应五个批次分别为 1001，1002，1003，1004，1005，或者 20 个序列号。

包装处理单元可以被嵌套（Nested），一个 20 尺 [5.9m（长）×2.35m（宽）×2.35m（高)] 的标准集装箱中可能放 10 个标准的托盘（1.1m×1.1m），每个托盘可能放 20 箱货物。

在 SAP 系统中，包装处理单元有着唯一的可识别号码，该号码可根据国际 EAN128 / SSCC 等标准产生，常以条码方式打印出来贴在包装物上，因此往往包装处理单元与条码功能密不可分。

14.1.5　包装单元编码的国际标准

SSCC（Serialized Shipping Container Codes）是国际编码标准化组织（EAN/IAN/UCC/GS1）根据 EAN128 标准形成的对包装单元的命名规则。

SSCC 共包括十八位，其命名规则如表 14-1 所示。

表 14-1 包装单元的命名规则

应用标识符	扩展位	厂商识别代码	参考代码（序列号）	校验码
00	N1	N2 N3 N4 N5 N6 N7 N8	N9 N10 N11 N12 N13 N14 N15 N16 N17	N18

- 应用标识符用 00 代表，后面的十八位条码代表 SSCC，该应用标识有时会省略。
- 扩展位共一位，含义分别如下：
  0 Carton（箱子）；1 Pallet（托盘）；2 Container（集装箱）
  3 Unknown（未知）；4 Company-intern（公司内部使用）；5~9 预留。
- 厂商识别代码共七位，为厂商在国际编码标准化组织处注册的编码，如果不注册，也可以公司自行确定；
- 参考代码共九位，基于前八位（扩展位和厂商识别代码）的流水号；
- 校验码为系统自动前面的十七位自动产生，用来校验的。

关于 EAN 编码

EAN 编码有着广泛的应用，其中 EAN128 为本书中的包转单元的命名规范。

EAN13 为商品条形码编码规范，应用最为广泛，在我们日常所使用到的商品上都有体现，其中图书作为特殊的商品，其编码方式（ISBN）也使用了 EAN13 编码规范，前三位 978 代表类别是图书，中文被分配使用 7 开头的 ISBN 号，因此我国出版的图书基本都为 9787 开头，其后的 9 位，分别为出版社代号（Publisher Identifier）、该出版社的书序号，最后一位为校验码。

14.1.6 SAP 中的包装单元与国际标准

SAP 中包装单元的命名规则可以按照其他规则，也可以按照 SSCC 的规则来执行。

以命名按照 SSCC 为例，相关定义如图 14-1 所示，后台配置的对应路径：SPRO> 后勤—常规 > 处理单位管理 > 外部标识。

处理单元的编码请参见图 14-1。"定义每个包装类型的编号分配"（事务代码：VHAR）中定义 HU 中的第一位（扩展位）。"维护每个工厂 / 存储地点的 SSCC 生成"中定义通过工厂和库位决定编码范围（事务代码 /N/ISDFPS/T313Y_U），也就是定义厂商识别代码（第二到第八位），该编码可以向 GS1 等国际组织申请，也可以公司自行编制。

图 14-1 处理单元的编码

14.2 包装处理单元的案例

本节用案例来讲解包装处理单元。

1. 业务场景

A 公司生产某产品，生产时每五个产品装在一个木制托盘上，每两个木制托盘放在一个集装箱中，而后该集装箱发货给某客户，该产品同时启用序列号管理和批次管理。由生产车间将五个产品装在一个托盘上送至仓库，由仓库将两个托盘拼成一个集装箱。

提示：实际业务中，一个集装箱可能有 10 个托盘或者更多，本例设置为两个是为了演示方便。

---

2. 案例分析

在本业务场景中，处理单元（包装）功能分为三个部分。

（1）包装物料的自动建议

通过维护包装建议（Packing Instruction），根据需要包装的货物的物料和数量，确定需要使用何包装及包装的数量。

（2）包装单元对业务的支持

SAP 中后勤模块的各项应用均支持包装单元功能。
- 入库环节：从采购订单入库到生产订单入库都可根据包装单元直接入库；
- 发货环节：从发货单到生产订单领料都可根据包装单元直接出库；
- 库存管理：从库存转储到库存盘点都可根据包装单元进行操作；

整个过程都支持针对包装单元进行质量检验。

（3）与条形码系统的接口

每一个包装单元（托盘、集装箱）具有唯一的编号，该编号以条码或者其他方式打印在包装上，SAP 系统需要能够通过读取包装上的条码来识别包装，从而识别包装中所包含的货物信息。

操作步骤 1——物料主数据包装信息说明

在本小节中将简要介绍包装物料的创建以及相应的系统配置，在后台中定义何种类型的物料可以被何种类型的包装物料包装，在前台指定物料的包装属性。

1. 物料主数据维护

本案例中，被包装的产品水泵 P-100，包装物料托盘 PK-101，包装物料集装箱 CONTAINER 都是以物料的形式出现，只是具有不同的物料类型、包装信息。

事务代码 MM01 在系统中创建这三个物料，三个物料的基本信息以及包装相关信息设置如表 14-2 所示，图 14-2 中维护物料 PK-101，设置包装物料托盘的包装类型为 V020，物料组的包装物料为 K040。

表 14-2 物料、包装基本信息

物料代码	物料性质	物料类型	包装类型	物料组的包装物料
P-110	产品水泵	FERT		M010
PK-101	木头托盘	VERP	V020	K040
CONTAINER	集装箱	VERP	V080	

字段"包装物料类型"是从包装的角度出发对包装物料进行分类，如将包装物料分类成木箱、托盘、集装箱。

字段"物料组的包装物料"是从被包装的角度出发对物料进行分类，如可将公司的所有产品划分成两类：

- 类别 M010 为需要木头托盘包装，其中产品水泵 P-110 需要使用木头托盘包装。
- 类别 K040 为需要集装箱运输，其中包装物料托盘 PK-101 需要使用集装箱包装。

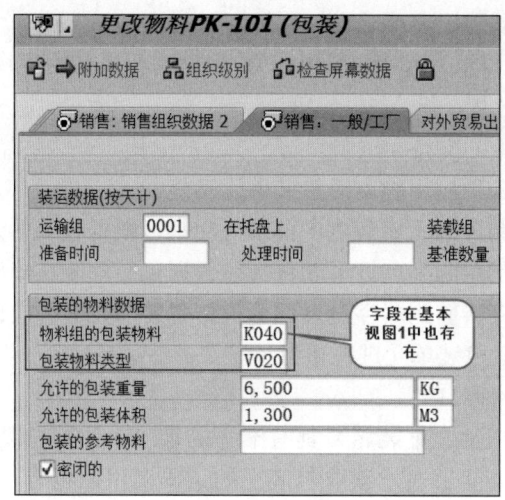

图 14-2　物料中定义包装属性（MM01）

2. 后台定义

在后台主要配置何种包装物料可以包装何产品，以及包装物料之间的互相包装关系，在本例中，设置产品 P-100 可以被托盘 PK-101 包装，设置托盘 PK-101 可被集装箱 CONTAINER 包装，具体定义如下。

1）事务代码 VHAR 定义包装类型，本例中，定义两个包装类型 V020 托盘、V080 集装箱；

2）事务代码 VEGR 定义物料组的包装物料，本例中，定义两个物料组的包装物料：M010、M040；

3）事务代码 VHZU 定义物料组允许的包装类型，在本例中，如图 14-3 所示，定义如下包装规则。

- M010（水泵）可使用包装物料 V020 包装（木头托盘）；

❑ K040（木头托盘）可使用包装物料 V080 进行包装（集装箱）。

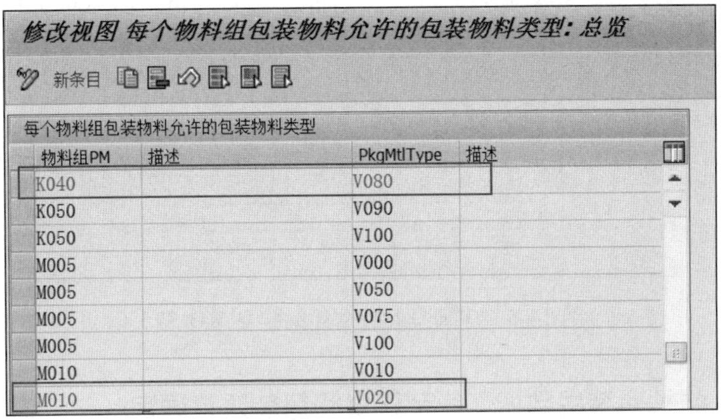

图 14-3　物料组允许的包装类型（VHZU）

操作步骤 2——设置产品的序列号管理、批次管理以及支持处理单元（HU）

为物料 P-100 激活序列号管理和批次管理，并在序列号参数文件中激活处理单元。

1. 主数据维护—设置物料进行序列号管理和批次管理

本例中设置物料同时进行序列号管理和批次管理。

如图 14-4 所示，事务代码 MM01/MM02 设置物料水泵 P-100 进行序列号管理，在销售工厂视图中，为物料分配序列号参数文件 0001。

采用序列号管理的物料意味着每个产品都有对应的序列号（Serial Number），也就是生产 100 台水泵，就会有 100 个序列号，每台水泵都有唯一的序列号。

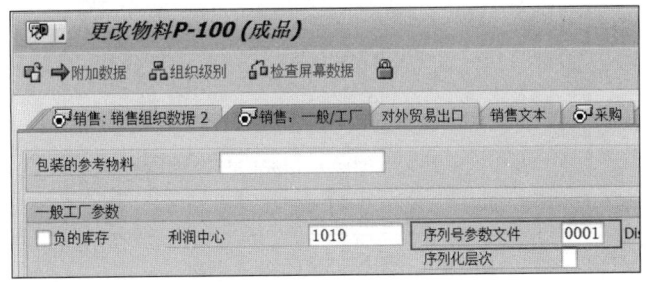

图 14-4　分配序列号参数文件给物料（MM01）

2. 后台配置—设置序列号参数文件

设置物料 P-100 所使用到的序列号参数文件 0001 中支持处理单元（HU）。

如图 14-5 所示，事务代码 OIS2 定义序列号参数文件 0001，定义参数文件中包含过程 HUSL，也就是在处理单元（Handling Unit）中可以分配序列号。

采用序列号管理的物料，可以在此设置是否库存移动时序列号为必输。

如图 14-5 所示，过程 HUSL 的参数"系列使用"（Serial Number Usage）为 02 代表根据处理单元进行货物移动时，序列号为可选，即可以输入，也可以不输入序列号。

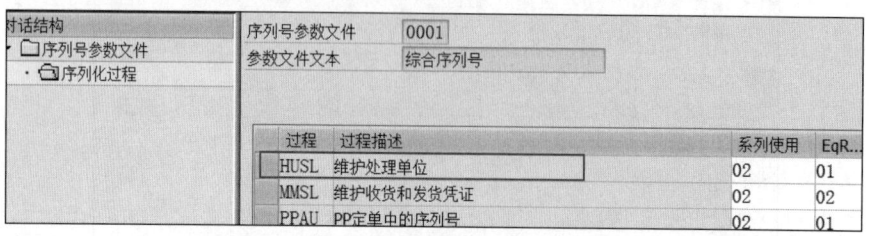

图 14-5　序列号参数文件的定义（OIS2）

操作步骤 3——维护包装主数据（包装建议和包装建议确定）

本小节介绍包装指令主数据的维护和确定。

1. 维护包装指令（事务代码 POP1）

企业销售的产品都有相应的包装标准，对于特定的产品，不同的客户可能会有不同的包装要求。

在包装指令（Packing Instruction）中，指定物料（产品）使用何种包装材料，一个包装包含多少数量的物料（产品）。

如图 14-6 所示，包装物料为 PK-101，被包装的产品为 P-110，指定一个木头托盘（PK-101）上包含五个水泵产品（P-110），系统通过"项目类别"来区分包装物料、正常物料，如图 14-6 所示，物料 PK-101 项目类别为 P，代表是包装物料。

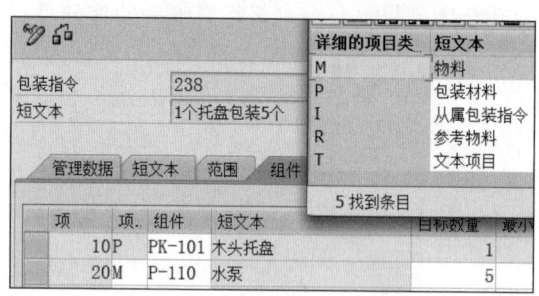

图 14-6　维护包装指令（POP1）

根据需要，可以维护嵌套包装，如图 14-7 所示，维护一个集装箱下包含两个托盘，设置包装物料为 CONTAINER，被包装物料的项目类别为 I，输入图 14-6 刚刚维护的包装指令 238。

2. 维护包装指令确定主数据

包装指令确定记录（Packing Instruction Determination）是指系统根据特定的特征（如物料、物料＋客户等组合）确定包装指令记录。

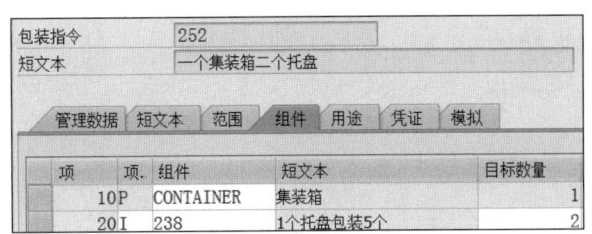

图 14-7　嵌套的包装指令（POP1）

例如可以定义两种方式确定包装指令：方法 1：根据物料确定；方式 2：根据客户 + 物料确定。

其实现过程是利用 SAP 的条件技术，关于条件技术，可参见第 13 章"销售定价"、第 9 章"采购定价"，创建包装指令确定记录时，选择条件类型，不同的条件类型的背后是不同的条件字段的组合，如图 14-8 所示，本例通过事务代码 POF1 使用自定义条件类型 ZVPP 维护包装指令确定。

通过维护包装指令和包装指令确定主数据可以实现各种包装的场景。

场景 1：同样的产品，根据客户的不同，有不同的包装指令

例如，某公司销售啤酒，在仓库发货时，根据不同的客户进行包装，某些类型客户，每箱包装 20 瓶，某些类型的客户，每箱包装 10 瓶。操作过程为：事务代码 POP1 针对同一个产品创建两个指令，指令 A，代表每箱包装 20 瓶，指令 B，代表每箱包装 10 瓶。事务代码 POF1 创建两个包装确定记录，针对某类客户，确定使用包装指令 A，针对其他客户，确定使用包装指令 B。

场景 2：一个物料可以设置一个默认的包装指令和多个可选的包装指令

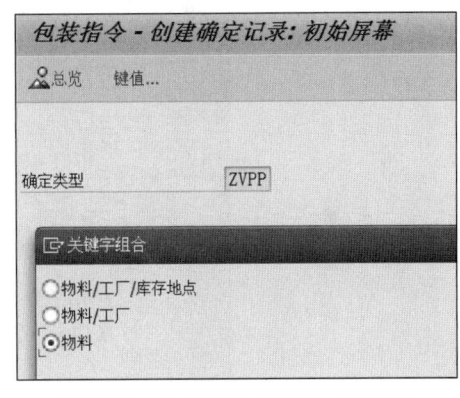

图 14-8　包装指令的确定（POF1）

在本案例中，如图 14-8、图 14-9 所示，针对物料 P-100 确定包装指令，默认的包装指令（235）是使用标准托盘装五个产品，可选的包装指令（237）是使用大号托盘装 10 个产品。

注意：由于截图操作失误，图 14-9 中的包装指令 235 实际应为图 14-6 中维护的包装指令 238。

3. 后台配置描述

利用 SAP 的条件技术，实现不同业务场景下使用不同的包装指令，具体定义如下。

（1）包装事务参数文件的定义与确定

如图 14-10 所示，事务代码 OVHU2 定义包装事务参数文件。其中包装事务参数文件 0002 用于发货单中；包装事务参数文件 0010 用于生产订单中。

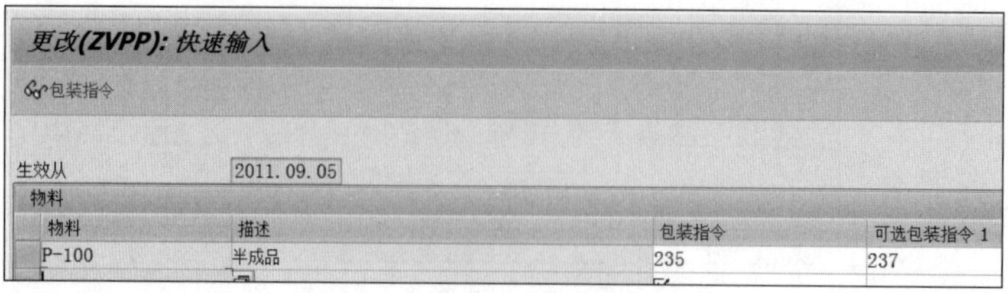

图 14-9　包装指令的确定（POF1）

关于包装事务参数文件的确定

包装事务参数文件分配给具体的事务是由系统在程序中直接指定，而非后台配置的，因此一般都是修改已有的包装事务参数文件。

图 14-10　包装事务参数文件（OVHU2）

本例中，在生产车间将五个水泵包装成为一个整托盘，因此使用到的包装事务参数文件为 0010（工作订单包装 /Packing for work order）。

在包装事务参数文件中，确定包装指示的过程为 000002，如图 14-11 所示。

（2）包装的确定过程的定义

事务代码 OFP4 中定义过程中（000002）所包含的用于包装确定的条件类型（ZVPP），如图 14-12 所示。

事务代码 OFP3 定义条件类型以及条件类型对应的存取顺序，事务代码 OFP2 定义存取顺序以及存取顺序对应的条件表，如图 14-13 所示。

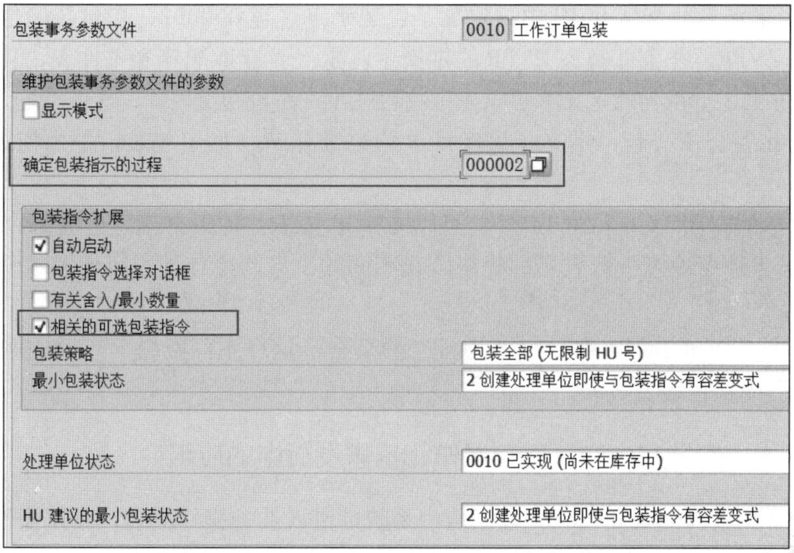

第 14 章 包装处理 ◆ 375

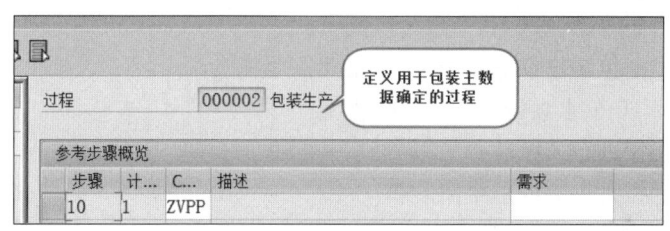

图 14-11 包装事务参数文件的定义（OVHU2）

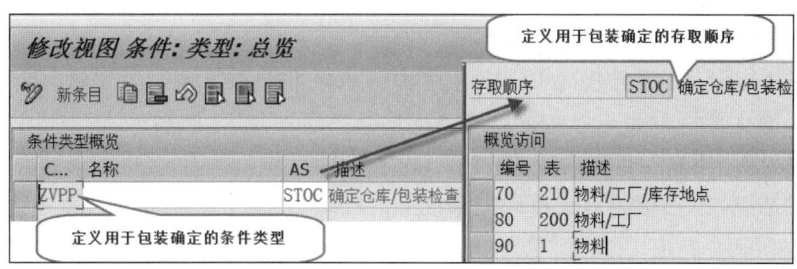

图 14-12 包装过程的定义（OFP4）

图 14-13 定义包装确定的条件类型、存取顺序（OFP3 & OFP2）

事务代码 OFP5 定义存取顺序所包含的条件表（图略）。

通过上述一系列定义，设置不同业务情况下不同的包装建议。譬如：维护两种包装建议（建议 1：一个托盘 10 个产品；建议 2：一个托盘五个产品），通过包装确定主数据设置不同客户采用不同的包装建议。

4. 包装建议确定小结

在生产订单的包装环节时，系统首先确定包装事务参数文件为 0010（程序中固定写死），在包装事务参数文件 0010 中，定义了包装确定过程 000002，在包装确定过程中定义了条件类型 ZVPP，在条件类型 ZVPP 的定义中，定义了存取顺序和条件表，具体而言，在本例中，通过上述一系列的定义，可以确定物料在生产车间包装时，一个托盘包含五个产品。

整个配置整合在一起，定义了生产订单的包装环节，如何包装，是由何因素（组合）确定。

本例中，结合图 14-8 和图 14-13，可以看到定义了三种组合确定包装指令，其中组合"物料＋工厂＋库存地点"代表不同物料、在不同的工厂、库存地点可设置不同的包装指令（包装方式）。

根据需要，还可增加"客户组＋物料"的组合，这样不同物料、不同的客户组可以有不同的包装指令（包装方式）。

操作步骤 4——包装在生产、库存操作和销售发货中的应用

当维护了相应的配置和包装主数据后，系统则进入业务操作流程，具体操作步骤如下：
- 制造车间为产品水泵维护数量为 10 的生产订单，生成序列号，并为 10 个水泵打印条码；
- 制造车间将条码贴在这 10 个水泵产品上；
- 包装车间根据包装建议得到 10 个水泵共需要托盘两个；
- 包装车间将 10 个水泵包装到两个托盘上；
- 仓库根据托盘进行入库；
- 仓库将两个托盘拼装成一个集装箱；
- 仓库将集装箱发送给客户；
- 包装跟踪、历史记录查看。

1. 生产订单维护以及产品条码打印

如图 14-14 所示，事务代码 CO01 针对物料水泵 P-110 创建生产订单 60000005，数量为 10 个，释放生产订单时，单击菜单"表头"→"序列号"，然后单击"自动创建序列号"按钮，系统将按照流水号自动生成 10 个序列号（341~350）。

此时可以选择以条形码方式打印出来标签，打印出 10 个条码标签，显示物料和序列号信息。

生产订单释放时，由于物料做批次管理，系统自动生成批次 0000000512。

2. 条码贴在产品上

当水泵制造车间将 10 台水泵制造组装完毕，则将打印出来的 10 张包含序列号信息的标签一一贴在 10 个产成品（水泵）上。

3. 根据包装建议生成处理单元

包装车间根据生产订单中的计划产量 10 个，确定需要用到的托盘数量两个，系统将生成两个处理单元 HU，系统将按国际标准 EAN128 对托盘进行编码。同样可选择将 HU 的编

号以条码方式打印在标签上，并贴在托盘上。如图14-15所示，事务代码COWBPACK，输入生产订单编号60000005，系统根据维护的包装指令238（一托盘五个产品），系统将生成两个HU（托盘）。在当前界面单击"显示保存的HU"按钮，或者通过事务代码HUMO，查看系统生成的HU的编号。

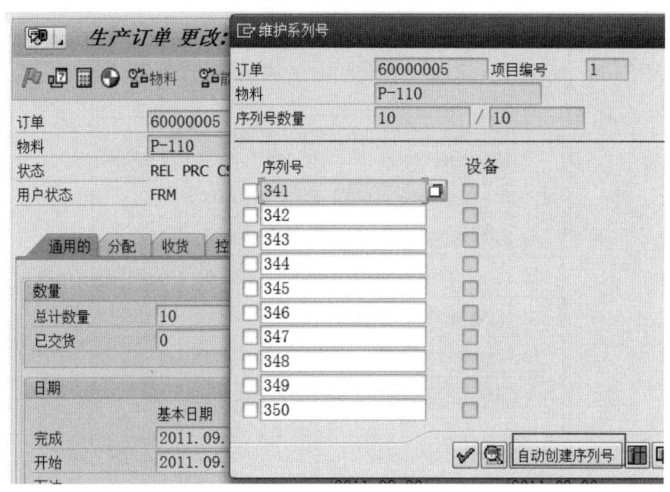

图 14-14　生产订单中的序列号（CO01）

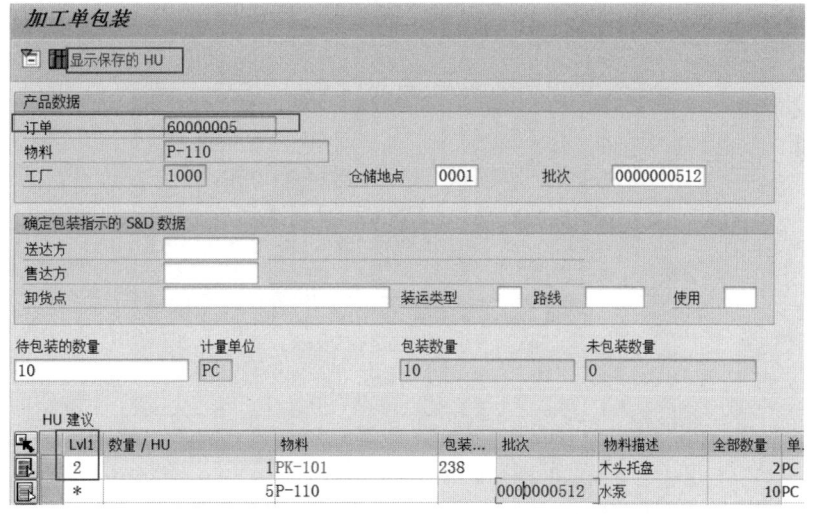

图 14-15　针对生产订单生成包装（托盘）（COWBPACK）

4. 产品进行包装

水泵包装车间将10台水泵包装到两个托盘上，然后扫描水泵的条码以及托盘的条码，通过接口将水泵的序列号与HU在系统中关联，或者直接手工操作完成关联。

这里演示手工操作，事务代码HUMO，根据生产订单、被包装物料、包装物料等字段找到相应的 HU，如图 14-16 所示，可以看到系统生成的两个托盘的 HU 编码（5100056700000006075、5100056700000006082）。HU 的编号的第一位"5"代表包装物类型，2～8 位"1000567"代表固定编码，是根据工厂和库位确定，9～17 位为流水号，最后一位为校验码，相关定义参照表 14-1 以及图 14-1。选择相应的 HU，然后单击"更改"按钮。

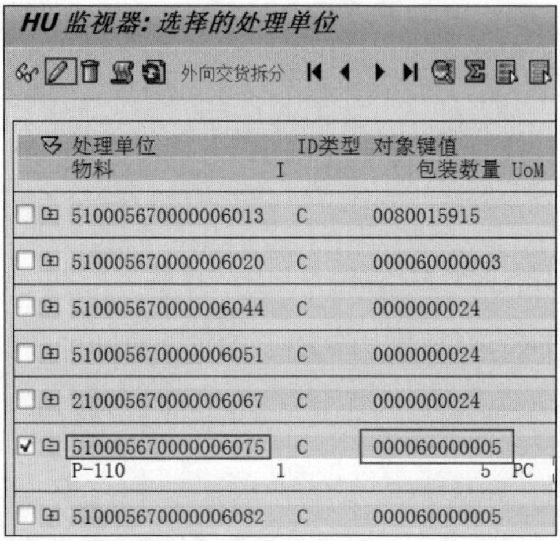

图 14-16　处理单位监控（HUMO）

在标签页"全部内容"中，选中行项目，然后单击"序列号"按钮，选择或者直接输入该托盘对应的五个水泵的序列号（341~345）。

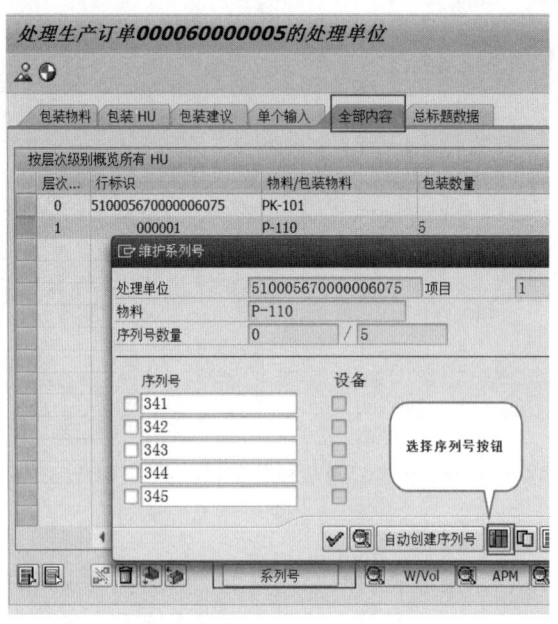

图 14-17　包装单元与序列号（HUMO）

5. 仓库根据托盘进行生产订单入库

仓库收到包装车间的两整托盘水泵，根据生产订单做入库，可以直接输入 HU 编号或通过条码扫描，这样相当于整托产品同时入库。

具体如图 14-18 所示，事务代码 COWBHUWE，输入生产订单 60000005，单击"建议 HU"按钮，系统将带出该生产订单相关的 HU。

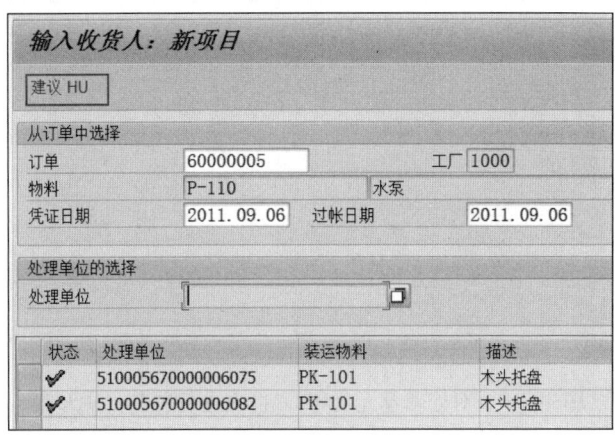

图 14-18　根据 HU 处理单元入库（COWBHUWE）

6. 多个托盘包装成为集装箱

仓库收到托盘后，就提前或者在销售发货时根据客户要求将两个（多个）托盘拼装到一个集装箱中。

提示：这里提到的集装箱可以指实体概念的集装箱，也可以指虚拟的。虚拟是指仓库在特定区域，将若干个托盘拼装在一起，总数量为一个集装箱的数量，后续再装载到真正的集装箱中。

以提前拼为例，使用事务代码 HU02 将多个托盘拼装成一个集装箱，然后创建发货单时，输入集装箱的 HU 编号。如图 14-19 所示，事务代码 HU02，选择标签页"包装 HU"；输入包装物料（container/集装箱），系统自动产生 HU 编号 210005670000006098；输入被包装的两个托盘号（510005670000006075、510005670000006082），并作相应选择，然后单击"包装"按钮，代表该集装箱（210005670000006098）包含两个托盘（510005670000006075、510005670000006082）。

此操作也可通过条码扫描或者通过手持终端，然后开发接口实现。

7. 销售发货，将集装箱发运给客户

创建对客户的销售订单，并创建发货单，如图 14-20 所示，事务代码 VL01N，创建对客户的发货单，数量为 10 个，批次输入上面入库的批次 0000000512，单击"包装"按钮。

提示：需要首先在发货单的行项目中输入批次，才能够点击"包装"按钮，输入包装信息。

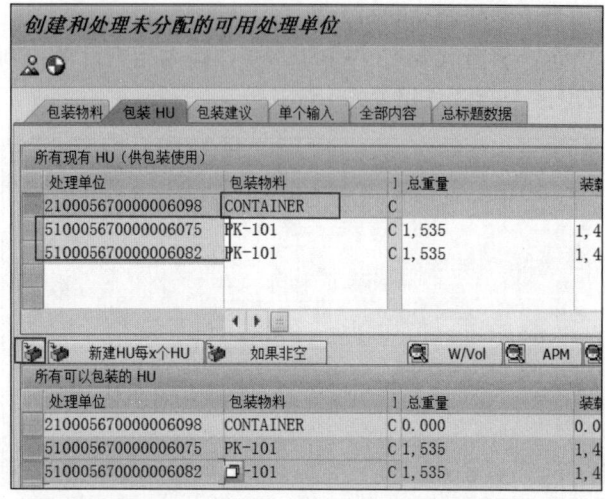

图 14-19　对处理单元（HU）再次进行包装（HU02）

图 14-20　发货单中的包装单元（HU）（VL01N）

输入需要发货的包装物料的 HU 编码 210005670000006098（代表特定的集装箱），该 HU 编号在图 14-19 中产生。

提示：如果在发货时，才进行将多个托盘拼装为一个集装箱，则直接在发货单的包装界面（见图 14-21）完成包装操作。

如图 14-22 所示，查看发货单中的序列号，可以看到该集装箱中所包含的 10 个产品的序列号（341~350）将自动带到发货单中，这里可以看出使用 HU 简化了物流的操作。

8. 包装跟踪、历史记录查看

事务代码 HU03，可以查看 HU 的详细信息，所有对处理单元的操作，系统都会记录在处理单元的历史记录中,以供查询追踪。如图 14-23 所示,在本例中,两个托盘在生产订单 60000005 中产生,相应的入库凭证为 5000013124,然后经过再包装到集装箱中,再被分配到发货单 80015920 中,发货过账的凭证为 4900040256。

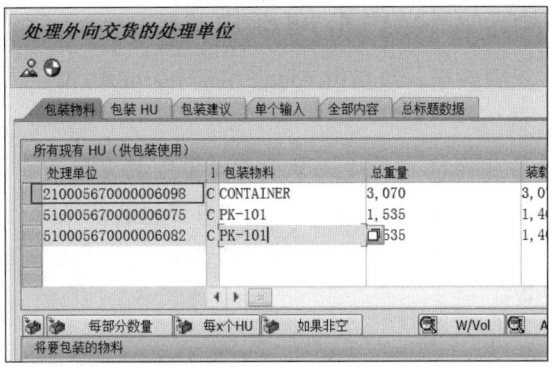

图 14-21 发货单中的处理单元(VL01N)

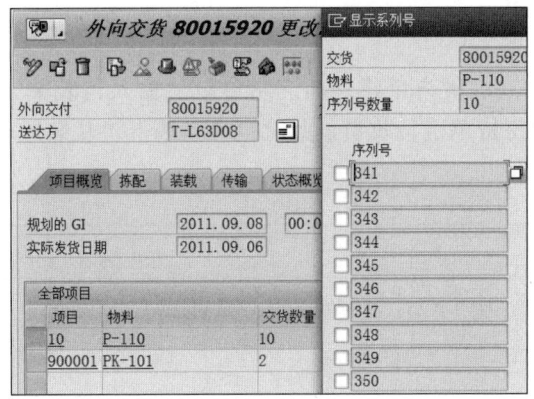

图 14-22 发货单中的序列号(VL01N)

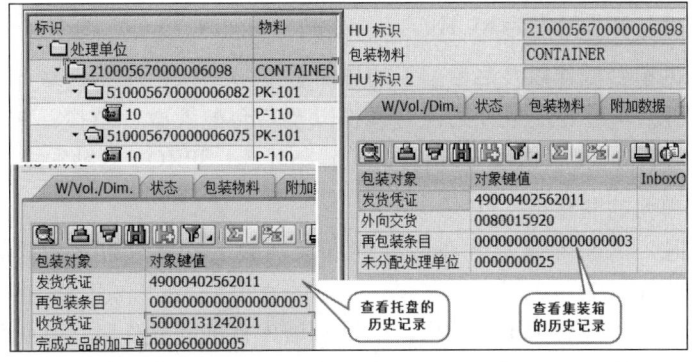

图 14-23 处理单元(HU)的历史操作记录(HU03)

集装箱编号产生于仓库再包装环节,然后被分配给了发货单 80015920,然后进行了发货过账,发货凭证为 4900040256。

14.3 处理单元进一步应用的简要说明

处理单元还有着广泛的应用,包括但不限于下面介绍的应用。

1. 采购业务中的应用

向供应商采购,供应商通过 EDI 或者其他方式发送其发货信息,此时在我方系统产生内向交货单,并在内向交货单中,记录处理单元信息(包装信息)。

之后,如图 14-24 所示,采购订单收货时,勾选上"从装运单位",即可针对内向交货单中的处理单元进行收货。

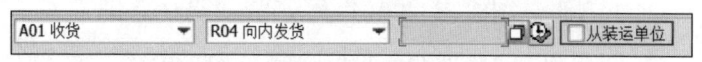

图 14-24 处理单元与采购业务(MIGO)

2. 公司间转储(采购)

公司间采购业务中,供货方创建外向交货单时,输入包装单元信息,然后如图 14-25 所示,收货方针对外向交货单进行收货,此时也可勾选上"从装运单位",则对外向交货单中的处理单元进行收货。

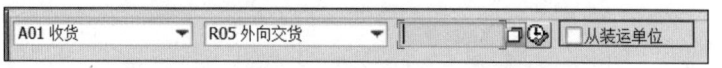

图 14-25 处理单元与公司间转储(MIGO)

3. 其他应用

生产发料中:相应事务代码为 COPAWA、HUCOWA。

库存调拨:相应事务代码为 VLMOVE。

重复制造:相应事务代码为 MFHU。

4. 处理单元的前台操作以及后台配置的界面总揽

如图 14-26 所示,对处理单元的前台操作以及后台配置做一总揽。前台对处理单元的操作的区域菜单的事务代码为 HUM;后台的配置路径为:SPRO> 后勤常规 > 处理单位管理。

5. 应用处理单元的注意点

当应用 HU 时,需要考虑是否在库存地点级别激活库存管理的 HU 需求(事务代码 SM30/ 视图 V_T001L_L)。

如果某个库存地点设置为 HU 需求,则针对该库存地点操作时,系统均会伴随着发货单的操作,譬如当使用事务代码 MB1C、移动类型 561 对物料进行期初入库后,系统将会产生一张发货单,在该发货单中生成 HU 后,才可以进行真正的入库过账。当某库存地点设置为 HU 需求，则 HU 角度的库存与该库存地点的库存完全一致，否则，当对该库存地点进行 HU 操作时，系统并不会实际检查库存地点的库存情况。

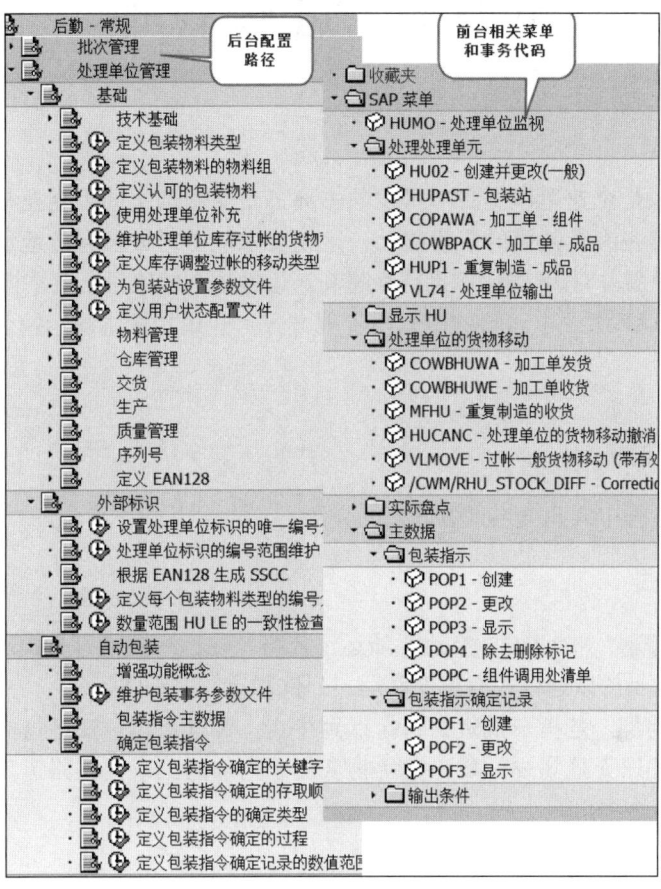

图 14-26 处理单元的后台配置与前台菜单（HUM）

第 15 章 运输管理

运输（物流）是企业运作中必不可少的一环，企业内部之间、企业与客户之间、企业与供应商之间都存在大量频繁的货物移动，这就要求能够对运输有效地加以监控，另一方面，近年来运输费用占 GDP 的比例也越来越高，运输越来越值得企业重视。

本章将介绍 SAP 系统中运输的概念与管理方式，并用示例讲解运输管理的操作步骤与配置方案。

15.1 运输概览

本节对运输过程中的几个名词做简要的介绍。

15.1.1 运输方式

运输方式有海运（Marine）、空运、陆运－公路、陆运－铁路等方式。近代又逐渐推出各种联运模式，常见的联运模式有海铁联运、公铁联运、空铁联运。

以海铁联运为例，是指一批货物从起点到终点，经过海运、铁运这两种方式，并且海运与铁运之间往往还无缝集成，如一批货物从位于内陆的工厂由铁路运到沿海海港，再通过海运运到另外一个港口。

15.1.2 运输的货物类型

货物类型的不同对运输有着很大的影响，货物类型可以从不同的角度进行划分。

1. 按照货物的密度划分

密度大的货物称为重货，重货一般以重量计算运费，大部分的货物都属于重货；
密度小的货物称为泡货（轻货），泡货记价时需要考虑体积的影响。

提示：不同的运输方式下，重货与泡货的定义标准不一样。

一般情况下，航空运输中，由于飞机的空间宝贵，因此货物密度大于 $166.67 kg/m^3$，则属于重货；公路运输中，货物密度大于 $1000 kg/m^3$，则属于重货。

2. 按照货物的包装形态划分

1）散装货物：货物在运输过程中是散装堆放的，显然散装产品运输过程更容易发生货损；

2）包装货物：货物在运输过程中有专门的运输包装。
请参见 14.1 节"包装概览"。

3. 按货物是否可以装满整车划分

1）整车（Full Truckload）：一批货物可以装满整车；
2）零担（Less-Than-Truckload）：一批货物不足以装满整车，零担的运输单价往往更高，计费方式也常与整车有差异。

15.1.3 第三方物流

第三方物流（Third-Party Logistics，3PL），是相对"第一方"发货人和"第二方"收货人而言的，企业会保有一定的运输车辆来运输产品给客户，但总体而言大部分货物的运输均由第三方物流负责，近年来，第四方物流也逐渐悄然兴起。

15.2 SAP 运输管理的方案概览

SAP 运输的解决方案中需要满足不同企业的业务需求，对此，SAP 推出了三套方案，本章中主要介绍第一套方案，并简要介绍第二套方案。

方案 1：针对大部分企业的运输管理功能

该功能是 SAP ERP 中的后勤执行（Logistical Execution）模块下的运输管理功能，简称 Transportation/LE-TRA/ LE-Transportation。对于大部分企业来说，使用该功能已经足够满足企业对于运输的常规要求，该方案也是应用比较多的方案。

方案 2：针对特定行业的客户的运输管理功能

如前文所述，散装货物在运输中，有着一些典型的特点，因此针对这些特定行业（石油天然气、采矿业等）的 SAP ERP 中，提供了散装运输（Bulk Transportation）功能，简称为 TD（Transportation and Distribution）。该方案最早是针对石油天然气（Oil & Gas）行业，现已扩展到更多行业，如采矿业（Mining）。

方案 3：针对专业的运输公司或者对物流有着极高要求，希望有完整运输方案的企业

SAP 提供了 SCM（供应链管理）产品，该产品中提供了运输管理（Transportation Management，TM），SAP 于 2013 年推出 TM 8.0 版本，详细内容本节不做介绍，其包括的一些功能如下：

- ❑ 支持订舱功能（Freight Bookings），将订舱信息发送给船公司或者航空公司；
- ❑ 支持招投标功能（Freight Tendering），招投标信息可以以邮件、B2B、PI 的方式进行信息的交互。

15.3 SAP 运输管理的方案

运输管理主要管理企业与外部客户之间的物流，除此之外还包括企业与供应商之间的

物流、企业内部不同工厂之间的运输。

1. 运输管理应用的场景简述

以销售发货和采购业务为例，运输管理的场景简述如下。

（1）销售发货（SD）与运输管理

创建对客户的销售订单，参照销售订单创建对客户的外向交货单（Outbound Delivery），参考外向交货单创建对客户的运单（Shipment），运单打印出来作为运输的凭据，交由第三方物流进行运输，后续针对运单创建装运成本（Shipment Cost），计算运费，而后装运成本自动产生对第三方物流的采购订单，采购订单金额等于运输成本金额，当收到第三方物流的运输发票后，根据采购订单做发票校验。

（2）采购业务（MM）与运输管理

操作步骤同销售发货，创建对供应商的采购订单，参照采购订单创建对供应商的内向交货单（Inbound Delivery），创建运单（Shipment），运单打印出来作为运输的凭据，后续创建装运成本，而后装运成本产生采购订单，收到供应商发票，做发票校验。

2. 运输管理的操作步骤

运输管理可以分为如下五个主要的操作：

- 确定运输路径；
- 创建与维护运单（Shipment）；
- 运输信息传递给第三方物流公司；
- 运输成本计算；
- 运输成本结算。

下面通过一个完整的案例对这些操作步骤逐一介绍。示例中，某公司将从位于德国柏林的仓库（装运点）向位于德国法兰克福的客户运输产品，由第三方物流 DHL（敦豪）负责，货物总重量为 3070kg，总里程为 700km，运费合计为 1204.44 欧元。

15.3.1 步骤 1——确定运输路径

销售发货业务中的运输路径确定的操作步骤以及系统实现如下。

1. 操作步骤

创建对客户的销售订单时，系统根据装运点、客户所在区域来确定运输路径，具体操作步骤如下。

（1）销售订单维护，初步确定运输路径

如图 15-1 所示，事务代码 VA01 创建销售订单 12931。系统根据发货工厂 1000、装运条件等信息确定出装运点（Shipping Point）1000。然后根据装运点的运输区域（柏林）和客户主数据中的运输区域（法兰克福）确定出运输路线（R00040）。

（2）发货单维护及路线确定

如图 15-2 所示，事务代码 VL01N 针对订单 12931 创建发货单 80015920，发货单中的运输路径与订单中相同（R00040），发货单中有两行，合计重量（毛重）为3070kg。

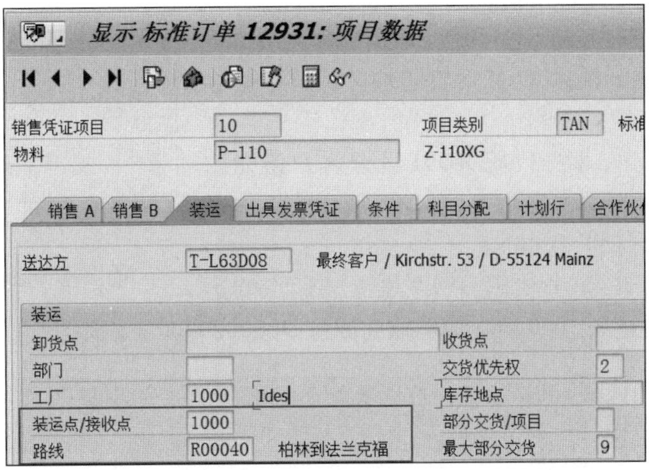

图 15-1　销售订单维护（VA01）

当创建发货单时，若设置重新确定路径（事务代码OVLO），则系统根据发货单的重量，重新确定运输路线，若未设置重新确定运输路径，则直接复制订单中的运输路径，本例中，未设置重新确定路径。

提示：图 15-2 中的物料 P-110 的重量被遮挡，为 2800kg。

图 15-2　发货单中的运输路线

2. 系统实现说明

SAP 系统中通过运输区域（Transportation Zone）来说明客户、装运点（仓库）所在的地点，然后根据运输区域确定运输路线，本例中货物的装运点位于柏林，客户位于法兰克福，确定出来的运输路径为从柏林到法拉克福，具体定义如下。

(1) 运输区域定义和分配

事务代码 OVR1 定义运输区域，本例中定义两个运输区域（法兰克福、柏林），然后将运输区域分配给客户和装运点。

如图 15-3 所示，事务代码 XD01 设置客户所在的国家和运输区域，本例中客户 T-L63D08 所在的运输区域为 D000050000（法兰克福）。

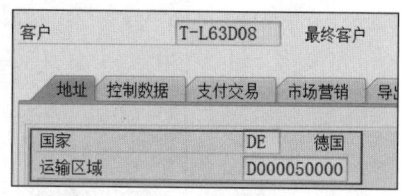

图 15-3　在客户主数据中定义客户的国家和运输区域（XD01）

如图 15-4 所示，事务代码 OVL7 设置装运点的运输区域，本例中装运点 1000 对应的运输区域为 D000020000（柏林）。

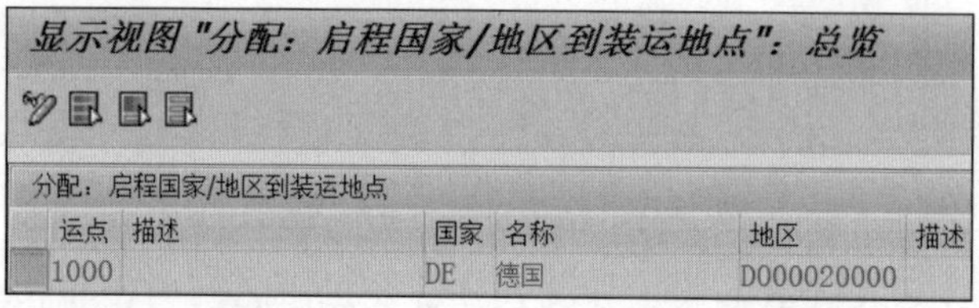

图 15-4　定义装运点（Shipping Point）的国家和运输区域（OVL7）

(2) 定义运输路线

运输路线包括一个或多个运输阶段，大部分情况是一条运输路径对应一个运输阶段，但是如果运输采用联运的形式，一条运输路线则相应的有多个运输阶段。

每一个运输阶段中定义该阶段的起点和终点、承运物流公司、距离、运输方式、定价过程等信息。

1) 定义运输连接点。事务代码 0VTD 定义运输连接点，本例中定义两个运输连接点（柏林、法兰克福），代表这条运输路线的起点和终点。

2) 定义运输路线和路线阶段。如图 15-5、图 15-6 所示事务代码 0VTC 定义运输路线 R00040（柏林到法兰克福），该运输路线中包含一个路径阶段，阶段中的起始运输连接点为柏林，终点运输连接点为法兰克福。

定义该运输路线由第三方物流公司 1014（DHL）负责运输，第三方物流在 SAP 系统中以一个供应商的形式出现，通过事务代码 XK01 维护。

该路线的总距离为 700km，运输在途时间为 1 天，运输方式为 3（公路运输）。

该条路线与装运成本相关，即需要支付运费，对应的结算方式（定价过程）为 SDFC00，该定价过程在后续运费结算时将用到。

(3) 定义路线确定

当运输路线和运输区域维护完毕后，系统通过事务代码 0VRF 定义运输路线的确定，如图 15-7 所示。对于销售订单而言，系统根据客户的运输区域、装运点的运输区域、客户的装运条件（Shipping Condition）、物料主数据中的运输组确定运输路线。对于发货单而言，系统根据客户的运输区域、装运点的运输区域、客户的装运条件（Shipping Condition）、物料主数据中的运输组再加上发货单的重量组确定运输路线。其中，装运条件、运输组、重量组的说明如下。

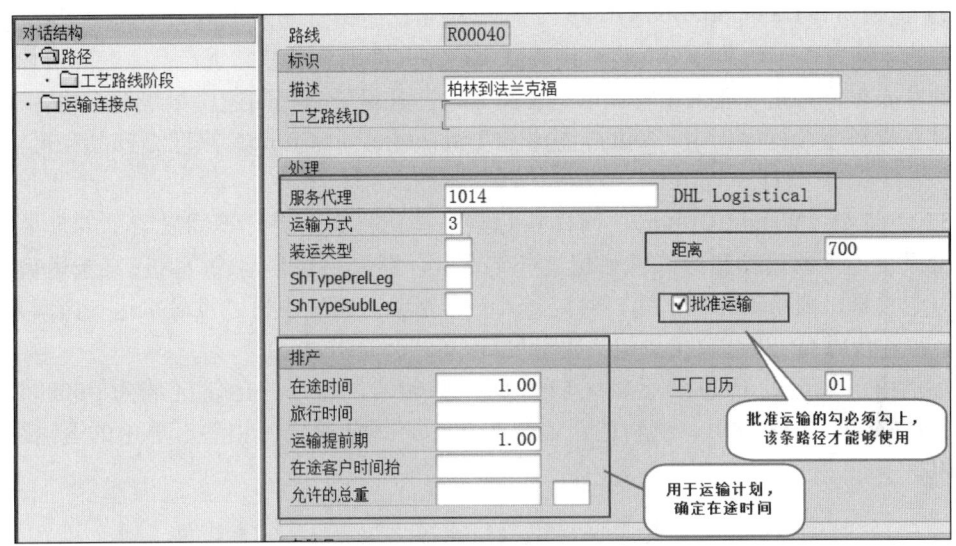

图 15-5　运输路线的定义（0VTC）

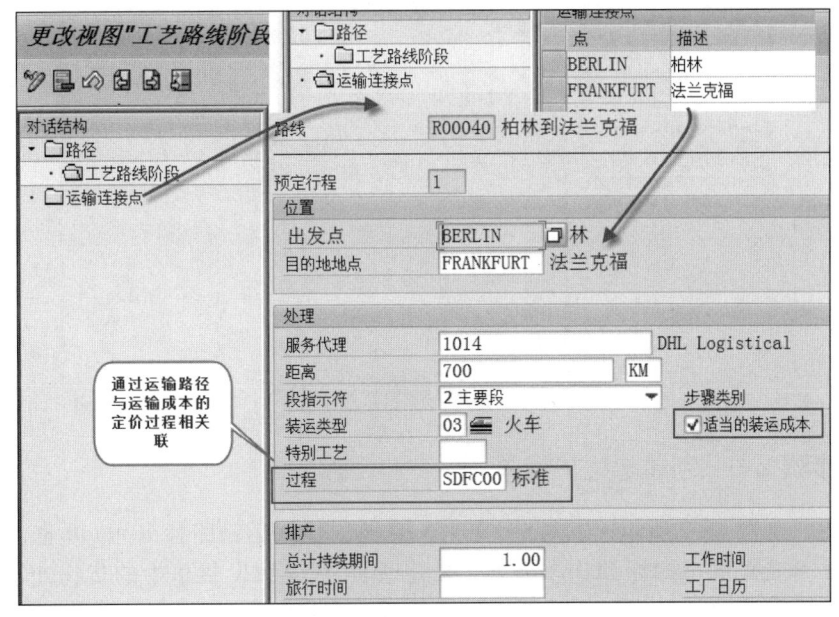

图 15-6　运输连接点的定义和阶段的分配（0VTC）

1）装运条件（Shipping Condition）。同样从北京运输货物到上海，不同的装运条件，可能采用不同的运输路径，譬如正常运输和加急运输可能采用不同的运输路径，加急运输采用空运，正常运输采用公路运输。系统通过在客户主数据或销售订单中指定不同的装运条件来区分。

2）运输组（Transportation Group）。同样从北京运输货物到上海，不同的货物可能采用不同的运输方式。如某公司向客户销售二类产品（冷冻食品和常规产品），冷冻食品需要专门的冷冻车，因此可能采用特别的运输路线，并且尽量全程高速，尽快地送达客户。系统通过在物料主数据中指定不同的运输组（Transportation Group）来区分产品在运输上的差异。

3）重量组（Weight Group）。同样从北京运输货物到上海，不同发货单的重量不同，可能会采用不同的运输路线，譬如超过一定重量，则采用整车运输，对应某条运输路线，低于一定重量，则采用零担运输，对应另外一条路线，系统中通过重量组这一因素来进行区分，事务代码OVS8定义重量组（Weight Group For Delivery）。

本例中，装运点1000的运输区域为D000020000，客户的运输区域为D000050000，销售订单的装运条件为01，物料的运输组为0001，因此确定出销售订单中的运输路线为R00040。

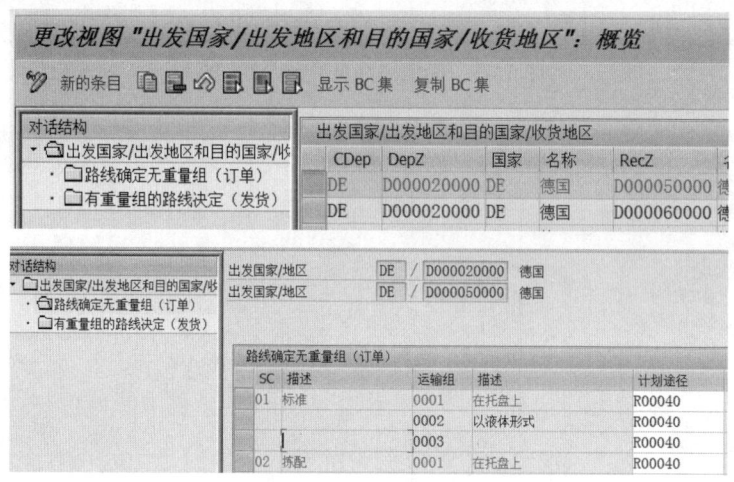

图15-7 运输路线的确定（OVRF）

15.3.2 步骤2——创建与维护运单

本例中，如图15-2所示，发货单80015920被创建，运输路径R00040也已经在发货单中确定，发货单的运输计划状态为A（未处理），代表该发货单中的货物处于等待运输的状态。

当确定发货单需要运输后，可以手工选择发货单创建单张运单（事务代码VT01N），也可以根据预先定义的发货单的选择标准和分组条件由系统批量创建运单（事务代码

VT04/VT07)。

整个运输过程分为两个阶段：运输计划和运输执行阶段，如图 15-9 所示。

- 在运输计划阶段，在系统中创建运单时，确定各种计划日期，如计划开始运输日期、货物预计运达日期、预计客户签收日期等；
- 在运输执行过程中，监控运输过程，根据实际的运输情况，录入实际的运输日期，如何时装车、何时送达客户、何时收到客户签收的运输单据。

1. 系统操作

在本例中，如图 15-8 所示，通过事务代码 VT01N 创建运单，选择运输计划点 1000，装运类型 0001，单击"交货"按钮，选择相应的发货单 80015920。

图 15-8　针对外向交货单创建运单（VT01N）

如图 15-9 所示，单击"计划"按钮后，系统将自动确定出运输路径以及运输路径中的相关信息（运输阶段、第三方供应商、运输距离等信息），在本例中，装运单中运输路径来自于发货单，根据需要系统创建运单时可以重新确定路径。

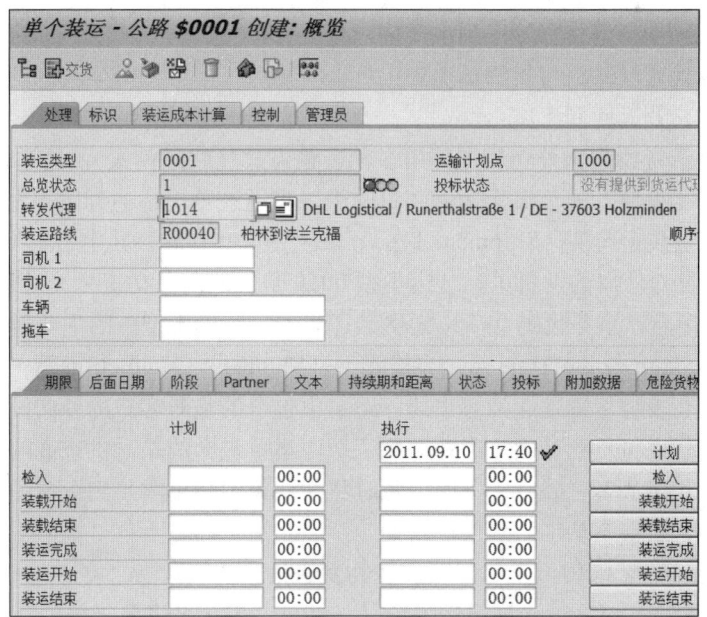

图 15-9　运输单据的创建（VT01N）

提示：图 15-9 界面中的个别字段（如司机 1、2）是事务代码 SFW5 激活组件 EA-CP 后才会显示的。

2. 系统实现——设置发货单的运输相关性

系统中主要需要定义发货单与运输相关（Shipment Relevant）、定义运单的类型（Shipment Type），本小节介绍如何定义发货单与运输相关，下一小节介绍如何定义运单的类型。

发货单的运输相关性即是否需要运输由发货单的运输计划状态控制，步骤如下：

1）运输计划状态为 A，代表需要进行运输，本例从图 15-2 中可以看到发货单的运输计划状态为 A，即该张发货单需要运输但尚未维护运单；

2）运输计划状态为空，代表不需要运输；

3）运输计划状态为 C，代表发货单已经被安排在运输计划。

当通过事务代码 OVTR、OVTL、OVRT 分别定义该发货单的发货单类型、行项目类别、运输路线均为运输相关，则该张发货单与运输相关，否则该发货单与运输无关。

本例中发货单 80015920 对应的发货单类型为 LF，行项目类型为 TAN、运输路线为 R00040，这三者均设置了与运输相关，因此发货单 80015920 创建后，其运输计划状态为 A，当针对发货单 80015920 创建运单后，发货单的运输计划状态则变为 C。

3. 系统实现——装运类型（Shipment Type）定义

不同的业务模式下，有着不同的运输场景，一次完整的运输可能是如下场景中的一种：

- 从工厂通过卡车将货物发送到一个客户处；
- 从工厂通过卡车将货物发送到多个客户处；
- 从供应商处通过铁路将货物运达到工厂；
- 空车从客户处返回到工厂；
- 从国内运送货物到国外仓库，采用多种运输方式（联运模式），通过公路将货物从仓库运达到出发港，通过海运运达到目的港，再通过铁运运达到国外仓库。

系统中，通过装运类型（Shipment Type）来区分这些差异，其中装运类型 0001 代表单一运输方式，且针对外向的发货单，装运类型 0010 是针对内向交货单（采购流程）。

如图 15-10 所示，事务代码 OVTK 定义装运类型，装运类型中的主要属性如下。

（1）字段：ShpmtComplType 装运完成类型（Shipment Completion Type）

1）值"1"代表将货物发送到客户处，运单中包含的是对客户的外向发货单；

2）值"2"代表将货物从供应商处运到工厂，运单包含的是对供应商的内向交货单；

3）值"3"代表从客户处空车返回，此时将无法将发货单增加到运单中；

4）值"4"代表空车从工厂到供应商处。

本例中，装运类型 0001 选择 1，代表货物发送给客户。

（2）字段：Process Control 描述运输场景（都可以包含多张发货单）

1）值"1"代表一个起点和终点，使用一种运输工具；

2）值"2"代表一个起点和终点，使用多种运输工具；

3）值"3"代表多个起点或终点，使用一种运输工具；

4）值"4"代表多个起点或终点，使用多种运输工具。

（3）字段：Copy Routine

在发货单中，记录了运输路径（Route）、装运方式（Shipping type）等运输信息，当参照发货单创建运单时，这些信息可复制到装运单中，具体复制的方式就是在 Copy Routine 中定义。

Copy Routine 的背后是一段预定义的程序，根据需要可自行定义，与 SD 定价中使用的 routine 相同，可通过事务代码 VOFM 统一定义。本例中，选择 routine "2"，代表当单击运单中的"计划"按钮时，将复制发货单中的路径到运单中。

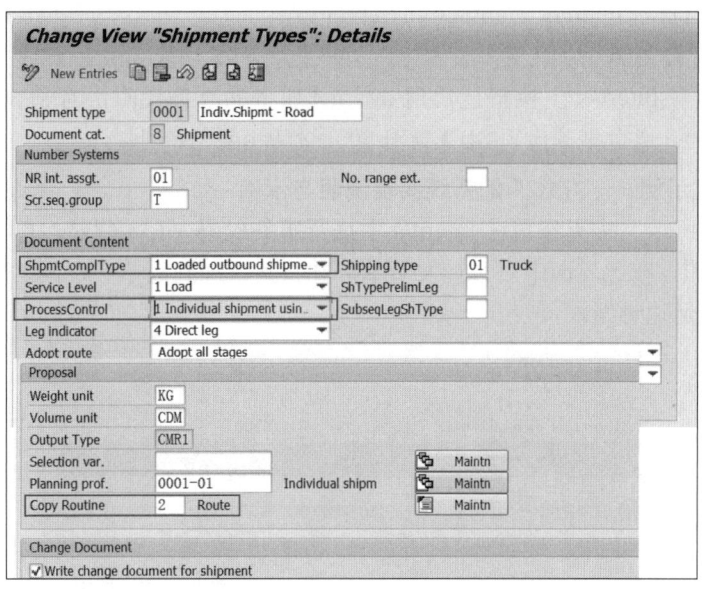

图 15-10　装运类型（Shipment Type）的定义（0VTK）

15.3.3　步骤 3——运输过程中企业与物流公司的协作

大部分企业会将物流运输业务外包给多个第三方物流，那么如何将这些信息传递给物流公司，以及物流公司如何反馈运输计划和执行信息，有以下几种可能的方法，实际业务中，可能是多种方法结合起来。

1．企业与物流公司协作的方式说明

企业与物流公司协作有如下几种可能的操作方式。

1）完全由企业操作。企业在 SAP 系统中做好运单（Shipment），将运单打印出来给物流公司或者以其他形式将运单信息传递给物流公司，物流公司根据运单安排运输，再将运输结果（货物到达时间等）反馈给企业，企业更新运单中的执行日期。

2）物流公司派人驻扎在企业中，直接登录 SAP 系统针对发货单创建运单，做运输计划。

3）企业的 SAP 系统与物流公司的货运管理系统做接口：通过接口在两家公司之间传递信息，接口的方式有很多，如 SAP 系统中需要发运的发货单以 IDOC 的形式，传递到物流公司的系统中，物流公司将运输计划回传。

在 SAP ERP 中创建发货单时，通过输出类型（如 TSPO）触发产生 IDOC 文件，传递给物流公司。关于 IDOC 的设置，参见 18 章"IDOC 与 EDI 应用"。

4）物流公司以远程的方式与公司协同安排运输计划。与 2）类似，差别在于物流公司此时远程操作，可以通过 VPN 的形式直接访问 SAP 系统，也可以直接在 Internet 上操作。下面以物流公司在 Internet 上对发货单进行发运安排，并确定运单中的信息为例进行介绍。

事务代码 VT33 用于给物流公司在 Internet 上执行运输计划功能，在 Internet 上执行事务代码需要安装 ITS（Internet Transaction Server）。

在 SAP ERP ECC 6.0 以及更高版本中，SAP 已将 ITS 功能集成在 ERP 中，无需过多配置，就可以直接在 Internet 上执行已启用 Internet 服务的事务代码，对于未启用 Internet 的服务（事务代码），通过事务代码 SICF（SE80）激活相关 Web 服务。

2. 操作方式示例——方式 4 的系统实现说明与示例

如图 15-11 所示，物流公司在 Internet 中执行事务代码 VT33 创建运单，该界面与事务代码 VT01N 类似，在此界面中可选择发货单，并将其添加到运单中，同时确定运单中的相关信息，如计划运达时间。

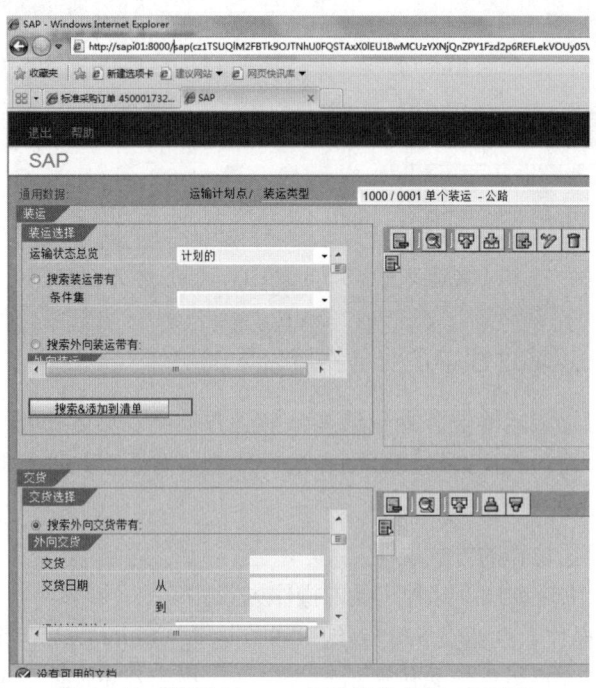

图 15-11　基于 Internet 创建运输单据（VT33）

使用事务代码 VT33 前,需要通过事务代码 OVTVT_CA、VT31 维护货运代理计划的参数等配置。

15.3.4 步骤 4——装运成本的计算与模拟

本小节首先简要介绍运费的计算方式,然后在系统中针对刚才维护的运单模拟运输成本,最后介绍系统的实现过程。

1. 运输的计算方式

运输(运费)的计价方式与销售的定价方式类似,但也有着一些差异。

在不同的运输方式、运输类型、货物类型下,运费的计算方式不一样,同时对于企业来说,随着油价的上升、收费公路的增加,运价也在不断地攀升,具体而言,货物运输计价有以下三种较为常见的运费计算方式。

1)计算方式 1:运费等于运输距离(千米数)× 运输重量(吨数)× 单价。采用公路运输的整车运输模式,常采用这种计算方式,距离越远、重量越重,运费越高,其中单价与距离相关。表 15-1 展示了整车运输模式下(大于等于 1 吨),运输单价根据运输距离实行等级定价,按照千米数,设置了三个等级的单价,千米数越高,单价越低。

表 15-1 运费里程表

运输距离	运输单价
500km 以内	0.67 元 /t•km
501～1000km	0.56 元 /t•km
1001km 以上	0.54 元 /t•km

2)计算方式 2:运费等于重量 × 单价。公路运输的零担模式下,常采用这种计算方式,同样单价也常与运输距离相关,实行等级定价。

3)计算方式 3:按照集装箱以及航线(路线)定价。铁路、海运模式下,常采用这种模式。如海运模式下,40 尺集装箱,从上海发到天津,价格为 3000 元;

上述三种计算方式,本质上运费都是考虑运输重量、运输距离后得出的一个结果,只是方式 2、3 做了精简。在上述三种计价方式的基础上,实际业务中,还参考其他因素,如:最低价、附加费设置:某批货物的总重量低于 50kg,增加固定费用为 100 元;若货物属于泡货,则计费重量按照体积进行折算,典型泡货如海绵,一辆载重为 5t 的车辆,由于海绵密度小,是无法装载 5t 的货物的,因此按照体积来进行定价,若实际装载的货物为 $9m^3$,重量为 2t,根据约定,泡货每 $2m^3$ 按 1t 计,因此计费重量为 4.5t。

SAP 系统中支持泡货定价,具体实现限于篇幅,不做介绍,请参见 SAP Note 781159 - Information: Bulkiness general Note。

2. 装运成本的模拟

本例中,采用公路运输,运费的计价方式采用计算方式 1,具体如图 15-12 所示,事务代码 VT02N 修改上文维护的运单,单击"模拟"按钮,可以看到本张运单的运费。

运单的运输路径的千米数为 700km，运单中所包含的发货单中的货物重量为 3070kg，根据表 15-1 得到单价为 0.56 元 /t•km，因此本张运单的总价等于单价（0.56 元 /t•km）乘以运输千米数（700km）乘以货物重量（3.070t）等于 1203.44EUR。

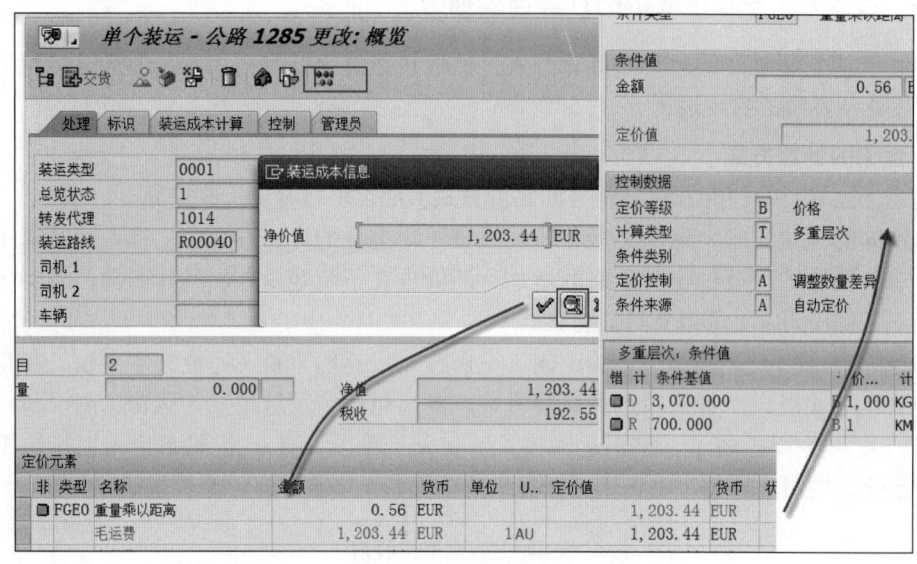

图 15-12　运单中的运费模拟（VT02N）

3. 系统实现：装运成本（运费）的定价说明

装运成本的计算过程与销售定价过程基本相同，都是通过条件技术，即通过定价过程、定价类型、存取顺序、条件表这几个条件要素来实现，因此请参见第 13 章"销售定价"。

两者的主要差异点如下。

❑ 装运成本的定价过程一般都定义在运输路径中；
❑ 装运成本的定价类型可能需要采用多重层次（Multi-dimensional），即运费等于距离乘以千米数乘以单价。

本节主要介绍差异部分，其他相关内容，请参照第 13 章"销售定价"

（1）条件类型定义、定价过程定义与确定

定价过程确定，在本例中的运输路径 R00040 中，定义了定价过程 SDFC00（见图 15-6）。

事务代码 T_08 定义定价过程，在定价过程 SDFC00 中包含条件类型 FGE0，截图略。

事务代码 T_06 定义条件类型，如图 15-13 所示，定义条件类型 FGE0 的计算类型为 T（多重层次 / Multi-dimensional），并定义该多重层次基于距离和重量，计算类型为多重层次代表运费是由三个要素相乘的，如本例中运输金额等于单价乘以运输重量乘以运输距离。

（2）销售标识（等级）的设置

如表 15-1 所示，运费计算中的单价是基于运输里程和重量这两个因素进行等级定价的，在图 15-13 中，定义运费的条件类型 FGE0 的计算类型为 T（多重定价），并且多重定价中的单价是基于运输距离等级和重量等级进行确定的。

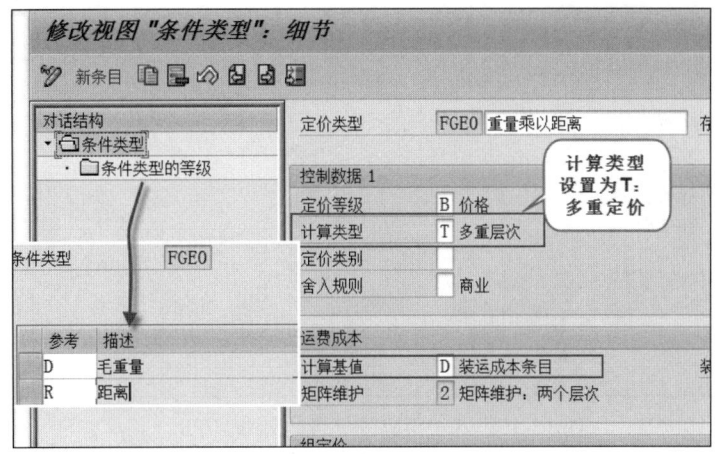

图 15-13 条件类型的定义（T_06）

提示：销售标识对应英文 Scale ID，更准确的翻译应该是等级标识。

因此相应的需要创建运输里程和重量的等级，然后根据两个等级的组合定价，具体而言，在 SAP 系统中是通过创建两个销售标识（Scale ID）来实现的（事务代码 VS01）。

如图 15-14 所示，创建第一个标识：重量等级标识（标识 191）。

将重量设置为两个等级（0 到 1000kg，代表零担，1000kg 到 100000kg，代表整车）；计算规则中选择 D（毛重量）代表该重量等级不仅用来确定单价，还用来计算总价；计算类型选择 B（相对的）代表计算总价时的计算方式，也就是运输的总价是需要乘以重量的。

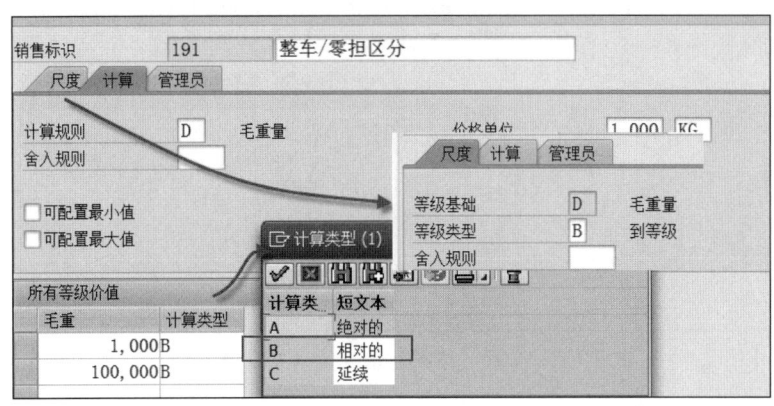

图 15-14 基于重量的等级（VS01）

参照表 15-1，如图 15-15 所示，创建第二个标识：距离等级标识（销售标识 192）。

将距离设置为 3 个等级（0～500km，500～1000km，1000km 以上），后续设置不同的等级有不同的单价。

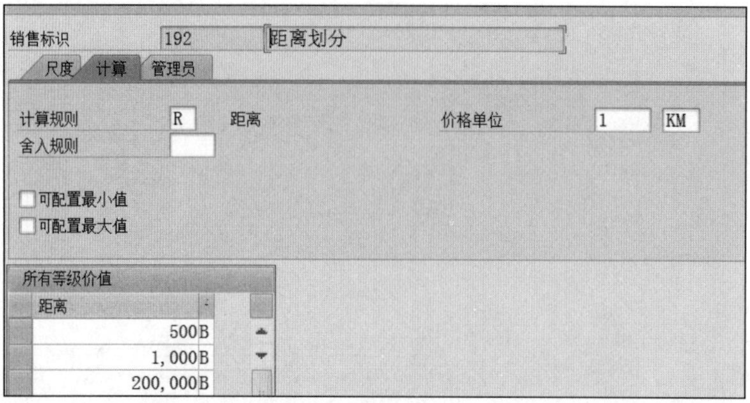

图 15-15 基于距离的等级的划分（VS01）

（3）创建运输用的价格主数据

如图 15-16 所示，事务代码 TK11 维护运输单价。

输入运费单价类型 FGE0，针对物流公司 1014（DHL）维护运输单价，单击"等级"按钮，输入重量和距离对应的销售等级标识（191、192），设置不同等级下不同的运输定价。

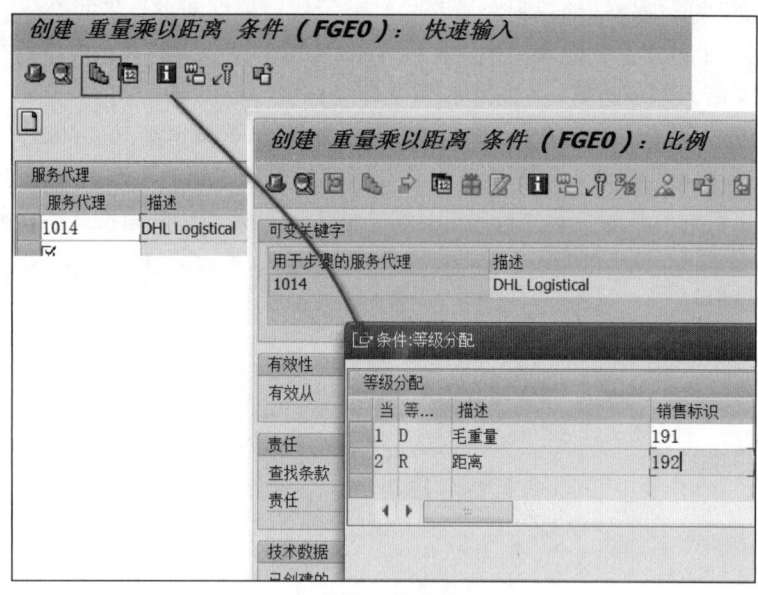

图 15-16 维护运输定价（TK11）

如图 15-17 所示，维护表 15-1 所示的公路运输下整车业务的单价，500km 以内、1t 以上（整车）单价为 0.67 元 /t·km。

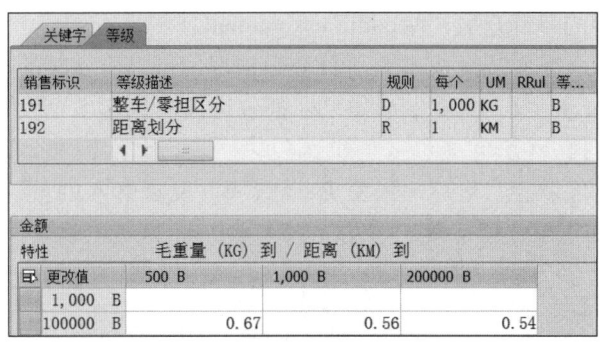

图 15-17　维护运输定价（TK11）

15.3.5　步骤 5——装运成本的创建、计算、科目分配和传送

当运输单价维护完毕，物流公司也完成了运输过程，相应的系统中更新了运单的执行日期，就可以针对运单创建装运成本，装运成本起着三方面的作用。

- ❑ 计算：正式计算装运成本，在运单中只能模拟；
- ❑ 分配：确定运费的分摊规则（科目分配）；
- ❑ 传送：根据装运成本产生采购订单（传送到采购订单）。

这三个作用对应装运成本中的三个操作，本小节中，我们将简要介绍这三个操作的步骤以及实现的过程。

1．系统操作步骤

当第三方物流公司将货物运输完毕，并在 SAP 系统中的运单中输入实际的货物开始运输时间、结束时间等日期，则可以进行装运成本的创建。

（1）装运成本创建并计算（Calculated）

如图 15-18 所示，事务代码 VI01 针对运单 1285 创建装运成本，装运成本的两个状态"已计算"和"已分配的"均为 C，代表系统自动计算装运成本，运费为 1230.44 欧元，并完成对运费的科目分配。

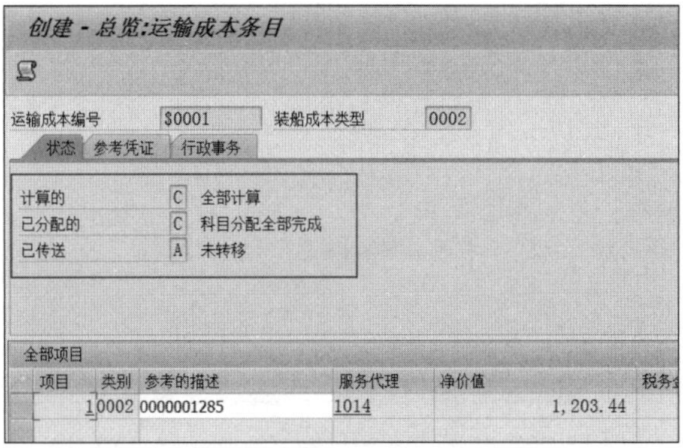

图 15-18　创建装运成本（VI01）

(2) 装运成本中的科目分配（Account assignment）

如图 15-19 所示，查看装运成本的科目分配情况，可以看到装运成本的金额被分配到发货单 80015920、成本中心 9030 中，如果一张装运成本包含多个发货单，一般来说是按照发货单重量进行分摊。

譬如装运成本 120 欧元，对应两张发货单 A、B，发货单 A 的重量为 100kg，发货单 B 的重量为 50kg，按照重量分配运费，则发货单 A 承担 80 欧元的运费，发货单 B 承担 40 欧元的运费。

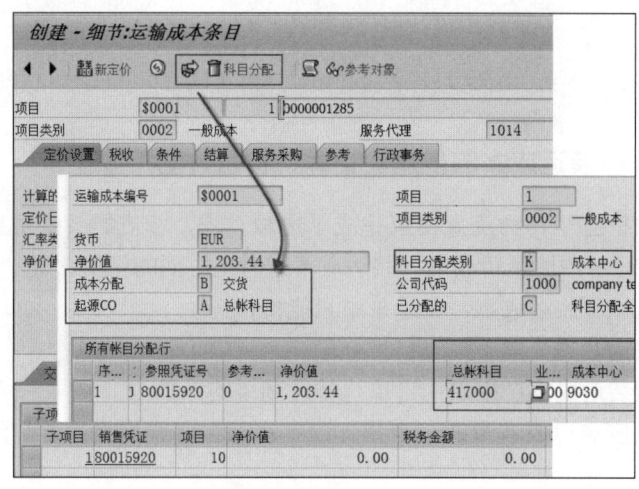

图 15-19　运输成本中的科目分配（VI01）

(3) 装运成本的传输（Transfer）

运输业务由第三方物流负责，也就是企业向第三方物流采购运输服务，因此需要相应地创建对第三方物流的采购订单。在装运成本中，单击"传输"按钮，系统将搜索已经创建的符合条件（相同供应商、相同期间）的采购订单，如果无法找到，则新建采购订单，如图 15-20 所示，本例中产生运费的采购订单 4500017321。

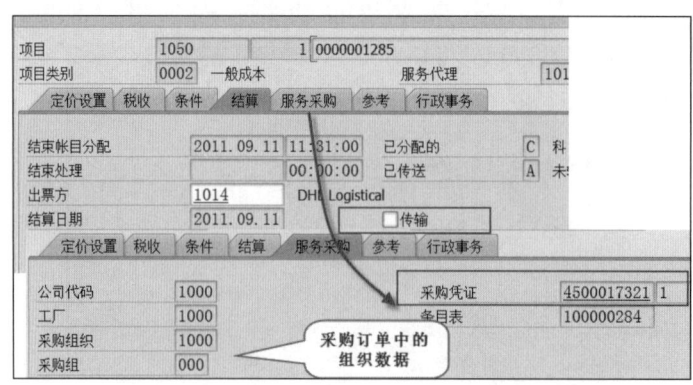

图 15-20　装运成本的传输（Transfer）（VI01）

如图 15-21 所示，事务代码 ME23N 显示系统自动生成的对物流公司 1014（DHL）的采购订单 4500017321，采购订单的行项目类别为 D（服务），账户分配为 U，系统自动进行采购订单收货，采购订单收货相当于财务上确认运输费用的操作，一般来说此时将会产生一张会计凭证，譬如在本例中，将产生如下会计凭证：

借：运输费用 1203.44

　　贷：GR/IR（应付暂估）1203.44

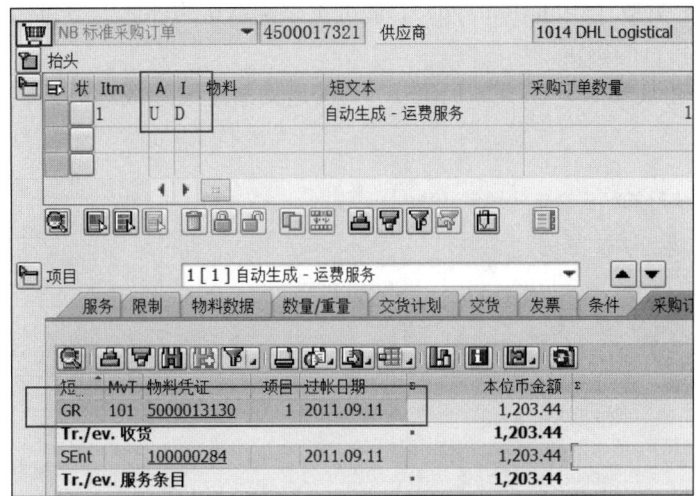

图 15-21　运费的采购订单的自动确定（ME23N）

（4）收到供应商（第三方物流）运输发票

当收到第三方物流的发票后，则通过事务代码 MIRO 针对采购订单进行发票校验，在发票校验时，一般来说运费中的税是可以抵扣的，运费的增值税发票的税率是 7%，不同于货物采购，货物采购的增值税是价外税，运费的增值税是价内税。

2．装运成本的系统实现说明

系统首先确定出装运成本的类型和行项目类别，然后根据装运成本的类型和行项目类别中的定义确定装运成本应该如何创建，以及装运成本的运费应该如何分摊（账户分配），当在装运成本中单击"传输"按钮时，系统又根据后台配置确定采购订单应该如何创建。具体定义如下。

（1）装运成本类型的确定和定义

装运成本类型的确定如下。事务代码 T_57 根据装运单类型（本例中为 0001，图 15-8）确定装运成本类型（本例中为 0002，图 15-18）。事务代码 T_56 装运成本行项目类别的确定：本例中确定出装运成本的行项目类别 0002（参见图 15-19）。事务代码 T_56 还配置装运成本类型和行项目的定义，如图 15-22 所示，主要的参数如下。

字段 1：自动处理率（Automatic Proposal）。设置该类型的装运成本创建时，系统是否自动进行装运成本的计算以及自动科目分配，本例中事务代码 VI01 针对运单创建装运成本时，系统自动计算装运成本以及进行科目分配。

字段 2：成本分配（Cost Distribution）。确定如何进行运费分配，可以选择多种分配方式，如将运费按照发货单的行项目分配，本例中成本分配选择 B（发货单/交货/Delivery），代表运费的金额将会分摊到发货单，这意味着假设一张运单（运输成本）为 1000 元，其包含两张发货单，将运费按照发货单中的货物重量进行分摊到每张发货单中。关于成本的分配，请参见 SAP Note 700512 - Information: Allocation of shipment costs to delivery items。

字段 3：估价类型（Valuation Type）。服务类采购默认的评估类型为 3200，该评估类型用于运费的会计科目的确定。

除了这三个主要参数外，事务代码 T_56 还定义创建装运成本时，装运单需要达到何状态。

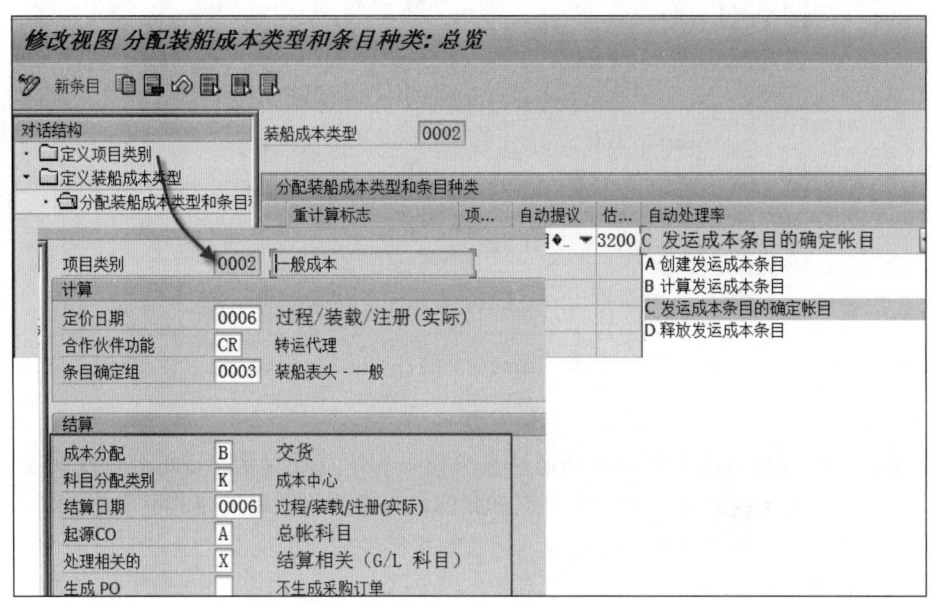

图 15-22　装运成本类型的定义（T_56）

（2）科目分配的确定

系统生成采购订单的同时，自动确定出采购订单中的科目，该科目为运费科目，用于运费的确认，如图 15-19 所示，创建装运成本时，系统自动确定出运费科目为 417000，其实现过程如下：

- 如图 15-22 所示，确定运费服务对应的评估类为 3200，该评估类用于确定采购收货的会计科目。
- 采购订单中的科目分配类别为 U，事务代码 OME9 定义科目分配 U 对应的一般修改为 VBR，如图 15-21 所示。
- 如图 15-23 所示，事务代码 OBYC，根据评估类别 3200，一般修改 VBR 确定采购运输服务时收货时的会计科目 417000。关于会计科目的确定，请参见 7.7.3 节"科目分配与账户确定"。

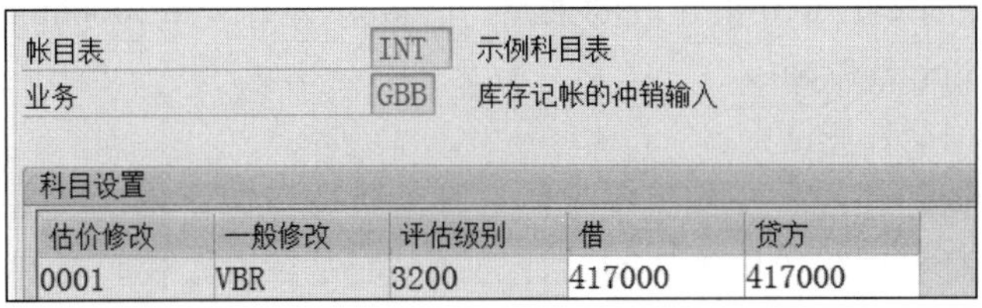

图 15-23 运费的会计科目的确定（OBYC）

（3）成本对象（成本中心）的确定

如图 15-19 所示，创建装运成本时，系统自动确定出成本中心为 9030，其实现过程如下。

- 设置装运成本的科目分配类别为成本中心，代表按照成本中心进行运费分配，如图 15-22 所示。
- 事务代码 OKB9 根据成本要素确定成本中心，本例中根据成本要素 417000 确定出成本中心为 9030，如图 15-24 所示。

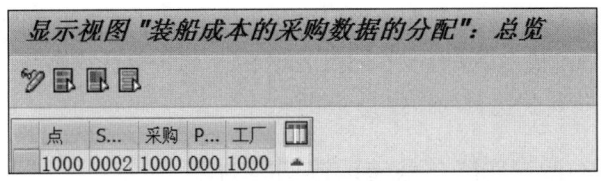

图 15-24 根据成本要素确定成本中心（OKB9）

根据图 15-22 至图 15-24 的定义，装运成本中的科目分配如图 15-19 所示。

针对运单 1285 创建的装运成本的金额将被分摊到发货单 80015920 中的成本中心 9030 中。

（4）采购订单中组织数据的确定

装运成本传输产生采购订单（参见图 15-20、图 15-21）时，采购订单中的组织数据是根据运单中的运输计划点和装运成本的类型确定的。具体定义如图 15-25 所示，事务代码 T_53 定义采购订单中的组织数据，由运输计划点（1000）和装运成本类型 0002 确定采购订单中的采购组织、采购组、收货工厂。

图 15-25 采购订单中组织数据的确定（T_53）

（5）采购订单中组织数据外的信息的确定

根据装运成本生成采购订单时，系统默认该采购订单的项目类别为 D（Service/ 服务），科目分配类别为 U。

关于运输服务的采购订单中的字段的来源，请参见 SAP Note 506605 - Info: PO generation when transferring shipment costs。

（6）装运成本与会计凭证

系统默认会根据运输成本金额生成采购订单的收货凭证，相当于运输费用确认。如果不希望自动收货时产生运输费用确认的会计凭证，而是在发票校验时产生，则通过事务代码 OME9 修改科目分配类别 U 的参数，设置为"未估价的收货 /GR-Non-Valuated"。

（7）公司间业务与装运成本

对于公司间业务，如果希望实现运费由收货方承担，那么只能使用内向交货单，请参见 SAP Note 1144542 - Delivery costs in stock transport orders。

15.4 散装运输管理

在前面讲的运输基础功能上，SAP 系统针对散装物料的运输特点进一步提出了解决方案，散装物料运输过程的特点如下。

1）散装产品，无论是石油、水泥、粮食，还是煤炭，在装卸、运输过程中不可避免地存在各种损耗，譬如装车时煤炭重量为 1000 吨，运输完卸载时的重量为 980 吨。

2）散装运输过程往往货物总量很大，在此过程中可能需要使用到多种运输工具，譬如运输 1000 吨，涉及 20 辆火车皮，需要对这些车辆进行管理。

限于篇幅，下面简要介绍散装运输的功能。

15.4.1 散装运输管理的方案概览

与正常的货物运输相比较，散装物料的运输过程进一步细化为如下三个主要步骤，另外，散装物料的运费结算的过程同传统的运输基本相同。

1）运输计划（Schedule）。在运输计划阶段中，指定运输的车辆、人员（司机）、货物（如发货单）以及运输车辆与货物之间的关系，分配单据到车辆（车厢）上；明确本次运输的路径（Route），对应的里程、第三方物流供应商。

2）货物装车确认（Loading Confirmation）。装车确认代表货物运载到车辆上，此时运输的重量可通过称重系统传到 SAP 系统中，仍然假设装车时数量为 1000 吨；

3）发货以及发货确认（Delivery Confirmation）。发货确认代表货物到达目的地，譬如由于货物损失，此时货物到达目的地仅为 980 吨。

15.4.2 SAP 传统的运输功能与散装运输功能对比

散装物料运输与传统的运输过程相比较，主要差异点如下。

1. 运输过程中的差异数量的管理与处理

通过将运输过程细化，通过装车确认（Loading Confirmation）和发货确认（Delivery

Confirmation）可以分别记录装车时的信息和卸车时的信息，如分别记录货物的装车重量和卸车重量。装车重量和卸车重量的差异可以自动过账到差异科目，同时还可以设置若超过特定差异数量的差异则不能不过账到差异科目。

比如本例中，可以设置装车重量和卸车重量差异在五吨之内，属于正常损耗，可以自动过账到差异科目，超过五吨，则属于不正常损耗，则系统对差异不进行自动过账。部分行业对运输损耗有明确的规定，如国标 GB 11085—1989 中定义了石油产品在不同运输方式下的损耗率，如在铁路运输下，500km 内汽油的损耗为 0.16%。

2. 根据贸易条款定义物权交接点

如图 15-26 所示，系统可根据贸易方式（Incoterms）来确定货物何时进行物权转移，企业最常用的两种贸易方式是 FOB 和 CIF。FOB 模式下可以认为是装载（Loading）时，发生物权的转移；CIF 方式下在卸载（Delivery Confirmation）时，才发生物权的转移。以海运的运输方式为例，FOB 模式一般是货物从出发港装船，货物交付给买家，而 CIF 模式下，货物到达目的港卸载时，货物才交付给买家。

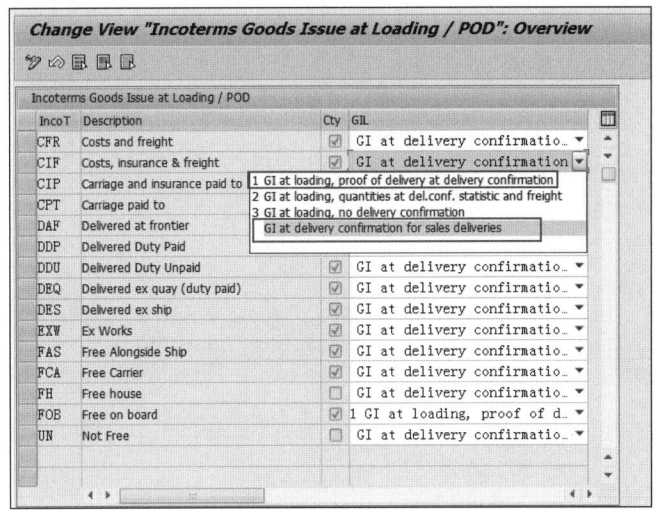

图 15-26　定义物权转移的时间点

例如，对某客户的发货单，如果与客户之间采用 FOB 方式，那么当装载（Loading）时，系统对发货单进行发货过账，库存减少，实现物权的转移；如果与客户之间采用 CIF 的贸易方式，那么装车时，对发货单进行发货过账，但此时系统只是将库存从一个库存地点转移到在途的库存地点，当卸载（交货确认，Delivery Confirmation）时，再从在途库存地点过账，库存减少，此时才确认销售成本，实现物权的转移。

注意：此功能只能应用于对客户的发货单，而不能针对公司间调拨、采购的发货单。

3. 装运成本（运费）计算

装运成本（运费）计算的基础可根据发货单的装车（发货）重量或者交货确认数量或者其他手工进行确认的数量。

4. 车辆管理的功能

增加了车辆主数据，在车辆主数据中可以记录车辆的详细信息，以及车辆的构成（如一辆车辆包括几个运输单元（车厢）），并可以与发货单绑定。

第 16 章 分类管理、序列号管理与批次管理

身份证号可标识每个人的身份。对于企业来说，每天、每个车间、每条生产线生产出大量的产品，销售给不同的客户，企业如何区分不同时期、不同车间、不同生产线生产出来的产品，如何追踪这些产品的来龙去脉？这就涉及本章将要介绍的内容：分类管理、批次管理和序列号管理。

分类管理的对象非常广泛，可以对物料、供应商、客户等进行分类。序列号管理、批次管理是对物料进行更为细化的管理，一般来说，流程行业较多使用批次管理产品、离散行业较多使用序列号管理产品，SAP 中也支持一个物料同时做批次管理和序列号管理，第 14 章中的案例使用到的物料即是同时做批次管理和序列号管理的。

16.1 分类管理

分类管理的应用非常广泛，在 SAP 系统的所有模块中都有应用。

顾名思义，分类是将相似的东西进行划分，在日常生活中，我们也经常使用分类功能查找对象，如在某个网站或者卖场购买电脑，会按照几个分类来筛选：如 CPU 类型、显卡类型、显示器类型，经过筛选后，再从中选择心仪的笔记本。在日常生活中，我们还常常将日常开销按照类别进行分类，查看每种类别的开销。我们也会在电脑中将不同的文件进行分类，再放在不同的目录中。

16.1.1 分类管理概览

分类由特征（值）、分类、对象组成，分类中可以有一个或多个特征，然后将分类分配给对象，不同的对象具有不同的特征值。

特征、分类都是非常灵活的，可以根据需要灵活的增加特征、增加分类，从而对对象进行分类。

分类的用途可分为三个方面。

1）查找对象：分类与搜索帮助集成在一起，在搜索帮助中可输入特征值查找对象；
2）报表分析：根据分类中的特征以及特征值分析库存、销售情况；
3）采购审批、批次管理、可配置物料等功能的基础。

具体而言，在企业运营中，会将各个业务对象，如物料、客户、供应商、文档、批次、检验特性等，通过分类中的特征（Characteristics）来进行分类，系统通过分类类型（Class Type）来区分不同的应用，譬如分类类型 001 为物料分类，分类类型 010 为供应商分类，

分类类型 022/023 为批次分类，不同的分类类型操作方式大体相同，下面以最常见的物料分类为例介绍分类功能。

16.1.2 物料分类应用

想象一下，某家公司生产成千上万的产品，那么如何从成千上万个产品中找到希望的物料呢，通过物料分类来查找将是重要的途径之一。

提示：这里的示例为物料分类，批次、供应商等分类功能与物料分类类似。

1. 物料分类场景说明

某公司销售产品给客户，可销售的产品有 1000 种，这些产品属于消费品，给最终消费者使用，将这些产品按照表 16-1 中的所列举的六个特征进行分类，然后可根据特征值查找产品以及进一步查询特定类型的产品的库存情况、销售情况。

根据分类中包含的特征，我们可以用来查找对象，如在本例中，创建销售订单、采购订单、查询产品库存时，可查找颜色为红色、适用人群为男的产品，SAP 系统中物料的搜索帮助中包括物料分类（Material Class），也就是说，无论在 SAP 系统的何界面，只要可以输入物料的地方，就可以用表 16-1 中的特征以及特征值来查找物料。

表 16-1　物料分类中的特征示例

特征代码	特征描述	特征数据类型	特征长度	特征值	属性	检查表	参考表字段 Reference Table
Z101	颜色	CHAR	10	Z1：红色；Z2：黄色等	单选	N/A	N/A
Z102	适用人群类别	NUM	2	10~20 岁；20~30 岁等	间隔	N/A	N/A
Z103	适用人群性别	CHAR	2	男；女	可多选	N/A	N/A
Z104	适用人群地区	CHAR	6	从销售地区中进行选择	可多选	T171	N/A
Z105	产品网络推广供应商	CHAR	10	从供应商主数据中进行选择	可多选	LFA1	N/A
Z106	总货架寿命	NUM	4	取自物料主数据中的货架寿命	N/A	N/A	MARA-MHDHB

2. 操作步骤简述

物料分类功能包括特征维护、分类维护，为物料维护分类及分配特征值组成，具体如下。

1）维护特征。使用事务代码 CT05 维护表 16-1 中六个特征，并设置相应的属性。

2）维护物料分类。使用事务代码 CL02 创建分类 Z100，分类中包括这六个新维护的特征。

3）为物料分配分类和特征值。使用事务代码 MM01 或者 CL20N 将分类 Z100 分配给物料（Zbatch001、Zbatch002 等），并为物料分配特征值。

如图 16-1 所示，设置物料 ZBATCH001 的分类为 Z100，设置特征值，如特征"颜色"的特征值为红色，适用人群为男性和女性。

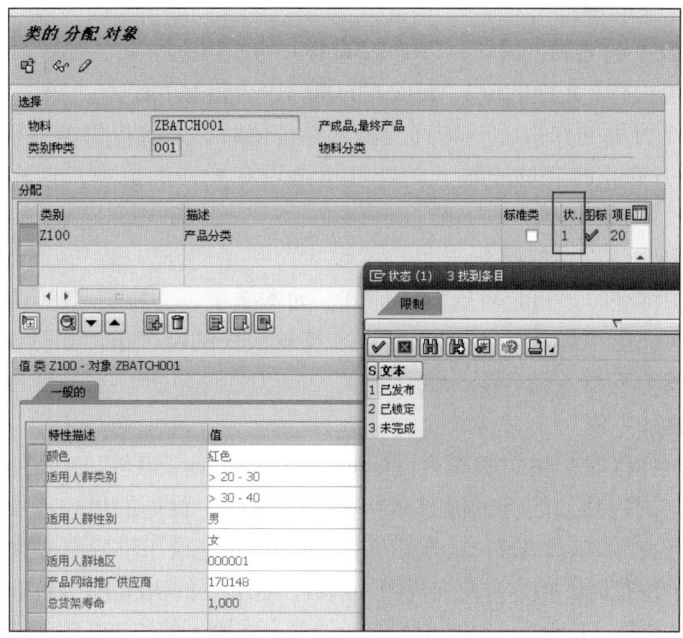

图 16-1　物料分类示例（CL20N）

3. 系统实现说明

维护特征时需要注意以下几个问题。

❑ 特征值的参考表字段的设置；

❑ 值检查的设置。

（1）字段：参考表字段（Reference To Table Filed）

维护物料时，对于批次管理的物料，可以在物料主数据中维护物料的货架寿命（保质期），该信息保存在表字段 MARA-MHDHB。

如图 16-2 所示，维护特征 Z016（物料的货架寿命）时，设置特征的表字段的参考为 MARA-MHDHB，因此特征 Z016 的值始终等于物料中维护的货架寿命。

参考表字段所起的作用如下：

❑ 参考表字段的格式将作为特征的格式，本例中参考表字段 MARA-MHDHB 为数值型，字段长度为 4 位，因此特征 Z106 的字段长度也为 4 位；

❑ 在不同的应用下，可以将参考字段的值复制到特征的值。

本例中，对于物料分类（分类 001），系统可以将表 MARA（物料主数据基本数据表）

中的值复制到物料分类的特征值中；

对于批次管理（分类 022/023），系统可以将表 MCH1/MCHA（批次主数据表）的字段值复制到特征，用于批次特征值的确定；

对于采购审批（分类 032），系统可以将表 CEBAN/CEKKO（采购凭证表）的字段值复制到特征中，用于采购审批；

❏ 参考表字段不起限制字段值（Check Table）的作用。

（2）字段：值检查 / 允许的值（Value Check/Allowed Value）

值检查起两个方面的作用：一方面当输入特征值时，系统提供搜索帮助，这样有助于用户输入；另一方面系统将检查输入的特征值是否在允许的值中，这样减少用户输入错误的特征值。

系统支持多种方法设置值检查：

方法 1：维护特征时，指定可选的特征值。如本例中，为特征 Z101 设置可选的两种颜色（红色、黄色），同时系统还支持层次式的特征值，如可设置销售地区的特征值为三层，第一层为大区，第二层为省份，第三层为城市，这样选择起来就更加方便。

方法 2：维护特征时，指定检查表（Check Table）。如图 16-2 所示，特征 Z105（网络推广供应商）的特征值只能从系统中存在主数据的供应商中选择，因此设置检查表（Check Table）为 LFA1，表 LFA1 记录了供应商主数据。

方法 3：维护特征时，指定自定义视图、函数。在必要的情况下，我们可以建立自定义视图、函数（Function Module）来对特征允许输入的值进行限制，如图 16-2 所示。

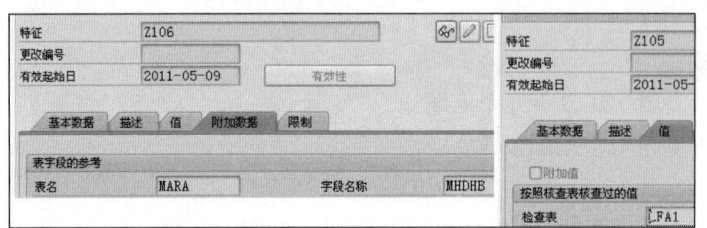

图 16-2　特征维护（CT04）

16.1.3　分类信息报表查询

当为上文中的对象（如物料）维护分类、特征、特征值后，则可以在一些报表中按照特征值进行分类查询使用。

1. 查看对象的特征值

通过事务代码 CL6BN 可以查看对象（物料分类、供应商分类、客户分类等）的特征值，并可将结果导出。如图 16-3 所示，在本例中，我们查看刚才新建的物料分类，输入类 Z100，分类种类（类种类）001，对象表 MARA，执行报表后，可以看到物料

ZBATCH001、ZBATCH002 的分类、特征及特征值。

> 提示：查询不同的分类应用，输入不同的分类类型和对象表，例如如果要查询供应商的分类信息，则输入供应商的分类类型为 010，对象表 LFA1。

如果仅需显示某个特征的值，如特定的使用人群，则可以勾选"选择特性"复选项。

如果需要显示特定物料的值，则可以勾选"选择对象"项，通过在对象输入框中单击"下一页"从而支持输入多个范围值。

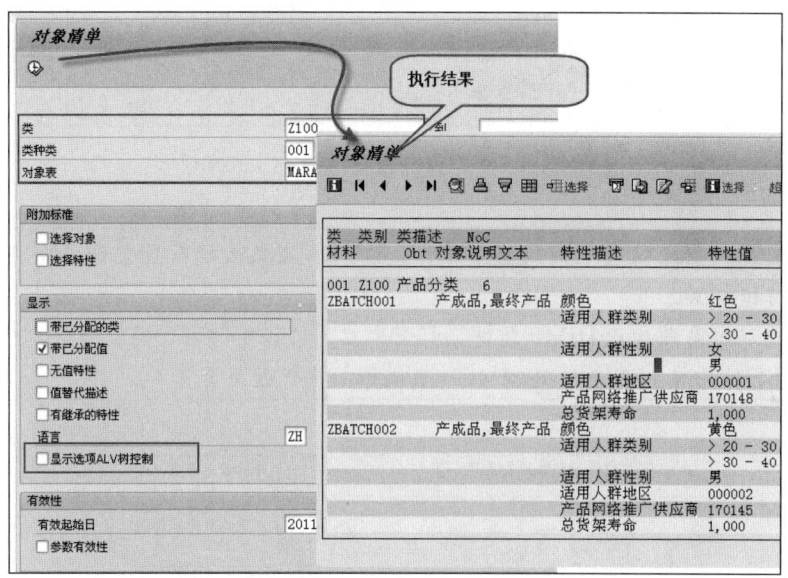

图 16-3　包含分类信息的对象清单（CL6BN）

2. 根据特征值查找对象

我们需要根据特定特征值查询对象，例如本例中，假设某个客户需要颜色为红色的产品，此时我们需要查询到特征值为红色的产品，我们可以在物料的搜索帮助或者专门的报表（如事务代码 CL30N）中根据特征值查找对象，二者的逻辑相同。

本例中演示通过事务代码 CL30N 根据特征值查看对象，如图 16-4 所示，查看颜色为红色的物料，输入分类 Z100 和分类类别 001，输入特征值为红色，执行后可以查找到物料 ZBATCH001。

> 提示：注意分类（Class）共有三个状态：审批（Released）、锁定、未完成，只有审批状态才会在本报表中出现。

3. 报表查询——根据分类中的特征查询库存和对象

如图 16-5 所示，事务代码 MMCL 可以根据特征值查询库存，输入参数文件 Z1，输入查询条件为"颜色为红色的",单击执行,则查看颜色为红色的物料的库存。

图 16-4　根据特征查看物料（CL30N）

提示：本操作的前提是使用事务代码 OMILL_MMCL 定义选择参数文件 Z1,将选择参数文件与分类、特征关联。

该功能需启用离散行业 DIMP 组件,如果未启用,在 ECC6.0 的最新版本中,可以在事务代码 SE93 中输入事务代码 MMCL 来执行,执行效果有差异。

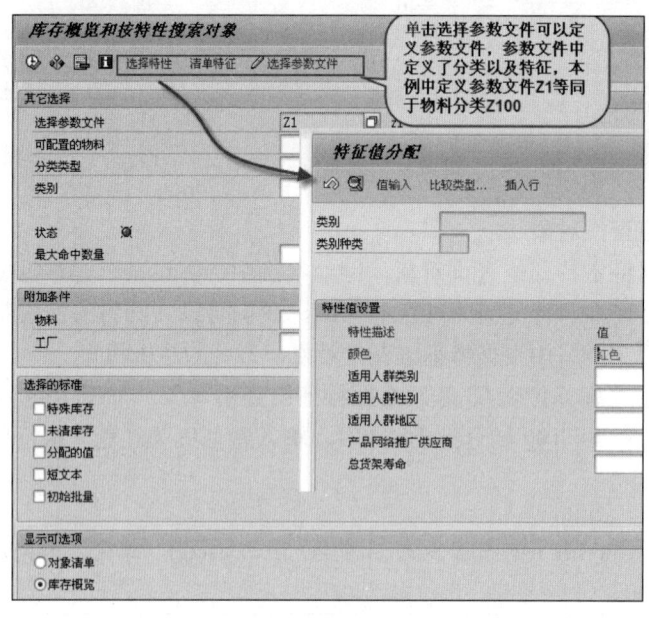

图 16-5　根据特征查询库存（MMCL）

执行结果如图 16-6 所示,可以查看到所有颜色为红色的物料的库存。

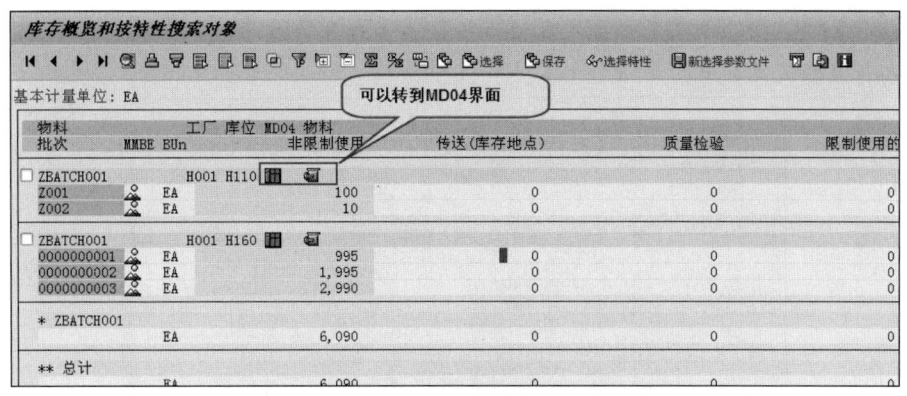

图 16-6 根据特征查询物料的库存（MMCL）

16.2 序列号管理

序列号管理在离散行业有较多的应用，如汽车、机械设备等行业，每一个生产的产品都有唯一的编号（序列号 /SN/Serial Number），又如日常生活中的电脑、空调都会被制造商赋予唯一的编号，通过该编号来进行追踪产品质量，处理后续的质量投诉，判定产品保质期等。

16.2.1 序列号概览

如图 16-7 所示，设置物料做序列号管理，只需要在物料主数据（销售工厂、工作计划等视图）中，维护序列号参数文件。

产生序列号的同时，可以在系统中产生设备号码，为后续的客户服务（CS 模块）奠定基础，事务代码 IE03 可以查看产生序列号时自动产生的设备号码。

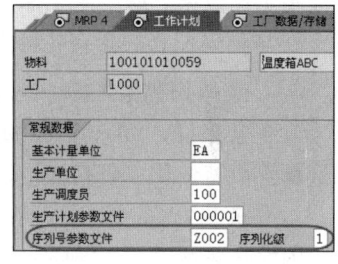

图 16-7 维护序列号参数文件（MM01

16.2.2 序列号系统实现

序列号的后台设置主要就是配置序列号参数文件（SN profile）。

事务代码 OIS2，在序列号参数文件中，定义各个业务操作（图 16-8 中的字段"过程"）中是否允许输入序列号、序列号是否为必须输入，设置序列号为系统自动产生，产生序列号的时候，是否同时产生设备号。

如图 16-8 所示，序列号参数文件 Z002 包括了常见的业务过程（Procedure Business）：销售订单、生产订单、库存操作、发货单，代表当某物料分配该序列号参数文件后，该物料的这些业务都与序列号相关。

提示：在 SAP ECC6.0 EHp4 及以上版本中激活业务功能增强"LOG_MM_SERNO"，则可以在采购订单输入序列号。

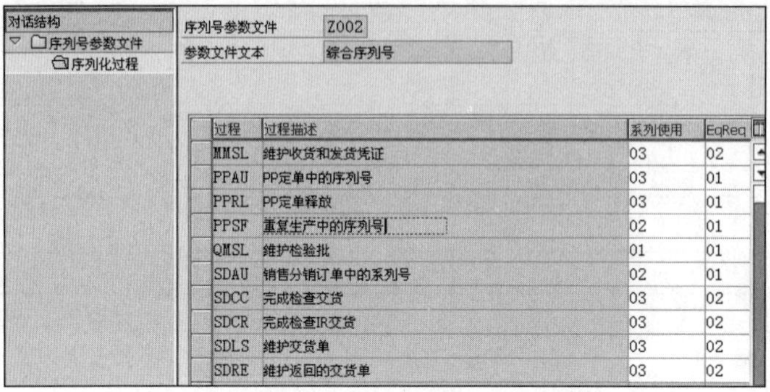

图 16-8　序列号参数文件（OIS2）

16.2.3　序列号与条码设备

采用序列号管理的产品，由于其管理的细度明确到单个产品，设想一下如果公司每年生产数万个产品，则手工输入序列号工作量将非常大，因此往往在实物上会贴有条码（Barcode），然后通过扫描设备来扫描条码识别产品的序列号，这样可以减少输入工作量、提高工作效率、减少手工输入的错误。

与条码配合的会有各种类型的设备，最常见的有以下三种配套的设备。

1. 条码扫描枪（Barcode Scanner）

正常来说，SAP 系统中输入的信息是通过在键盘上输入相关信息，返回到 SAP 系统的屏幕上，若使用条码扫描枪，则过程如下：

登录 SAP 系统，打开需要输入信息的界面，通过条码枪扫描条形码，条码枪将条形码的内容转为字符，直接输入到 SAP 系统中的当前界面。

条码扫描枪的说明

条码扫描枪此时就相当于一个键盘，作为一个输入设备，其前提条件是条码扫描枪以有线或者无线的方式连接在当前的电脑上。

条码扫描枪有着非常广泛应用，价格也并不算昂贵，在超市购物，营业员打开 POS 系统，然后使用扫描枪扫描商品的条码，商品的代码就会输入在 POS 系统中，POS 系统中再根据商品代码确定相应的商品描述和价格。

2. 带有扫描功能的手持无线终端（RF Mobile）

普通的条码扫描枪只是相当于一个输入设备，而手持无线终端是直接将扫描（输入）的数据传输到 SAP 系统中，在手持终端上可以安装各种类型的软件，实行各种功能，其价格相比条码扫描枪，也昂贵很多，其与 SAP 系统的常见连接方式如下。

1）使用 SAP Console：在计算机中，一般我们使用 SAP GUI 登录 SAP 系统，而在手持无线终端中，一方面其屏幕较小，另外一方面，很多无线终端只支持更简化的界面（如仅支持字符型的操作界面），因此需要通过 SAP Console 来登录 SAP 系统，SAP Console 支持两种方式：Talent 和 ITS 方式。

- Talent 方式：是指 SAP Console 借助 Talent 协议与无线终端设备之间实现数据交换，SAP 与全球主要的无线终端设备厂商（如 Intermec/ 易腾迈）均有良好的合作；
- ITS 方式：是指在手持终端上通过浏览器借助 ITS 服务访问 SAP 应用。

2）使用虚拟软件：在手持无线终端中，登录虚拟软件（如 Ctrix），远程访问、登录 SAP，执行相关操作。

3）开发自定义程序，然后将数据通过接口的方式传输到 SAP 系统中。

3. 条码打印机

打印条码可以使用普通打印机，但从提高效率、易用性的角度来考虑，大多使用专门的条码打印机，条码打印机由专业的厂家（如 Zebra/ 斑马）提供，用来打印条码标签，SAP 系统中可设置打印格式，然后输出到条码打印机，打印出条码标签。

16.2.4 序列号与包装

当每个产品有一个序列号，同时若干个产品上通过包装（托盘等）装在一起，则序列号与包装就结合起来，具体参见第 14 章"包装处理"。

16.3 批次管理

批次管理广泛应用于流程行业，如食品、药品、化妆品、钢铁、煤炭、石油等行业，在非流程行业，特定业务下，也有实际的应用。

批次一般是指同一生产日期、同一生产线（同一套设备）生产出的同一批产品，可以认为这批产品属于一个"母亲"同时生出来的。同一批次的产品 DNA 基本相同，不同的批次的产品有着不同的属性，可能生产日期不一样或者有效含量不一样或者使用的原材料的供应商不一样，批次就如一个人的身份证（户口簿），通过批次记录各种生产的属性，同时还通过批次来跟踪来龙去脉。

日常生活中，我们购买的很多产品（如饮料、牛奶）标签上都有批次号码，如 20110423AA，该批次既有我们消费者可以直接观察到的信息，如前面 8 位代表生产日期，后面 2 位代表生产地或是产线，对于企业而言，批次信息包括了更多的含义。

批次管理的应用非常多，包括但不限于下面几点。

1）通过批次管理可以满足质量管理的需要，如常见的质量追溯，当出现质量问题（如召回），可以根据批次进行召回；

2）通过批次管理功能，来确定批次使用的顺序，譬如实现物料的先进先出；

3）通过批次管理还可以一定程度上查看"销售串货"情况，批次 A 的产品发给了客户甲，未发给客户乙，如果在客户乙处发现了批次 A，说明"串货"；

4）通过批次管理可以实现账龄分析，批次中记录了物料的生产日期和失效日期，这为库存账龄分析奠定了基础。

注意：尽管批次管理可以为企业提供帮助，但在 SAP 系统中实行批次管理的前提条件是实物管理必须按照批次来进行管理，不同批次的实物在仓库现场能够严格区分。

16.3.1 批次管理功能概览

批次管理在 SAP 中的应用非常广泛，贯穿在生产、采购、库存管理、销售发货、质量管理的过程中，同时与财务也有密切的关系。物料启用批次管理后，所有出入库环节（采购订单入库、生产订单发料、销售订单发货、库存盘点等）都需要输入批次号码，批次号码一般通过批次确定功能自动确定，也可以手工输入。实行批次管理的物料，每一个批次都会有批次主数据，批次主数据由批次号码和批次信息组成，如上面描述的饮料，其批次号码 20110423AA，批次信息（特征）可能包括该批次的制造商、生产日期、过期日期、入库日期等。

SAP 中批次管理的功能主要包括以下几部分。

1. 批次主数据中各项信息的确定

1）批次号码的确定；

2）批次主数据中的基本信息的确定；

3）批次主数据的分类信息的确定。

2. 批次主数据中各项信息的查询

1）根据包括物料、批次分类在内的筛选条件查询批次号码；

2）根据包括物料、批次分类在内的筛选条件查询库存批次。

3. 批次主数据的应用

1）通过批次确定功能来实现发料（发货）时使用何批次；

2）利用批次状态功能，冻结特定批次；

3）通过批次特有单位功能，实现双单位并行管理物料。

提示：执行事务代码 OCHA（路径：SPRO/后勤常规/批次管理）则可以查看批次管理的后台定义总览。

执行事务代码 BM00（路径：后勤/核心功能 Central Functions），则可以查看批次管理的前台定义总览。

16.3.2 批次级别

在使用批次管理功能之前，首先需要设定批次级别（Batch Level）。

批次级别有三个层次，分别为集团（Client Level）层次、物料层次、物料的工厂层次，常用的是物料层次、工厂层次。集团层次与物料层次比较类似，差别在于集团层次下若物料 A 使用了批次号码 0001，则物料 B 不能够使用批次号码 0001，表 16-2 为批次的物料级别和工厂级别的对比。

表 16-2 批次级别比较说明

差异比较	物料级别	工厂级别
业务区别 1 （物料主数据）	同一个物料在不同工厂的批次管理必须设置相同	同一个物料可以在工厂 A 实施批次管理，在工厂 B 不实施批次管理
业务区别 2 （物料的批次主数据）	同一个物料的同一个批次 ZZ 在不同工厂下的信息完全相同	同一个物料的同一个批次 ZZ 在不同工厂下的信息可以不相同。 物料 A 的批次 0001 在甲工厂的批次状态设置为限制，到乙工厂的批次状态可以设置为非限制
业务区别 3 （库存转储）	批次主数据不随着物料在工厂之间转储发生变化	物料的某个批次 ZZ 从发货工厂甲库存转储到接受工厂乙时，该批次的信息不会自动带到收货工厂中
技术层面区别及批次信息保存的表	两个因素决定批次信息（物料+批次号码），保存在表 MCH1	三个因素决定批次信息（物料+工厂+批次号码），保存在表 MCHA
物料所使用的批次分类	集团和物料级别 分类 023	工厂级别 分类 022

注意：批次级别（Batch Level）一旦定义，尽管可以转换，但并非随意转换，而且这种转换往往需要花费不少人力、时间，具体请查询 SAP Note 891902 - FAQ: Batch level 以及 Note 41715 - Resetting batch level from material to plant level。

在同一集团下的不同工厂中，有些工厂具备批次管理的条件，而有些工厂不具备批次管理的条件时，此时可以所有工厂均实行批次管理，在不具备条件的工厂下，设置虚拟批次，这样可以减少未来不具备条件的工厂将来条件成熟时切换到批次管理的工作量。

16.3.3 批次主数据

批次主数据是批次管理中的主数据，在批次主数据中记录该批产品的各项信息，本小节中将介绍批次主数据的构成、批次主数据的创建、批次主数据中的特征值的确定。

1. 批次信息构成

通过事务代码 MSC3N 查看物料的批次主数据，可以看到批次信息由三部分组成：批次号码（0000000114）、批次主数据的基本数据、批次的分类信息，如图 16-9 所示。

批次主数据的基本数据包括基本数据 1、2，在基本数据 1 中记录该批次的生产日期、货架寿命到期日、收一次收货日期，如果是从供应商处采购进来的，还可以记录供应商代码、供应商批次等各种信息。

批次的分类信息是批次主数据的附加部分，也是最重要的部分，分类信息为后续批次的各项功能奠定基础，如图 16-9 所示，批次的分类为 MDUBATCH，批次分类中包含四个特征，在批次主数据的分类信息记录批次 0000000114 的质量等级、批次的生产中心、生产日期、功率，批次的分类信息可以设定与批次主数据同时产生，也可以单独进行维护。

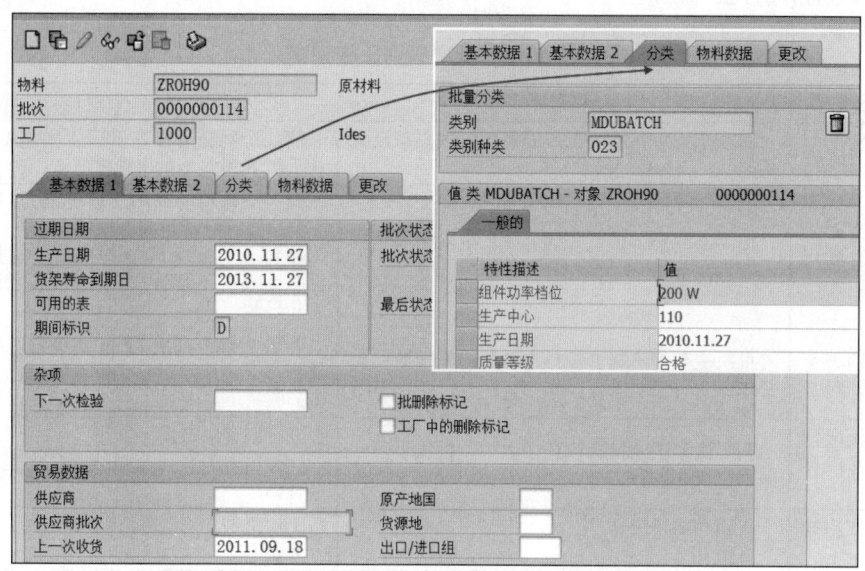

图 16-9　批次主数据的基本数据和分类数据（MSC1N）

2. 批次主数据的创建（Initial Batch Creation）

批次（号码）主数据可以在多个环节产生。对于生产产生的批次，当生产订单创建或者释放可以自动生成批次主数据，具体是通过事务代码 CORW 来定义批次在生产环节产生的规则。对于采购产生的批次，通过事务代码 SM30，输入视图 V_156_CN，定义特定移动类型产生批次的规则。

3. 批次号码的类型

批次号码的长度总共为十位，可以是内部给号（Internal Assignment）或者外部给号（External Assignment），外部给号时可以包含字母。内部给号可以是纯流水号，也可以借助增强 SAP LV01Z 来实现有意义的内部给号，如生产订单号码＋流水号、生产日期＋流水号。外部给号也可以借助增强来进行校验外部给号是否符合特定的规范。

4. 批次主数据中的分类信息的创建

批次主数据创建时，批次主数据中的分类不一定自动创建，需要进行相关设定才会自动创建，一般情况下应通过事务代码 OMCV 定义所有收货相关的移动类型都激活自动创建批次的分类信息，如采购收货（移动类型 101）、期初库存导入（移动类型 561）、库存盘盈

（移动类型 712）等移动类型。

5. 批次主数据中的分类的特征值的确定

批次主数据中经常使用到的分类特征有生产日期、失效日期、批次状态、供应商、制造商、质量等级等信息。特征的特征值是批次分类中关键的信息，SAP 系统中支持但不限于以下六种方式来确定批次的特征的特征值：

（1）业务操作时手工输入

生产订单、采购订单等各种形式的收货时，手工输入批次的特征值，譬如手工输入质量等级。

（2）直接手工修改

事务代码 MSC1N/MSC2N 维护批次主数据时，可以直接修改批次分类中的特征值。

提示：关于手工修改特征值时的权限设置，请参见博客"批次管理–权限–组织范围"。

（3）根据特征中定义的参考表和字段

系统可以将批次主数据中的基本数据信息，即表 MCH1/MCHA\MARA 中的字段值复制到批次分类的特征中，如批次的生产日期、供应商信息复制到批次的特征值中。以特征供应商为例，当在批次分类中增加一个特征"供应商"，该特征的参考表和字段为 MCH1-LIFNR/MCHA-LIFNR。当采购订单收货时，系统自动将供应商信息记录在批次主数据中的基本数据的供应商中，对应的字段为 MCH1-LIFNR/MCHA-LIFNR，当特征设置参考表字段为 MCH1-LIFNR/MCHA-LIFNR，则特征的值自动赋值为采购收货时的供应商。

具体参见前面 16.1.2 节中"参考表字段"的解释以及图 16-2 中的示例。

（4）通过增强程序

通过增强程序，在采购订单、生产订单入库环节时，可将采购订单、生产订单中所包含的信息写入到批次主数据的特征值中。

例如原材料采购入库时，将原材料的制造商信息、版本信息（Revision）写入到批次主数据的特征中，而后可根据制造商信息、版本信息查询库存情况、进行批次确定。

提示：增强示例请参见作者的博客"批次管理–分类特征值的确定"。
　　关于制造商的定义与功能，请参见第 8 章"制造商物料管理"
　　关于版本的定义与功能，请参见 17.2 节"ECM"

（5）检验结果作为特征值

当批次管理的物料启用 QM（质量管理）的入库检验功能（IQC/FQC）后，检验结果的值可传递到批次分类的特征中。事务代码 QS21 创建检验特征（Inspection characteristic）时，输入分类特征（Class Characteristic），从而将检验特征和批次的分类特征关联，当检验结果录入时，该检验特征的值自动传输到批次分类中的特征值。

(6) 利用批次继承/派生（Batch Derivation）

通过定义批次继承/派生规则，可以在生产订单收货时，将投入的原材料的批次主数据中的特征传输到产成品中。例如设置产成品的生产日期从半成品继承，等于投入的半成品的生产日期，如果有多个半成品，还可以定义规则，取生产日期中最早（或最晚）的一个日期。

(7) 利用 WIP 批次功能

当激活 EHp4、6 中的业务功能 LOG_PP_WIP_BATCH 和 LOG_PP_WIP_BATCH_02 后，SAP 增强了对 WIP（在制品）批次的管理，并且可以通过 WIP 批次实现批次的特征值的继承，例如布料制作过程，需要经过三个工序，第一道工序染色、第二道工序裁剪、最后一道工序热处理。第一道工序后，产生一个 WIP 批次，在该 WIP 批次中记录相应的颜色，该颜色信息可以进一步的传递到后续工序的 WIP 批次，以及最终布料的批次中。

16.4 批次确定

批次确定是批次管理中使用最为频繁的功能，当物料实行批次管理时，所有的出入库操作都需要输入批次。入库（采购入库、生产入库等）环节，将生成新的批次或者入库入到已有的批次中。出库（销售发货、生产发料等）环节，需要利用批次确定功能来确定使用何批次。

在批次确定功能中，当物料存在多个批次时，系统通过"选择标准/Selection Criteria"来确定何批次满足出库条件，通过"排序顺序/Sort Sequence"来确定满足条件的批次中何批次优先出库。

提示：更多批次确定的案例，请参见 5.3 节"批次确定与替代"

16.4.1 案例说明、分析与系统实现

本小节中通过一个案例简要说明批次确定功能的应用。

1. 案例说明

某公司生产某种易挥发产品，该产品保质期为三年，该产品通过两条生产线生产，生产线 A 生产的该产品，采用机器拧盖的方式，生产线 B 生产的该产品，手工拧盖，手工拧盖产品更容易挥发。因此综合考虑，该产品在销售发货给客户时，采用以下批次确定原则：

1）选择标准 1：剩余保质期不足两年的批次，则不可以再发给客户；
2）排序顺序 1：先发手工拧盖的产品，再发机器拧盖的产品；
3）排序顺序 2：按照失效日期，先进先出。

2. 案例分析

在批次主数据以及批次的分类中记录该批次的各项信息，然后通过批次确定功能，确

定发货的批次，具体如下：

1）在批次主数据中通过批次的特征记录批次的失效日期（Expiration Date）、拧盖方式；

2）维护批次搜索策略，设置查找批次的选择标准为剩余保质期大于两年；

3）维护批次搜索策略，设置批次的排序顺序：拧盖方式、失效期，其中拧盖方式为手工拧盖优先，先发货，失效期为先失效，先发货。

3．系统实现简要说明

维护批次用的特征、分类，并维护批次搜索策略。

1）事务代码 CT04 维护特征（Characteristics）创建特征 ZMODE（拧盖方式）。

2）事务代码 BMSM，将系统标准的特征，从 000 系统复制到当前系统，在本例中，将会使用到其中的三个特征 LOBM-VFDAT（批次失效日期/Expiration Date）、LOBM-LFDAT（发货日期）、LOBM_RLZ（批次的剩余货架寿命/Remaining Shelf Life for Batch）。

提示：SAP 系统中预定义了数十个可用于批次的标准特征，这些特征基本均以 LOBM 开头，在这些特征中，系统已经设置了相关计算公式，来计算这些特征的值，如定义本例中的剩余货架寿命（LOBM_RLZ）的计算逻辑，等于批次到期日（LOBM-VFDAT）减去发货日期（LOBM-LFDAT），这些预定义的特征通过事务代码 BMSM 从 Client 000 系统复制到当前系统，更多信息，可参见 SAP Note 33396 - Batch determ.: Selection w. remaining life LOBM_RLZ。

3）事务代码 CL01 维护批次的分类 ZCLASS，该分类中，包括两个特征：拧盖方式（ZMODE）和失效期（LOBM-VFDAT），事务代码 MM01 或者 CL20N 将分类 ZCLASS 分配给物料。

4）事务代码 CL01 维护批次搜索策略用的分类 ZCLASS_SEARCH，该分类中包括三个特征，失效期（LOBM-VFDAT）、LOBM-LFDAT（发货日期）、LOBM_RLZ（批次的剩余货架寿命）。

5）事务代码 CU70 维护批次搜索策略用的排序标准（Sort Rule）ZSORT，该排序标准中包含二个特征：拧盖方式（ZMODE）和失效期（LOBM-VFDAT）。

6）事务代码 VCH1 维护批次搜索策略。在搜索条件中输入分类 ZCLASS_SEARCH，设置选择标准为：批次的剩余货架寿命（LOBM_RLZ）大于两年；

输入排序顺序 ZSORT，设置手工拧盖方式优先，先失效优先（先进先出）。

7）事务代码 CO01 维护物料的生产订单；

8）事务代码 MIGO 对生产订单进行收货。生产订单收货时，产生新的批次，输入批次对应的生产日期，系统根据生产日期和物料主数据中货架寿命（Shelf Life）确定该批次的失效日期，通过增强根据工作中心确定拧盖方式，这些信息都会记录在该批次主数据的分类中。

9）事务代码 VA01 创建销售订单、事务代码 VL01N 创建发货单。当创建发货单时，系统根据维护好的批次搜索策略，自动进行批次确定：系统将排除掉剩余货架寿命小于两年的批次，排除掉这些批次之后，系统按照拧盖方式为手工的，剩余货架寿命进行排序，排在前面的优先发货。如：客户需求数量 100 个，发货单的发货日期为 2012.01.13，系统根据批次的失效日期减去发货日期得到发货时间点，每个批次的剩余货架寿命，具体而言，当前可用的 4 个批次的库存情况如下：

批次 1：数量 60 个，剩余货架寿命为 2 年 1 个月，拧盖方式为自动；
批次 2：数量 60 个，剩余货架寿命为 1 年 5 个月，拧盖方式为自动；
批次 3：数量 60 个，剩余货架寿命为 2 年 4 个月，拧盖方式为自动；
批次 4：数量 60 个，剩余货架寿命为 2 年 6 个月，拧盖方式为手动；

根据批次搜索策略中的选择标准和排序顺序，系统首先排除掉批次 2，然后按照批次 4、批次 1、批次 3 的顺序进行排序，即最终发给客户的批次如下：

批次 4 数量 60 个；批次 1 数量 40 个。

提示 1：详细截图，请参见作者博客"基于货架寿命的批次确定"。
提示 2：本例中，演示的是根据货架寿命进行批次确定，在不同的行业中，会根据不同的搜索条件来进行批次确定。

16.4.2 常见问题

批次确定功能利用条件技术和分类功能，而无论是条件技术还是分类功能都是非常灵活的，充分体现 SAP 的灵活性，并且在灵活性的同时还保持其一贯的高质量和稳定性，在使用批次确定功能时，以下几点为常见的问题。

1. 批次分类与批次确定

在定义特征以及维护分类时，会定义特征是否为必输，当批次分类中的必输特征没有输入或者分类没有创建，则该批次的分类为不完整的，批次确定时，会自动将分类不完整的批次排除在外，因此需要定期检查批次分类的状态，可以通过多个事务代码查看：

❏ 事务代码 MSC3N 可以单个查询批次的分类是否完整。
❏ 事务代码 BMCC 可以对批次分类进行一致性检查，譬如查看批次分类是否存在。
❏ 事务代码 BMBC（批次工作台）可以批量查询批次的分类是否完整，不完整的显示感叹号。

2. 物料冻结、批次冻结、数量冻结与批次确定

SAP 中冻结（限制）有多个方法，不同的方法对批次确定的影响如下。

1) 物料层次冻结：通过在物料主数据中设置冻结原因，来控制对物料的操作，譬如不允许该物料货物移动，若物料无法进行货物移动，显然物料的各个批次都不能进行货物移动。

2) 批次层次冻结（限制）：通过激活批次的状态，来控制对批次的操作，结合批次确

定功能，可设置冻结批次不允许用于特定业务（如生产订单），参见下文"批次状态"。

3）数量冻结：通过事务代码 MB1B 移动类型 343 可将特定数量的物料或者批次从非限制状态转为冻结状态，事务代码 OVZ9 定义 ATP 规则计算可用数量时，可以将冻结的库存数量排除在外。

3. 批次确定的过程

批次确定的过程可分为以下几个步骤：

1）根据单据中的条件（如发货单中的物料、工厂、库存地点等）选择有库存的批次；
2）将有库存的批次进行筛选：删除不符合批次搜索策略中的选择标准的批次；
3）再次进行筛选：删除可用数量为零的批次，譬如某批次库存 100 个，该批次的所有数量已经被其他发货单占用，自然可用数量为零；
4）根据增强，再次排除不符合增强中指定要求的批次；
5）将所有符合要求的批次，按照批次搜索策略中的排序条件进行排序。

参见署名 Rachel Tang 的网络文章"批次确定常见问题分析"，http://scnblogs.techweb.com.cn/veeva83/archives/2.html/trackback。

16.4.3　更多案例简述

批次确定的应用场景非常多，如下面的应用。

1. 生产订单发料

案例 1 说明：生产某个饮料使用到的某食用香精有两家供应商，一般来说，为了产品质量追溯，同一个生产订单中，只使用一家供应商的香精。

生产某个产品，使用到两种原材料 A、B，当原材料 A 使用到供应商甲时，此时原材料 B 必须使用供应商乙的。

案例 1 分析：参见 5.3.5 节"案例 3 成组配套替代"。

2. 销售发货

案例 2 说明：在超市中，我们可能会购买到超过保质期的产品，对于制造商而言，销售发货时需要控制近保质期的物料不能发给客户，如某公司生产饮料产品，在销售发货时，若发给内部客户时，饮料的剩余货架寿命（距离保质期）不低于一年，若发给一级经销商时，剩余货架寿命不低于一年半，若发给大卖场时，剩余货架寿命不低于半年。

案例 2 分析：定义批次搜索策略用的条件表，该表包含字段"客户（组）+ 物料（组）"。

16.5　批次状态

同一批次的产品由于有着相同的血缘关系，当特定数量的批次（如某箱产品）检验出有质量问题，可能整个批次都有问题，因此一般来说需要将整个批次冻结，并根据情节可能还需进行批次质量追溯，查明原因。问题严重的话，需要将该批次的产品中已经售出的全部召回（Recall），对于食品、汽车、玩具等影响消费者安全的产品，在国家和企业层面都有着明确的召回制度，如 2011 年在美国市场汽车召回数量达千万级。

当物料启用批次管理后，可以激活批次的状态（Batch Status）来控制特定批次的使用，如图 16-10 所示，当激活批次状态功能后，批次的状态则分为非限制状态（Unrestricted）和限制状态（Restricted），在图 16-10 的例子中，批号 3 被设置为限制状态。

1. 批次状态功能的激活

事务代码 OMCS 激活批次状态，批次状态是可以随时激活的或者取消激活的，系统默认未激活批次的状态管理功能，当发生激活时，如果系统中已经存在物料的批次，则需要通过事务代码 OMCT 进行转换。

2. 批次状态与批次确定

系统预定义了批次状态的特征 LOBM_ZUSTD，一般来说，限制状态的批次不应该用在生产发料、销售发货中，此时只需要在批次搜索的选择条件中设置批次状态为释放的（Released），则限制状态的批次在批次确定时，不会被确定。

3. 批次状态的维护

事务代码 OMCT 可以定义新产生的批次的默认批次状态为非限制还是限制状态，一般来说产生批次时，默认为非限制状态，当发现有问题时，可以通过事务代码 MSC2N 进行修改批次的状态。

在激活 QM（质量管理）模块后，在各个检验环节（如入库检验、出库检验环节），通过事务代码 QA11 对检验批（Inspection Lot）进行使用决策（质量判定）时，可以修改当前正在检验的批次的状态。

4. 批次状态与可用性、MRP

限制批次的状态在使用时有诸多限制，相应的 SAP 系统模块可以定义可用性检查和 MRP 时是否考虑限制状态的批次。事务代码 OVZ9 定义可用性检查（ATP）的检查规则时，定义限制状态的批次的库存数量否为可用数量，譬如可以定义生产订单释放时，可用库存不考虑限制批次的库存。事务代码 OPPQ 定义限制状态的批次的库存是否参与 MRP 运算。

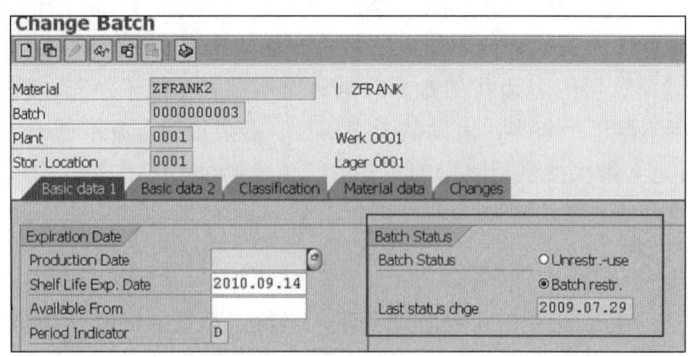

图 16-10 事务代码 MSC2N 查看批次的状态（Batch Status）

16.6 批次特有单位

每个物料都会在其物料主数据中定义基本单位（Base Unit），如果有多个单位，还会在物料主数据中定义单位与单位之间的转换关系，如一箱产品包含 24 瓶，1 瓶包含 500 克（g），不同的单位有着不同的用途，同一产品的不同单位之间的转换关系一般是固定的。

批次特有单位（Batch-Specific Material Unit of Measure）是指在批次中定义单位与单位的转换关系，这是由产品本身的属性决定的，同一产品，有多个批次，批次 A 的单位转换关系可能是 1 瓶 490 克，批次 B 的转换关系为 1 瓶 510 克，对于同一产品来说，单位之间的转换关系是不固定的，对于同一产品的同一批次，单位之间的转换关系才是固定的。

活性成分（有效成分）定义

很多化学（类化学）产品（药品、食品、煤炭等）中都有有效成分（活性成分 Active Ingredient）的概念，同一产品不同的批次，其活性成分是不相同的，同样的煤炭，可能发热量是 2000 大卡，也可能是 2500 大卡。

16.6.1 批次特有单位的类型、影响

批次特有单位有两种类型，批次特有单位还影响着业务操作。

1. 批次特有单位的类型

（1）百分比（Proportion Unit）

有效成分使用百分比来代表，如某个批次的糖浆中，包含 75% 的糖分，在批次中以百分比的形式记录有效成分。

一般适用于有效成分的单位与计量单位相同，例如采购一千克（kg）果汁，称量时以重量为单位，而实际计价时按照果汁的浓度进行计价（单位仍然为千克），二者均为重量单位。

（2）产品单位（Product Unit）

有效成分使用绝对值来表示，如某个批次的煤炭，平均每千克发热量为 5000 大卡，在批次中以每千克大卡含量来记录有效成分的含量，有效成分的单位与计量单位不相同，例如采购一吨煤炭，实际计价时需考虑煤炭发热量（单位为大卡）。

两种类型下，最终有效成分的数量均等于物料按基本单位计量的数量 乘以批次特有单位的数量（百分比/产品单位），如：

某批果汁的有效重量 0.5kg = 果汁的重量 1kg×50%（果汁含量）

某批煤炭的总的发热量 500000 大卡 = 煤炭的重量 100kg×500 大卡/kg

某批电池的总功率 1000 瓦 = 电池的个数 5 个 ×200 瓦/个。

2. 批次特有单位的影响

系统根据批次特有单位功能，计算出某批次有效成分的数量，从而影响产品销售和采

购价格、影响产品采购、发料、发货的数量，即数量和金额的影响。

（1）数量影响

批次特有单位可能对采购数量、销售数量、生产发料数量、生产数量均有影响，以生产发料为例，批次特有单位对生产发料影响如下。

某公司生产某药物，每瓶药物需要某化学原料（有效活性成分）12g，该化学原料向某供应商采购。

收到供应商的原料后，共有两个批次，对其进行质量检验。

批次1，总重量100kg，化学原料（有效活性成分）比例为75%，剩余25%为无效成分；

批次2，总重量100kg，化学原料（有效活性成分）比例为80%，剩余20%为无效成分。

实际生产时，生产1000瓶，则需要12kg该化学原料。

若使用批次1，则投料数量为16kg等于（12kg/75%）；

若使用批次2，则投料数量为15kg等于（12kg/80%）。

（2）金额影响

批次特有单位影响着销售、采购的价格，一般来说，销售金额（采购金额）等于销售（采购）数量×单价，未考虑到质量因素，但对于某些产品，不同批次的产品，在质量（实际功效）上是有所差异的，因此需要结合以质计价，根据质量检验的结果，进行定价。

1）糖浆销售：定价为50元/吨+糖浆比例×1元/吨，也就是75%含糖量的糖浆价格为125元/吨，80%的含糖量的糖浆价格为130元/吨，100吨75%含糖量的糖浆总价为12500元。

2）煤炭采购：标准煤的定价为500元/吨，对应煤炭品质为发热量5000大卡，若实际煤炭的发热量与标准煤每相差1大卡，则价格相差0.1元/吨，因此6000大卡的煤炭的价格为500+1000×0.1＝600元/吨，100吨6000大卡的煤炭的金额为60000元。

16.6.2 案例简要说明及分析

案例场景与简要分析如下。

1. 业务场景概览

某公司生产某一型号的电池模组，该电池模组的每片的默认功率为20瓦，但由于原材料、工艺等原因，每片的实际产出上下浮动5瓦，实际功率按照向下舍入取整的规则转换成额定功率，譬如某片电池模组产出的实际功率为22.22瓦，则进行向下取整，额定功率归类到22瓦中，产出为23.55瓦，则向下取整为23瓦。

在生产计划、生产执行、库存管理的过程中，对电池模组的管理单位都是以片数作为单位，而销售定价、销售统计的口径按照瓦数确定。

客户向我方下达订单，要求提供1000W电池模组，每瓦100元，接受的额度功率范围为19~22瓦。

某条生产线，假设当天生产1000片电池模组，经测试，其中500片的额定功率归类到22瓦中，500片的额定功率归类到23瓦中。

2. 业务场景分析

由于同一产品每次生产的批次的功率都不尽相同，即两个单位（片数和瓦数）之间的转换关系是不固定的，因此需要激活批次特有单位功能，在批次中记录单位片和瓦的转换关系，销售定价时按照瓦（W）进行维护，库存管理单位为 PC（片），批次中记录每片额定瓦数（W/P）。

16.6.3 案例操作详细说明

本案例中，电池模组对应的物料编码为 ZMT02，具体而言将涉及下列操作。
- 定义新的单位：W/P（瓦特/每片），该单位用于在批次中记录每片电池模组的额定瓦数；
- 激活批次特有单位功能；
- 定义批次特有单位 W（瓦特）；
- 定义三者的转换关系：W 瓦特等于基本单位 PC（片）乘以批次的特征值 W/P；
- 定义新的特征，设置该特征的计量单位为 W/P，该特征用于在批次中记录每片瓦数；
- 定义新的分类，分类中包含新的特征；
- 将新的分类分配给物料；
- 在物料中设置批次特有单位；
- 批次库存入库，同时在批次中记录每片瓦数；
- 针对瓦数维护销售单价；
- 创建发货单，根据输入的批次确定该批次的总瓦数、总片数；
- 创建发票，发票中根据发货的瓦数和每瓦单价确定总价。

1. 定义计量单位

系统已经预定义了两个单位 PC（片）和 W（瓦特），如图 16-11 所示为事务代码 CUNI 新增计量单位 W/P，该单位用于记录某个批次的电池模组的额定功率。

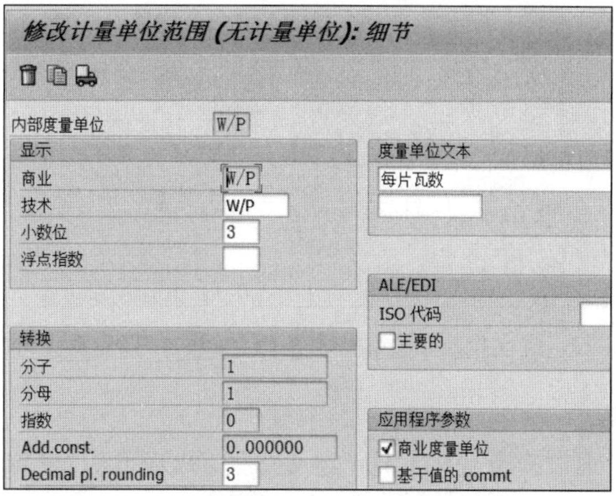

图 16-11 事务代码 CUNI 定义计量单位（CUNI）

2. 激活批次特有单位

事务代码 OMWS 激活批次特有单位（Batch - specific Material Unit of Measure）。

3. 定义批次特有单位的对应单位"瓦（W）"

如图 16-12 所示，事务代码 BMA1 定义批次特有单位（Batch-Specific Units of Measure）。

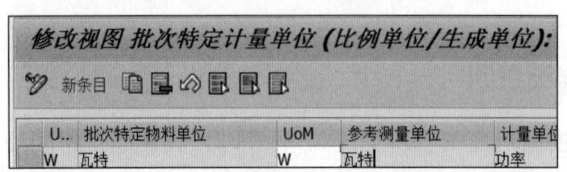

图 16-12　定义批次特有单位

4. 定义批次单位、基本单位之间的计算关系

事务代码 BMA3 定义批次单位、基本单位之间的计算关系。

在本例中该产品的基本单位设置为片数（PC），产品单位（Product Unit）（批次特有单位）为瓦特（W），片数与瓦数的转换关系为每片瓦数（W/P），这种转换关系记录在批次主数据的分类的特征中。

以某此收货为例，入库一个批次，该批次的收货片数 10 个、总的瓦数为 150 瓦，该批次的每片瓦数为 15 瓦。

从转换关系的角度来看，可能有三种转换形式：

1）收货时输入总瓦数 150 瓦和每片瓦数 15 瓦，系统计算得出片数（10 片）；

2）收货时输入片数 10 片和每片瓦数 15 瓦，系统计算得出瓦数（150 瓦）；

3）收货时输入总瓦数 150 瓦和总片数 10 片，系统得出每片瓦数（15 瓦 / 每片）。

如图 16-13、图 16-14 所示（这两个图一个英文，一个中文，便于读者对比相应的术语），事务代码 BMA3 选择"根据基本单位数量计算产品数量（批次特有单位的数量）"，即转换形式 2。在本例中，定义可根据基本单位 PC（片数）和转换关系（W/P）计算总瓦数（W）。

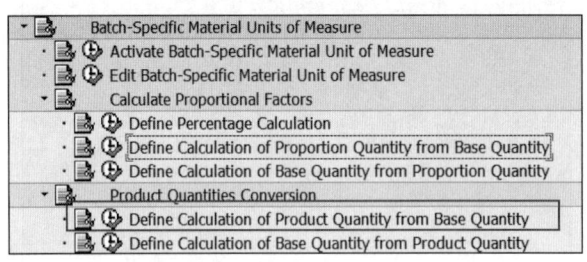

图 16-13　定义批次单位和产品单位之间的计算关系（BMA3）

5. 创建特征"功率"

如图 16-15 所示，通过事务代码 CT04 定义特征 ZPOWER，该特征的计量单位选择 W/P，代表通过该特征记录电池模组的每片功率。

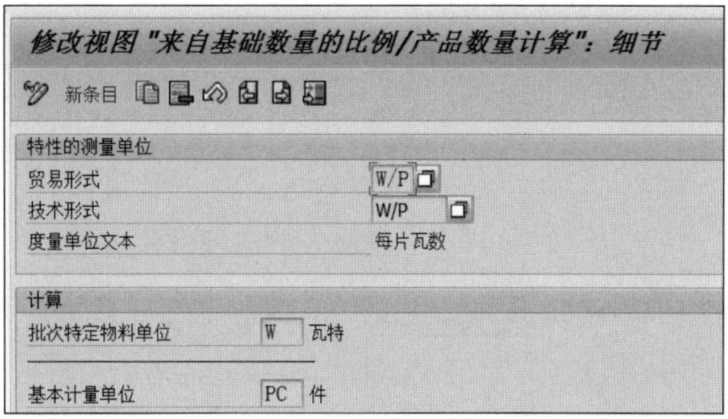

图 16-14　定义基本单位转换为产品单位（BMA3）

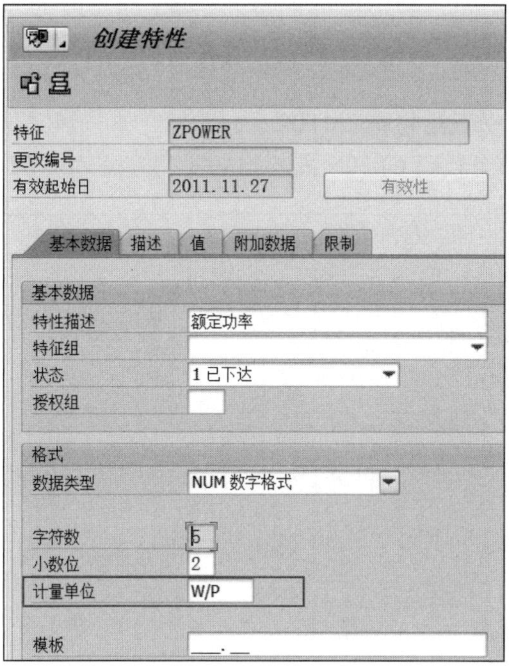

图 16-15　定义特征（CT04）

6. 定义分类和分类包含的特征

如图 16-16 所示，事务代码 CL01 定义分类 ZBATCH，并分配特征 ZPOWER 给分类 ZBATCH。

注意：设置分类 ZBATCH 和分类包含的特征 ZPOWER 的组织范围（Organizational Area）为 S（Substance / Steel）。

批次特有单位功能最早在钢铁行业应用，如：通过特征记录每批钢材、钢板、钢坯的长度、厚度，后该功能拓展应用于所有行业中。

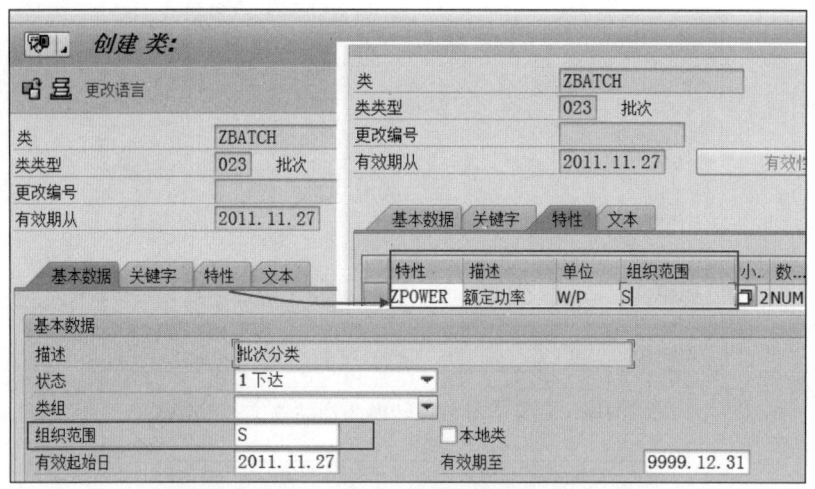

图 16-16　定义分类（CL01）

7. 将分类 ZBATCH 分配给物料 ZMT02

如图 16-17 所示，事务代码 CL20N 或者 MM01 将分类 ZBATCH 分配给物料 ZMT02。

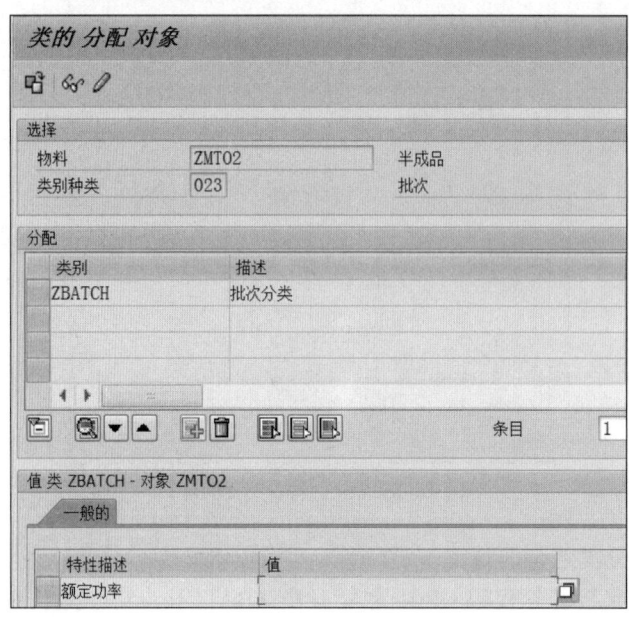

图 16-17　分配分类给物料（CL20N）

8. 在物料主数据中定义批次特有单位

如图 16-18 所示，事务代码 MM02，在视图"附加数据"→"比例 / 产量单位"中选择"B/ 产品单位"，单击按钮"建议特性"，系统自动带出该物料对应的分类中组织范围为 S 的特征，本例中特征 ZPOWER 自动被带出，输入计划值每片 20W，标记上 LUM。

提示 1：计划值的应用

计划值应用于库存、业务单据中没有批次的情况如：需要 1000 瓦的电池，运行 MRP，如果电池为外购的，则产生采购申请，采购申请中无批次，采购申请的瓦数为 1000，对应的片数等于 1000 瓦除以 20 瓦每片等于 50 片。再如：输入一张销售订单，输入 100 片，未输入批次，则系统默认此时客户需要的功率数为 20 瓦，总功率为 2000 瓦。

提示 2：一个物料可以具有多个带有批次特有单位的特征，常见的如煤炭计量检验时，每个批次有每个批次对应的发热量、含硫量等参数，不同的发热量、含硫量等参数对质量、定价、用量都有所影响，因此需要为发热量、含硫量等都维护批次特有单位。

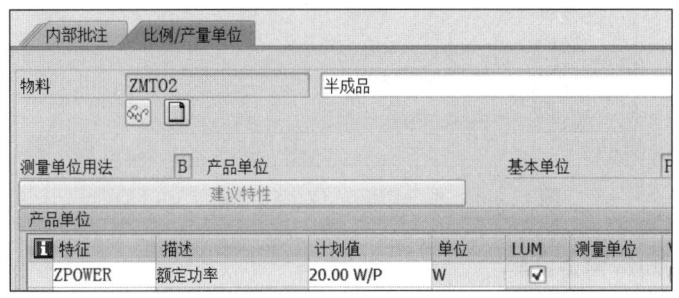

图 16-18　物料主数据中的双计量单位（MM02）

9. 库存入库

由于在物料（图 16-18）中，勾选了 LUM，因此在入库时，可以有两种选择：

1）可以输入总瓦数（2200W）、总片数（100PC），系统确定每片瓦数（22W/P）；

2）可以输入总瓦数（2200W）、每片瓦数（22W/P），系统确定出总片数（100PC）。

如图 16-19 所示，事务代码 MB1C，移动类型 561 对物料 ZMTO2 以期初库存的形式入库，对应的批次为 608，总片数为 100 片（PC）、入库总瓦数 2200 瓦（WT），系统计算出每片瓦数为 22W/P。

提示：当转换关系存在取整问题时，如 1000 根铜丝 100.1 公斤，换算为一根铜丝变成 0.1001，此时就会出现取整问题，具体请参考 SAP Note 362932 - Conversion with proportion/product units。

图 16-19　入库操作（MB1C）

10. 维护销售定价

如图16-20所示，事务代码VK11针对物料ZMT02维护销售单价，维护价格时可以使用批次特有单位（W）或者基本单位进行维护，本例中维护每瓦100欧元（EUR），后续销售订单、销售发票中的金额等于总瓦数 × 每瓦单价，而某个批次的总瓦数等于批次的总片数乘以每片功率数。

批次特有单位可用于销售定价中，也可以用于采购定价中。

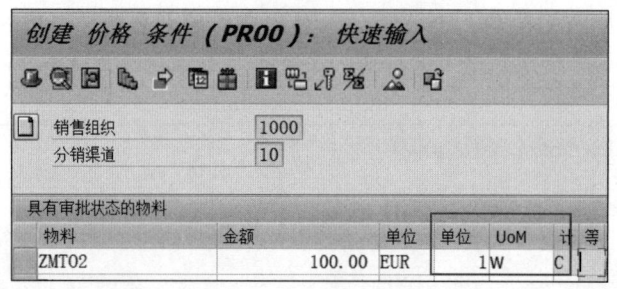

图16-20　基于产品单位创建价格（VK11）

11. 创建对客户的销售订单

如图16-21所示，事务代码VA01，维护物料ZMTO2的销售订单，销售数量输入瓦数1000W，单价为每瓦100欧元，因此订单金额等于每瓦100欧元乘以1000瓦 = 10万欧元；订单数量可以根据客户要求输入片数（P），也可以输入瓦数（W）。

图16-21　创建订单（VA01）

12. 创建对客户发货单，并发货过账

如图16-22所示，事务代码VL01N针对销售订单维护发货单，发货批次有两个，为新入库的批次：

批次608，总瓦数220W，片数10片，每片瓦数22W；

批次609，总瓦数190W，片数10片，每片瓦数19W。

13. 创建对客户的发票

- 如图16-23所示，事务代码VF01对新维护的发货单开票，销售开票金额等于总瓦数（批次中记录的每片瓦数 × 片数）乘以每瓦价格，因此对于批次608的发货对应的开票金额等于220W（22×10）×100 元/W= 22000 元。

第 16 章　分类管理、序列号管理与批次管理　　433

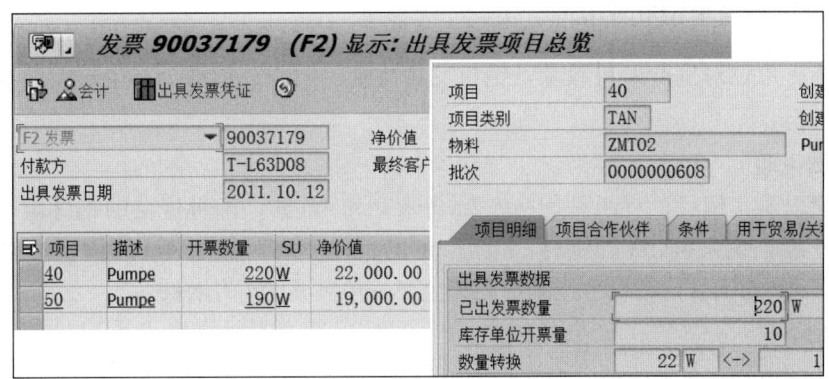

图 16-22　销售出库操作（VL01N）

图 16-23　创建发票（VF01）

14. 双单位查看供需情况

由于双单位（片和瓦）是并行的，因此无论是库存操作、还是生产、采购、销售操作都需要同时以两个单位查看当前业务单据、当前库存的，具体而言注意以下问题。

（1）通过多个事务代码同时双单位查看库存、供需信息

如图 16-24 所示，事务代码 MD04 中，单击按钮，则可以选择双单位同时查看，具体而言可以看到物料 ZMT02 中当前库存数量为 180 片、3690 瓦。事务代码 MMBE 中可以选择单位 PC 查看物料的总片数，也可以选择单位 W 查看瓦数，具体截图略。事务代码 BMBC 中可以批量查询多个物料的多批次的片数、瓦数、每片瓦数，在下一节对该事务代码 BMBC 进行解释。

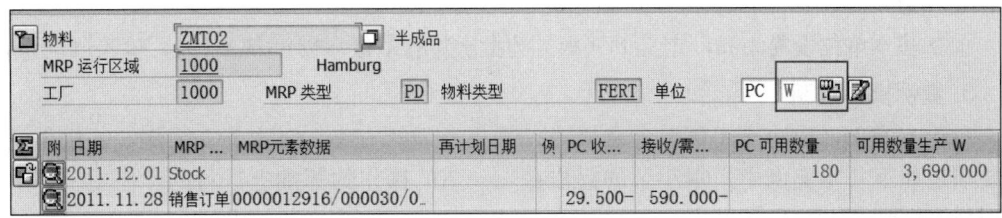

图 16-24　供给与需求清单（MD04）

（2）批次特有单位和基本计量单位的转换关系说明

以生产订单为例，若创建生产订单时，输入物料 ZMTO2，输入瓦数 220W，输入批次 608，则系统将根据批次 608 中记录的转换关系（参见图 16-19），即每片 22 瓦，确定出生产订单中的片数为 20 片。若创建生产订单时，输入物料 ZMTO2，输入瓦数 220W，不输入批次，则系统根据物料主数据中维护的转换关系，每片 20 瓦（参见图 16-18），确定出片数为 22 片。

结论：若业务单据或者库存中存在批次，则以批次中记录的转换关系为准，来进行单位的转换，否则以物料主数据中为准，来进行单位的转换。

16.6.4　批次特有单位和用量

批次特有单位对生产发料数量、销售发货数量、采购数量均会产生影响，本例中以生产发料为例。

1. 示例说明

某公司采购某钢材，有两种规格，2m（米）和 4m 的，两种规格的钢材均可用于某个产品上，一般来说采购 2m 的钢材，但当 2m 的钢材不够时或者 4m 的钢材价格明显优惠时，则采购 4m 的钢材，假设生产某产品每生产一件需要 8m 的钢材。

2. 示例分析

有三种常规的方式来处理本案例中的钢材：

- 方案 1：创建两个物料号码，单位设置为个：2m 的钢材为一个物料编码 A，4m 为一个物料编码 B，产品 BOM 中指定物料 A，由于需要 8m 钢材，即 4 个 A，当生产产品时，如果 2m 的库存不足，而 4m 规格的钢材有足够库存，则要在生产订单下达时，人为指定物料编码 B，并修改数量。
- 方案 2：创建一个物料编码，设置其基本单位为 m，不再区分两种规格，因此此时只能查询到合计库存数量有多少米，不清楚当前库存中共有多少是 2m 规格的，多少是 4m 的。
- 方案 3：使用批次特有单位功能，具体而言可以有两种设置：
  - 基本单位设置为 PC（根），由于每根长度不一致，因此使用批次特有单位，在批次中记录转换关系，定义长度 m 为批次特有单位，创建 BOM 时，输入组件单位为 m。
  - 基本单位设置为 m，定义 PC（根）为批次特有单位，创建 BOM 时，输入单位为 m。

3. 案例操作说明

对于本案例，取决于不同的业务需求，采用不同的方案，以方案 3 为例，其操作过程简要描述如下（本案例中，本小节的操作在上一节的操作的基础上进行的，使用上一节中使用到的物料 ZMTO2）。

（1）BOM 维护

如图 16-25 所示，事务代码 CS01 维护产成品 ZMTO 的 BOM，该产品中使用上文中的物料 ZMTO2，每个产品需要的数量为 8。物料 ZMTO2 采用批次特有单位功能，双单位管理，基本单位为 PC（片），批次特有单位为（W）瓦特，BOM 中的组件数可以使用基本单位或者批次特有单位。

（2）生产发料

以生产 1 个 ZMTO（电池组件），需要 8W 半成品 ZMTO2（电池片）为例，生产 100 个组件，则需要 800W 电池片。系统将根据批次中的每片功率，确定电池片的片数：若某批次的电池片的每片功率为 20W，则生产发料需要 40 个电池片若某批次的电池片的每片功率为 40W，则需要 20 个电池片。

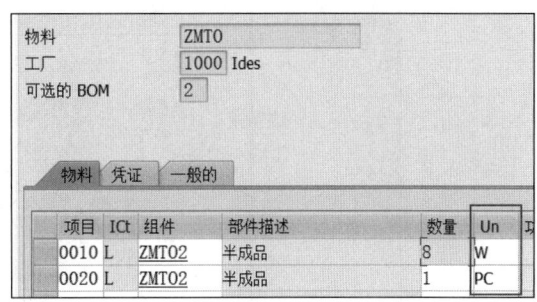

图 16-25　BOM 中的用量可使用基本单位和批次

16.7　批次信息主控台

用事务代码 BMBC 可进入批次信息主控台（Batch Information Cockpit），在其中可以根据物料信息、批次信息、库存信息（尤其是批次中的特征、特征值）来查询相关的批次、批次库存、可用库存等信息，并将这些信息体现在列表清单中，对于采用批次管理的公司来说，该事务代码是非常有用的功能。下面是几个应用场景。

应用场景 1 描述：某公司 2011 年 4 月生产 10 万箱饮料，2011 年 5 月 15 日，接消费者反馈，经公司质量部门多次检测、核实发现饮料存在大面积的质量问题，已经售出产品需要召回，未售出产品需要全部冻结。通过查核留样产品等一系列质量分析，发现饮料瓶由制造商甲提供的产品均有问题。

应用场景 2 描述：承上文案例，物料 ZMTO2（电池模组）启用批次特有单位时，希望能够批量查询到库存中的功率为 22W 的物料的库存数量。

应用场景 3 描述：某糖浆使用批次特有单位记录糖分，糖分百分比作为批次的特征建立在系统中，希望批量查询库存中糖分为 80% 的糖浆的批次。

16.7.1　示例说明

下面以场景 2 为例来介绍 SAP 系统中的批次信息主控台功能，以前一节中的物料 ZMTO2 为例查询库存中功率为 22W 的物料的批次和库存。

在阅读本小节时，请参照上节中介绍的背景。

如图 17-26 所示，执行事务代码 BMBC，在标签页"物料"中，输入物料号码 ZMTO2，在标签页"分类"中，输入物料 ZMTO2 的分类 ZBATCH，然后单击"新建"按钮，系统将确定出分类 ZBATCH 所包含的所有特征，本例中仅有一个特征 ZPOWR（额度功率），在该特征中输入特征值22W/P，代表仅显示额定功率为22瓦的批次。

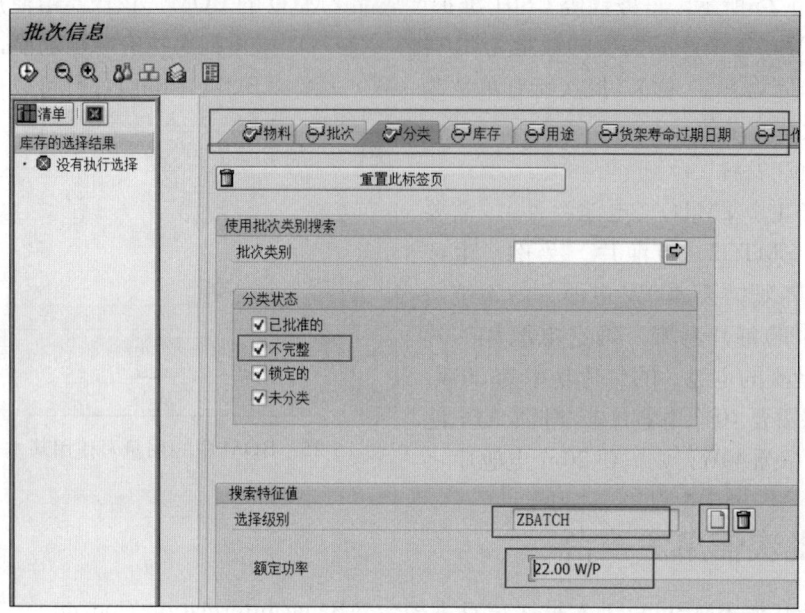

图16-26 批次工作台（BMBC）

执行查询结果，如图16-27所示，可以查询到功率为22W/P的批次，具体而言本例中功率为22W/P的批次为608，还可以查询到该批次608对应的库存数量为90片（PC）、1980瓦（W）。

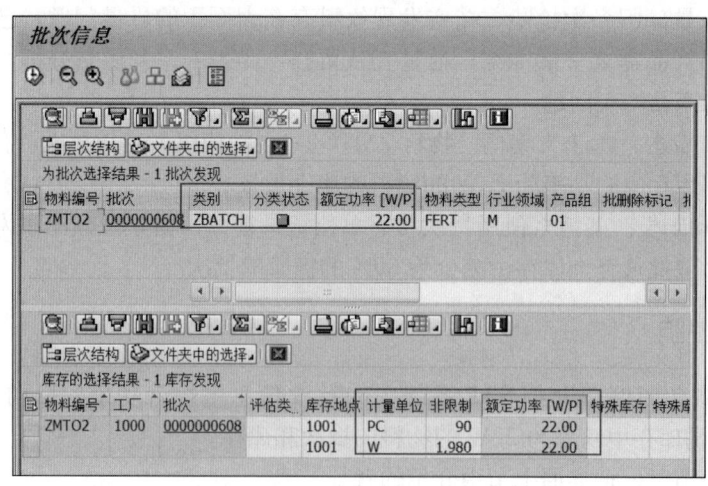

图16-27 批次信息、库存查看（BMBC）

16.7.2 系统实现

下文中简要介绍事务代码 BMBC 使用的注意点以及相应的系统配置。

1. 设置在事务代码 BMBC 中显示批次库存信息。

系统默认执行事务代码 BMBC 后显示批次信息，不显示批次的库存信息，需要在事务代码 BMBC 的界面中，如图 16-28 所示，单击菜单中的"用户设置"进行设置，在"库存的选择结果"中勾选上，这样就会显示批次库存信息。

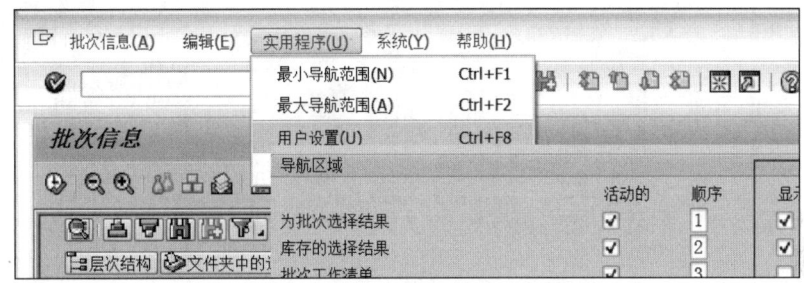

图 16-28　批次工作台的用户设置（BMBC）

2. 通过事务代码 BMBC 查询批次分类的完整性

事务代码 BMBC 还可以查询批次分类中包含的特征是否完整输入，如图 16-26 所示，可以查询批次分类状态为不完整的批次，如图 16-27 所示，物料 ZMT02 的批次 0000000608 的分类状态显示为绿灯，代表批次是完整的，批次分类中必须输入的特征都已经完整输入。

3. 事务代码 BMBC 的选择屏幕（筛选字段）说明

如图 16-26 所示，批次工作台（事务代码 BMBC）中具有多个可用于搜索的标签页（物料/批次/分类/库存等），在示例中是根据物料的分类以及特征查询物料的批次信息以及批次库存信息。

在其他几个标签页中，设置了常见的搜索条件，如物料、物料类型、产品组、批次、根据这些搜索条件可以查询批次信息。

这些标签页可以进行后台配置，譬如系统默认是不能根据采购组查询的，此时只需要在后台配置，将物料的采购组增加到标签页中.

4. 事务代码 BMBC 后台配置说明

要实现事务代码 BMBC 的查询功能，基本无需后台配置，但如果希望增加筛选条件到 BMBC 中，如物料的采购组，可通过事务代码 OBIC 来进行定义新的用户组，然后事务代码 BMBC 中选择该用户组。

如图 16-29 所示，增加采购组（MARC-EKGRP）到用户组 MES_PR0D1，而后在 BMBC 中选择用户组 MES_PR0D1，则可以根据采购组查询批次信息。

提示：如图 16-29 所示，可以增加到 BMBC 用作筛选条件的字段可分为三类。

1）物料主数据的表，如物料基本视图表 MARA、工厂视图表 MARC、库存地点视图表 MARD；

2）批次主数据的表，如 MCHA、MCHB；

3）库存相关表，如寄售库存表 MSLB。

因此，我们可以增加物料组（MARA-MATKL）等多个字段用于搜索条件。

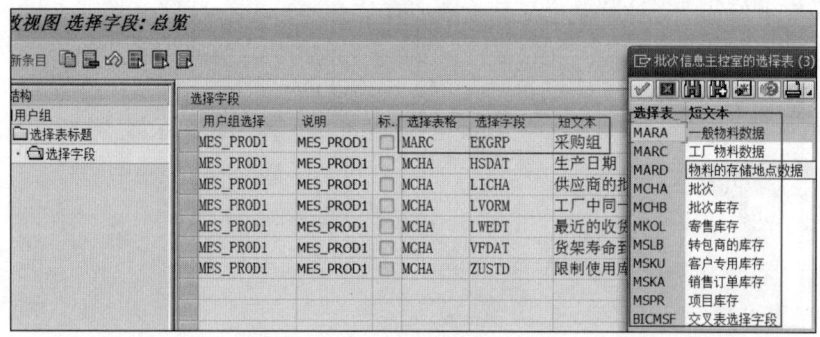

图 16-29　增加筛选条件（OBIC）

第 17 章 变更管理

企业的内部环境发生变化之后,企业的外部环境也会发生变化。作为企业要适应这种变化,并做出及时、准确的反应,这样就会造成 SAP 系统中的主数据、业务数据不断发生变化。

本章将介绍 SAP 系统中的变更管理,包括如下内容:
- 修改记录:当用户修改特定数据后,SAP 系统将记录修改历史;
- 工程变更(ECM):修改记录仅仅记录变更前、变更后的结果,而 ECM 则管理变更的过程,如用来控制变更;
- 订单变更(OCM):ECM 主要用来管理主数据的变更,而 OCM 则可以进一步管理订单变更,如因主数据变更引起的订单变更。

17.1 修改记录

在我们常用的软件,如新版 Word 2007 中,我们可以撤销过去的 1000 步操作,可以回到过去,当然随着我们关闭当前的 Word,则只能看到当前的记录。

在 SAP 系统中将会记录用户对主数据、业务数据的修改记录,本节将通过示例来介绍如何查看 SAP 系统的修改记录,并简要介绍 SAP 系统的修改原理。

提示:修改记录(Change Record)、修改文档(Change Document)在 SAP 系统中文版中的不同操作界面中有不同的翻译,如修改凭证、修改文档、更改文档,(在本章中),这几个词均指 Change Document。

17.1.1 修改记录概览

当用户对某个主数据或业务数据进行修改后,SAP 系统中将记录主数据、业务对象的变更情况,具体而言将会记录何用户(Who)于什么时间点(When)用什么样的事务代码(How)修改了哪个对象、修改前的值、修改后的值(What)。

修改记录进一步可细分为三个类型:
- 插入(Insert),新建一条记录,如新建一个物料的 BOM,此时系统在修改记录中将记录该对象(物料 BOM)被创建;
- 修改(Change),修改已有的记录,如修改物料的描述,此时系统在修改记录中将记录该对象（物料）被修改，以及修改前的描述和修改后的描述；
- 删除（Delete），删除已有的记录，如删除某外向交货单，此时系统在修改记录中将记录该对象（外向交货单）被删除。

无论对何种类型的主数据或业务数据做出修改，其对应的修改记录统一记录在两个表中（表 CDHDR 和 CDPOS），可通过三种方法来查看修改记录。

1. 在查看主数据、业务数据的事务代码中单击菜单中的"显示修改"（或者类似的菜单名称）来进行查询

例如：查看物料主数据的修改记录，只需要在显示物料主数据的界面中单击菜单中的"环境/显示更改"，就可以查看到物料主数据的修改记录。

2. 通过查看修改记录的事务代码来查询某个对象的修改记录

SAP 系统中提供了一些专门的事务代码来查看特定对象的更改记录，这样就可以批量对某类对象进行查询，表 17-1 列举了其中的部分事务代码。

表 17-1 查看变更的事务代码

事务代码	事务代码描述
OV51	查看客户的变更（Display of Changes for Customer）
ME14	查看采购信息记录的变更（Changes to Purchasing Info Record）
CS80	查看 BOM 的变更

3. 通过统一的事务代码 AUT10 查看

提示：对于物理删除的记录，如外向交货单被删除，只能通过本方法查询交货单被何人于何时删除。

该事务代码属于审计评估功能（Audit Trail Evaluation）的一部分，通过查看业务中的所有蛛丝马迹达到审计的目的，该事务代码可以查看所有对象的更改记录，实际上就是针对上述两个更改记录的表（CDPOS 和 CDHDR）做了一个报表。

如图 17-1 所示，执行事务代码 AUT10，为了有更多的搜索条件，单击按钮，则从标准模式切换到增强模式（Enhancement Mode）。

可以根据多个条件来进行查询，例如根据事务代码、更改凭证对象、对象值，更改日期等查询条件，进行查询修改记录。

（1）示例——查询物料的修改记录

如图 17-2 所示，查看通过事务代码 MM02 修改物料 Z* 的修改记录。

查询结果如图 17-3 所示，可以看到数个物料的描述被修改，修改前的值和修改后的值都显示在查询结果中。

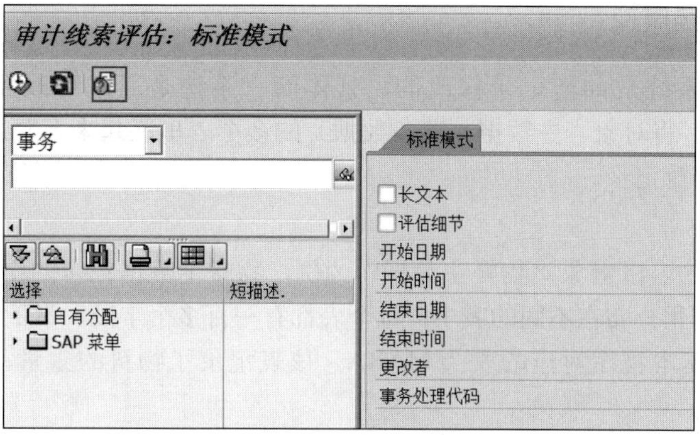

图 17-1　查看修改记录（AUT10）

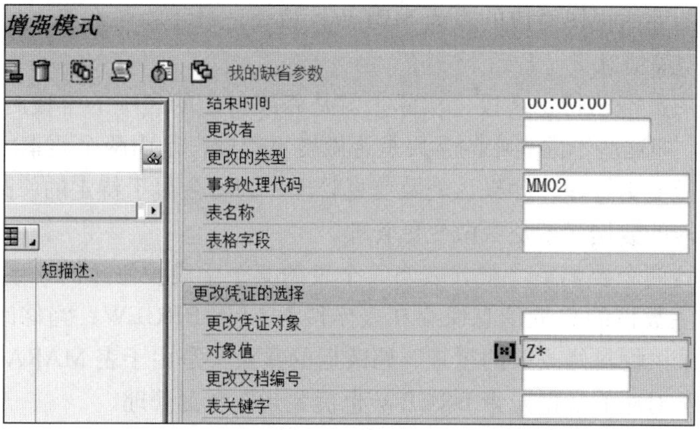

图 17-2　增强模式下查找修改记录（AUT10）

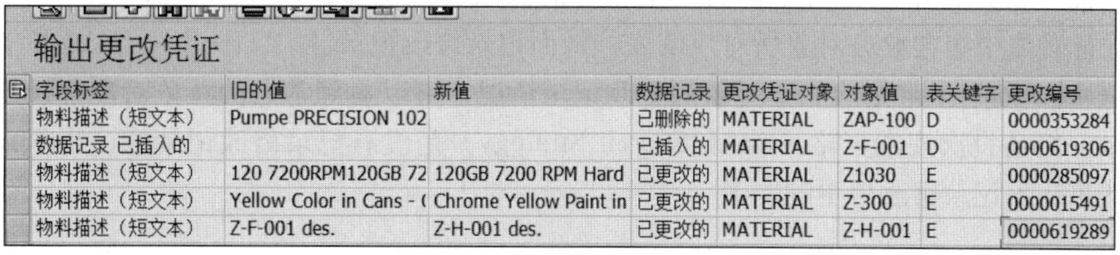
输出更改凭证

字段标签	旧的值	新值	数据记录	更改凭证对象	对象值	表关键字	更改编号
物料描述（短文本）	Pumpe PRECISION 102		已删除的	MATERIAL	ZAP-100	D	0000353284
数据记录 已插入的			已插入的	MATERIAL	Z-F-001	D	0000619306
物料描述（短文本）	120 7200RPM120GB 72	120GB 7200 RPM Hard	已更改的	MATERIAL	Z1030	E	0000285097
物料描述（短文本）	Yellow Color in Cans - (	Chrome Yellow Paint in	已更改的	MATERIAL	Z-300	E	0000015491
物料描述（短文本）	Z-F-001 des.	Z-H-001 des.	已更改的	MATERIAL	Z-H-001	E	0000619289

图 17-3　物料的修改记录（AUT10）

（2）选择屏幕字段说明

字段“更改凭证对象”，每个对象有对应的更改凭证对象，本例中物料的更改凭证对象为 MATERIAL，请参见表 17-3。

字段“更改的类型”，分为三种：插入、修改、删除。

字段“对象值”，如图 17-2 所示，当查询物料时，对象值是指物料的编码，查询客户时，对象值是指客户编码。

17.1.2 修改记录原理

本小节介绍系统是如何记录修改的，具体而言系统是通过更改凭证对象（Change Document Object）将对象（主数据、业务数据）的多个表串联起来，并结合表字段对应的数据元素来控制修改记录。

1. 概览

在 SAP 系统中，以对象"物料主数据"为例，物料主数据包含的字段有成百上千个，这些字段根据其应用分布在不同的表中，每个表都有一百多个字段，举例如下。

物料主数据基本视图对应的表为 MARA，该表记录了物料的重量、基本单位、物料组、产品组等信息。

物料主数据的工厂视图对应的表为 MARC，该表记录了物料在某工厂下的 MRP 类型、批量类型、获取方式等信息。

物料主数据的评估视图对应的表为 MBEW，该表记录了物料在某工厂（或公司）下的成本价、评估类型等信息。

当修改物料主数据的特定字段，实际上就是修改对应的表中的字段时，此时系统是否会记录修改记录，即这些不同表中的字段是否做变更管理，是由两个要素决定的：

- 该表是否做变更管理，如果该表做变更管理，则将会属于特定的修改凭证对象；
- 该字段对应的数据元素是否做变更管理。

当同时满足这两个要素后，就代表当某个表的某个字段被修改时，系统将会记录修改历史，譬如物料主数据的重量信息保存在表字段 MARA-BRGEW，当修改物料的重量时，系统之所以会记录该物料修改前的重量、修改后的重量，是由于表 MARA 设置为做变更管理，字段 BRGEW 对应的数据元素 BRGEW 也设置为做变更管理。

2. 业务对象（表）与修改凭证对象

一般来说，每个业务对象都有一个相应的修改凭证对象（Change Document Object），修改凭证对象中包含业务对象所对应的表，从而记录修改记录。

表 17-2 列举了常见的业务对象的更改记录情况，可以看到常见的业务对象都设置了修改记录，但是批次搜索策略（Batch Search Strategy）是没有记录修改记录的，生产订单系统默认也是不记录修改历史的。

表 17-2 业务对象

业务种类	业务对象	标准的 SAP 系统设置情况
主数据	物料主数据	有修改记录
	供应商主数据	
	客户主数据	
	BOM	
	销售价格	

（续）

业务种类	业务对象	标准的 SAP 系统设置情况
主数据	采购信息记录	
	批次搜索策略	无修改记录
业务数据	生产订单	无修改记录
	采购订单	有修改记录
	销售订单	
	装运单	后台控制（参见图 15-10，事务代码 0VTK）

事务代码 SCDO 记录了哪些表需要记录修改，其对应的更改文档对象是什么，并使用此事务代码生成对应的更新程序。

如图 17-4 所示，物料主数据的更改凭证对象为 MATERIAL，可以看到该更改凭证对象包括 MARA、MARC 等表，代表通过更改凭证对象 MATERIAL 记录表 MARA、MARC 的更改记录，因此当修改物料主数据时，系统将记录物料主数据的表 MARA、MARC 的历史记录。

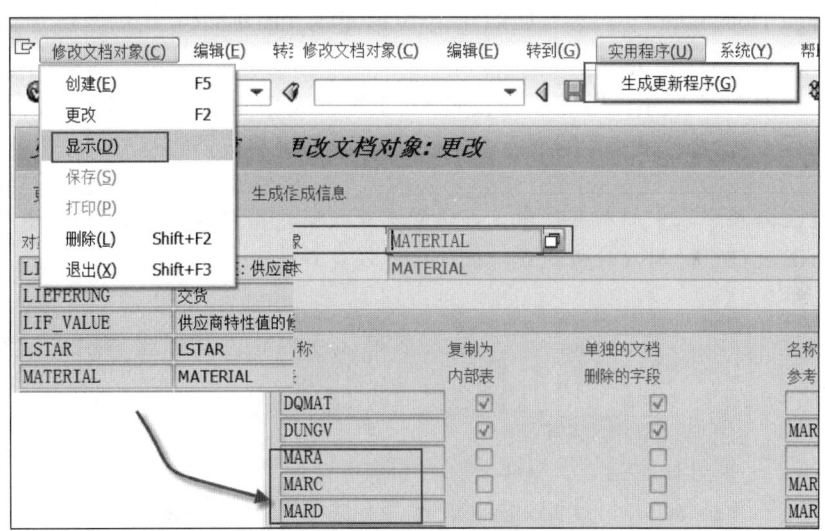

图 17-4 物料主数据的更改凭证

表 17-3 列举了常见的 Change Doc. Object（更改凭证对象）名称。

表 17-3 更改凭证对象

描 述	Change Document Object
ECM	AENNR
采购订单	EINKBELEG
采购信息记录	INFOSATZ
地址主数据	ADRESSE

（续）

描 述	Change Document Object
地址主数据	ADRESSE3
发货单	LIEFERUNG
供应商主数据	KRED
价格条件	COND_A
客户主数据	DEBI
物料	MATERIAL
销售凭证	VERKBELEG

3. 数据元素（字段）与修改记录

如图 17-5 所示，事务代码 VL02N 修改发货单中的字段"提单/Bill of Lan/Bill of Lading"，系统并未记录变更情况，提单号码对应的表为 LIKP，对应的数据元素为 BOLNR。

通过事务代码 SCDO，可查看到发货单（Outbound Delivery）对应的抬头表 LIKP 已设置变更文档对象 LIEFERUNG，通过事务代码 SE11 查看数据元素 BOLNR 可以看到并未标记上"Change Document"，当表（LIKP）和数据元素（BOLNR）均需要设置为修改记录时，系统才会记录修改历史。

因此，如图 17-5 所示，通过事务代码 SE11 修改数据元素 BOLNR，标记上"Change Document"，当再次修改发货单的字段"提单号码"，系统将记录修改历史。

提示：批量查看某个表中的所有字段是否设置更改记录，用事务代码 SE37，输入并执行函数 DDIF_TABL_GET，输入对应的表，执行后可以查看。

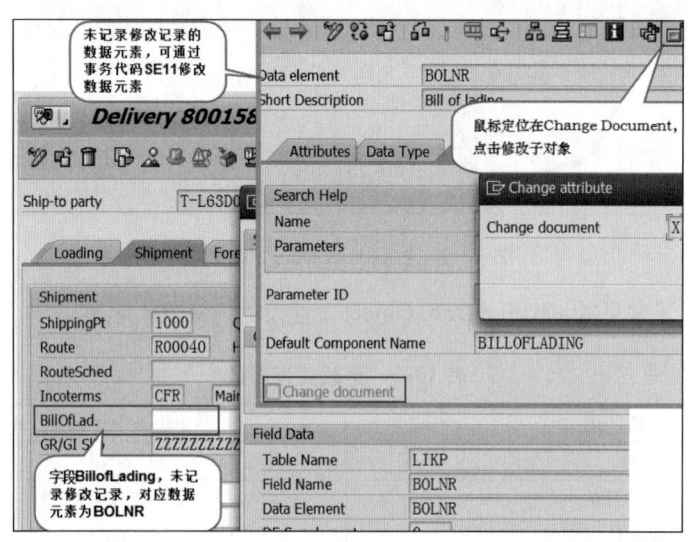

图 17-5　发货单中的字段（VL02N）

17.1.3 修改记录常见问题

上文中简要描述了查询修改记录的方式以及系统的基本原理，下文就修改记录的一些常见问题做简要的回答。

1. 生产订单的修改记录

对生产订单的修改，系统默认的是不记录修改历史，在 SAP Note 390635 中解释了 SAP 不设置修改的原因，并说明了客户有这方面的需求该如何操作。

这里仅简单地介绍为何 SAP 默认不针对生产订单设置修改记录。

假设一张产成品的生产订单中，原始计划生产数量为 100，生产订单包括 1000 个组件（零部件）。

当生产订单的计划生产数量从 100 个改成 200 个时，自然这 1000 个组件的需求数量都要发生变更，都需要增加一倍，此时如果要记录变更历史，那么至少就会出现 1001 条更改记录，类似的情况还包括修改生产订单抬头的计划生产日期，那么所有组件的需求日期又会发生变更，如果同时修改生产日期和生产数量，那么将会至少出现 2002 条修改记录。

试想一下，对于某些上规模的公司来说，每天的生产订单有上千张，如果集中在某个时间批量修改生产订单的生产数量或是重新执行计划，那么修改记录将是数百万级别的，这对于系统来，是一个很大的负荷，同时记录如此多的变更其必要性也值得怀疑。

因此 SAP 建议，如果确实有必要，可根据公司自己的需要，定义如何记录变更情况，为此，SAP 特意预留了增强出口。

2. 自定义表（字段）的修改记录

为了满足客户特定的需求，在项目中可能需要在 SAP 标准的表的基础上增加字段，或者建立自定义表，此时应判断是否需要记录修改记录。

在标准的表的基础上增加字段，如果希望设置修改记录，一般只要保证新增加的字段对应的数据元素设置为与修改文档相关。

如果是自定义表，则通过事务代码 SCDO 新建一个更改凭证对象，在该更改凭证对象中添加自定义表，并生成更新程序，系统将自动生成一个用于更新的函数组，同时设置字段对应的数据元素也与修改文档相关。

在维护自定义表的程序中，将表字段的新、旧值进行赋值，然后调用该函数组，系统则会自动记录下修改记录，相关方法请在网络中搜索关键字"数据修改记录 自建表"。

3. 后台配置的更改记录

当在配置系统中对后台配置进行修改，系统默认并未记录后台配置的更改记录，无法对比修改前的配置和修改后的配置。

通过事务代码 RZ10 配置系统参数文件，设置参数 "Rec/Client" 后，则可以记录表修改（Activate/Table Logging），然后通过事务代码 SCU3 可根据表或者请求号查看后台配置的修改记录，注意该操作的激活一般为 SAP Basic 人员进行操作。

4. 后台任务（JOB）产生的更改记录

业务对象的修改可能是人为手工修改的，也可能是系统自动更改的，尤其是当系统中运行一系列的后台任务时，例如：定义了一个对发货单进行信用检查的后台任务（Background Job），符合信用条款的发货单将会被系统自动解锁，即发货单的状态被系统自动修改。

这样的例子还有不少，对于被系统自动修改的重要字段，显然是需要关注的，譬如本例中需要能够查询到哪些发货单被后台任务自动释放。

5. 模块之间产生的更改记录的分析

对于第三方的销售订单，订单中的确认日期由采购订单的交货日期确定，因此也需要报表来查看变更情况。

6. 大批量数据导入时的更改记录

当通过事务代码 LSMW 使用标准对象导入（修改）物料主数据时，其中有一个选项是"是否生成修改记录"，如果未选择上，则不会生成任何历史记录。显然这一点也是出于系统负荷的原因考虑，因为我们使用 LSMW 批量导入的数量往往都是非常多的。

当我们发现某些字段变更了，但是却没有查询到任何修改记录，这可能就是原因。

17.2 工程变更管理

工程变更管理（Engineering Change Management，ECM）是管理产品信息的方式，其管理的对象主要是与生产及质量相关，包括但不限于物料（产品）、BOM（物料清单）、工艺路线（Routing）。

从在 SAP ERP 中应用的层面来说，SAP ERP 中可以提供多种方式来管理工程变更，下面为典型的三种方式。

1. 基本的 ECM

创建更改编号，在更改编号主数据中维护对应的变更对象，并通过变更有效期、状态来控制变更，然后根据更改号、修改对象，来记录变更结果。

2. 基本的 ECM+ 版本（Revision）

在更改编号的基础上，增加版本功能，每次对主数据的修改，都增加一个版本。

3. ECR+ECO 模式

首先创建工程变更请求 ECR（Engineering Change Request），然后再对 ECR 进行审批，通过与 workflow 和电子签名结合，实现对变更的监控、审批、管理。

在本节中，我们对基本的 ECM 以及基本的 ECM+ 版本（Revision）进行介绍，这两种应用也比较普遍，对于第三种应用，限于篇幅，不做介绍。

17.2.1 基本的 ECM

下文中，以物料主数据为例，介绍对物料主数据的变更管理。

首先创建更改主数据（Change Master Data），设置更改类型、有效期、更改的对象，保存后系统将会产生更改编号（Change Number），然后通过该更改编号修改物料主数据。

当前日期为 2011.11.21，如图 17-6 所示，事务代码 CC01，类型选择"更改主数据"，功能选择"没有释放码"，有效起始期根据实际情况输入，本例中设置为今天以前的一个日期（2011.11.14），设置状态为有效（Active）状态。

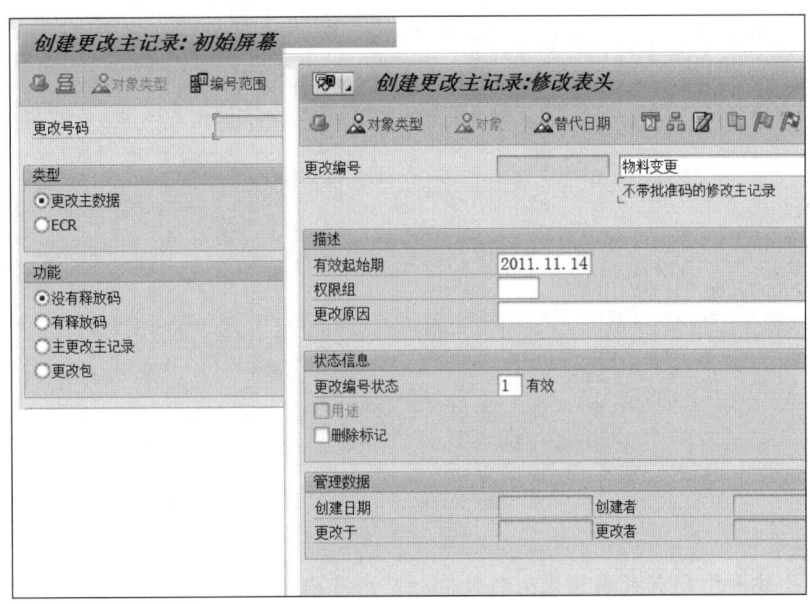

图 17-6 更改主数据（CC01）

如图 17-7 所示，设置更改的对象类型为物料，设置更改的对象为物料 P-104，代表该更改号用于修改物料 P-104，保存，生成更改编号主数据 500000000060。

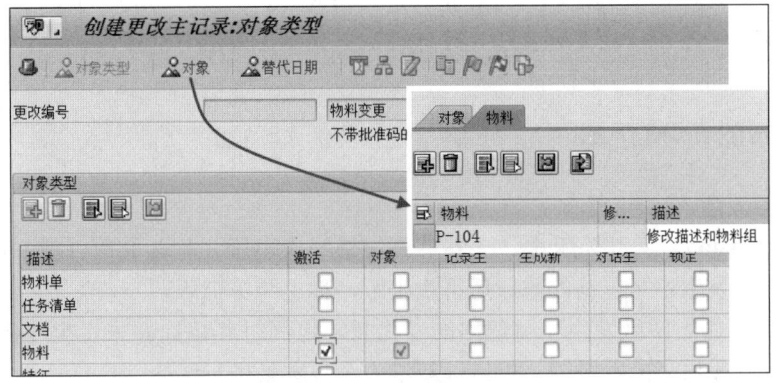

图 17-7 更改主数据（CC01）

事务代码 MM02，通过更改号 500000000060 修改物料 P-104 的描述和物料组。

事务代码 MM19，可以根据日期来查看物料当时的情况，如图 17-8 所示，分别使用事务代码 MM19，输入不同的关键日期，可以看到修改前和修改后的物料的信息。输入日期 2011.11.14，查询到当时物料的物料组为 001，输入关键日期 2011.11.21，查询到当时物料的物料组为 1001。

当对 BOM 的变更启用 ECM 功能后，事务代码 CS03 查看 BOM 时，在字段有效期中输入过去的一个日期，则可以查看到彼时的 BOM 情况。

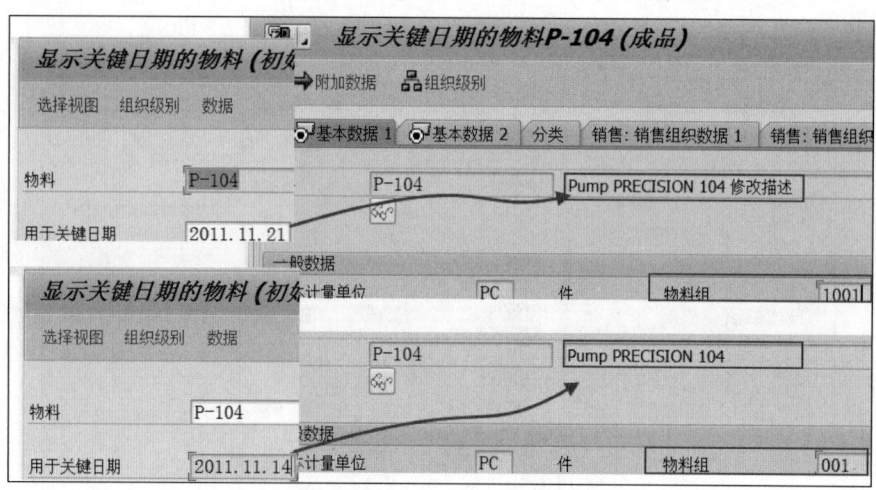

图 17-8　物料主数据的显示（MM19）

> 提示：当更改编号中的有效期为未来的日期时，则可以通过事务代码 MM12（MM11）对物料进行计划修改（Schedule Changing of Material）。

如当前日期为 2011.11.22，更改编号中的有效期为 2011.11.25，使用该更改编号，通过事务代码 MM12 对该物料进行计划修改（Schedule Changing），也就是尽管修改了，但直至 2011.11.25 才生效。在 2011.11.25，使用事务代码 MM13 手工激活计划修改，激活后，计划修改正式生效，也可以设置后台每天运行该事务代码，激活计划修改。

17.2.2　基本的 ECM 版本

1. 版本的概念

版本（Revision）又称为版次，一本书籍，第一次出版，称为初版（第一版），在第一版的基础上，当发生不可忽略的修改后再次出版，称之为第二版。

一个机械零件当图纸发生不可忽略的变化时，但同时其用途并未发生变化，可以新建物料，也可以修改原来的物料号，但通过新增一个版本来进行区分。

一个产品使用的外包装发生变化，其他（内包装、内材等）都未发生变化，其用途、功能并未发生变化，可以新建物料，也可以修改原来的物料号，但通过版本来进行区分。

注意：企业在业务操作中对物料已经采用版次管理，相对应的可以使用 SAP 中的版次功能，否则建立一个新的物料号是更为普遍的做法。

2. 业务场景

某企业对包装材料实行版次管理，当包装材料的图纸发生变化时，不新建物料，而是在系统中对原来的物料进行升版，具体而言，某包装在 2011.11.14 为第一版，2011.11.20 发生了升版，为第二版，当前日期为 2011.11.21，因此当前有效版本为"版本 2"。

此时当针对该物料创建新的采购订单、生产订单时，则采购和发料均需要版本 2 的包装。

3. 系统操作步骤

首先通过事务代码 CC01 创建更改号，并设置相应的对象，然后如图 17-9 所示通过事务代码 CC11 针对更改号创建物料版次，本例中创建两个更改号，并相应创建两个版次。

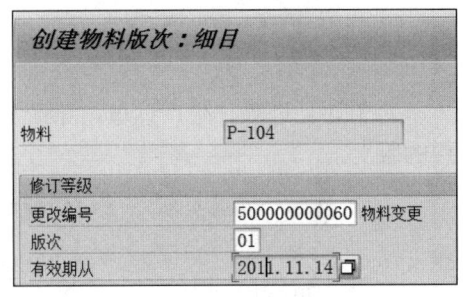

图 17-9　创建物料版次（CC11）

可以由系统自动确定当前的版次，譬如一直按照数字进行升版，从 01 到 02 再依次升版，也可以手工输入版次，如版次 A、版次 B。

如图 17-10 所示，通过事务代码 CC13 可以看到物料有两个版次，对应两个更改号，生效日期分别为 2011.11.14、2011.11.20。

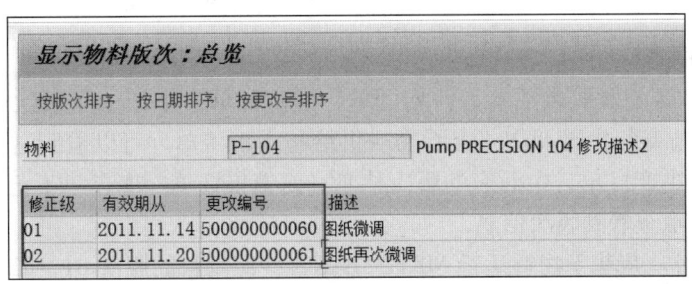

图 17-10　显示物料版次（CC13）

当前日期为 2011.11.21，如图 17-11 所示，使用事务代码 MM02 对物料 P-104 进行修改时，系统确定出当前有效的版本为 02 版本，具体而言，如图 17-11 所示，修改了物料对应的设计图纸号。

4. 采购订单、生产订单、计划订单与版本

当启用版次功能后，采购订单、生产订单、计划订单都会记录版次信息。

采购订单中的版本由采购订单的凭证日期（Document. Date）确定，如图 17-12 所示，

采购订单中的凭证日期为 2011.11.21，采购订单中的版本为 02 如若采购订单的凭证日期为 2011.11.15，则采购订单中版本为 01。

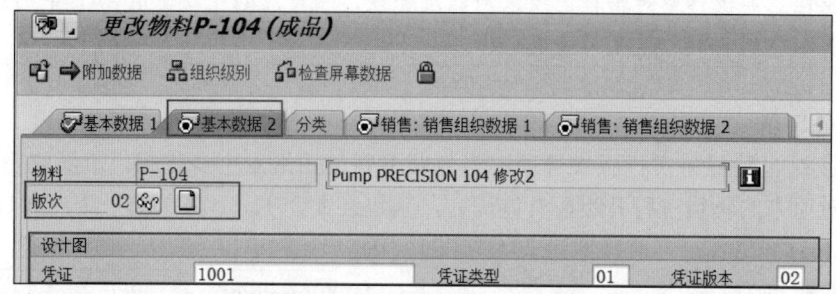

图 17-11　查看显示版次信息的物料

对于计划订单、生产订单，系统根据计划订单/生产订单中的不同的开始日期确定对应的版次。

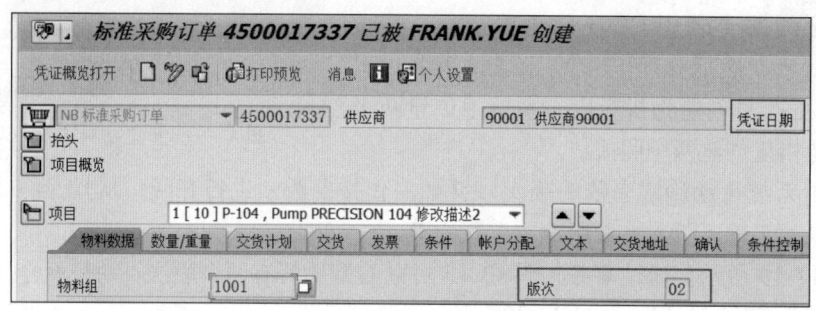

图 17-12　采购订单中的版次

5. MRP 与版本

由于部分单据（如采购订单、计划订单、生产订单）中记录了版次信息，因此如图 17-13 所示，通过事务代码 MD04 查看物料供给与需求清单，可以看到这些单据（采购订单、计划订单、生产订单）中对应的版次信息，而销售订单、库存中不记录版次信息，相应的 MD04 中无法查看到版次信息。

运行 MRP 时，是基于物料运行 MRP，并不会按照物料的版次 01、02 单独运行 MRP，而是合计物料的所有版次的需求与供给，如果缺料，则产生获取建议，获取建议中的版本一般为物料当前的最新版本。

因此当针对物料启用版本功能，需要注意新旧版本切换时，对于已有的库存如何处理、已有的对该物料的需求是如何处理，是否全部切换到新版本中。

6. 库存与版本

图 17-13 中可以看到物料 P-104 的库存总数为 1046，但是在系统标准的库存报表中是无法看到版次信息的，我们并不清楚当前库存数量 1046 中多少数量是版次 1、多少数量是版次 2。

物料	P-104		Pump PRECISION 104 修改描述2			
MRP 运行区域	1000		Hamburg			
工厂	1000	MRP 类型	PD	物料类型	FERT	单位 PC

附	日期	MRP ...	MRP元素数据	再计划日期	收货/需求	版次	可用数量
	2011.11.21	Stock					1,046
	2011.09.16	PO项目	4500017337/00020	2012.01.02	100	02	1,146
	2011.11.21	PO项目	4500017337/00010	2012.01.02	100	02	1,246
	2011.11.21	PO项目	4500017338/00010	2012.01.02	100	01	1,346
	2011.11.22	PldOrd	0000037131/库存 *	2012.01.02	1,000	01	2,346
	2011.11.28	销售订单	0000000051/000010/0...		500-		1,846
	2012.01.02	PldOrd	0000037137/库存		8,154	02	10,000
	2012.01.02	IndReq	VSF		10,000-		0
	2012.07.05	PrdOrd	000060000116/PP01		1,000	02	1,000

图 17-13　MRP 与版次（MD04）

一种可能可行的方法是激活物料的批次管理功能，然后将版次信息作为批次的一个特征记录在批次中，采购订单、生产订单收货时，通过增强，根据采购订单、生产订单中记录的版次信息写入到批次主数据的特性中，后续通过查看批次库存来查看版次对应的库存。

17.3　订单变更管理

通过 ECM 可以修改各种主数据（如 BOM、物料），当对主数据修改完毕后，一般来说新创建的生产订单、采购订单就自然使用最新的数据，但对于未处理结束的历史数据，系统并不能够进行变更管理，如当前日期为 2012.1.15，产品 ZMTO 有 10 个未清的生产订单，当天 BOM 发生了变更，对于这十个未清的生产订单应有相应的处理。

通过订单变更管理（Order Change Management，OCM）功能，则可以进一步修改已经存在的单据（生产订单、采购订单等）。

OCM 功能不仅可以管理由于主数据发生变更而导致的生产订单、采购订单的变更管理，还可以处理由销售订单进行触发的变更管理。

提示：关于销售订单触发 OCM，请参照 SAP 最佳业务实践 665: Configuration MTO - Sales Order Processing with order BOM and OCM。
http://help.sap.com/bp_imc603/BBLibrary/HTML/665_EN_CN.htm

17.3.1　案例简要说明

本小节将通过一个案例来说明 BOM 变更引起的生产订单变更，案例操作步骤简要如下：

1）创建物料 P-106（A 型水泵），设置需要做 OCM；

2）创建物料 P-106 的 BOM，1 个水泵包含 1 个空心轴（Hollow Shaft），空心轴的物料编码为 100—300；

3）创建物料 P-106 的生产订单数量为 10 个，因此需要空心轴为 10 个；

4）物料 P-106 的 BOM 发生变更，每个水泵需要的空心轴的数量变为 2 个，相应的创建针对物料 P-106 的 BOM 的更改编号；

5）利用更改编号，修改物料 P-106 的 BOM；

6）BOM 修改完毕后，修改更改编号的审批码（Release Key），变成审批状态；

7）处理 OCM：对已经创建，但未完工的生产订单进行变更管理，该生产订单的空心轴需要的总数量应从 10 个变为 20 个。

17.3.2 案例主要步骤

下文中对案例中的主要步骤做简单的演示。

1. 设置物料做 OCM

如图 17-14 所示，事务代码 MM02，在物料主数据的工作计划视图中分配 OCM 的总体参数文件，代表物料 P-106 需要做 OCM。

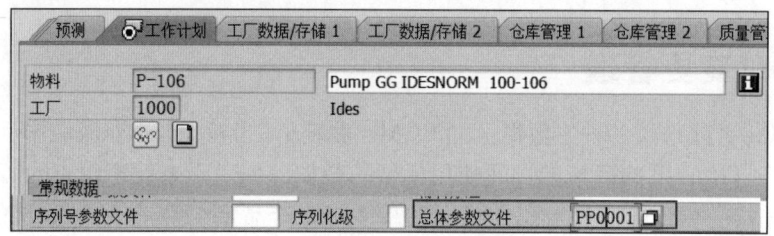

图 17-14　工作计划视图 -OCM 管理（MM02）

2. 维护 BOM

事务代码 CS01，创建物料 P-106 的 BOM，截图略。

3. 生产订单维护

事务代码 CO01 创建物料 P-106 的生产订单（60000120），数量 10 个，截图略。

4. 创建更改编号

事务代码 CC01，创建带有释放码（With Release Key）的更改编号，如图 17-15 所示，设置更改主数据的对象类型为物料单（Bill of Material），并勾选"激活"+"对象"+"记录生"，设置更改对象为物料 P-106 在 1000 工厂下的 BOM，保存生成更改编号 500000000064。

5. 利用更改编号修改 BOM

事务代码 CS02，通过更改号 500000000064 修改物料 P-106 的 BOM，组件 100—300 的单位数量从 1 个修改为 2 个，修改后结果如图 17-16 所示。

第 17 章 变更管理 453

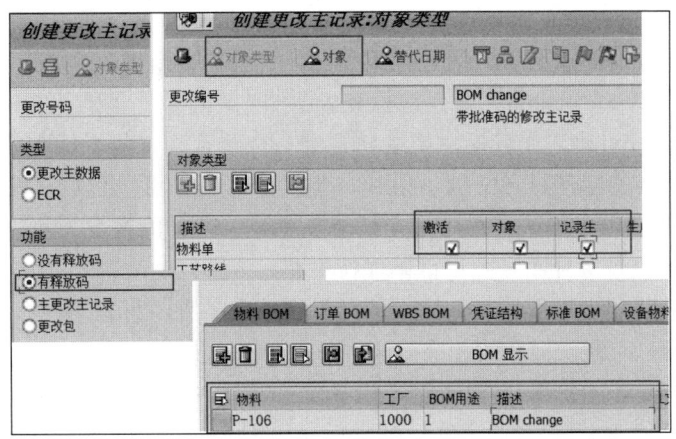

图 17-15　创建带有释放码的更改主数据（CC01）

6. 修改变更编号的审批码

如图 17-17 所示，事务代码 CC02 设置变更主数据 500000000064 的下达码（Release Key）为 3，代表 BOM 修改完毕。

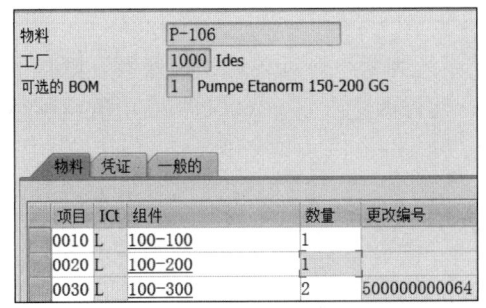

图 17-16　物料的 BOM（CS02）

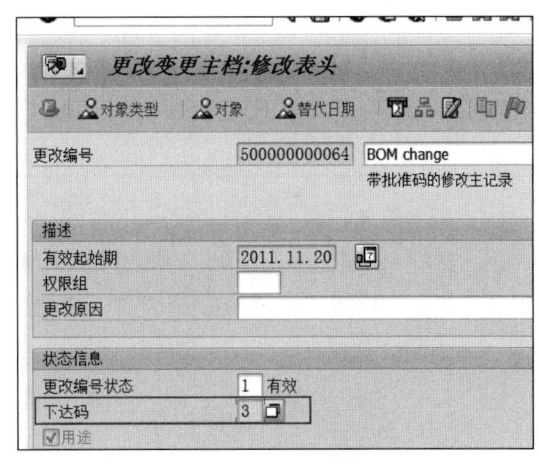

图 17-17　修改变更的审批码（CC02）

7. 处理订单变更

如图 17-18 所示，处理订单变更的步骤如下。

1）事务代码 COCM，输入更改号 500000000064，单击"执行"按钮。

2）搜索获取元素（Procurement Elements），系统将找到与该更改号相关的所有需要修改的获取元素，在本例中，与更改号 500000000064 相关的只有一张生产订单，因此系统将搜索到生产订单 60000120。

3）处理采购元素（获取元素/Procurement Elements）。处理获取元素的步骤分为三个步骤。

- 确认更改（Determine Changes）。根据 BOM 的变更情况，查找生产订单中所包含的组件中哪些组件需要修改，哪些需要删除，哪些需要新增。
- 检查更改（Check changes）。系统检查未清的生产订单当前的执行情况，并与需要修改的内容进行对比，比较后，系统将根据后台配置确定是否确实需要修改，譬如使用到某 BOM 的生产订单一共有五个，但其中的两个订单已经部分发料，另外两个订单已经做了工单确认，另外一个订单新创建，这样的情况下可能只有新建的订单需要执行变更，另外四张生产订单保持不变。

具体而言系统将二者进行比较，比较的结果可能有多种，可分为没有冲突、消息提示、有警告提示的冲突、有错误提示的冲突。

如某产品的 BOM 中的某个零部件的用量发生修改，对应的生产订单如果为全新的，则没有任何冲突，若对应的生产订单已经发料了，则有冲突，冲突类型可能为信息提示。不同的冲突类型采用不同的处理策略，最终系统将会确定哪张生产订单需要进行修改。

表 17-4 列举了不同的冲突类型下相应的系统和手工操作

表 17-4 冲突类型

冲突类型 （Conflict Type）	OCM 结果 修改生产订单与否	手工干预与否
没有冲突	修改	无须手工干预
信息提示	修改	无须手工干预
警告提示	修改或者不修改	可手工干预
错误提示	不修改	手工干预

- 更改原始订单（Change Original Order），当系统判断生产订单应该被修改，则按照新的 BOM，更改原始的生产订单，本例中，将修改生产订单 60000120 中的组件数量，所需组件水泵的数量从 10 个变成 20 个。

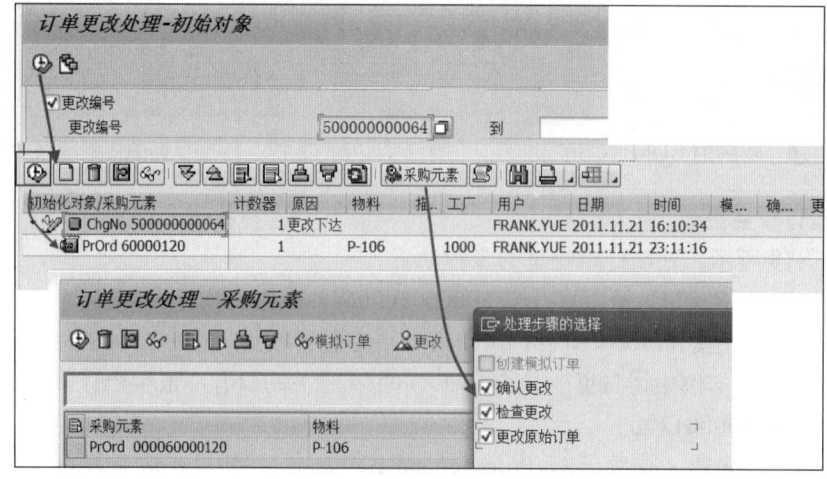

图 17-18 生产订单修改（COCM）

17.3.3 系统实现简要说明

OCM 功能的系统实现在 ECM 的基础上，再配置以下设置：

❑ 定义 OCM 的变更参数文件；

❑ 定义审批码。

1. 定义 OCM 的变更参数文件

如图 17-19 所示，首先通过事务代码 OPL7 定义变更参数文件，在 OCM 的变更参数文件中，定义 BOM 的变更与生产订单的执行进行比较后的冲突类型，何种冲突类型属于警告消息、何种类型属于错误消息，有警告消息则执行变更，有错误冲突的可能不再执行变更。

在图 17-19 中，可以看到当某产品 A 的生产订单中的组件 B 已经发料（Component Withdrawn），此时修改产品 A 的 BOM 中，若是删除组件 B，则冲突类型为错误，若是修改组件 B 的数量，则冲突类型为警告。

然后通过事务代码 OPL9 定义 OCM 的总的参数文件（Total Change Profile），系统可以为不同原因引起的变更分配不同的参数文件，原因有三种，除了本例中介绍到的主数据引起的（生产订单）变更，还包括销售订单、装配订单引起的变更。

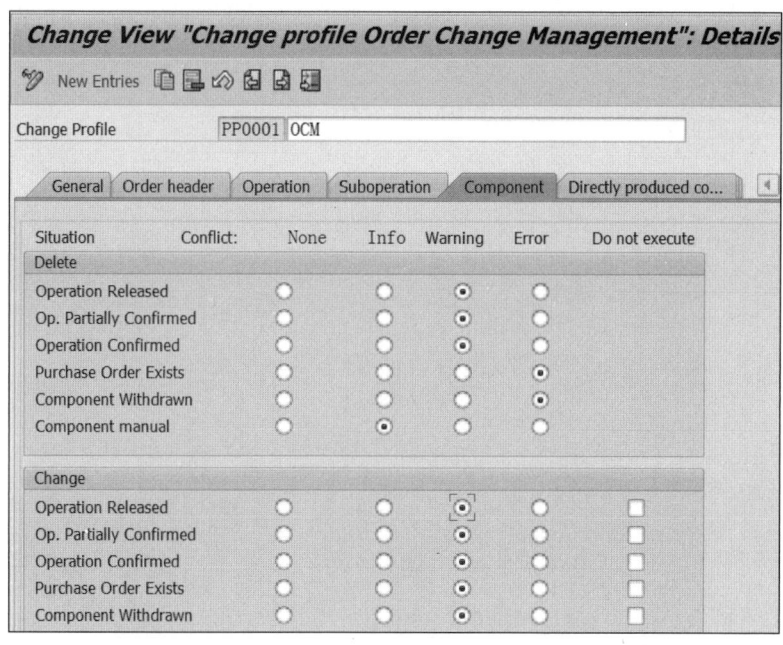

图 17-19 变更参数文件的定义（OPL7）

2. 定义审批码（Release Key）

事务代码 OS69 定义审批码，设置审批码与 OCM 相关，当事务代码 CC01/CC02 维护更改主数据，设置相应的更改审批码。

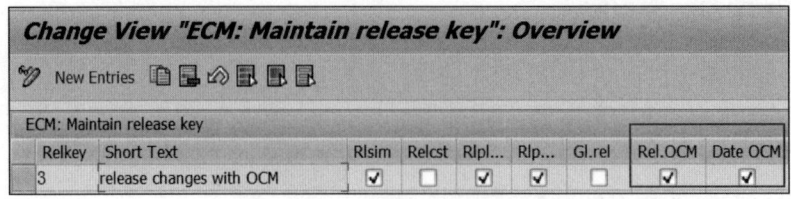

图 17-20　审批码的定义（OS69）

第 18 章　IDOC 和 EDI 应用

　　SAP 系统之间、SAP 系统与外部系统传输业务数据的方法有多种，IDOC、EDI 是比较常见的方式。

　　IDOC（Intermediate Document）是一个数据载体，描述了一个完整的业务对象，用于在同一 SAP 系统的不同应用之间、不同 SAP 系统之间、SAP 系统与非 SAP 系统之间交互数据，并触发相应的业务应用。IDOC 的应用场景很多，例如：

- 跨公司销售业务，公司间发票通过 IDOC 触发财务的发票录入；
- 跨公司采购业务，公司间发票通过 IDOC 触发采购订单的发票校验；
- 采购订单通过 IDOC 产生销售订单；

　　本章以采购订单触发 IDOC 产生销售订单为例，介绍 IDOC 的相关功能。并简要介绍 EDI 的处理。

　　关于跨公司销售、公司间采购的业务操作，请参阅 11.3 节 "跨公司销售"、7.2 节 "公司间采购"。

提示：本章主要从应用的角度来描述 IDOC、EDI，如果希望更多的了解 IDOC 技术，请参阅黄佳编著的《SAP 高级应用开发》。

18.1　IDOC 应用示例

　　IDOC 的应用场景很多，不同应用的逻辑基本相同，采购订单通过 IDOC 自动触发产生销售订单为典型的示例，下面就此典型案例介绍业务场景以及 IDOC 的操作过程、系统实现。

18.1.1　案例说明

　　以采购订单通过 IDOC 自动触发产生销售订单为例，其业务场景如下。

1. 业务场景

　　A、B 两公司在同一个 SAP 系统中，A 公司向 B 公司下达采购订单购买商品，B 公司根据 A 公司的采购订单产生 "相同" 的销售订单，后续如果该采购订单发生变更，销售订单也应该发生相应的变更。

2. 需求分析

在本章中，我们介绍采购方创建、生成采购订单后，通过 IDOC 生成销售方的销售订单。

在 7.2 节"公司间采购"中介绍一家公司向集团内的另外一家公司采购的业务，通过公司间采购来实现，只需要采购方创建采购间采购订单，无需销售方创建销售订单。

3. 处理流程

IDOC 的处理可以分为外向处理和内向处理两个部分：

- 外向处理（Outbound Processing），采购订单创建保存后，通过消息类型（如 ZNEU）的输出功能，产生 IDOC 文件。
- 内向处理（Inbound Processing），当收到关于采购订单的 IDOC 文件后，生成销售订单。

18.1.2 业务操作过程

本节用实例讲解 IDOC 的业务操作过程。

某集团有两个公司，公司 SH02 为销售中心，公司 SH03 为某区域性的销售公司，公司 SH03 向公司 SH02 采购商品，然后销售给客户。

在 SAP 中，采购组织 SH03 向集团内供应商 SH02 采购商品，采购组织 SH03 为购买方，因此采购组织 SH03 在系统中有对应的客户代码（SH03），供应商 SH02 为售货方，因此在系统中建立对应的销售组织（SH02）。

采购组织 SH03 向供应商 SH02 采购数量为 10 的某物料，触发销售组织 SH02 产生对客户 SH03 的销售订单，数量也为 10 个，后续修改采购订单，如改变采购数量为 20 个以及增加一行，将再次触发 IDOC，修改相应的销售订单。具体操作步骤如下。

1. 采购订单维护

如图 18-1 所示，事务代码 ME21N 在采购组织 SH03 下维护对供应商 SH02 的采购订单，采购数量为 10 个。

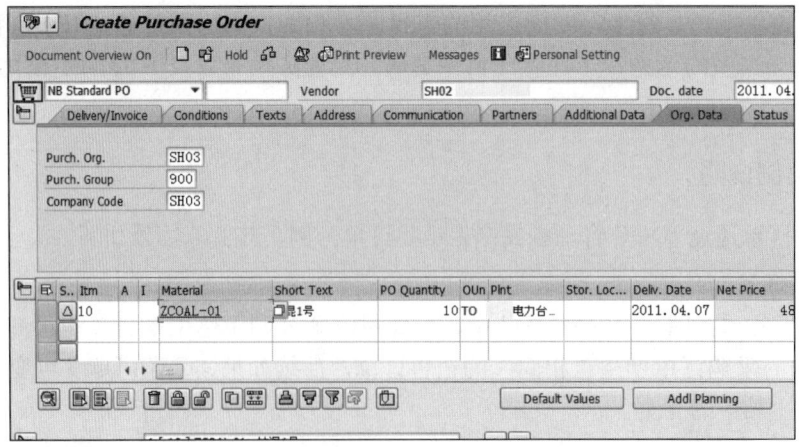

图 18-1　采购订单维护（ME21N）

2. 采购订单输出

如图 18-2 所示，保存采购订单，生成采购订单：4500000475，单击已经生成的采购订单中的按钮 Messages（消息），可以查看到该采购订单产生两个输出。

其中输出类型 NEU 为打印输出（系统默认的输出类型），用于打印采购订单，输出类型 ZNEU 为 EDI 的输出，用于生成 IDOC 文件，两个输出的状态都为绿色，代表成功输出。

注意：如果采购订单设置为需要审批，则在采购订单审批后，才可以输出。

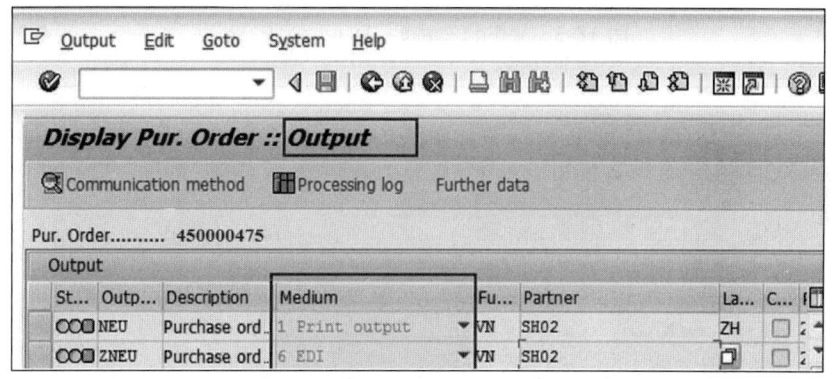

图 18-2　采购订单的输出（ME23N）

3. 查看采购订单的 IDOC 文件

如图 18-3、图 18-4 所示，单击采购订单界面中菜单中的"Relationships"，可以看到采购订单产生了两个 IDOC，一个是出站的 IDOC，将采购订单信息转换为 IDOC；一个是入站的 IDOC，用来产生销售订单。

提示：两个 IDOC 中，其业务相关的内容基本完全一致。

跨公司采购业务中的公司间销售发票通过 IDOC 触发采购订单的发票校验，只会产生一个入站（Inbound）的 IDOC；

这里产生两个 IDOC 的原因在于一般采购订单应该是发给外部供应商，外部供应商在另外一个不同的系统中。

如图 18-4 所示，采购订单 4500000475 产生了销售订单 296，双击销售订单号码 296，可转到销售订单界面中。

4. 销售订单与 IDOC

如图 18-5 所示，在销售订单中，同样可以追溯对应的采购订单，双击采购订单编号，则转到采购订单界面中。

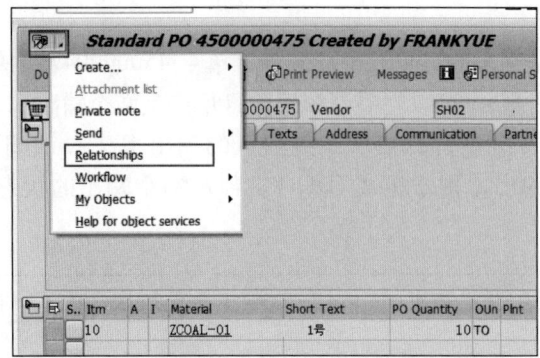

图 18-3 采购订单中的 IDOC（ME23N）

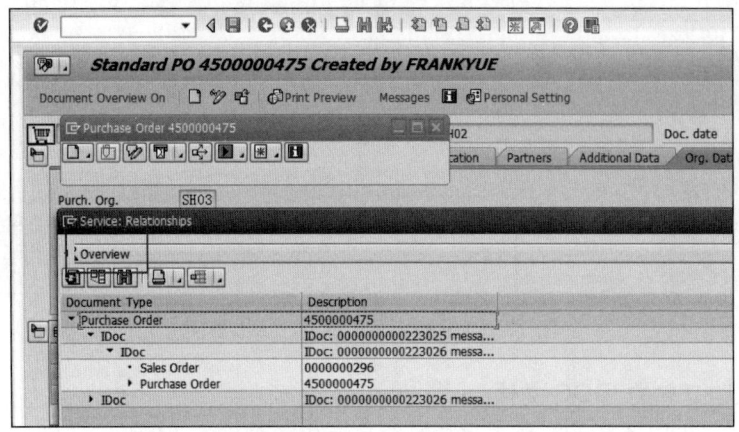

图 18-4 采购订单的 IDOC 界面（ME23N）

注意：销售订单中默认没有"工作流对象"按钮，需要通过事务代码 SU3（或 SU01）维护个人参数，设置个人参数 SD_SWU_ACTIVE 的值为 X。

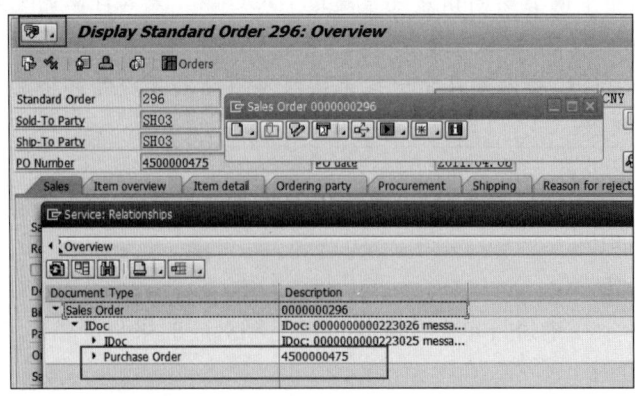

图 18-5 销售订单与 IDOC（VA03）

5. 采购订单修改触发新的 IDOC

如图 18-6 所示，修改采购订单 4500000475 中的第一行的数量，从数量 10 个修改到数量 20 个，并增加新的一行，保存采购订单。

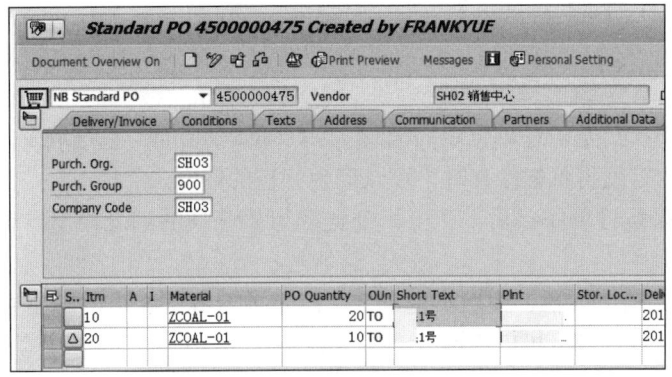

图 18-6　采购订单修改（ME22N）

对采购订单修改将触发新的消息输出，如图 18-7 所示，查看采购订单的消息输出，产生一组新的消息输出。

这一组消息输出中多出一个"Change"标记，代表本次的输出是修改原来的采购订单，相应的修改原来的销售订单。

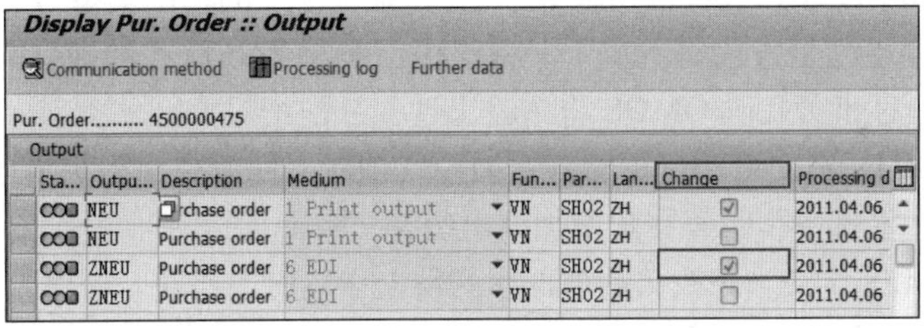

图 18-7　采购订单的输出（ME23N）

再次查看采购订单对应的 IDOC，可以看到系统产生一组新的 IDOC（一个出站，一个入站），注意此时新产生的 IDOC 对应的销售订单仍然为原来的销售订单 296，具体截图略。

双击销售订单，可以看到销售订单发生同步变更，具体截图略。

18.2　IDOC 实现过程解释

以案例中的场景为例，通过 IDOC 的配置，实现采购订单保存后，将触发一个消息，该消息通过出站处理参数文件生成 IDOC 文件，再根据 IDOC 结合入站处理参数文件生成销售订单，具体而言 IDOC 的配置与开发可分为以下几个部分。

❑ 采购订单输出的实现：IDOC 通过输出类型产生，因此需要配置输出类型产生 IDOC。
❑ 数据通讯的相关配置：IDOC 的端口等配置，不同应用可共享该配置。

- 合作伙伴参数文件的配置：定义 IDOC 的处理过程。
- 与特定应用相关的配置：定义业务字段的匹配关系。
- 特定需求的开发配置。

具体在下文中将进行阐述。

18.2.1 采购订单输出的实现

本案例中的 IDOC 是通过单据中的消息（Message/Output）进行触发，因此需要在后台和前台维护相应内容使得单据保存时，可以产生相应的输出。

在本例中，采购订单保存后，产生一个类型为 ZNEU 的消息输出，然后该消息再触发生成 IDOC。

通过后台定义输出类型、输出类型确定，以及前台维护相应的输出主记录，使得采购订单创建、修改时可以产生相应的输出，具体如下。

> 提示：在公司间销售业务中，公司间发票保存后，产生一个消息输出，然后该消息再触发进一步的 IDOC 处理产生财务的发票录入，该业务中系统标准的消息输出类型为 RD04。

1. 后台输出类型相关配置

通过后台配置实现采购订单创建、修改后，产生类型为 ZENU 的输出，具体而言本例中，通过事务代码 NACE，选择应用：EF，复制系统标准的输出类型 NEU，新建一个输出类型 ZNEU，同样通过事务代码 NACE，将该输出类型 ZNEU 增加到采购订单的输出过程（RMBEF1），并通过事务代码 OMQS 将该输出过程分配给采购订单类型 NB。

事务代码 OMQN 定义采购订单的特定操作（创建、修改、拒绝等操作）时，是否触发特定的输出类型，本例中，需要在此增加输出类型 ZNEU。

事务代码 OMFS 定义当修改采购单据中的特定字段时，系统是否会产生一个新的输出，在本例中，修改采购订单的数量将会触发新的输出。

2. 前台输出主数据维护

如图 18-8 所示，事务代码 MN04 维护输出类型 ZNEU，针对采购组织 SH03、供应商 SH02 维护输出主数据，输出媒介（Media）选择：6（EDI），输出时间选择 4（立刻输出），代表采购订单保存后立刻输出。

图 18-8 输出主数据维护（MN04）

18.2.2 数据通信相关的基本配置

IDOC 和 EDI 都需要将数据从一方传到另外一方，因此必须在两个系统之间建立通信，就好像两个人之间要通过电话进行通话，首先需要埋好电缆，并各自在电信公司注册各自的号码。

数据通信层面的配置不属于业务层面的配置，是为了实现系统与系统之间的联系，同一个系统之间也需要进行配置，具体配置如下。

1. 维护 RFC 连接（RFC Destination）

如图 18-9 所示，事务代码 SM59 建立 RFC 连接（RFC Destination），本例中新建一个名字为 IDOC 的 RFC 连接。

本例中，数据从服务器发送到同一台服务器的同一个 Client，因此做如下设置：

连接类型（Connection Type）选择 3：ABAP Connection；

目标主机（Target Host）中输入 localhost，localhost 代表同一台服务器，根据需要也可以直接输入服务器的 IP 地址；

系统编号（System Number）中输入 11，服务器的连接参数，与登录该系统的连接参数相同。

RFC Destination 的说明

RFC Destination 是用来定义 SAP 与其他系统（SAP 系统、非 SAP 系统）进行数据交换的事务代码，例如 SAP 中调用外部 C++、Jave 程序。

由于 EDI（IDOC）经常需要发送数据到另外一台服务器或者其他中间件软件（如微软的 Biztalk）或者 EDI 服务商（如 Seeburger），通过 RFC Destination 来定义 IDOC 产生后发送到何处，对于某些类型的 IDOC（如 PO 产生 SO），即使采购方、销售方在同一台服务器的同一个系统，这里也需要进行定义。

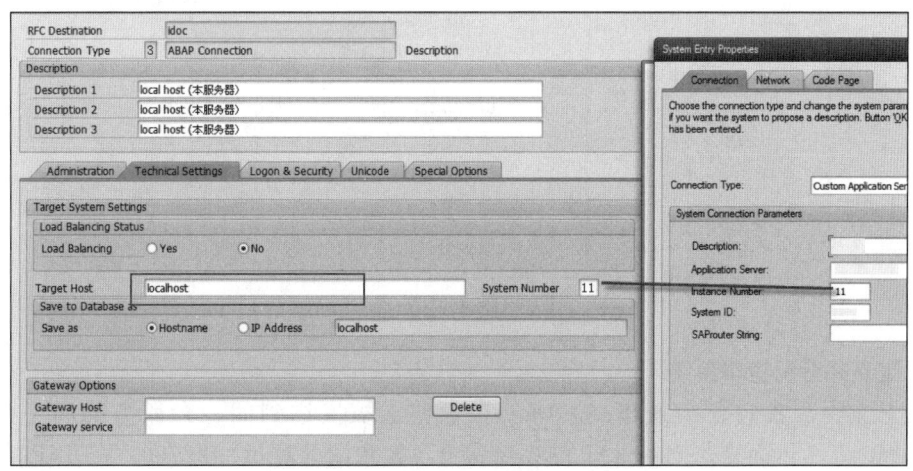

图 18-9　维护 RFC 地址信息（SM59）

如图 18-10 所示，设置需要登录的客户端（Client），本例中为当前客户端 700，可选择使用当前用户或者特定的用户进行登录，注意保证登录用户有处理 EDI 以及相关业务的权限。

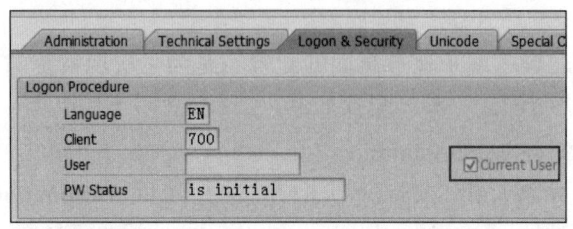

图 18-10　维护 RFC 登录信息（SM59）

2. 定义 IDOC 处理中的端口

如图 18-11 所示，事务代码 WE21 建立端口（Port），端口类型选择 TRFC（Transactional RFC），命名输入：A000000019，然后指定新创建的 RFC 目标（RFC Destination）IDOC。

端口类型说明

在本例中，由于发送 IDOC 和接受 IDOC 的是同一个系统，因此端口选择 TRFC，意思是 IDOC 产生后，将调用 TRFC 函数来处理，TRFC 可用来处理在不同 SAP 系统或相同 SAP 系统之间进行数据传输，IDOC 通过函数直接生成应用，本例中 IDOC 直接生成销售订单。如果是发送到 EDI 子系统，EDI 子系统为第三方软件（公司），则端口类型可选择 File 等，也就是 IDOC 将生成一个文件。

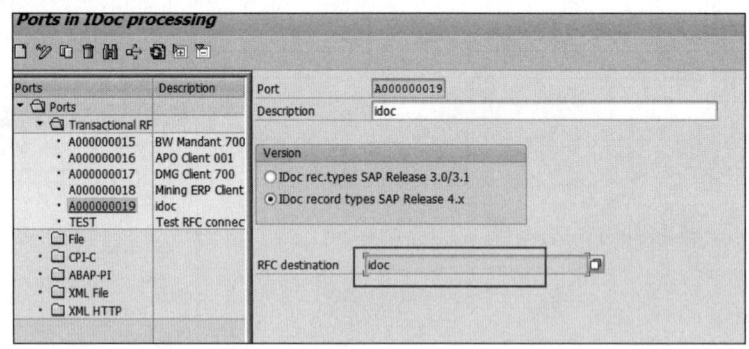

图 18-11　维护 IDOC 中的端口（WE21）

3. 定义并分配逻辑系统

在上文中，我们介绍到 PO 的 IDOC 数据将会被发送到同一台服务的同一个客户端（Client），具体而言，当前 SAP 的系统编号（客户端/Client）为 700，在 SAP 的 EDI、ALE、IDOC 处理过程中，系统使用逻辑系统来代表包括当前系统在内的各个系统（Client）。

1）定义逻辑系统（Logical System）。事务代码 BD54 定义逻辑系统。

逻辑系统的命名一般遵循"服务器名"+"CLNT"+"Client 号码"，本例中服务器名为 DMG，Client 为 700，因此逻辑系统名为 DMGCLNT700。

2）分配逻辑系统给当前系统（Client）。如图 18-12 所示，事务代码 SCC4 分配逻辑系统给当前系统。

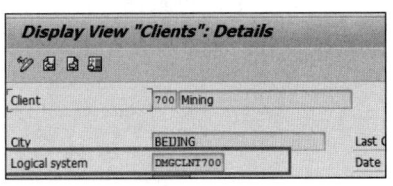

图 18-12　分配逻辑系统给当前 Client（SCC4）

18.2.3　定义伙伴参数文件

当通话所需的电缆埋好后，一方面每个人都需要到移动公司申请各自的账号，另外一方面移动通过设置基站、设置路由来实现一方拨打电话能够自动触发另外一方接听电话，二者之间实现互联，在 IDOC 处理过程中，IDOC（EDI）是将数据从一方发到另外一方，这二者之间是一种伙伴（Partner）关系，伙伴之间的数据传输的定义就是通过这里的 Partner Profile 定义，在此定义 IDOC 处理是由什么伙伴的什么业务（IDOC 的消息类型）通过何输出类型（输出的消息类型）触发和处理程序（Process code and function module）以及结果（IDOC 基本类型）。

1. 伙伴参数文件概览

事务代码 WE20 定义伙伴参数文件。

（1）本示例中的伙伴参数文件说明

本例中，在采购订单通过 IDOC 触发销售订单的生成过程中，当针对供应商 SH02 的采购订单保存后，产生 ZNUE 的输出消息类型，该输出将会触发生成一个 IDOC，这个向外发送 IDOC 的过程称之为出站处理（Outbound），在本例中，供应商为 SH02，因此出站参数的维护是针对供应商 SH02。

出站处理生成的 IDOC，通过上文中提到的端口配置，将会发送到当前系统，也就是逻辑系统（DMGCLNT700），逻辑系统收到该 IDOC，对该 IDOC 进行处理生成销售订单，因此需要配置一个收到 IDOC 后如何处理的程序，这个过程称之为入站处理（inbound）。也就是在 PO 生成 SO 的过程中，如图 18-13 所示，需要配置两个伙伴参数文件：

❑ 针对供应商 SH02 的出站参数；
❑ 针对逻辑系统 DMGCLNT700 的入站参数。

（2）IDOC 中的 Partner 的说明

IDOC 处理是针对伙伴（Partner）进行设置，在本例中 IDOC 是通过 TRFC（事务代码 WE21 中指定）进行发送，因此入站处理的伙伴为 LS（逻辑系统），但如果是通过 EDI 子系统，再通过 EDI 子系统发送到另外一个 SAP 系，此时入站处理的伙伴往往则是 KU（客户）。

对于跨公司销售、公司间采购业务，公司间发票通过 IDOC 触发跨公司销售、公司间采购的发票录入、校验，这种业务只可能发生在同一个系统，因此即使选择 IDOC 通过 TRFC 触发，此时仍然是配置以下的两个伙伴参数文件：

- 针对发票中客户的出站参数；
- 针对供应商的入站参数。

在上文中，也阐述过，由于 PO 触发 SO 大多是在不同系统之间发生，因此即使在同一个系统，默认也产生两个 IDOC。

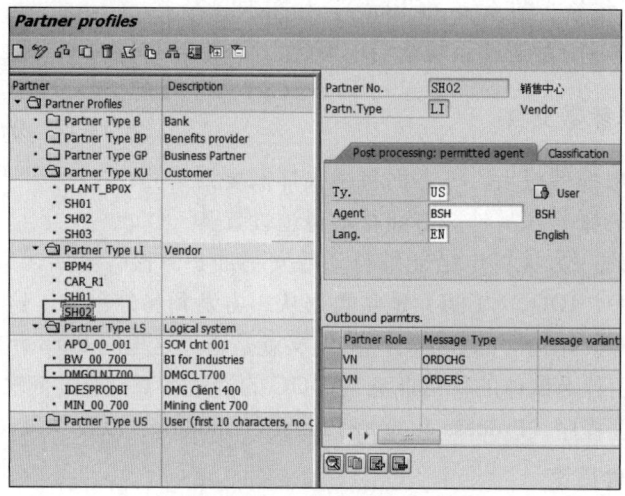

图 18-13　维护伙伴参数文件（WE20）

2. 出站参数的定义

如图 18-14 所示，代表当向供应商 SH02 采购时，该张采购订单中的消息类型 ZNEU 将触发处理代码（Process Code）ME10 生成 IDOC，该 IDOC 的结构为 ORDERS05，IDOC 将会被发送到端口 A000000019，该端口 A000000019 已经被定义为对应当前系统。

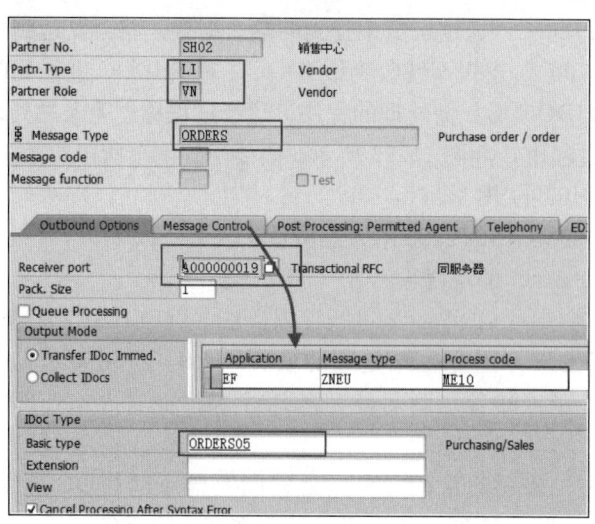

图 18-14　出站参数文件的定义（WE20）

双击 IDOC 的基本类型 ORDERS05 可查看到 IDOC 的结构、包含的字段，双击处理代码 ME10 可查看到该处理代码对应的处理函数 IDOC_OUTPUT_ORDERS，该处理函数将根据采购订单中的信息生成 IDOC 文件，生成的 IDOC 文件的类型为 ORDERS05。

如图 18-15 所示，入站处理时，当逻辑系统 DMGCLNT700（当前系统）收到 IDOC 时，将触发处理代码 ORDE，双击 ORDE 同样可以查看到具体的处理函数 IDOC_INPUT_ORDERS，该处理函数将会将 IDOC 文件生成销售订单。

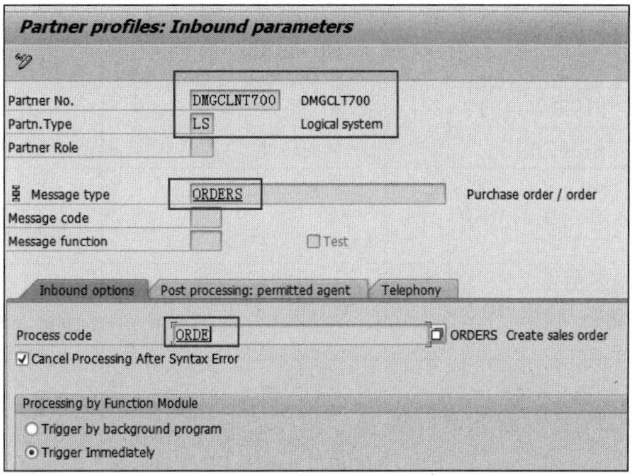

图 18-15　入站参数的定义（WE20）

3. 消息类型（Message Type）、IDOC 类型，处理代码（Process Code）、处理函数的关系

本例中，以采购订单的输出为例，如图 18-14 所示，出站处理的消息类型为 ORDERS、IDOC 类型为 ORDERS05，处理代码为 ME10、处理函数为 IDOC_OUTPUT_ORDERS。

在 IDOC 类型 ORDERS05 中指定了数据结构，包括哪些字段，是一个数据载体（Data Container），IDOC 类型随着 SAP 版本的变化也在发生着升级，升级后，一般包含的字段更多了。

处理代码 ME10 通过关联处理函数（如 IDOC_OUTPUT_ORDERS）定义如何处理采购订单中的数据，并将这些数据转换为 IDOC 所需要的格式，该格式就是 IDOC 类型中定义的。

消息类型 Orders 将 IDOC 类型（可能有一个或者多个）和处理代码（有多个，如出站的处理代码、入站的处理代码）组织在一起，显然每个 IDOC 的消息类型会至少有一个 IDOC 类型、一个出站处理代码、一个入站处理代码。

相关事务代码如表 18-1 所示，如果只是应用 SAP 标准的 IDOC 消息类型，这些事务代码将不会被使用到，这些事务代码是自己开发 IDOC 时才会使用到，列举在这里，只是为了加深理解。

注意：SAP 中采购订单输出的消息类型（如 ZNEU）和 IDOC 处理过程中的消息类型（如 Orders）英文名都是 Message Type，注意区分。

表 18-1　IDOC 开发常用事务代码

事务代码	事务代码描述	以 PO 与 SO 为例	说明
WE30	定义 IDOC 类型中包含的段	基本类型（Basic Type）ORDERS05 基本类型是 SAP 标准的类型	ORDERS05 为最新的类型 WE30 和 WE31 一起定义了 IDOC 中的层次、包含的字段以及字段格式
WE31	定义 IDOC 中的段包含的字段		查看 ORDERS05 每个字段的含义、描述
WE60	定义 IDOC 类型的文档		
WE41	出站处理代码的定义，定义了对应的处理函数和所属的 IDOC 消息类型	ME10	该处理代码（函数）将采购订单转换为 IDOC
WE42	入站处理代码的定义，定义了对应的处理函数和所属的 IDOC 消息类型	ORDE	该处理代码（处理函数）将 IDOC 转换销售订单
SE37	查看处理函数（Function Module）	出站函数：IDOC_OUTPUT_ORDERS 入站函数：IDOC_INPUT_ORDERS	N/A
WE82	分配消息类型给 IDOC 类型	将 ORDERS05 与消息类型 ORDERS 关联	N/A
WE81	创建信息类型	ORDERS	N/A
WE57	分配处理函数到消息类型	N/A	N/A

18.2.4　业务数据的匹配

通过上文的配置，相当于通话过程中的电缆已经埋好、路由也已经设置好，互相之间现在可以通信了，但是如何通信，如何把一方的通话转换为声波，然后再从声波转换为普通的通话，要实现这些就需要进行匹配。

在 IDOC 的处理过程中，这一过程，称之为业务数据的匹配，以本例中采购订单触发销售订单为例，需要根据采购订单中的信息，结合前台主数据以及后台配置，来确定销售订单中的各项信息，包括销售订单类型、销售订单中的客户等各项信息。

这些业务数据的匹配，一部分是在前台主数据或单据中指定，也有部分是在后台进行指定的。

1. IDOC 中的基本字段匹配

在采购订单触发生成销售订单的过程中，需要确定销售订单中的相应字段，表 18-2 为销售订单中需要的一些字段的确定方式。

备注：取决于具体的业务、使用到的 IDOC、处理程序，字段确定的逻辑可能会有所差异。

表 18-2　销售订单中的字段的确定逻辑

销售订单的字段	确定逻辑的说明	维护方式（解决方式）
客户（售达方）	供应商（SH02）在公司代码（SH03）视图中的账号（Acount w/vendor），如果没有维护，则售达方编号等于采购组织	事务代码 XK02（前台）
客户（送达方）	可能需要根据销售订单中的售达方和采购订单中的收货工厂确定	事务代码 VOE4（后台），具体见下文
销售组织 分销渠道 产品组 销售订单类型	需根据销售订单中售达方和采购订单中的供应商确定	事务代码 VOE2（后台），具体见下文
物料	如果采购方和销售方使用不同的物料编码，则根据采购订单中的供应商物料确定，	ME11（前台）或者采购订单输入
订单单位	N/A	CUNI

2. 销售订单中的送达方的确定

如图 18-16 所示，事务代码 VOE4 确定销售订单中的送达方，本例中根据售达方 SH03 和采购订单中的收货工厂 SH31，系统将确定销售订单中的送达方为 8000000。

图 18-16 字段 Customer（SH03）指销售订单中的售达方；

图 18-16 字段 Ext.Function（SH）指送达方功能；

图 18-16 字段 External Partner（SH31）指采购订单中的收货工厂。

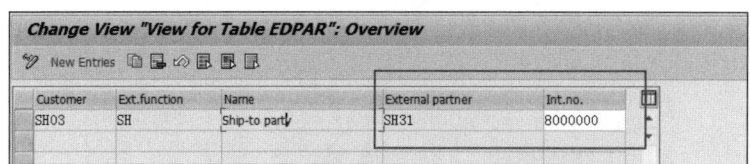

图 18-16　定义送达方的确定（VOE4）

3. 确定销售订单中的销售组织、分销渠道、产品组、销售订单类型

如图 18-17 所示事务代码 VOE2 确定销售订单中的销售组织、分销渠道、产品组、销售订单类型，本例中，根据客户 SH03 和供应商 SH02，确定销售订单中的销售组织为 SH02，分销渠道为 01，产品组为 01，销售订单类型为 OR。

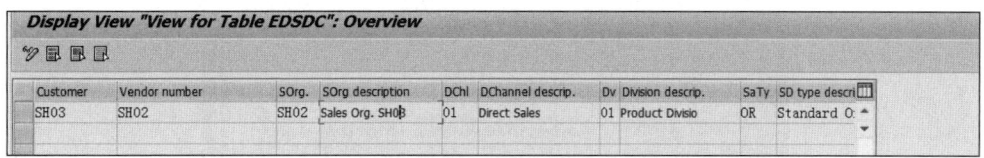

图 18-17　定义销售订单中的组织数据和订单类型（VOE2）

4. 采购订单中信息传输的补充说明

采购订单中的价格信息、文本信息也可以传输到采购订单中。

1）采购订单中的采购单价和采购金额以条件类型 EDI1、EDI2 传递到销售订单中，这两个条件类型在销售订单中起参考、统计作用，不起控制作用。

2）采购订单中的文本也可以传输到销售订单中的文本中，具体请查看 SAP Note 549521（FAQ: few questions in EDI）。

18.2.5 IDOC 处理、执行、测试

IDOC 处理过程是系统后台运行的，但实践中经常会发现各种问题，因此需要进行监控、测试、调整，下面介绍查看 IDOC 的执行情况，如果 IDOC 有错误如何进行测试，并修改错误。

1. 查看 IDOC 的执行情况

事务代码 WE05、BD87 可以按照 IDOC 类型、日期等字段查看所有的 IDOC 的执行情况，并进行一定的处理。

如图 18-18 所示，通过事务代码 BD87 查看到一个编号为 223019 的 IDOC 出现错误。

该 IDOC 是采购订单自动生成销售订单的 IDOC，入站的 IDOC 已经生成，但是未成功生成销售订单，系统提示是必输字段未输入（Fill in all required entry fields），但是错误提示的短文本和长文本都不够清晰，在此情况下我们需要进一步查询具体是何错误原因。

提示：由于 IDOC 均为系统自动处理，因此必须将检查 IDOC 的处理情况作为日常工作，及时发现其中的问题并解决，系统中可以设置当 IDOC 出现错误时，自动发送邮件给管理员或是其他相关人员。

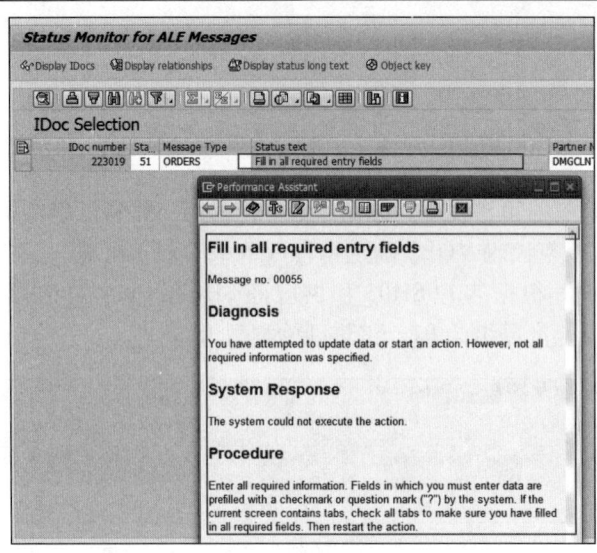

图 18-18 查询 IDOC 执行情况（BD87）

2. 测试与调试 IDOC

IDOC 为后台执行，有时为了解决一些问题，需要能够在前台进行测试，此时可通过事务代码 WE19（IDOC 处理中的测试工具）来进行测试。

以上文的错误为例，如图 18-19 所示，输入未成功入站的 IDOC 号码 223019，单击执行命令。

图 18-19　IDOC 测试、调试工具 -1（WE19）

如图 18-20 所示，单击"标准入站（Standard Inbound）"按钮，查看到入站的函数为 IDOC_INPUT_ORDERS，该函数是将 IDOC 转为销售订单的处理函数。

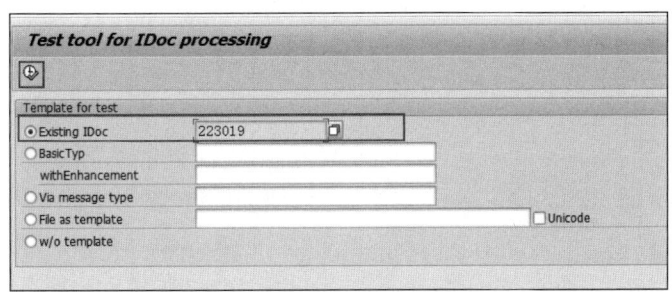

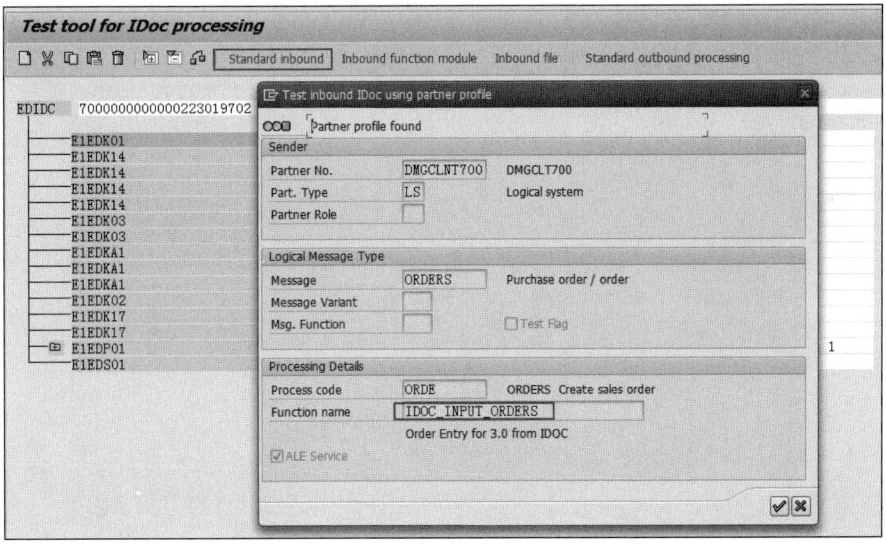

图 18-20　IDOC 测试、调试工具 -2（WE19）

查到入站的函数后，如图 18-21 所示，单击入站功能函数"Inbound function module"按钮，输入查询到的入站函数，然后选择前台执行（In foreground）当前的 IDOC。

系统则在前台执行该 IDOC，如图 18-22 所示，通过前台执行可看到原因，即销售订单中的售达方中的地址不完整，没有输入城市。

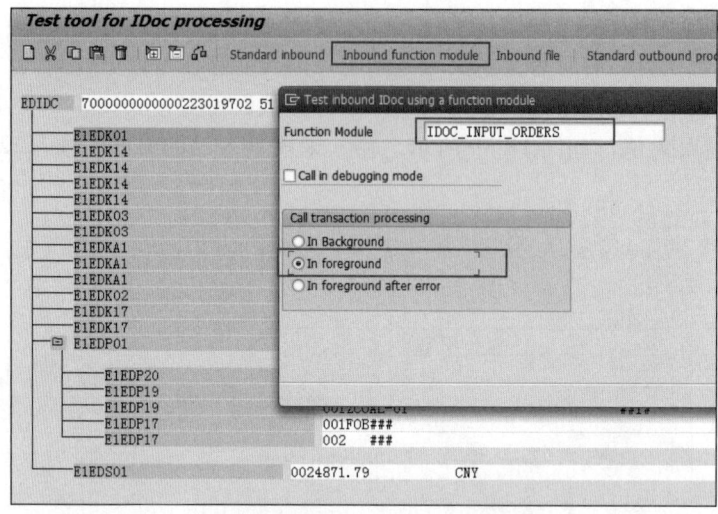

图 18-21　IDOC 调试（WE19）

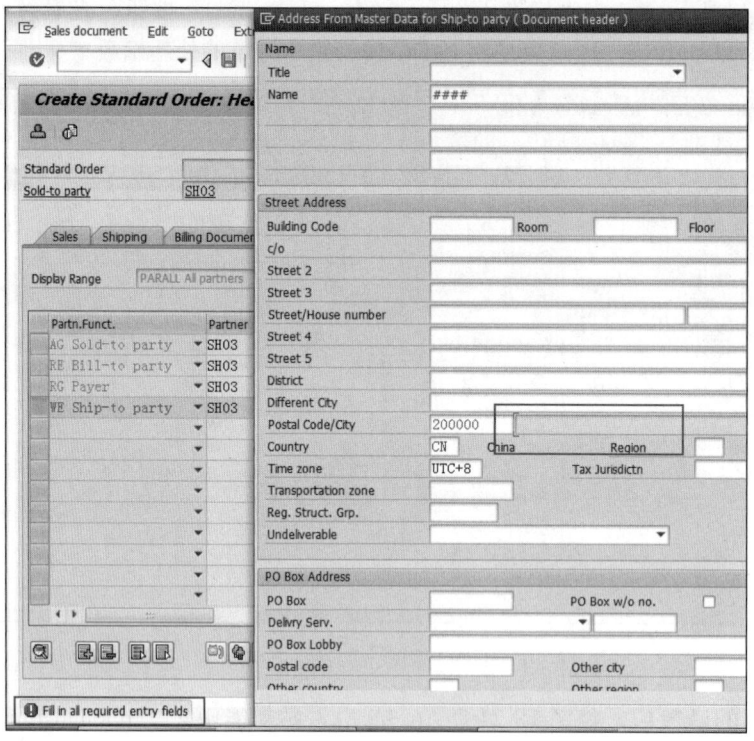

图 18-22　销售订单中的错误提示界面（WE19 &VA01）

3. 手工修改 IDOC 中的内容

当发生错误时，如上文中客户主数据中的地址维护不完整，导致 IDOC 无法执行，此时可以维护完客户地址后，重新生成 IDOC，也可以选择手工修改 IDOC 中的内容并进行补充。

事务代码 WE02 可以手工修改 IDOC，例如对于图 18-22 中城市没有维护的 IDOC 进行修改，补充城市信息。

18.2.6 常用 IDOC 简要说明

在企业对外部客户、供应商的业务处理过程中，将会涉及十个左右的对外单据，这些对外的单据基本上都有对应的 IDOC，表 18-3 为企业之间的一个典型业务流程，并列举了相应的 IDOC 类型。

> 提示：每一个 IDOC 的应用，在上文的配置基础上，再进行伙伴参数文件配置以及业务数据的匹配，限于篇幅，请自行搜索网络资源参考，主要包括：
> 1）SAP Help 文档，可在网络搜索 CAEDISCAP_STC.pdf，这是 SAP 针对 SAP R3 4.6C 版本的 PDF 帮助文档，注意该文档中的部分 IDOC 类型在新版本已经发生更新。如对于采购订单触发销售订单处理的 IDOC 类型，已经从 ORDERS04 更新到 ORDERS05。
> 2）跨公司销售业务中和公司间采购业务中公司间发票触发销售组织的发票录入、校验的 IDOC 的处理可在网络搜索 InterCompany_Billing_IDoc.pdf。

表 18-3 常用 IDOC 清单

步骤	说明	IDOC 消息类型（Message Type）	出站的 IDOC 基本类型	出站处理代码（Process Code）和默认的输出类型和输出应用	入站处理代码（Process Code）
1	采购订单创建触发销售订单创建	ORDERS	ORDERS05	ME10/NEU（EF）	ORDE
2	采购订单修改触发销售订单修改	ORDCHG	ORDERS05（ORDERS04）	ME11/NEU（EF）	ORDC
3	销售订单的确认（交货日期、数量）触发采购订单的确认	ORDRSP	ORDERS05（ORDERS04）	SD10/BA00（V1）	ORDR
4	外向发货单触发内向交货单	DESADV	DELVRY03	DELV /LALE（LAVA）（V2）	DELS
5	内向交货单收货触发外向发货单的 POD（交货证明）	STPPOD	DELVTY03	OPOD	DPOD
6	销售发票触发发票校验	INVOIC	INVOIC01	SD08/ RD04（V3）	INVL
7	跨公司销售业务下的公司间发票触发销售组织的发票录入	INVOIC	INVOIC01	SD08/ RD04（V3）	INVF
8	公司间采购业务下的销售发票触发采购方的发票校验	INVOIC	INVOIC01	SD08/ RD04（V3）	INVL

(续)

步骤	说 明	IDOC 消息类型（Message Type）	出站的 IDOC 基本类型	出站处理代码（Process Code）和默认的输出类型和输出应用	入站处理代码（Process Code）
9	采购交货协议中的预测交货触发销售计划协议中的预测交货	DELINS	DELFOR01	ME14/LPH1（EL）	DELI
10	采购交货协议中的 JIT 交货触发销售计划协议中的 JIT 交货	DELINS	DELFOR01	ME13/LPH1（EL）	DELI

18.3　EDI 应用

EDI（Electronic Data Interchange）译为"电子数据交换"，是一种在公司之间传输采购订单、发票等各项业务信息的电子化手段。

本节在上文 IDOC 的基础上，简要介绍不同企业之间通过 EDI 进行业务数据的交换。

提示： 由于 EDI 不仅涉及 SAP 相关的应用，还涉及其他软件的应用，本文关于其他软件的应用介绍，仅供参考。

18.3.1　EDI 简介

1. EDI 中包含的内容

EDI 由报文和其他辅助信息组成。

1）EDI 报文：EDI 报文是指 EDI 中具体的内容，这部分内容是企业真正所需要的业务数据信息，相当于我们写信时的内容、正文。

2）EDI 辅助信息：保证 EDI 报文能够传输的标准：包括加封、通信、加密、解密等内容。这部分内容相当于我们写信时的信封、邮政编码，在写比较私密的信时，还会采取特殊的加密措施，这部分内容在本文中不多做介绍。

2. EDI 标准的类型

EDI 由于是在不同企业之间进行业务数据传输的，相互之间必须遵守同一套标准，与世界上很多标准一样，EDI 的标准也有两种，分别是美标和欧标。

1）美标：美国国家标准化协会（ANSI）于 1985 年制定的 ANSI X 12 标准（（American National Standards Institute）。

2）欧标：联合国欧洲经济委员会（UN/ECE）于 1986 年制定的标准 EDIFACT（Electronic Data Interchange For Administration, Commerce and TransPort）。

目前 EDIFACT 已被国际标准化组织 ISO 认定为国际标准，编号为 ISO9735，也许在将来，EDI 标准只有一种标准。

3. EDI 的应用领域

EDI 发展历史已经相当长，有近 30 年的历史，因此其应用已经非常广泛。

以美标 X12 为例，如表 18-4 所示，已经形成 16 类、304 种应用，广泛应用于运输、物流、港口、贸易等业务，应用于政府、公共事业、企业运营中。

本文中主要涉及企业运营中相关的 EDI。

表 18-4 美标中的 16 大类 EDI

美标 EDI 大类	中文解释
1. Order Series（ORD）	订单管理系列
2. Materials Handling Series（MA）	物料基本信息管理
3. Tax Services Series（TAX）	税收服务系列
4. Warehousing Series（WAR）	仓库管理系列
5. Financial Series（FIN）	财务处理系列
6. Government Series（GOV）	政府管理系列
7. Manufacturing Series（MAN）	制造管理系列
8. Delivery Series（DEL）	交货管理系列
9. Engineering Management & Contract Series（ENG）	工程管理系列
10. Insurance/Health Series（INS）	保险系列
11. Miscellaneous ANSI X12 Transactions Series（MIS）	未归类系列
12. Mortgage Series（MOR）	融资、不动产系列
13. Product Services Series（PSS）	产品服务系列
14. Quality and Safety Series（QSS）	质量、安全系列
15. Student Information Series（STU）	学生教育系列
16. Transportation	运输系列

摘选企业运营业务中常用的 EDI，并对相应的美标、欧标、SAP 中 IDOC 的消息类型做简要对比，具体如表 18-5 所示，由于 SAP 公司是一家德国公司，其 IDOC 的消息类型的命名和欧标比较类似。

表 18-5 企业运营业务中常用的 EDI

TRANSACTION SET/DOCUMENT	功能中文说明	美标	欧标	对应的 SAP IDOC Message Type
Purchase Order	发出采购订单，触发销售订单创建	850	ORDERS	ORDERS
Purchase Order Acknowledgement	销售订单确认后，触发采购订单的确认	855	ORDRSP	ORDRSP
Purchase Order Change	采购订单修改后，触发销售订单的修改	860	ORDCHG	ORDCHG
Purchase Order Change Acknowledgement	因采购订单修改销售订单重新确认后，触发采购订单新的确认	865	ORDRSP	ORDRSP

（续）

TRANSACTION SET/DOCUMENT	功能中文说明	美标	欧标	对应的 SAP IDOC Message Type
Order Status Inquiry	订单状态查询	869	ORSSTA	N/A
Order Status Report	订单状态报告	870	ORDREP	N/A
Planning Schedule/Material Release	采购计划协议的预测触发销售计划协议	830	DELFOR	DELINS
Shipping Schedule	客户向供应商发送出货要求，更新销售中的计划协议	862	DELJIT	DELINS
Ship Notice/manifest（ASN）	供应商实际发货，外向交货单（发货通知）触发内向交货单，为后续采购订单收货做准备	856	DESADV	DESADV
Report of Test Results	质检报告发送给客户	863	QALITY	QCERT
Inventory Inquiry/Advice	库存从供应商传递客户	846	INVRPT	INVRPT
Invoice	对客户的销售发票触发发票校验	810	INVOIC	INVOIC

18.3.2　EDI 处理及传输过程举例

假设供应商和客户都使用 SAP 软件，但二者处于不同的 SAP 系统，二者之间采用 EDI 美标传输业务数据，以客户向供应商发送采购订单为例，EDI 的处理的主要步骤如图 18-23 所示。

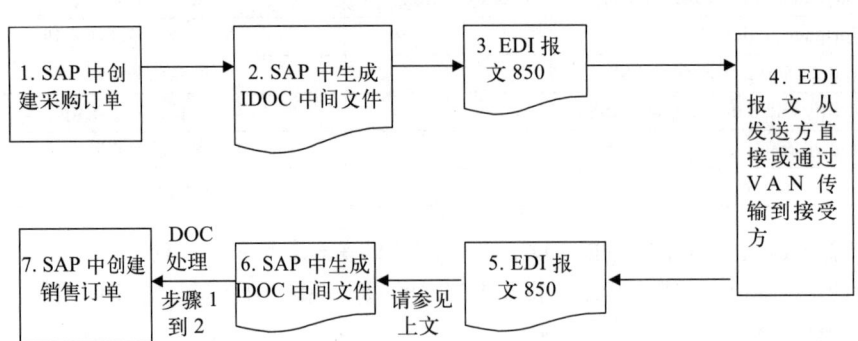

图 18-23　EDI 与 IDOC 处理过程

图 18-23 步骤 1 到 2、步骤 6 到 7，请参见上文"IDOC 应用"。

图 18-23 步骤 2 到 3、步骤 5 到 6，此过程由 EDI 子系统完成，经过编译、翻译，将 IDOC 文件转为 EDI 报文 850，主要是字段的匹配，有此功能的主要产品有微软的 Biztalk、IBM 的 WebSphere 等。

图 18-23 步骤 4：EDI 的传输，企业与企业之间的 EDI 报文可以通过各种协议（如 AS2）进行直接的传输，也可以通过第三方 EDI 供应商进行传输，此时第三方 EDI 供应商相当于我们寄信时的邮局。第三方 EDI 供应商常简称为 VAN（Value Added Network），

VAN 供应商有很多,如 GXS,VAN 供应商的作用在于保证 EDI 传输的安全和可靠性。

注意上述步骤为主要步骤,省略掉了 EDI 处理中的加封、加密、解密等步骤。

18.3.3 EDI 报文实例简介

EDI 850 报文包含的内容为采购订单,其作用在于生成销售订单。

当供应商与客户之间确定使用 EDI 850 传递采购订单信息时,那么具体 EDI 850 中包含的内容、格式是既定的,双方均按照此约定。

详细的字段命名以及规范请自行在网络搜索 EDI 850,有相当多的资料。

摘选 EDI 报文 850 中的部分字段做简单的说明。

```
ST*850*0001~
BEG*00*SA*4500005427**20050720~
N1*VN*VENDOR AAA*400001*~
N1*ST* VENDOR AAA*400002*~
PO1**10*CA*12.5**UA*042040304101*IN*20403041*VN*22222~?
```

示例报文共五行,具体说明如下:

第一行:ST 代表本行是业务抬头信息,ST 的第一个字段代表业务类型(850),本例中为采购订单,ST 的第二个字段代表此业务的单据号,本例中单据号 1,最后的 ~ 代表本段结束。

第二行:BEG 代表本行是采购订单基本信息,BEG 的第一个字段代表采购订单的属性,00 代表新建,第二个字段代表采购订单类型,第三个字段代表采购订单编号,第五个字段代表采购订单日期。(注意 * 代表字段的顺序,采购订单编号和采购订单日期之间间隔有两个 *,代表一个是 BEG 的第三个字段,一个是 BEG 的第五个字段,也就是当前字段前面有多少个 *,就是该组字段中的第几个字段)。

第三行到第四行,N1 代表本行是供应商信息,第一个字段代表功能,VN 代表供应商,ST 代表送达方,第二、三个字段分别代表供应商名称和代码。

第五行,P01 代表本行是采购订单的行项目。

这五行报文合计起来,表达的部分信息为向供应商 400001 下达采购订单 4500005427,采购数量为 10 个。

18.3.4 EDI 子系统说明

本节以微软的 Biztalk 作为 EDI 的子系统来简单说明处理过程。

提示:受 SAP 和 Biztalk 的版本的影响,实现过程可能有所不同,Biztalk 中有针对 SAP 的适配器(SAP Adapter)。

1)SAP 中配置 RFC 目标和端口。和 IDOC 应用中的设置相比,如图 18-24 所示,主要的差异在于事务代码 SM59 设置 RFC 目标时，目标类型选择：T（TCP/IP Connection），选择注册的程序。

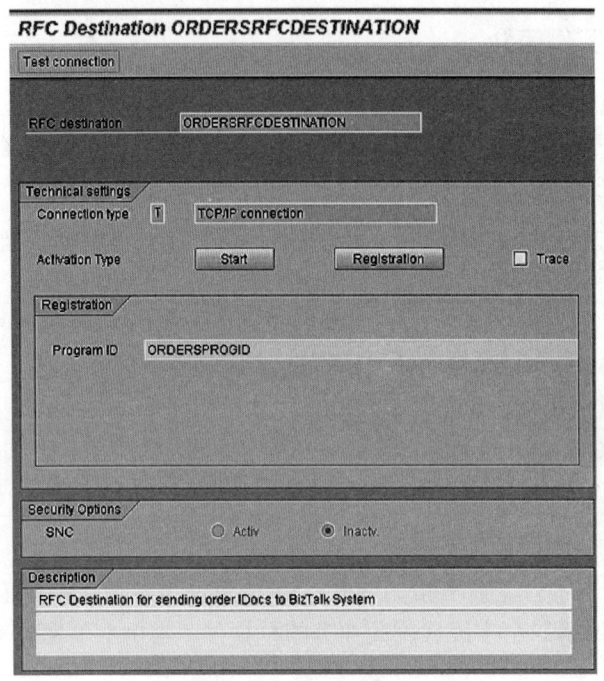

图 18-24　维护 RFC 链接（SM59）

2）在 Biztalk 配置与 SAP 的通信。

3）如图 18-25 所示，在 Biztalk 接受 IDOC 的数据以及 IDOC 字段和 EDI 报文字段的匹配。

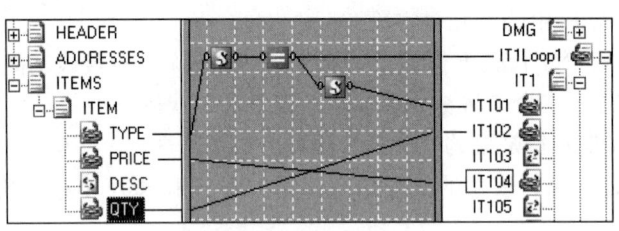

图 18-25　维护字段的匹配

第 19 章 文档管理

在企业与供应商、客户之间的业务往来中涉及大量的商业往来文档（如合同、采购订单、发票），在企业内部不同部门之间（如质量管控、生产管理环节中）也会有很多质量控制、生产工艺等文档，这些文档（Document）是企业的重要财富，便于企业的质量监控、良好的沟通。

文档的种类非常多，在市场上也有专门的软件来管理文档，本章关注的焦点是与 SAP 可能相关的文档，SAP 提供了几种方案来管理这些文档：

- GOS（General Object Services，通用对象服务）方案；
- DMS（Document Management System，文档管理系统）方案；
- Easy DMS，在 DMS 方案的基础上，通过 Easy DMS 软件可以简化对文档的操作，提高易用性。

本章将分别介绍这几种方案，并在本章的末尾对这几种方案进行简单的对比和总结。

19.1 文档管理总览

SAP ERP 中文档管理的最主要的应用就是将电子化的文档关联到 SAP ERP 中的对象中。

文档管理针对的是电子化的文档，因此要进行文档管理，如果文档原来是纸面文档，此时应将纸面文档电子化，然后将电子文档关联到 SAP ERP 的各个对象，如将收到的供应商增值税发票扫描成电子文档，然后与 SAP ERP 中的发票校验凭证关联，又如将零部件的图纸与 SAP 中的物料编码关联，后续可根据发票校验凭证、物料号直接查看相关的发票、图纸。

如果文档原来就是电子化的，如 AutoCAD 文档、PDF 文档，那么直接关联到 SAP ERP 的对象中即可。

19.1.1 文档管理的范畴

文档的类型很多，与 ERP 系统相关的是本章要讨论的内容，表 19-1 是与 SAP ERP 相关的常见的文档类别，可以看到文档管理是一个跨模块的应用，在很多模块中都有应用。

表 19-1　常见文档示例

类型	举例	对应 SAP ERP 对象	对应 SAP ERP 模块
商业往来文档	客户的采购订单	销售订单	SD
商业往来文档	供应商的发票	发票校验凭证	MM
商业往来文档	供应商的检验证书	检验批	QM
产品图片、产品图纸	产品的图片或者图纸	物料	PP
工艺文件（研发）	生产工艺文件	工艺路线和 BOM	PP

19.1.2　文档的归档

每个文档的文件都不小，如果需要与 SAP ERP 关联的文档的数量非常多，常年累月下来，则可能会占用系统较多空间，从而会影响性能，因此实施文档管理有时需要结合归档（Archive）功能，SAP 提供了 Archive Development Kit（ADK）and SAP ArchiveLink 来实现文档的归档，将数据从数据库中复制，然后合并、压缩为归档文件，后续从 SAP 应用中可直接访问归档文件。

为了更好地管理归档文件，文档的归档经常使用第三方公司的软件产品，如 Open Text 公司推出的 IXOS 产品。

上传文件到 SAP 系统时，可以直接上传并归档，也可以先上传文件，后续进行归档。

提示：Open Text 公司早在 1991 年成功部署了世界上第一个网络搜索引擎技术，但其始终专注于企业市场，而 Google 这个搜索巨头在 1998 年 9 月 7 日才刚刚成立，其立足于个人市场。

19.1.3　文档的管理方法

在 SAP 中文档管理的方法有两种模式：GOS 和 DMS 方式，另外为了简化 DMS 的操作，SAP 推出了 Easy DMS 客户端软件。

表 19-2 简要说明了 SAP 中常见的业务对象中与这两种模式之间的关系，SAP 中的大部分对象可以使用这两种模式来管理文档，但在 SAP 标准功能中，BOM 和工艺路线不能使用 GOS 功能。

表 19-2　SAP 中的业务对象与文档管理

业务对象类别	对象	GOS 方案	DMS 方案	典型事务代码
SD-业务数据	销售订单 发货单 发票	支持	支持	VA02
SD-主数据	客户主数据	支持	支持	XD02
MM-主数据	采购信息记录	支持	支持	ME12

(续)

业务对象类别	对象	GOS 方案	DMS 方案	典型事务代码
MM-业务数据	采购订单	支持	支持	ME22N
MM-业务数据	发票校验	支持	支持	MIR4
PP-生产订单	生产订单	支持	支持	CO02
LO-常规	物料主数据	支持	支持	MM02
PP-主数据	BOM	标准不支持	支持	CS02
PP-主数据	工艺路线	标准不支持	支持	CA02

19.2 GOS 方案简要说明与应用

通用对象服务（General Object Services，GOS）是指针对对象的服务、功能，并且对象是通用的、普遍的（General），即 GOS 功能具有广泛性。

GOS 代表的是针对对象的已经打包好的服务，这些服务中包括上传附件关联到业务对象、针对业务对象启动工作流等功能。

下文中，首先介绍业务对象的概念，然后通过一个示例介绍 GOS 功能。

19.2.1 业务对象

程序开发有着两种基本的模式：面向过程和面向对象的开发，SAP 中的业务对象（Business Objects）更进一步，对应着真实世界中的业务对象。

业务对象主要由两部分组成：对象的属性、对对象的操作。

以业务对象"销售订单"为例，销售订单的属性包括订单中的客户、订单数量、价格等各项信息，对销售订单的操作是指创建销售订单、删除销售订单、修改销售订单，也包含将文档与销售订单关联这样的操作。

业务对象有着广泛的应用，在 SAP 中很多开发也是基于业务对象的，如在 BAPI、Workflow 的开发中，本节中的 GOS 操作的对象也是业务对象。

表 19-3 列举了一些在后勤、财务模块最常用的业务对象。

表 19-3 业务对象列表

类型	业务对象名称	业务对象	所属模块
主数据	Customer master 客户主数据	KNA1	SD
	Vendor master 供应商主数据	LFA1	MM
	Material master 物料主数据	BUS1001	All
	Purchasing info records 采购信息记录	BUS3003	MM
业务数据	Purchase orders 采购订单	BUS2012	MM
	Purchase Contracts 合同	BUS2014	MM
	Sales orders 销售订单	BUS2032	SD

（续）

类 型	业务对象名称	业务对象	所属模块
业务数据	Production Order 生产订单	BUS2005	PP
	Account Document 会计凭证	BKPF	FI
	Material Document 物料凭证	BUS2017	MM

> **提示 1**：事务代码 SWO1 用来查看业务对象，在该事务代码中单击 Business Object Repository 按钮，可查看所有的业务对象。
>
> **提示 2**：业务对象由于类型不同可能会对应 SAP 中多个业务对象，如销售订单存在多个业务对象，正常的销售订单对应 SAP 中的业务对象 BUS2032，退货的销售订单对应业务对象 BUS2102。

19.2.2 GOS 的文档操作实例

如图 19-1 所示，在采购订单的修改界面中（事务代码 ME22N），单击"对象的服务"按钮 ，可以实现以下各种功能。

1. 文档相关功能

在本例中，可以针对采购订单进行各种文档操作功能。

- 创建附件：添加本地附件到当前对象（本例中指正在修改的采购订单）中，附件将保存在 SAP 的数据库中，对应的表为 SOOD 和 SRGBTBREL。
- 创建注释：添加备注到对象中。
- 创建外部凭证（URL）：添加外部链接（URL）到当前对象中，此时附件并未保存在 SAP 数据库中，只是通过链接的方式关联了文档和 SAP 中的对象，譬如首先将本地某 pdf 格式的采购订单存储在 FTP 服务器中，然后将该文件对应的 URL 地址关联到当前采购订单。
- 存储业务凭证：添加本地附件同时以光学归档（Optical Archive）的方式关联到当前对象中。
- 输入条码（BarCode）：实际的纸面的文档（如收到的供应商发票）中由供应商或本公司自行贴上条码，在系统中做发票校验时，以条码扫描的方式或者手工直接输入条码，而后再对文档扫描，并以光学归档的形式存储。电子化的供应商发票文档与 SAP 对象通过条码关联。
- 附件清单：显示已经添加到当前对象的附件，双击附件清单中的附件，则可以打开附件，不仅可以打开数据库中的附件，还可以打开外部凭证（ULR）的附件。

2. 工作流相关

如果启用工作流（WorkFlow）或者 EDI，那么通过 GOS 可以查看到对象的工作流或者 IDOC 的情况。

提示1：在第18章"IDOC和EDI应用"中，介绍了使用GOS功能来查看对象（如采购订单、销售订单）对应的IDOC。

提示2：事务代码OAOR（Business Document Service）管理和监控某对象（如采购订单）的文档。

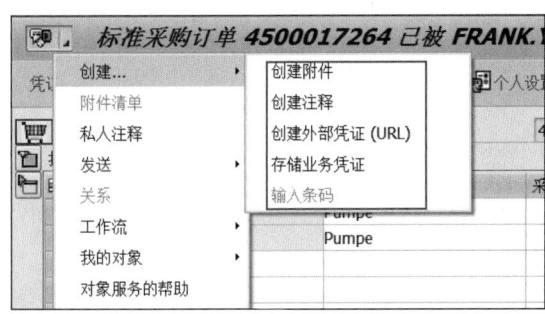

图19-1 SAP中GOS功能

3. GOS功能更多说明

如果希望使用GOS功能，在参考SAP帮助文档的同时，参考如下Note：

SAP Note 491271 Authorizations for generic object services；

SAP Note 825348 Authorizations for changes in the attachment list；

SAP Note 927407 Determining the content of GOS and SAPoffice documents；

SAP Note 904711 SAPoffice: Where are documents physically stored?

SAP Note 961713 Structure of SGOSATTR table；

SAP Note 492756 Object history: Disk space performance。

19.2.3 GOS功能的扩展

GOS是一种针对业务对象的通用服务，该功能的应用只需要两个条件：

- 系统中已经定义业务对象；
- 为业务对象添加GOS服务。

对于大部分的业务对象（如采购订单、生产订单），无需做任何配置，即可针对该业务对象使用GOS功能。

对于无此功能的标准的业务对象（如BOM）或者自定义程序中增加GOS功能，如果系统中定义好相应的业务对象（事务代码SWO1定义），那么只需在事务代码的PBO中增加下面的参考代码，则可以在屏幕中出现GOS（对象的服务）的工具栏。

19.2.4 GOS功能的扩展示例

在自定义的关于采购订单的报表中，将同时列举出多个采购订单，如果希望在此界面中增加GOS功能即可以在该报表中直接查看选择行采购订单所对应的文档，则只需在程序中增加以下逻辑。

```
DATA: go_myobject TYPE REF TO cl_gos_manager.
data: l_container TYPE REF TO cl_gui_custom_container,
ls_object type borident.
ls_object-objtype = 'BUS2014'.  （斜体部分根据实际业务需修改部分，本例为采购订单的业务对象）
ls_object-objkey = ekko-ebeln.  （斜体部分根据实际业务需修改部分，本例为采购订单编号）
Create object go_myobject.
CALL METHOD go_myobject->display_toolbox
EXPORTING
is_object = ls_object
io_container = l_container.
```

19.3 DMS 的方案

文档系统管理（Document Management System，DMS）在 SAP 中是一个跨模块的应用，广泛应用于各个模块。DMS 的主要特点如下：

- 通过 DMS 可用来管理与 SAP 的业务对象相关的图片、CAD 设计文件、Office 文件等各类文档；
- SAP 的 DMS 提供版本管理功能和版本控制功能，并可与工作流进行集成；
- DMS 通过 Easy DMS 客户端软件提供一种易用的、类似微软视窗（Windows Explorer）的形式，这样经过较少培训的用户都可轻易上手；
- 通过基于 KPro（Knowledge Provider）的 DMS，可以实现文档的分发（Document Distribution）功能；
- DMS 可以是作为 SAP PLM 解决方案的一部分进行实施，也可以与传统模块（SD、PP、MM、FI、CO）一起进行实施，还可以单独作为文档管理项目进行实施。

在本节中，通过将本地电子文档上传到 SAP 系统中，然后与业务对象进行关联，实现文档管理。

19.3.1 DMS 文档的储存

电子文档上传到 SAP 系统，其储存在 SAP 系统有如下三种方法。

1. 文档存储在 SAP 系统的数据库中

在 SAP 系统中设置文档对应的文档类型使用 KPro，并设置数据存储在表中，这样文档上传到 SAP 系统中，直接以簇表（Cluster）的形式存储在 SAP 的数据库中。

2. 文档存储在内容服务器（Content Server）

设置文档对应的文档类型使用 KPro，并设置数据存储在 SAP Http Content Server，具体而言典型的做法是在一台专门用于文件存储的服务器上安装 Windows Server 2003/2008，设置互联网信息服务（Internet Information Services，IIS），同时配置该台服务器为 Content

Server。

3. 文档存储在专门的外部服务器 FTP

设置文档对应的文档类型不使用 KPro，而是使用直接访问方法，这样文档上传时，数据直接保存在 FTP 服务器中。

小结：对于希望实现完整的 DMS 功能（如文档分发）的客户，SAP 推荐使用 KRro 方案，从简化项目应用的角度来看，使用 FTP 的方式最为简单。

19.3.2 DMS 支持的文档以及打开方式

DMS 中支持各种类型的文档，我们可通过事务代码 CV01N 将本地的各种类型的原始文件（Original File）上传到 SAP 的文档主数据（Document Info Record）中。当原始文档上传完毕后，可以在 SAP 系统中直接处理、显示各种类型的文件。

通常来说，每一台计算机（Frontend Computer）都可以安装相应的软件来显示和处理原始文件，如某设计人员上传一份 AutoCAD 设计文件到 SAP 的文档主数据，并与 SAP 系统中的某个产品物料关联，后续生产部门生产该产品，该部门的某个用户使用本机中的相应软件来打开查看该设计图纸，并打印图纸。

即使该用户没有安装某些软件，SAP 系统可通过其自身提供的 ECL Viewer（Engineering Client Viewer）来浏览大部分的 2D 文件以及部分 3D 格式文件，具体包括如下格式的文件：

❑ 2D 矢量图（2D Vector Images），如常见的 AutoCAD 设计文件；
❑ 2D 像素图（2D Pixel Images），如常见的 JPG、BMP 格式的图片文件；
❑ 3D 图，如 Direct Model 文件。

19.3.3 DMS 的应用

下面通过示例将一份设计图纸上传到 SAP 系统，然后关联到物料主数据中，该设计文档通过 AutoCAD 设计软件制作，文件后缀为 .DWG。

1. 创建文档，并上传本地原始文档

如图 19-2 所示，事务代码 CV01N 在 SAP 系统中维护文档，输入以下信息。

1) 输入文档类型（Document Type）。本例中，使用文档类型 DRM。

图 19-2 中 Document Part 是指一份图纸可能由几张图纸组成，Document Version 是指一份图纸的版本可能会不断升级。

2) 输入文档描述、分类信息，设置文档状态、文档生效日期等。

3) 上传本地文档（Original）到系统中。如图 19-2 所示，将本地 C 盘下的 AutoCAD 文档 "3D 螺钉实例" 上传到 SAP 系统中。

文件上传时，可输入存放原始文件的数据载体（Data Carrier），当原始文件在本机中，不用输入，当原始文件不在本机中，输入另外一台机器的名字。

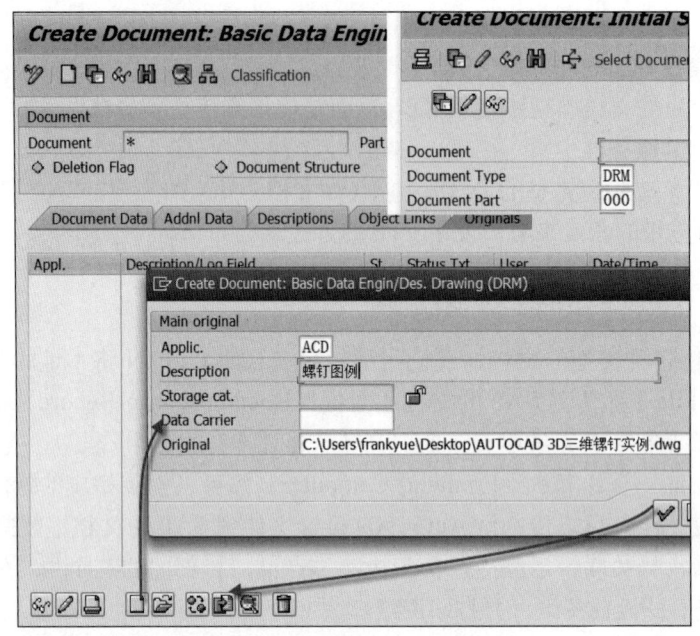

图 19-2　创建文档（CV11N）

4）将上传的文档登记（Check In）到存储中。

单击"文档登记"按钮，将已经上传的文件存储到 FTP 或者 SAP 的表或者 Content Server 中。

如图 19-3 所示，文档类型中不同的定义将影响文档登记的储存方式。

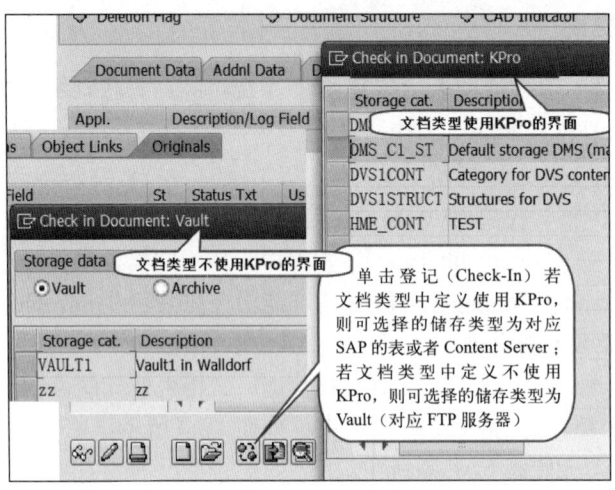

图 19-3　文档存储的方式

若文档类型中定义使用 KPro，则可选择的储存类型为 SAP 的表或者 Content Server，最终数据也是存储在 SAP 的表或者内容服务器中。

若文档类型中定义不使用 KPro，则可选择的储存类型为 Vault（对应 FTP 服务器）或者 Archive。

5）查看上传的文档。通过多个事务代码可以查看到上传的原始文档，如图 19-4 所示，事务代码 CV03N 通过 SAP 内置的 ECL Viewer 直接查看上传的螺钉的 AutoCAD 文件。

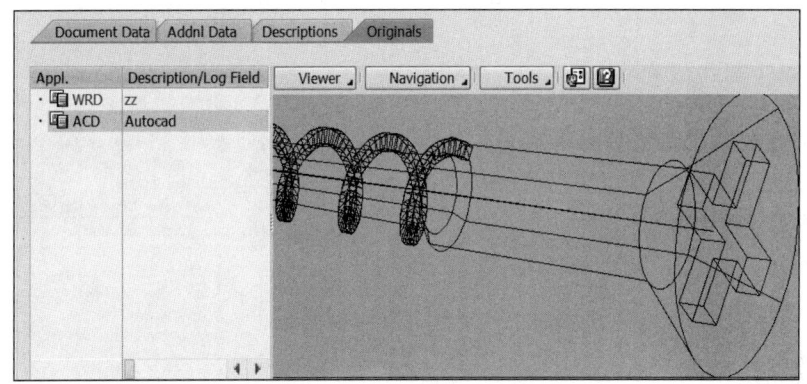

图 19-4　文档存储的方式（CV03N）

2. 文档与业务对象的关联（Object Link）

可以在文档中关联业务对象，也可以在业务对象中关联文档，二者结果相同。

如图 19-5 所示，在事务代码 CV01N、CV02N 维护文档的界面，将文档 1000000264 关联到对应的物料 Z-100、ZZZ。也可以通过事务代码 MM02 维护物料 Z-100 时，输入物料对应的文档 1000000264。

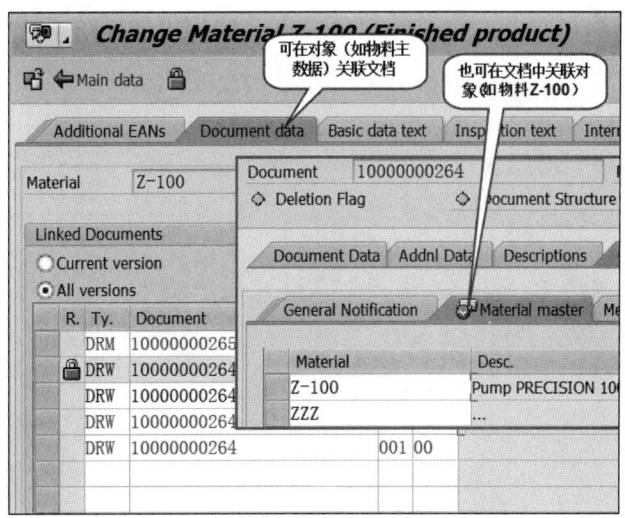

图 19-5　文档与对象的关联（CV02N&MM02）

注意：在文档中关联对象时，系统并不会检查输入的对象是否存在。
如图19-5所示，在文档10000000264中关联对象时，输入一个当时并不存在的物料"ZZZ"，系统在描述中显示为三个"…"，但并不会报错，后续建立物料ZZZ后，该物料中将自动关联此文档。

19.3.4 DMS系统实现说明

DMS后台配置主要包括以下定义：
- 定义文档储存的方式和位置；
- 定义文档的类型；
- 定义系统支持的文档的文件格式以及打开方式。

如图19-6所示，相关配置路径：SPRO> 跨应用组件 > 文档管理。

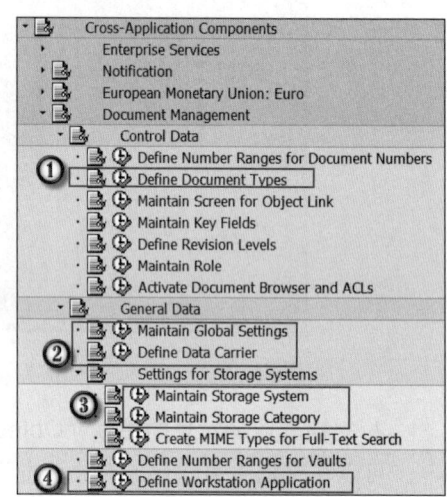

图19-6 DMS的后台配置

1. 定义文档类型（Document Types）

在图19-6的①处点击，进入图19-7。使用到的文档类型为DRW，事务代码DC10定义文档类型，主要定义点如图19-7所示。

1）定义是否使用知识系统KPro（Knowledge Provider）（字段：Use KPro）。文档类型DRW不使用Kpro，而是使用FTP方式。

2）定义文档类型允许的对象（Object Links）。本例中文档类型DRW可以关联到物料主数据、BOM等业务对象中。

3）定义是否进行版本管理。

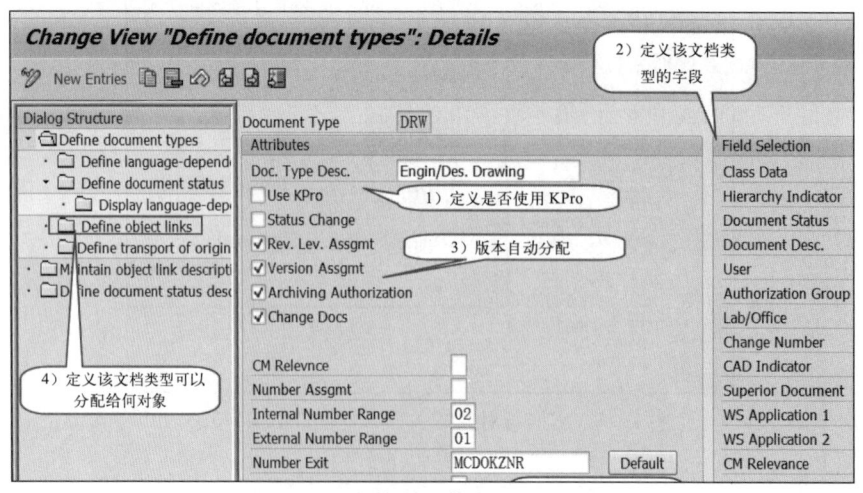

图19-7 文档类型的定义（DC10）

2. 定义 Data Carrier 数据载体和全局设置

在图 19-6 的②处点击，进入图 19-8，主要定义点如图 19-8 所示，事务代码 DC20 定义数据载体，若在文档类型中定义不使用 KPro，那么在此定义存放文档的 FTP 服务器地址。

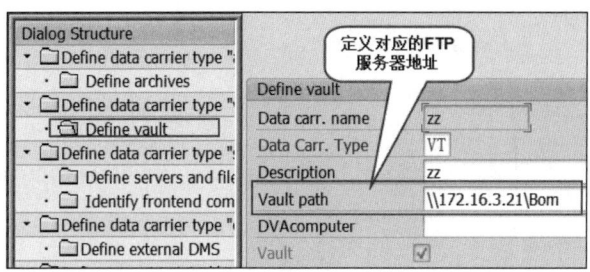

图 19-8　数据载体的定义（DC20）

注意：当从前台客户端访问存储在 Vault 中的文件时，有两种方式：

1）Without DVA：原始文件从 Vault 经由 SAP 应用服务器到前台；

2）直接访问（Direct Vault Access）：原始文件直接从 Vault 到前台（Frontend），显然本方式有着更好的性能，直接访问需要在 Maintain GeneralSetting 中定义相应参数（图 19-6 中②处）。

3. 定义存储系统和类别

在图 19-6 的③处，定义储存系统和类别。若在文档类型中定义使用 KPro，则在此定义存放文档的 Content Server 地址或者数据库的表（System Database），具体而言，本例中图 19-3 中的一个文档目录（Category）为 DMS_C1_ST，其设置如图 19-9 所示。

事务代码 SE11 参考表 SDOKCONT1 创建表 DMS_CONT1_CD1；

事务代码 OAC0 定义内容资源库（Content Repositories），设置 DMS_C1 的存储类型（Storage Type）为系统表，设置内容表为 DMS_CONT1_CD1。

事务代码 OACT 定义目录 DMS_C1_ST 对应的内容资源库为 DMS_C1。

因此在图 19-3 中，上传本地原始文件时，选择存储的文档目录 DMS_C1_ST，则系统将该文件存储到数据库表 DMS_CONT1_CD1。

4. 定义工作台应用（Workstation Application）

事务代码 DC30 定义工作台应用，定义各种文件类型以及打开这些文件类型的方式。

本例中，图 19-2 中，使用到的工作台应用（文件类型）为 ACD。

其具体定义如图 19-10 所示，工作台应用 ACD，代表 AutoCAD 文件，其文件后缀为 DWG、DXF，使用 ECL Viewer 显示该文件。

在定义工作台应用中输入打开文件的方式，打开文件最常见的方式有两种：

❑ 输入"%Auto%"，代表由本机的操作根据系统文件后缀名自动寻找程序来打开；

❑ 输入 "EAIWeb.webviewer2D.1 %SAP-CONTROL%"，代表使用 ECL Viewer 来打开。

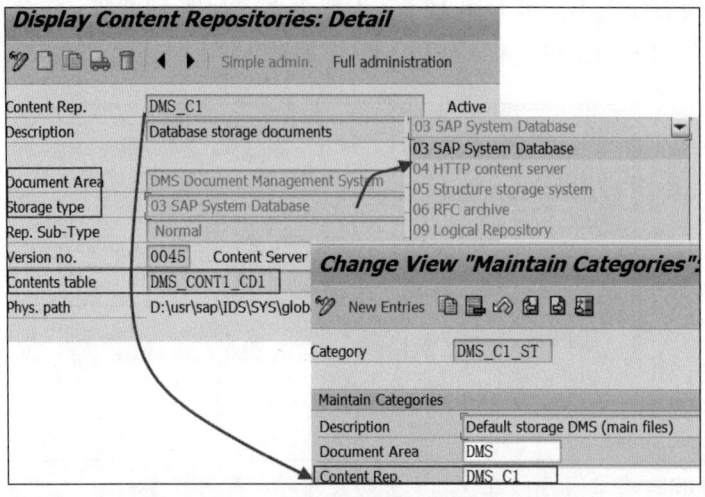

图 19-9　定义储存系统和类别（OACT & OAC0）

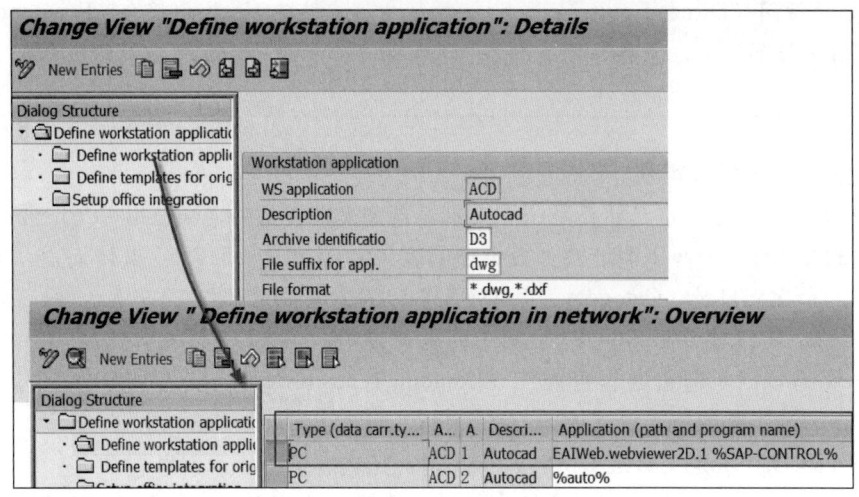

图 19-10　定义工作台应用（DC30）

19.3.5　DMS 功能补充说明

DMS 具有的一些其他功能如下。

❑ 可以与 ECM 结合来控制文档的变更，关于 ECM，请参见 17.2 节"工程变更管理"。
❑ 文档的审核功能：可通过设置文档的状态（Document Status）来实现文档的审核控制，并且可与电子签名（Digital Signatures）结合来控制文档的审核。
❑ DMS 支持文件的版本管理（Document Version），同一个文档号可以创建多个版本。

- DMS 与分类功能（Classification）结合，可按照要求实现对文档的多维度分类，关于分类，请参见 16.1 节"分类管理"。
- 事务代码 CV04N 可根据业务对象、文档描述来查找文档。
- 事务代码 CV11 可以创建类似于 BOM 的文档结构，文档结构可用来描述"文件夹"与文件的母子关系，或者文件与文件的母子关系。

19.4 Easy DMS

Easy DMS 是对 DMS 功能的补充，Easy DMS 是利用类似 Windows Explorer 视窗的功能简化了 DMS 中的操作，使得经过较少培训的人也可以轻易使用 DMS 功能。

要实现 Easy DMS 功能，仅需要在本地安装 Easy DMS 软件，该软件需要在 SAP 网站中使用有下载权限的账号进行下载，下载完毕后在本地安装就可以，无需在服务器端做任何配置。

安装完 Easy DMS 后，桌面将增加一个"SAP Easy Document System"的程序图标，如图 19-11 所示，单击 SAP Easy DMS 图标，则通过 Easy DMS 登录 SAP。

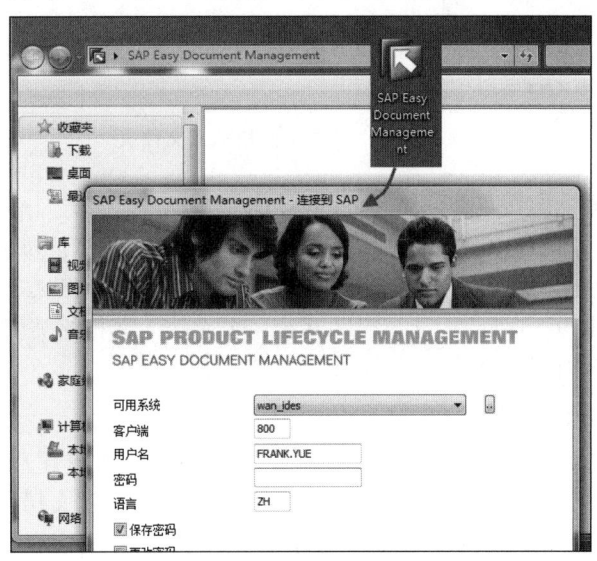

图 19-11 Easy DMS 登录

下面介绍 Easy DMS 的文件夹功能、上传文件到 SAP、与 SAP 的集成等各项应用。

1. Easy DMS 中的文件夹

Easy DMS 中引入了文件夹的概念，通过文件夹可以更加直观地查看、查找文件，更好地组织文件。

（1）文件夹类型

文件夹可分为公共文件夹和私人文件夹，初始登录 Easy DMS 后，如果不存在公共文件夹，系统将提示创建公共文件夹，同时系统将会提示创建属于登录者的私人文件夹。如果已经存在公共文件夹，则系统仅提示创建属于登录者的私人文件夹。

所有人都可以查看公共文件夹的文档，私人文件夹仅登录者本人可查看。

图 19-12 中有两个文件夹，一个名（文档编号）为 EDIPUBLICROOTFOLDER 的公共文件夹，该文件夹下的文件默认所有登录者都可以查看，一个名为 FRANK.YUE 的私人文件夹，该文件夹仅用户 Frank.Yue 可查看到。

（2）文件夹的创建

如图 19-12 所示，在 Easy DMS 中可直接创建文件夹，在 Easy DMS 中创建文件夹后，系统将自动在 SAP ERP 中创建文档类型为 FOL 的文档。

文件夹也可以通过事务代码 CV11 直接创建，文档类型选择 FOL。

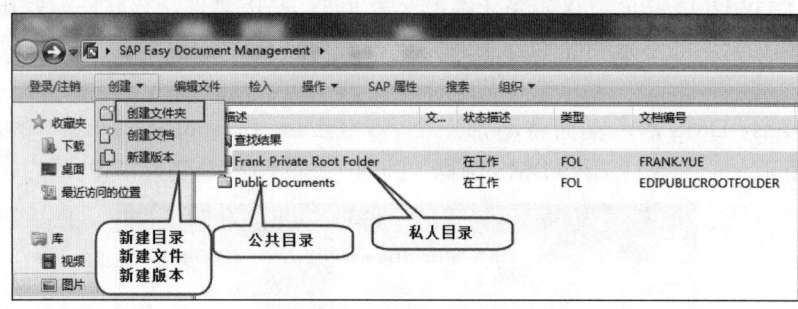

图 19-12　公共文件夹和私人文件夹

2. 通过 Easy DMS 上传本地原始文件到 SAP

在 Easy DMS 中，上传文件非常简单，可通过单击新建文档按钮或将文件从本地拖曳到 Easy DMS 的窗口中，或选择在本地复制文件，在 Easy DMS 粘贴就可以将本地文件原始上传到 SAP。如图 19-13 所示，上传时，系统将要求输入文档的类型（Document Type）、状态（Status）、保存的位置（Storage Location）等信息。

3. 与 SAP ERP 的同步集成

在 Easy DMS 中，创建文档后，即自动在 SAP ERP 中创建相应文档。在某个文件夹下，创建文件或者子文件夹，即自动在 SAP ERP 中创建相应文档以及文档结构。如图 19-14 所示，选择文档，单击右键，选择"显示 SAP GUI"，则可以在 SAP 中查看相对应的文档信息。

19.5　本章小结

下面对 DMS 方案与 GOS 方案简要比较如下。

❑ GOS 方案是基于业务对象的一种服务，简单易用，简单到对于大部分业务对象都无需任何配置，但准确地说，GOS 方案并不是一种文档管理方案，不能实现对文档的管理，只能实现将本地的文件与 SAP 系统中的对象关联。

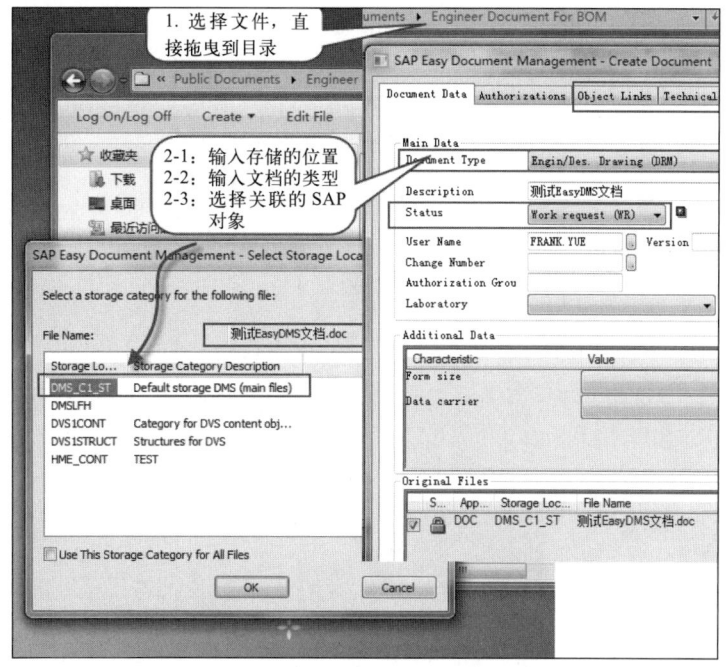

图 19-13　上传文件到 SAP 中

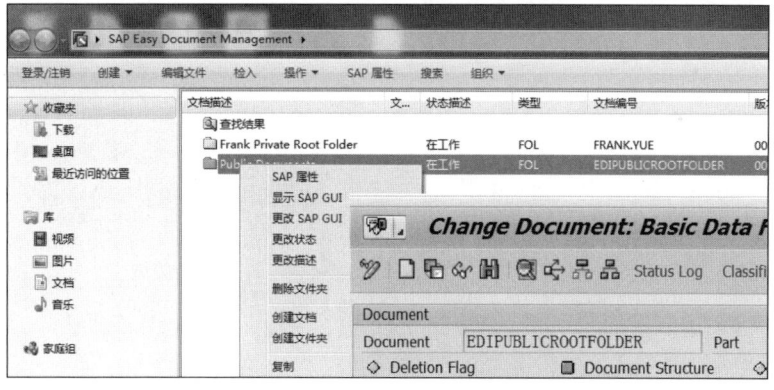

图 19-14　通过 Easy DMS 中访问 SAP 的文档

- 在 GOS 方案中可以选择以外部链接的形式将文档关联到 SAP 对象（如文档存放在 FTP 文件服务器，然后将文档文件的链接关联到 SAP 的对象），这样对 SAP 服务器的影响是最小的。
- DMS 方案是一个文档管理工具，需通过配置才能够实现，但功能比 GOS 全面，提供了各种文档管理的工具，包括文档的分类、版本管理、权限管理、分发（Distribution）、电子签名等功能。

因此，如果只是想使用基本的文档关联功能，可直接使用 GOS 方案。如果想实现文档管理功能，则最好使用 DMS 方案。